KB122248

법학총서

판례분석
형법총론

신 동 운 저

法 文 社

머 리 말

이번에 『판례분석 형법총론』을 출간하게 되었다. 저자는 『형법총론』 교과서의 개정판을 출간할 때 개정판에 언급된 새로운 판례들을 분석하여 '추록파일'이라는 형태로 법문사 홈페이지 게시판에 올려두었다. 그런데 추록파일을 지면으로 출력하여 직접 메모를 하는 등의 방법으로 새로운 판례를 익히고자 하는 독자들의 요구가 적지 않았다.

저자는 그동안 분석된 판례의 분량도 상당한 정도에 이르고 독자들의 직접 출력에 따른 불편도 해소한다는 의미에서 이번에 『형법총론』 제8판에 소개된 최신 판례까지 포함하여 본서를 출간하게 되었다. 본서는 아울러 저자가 『형법총론』 제8판 머리말에서 약속한 추록파일을 대신하는 것이기도 하다.

본서는 저자의 『신판례백선 형법총론』(제2판, 경세원)의 자매편에 해당하는 의미를 갖는다. 그러나 최신 판례를 추가적으로 소개한다는 점과 판례의 단순한 전재를 넘어 새로운 분석 형식을 취하고 있다는 점에서 본서는 완전히 다른 책자로서의 성격을 갖는다. 본서 『판례분석 형법총론』이 출간되면서 『판례분석 형법각론』(증보판), 『판례분석 신형사소송법』, 『판례분석 신형사소송법 II』(증보판)와 함께 저자의 판례분석 시리즈가 모두 갖추어지게 된 셈이다.

저자는 기존의 판례분석 시리즈와 마찬가지로 사실관계 및 사건의 경과, 대법원 및 헌법재판소 판례본문의 분석, 필요한 경우 판례에 대한 코멘트 서술의 순서로 개별 판례들을 분석하였다. 또한 분석된 판례들을 판례번호 순서에 따라 배열하여 본서가 일종의 판례사전 기능을 할 수 있도록 하였다. 아울러 형법총론 학습의 편의를 도모하기 위하여 사항별 목차를 판례번호순 목차에 앞서서 붙이고 말미에 선고일자에 따른 색인을 마련하였다.

저자는 수록된 개별 판례의 본문을 분석하면서 '분석', '요지', '판단', '채증', '결론'이라는 용어를 【 】괄호에 넣어 사용하고 있다. '분석'은 판단이 개입하지 아니한 사실의 확인 부분을, '요지'는 핵심적인 판단기준을, '판단'은 분석된 사실관계를 판단기준인 '요지'에 대입하여 추론하는 과정을, '채증'은 문제된 사실관계의 유형들에 대해 주어진 증거들로부터 사실관계를 추출하는 데에 적용되는 논리칙과 경험칙을, '결론'은 원심판결에 대한 대법원의 당부 판단 또는 헌법재판소의 심판청구에 대한 당부 판단을 각각 가리킨다. 이 가운데 '채증'은 '채증법칙'을 저자가 줄인 말이다. '채증' 부분은 사실관계의 유형별 특수성에 비추어서 특별히 고려해야 할 요소들을 대법원이 제시한 것이지만 대체로 개별적 사정들을 종합하여 판단하라는 것이어서 일반적 판단기준인 '요지'와 구별된다.

　본서는 다음의 3단계 이용방법에 따르면 학습의 효율성이 높아질 것이라고 생각한다. 제1단계는 각 판례의 사실관계와 사건의 경과를 읽은 다음 판례본문에 나타난 대법원 또는 헌법재판소의 입장을 이해하는 과정이다. 제2단계는 사실관계만을 읽고 논점을 추출해 본 다음 대법원 또는 헌법재판소의 판례요지와 비교하여 문제의 해결책을 확인하는 과정이다. 마지막 단계는 저자가 붙여놓은 판례의 사건명을 통해 사실관계의 개요를 연상하고 대법원 또는 헌법재판소의 판례 요지를 확인하는 과정이다. 마지막 단계는 시간에 쫓기는 독자들을 위한 총정리 단계라고 할 수 있다.

　본서를 출간하는 데에 여러분들의 도움을 받았다. 법문사의 김제원 부장님, 장지훈 차장님 그리고 동국문화사의 이정은 선생님은 언제나와 마찬가지로 친절하고 신속하게 본서의 출간을 도와주셨다. 이 자리를 빌려서 감사의 인사를 표한다.

2014년 12월
관악산 연구실에서
저자 씀

사항별 목차

Ⅰ. 형법의 기초이론

1. 죄형법정주의

Ⅱ. 구성요건

1. 행위주체

5. 과 실

6. 결과적 가중범

III. 위법성

1. 정당방위

2. 긴급피난

3. 자구행위

4. 피해자의 승낙

Ⅷ. 형벌론

1. 형벌의 종류

2. 형의 양정

판례번호순 목차

소년범의 양형판단
소년양형 구별 사건
1960. 9. 30. 4293형상509, 집 8, 형75

1. 사실관계 및 사건의 경과

【사실관계】

① 갑은 소년법상 소년이다.

② 갑은 금품을 빼앗으려고 A를 살해하였다.

③ 갑은 A의 사체를 유기하였다.

【사건의 경과】

① 검사는 갑을 강도살인죄와 사체유기죄로 기소하였다.

② 갑의 피고사건은 제1심을 거친 후, 항소심에 계속되었다.

③ 항소심법원은 갑에게 심신미약을 인정하였다.

④ 항소심법원은 다음과 같이 판단하여 형을 선고하였다.

    (가) 강도살인죄(사형 또는 무기징역) 인정

    (나) 사체유기죄(7년 이하의 징역) 인정

    (다) 강도살인죄에서 무기징역 선택

    (라) 심신미약에 의한 감경

    (마) 소년법에 의한 감경

    (바) 단기 5년 장기 10년의 유기징역 선고

⑤ 검사는 불복 상고하였다.

⑥ 검사는 상고이유로, 항소심이 부정기형을 선고한 것은 위법하다고 주장하였다.

⑦ (이하 판례 본문의 조문은 당시의 법령에 의한 것임)

⑧ (2007년 개정 후의 소년법 관련 조문은 참조조문 참조)

【참조조문】

소년법

제59조 (사형 및 무기형의 완화) 죄를 범할 당시 18세 미만인 소년에 대하여 사형 또는 무기형으로 처할 경우에는 15년의 유기징역으로 한다.

제60조 (부정기형) ① 소년이 법정형으로 장기 2년 이상의 유기형에 해당하는 죄를 범한 경우에는 그 형의 범위에서 장기와 단기를 정하여 선고한다. 다만, 장기는 10년, 단기는 5년을 초과하지 못한다.

② 소년의 특성에 비추어 상당하다고 인정되는 때에는 그 형을 감경할 수 있다.

③ 형의 집행유예나 선고유예를 선고할 때에는 제1항을 적용하지 아니한다.

④ 소년에 대한 부정기형을 집행하는 기관의 장은 형의 단기가 지난 소년범의 행형 성적이 양호하

고 교정의 목적을 달성하였다고 인정되는 경우에는 관찰 검찰청 검사의 지휘에 따라 그 형의 집행을 종료시킬 수 있다.

특정강력범죄의 저벌에 관한 특례법

제4조 (소년에 대한 형) ① 특정강력범죄를 범한 당시 18세 미만인 소년을 사형 또는 무기형에 처하여야 할 때에는 「소년법」 제59조에도 불구하고 그 형을 20년의 유기징역으로 한다.

② 특정강력범죄를 범한 소년에 대하여 부정기형(不定期刑)을 선고할 때에는 「소년법」 제60조 제1항 단서에도 불구하고 장기는 15년, 단기는 7년을 초과하지 못한다.

2. 부정기형 선고 부분에 대한 판단

(1) 소년법 관련규정의 개관

【대법원 분석】 먼저 부정기형을 과한 적법 여부에 관하여 생각컨대 /

【대법원 분석】 소년법 제53조에 의하면 /

【대법원 분석】 「죄를 범한 때에 16세 미만인 소년에 대하여 사형 또는 무기징역형으로 처단할 것인 때에는 15년의 유기형으로 한다」 규정하였고, /

【대법원 분석】 동법 제54조에 의하면 /

【대법원 분석】 「① 소년이 법정형 장기 2년 이상의 유기형에 해당하는 죄를 범한 때에는 그 법정형기의 범위내에서 단기와 장기를 정하여 선고한다. 단, 장기는 10년, 단기는 5년을 초과하지 못한다. /

【대법원 분석】 ② 형의 집행유예, 형의 선고유예를 선고할 때에는 전항의 규정을 적용하지 아니한다.」이 규정하였는바 /

【대법원 분석】 대저 소년범의 심판과형에 있어서는 유의하여야 할 세 가지 중요 구별점이 있다 할 것이니 /

【대법원 분석】 첫째는 소년의 연령에 따라 사형 또는 무기징역을 완화하여야 할 경우이요 /

【대법원 분석】 둘째는 소년범에 대하여 부정기형을 과하여야 할 경우이요 /

【대법원 분석】 셋째는 소년범에 대하여 전시(前示) 첫째의 경우를 제외하고 정기형을 과하여야 할 경우인 것이다. /

(2) 사형, 무기징역과 정기형 선고

【대법원 분석】 이하를 순차 분설하건대 /

【대법원 분석】 (1) 소년범의 연령에 따라 사형 또는 무기형을 완화하여야 할 경우 /

【대법원 판단】 범행당시 소년의 연령이 만 14세 이상 만 16세[현행법 18세; 필자 주] 미만인 자이면 /

【대법원 판단】 이에 대하여 양형상 사형 또는 무기형으로서 처단함이 타당하다고 인정되는 경우라 할지라도 /

【대법원 판단】 동 과형을 피하고 이를 완화하여 15년의 유기형으로 처단하도록 하고 /

【대법원 판단】 동 소년에 대하여 교정 교화의 기회를 주어 장래의 여망을 기대하였다. /

【대법원 요지】 그러므로 만일 그 소년이 범행당시 만 16세 이상의 소년으로서 사형 또는 무기형에 국한된 법정형 있는 죄를 범하였으면 /

【대법원 요지】 이에 대하여 그 양형 중 1을 선택한 후 처단하되 /

【대법원 요지】 설사 감경사유가 있어 이를 감경한 결과 유기형으로 감변(減變)되었다 할지라도 /

【대법원 요지】 동 유기형은 전시 소년법 제54조에서 운(云)하는 장기 2년 이상 법정형에 해당치 아니하므로 부정기형을 과할 수 없고 /

【대법원 요지】 그 감경한 형기 범위 내에서 의연히 정기형을 과하여야 할 것이다 /

【대법원 판단】 이를 예시하면 /

【대법원 판단】 형법 제250조 제2항의 존속살해죄같은 범죄에 있어서는 그 법정형이 사형 또는 무기징역형에 국한되어 있으므로 /

【대법원 판단】 설사 감경사유가 있어 감경한 결과 그 형이 10년 이상의 유기징역(사형 감경) 또는 7년 이상의 유기징역(무기징역 감경)으로 감변(형법 제55조 참조)되었다 할지라도 /

【대법원 판단】 우[右] 각 유기형은 법정형이 아니므로 부정기형을 과할 수 없고 정기형을 과하여야 함과 같다 할 것이다. /

【대법원 판단】 ([이러한 종류(此種)] 법정형의 범죄로서는 형법 제87조, 제88조, 제92조 내지 제94조 제1항, 제95조, 제96조, 제109조, 제338조, 제340조 제3항, 국가보안법 개정법률 중의 일부 조항 등과 같다.)

(3) 장기 2년 이상의 유기형과 부정기형

【대법원 분석】 (2) 소년범에 대하여 부정기형을 과하여야 할 경우 /

【대법원 요지】 법정형이 장기 2년 이상의 유기형으로 규정되어 있는 경우/

【대법원 요지】 (형법전에 의하면 5년 이하의 징역에 처한다 혹은 3년 이하의 징역에 처한다[고] 규정한 경우가 허다한바 [이러한(如斯)] 경우의 법정형의 장기는 우 5년 또는 3년으로 볼 것임) /

【대법원 요지】 에는 전시 소년법 제54조 제1항에 의하여 부정기형을 과하여야 할 것이요 /

【대법원 요지】 또 전술 (1)의 경우는 여기에서 제외하여야 할 것이나 /

【대법원 요지】 그 법정형에 사형, 무기형 또는 유기형의 삼자가 있어 선택으로 된 경우에 /

【대법원 요지】 사형, 무기형을 배척하고 유기형을 선택한 때에는 /

【대법원 요지】 그 장기가 2년 이상인 것인 한 감경 여하에 불구하고 부정기형을 과하여야 할 것이다. /

【대법원 판단】 이를 예시하면 형법 제98조의 간첩죄에 있어서는 그 법정형이 사형, 무기징역 또는 7년 이상의 유기징역으로 규정되어 있으므로 /

【대법원 판단】 만일 이 경우에 유기징역을 선택하였으면 그 법정형의 장기가 2년 이상의 경우에 해당하므로 가중 또는 감경 여하에 불구하고 부정기형을 과하여야 하되 /

【대법원 판단】 전시 제54조 제1항 단서의 제한에 순응하여야 할 것이다. /

【대법원 판단】 ([이러한 종류(此種)] 법정형의 범죄로서는 형법 제87조 제2항, 제94조 제2항, 제97조, 제99조, 제164조, 제165조, 제177조, 제178조, 제187조, 제188조, 제194조, 제207조 제1항, 제250조 제1항, 제259조 제2항, 제304조 제1항, 제337조, 제339조, 제340조 제1항 등과 같다.)

(4) 장기 2년 미만의 유기형과 정기형

【대법원 분석】 (3) 소년범에 대하여 전시 (1)의 경우를 제외하고 정기형을 과하여야 할 경우 /

【대법원 판단】 법정형이 장기가 2년 미만의 경우는 /

【대법원 판단】 [우리(我)] 형법전상 대개가 경미한 죄로서 동 법전상 이를 산견할 수 있을 뿐 아니라 국가보안법 개정법률을 제외한 특별법 등에 그 예기 불소하다 할 것이다.

【대법원 판단】 이를 예시하면 형법 제205조의 아편 등 소지죄의 법정형은 1년 이하의 징역 또는 1만 환 이하의 벌금으로 되어 있으므로 /

【대법원 판단】 벌금형을 배척하고 징역형을 선택하는 한 가중 감경에 불구하고 그 법정형의 장기가 2년 이상이 아니고 2년 미만이므로 반드시 정기형을 과하여야 할 것이다. /

【대법원 판단】 ([이러한 종류(此種)] 법정형의 죄로서는 형법 제122조, 제145조, 제221조, 제236조, 제243조 내지 제245조, 제248조 제2항, 제269조 제1, 2항, 제311조, 제360조, 제364조 등과 같다). /

(5) 사안에 대한 대법원의 판단

【대법원 판단】 이상과 같으므로 본건 강도살인죄에 관하여 고찰컨대 /

【대법원 판단】 법정형이 사형 또는 무기 징역형에 국한되어 있으므로 전술한 바와 같이 부정기형을 과할 수 없고 /

【대법원 판단】 설사 이를 감경한 결과 그 형이 유기형으로 감변되었다 할지라도 /

【대법원 판단】 이는 법정형이 아니므로 부정기형을 과할 수 없고 오직 그 감경한 형기범위 내에서 정기형을 과하여야 할 것이다. /

【대법원 결론】 그러함에도 불구하고 원심이 본건에 관하여 무기형을 선택, 법률상 감경한 후 소년법 제54조 제1항 단서를 적용하여 피고인을 단기 5년 장기 10년의 부정기형을 과하였음은 소년범 과형에 관한 법리를 착각한 위법이 있다 할 것이다.

3. 처단형의 산정방법에 대한 판단

【대법원 판단】 다음으로 직권으로서 원판결에 가중감경에 관한 법률적용 점에 관하여 생각컨대 /

【대법원 요지】 원판결의 사실적시에 의하면 강도살인죄와 사체유기죄는 시간 장소가 계속 접근한 관련성 있는 행위로서 피고인은 우 양 범행당시 심신[미]약상태에 있었음을 인정하였음이 원판문 자체에 의하여 명백한 바이므로 /

【대법원 요지】 형법 제10조 제2항의 감경을 하려면 양죄 공히 감경하여야 할 것임에도 불구하고 /

【대법원 요지】 홀로 강도살인죄만을 감경하고 사체 유기죄에 대한 강경을 유탈하였음은 위법일 뿐 아니라 /

【대법원 요지】 우 양죄를 경합범으로 인정하여 가중하는 이상 형법 제56조 소정의 순서에 따라 법률상 감경을 먼저 하고 경합가중을 후에 할 것임에도 불구하고 /

【대법원 결론】 도리어 그 순서를 전도하여 선가중 후감경한 까닭에 우 사체 유기에 대한 감경유탈의 원인을 조성하여 형기 범위에 영향을 미칠 위법을 거듭 범하였다 할 것이니 /

【대법원 결론】 원판결은 이 점에 있어서도 파기를 면치 못할 것이다. (파기 환송)

76도720

북한과 외국인의 국외범
일본인 입북 사건
1976. 5. 11. 76도720, 공 1976, 9168

1. 사실관계 및 사건의 경과

【사실관계】
① [갑은 재일동포로서 일본 국적을 취득한 사람이다.]
② 갑은 일본에서 소련을 거쳐 북한으로 들어갔다.
③ 갑은 일본 기타 제3국에서 북한 공작원 A와 통신 기타 연락을 취하였다.
④ 갑은 그 밖에도 일본 기타 제3국에서 북한을 이롭게 한 일련의 행위를 하였다.
⑤ [갑은 국내로 입국하였다가 검거되었다.]

【사건의 경과】
① 검사는 갑을 반공법위반죄 등으로 기소하였다.
② 갑의 피고사건은 제1심을 거친 후, 항소심에 계속되었다.
③ 항소심법원은 갑의 행위가 외국인의 국외범에 해당한다고 판단하였다.
④ [항소심법원은 재판권 없음을 이유로 공소기각판결을 선고하였다.]
⑤ 검사는 불복 상고하였다.
⑥ 검사는 상고이유로, 갑의 행위가 외국인의 국내범에 해당한다고 주장하였다.

【참조조문】
반공법 (행위시)
제5조 (회합, 통신등) ① 반국가단체나 국외의 공산계열의 이익이 된다는 정을 알면서 그 구성원 또
는 그 지령을 받은 자와 회합 또는 통신 기타 방법으로 연락을 하거나 금품의 제공을 받은 자는 7년
이하의 징역에 처한다.
제6조 (탈출, 잠입) ① 반국가단체의 지배하에 있는 지역으로 탈출한 자는 10년 이하의 징역에 처한다.
④ 반국가단체 또는 국외의 공산계열의 지령을 받고 또는 받기 위하여 잠입하거나 탈출한 자는 전
항의 예에 의한다.

2. 대한민국 통치권과 국외범

【대법원 요지】 그러나 반공법 제6조 소정 반국가단체의 지배하에 있는 지역으로 탈출한 자란 /
【대법원 요지】 특별한 사정이 없는 한 대한민국의 통치권이 실지로 행사되는 지역으로부터 직접 반
국가단체의 지배하에 있는 지역으로 자의로 들어간 자뿐만 아니라 /
【대법원 요지】 우리나라 국민인 이상 제3국을 통하거나 제3국에 거주하다가 반국가단체의 지배하에
있는 지역으로 자의로 들어간 자를 지적하는 것이라 함이 본원의 판례로 하는 견해이고 /

【대법원 요지】 반공법 제5조 소정 반국가단체나 국외의 공산계열의 구성원 또는 그 지령을 받은 자와 통신 기타 연락을 한 자도 /

【대법원 요지】 대한민국의 통치권이 실지로 미치는 영역에서 한 자임은 물론 /

【대법원 요지】 우리나라 국민인 이상 제3국에서 그와 같은 행위를 하는 자를 가르키는 것으로 볼 것이므로 /

【대법원 판단】 원심이 이 사건에 있어서 /

【대법원 판단】 피고인이 외국인으로서 대한민국의 통치권이 행사되는 지역이 아닌 일본에서 소련을 거쳐 반국가단체의 지배하에 있는 지역으로 들어가고 /

【대법원 판단】 일본 기타 제3국에서 반국가단체의 구성원과 통신 기타 연락을 하거나 반국가단체를 이롭게 한 행위를 한 것인즉 /

【대법원 판단】 이는 외국인의 국외[범]에 해당하여 반공법을 적용하여 처벌할 근거가 없다고 판단하였음은 정당하다 할 것이고 /

【대법원 결론】 외국인의 국내[범]에 해당된다는 반대의 견해에서 국외[범]의 법리를 오해하였다거나 헌법과 법률의 위반 있다는 논지는 이유 없다. (상고 기각)

80도141

작위의무와 기대가능성
공비 탈출 초소 사건
1980. 3. 11. 80도141, 공 1980, 12717

1. 사실관계 및 사건의 경과

【사실관계 1】

① [휴전선 M지역에 N초소가 있다.]

② N초소를 관할하는 지휘관은 장교 갑이다.

③ N초소 근무자는 병사 을, 병이다.

④ 1978. 11. 30.경 M지역에 무장공비가 나타났다.

⑤ N초소를 포함한 M지역 부대에 전투태세 명령이 하달되었다.

⑥ 무장공비의 탈출을 봉쇄하기 위하여 병사들은 주간에 수면하고, 야간에는 경계근무에 임하였다.

⑦ 작전지역내에는 일몰시인 18:00 이후부터 모든 이동물체에 대한 사격명령이 하달되었다.

【사실관계 2】

① 1978. 11. 30. 18:00경 을, 병은 무장공비 검거 작전에 투입되었다.

② 1978. 12. 3. 및 4. 양일간 08:00경부터 12:00경까지 각 4시간씩 8시간의 수면시간이 병사들에게 허용되었다.

③ 병사들은 2인 1조로 2시간씩 교대로 수면을 취하도록 되어 있었다.

④ 을, 병은 작전에 투입된 이래 주간에는 수색정찰, 야간에는 매복근무를 계속하여 수면을 취할 시간이 없었다.

⑤ 을은 장비수입 기타 사정 때문에 1978. 12. 4.에만 3시간 정도의 수면을 취하였다.

⑥ 병은 1978. 12. 3.과 4. 양일간 모두 5시간 정도의 수면을 취하였다.

【사실관계 3】

① [M지역 무장공비에 대한 작전이 종료되었다.]

② [이후 관할 부대의 전투태세에 대한 검열이 실시되었다.]

③ [검열 결과 무장공비가 M지점 N초소 경계지역을 통과해 탈출하였다는 사실이 판명되었다.]

④ [검열 결과 N초소에 대해 다음의 사실이 확인되었다.]

　(가) N초소 경계지역에는 보급된 크레모아 2발 자체 준비가 가능한 견인줄, 배수로 차단시설 등의 장애물이 설치되어 있지 않았다. (㉠부분)

　(나) N초소는 사주경계가 가능하도록 무개호로 되어 있어야 하는데, 사주경계가 불가능한 유개호 상태로 되어 있었다. (㉡부분)

　(다) N초소의 근무자 을, 병은 무장공비의 탈출시간으로 추정되는 1978. 12. 4. 24:00경에 수면을 취하고 있었다. (㉢부분)

【사건의 경과】

① 군검찰은 갑, 을, 병을 다음의 공소사실로 기소하였다.

　(가) 갑 : ㉠, ㉡부분 : 근무태만죄

　(나) 을, 병 : ㉢부분 : 초령위반죄

② 갑, 을, 병의 피고사건은 제1심을 거친 후, 항소심에 계속되었다.

③ 항소심인 육군고등군법회의는 갑, 을, 병에게 유죄를 선고하였다.

④ (항소심의 판단 이유는 판례 본문 참조)

⑤ 갑, 을, 병은 불복 상고하였다.

⑥ 갑, 을, 병은 상고이유로 다음의 점을 주장하였다.

　(가) 갑 : 지휘관으로서 적법하게 근무태세를 유지할 수 있는 가능성이 없었다.

　(나) 을, 병 : 초병으로서 적법하게 직무를 수행할 수 있는 가능성이 없었다.

⑦ (구체적인 사정은 판례 본문 참조)

【참조조문】

군형법 (행위시)

제35조 (근무태만) 근무를 태만히 하여 다음 각호의 1에 해당하는 자는 무기 또는 1년 이상의 징역에 처한다.

　1. 지휘관 또는 이에 준하는 장교로서 그 임무를 수행함에 있어서 적과의 교전이 예측되는 경우에 전투준비를 태만히 한 자.

제40조 (초령위반) 정당한 사유 없이 소정의 규칙에 의하지 아니하고 초병을 교체시키거나 초병으로서 수안(睡眠) 또는 주취(酒醉)하여 그 직무를 태만히 한 자는 다음의 구별에 의하여 처벌한다.

1. 적전인 경우에는 사형, 무기 또는 2년 이상의 징역에 처한다.
2. 전시, 사변 또는 계엄지역인 경우에는 5년 이하의 징역에 처한다.
3. 기타의 경우에는 1년 이하의 징역에 처한다.

2. ㉠, ㉡부분에 대한 항소심의 판단

【항소심 판단】 원심판결에 의하면 원심은, /

【항소심 판단】 피고인에게 무장공비의 탈출을 봉쇄하기 위한 /

【항소심 판단】 (1) 초소간의 넓은 공간을 매꾸어 주는 장애물을 설치 운용하고 /

【항소심 판단】 (2) 사주경계가 가능한 매복초소인 무개호가 구축되어 있는지 여부를 수시 확인, 감독하여야 하는 등의 전투준비임무가 요구되었는데 /

【항소심 판단】 피고인은 (1) 보급받은 크레모아 2발 자체준비가 가능한 견인줄, 배수로 차단시설 등의 장애물을 설치 운용하지 아니하였고, /

【항소심 판단】 (2) 사주경계가불가능한 1번 초소 유개호를 방치하므로써 전투준비를 태만히 하였다고 판시하고 있다.

3. ㉠, ㉡부분에 대한 대법원의 판단

【대법원 요지】 그러나, 군형법 제35조 제1호의 전투준비태만죄는 작전에 실패하였다는 결과에 의하여 성립하는 것이 아니고 /

【대법원 요지】 통상적인 능력을 갖춘 지휘관으로서 마땅히 하여야 할 전투준비를 태만히 한 경우에 성립하는 것이므로 /

【대법원 요지】 불가능한 전투준비 또는 부적당한 전투준비를 태만히 한 경우는 본죄가 성립되지 않는 것으로 해석하여야 할 것인바 /

【대법원 판단】 원심의 판단 중 /

【대법원 판단】 (1) 피고인이 장애물인 크레모아, 견인줄, 배수로 차단시설을 설치 운용하지 아니 하므로써 전투준비를 태만히 하였다는 부분에 관하여 살피건대, /

【대법원 판단】 기록에 의하면 원심은 위와 같은 장애물의 설치 운용이 당시 전투준비행위의 일환으로써 무장공비의 탈출을 방지할 수 있는 성질의 것이었는가, /

【대법원 판단】 즉 당시의 상황으로 보아 위와 같은 장애물의 설치운용이 필요하였는가에 관하여 심리하지 아니한 채 이를 유죄로 판단/

【대법원 판단】 (원심의 현장검증조서 및 감정인 편태조의 감정[서]는 당시의 지형 및 병력전개상황과 크레모아를 설치하였더라도 인근 민가에 위험이 없었을 것이라는 사실인정의 자료가 되는데 불과한 것이다)하였고 또한, /

【대법원 판단】 (2) 피고인이 사주경계가 불가능한 1번 초소 유개호를 사전 확인하지 아니하고 방치하므로써 전투준비를 태만히 하였다는 부분에 관하여 살피건대, /

【대법원 판단】 기록에 의하면 1번 초소는 원래 무개호로 구축되었던 것이나 비때문에 붕괴되자 피고인 을, 병이 당일 18:30경 재구축한 것으로서 /

【대법원 판단】 당시 작전지역내에 일몰시인 18:00 이후부터 모든 이동물체에 대한 사격명령이 하달되어 있어 피고인으로서는 1번 초소의 구축상황에 대한 확인순찰이 불가능하였던 사실이 인정되고 /

【대법원 판단】 사실이 위와 같다면 특단의 사정이 없는 한 이 부분 전투준비는 불가능한 경우에 해당한다 할 것이나 /

【대법원 결론】 원심은 이 점에 관하여도 심리하지 아니한 채 이를 유죄로 판단하였으며 /

【대법원 결론】 따라서 피고인에 대한 원심판결은 군형법 제35조 제1호 전투준비태만죄의 법리를 오해하여 그 구성요건 사실에 대한 심리를 하지 아니하여 증거없이 사실을 인정한 위법이 있으므로 논지는 이유 있다.

4. ⓒ부분에 대한 항소심의 판단

【대법원 판단】 2. 피고인 을, 병의 각 상고에 대한 판단

【대법원 판단】 국선변호인 김동환의 상고이유 제2점 및 변호인 안동일의 상고이유 제5점을 함께 살펴본다.

【항소심 판단】 원심판결에 의하면 원심은, 피고인들이 수면을 취한 행동에 비난가능성이 없다는 주장에 대하여 /

【항소심 판단】 피고인들에게는 1978. 12. 3 및 4 양일간에 걸쳐 08:00경부터 12:00경까지 수면이 허용되었고 /

【항소심 판단】 식사시간 중 남는 시간을 이용하여 잠깐씩 수면을 취할 수도 있었으며 /

【항소심 판단】 당일 14:00경부터 17:00경까지 자유시간이 허용되어 또한 수면을 취할 수 있었던 데다가 /

【항소심 판단】 피고인들은 수일간 수면을 취하지 아니하는 천리행군훈련으로 단련되어 있어 수면부족을 극복할 수 있는 능력을 갖추고 있었다는 이유로 위 주장을 배척하였다.

5. ⓒ부분에 대한 대법원의 판단

【대법원 분석】 그러나, 기록에 의하면 /

【대법원 분석】 피고인들은 1978. 11. 30. 18:00경 작전에 투입된 이래 주간에는 수색정찰, 야간에는 매복근무를 계속하여 수면을 취할 시간이 없었고 /

【대법원 분석】 같은 해 12. 3 및 4 양일간 08:00경부터 12:00경까지 각 4시간씩 8시간의 수면시간이 허용되었으나 /

【대법원 분석】 장비수입 기타 사정 때문에 피고인 을은 4일에만 3시간 정도의 수면을, 피고인 병은 양일간 모두 5시간 정도의 수면을 각 취하였고(기록 505면, 510면 참조), /

【대법원 분석】 위 작전 기간 동안 병사에 따라서는 식사시간 및 비번기회 등을 틈타 더 많은 수면을 취하기도 하고 극도의 수면부족으로 매복근무 중 교대로 수면을 취하기도 하였으나(기록 596면, 615면 참조) /

【대법원 분석】 피고인들이 허용된 수면 이외의 수면을 취하였다고 인정할 만한 자료는 없으며, /

【대법원 분석】 천리행군훈련이 구체적으로 어떠한 상황아래서 어떠한 방법으로 실시되는 훈련인

지 기록상 명백치 않으나 /

【대법원 분석】 그와 같은 훈련을 받았다고 하여 장기간의 수면부족을 극복할 수 있는 능력을 갖게 된다고도 볼 수 없는바, (기록 563면 참조) /

【대법원 판단】 사실이 위와 같다면 피고인들이 무장공비의 탈출시간으로 추정되는 1978. 12. 4. 24:00경까지 만4일 6시간 동안 /

【대법원 판단】 불과 3시간 또는 5시간의 수면을 취한 상태에서 2시간씩 교대로 수면을 취한 행위 자체에는 /

【대법원 판단】 특단의 사정이 없는 한 비난가능성이 있다고 단정할 수는 없는 것이므로 /

【대법원 결론】 원심판결은 이 점에 관하여 심리를 다하지 아니하고 판단함으로써 기대가능성에 관한 법리를 오해한 위법이 있어 논지는 이유 있다. (파기 환송)

【코멘트】

본 판례는 대법원이 기대가능성의 이론을 긍정한 사례로서 학계에서 거론되고 있다. 그러나 본 판례는 일반적인 책임조각사유로서의 기대가능성에 관한 것이라기보다 부작위범의 성립요소인 행위가능성의 사례로 파악하는 것이 보다 적절하다고 생각된다.

본 판례에서 문제되는 구성요건은 근무태만죄와 초령위반죄이다. 근무태만죄는 '전투준비를 태만히 하는 것'을, 초령위반죄는 '초병으로서 직무를 태만히 하는 것'을 각각 핵심적 구성요건요소로 삼고 있다. 두 죄는 모두 근무 또는 직무를 '태만히 하는 것'을 공통요소로 하고 있다. 그런데 '태만히 하다'는 말은 '정상적으로 일을 하지 아니한다'는 것을 의미하므로 결국 진정부작위범의 구조로 파악된다. 그리하여 본 판례는 진정부작위범을 둘러싼 행위가능성 요건에 관한 사례로 파악할 수 있다.

본 판례를 일반적인 기대가능성의 사례로 파악한다면 우리 형법 제22조 제2항과 관련하여 검토해야 할 문제가 대두된다. 우리 형법상 기대가능성 이론이 초법규적 책임조각사유로 인정될 수 있는지에 대해 학계에서 논란이 계속되고 있다. 초법규적 책임조각사유로서 기대가능성 이론을 부정하는 입장에서는 지극히 비정형적인 기대가능성의 이론을 일반적으로 인정할 경우 형법의 연골화(軟骨化) 현상이 대두되어 규범력이 약화될 것을 우려한다. 비판론의 입장에서는 우리 형법의 실정법 조문에 근거하여 기대가능성 이론의 취지를 살리는 것이 바람직하다고 주장한다.

비판론의 각도에서 볼 때 기대가능성의 이론을 실현할 수 있는 우리 형법의 조문으로 강요된 행위를 규정한 형법 제12조와 긴급피난을 규정한 형법 제22조 제1항이 주목된다. 본 판례의 사안은 강요된 행위의 사안이 아니므로 이제 형법 제22조 제1항을 적용하여 피고인들의 책임을 조각시킬 수 있을 것인지를 검토할 필요가 있다. 그런데 형법 제22조 제2항은 '위난을 피하지 못할 책임이 있는 자'에 대하여는 형법 제22조 제1항의 긴급피난 조문을 적용하지 않도록 제한하고 있다. 위난을 피하지 못할 책임이 있는 자의 대표적인 예로는 자초위난 외에 군인, 경찰관, 소방관 등이 거론된다.

본 판례에서 대법원은 피고인들이 처하고 있는 구체적인 사정들을 거론하면서 피고인들에게 지휘관으로서 적법한 전투태세의 유지나 초병으로서 적법한 직무수행의 유지가 불가능하다는 판단을 내리고 있다. 그러나 적으로부터 국민의 생명과 안전을 보호해야 한다는 군의 존립목적에 비추어 본다면 피고인들에게 쉽사리 기대불가능이라는 판단을 내릴 수는 없다고 본다.

　　본 판례에서 변호인들은 기대가능성 이론을 주장하고 있다. 그러나 자세히 살펴보면 이는 초법규적 책임조각사유로서의 기대가능성을 논한 것이 아니라고 생각된다. 본 판례는 진정부작위범 사안에서 작위의무를 이행할 수 있는가를 따지는 행위가능성의 문제를 논한 것에 지나지 않는다.

　　우리 입법자는 형법 제22조 제2항을 통하여 군인 등 위험업무 종사자들에게 특별한 수인의무를 부과하고 있다. 이는 이들 위험업무 종사자들을 통하여 국민의 생명, 재산, 안전 등을 충실하게 보호하기 위함이다. 만일 본 판례를 일반적인 책임조각사유로서 기대가능성의 사례로 확대해석한다면 입법자가 형법 제22조 제2항을 통하여 위험업무 종사자들에게 특별한 수인의무를 부과한 취지가 몰각될 우려가 있다. 이 점에서 본 판례는 초법규적 책임조각사유로서 기대가능성 이론이 안고 있는 문제점을 다시 한번 음미하게 해주는 좋은 자료가 되고 있다.

91도2393

소년 감경의 기준시점
범행시 소년 감경 사건
1991. 12. 10. 91도2393, 공 1992, 556

1. 사실관계 및 사건의 경과

【사실관계 1】

① (2008. 6. 22. 개정 소년법의 시행에 따라 소년의 기준 연령이 종전의 20세로부터 19세로 인하되었다.)

② (본 판례는 개정 소년법이 시행되기 전에 나온 것이다.)

③ (이해를 돕기 위하여 판례 본문의 소년 기준 연령을 현행 소년법의 기준 연령으로 고쳐 적기로 한다.)

④ (사안의 이해를 돕기 위하여 제1심법원과 항소심법원의 선고 형량은 저자가 임의로 구성함.)

【사실관계 2】

① 갑은 범행 당시 소년인 상태에서 강도상해죄를 범하였다.

② 형법 제337조에 따르면 강도상해죄는 무기 또는 7년 이상의 징역으로 처벌된다.

③ 형법 제62조 제1항에 따르면 3년 이하의 징역 또는 금고의 형을 선고할 경우에만 집행유예가 허용된다.

④ 강도상해죄의 경우 법정형의 하한이 7년 이상의 징역이므로 법관이 작량감경을 하더라도 3년 6월 이상의 징역이 되어 집행유예는 허용되지 않는다.

【사건의 경과 1】

① 검사는 갑을 강도상해죄로 기소하였다.

② 제1심에 이르러 갑은 성인이 되었다.

③ 제1심법원은 유죄를 인정하였다.

④ [제1심법원은 작량감경을 하여 갑에게 3년 6월의 실형을 선고하였다.]

⑤ 갑은 양형부당을 이유로 항소하였다.

【사건의 경과 2】

① 항소심법원은 제1심의 형이 너무 무겁다는 이유로 제1심판결을 파기하였다.

② 항소심법원은 다음과 같이 형을 이중으로 감경하였다.

    (가) 소년법 제60조 제2항에 따른 법률상 감경

    (나) 형법 제53조에 따른 작량감경

③ (항소심의 판단 이유는 판례 본문 참조)

④ [항소심법원은 3년의 징역형에 5년의 집행유예를 선고하였다.]

⑤ 검사는 불복 상고하였다.

2. 사안에 대한 항소심의 판단

【항소심 판단】 원심판결 이유에 의하면, /

【항소심 판단】 원심은 피고인에 대한 형의 양정이 너무 무겁다고 하여 제1심판결을 파기하고 다시 판결함에 있어서, /

【항소심 판단】 형법 제9조 및 소년법 제59조는 모두 행위 당시를 표준으로 하여 형사책임능력의 유무를 정하거나 그 책임을 감경하는 것으로서 /

【항소심 판단】 연령을 책임요소로 보고 있는 것이라 하겠고, /

【항소심 판단】 또한 소년의 인격은 형성도중에 있어 그 개선가능성이 풍부하고 심신의 발육에 따르는 특수한 정신적 동요상태에 놓여 있으므로 /

【항소심 판단】 범인의 연령을 양형의 조건으로 규정한 형법 제51조와 별도로 /

【항소심 판단】 소년법 제60조 제2항을 신설한 취지는 이러한 소년으로서의 특성을 고려하여 그 형을 감경할 수 있다는 것이니, /

【항소심 판단】 이러한 특성은 책임의 문제로서 행위 당시를 표준으로 판단하여야 할 사항이라 할 것/

【항소심 판단】 (행위와 책임의 동시존재의 원칙)이므로, /

【항소심 판단】 사실심 판결선고 당시에 성년이 되었다 하여 위 규정을 적용할 수 없다고 보는 것은 소년으로서의 특성을 내세운 위 규정의 본질에 비추어 부당하다고 생각된다. /

【항소심 판단】 따라서 사실심 판결선고시에는 성년이 되었다 할지라도 행위당시에 소년이었다면 /

【항소심 판단】 위 소년법 제60조 제2항을 적용하여 그 형을 감경할 수 있다고 보아야 한다고 하여 /

【항소심 판단】 이에 따라 법률상 감경을 하고, /

【항소심 판단】 이어 다시 작량감경하여 그 형기범위 내에서 피고인을 처단하고 있다.

3. 사안에 대한 대법원의 판단

【대법원 요지】 그러나 위 소년법 제60조 제2항에서는 소년이라 함은 특별한 정함이 없는 한 소년법 제2조에서 말하는 소년을 의미한다고 할 것인데, /

【대법원 요지】 소년법 제2조에서의 소년이라 함은 [19]세 미만자로서, /

【대법원 요지】 [19]세 미만자라는 것이 심판의 조건이므로 범행시뿐만 아니라 심판시까지 계속되어야 한다고 보아야 하며, /

【대법원 요지】 이는 소년법 제38조 제1항의 규정에 비추어 보아도 명백할 뿐만 아니라, /

【대법원 요지】 소년법은 원심이 거시한 바와 같은 소년의 특성 때문에 현재 소년이라는 상태를 중시하여 소년의 건전한 육성을 기하려는 것이고 /

【대법원 요지】 소년법 제60조 제2항도 이러한 취지에서 나왔다고 볼 것이지, /

【대법원 요지】 원심과 같이 소년법 제60조 제2항이 형법 제9조와 같이 연령을 책임요소로 파악한 데서 나왔다거나 /

【대법원 요지】 위와 같은 소년의 특성을 책임의 문제로서 파악하여야만 하는 것은 아니라 할 것이므로, /

【대법원 요지】 소년법 제60조 제2항의 소년인지 여부의 판단은 원칙으로 심판시 즉 사실심 판결선고시를 기준으로 한다고 보아야 한다.

【대법원 결론】 그렇다면 원심이 원심판결 선고당시 이미 성년이 된 피고인을 그가 범행시에 소년이었다고 하여 소년법 제60조 제2항에 의하여 법률상 감경을 한 것은 /

【대법원 결론】 소년법 제60조 제2항의 해석을 그르쳐 판결에 영향을 미친 위법을 범하였다 할 것이고, 따라서 이 점을 지적하는 논지는 이유 있다. (파기 환송)

91도2478

형사책임능력의 판단시점
14세 미만자 상습절도 사건
1991. 12. 10. 91도2478, 공 1992, 557

1. 사실관계 및 사건의 경과

【사실관계】

① 갑은 1974. 12. 20.생이다.

② 갑은 을과 함께 상습적으로 절도범행을 하였다.

③ 1988. 10. 29. 21:00경 갑은 을과 함께 A의 집에 침입하여 A 소유의 금목걸이 등을 절취하였다. (㉠행위)

④ 갑과 을의 절도범행은 그 밖에도 여러 건이 있었다. (㉡행위 등)

【사건의 경과】

① 검사는 ㉠행위와 ㉡행위 등에 대해 갑을 특가법위반죄(상습절도)로 기소하였다.

② 제1심법원은 공소사실 전부에 대해 유죄를 선고하였다.

③ 갑은 불복 항소하였다.

④ 항소심법원은 항소를 기각하고, 제1심판결을 유지하였다.
⑤ 갑은 불복 상고하였다.

2. 사안에 대한 대법원의 판단

【대법원 분석】 원심이 인용한 제1심판결에 기재된 범죄사실 중에는, /

【대법원 분석】 피고인이 상습으로 공소외 을과 합동하여 1988. 10. 29. 21:00경 피해자 A의 집에 침입하여 피해자 소유의 금목걸이 등 재물을 절취한 범행이 포함되어 있다.

【대법원 요지】 그러나 기록에 의하면 피고인은 1974. 12. 20.생으로서 /

【대법원 요지】 위 죄를 범할 당시에는 /

【대법원 요지】 아직 14세가 되지 아니하였음이 역수상 명백하므로, /

【대법원 요지】 위 범죄행위는 형법 제9조에 의하여 벌할 수 없는 것이다.

【대법원 결론】 그럼에도 불구하고 원심은 위 범행이 포함된 이 사건 공소사실을 전부 유죄로 인정하여 피고인을 처벌하였으니, /

【대법원 결론】 원심판결에는 벌하지 아니하여야 할 형사미성년자의 행위를 처벌한 위법이 있다고 할 것이고, 이와 같은 위법은 판결에 영향을 미친 것임이 분명하므로, 이 점을 지적하는 논지는 이유가 있다. (파기 환송)

【코멘트】

14세 미만자를 가리켜서 형사미성년자라고 한다. 형법 제9조는 14세 되지 아니한 자의 행위는 벌하지 아니한다고 규정하고 있다. 본 판례에서 대법원은 형사미성년자의 판단시점을 '죄를 범할 당시'라고 분명하게 판시하고 있다.

19세에 이르지 아니한 사람을 미성년자라고 한다(민법 제4조). 14세 이상인 미성년자가 형사재판을 받게 되면 소년법이 적용된다. 죄를 범할 당시 18세 미만인 소년에 대하여 사형 또는 무기형으로 처벌할 경우에는 15년의 유기징역으로 한다(소년법 제59조). 그러나 소년이 특정강력범죄를 범한 경우에는 유기징역의 상한이 높아진다. 특정강력범죄를 범할 당시 18세 미만인 소년을 사형 또는 무기형에 처하여야 할 때에는 소년법 제59조에도 불구하고 그 형을 20년의 유기징역으로 한다(특강법 제4조 제1항).

소년이 법정형으로 장기 2년 이상의 유기형에 해당하는 죄를 범한 경우에 법원은 그 형의 범위에서 장기와 단기를 정하여 선고한다. 다만 장기는 10년, 단기는 5년을 초과하지 못한다(소년법 제60조 제1항). 그러나 소년이 특정강력범죄를 범한 경우에는 장기와 단기가 각각 높아진다. 특정강력범죄를 범한 소년에 대하여 부정기형을 선고할 때에는 소년법 제60조 제1항 단서에도 불구하고 장기는 15년, 단기는 7년을 초과하지 못한다(특강법 제4조 제2항). 한편 소년의 특성에 비추어 상당하다고 인정되는 때에는 그 형을 감경할 수 있다(소년법 제60조 제2항).

상에서 보는 바와 같이 소년법은 소년에 대한 형의 감경에 대해 두 가지 경우를 예정하고 있다. 하나는 소년을 사형 또는 무기형으로 처벌해야 하는 경우인데, 소년은 15년 또는 20년의 유기형으로 처벌된다. 다른 하나는 소년에게 유기형을 택하여 부정기형을 선고하는 경우인데, 이 경우에는 소년의 형에 대한 감경이 가능하다.

두 가지 감경 가능성을 놓고 소년의 기준시점이 문제된다. 사형 또는 무기징역을 감경하는 경우에는 소년법이 명시하고 있는 것처럼 '죄를 범할 당시'가 기준시점이 된다. 그러나 유기징역에 대한 감경의 경우에는 소년법이 기준시점을 명시하고 있지 않다. 이에 대해 판례는 '소년'이 범행시뿐만 아니라 심판시까지 계속되어야 한다는 입장을 취하고 있다. 소년의 특성 때문에 현재 소년이라는 상태를 중시하여 소년의 건전한 육성을 기하려고 마련된 제도가 소년 감경이라는 것이 그 이유이다(전술 91도2393 판례 참조).

93도69

소년범 전과의 법적 성질
소년전과 누범 사건
1993. 2. 23. 93도69, 공 1993, 1117

1. 사실관계 및 사건의 경과

【사실관계 1】

① 갑은 소년법상의 소년이다.

② 갑은 ㉠범죄를 범하고 형을 선고받은 전과가 있다.

③ ㉠범죄의 전과는 아직 3년을 경과하지 않았다.

④ 을은 소년법상의 소년이다.

⑤ 을에게는 전과가 없다.

【사실관계 2】

① 갑과 을은 함께 A에 대해 강간죄를 범하였다.

② 갑과 을의 범행으로 A는 상해를 입었다.

③ 범행 당시 합동강간은 특가법상의 특수강간죄로 처벌되고 있었다.

④ 특수강간죄의 법정형은 무기 또는 5년 이상의 징역이다.

⑤ 특수강간치상죄의 법정형은 무기 또는 7년 이상의 징역이다.

【사건의 경과 1】

① 검사는 갑과 을을 특가법위반죄(특수강간치상)로 기소하였다.

② 갑과 을의 피고사건은 제1심을 거친 후, 항소심에 계속되었다.

③ 항소심법원은 갑의 누범전과에 주목하였다.

④ 항소심법원은 갑에 대해 작량감경만을 허용하여 징역 4년을 선고하였다.

⑤ 항소심법원은 전과 없는 을에 대해 소년감경과 작량감경을 인정하여 부정기형을 선고하였다.

【사건의 경과 2】

① 항소심판결 선고 직후 갑은 성인이 되었다.

② 갑은 불복 상고하였다.

③ 갑은 상고이유로 다음의 점을 주장하였다.

    (가) 소년법은 "소년이었을 때 범한 죄에 의하여 형을 선고받은 자가 그 집행을 종료하거나 면제받은 경우 자격에 관한 법령을 적용할 때에는 장래에 향하여 형의 선고를 받지 아니한 것으로 본다"고 규정하고 있다.

    (나) 항소심법원이 누범전과를 이유로 소년법상의 감경을 허용하지 않은 것은 위법하다.

    (다) 무기 또는 7년 이상의 징역을 작량감경한 경우에 징역 4년의 형을 선고할 수는 없다.

2. 소년범 전과의 효력

【대법원 요지】 형법 제35조는 소년법 제67조 소정의 "자격에 관한 법령"이 아님이 명백하고, /

【대법원 요지】 피고인과 공동하여 죄를 범한 다른 공동피고인에 대하여는 소년법 제60조 제2항에 따라 형을 감경하고 피고인에 대하여는 그렇게 하지 아니할 수도 있는 것이며, /

【대법원 판단】 무기 또는 7년 이상의 징역을 작량감경한 경우에 징역 4년의 형을 선고한 것이 소론과 같이 위법한 것이 아니므로, /

【대법원 결론】 논지는 모두 받아들일 것이 못된다. (상고 기각)

96도1703

양벌규정과 대표자의 범위
뇌물죄와 공무원의 범위
조세범처벌법 양벌규정 사건
1997. 6. 13. 96도1703, 공 1997, 2090

1. 사실관계 및 사건의 경과

【사실관계 1】

① P회사는 분뇨수거 및 정화조청소업체이다.

② 갑은 P회사의 대표이사로 재직해 왔다.

③ 1993. 3. 19. 갑은 법인등기부상으로 P회사의 대표이사직을 사임하였다.

④ 갑은 그 이후에도 P회사의 회장 겸 대표자로서 P회사를 실제로 운영하였다.

⑤ 갑은 A로 하여금 갑의 지시에 따라 P회사의 수입과 지출을 관리하고 이에 관련된 각종 장부를 작성하도록 하였다.

【사실관계 2】

① 을은 Q시 시의원이다.

② 을은 Q시의 도시계획위원이다.

③ Q시 도시계획위원회는 Q시 시장의 자문기구이다.

④ 을은 Q시의 도시계획과 관계하여 B로부터 금품을 받았다.
⑤ 을은 Q시의 도시계획과 관계하여 갑으로부터 금품을 받았다.
【사건의 경과】
① 검사는 갑, P회사, 을을 다음의 공소사실로 기소하였다.
　　(가) 갑 : 조세범처벌법위반죄, 뇌물공여죄
　　(나) P회사 : 조세범처벌법위반죄(양벌규정)
　　(다) 을 : 뇌물수수죄
② 갑, P회사, 을의 피고사건은 제1심을 거친 후, 항소심에 계속되었다.
③ 항소심법원은 피고인들에게 유죄를 인정하였다.
④ 갑 등은 불복 상고하였다.
⑤ 갑과 P회사는 상고이유로 다음의 점을 주장하였다.
　　(가) 갑은 P회사의 대표이사에서 사임하였다.
　　(나) 따라서 갑과 P회사는 처벌되지 않는다.
⑥ 을은 상고이유로 다음의 점을 주장하였다.
　　(가) 을은 Q시 시의원이다.
　　(나) Q시 도시계획위원회는 Q시 시장의 자문기구에 불과하다.
　　(다) Q시 도시계획은 Q시 시장의 직무에 속한다.
　　(라) 을이 Q시 도시계획과 관련하여 수수한 금품은 직무관련성이 없어 뇌물에 해당하지 않는다.

2. 조세범처벌법위반죄 부분에 대한 판단

【대법원 판단】 원심판결 이유에 의하면, 원심은, /
【대법원 판단】 피고인 갑이 법인등기부상 1993. 3. 19. 피고인 P주식회사의 대표이사직을 사임한 것으로 등기되어 있으나 /
【대법원 판단】 그 이후에도 위 회사의 회장 겸 대표자로서 위 회사를 실제로 운영하면서 공소외 A로 하여금 그의 지시에 따라 위 회사의 수입과 지출을 관리하고 이에 관련된 각종 장부를 작성하도록 한 사실을 인정한 다음 /
【대법원 판단】 피고인 갑이 위 회사의 실제상 대표자에 해당한다고 하여 피고인 갑, 피고인 P주식회사의 조세범처벌법위반 범죄사실을 유죄로 인정하고 있다. /
【대법원 결론】 기록에 비추어 살펴보면 원심의 위와 같은 사실인정은 정당한 것으로 수긍이 가고, 거기에 채증법칙을 위배한 잘못이 없다.
【대법원 요지】 그리고 조세범처벌법 제3조[양벌규정, 현행법 제18조에 해당함; 저자 주]는 법인의 대표자, 법인 또는 개인의 대리인, 사용인 기타의 종업인 등 행위자를 같은 법 제9조[현행법 제3조에 해당함; 필자 주] 제1항 소정의 조세포탈범으로 처벌하는 근거 조문이 되는 것이고, /
【대법원 요지】 여기서 말하는 '법인의 대표자'에는 그 명칭 여하를 불문하고 당해 법인을 실질적으로 경영하면서 사실상 대표하고 있는 자도 포함된다고 해석함이 상당하다. /
【대법원 결론】 이러한 법리에 비추어 볼 때 원심판결에 조세범처벌법 제3조의 법리를 오해한 위법

이 있다고 할 수 없다. 이 점에 관련된 상고이유 및 보충상고이유 중 상고이유를 보충하는 부분은 모두 받아들일 수 없다.

3. 뇌물수수죄 부분에 대한 판단

【대법원 판단】 (중략)

【대법원 요지】 형법 제129조에서의 공무원이라 함은 법령의 근거에 기하여 국가 또는 지방자치단체 및 이에 준하는 공법인의 사무에 종사하는 자로서 /

【대법원 요지】 그 노무의 내용이 단순한 기계적·육체적인 것에 한정되어 있지 않은 자를 지칭하는 것이므로, /

【대법원 요지】 같은법시행령 제61조 제1항, 제3항에 따라 도시계획에 관하여 시장 또는 구청장의 자문에 응하며, /

【대법원 요지】 당해 시 또는 구의 도시계획에 관한 사항을 심의하기 위하여 설치된 시·구도시계획위원회의 위원도 형법 제129조에서 말하는 공무원에 해당된다고 할 것이다.

【대법원 판단】 원심판결 이유를 기록에 비추어 살펴보면, /

【대법원 판단】 원심이 Q시의회 의원으로서 Q시 도시계획위원회 위원인 피고인 을을 형법 제129조 소정의 공무원으로 판단한 후, /

【대법원 판단】 Q시 도시계획위원회가 Q시장의 자문기관에 불과하다고 하여도 /

【대법원 판단】 위 피고인이 그 위원으로서 Q시의 도시계획에 관한 사항을 심의하는 직무에 종사하고 있는 이상 그 심의에 관련된 금품수수는 직무에 관한 것이라고 판단하여 /

【대법원 결론】 위 피고인이 판시 일시경 공소외 B로부터 수수한 판시 금품의 직무관련성을 인정하고 /

【대법원 결론】 또한 위 피고인이 상 피고인 갑으로부터 받은 판시 금품 역시 뇌물로 인정한 조치는 정당하고, /

【대법원 결론】 거기에 채증법칙을 위배하거나 뇌물수수죄의 법리를 오해한 잘못이 없다. 이 점을 지적하는 상고이유 역시 받아들일 수 없다. (상고 기각)

96헌가2

공소시효완성과 소급효금지의 원칙
5·18특별법 공소시효정지 사건
1996. 2. 16. 96헌가2, 96헌바7, 96헌바13, 헌집 8①, 51

1. 사실관계 및 사건의 경과

【사실관계 1】

① 갑 등은 소위 신군부의 장성들이다.

② 1979. 12. 12. 갑 등은 병력을 동원하여 군 지휘권을 장악하였다. (12·12사건)

③ 1980. 5. 17. 자정을 기하여 갑 등은 대통령 권한대행에게 압력을 가하여 전국 비상계엄을 선포하게 함으로써 권력을 장악하였다. (5·18사건)

【사실관계 2】

① 1994. 10. 29. 검사는 12·12사건과 관련된 피의자 38명에 대하여 기소유예의 불기소처분을 하였다.

② 1995. 7. 18. 검사는 5·18사건과 관련된 피의자 35명에 대하여 공소권없음의 불기소처분을 하였다.

③ [갑 등의 형사처벌을 구하는 서명운동이 전국적으로 전개되었다.]

④ 1995. 12. 21. 5·18민주화운동등에관한특별법이 제정·공포되었다. (5·18특별법)

⑤ 5·18특별법 제2조는 다음 내용의 공소시효 정지 규정을 두고 있다. (㉮조항)

　(가) 제2조(공소시효의 정지) ① 1979년 12월 12일과 1980년 5월 18일을 전후하여 발생한 헌정질서파괴범죄의공소시효등에관한특별법 제2조의헌정질서파괴범죄행위에 대하여 국가의 소추권 행사에 장애사유가 존재한 기간은 공소시효의 진행이 정지된 것으로 본다.

　(나) ② 제1항에서 "국가의 소추권행사에 장애사유가 존재한 기간"이라 함은 당해 범죄행위의 종료일부터 1993년 2월 24일까지의 기간을 말한다.

【사건의 경과 1】

① 1995. 12. 29. 검사는 12·12사건과 5·18사건과 관련된 피의자들 전원에 대하여 사건을 재기(再起)하였다.

② 1996. 1. 17. 검사는 12·12사건 관련자들에 대해 반란중요임무종사 등 혐의로 구속영장을 청구하였다.

③ 1996. 1. 17. 검사는 12·12사건 및 5·18사건 관련자들에 대하여 반란죄 및 내란중요임무종사 등 혐의로 구속영장을 청구하였다.

④ 1996. 1. 17. 갑 등은 5·18특별법의 ㉮조항에 대해 위헌심판 제청신청을 하였다.

⑤ 갑 등은 ㉠, ㉡, ㉢그룹으로 나누어진다.

⑥ 갑 등은 위헌심판 제청의 이유로 다음의 점을 주장하였다.

　(가) ㉮조항은 개별사건에 대한 법률이기 때문에 위헌이다.

　(나) ㉮조항은 공소시효가 이미 완성된 범죄혐의사실에 대하여 소급하여 그 공소시효 진행의 정지사유를 정하고 있다.

　(다) ㉮조항은 형벌불소급의 원칙을 천명하고 있는 헌법 제13조 제1항에 위반되는 규정이다.

【사건의 경과 2】

① 1996. 1. 18. 법원은 12·12사건과 관련된 ㉠그룹의 위헌제청신청을 받아들여 헌법재판소에 ㉮조항에 대한 위헌심판을 제청하였다. (96헌가2)

② 1996. 1. 18. 법원은 5·18사건 부분에 대해 공소시효가 아직 완성되지 않았다는 이유로 ㉡그룹의 위헌심판 제청신청을 기각하였다.

③ 1996. 1. 26. ㉡그룹은 헌법재판소에 헌법재판소법 제68조 제2항에 따라 헌법소원심판을 청구하였다. (96헌바7)

④ 1996. 1. 31. 법원은 5·18사건 부분에 대해 공소시효가 아직 완성되지 않았다는 이유로 ㉢그룹의

위헌심판 제청신청을 기각하였다.

⑤ 1996. 2. 10. ⓒ그룹은 헌법재판소에 헌법재판소법 제68조 제2항에 따라 헌법소원심판을 청구하였다. (96헌바13)

【사건의 경과 3】

① 헌법재판소는 갑 등의 피고사건이 공소시효가 완성되지 않은 경우라면 ㉮조항은 합헌이라는 데에 견해가 일치하였다.

② 헌법재판소는 갑 등의 피고사건이 공소시효가 완성되었을 경우를 놓고 의견이 나뉘었다.

③ 5명의 재판관은 ㉮조항이 위헌이라고 판단하였다.

④ 4명의 재판관은 ㉮조항이 위헌이 아니라고 판단하였다.

⑤ 헌법재판소는 위헌 정족수 6명에 이르지 못하여 ㉮조항을 합헌으로 판단하였다.

⑥ (판례분석의 소제목은 판례 원문에 의함)

2. 사안에 대한 헌법재판소의 판단

가. 특별법 제2조가 개별사건법률이기 때문에 위헌인가

【헌재 분석】 (1) 청구인들은 /

【헌재 분석】 이 법률조항이 "1979. 12. 12.과 1980. 5. 18.을 전후하여 발생한 헌정질서파괴범죄행위"라고 특정함으로써 청구인 등이 범하였다는 이른바 12·12 군사반란행위와 5·18 내란행위를 지칭하는 것이 명백하여 /

【헌재 분석】 특별법은 결국 청구인 등 특정인의 특정사건에 대하여 국가형벌권이 특정기간동안 연장하는 것을 규정하고 있어 '개인대상법률'이며 '개별사건법률'이므로 헌법상 평등의 원칙에 반할 뿐만 아니라 /

【헌재 분석】 나아가 권력분립의 원칙과 무죄추정의 원칙에 반하여 헌법에 위반된다고 주장한다. /

【헌재 판단】 그러므로 먼저 이 법률조항이 개별사건법률이기 때문에 헌법에 위반되는 것인지의 여부에 관하여 판단한다.

【헌재 판단】 특별법 제2조는 제1항에서 "1979년 12월 12일과 1980년 5월 18일을 전후하여 발생한 …… 헌정질서파괴행위에 대하여…… 공소시효의 진행이 정지된 것으로 본다."라고 규정함으로써, /

【헌재 판단】 특별법이 이른바 12·12 사건과 5·18 사건에만 적용됨을 명백히 밝히고 있으므로 /

【헌재 판단】 다른 유사한 상황의 불특정다수의 사건에 적용될 가능성을 배제하고 오로지 위 두 사건에 관련된 헌정질서파괴범만을 그 대상으로 하고 있어 /

【헌재 판단】 특별법 제정당시 이미 적용의 인적범위가 확정되거나 확정될 수 있는 내용의 것이므로 개별사건법률임을 부인할 수는 없다.

【헌재 판단】 (2) 그러나 우리 헌법은 개별사건법률에 대한 정의를 하고 있지 않음은 물론 개별사건법률의 입법을 금하는 명문의 규정도 없다.

【헌재 판단】 개별사건법률금지의 원칙은 "법률은 일반적으로 적용되어야지 어떤 개별사건에만 적용되어서는 아니된다"는 법원칙으로서 헌법상의 평등원칙에 근거하고 있는 것으로 풀이되고, /

【헌재 판단】 그 기본정신은 입법자에 대하여 기본권을 침해하는 법률은 일반적 성격을 가져야 한다는 형식을 요구함으로써 평등원칙위반의 위험성을 입법과정에서 미리 제거하려는데 있다 할 것이다.

【헌재 판단】 개별사건법률은 개별사건에만 적용되는 것이므로 원칙적으로 평등원칙에 위배되는 자의적인 규정이라는 강한 의심을 불러일으킨다. /

【헌재 판단】 그러나 개별사건법률금지의 원칙이 법률제정에 있어서 입법자가 평등원칙을 준수할 것을 요구하는 것이기 때문에, 특정규범이 개별사건법률에 해당한다 하여 곧바로 위헌을 뜻하는 것은 아니다. /

【헌재 판단】 비록 특정법률 또는 법률조항이 단지 하나의 사건만을 규율하려고 한다 하더라도 이러한 차별적 규율이 합리적인 이유로 정당화될 수 있는 경우에는 합헌적일 수 있다. /

【헌재 판단】 따라서 개별사건법률의 위헌 여부는, 그 형식만으로 가려지는 것이 아니라, 나아가 평등의 원칙이 추구하는 실질적 내용이 정당한지 아닌지를 따져야 비로소 가려진다.

【헌재 결론】 (3) 이른바 12·12 및 5·18 사건의 경우 그 이전에 있었던 다른 헌정질서파괴범과 비교해보면, /

【헌재 결론】 공소시효의 완성 여부에 관한 논의가 아직 진행중이고, /

【헌재 결론】 집권과정에서의 불법적 요소나 올바른 헌정사의 정립을 위한 과거청산의 요청에 미루어 볼 때 비록 특별법이 개별적사건법률이라고 하더라도 입법을 정당화할 수 있는 공익이 인정될 수 있다고 판단된다. /

【헌재 결론】 따라서 이 법률조항은 개별사건법률에 내재된 불평등요소를 정당화할 수 있는 합리적인 이유가 있으므로 헌법에 위반되지 아니한다.

나. 특별법은 소급효를 가진 법률인가

【헌재 판단】 (1) 이 법률조항은 1979. 12. 12.과 1980. 5. 18.을 전후하여 발생한 헌정질서파괴범죄의공소시효등에관한특례법 제2조의 헌정질서파괴범죄행위(이 뒤에는 "이 사건 범죄행위"라고만 한다)에 대하여 /

【헌재 판단】 당해 범죄행위의 종료일부터 1993. 2. 24.까지 국가의 소추권행사에 장애사유가 존재하였다고 하여 그 기간은 공소시효의 진행이 정지된 것으로 보도록 규정하고 있다.

【헌재 판단】 그런데 특별법이 제정된 경위 및 그 입법과정에서의 논의내용(제177회 국회법제사법위원회 회의록 제18호)과 이 법률조항의 내용 및 그 표현형식 등에 비추어 보면, /

【헌재 판단】 국회가 이 법률조항을 제정한 취지는, /

【헌재 판단】 공소시효제도의 본질에 비추어 국가가 소추권을 행사할 수 없는 법률상 또는 중대한 사실상의 장애사유가 있는 때에는 법률에 명문으로 규정된 바가 없다고 하더라도 공소시효의 진행이 정지된다고 해석하여야 할 것이므로, /

【헌재 판단】 이 사건 범죄행위의 경우에는 그 범죄행위자들이 바로 그 범죄행위를 통하여 국가권력을 장악함으로써 국가가 소추권을 행사할 수 없었던 1993. 2. 24.까지는 공소시효의 진행이 정지되었다고 볼 수밖에 없음에도 불구하고, /

【헌재 판단】 국가의 소추권행사에 이러한 장애사유가 있는 때에 공소시효의 진행이 정지되는 것으

로 보는 법원의 의견이 명백히 판시된 바 없으므로, /

【헌재 판단】 입법을 통하여 이를 규범으로 확인하고자 하는 데 있는 것으로 판단된다.

【헌재 판단】 따라서 이 법률조항이 헌법에 위반되는 여부를 판단함에 있어서는, /

【헌재 판단】 먼저 이 법률조항이, /

【헌재 판단】 공소시효제도의 본질이나 그 제도에 관한 실정법의 해석에 의하여 당연히 도출되는 사유를 확인하여 공소시효정지 사유의 하나로 규정한 것에 지나지 않는 것(확인적 법률)인지, /

【헌재 판단】 그런 것이 아니라 사후에 새로운 공소시효의 정지사유를 규정한 이른바 소급입법에 해당하는 것(형성적 법률)인지를 가려야 할 필요가 있다. /

【헌재 판단】 왜냐하면 만일 이 법률조항이 그 입법취지대로 기존의 실정법 규정에 따른 공소시효의 정지사유를 규범적으로 확인한 것에 지나지 않는 것이라면, /

【헌재 판단】 그로 인하여 기존의 법률관계에 아무런 영향을 미치는 것이 아님은 물론 법원의 재판권을 제한하는 것도 아니어서 처음부터 소급입법이나 사법권의 침해 등 헌법적인 문제가 생길 여지가 없기 때문이다.

(1) 재판관 김용준, 재판관 정경식, 재판관 고증석, 재판관 신창언의 의견

【헌재 판단】 원래 공소시효제도는 헌법이 마련하고 있는 제도가 아니라 법률이 규정하고 있는 제도이므로, /

【헌재 판단】 그 제도의 구체적인 적용은 사실의 인정과 법률의 해석에 관련된 문제로서 기본적으로 법원의 전속적인 권한에 속하는 사항이며, 헌법재판소가 관여할 사항이 아니다. /

【헌재 판단】 물론 이 사건 범죄행위를 실행한 자들이 국가권력을 장악하고 있음으로 말미암아 그 기간 동안 국가의 소추권행사에 중대한 장애가 있었음은 의문의 여지가 없다. /

【헌재 판단】 그러나 실정법에 명문으로 규정된 바 없음에도, 공소시효제도의 본질에 비추어 이러한 사정을 공소시효가 당연히 정지되는 사유로 보아야 할 것인지의 여부는, 결국 법원의 법률해석을 통하여 가려질 문제인바, /

【헌재 판단】 이 점에 관하여 법원의 의견이 명백히 판시된 바 없으므로, /

【헌재 판단】 헌법재판소로서는 이 법률조항이 실정법의 해석을 규범적으로 확인한 규정에 지나지 않는다고 단정할 수 있는 처지에 있지 않다.

【헌재 판단】 따라서 헌법재판소로서는 위 법률조항이 "확인적 법률"인지의 여부에 관하여는 법률을 해석적용하는 법원의 판단에 맡기고, /

【헌재 판단】 만일 법원이 이 점에 관하여 소극적인 견해를 취하여 이 법률조항이 사후에 공소시효의 정지사유를 새롭게 규정한 형성적 법률이라고 해석하는 경우에는, /

【헌재 판단】 이 법률조항이 소급입법에 해당하여 헌법에 위반되는 여부가 문제로 제기될 수 있으므로, /

【헌재 판단】 헌법재판소로서는 이와 같은 헌법적인 문제에 대하여 판단하지 아니할 수 없다.

(2) 재판관 김진우, 재판관 이재화, 재판관 조승형의 의견

【헌재 판단】 우리는 특별법의 이 법률조항이 법 및 법집행의 왜곡에 따르는 소추의 장애사유가 존재하여 일정 범위의 헌정질서파괴행위자들에 대한 검찰의 소추권행사가 불가능하였으므로 당연히 공소

시효의 진행이 정지된 것으로 보아야 한다는 법리를 확인하여 입법한데 불과하므로 이는 소급입법에 해당하지 않는다고 본다. /

【헌재 판단】 그 이유는 다음과 같다.

(가) 공소시효제도의 본질

【헌재 판단】 범죄에 대하여는 그에 상응한 처벌을 반드시 하는 것이, 즉 범인필벌이 형사사법적 정의에 부합한다. /

【헌재 판단】 그러나 공정한 재판에 의한 공정한 처벌이 형사사법적 정의의 실현이라고 할 것인데, /

【헌재 판단】 국가가 공소제기를 할 수 있었음에도 불구하고 오랜 동안 공소를 제기하지 않음으로써 증거의 산일 등으로 공정한 재판을 못하게 되는 것은 국가에게도 책임이 있으므로 /

【헌재 판단】 죄질에 상응한 일정 기간 동안 공소제기를 하지 아니한 채 경과하면 소추를 하지 못하게 함으로써 형사처벌을 할 수 없도록 하는 것이 공소시효의 제도이다.

【헌재 판단】 이와 같은 공소시효제도의 본질에 비추어 볼 때 공소시효에 대한 이익은 단순한 반사이익이라고는 할 수 없고, 법률상 보호할 가치가 있는 법적인 이익이라고는 할 것이다. /

【헌재 판단】 그렇다고 해서 이를 인간의 존엄과 가치, 신체의 자유, 양심의 자유 등과 같은 기본권과 동일시할 수 없다. /

【헌재 판단】 왜냐하면 공소시효에 대한 피고인의 이익은 형사소추에 대한 국가의 이익, 즉 범인필벌의 실체적 정의의 요청과 필연적으로 충돌되는 것이므로 /

【헌재 판단】 상반되는 두 가지 이익을 상호조정함으로써 그 보호범위와 정도가 결정될 수밖에 없기 때문이다.

【헌재 판단】 역사적으로 공소시효가 서구에서 정착된 것은 19세기 이후부터이고 /

【헌재 판단】 오늘날 우리나라의 형사소송법과 세계 각국의 법제는 공시시효제도를 두고 있으나 /

【헌재 판단】 예를 들면 독일에서는 모살죄에 대하여는 시효를 인정하지 아니하며, /

【헌재 판단】 불란서에 있어서도 적전도망죄 등에 대한 시효를 인정하지 않고 있고, /

【헌재 판단】 영미에 있어서도 보통법상 공소시효가 없는 등 /

【헌재 판단】 각국의 역사적 경험과 사회적 현실에 따라서 공소시효를 인정하는 범위와 내용 그리고 정지사유에 있어서 차이가 있다.

(나) 소추권행사의 장애와 공소시효의 정지에 관한 입법례와 판례

【헌재 판단】 공소시효의 진행이 정지되는 경우는 특별히 법률로써 명문의 규정을 둔 경우에 한하는 것인지, /

【헌재 판단】 아니면 명문의 규정이 없다고 하더라도 국가의 소추권의 행사와 관련하여 예를 들면 법질서에 내재하는 장애사유 등 중대한 장애사유가 있는 경우에는 공소시효가 진행되지 않는 것이 원칙이라고 해석할 것인지가 문제된다.

【헌재 분석】 먼저 우리나라와 같이 집권자에 의하여 법의 집행이 왜곡된 불행한 역사를 경험한 국가들의 공소시효정지사유에 관한 특별한 입법례와 판례를 살펴본다.

【헌재 분석】 독일의 경우에는 "시효는 법률상 소추가 개시될 수 없거나 속행될 수 없는 경우에는 정

지한다"고 규정함으로써(독일 구 형법 69조, 현행 독일형법 제78조의 b) /

【헌재 분석】 소추권의 행사에 법률상의 장애사유가 있는 경우 공소시효의 진행이 정지된다는 일반원직을 명분화함과 아울러 /

【헌재 분석】 소추권행사에 있어서 법률상 장애사유의 범위를 다음과 같이 넓히고 있다.

【헌재 분석】 나치범죄의 처벌을 위하여 제2차대전이 끝난 후 헷센주(Hessen)에서 제정한 「나치범죄처벌법」은 나치지배기간 동안에 정치적 · 인종적차별적 · 반종교적인 이유 때문에 처벌되지 아니한 범죄에 대하여는 1933. 1. 30.부터 1945. 6. 15.까지의 기간 동안 공소시효의 진행이 정지된 것으로 본다고 규정하였다. /

【헌재 분석】 이에 대하여 독일연방헌법재판소는 나치정권이 국가권력을 장악함으로써 소추가 불가능하였던 기간 동안에는 위 법률규정에 따라 공소시효가 진행되지 않는다는 것을 확인한 것으로서 헌법의 제규정에 반하지 아니하여 합헌이라고 판시하였다.

【헌재 분석】 총통인 히틀러(Hitler)의 의사를 위 구 독일형법 제69조의 법률로 보아 법률적 장애로 인한 시효의 정지를 인정한 것이다.

【헌재 분석】 또한 위와 같이 하여 연장된 시효기간마저도 임박하게 되자, /

【헌재 분석】 독일은 1964. 4. 13. 「공소시효계산법(Gesetz über die Berechnung strafrechtlicher Verjährungsfrist)」을 제정하여 1945. 5. 8.부터 1949. 12. 31.까지의 기간을 시효계산에서 제외하도록 규정하였다. /

【헌재 분석】 이에 대하여 독일연방헌법재판소는 1969. 2. 26. 결정(BVerfGE 25,269)에서 죄형법정주의, 신뢰보호의 원칙, 평등권에 위배되지 아니한다는 이유로 합헌이라고 판시하였다.

【헌재 분석】 그 후 독일은 형법을 개정하여 모살죄(謀殺罪)의 시효기간을 30년으로 연장하였으며, /

【헌재 분석】 1979. 7. 22. 다시 형법을 개정하여 모살죄에 대한 공소시효를 없애 언제든지 나치의 학살범죄에 대한 처벌이 가능하도록 하였다.

【헌재 분석】 또한 동독이 무너진 이후인 1993. 3. 26. 제정된 「동독공산당의 불법행위에 있어서의 시효정지에 관한 법률(Gesetz über das Ruhen der Verjährung bei SED-Unrechtstaten vom 26. März 1993)」도, /

【헌재 분석】 "구동독의 공산당정권하에서 범하여지고 구동독의 국가 또는 당지도부의 명시적 또는 묵시적 의사에 따라 정치적 이유 또는 자유주의적 법치국가질서에 합치하지 아니하는 이유로 처벌되지 아니한 행위의 소추에 있어서는 1949. 10. 11.부터 1990. 10. 3.까지의 기간은 고려하지 아니한다. 이 기간 동안에는 공소시효가 정지된다"고 규정하고 있다(제1조). /

【헌재 분석】 이 경우 구동독의 국가 또는 당의 의사를 공소시효진행의 장애를 규정하고 있는 법률과 동시한 것으로 해석되고 있다.

【헌재 분석】 독일에서는 위에서 살펴본 것과 같이 나치체제나 통일전 동독의 공산정권하에서 자행된 인간의 존엄성을 유린하는 불법적 범죄행위를 체험한 후 그와 같은 중대한 불법적 사례들을 법치국가적으로 청산하기 위한 여러 입법이 행하여 졌는바, /

【헌재 분석】 정권장악을 위한 쿠데타 등 헌정질서파괴행위 및 그 과정에서 자행된 집단적 살상행위 등의 법치국가적 처리라는 역사적 과제 앞에 서있는 우리에게 많은 시사를 준다고 할 것이다.

【헌재 분석】 한편 프랑스의 경우에는 독일과 같은 시효정지에 관한 일반원칙을 명문으로 선언하지 않았음에도 불구하고, /

【헌재 분석】 판례에 의하여 "시효는 유효하게 소추될 수 없는 사람에 대하여는 진행하지 않는다(contra non valentem agere non pareasriptio)"라는 법언을 적용하여, /

【헌재 분석】 법률적 장애이건 사실적 장애이건 소추가 불가능한 기간 동안에는 시효의 진행이 정지된다고 판시하고 있다. /

【헌재 분석】 프랑스에서 시효가 정지되는 장애사유로 판시한 예를 보면, /

【헌재 분석】 선결문제의 검토가 필요한 기간, /

【헌재 분석】 공소권행사의 전제가 되는 허가절차를 밟는 기간(프랑스의 경우 현행범이 아닌 중죄를 범하거나 경죄를 범한 국회의원에 대하여 소추하려면 의회의 허가를 받도록 하고 있다), /

【헌재 분석】 외국에서 범한 개인에 대한 경죄의 경우 피해자의 고소가 있거나 그 외국의 공적인 고발이 있어야 하는데 그러한 고소나 고발이 없어 소추할 수 없었던 기간, /

【헌재 분석】 범인이 외국에 도피한 경우 범죄인인도가 거부되어 소추할 수 없었던 기간은 물론, /

【헌재 분석】 나아가 홍수, 적에 의한 영토의 침범, 군사점령기간에 대해서도 시효의 정지를 인정하고 있으며, /

【헌재 분석】 피의자의 심신상실도 피의자 자신을 방어할 수 없다는 의미에서 시효정지사유로 보고 있다.

【헌재 분석】 한편 국제연합은 전쟁범죄와 반인도적 범죄를 예방하기 위하여 1968. 11. 26. 총회에서 결의 제2391(ⅩⅩⅢ)호로 「전쟁범죄 및 반인도적 범죄에 대한 국제법상의 시효의 부적용에 관한 협약(Convention on the Non-Applicability of Statutory Limitations to War Crimes and Crimes against Humanity)」을 채택하여 국제법상 전쟁범죄와 반인도적 범죄에 대하여는 시효기간이 없다는 것을 확인하였다. /

【헌재 분석】 이 협약규정은 국가를 대표하는 자에 대해서든 사인에 대해서든, 정범이든 교사범이든, 범행이 완수된 정도와 상관없이 적용되며 그러한 범행을 관용한 국가의 대표자에게도 적용되고, 동협약체약국은 이러한 범죄에 대한 시효가 규정된 법률을 폐지할 것을 약속하였다.

(다) 헌정질서파괴범에 의한 국가권력의 장악과 소추장애사유

【헌재 판단】 위에서 살펴본 바와 같이, 공시시효란 본래 소추가능기간을 의미하므로 그 기간 동안 정상적인 소추권의 행사가 가능할 것을 전제로 하는 것이며, /

【헌재 판단】 공소시효제도의 근본적인 존재이유가 오랜 동안 소추권행사를 게을리 한 것은 국가측의 잘못이라고 할 것인데 /

【헌재 판단】 그로 인한 불이익을 오로지 범인에게만 감수하라고 하는 것은 부당하다는 데 있으므로, /

【헌재 판단】 공소시효는 소추기관이 유효하게 공소권을 행사할 수 있었음에도 불구하고 이를 행사하지 아니한 채 시효기간을 경과하였을 것을 요건으로 한다고 볼 것이다. /

【헌재 판단】 따라서 공소시효는 소추기관이 유효하게 공소권을 행사하는데 법적·제도적 장애가 없을 때에만 진행할 수 있다고 해석하여야 한다.

【헌재 판단】 나아가 우리 법제에 있어서 국가의 소추권행사에 장애사유가 있는 경우를 구체적으로 살펴본다. /

【헌재 판단】 우선 단순히 수사기관이 증거를 수집하고 범인을 체포하는 데에 사실상의 어려움이 있다는 것만으로는 소추권의 행사에 장애사유가 있다고 볼 수 없을 것이다. /

【헌재 판단】 이에 비하여 형사소송법 제253조나 동법 제262조의2와 같이 법률에 명시적 규정으로 시효정지사유를 규정한 경우는 물론이요, /

【헌재 판단】 공소시효의 정지사유로 법률에 명시되지는 아니하였다 하여도 "형사상의 소추를 받지 아니한다"고 헌법 제84조에 규정한 경우와 같이 /

【헌재 판단】 헌법 또는 법률규정에 의하여 명문으로 소추가 금지되어 있는 경우는 대표적인 소추장애사유에 해당하며, /

【헌재 판단】 헌법재판소도 1995. 1. 20. 선고, 94헌마246 결정에서 이를 확인한 바 있다. /

【헌재 분석】 또한 헌법재판소는 5·18사건에 관하여 성공한 내란도 내란행위자가 집권하고 있는 동안 그 내란행위는 불처벌의 상태로 남아있을 뿐이고 내란행위자의 집권이 종료된 경우에는 그러한 행위도 처벌될 수 있다고 /

【헌재 분석】 헌법재판소법 제23조 제2항 제1호 소정의 위헌결정정족수를 넘는 재판관의 찬성으로 결정한 바 있다[1995. 12. 15. 선고, 95헌마221·233·297(병합)].

【헌재 판단】 그리고 위 결정에 있어서도 형사법의 집행을 담당하는 국가의 소추기관이 법제도상 군사반란 내지 내란행위자들에 의해 장악되거나 억압당함으로써 이들의 의사나 이익에 반하는 소추권행사가 더 이상 가능하지 않게 되는 등 /

【헌재 판단】 반란행위나 내란행위를 처벌하여야 할 법률의 기능이 마비되어, /

【헌재 판단】 적어도 위 행위자들에 관한 한 법치국가적 원칙이 완전히 무시되고 법률의 집행이 왜곡되는 법질서상의 중대한 장애사유가 있는 경우에도 공소시효가 정지되지 않는다는 의미까지 판시한 것이 아니다. /

【헌재 판단】 오히려 이러한 경우에는 비록 헌법이나 법률에 명문의 규정은 없다 하여도 /

【헌재 판단】 법제도와 법률 자체의 기능 및 법집행이 왜곡되는 등의 사유로 위와 같은 반란행위자나 내란행위자에 대한 형사소추가 불가능한 경우는 /

【헌재 판단】 단순한 사실상의 장애를 넘어 법규범 내지 법치국가적 제도 자체에 장애가 있다고 보아야 하며, /

【헌재 판단】 이러한 장애로 군사반란행위자와 내란행위자가 불처벌로 남아있을 수밖에 없는 상태로 있는 기간 동안에는 공소시효가 정지된다고 보아야 할 것이고, /

【헌재 판단】 또 이것이 공소시효제도의 본질에도 부합하는 해석이라고 할 것이다.

【헌재 판단】 공소시효제도가 본래 범인필벌의 요청과 법적 안정성의 요청 사이에 상반되는 이익에 대한 조정의 문제라고 하는 점에 비추어 보더라도, /

【헌재 판단】 헌정질서파괴범죄행위자들이 정권을, 따라서 소추기관을 실효적으로 장악하고 있는 상황하에서는 역시 이들에 대한 군사반란죄와 내란죄에 대한 공소시효도 정지되는 것이라고 해석하는 것이 /

【헌재 판단】 성공한 내란도 처벌되어야 한다는 당위성에 합치되고 /

【헌재 판단】 정의의 관념과 형평의 원칙에도 합치한다. /

【헌재 판단】 만약 이와 같이 해석하지 않는다면, 헌정질서파괴범죄행위자들이 시효의 이익을 누리기 위하여 불법적인 방법으로 집권기간을 연장하는 등 오히려 헌법질서의 파괴를 조장하게 되는 모순이 있고 /

【헌재 판단】 성공한 내란은 처벌할 수 없는 결과가 될 것이기 때문이다.

【헌재 분석】 이 사건의 경우를 보면, 1979. 12. 12. 당시 보안사령관이었던 피의자 전두환이 노태우 등 군내의 추종세력을 규합하여 일으킨 군사반란은 내란행위와 결합되어 1980. 5. 18.사태와 같은 불행한 사태를 야기하고 /

【헌재 분석】 마침내는 이른바 제5공화국의 성립으로 이어지고 이른바 제6공화국이 종료한 1993. 2. 24.까지 위 사건들에 가담한 자들에 의하여 국가권력이 실효적으로 장악되었다.

【헌재 분석】 1979. 12. 12. 당시는 박정희 전직 대통령이 살해되어 정치·사회적으로 불안정한 상태였을 뿐만 아니라, /

【헌재 분석】 비상계엄이 선포되어 계엄지역 안의 모든 행정기관(정보 및 보안업무를 관장하는 기관을 포함한다) 및 사법기관이 계엄사령관의 지휘·감독을 받게 되어 있었으므로(계엄법 제8조 참조), /

【헌재 분석】 위와 같이 피의자 전두환과 노태우 등이 12·12 군사반란을 통하여 대통령의 재가없이 계엄사령관겸 육군참모총장인 청구외 정승화를 체포하고, /

【헌재 분석】 대통령의 관저인 총리공관의 경비자의 무장을 병력을 동원하여 협박하여 해제하고, /

【헌재 분석】 대통령 최규하를 협박하여 국가의 모든 군권을 장악하고 보안사, 중앙정보부, 경찰 등 모든 수사·정보기관을 장악하였음에 비추어 /

【헌재 분석】 당시 이 사건 군사반란행위와 내란행위에 대한 수사와 소추는 제도적으로도 불가능하고 /

【헌재 분석】 도리어 위 군사반란을 방지하려던 청구외 장태완 등을 처벌하는 등 반란죄에 대한 법률기능이 왜곡된 상태를 야기한 국가적인 중대한 장애사유가 있었다고 할 것이고, /

【헌재 분석】 그 후 전두환이 제11대 대통령에 취임하고 헌법을 개정한 다음, /

【헌재 분석】 1981. 2. 25. 개정헌법에 따라 실시한 선거인단에 의한 대통령선거에서 다시 대통령으로 당선되어 동년 3.3. 제12대 대통령에 취임한 후 1988. 2. 24. 그 임기가 만료할 때까지 7년 5월 24일간 집권하고, /

【헌재 분석】 그 후 노태우가 제13대 대통령으로 당선되어 1988. 2. 25. 취임한 이래 1993. 2. 24. 그 임기가 만료하기까지 5년간 국가권력을 장악함으로써 /

【헌재 분석】 전두환·노태우의 위 1979년 12월 12일과 1980. 5. 18.의 군사반란죄 및 내란죄는 /

【헌재 분석】 위 각 범죄행위에 가담한 공범들에 대하여도 위에서 본 소추와 처벌이 전혀 불가능한 상태가 지속되었던 사실은 /

【헌재 분석】 당재판소가 처리한 12·12사건과 5·18사건에 관한 사건기록을 통하여 현저하다.

【헌재 판단】 그리고 1979. 12. 12. 사태는 군사반란의 방법에 의하여 전국의 군권과 수사권을 장악하고 대통령의 관저의 무장까지 불법적으로 해제하고 대통령에게 협박하는 등 헌정질서파괴행위였고, /

【헌재 판단】 1980. 5. 18.의 사태는 전두환 내란행위자가 헌정질서를 파괴한 행위임도 명백하다.

【헌재 판단】 그러므로 국가소추기관이 이 사건 군사반란과 내란행위자들인 위 전두환 및 노태우가 이 사건 군사반란행위가 성공한 이후 이들의 대통령 재직기간 동안 이들에 의해 상악뇌서나 억압낭함으로써 /

【헌재 판단】 위 행위자들의 의사에 반하여 이 사건 범죄들에 대하여 소추를 할 수 없게 되어 /

【헌재 판단】 적어도 위 행위자들에 관한 한 자유민주적 법치국가질서의 내용에 부합하는 법집행이 불가능하여 /

【헌재 판단】 군사반란죄와 내란죄에 대한 법률기능 자체가 왜곡되는 법규범 내지 법제도 자체에 관련된 장애로 /

【헌재 판단】 위 전두환, 노태우와 그 공범자들에 대한 위 군사반란죄와 내란죄에 대한 소추가 불가능하였다고 할 것이다. /

【헌재 판단】 그러므로 이 사건 각 범죄행위의 종료일로부터 1993. 2. 24.까지 사이에는 이 사건 각 범죄행위에 대하여는 당연히 공소시효의 진행이 정지된다고 해석함이 타당하다.

(라) 결 론

【헌재 판단】 그렇다면 이 사건 범죄행위의 종료일로부터 전두환·노태우의 대통령 재직기간이 만료된 1993. 2. 24.까지의 기간 동안에 그러한 이 사건 군사반란죄와 내란죄 등에 대한 공소시효의 진행이 정지된 것으로 본다고 규정한 이 법률조항은 확인입법에 지나지 아니하고 /

【헌재 판단】 이 점에서도 헌법위반의 법률조항이 아니라고 할 것이다.

(4) 재판관 김문희, 재판관 황도연의 의견

【헌재 분석】 우리 헌법재판소는 이른바 12·12 사건에 관한 1995. 1. 20. 선고, 94헌마246사건의 결정에서 헌법 제84조의 해석과 관련하여 공소시효의 정지사유에 대하여 다음과 같이 판시한 바 있다. /

【헌재 분석】 즉 "위 헌법규정의 근본취지를 대통령의 재직중 형사상의 소추를 할 수 없는 범죄에 대한 공소시효의 진행은 정지되는 것으로 해석하는 것이 원칙일 것이다. /

【헌재 분석】 즉 위 헌법규정은 바로 공소시효진행의 소극적 사유가 되는 국가의 소추권행사의 법률상의 장애사유에 해당하므로, 대통령의 재직중에는 공소시효의 진행이 당연히 정지되는 것으로 보아야 한다"든가 /

【헌재 분석】 "검사가 법률상의 장애사유로 인하여 소추권을 행사할 수 없는 경우에는 공소시효가 진행하지 않는것이 원칙이다." /

【헌재 분석】 "따라서 헌법 제84조에 따라 소추가 불가능할 경우에는 공소시효의 진행이 정지되어야 한다는 것은 위와 같은 당연하고도 정당한 법리가 적용된 결과일 뿐"이라고 판시하였고, /

【헌재 분석】 한편 우리는 그 결정의 반대의견에서 공소시효는 법률로써 명문규정을 둔 경우에 한하여 정지되는 것이고, /

【헌재 분석】 헌법 제84조의 규정도 공소시효의 정지에 관한 명문규정으로 볼 수 없다는 의견을 분명히 밝힌 바 있고, /

【헌재 분석】 지금도 그 의견에는 변함이 없다.

【헌재 판단】 따라서 우리의 의견에 의하면 이 법률조항에서 공소시효가 정지되는 것으로 규정한 전 기간, 모든 피의자에 대하여 이 법률조항으로 말미암아 비로소 공소시효의 진행이 정지되는 것으로 본다. /

【헌재 판단】 그렇다면 이 법률조항은 소급적 효력을 가진 형성적 법률이어서 당연히 위헌 여부의 문 제가 제기될 수밖에 없는 것이다.

다. 공소시효와 형벌불소급의 원칙

【헌재 판단】 이 법률조항에 의한 공소시효의 정지 곧 결과적으로 그 기간을 연장하는 것이 헌법 제 12조 제1항 후단과 제13조 제1항 전단의 죄형법정주의에 위반되는지를 살펴보기로 한다.

【헌재 분석】 (1) 헌법 제12조 제1항 후단은 "……법률과 적법한 절차에 의하지 아니하고는 처벌·보 안처분 또는 강제노역을 받지 아니한다"라고 규정하고, /

【헌재 분석】 제13조 제1항 전단은 "모든 국민은 행위시의 법률에 의하여 범죄를 구성하지 않는 행위 로 소추되지 아니하며……"라고 하여 죄형법정주의와 형벌불소급의 원칙을 규정하고 있다. /

【헌재 판단】 헌법 제12조 제1항과 제13조 제1항의 근본 뜻은 형벌법규는 허용된 행위와 금지된 행위 의 경계를 명확히 설정하여 어떠한 행위가 금지되어 있고, 그에 위반한 경우 어떠한 형벌이 정해져 있 는가를 미리 개인에 알려 자신의 행위를 그에 맞출 수 있도록 하자는데 있다. /

【헌재 판단】 이로써 위 헌법조항은 실체적 형사법 영역에서의 어떠한 소급효력도 금지하고 있고, /

【헌재 판단】 "범죄를 구성하지 않는 행위"라고 표현함으로써 절대적 소급효금지의 대상은 "범죄구성 요건"과 관련되는 것임을 밝히고 있다.

【헌재 판단】 헌법이 위 조항에서 비록 범죄구성요건만을 언급하고 있으나, /

【헌재 판단】 책임없는 형벌을 금하고 행위의 불법과 행위자의 책임은 형벌과 적정한 비례관계를 유 지하여야 한다는 적법절차의 원칙과 법치주의원칙에서 파생되는 책임원칙에 따라 범죄구성요건과 형 벌은 불가분의 내적인 연관관계에 있기 때문에, /

【헌재 판단】 결국 죄형법정주의는 이 두 가지 요소로 구성되는 "가벌성"을 그 내용으로 하고 있는 것 이다. /

【헌재 판단】 즉 가벌성의 조건을 사후적으로 변경할 것을 요구하는 공익의 요청도 개인의 신뢰보호 와 법적안정성에 우선할 수 없다는 것을 명백히 규정함으로써, /

【헌재 판단】 위 헌법조항은 소급적인 범죄구성요건의 제정과 소급적인 형벌의 가중을 엄격히 금하 고 있다.

【헌재 판단】 (2) 그러므로 우리 헌법이 규정한 형벌불소급의 원칙은 형사소추가 "언제부터 어떠한 조건하에서" 가능한가의 문제에 관한 것이고, "얼마동안" 가능한가의 문제에 관한 것은 아니다. /

【헌재 판단】 다시 말하면 헌법의 규정은 "행위의 가벌성"에 관한 것이기 때문에 소추가능성에만 연 관될 뿐, /

【헌재 판단】 가벌성에는 영향을 미치지 않는 공소시효에 관한 규정은 원칙적으로 그 효력범위에 포 함되지 않는다. /

【헌재 판단】 행위의 가벌성은 행위에 대한 소추가능성의 전제조건이지만 소추가능성은 가벌성의 조

건이 아니므로 /

【헌재 판단】 공소시효의 정지규정을 과거에 이미 행한 범죄에 대하여 적용하도록 하는 법률이라 하더라도 /

【헌재 판단】 그 사유만으로 헌법 제12조 제1항 및 제13조 제1항에 규정한 죄형법정주의의 파생원칙인 형벌불소급의 원칙에 언제나 위배되는 것으로 단정할 수는 없다.

라. 특별법과 법치주의의 원칙

【헌재 판단】 공소시효제도가 헌법 제12조 제1항 및 제13조 제1항에 정한 죄형법정주의의 보호범위에 바로 속하지 않는다면, /

【헌재 판단】 소급입법의 헌법적 한계는 법적 안정성과 신뢰보호원칙을 포함하는 법치주의의 원칙에 따른 기준으로 판단하여야 한다. /

【헌재 판단】 법적 안정성은 객관적 요소로서 법질서의 신뢰성·항구성·법적 투명성과 법적 평화를 의미하고, /

【헌재 판단】 이와 내적인 상호연관관계에 있는 법적 안정성의 주관적 측면은 한번 제정된 법규범은 원칙적으로 존속력을 갖고 자신의 행위기준으로 작용하리라는 개인의 신뢰보호원칙이다. /

【헌재 판단】 법적 안정성과 신뢰보호원칙에 있어서 특히 중요한 것은 시간적인 요소이다. /

【헌재 판단】 특정한 법률에 의하여 발생한 법률관계는 그 법에 따라 파악되고 판단되어야 하고, /

【헌재 판단】 개인은 과거의 사실관계가 그 뒤에 생긴 새로운 법률의 기준에 따라 판단되지 않는다는 것을 믿을 수 있어야 한다. /

【헌재 판단】 그러므로 법치국가적 요청으로서의 법적안정성과 신뢰보호원칙은 무엇보다도 바로 소급효력을 갖는 법률에 대하여 민감하게 대립할 수밖에 없고, /

【헌재 판단】 구체적으로는 어떤 법률이 이미 종료된 사실관계에 예상치 못했던 불리한 결과를 가져오게 하는 경우인가 /

【헌재 판단】 아니면 현재 진행중이나 아직 종료되지 않은 사실관계에 작용하는 경우인가에 따라 헌법적 의미를 달리하게 된다.

【헌재 판단】 그렇다면 이 법률조항에 대한 위헌 여부를 판단하기 위하여는 먼저 이 법률조항이 이미 종료된 사실관계(이른바 진정소급효)에 관련된 것인지, /

【헌재 판단】 아니면 현재 진행중인 사실관계(이른바 부진정소급효)에 관련된 것인지를 밝혀야 할 것이고, /

【헌재 판단】 이는 결국 특별법 시행당시 특별법 소정 피의자들에 대한 공소시효가 이미 완성되었는지의 여부에 따라 판가름될 성질의 것이다.

【헌재 판단】 공소시효는 범죄행위가 종료한 때(범죄의 기수시기와 다를 수 있다)로부터 진행하고, /

【헌재 판단】 그 정지사유 없이 공소시효기간이 경과함으로써 완성된다(형사소송법 제252조 제1항, 형사소송법 제249조 제1항). /

【헌재 판단】 따라서 공소시효의 완성시점을 확정하려면 범죄행위가 언제 종료한 것인지, /

종료 후에 공소시효의 정지사유가 있었는지, /

【헌재 판단】 있었다면 정지기간은 어느 정도인지를 확정하는 것이 그 선결문제이므로 /

【헌재 판단】 구체적 범죄행위에 관한 공소시효의 완성 여부 및 그 완성시점 등은 당해 사건을 재판하는 법원이 이를 판단할 성질의 것이지 헌법재판소가 판단할 수 있는 사항이 아니다. /

【헌재 판단】 따라서 법원의 판단에 따라 특별법 시행당시 공소시효가 이미 완성되었다면, /

【헌재 판단】 특별법은 이미 과거에 완성된 사실 또는 법률관계를 규율대상으로 하여 사후에 그 전과 다른 법적 효과를 생기게 하는(진정소급효) 법률이라 할 것이고, /

【헌재 판단】 한편 공소시효가 아직 완성되지 않았다면, /

【헌재 판단】 특별법은 과거에 이미 개시되었지만 아직 완결되지 않고 진행과정에 있는 사실 또는 법률관계와 그 법적 효과에 장래적으로 개입하여 법적 지위를 사후에 침해하는(부진정소급효) 법률이라 할 것이다.

【헌재 판단】 그러므로 헌법재판소로서는 당해 사건을 재판하는 법원에 의하여 특별법 시행당시 공소시효가 완성된 것인지의 여부가 아직 확정되지 아니한 터이므로 위 두 가지 경우를 가정하여 판단할 수밖에 없다.

(1) 공소시효가 완성되지 않았다고 보는 경우

【헌재 판단】 만일 법원이 특별법이 처벌하려는 대상범죄의 공소시효가 아직 완성되지 않았다고 판단한다면, 특별법은 단지 진행중인 공소시효를 연장하는 법률로서 이른바 부진정소급효를 갖게 된다.

【헌재 판단】 헌법 제13조 제1항에서의 가벌성을 결정하는 범죄구성요건과 형벌의 영역(이에 관한 한 절대적 소급효의 금지)을 제외한다면 /

【헌재 판단】 소급효력을 갖는 법률이 헌법상 절대적으로 허용되지 않는 것은 아니다. /

【헌재 판단】 다만 소급입법은 법치주의원칙의 중요한 요소인 법적안정성의 요청에 따른 제한을 받을 뿐이다. /

【헌재 판단】 헌법재판소의 판례도 형벌규정에 관한 법률 이외의 법률은 부진정소급효를 갖는 경우에는 원칙적으로 허용되고, /

【헌재 판단】 단지 소급효를 요구하는 공익상의 사유와 신뢰보호의 요청 사이의 교량과정에서 신뢰보호의 관점이 입법자의 형성권에 제한을 가할 뿐이라는 것이다.

【헌재 판단】 즉 공소시효제도에 근거한 개인의 신뢰와 공소시효의 연장을 통하여 달성하려는 공익을 비교 형량하여 개인의 신뢰보호이익이 공익에 우선하는 경우에는 소급효를 갖는 법률은 헌법상 정당화될 수 없다. /

【헌재 판단】 그러나 특별법의 경우에는 왜곡된 한국 반세기 헌정사의 흐름을 바로 잡아야 하는 시대적 당위성과 아울러 집권과정에서의 헌정질서파괴범죄를 범한 자들을 응징하여 정의를 회복하여야 한다는 중대한 공익이 있다. /

【헌재 판단】 또한 특별법은 모든 범죄의 공소시효를 일정시간 동안 포괄적으로 정지시키는 일반적인 법률이 아니고, 그 대상범위를 헌정질서파괴범죄에만 한정함으로써 예외적인 성격을 강조하고 있다. /

【헌재 판단】 이에 비하면 공소시효는 일정 기간이 경과되면 어떠한 경우이거나 시효가 완성되는 것은 아니며, /

【헌재 판단】 행위자의 의사와 관계없이 정지될 수도 있는 것이므로 /

【헌재 판단】 아직 공소시효가 완성되지 않은 이상 예상된 시기에 이르러 반드시 시효가 완성되리라는 것에 대한 보상이 없는 불확실한 기대일 뿐이므로 /

【헌재 판단】 공소시효에 의하여 보호될 수 있는 신뢰보호이익은 상대적으로 미약하다 할 것이다. /

【헌재 판단】 따라서 공소시효가 완성되지 아니하고 아직 진행중이라고 보는 경우에는 헌법적으로 허용될 수 있다 할 것이므로 /

【헌재 판단】 위에서 본 여러 사정에 미루어 이 법률조항은 헌법에 위반되지 아니한다.

(2) 공소시효가 완성되었다고 보는 경우

【헌재 판단】 법원이 특별법 소정 헌정질서파괴범죄의 공소시효가 이미 완성되었다고 판단한다면, /

【헌재 판단】 특별법은 이미 과거에 완성된 사실 또는 법률관계를 규율대상으로 사후에 이전과 다른 법적효과를 생기게 하는 이른바 진정소급효를 갖게 되고, /

【헌재 판단】 이 부분에 대한 재판관들의 의견은 다음과 같다.

(가) 재판관 김진우, 재판관 이재화, 재판관 조승형, 재판관 정경식의 합헌의견

【헌재 판단】 우리는 특별법이 처벌하려는 범죄의 공소시효가 이미 완성되었다고 법원이 판단하여, 동법이 진정소급효를 갖게 된다고 하더라도 다음과 같은 이유로 합헌이라고 본다.

1) 진정소급효금지의 예외와 법치국가원리

【헌재 판단】 기존의 법에 의하여 형성되어 이미 굳어진 개인의 법적 지위를 사후입법을 통하여 박탈하는 것 등을 내용으로 하는 진정소급입법은 개인의 신뢰보호와 법적 안정성을 내용으로 하는 법치국가원리에 의하여 헌법적으로 허용되지 않는 것이 원칙이지만, /

【헌재 판단】 특단의 사정이 있는 경우, 즉 기존의 법을 변경하여야 할 공익적 필요는 심히 중대한 반면에 그 법적 지위에 대한 개인의 신뢰를 보호하여야 할 필요가 상대적으로 정당화될 수 없는 경우에는 예외적으로 허용될 수 있다 /

【헌재 판단】 (헌법재판소 1989. 3. 17. 선고, 88헌마1 결정; 1989. 12. 18. 선고, 89헌마32 · 33 결정 등 참조). / 그러한 진정소급입법이 허용되는 예외적인 경우로는 일반적으로, /

【헌재 판단】 국민이 소급입법을 예상할 수 있었거나, /

【헌재 판단】 법적 상태가 불확실하고 혼란스러웠거나 하여 보호할 만한 신뢰의 이익이 적은 경우와 소급입법에 의한 당사자의 손실이 없거나 아주 경미한 경우, /

【헌재 판단】 그리고 신뢰보호의 요청에 우선하는 심히 중대한 공익상의 사유가 소급입법을 정당화하는 경우를 들 수 있다. /

【헌재 판단】 이를 대별하면 진정소급입법이 허용되는 경우는 /

【헌재 판단】 구법에 의하여 보장된 국민의 법적 지위에 대한 신뢰가 보호할 만한 가치가 없거나 지극히 적은 경우와 /

【헌재 판단】 소급입법을 통하여 달성하려는 공익이 매우 중대하여 예외적으로 구법에 의한 법적 상

태의 존속을 요구하는 국민의 신뢰보호이익에 비하여 현저히 우선하는 경우로 크게 나누어 볼 수 있다.

【헌재 판단】 물론 그러한 "공익"적 필요가 존재하는지 여부의 문제를 심사함에 있어서는, 부진정소급입법의 경우에 있어서의 신뢰보호의 요청과 서로 비교형량되는 단순한 공익상의 사유보다도 훨씬 엄격한 조건이 적용되지 않으면 아니된다. /

【헌재 판단】 즉 매우 중대한 공익이 존재하는 예외적인 경우에만 그러한 진정소급입법은 정당화될 수 있다. /

【헌재 판단】 또한 진정소급입법을 헌법적으로 정당화할 수 있는 이러한 예외사유가 존재하는 여부는 특별법과 같이 신체의 자유에 대한 제한과 직결되는 등 중요한 기본권에 대한 침해를 유발하는 입법에 있어서는 더욱 엄격한 기준으로 판단하여야 할 것이다.

【헌재 판단】 이 사건 헌정질서파괴범의 공소시효의 완성으로 인한 법적 지위에 대한 신뢰를 보호하여야 할 필요는 다음과 같은 이유로 매우 미약하다. /

【헌재 판단】 즉 이 사건 반란행위 및 내란행위자들이 반란행위 및 내란행위를 통하여 우리 헌법질서의 근간을 이루고 있는 자유민주적 기본질서를 파괴하였고, /

【헌재 판단】 그로 인하여 우리의 민주주의가 장기간 후퇴한 것은 말할 것도 없고, /

【헌재 판단】 많은 국민의 그 생명과 신체가 침해되었으며, 전국민의 자유가 장기간 억압되는 등 국민에게 끼친 고통과 해악이 너무도 심대하였다. /

【헌재 판단】 또한 이 사건 군사반란행위자들 및 내란행위자들 중 주모자인 전두환·노태우 양인이 쿠데타를 통하여 정권을 장악한 뒤에 대를 이어 대통령직에 오름으로써 /

【헌재 판단】 이 사건 군사반란행위자들 및 내란행위자들에 대한 형사소추가 그들이 정권을 장악하고 있는 동안에는 사실상 불가능하였다. /

【헌재 판단】 그러한 기간 동안에도 공소시효의 진행이 정지되지 않는다고 볼 때에는 /

【헌재 판단】 형사소송법에 규정된 이 사건 군사반란죄와 내란죄에 대한 공소시효의 대부분이 그 기간 동안에 이미 진행되었다고 볼 수밖에 없다. /

【헌재 판단】 뿐만 아니라 공소시효완성으로 인한 이익은 단순한 법률적 차원의 이익이고, 헌법상 보장된 기본권적 법익에 속하지는 않는다. /

【헌재 판단】 이에 비하여 이 사건 법률조항을 정당화하는 공익적 필요는 매우 중대하다. /

【헌재 판단】 즉 집권과정에서 헌정질서파괴범죄를 범한 자들을 응징하여 정의를 회복하여 왜곡된 우리 헌정사의 흐름을 바로 잡아야 할 뿐만 아니라, /

【헌재 판단】 앞으로는 우리 헌정사에 다시는 그와 같은 불행한 사태가 반복되지 않도록 자유민주적 기본질서의 확립을 위한 헌정사적 이정표를 마련하는 것이 국민의 줄기찬 요구이자 여망이며, 작금의 시대적 과제이다.

【헌재 판단】 그러므로 이 사건 반란행위자들 및 내란행위자들의 군사반란죄나 내란죄의 공소시효완성으로 인한 법적 지위에 대한 신뢰이익이 보호받을 가치가 별로 크지 않음에 비하여 /

【헌재 판단】 이 법률조항은 위 행위자들의 신뢰이익이나 법적 안정성을 물리치고도 남을 만큼 월등히 중대한 공익을 추구하고 있다고 평가할 수 있다. /

【헌재 판단】 그렇다면 이 법률조항이 위 행위자들의 공소시효완성에 따르는 법적 지위를 소급적으로 박탈하고, 그들에 대한 형사소추를 가능하게 하는 결과를 초래하여 /

【헌재 판단】 그 합헌성 인정에 있어서 위에서 본 바와 같은 심히 엄격한 심사기준이 적용되어야 한다고 하더라도, /

【헌재 판단】 이 법률조항이 공소시효의 완성이라는 헌법상의 기본권이 아닌 단순한 법률적 이익에 대한 위와 같은 미약한 신뢰보호의 필요성에 현저히 우선하는 중대한 공익을 추구하고 있으므로 헌법적으로 정당화된다고 할 것이다. /

【헌재 판단】 우리 헌정사에 공소시효에 관한 진정소급입법을 단 한번 예외적으로 허용한다면 바로 이러한 경우에 허용하여야 한다고 할 것이다. /

【헌재 판단】 이러한 경우가 진정소급입법의 원칙적 금지의 예외에 해당하지 않는다면, 그 예외는 대체 어디에 해당되고 무엇을 위한 예외인지 진지한 의문을 제기하지 않을 수 없다.

2) 이 법률조항과 평등원칙

【헌재 판단】 특별법의 이 법률조항은 그 적용범위를 1979. 12. 12.과 1980. 5. 18.을 전후하여 발생한 내란죄 · 외환죄 · 군사반란죄 및 이적죄에 한정함으로써 이 사건 법률조항이 진정소급입법으로서의 성격을 갖는다고 할 경우 /

【헌재 판단】 그 조항이 헌법 제11조에 규정된 평등원칙에 반하는 것은 아닌가 하는 의문이 있을 수 있다.

【헌재 판단】 그러나 이 법률조항은 헌법 제11조에 규정된 평등원칙에 반하지 아니한다. /

【헌재 판단】 그것은 무엇보다 이 법률조항의 목적이 일반국민과 동 조항에서 확정된 헌정질서파괴 범죄행위자들을 차별적으로 취급하는 것이 아니라, /

【헌재 판단】 오히려 위 범죄행위자들이 군사반란 및 내란 등의 행위로 헌법질서를 파괴하여 정권을 장악함으로써 일반국민과 위 행위자들 사이에 이미 발생한 형법집행상의 불평등을 제거하고자 하는데 있기 때문이다. /

【헌재 판단】 다시 말해서 법이 일반국민들뿐만 아니라, 통치자에게도 동등하게 적용되고 집행되어야 한다는 법치국가적 요청이 /

【헌재 판단】 위 범죄행위자들이 국가의 소추기관을 자신의 지배하에 두게 됨으로써 실현될 수 없음으로 인하여 발생한, /

【헌재 판단】 위 범죄행위자들의 이 사건 범죄들에 대한 불처벌로 남은 상태라는 불평등을 제거하고 /

【헌재 판단】 실질적 정의를 실현하는 데 이 법률조항들의 목적이 있기 때문이다.

【헌재 판단】 법치국가원리의 내용인 법적 안정성 즉, 국민의 신뢰보호와 실질적 정의가 충돌하는 경우 그 어느 쪽을 우선시켜 입법할 것인가는 원칙적으로 입법자가 선택할 문제이고, /

【헌재 판단】 그 선택이 자의적이 아닌 한 그 입법을 위헌이라고 할 수는 없다. /

【헌재 판단】 이 법률조항이 공소시효의 진행이 정지하는 것으로 보고 있는 기간은 이 사건 헌정질서 파괴행위자들이 국가권력을 장악하고 있어 이들에 대한 소추기관의 소추권행사가 원초적으로 불가능하였던 기간이다. /

【헌재 판단】 따라서 이 법률조항은 국가의 태만으로 인하여 경과한 시효기간에 대해서까지 시효의 진행을 정지시키는 것은 아니다. /

【헌재 판단】 또한 공소시효제도에 관한 외국의 입법례를 보더라도 독일, 프랑스 등 대륙법국가는 물론, 영국과 미국 등 영미법국가도 모두 중대한 범죄에 관하여는 공소시효를 배제하고 있음에 비추어 볼 때(헌법재판소 1995. 1. 20. 선고, 95헌마246 결정 참조) /

【헌재 판단】 이 사건 헌정질서파괴범죄와 같이 헌법질서에 근본적인 위협이 되는 중대한 범죄에 한정하여 진정소급효가 있는 입법으로 기본권이 아닌 공소시효의 정지를 규정한다고 하여 /

【헌재 판단】 그 범위와 기준이 사리에 반하는 자의적인 입법이라고 할 수 없다.

【헌재 판단】 그리고 진정소급효가 있는 공소시효정지를 규정한다 하여도 범행 당시의 구성요건 그대로를 타인과 마찬가지로 적용한다는 것이므로 실질적으로도 새로운 구성요건을 규정하는 것이라고 할 수 없다.

【헌재 판단】 그렇다면 이는 결과적으로 위 범죄행위자들에 대하여 국가가 실효적으로 소추권을 행사할 수 있는 기간을 다른 일반국민들에 대한 시효기간과 동일하게 맞춤으로써, 이 사건 범죄행위로 인하여 초래되었던 불평등을 제거하겠다는 것에 불과하여, /

【헌재 판단】 위 범죄행위자들을 자의적으로 차별하는 것이 아닐 뿐만 아니라, 오히려 실질적 정의와 공평의 이념에 부합시키는 조치라고 할 수 있다.

3) 이 법률조항과 적법절차의 원리

【헌재 판단】 우리 헌법 제12조 제1항 후문은 "누구든지…… 적법한 절차에 의하지 아니하고는 처벌·보안처분 또는 강제노역을 받지 아니한다"고 규정함으로써 적법절차의 원칙을 선언하고 있다. /

【헌재 판단】 이와 관련하여 진정소급입법에 의한 시효의 연장이 적법절차의 원칙에 반하는 것은 아닌가 하는 의문이 있을 수 있다.

【헌재 판단】 그러나 여기서 적법절차라 함은 인신의 구속이나 처벌 등 형사절차만이 아니라 국가작용으로서의 모든 입법작용과 행정작용에도 광범위하게 적용되는 독자적인 헌법원리의 하나로 /

【헌재 판단】 절차가 형식적 법률로 정하여지고 그 법률에 합치하여야 할 뿐만 아니라 적용되는 법률의 내용에 있어서도 합리성과 정당성을 갖춘 적정한 것이어야 한다는 것을 의미한다 /

【헌재 판단】 (헌법재판소 1994. 4. 28. 선고, 93헌바26 결정 등 참조). /

【헌재 판단】 그러므로 적법절차의 원리는 자의적인 공권력이 행사되는 것을 방지함으로써 기본적 인권을 보호하는 것을 이념으로 하고 있다고 할 것이다.

【헌재 판단】 위와 같은 의미의 적법절차의 원칙은 본래 영미법상의 개념으로 미국의 수정헌법에서 명문화되기 시작하였으며, /

【헌재 판단】 그 발달과정과 연혁은 다르지만 대체로 대륙법계 국가에서 발달한 법치국가의 원리의 내용과 일치하는 것으로 이해할 수 있으므로 앞서 판단한 내용이 그대로 타당하게 된다고 할 것이다.

【헌재 판단】 그리고 특별법의 입법목적은 우리나라와 민족의 장래에 사욕에 의한 헌법질서파괴행위로 인한 국민들의 불행한 역사의 경험을 영구히 다시는 없도록 하기 위한 것이므로 /

【헌재 판단】 이는 영원한 진리와 보편적이고 통상적인 정의를 담고 있는 것이어서 일시적 여론이나

일시적 정치기류에 영합하기 위한 법률이 아님은 물론이다.

【헌재 판단】 그렇다면 특별법의 이 법률조항은 그 자체 헌법상의 기본권을 제한하는 것도 아니고, /

【헌재 판단】 단지 법률상의 권리인 공소시효 완성 후에는 형사소추를 당하지 않을 법률적 이익을 앞서 살펴본 바와 같은 중대한 공익상의 사유로 제한하는 것이므로 적법절차의 원리에도 반하지 아니한다.

4) 결 론

【헌재 판단】 그러므로 특별법이 공소시효가 완성된 뒤에 시행된 사후적 소급입법이라고 하더라도 위에서 살펴본 바와 같이 죄형법정주의에 반하지 않음은 물론, 법치국가의 원리, 평등원칙, 적법절차의 원리에도 반하지 아니하고, 따라서 헌법에 위반되지 아니한다.

(나) 재판관 김용준, 재판관 김문희, 재판관 황도연, 재판관 고중석, 재판관 신창언의 한정위헌의견

【헌재 판단】 헌법은 형사실체법의 영역에서는 형벌은 바로 신체의 자유와 직결되기 때문에 적어도 범죄구성요건과 형벌에 관한 한, 어떠한 공익상의 이유도, 국가적인 이익도 개인의 신뢰보호의 요청과 법적 안정성에 우선할 수 없다 하여 절대적인 소급효의 금지를 밝히고 있다. /

【헌재 판단】 그러므로 소급효의 문제는 신뢰보호를 요청하는 법익이 무엇이냐에 따라 구분하여 다르게 판단되어야 하고, /

【헌재 판단】 신체의 자유에 대한 소급적 침해에 대한 신뢰보호의 문제는 다른 권리의 사후적 침해에 대한 신뢰보호의 문제와 같은 잣대로 판단할 수는 없다.

【헌재 판단】 우리는 앞에서 비록 공소시효제도가 헌법 제12조 제1항 후단 및 제13조 제1항 전단에 정한 죄형법정주의의 직접적인 적용을 받는 영역으로 볼 수 없다 하여 절대적 소급효금지의 대상인 것은 아니라고 판단한 바 있다. /

【헌재 판단】 그러나 개인의 인권보장을 위한 기본장치로서 피의자의 처지를 대변하는 신뢰보호원칙이나 법적 안정성의 측면에서 보면, /

【헌재 판단】 형벌을 사후적으로 가능하게 하는 새로운 범죄구성요건의 제정이나, /

【헌재 판단】 공소시효가 이미 완성되어 소추할 수 없는 상태에 이른 뒤에 뒤늦게 소추가 가능하도록 하는 새로운 법률을 제정하는 것은 /

【헌재 판단】 결과적으로 형벌에 미치는 사실적 영향에서는 차이가 없어 실질에 있어서는 마찬가지이다. /

【헌재 판단】 일반적으로 절차법의 존속에 대한 신뢰가 실체법의 존속에 대한 신뢰보다 헌법적으로 어느 정도 적게 보호된다 하더라도, /

【헌재 판단】 절차법적 지위가 경우에 따라서는 그의 의미와 중요성 때문에 실체법적 지위와 동일한 보호를 요청할 수 있고, /

【헌재 판단】 공소시효가 완성된 뒤에 새로이 처벌될 수 있도록 하는 경우가 바로 그러한 예라 할 것이다. /

【헌재 판단】 따라서 비록 공소시효에 관한 것이라 하더라도 공소시효가 이미 완성된 경우에 그 뒤

다시 소추할 수 있도록 법률로써 규정하는 것은 /

【헌재 판단】 헌법 제12조 제1항 후단의 적법절차의 원칙과 제13조 제1항의 형벌불소급의 원칙 정신에 비추어 헌법적으로 받아들일 수 없는 위헌적인 것이라 아니할 수 없다.

【헌재 판단】 법치국가원칙은 그 양대 요소로서, 법적 안정성의 요청뿐 아니라 실질적 정의의 요청도 함께 포함한다. /

【헌재 판단】 이러한 이유에서 집권과정에서의 헌정질서의 파괴와 범죄행위에 대한 처벌을 통하여 왜곡된 헌정질서를 민주적으로 바로잡고 정의를 회복한다는 측면에서 당연히 범법자들에 대한 처벌을 요구할 수 있다 하더라도 /

【헌재 판단】 공소시효제도 또한 입법자가 형사소추에 있어서의 범인필벌의 요청과 법적 안정성의 요청을 함께 고려하여 상충하는 양 법익을 정책적으로 조화시킨 결과이고, /

【헌재 판단】 이러한 공소시효규정은 시간의 경과로 인하여 발생하는 새로운 사실관계를 법적으로 존중하는 인권보장을 위한 장치로서 실질적 정의에 기여하고 있다. /

【헌재 판단】 법치국가는 법적 안정성과 실질적 정의와의 조화를 생명으로 하는 것이므로 서로 대립하는 법익에 대한 조화를 이루려는 진지한 노력을 하여야 하며, /

【헌재 판단】 헌정질서파괴범죄를 범한 자들을 엄벌하여야 할 당위성이 아무리 크다 하더라도 그것 역시 헌법의 테두리 안에서 적법절차의 원리에 따라 이루어져야 마땅하다. /

【헌재 판단】 이러한 노력만이 궁극적으로 이 나라 민주법치국가의 기반을 굳건히 다지는 길이기 때문이다.

【헌재 판단】 따라서 이 법률조항이 특별법 시행일 이전에 특별법 소정의 범죄행위에 대한 공소시효가 이미 완성된 경우에도 적용하는 한 헌법에 위반된다.

3. 결 론

【헌재 결론】 이러한 이유로 이 법률조항은 특별법 시행당시, 공소시효가 아직 완성되지 않았다고 보는 경우에는 재판관 전원이 헌법에 위반되지 아니한다는 의견이고, /

【헌재 결론】 공소시효가 이미 완성된 것으로 보는 경우에는 재판관 김진우, 재판관 이재화, 재판관 조승형, 재판관 정경식 등 4명이 헌법에 위반되지 아니하는 의견이고, /

【헌재 결론】 재판관 김용준, 재판관 김문희, 재판관 황도연, 재판관 고중석, 재판관 신창언 등 5명이 한정위헌의견이나 /

【헌재 결론】 이 경우에도 헌법재판소법 제23조 제2항 제1호에 정한 위헌결정(헌법소원의 경우도 같음)의 정족수에 이르지 못하여 합헌으로 선고할 수밖에 없으므로 이에 주문과 같이 결정한다.

【헌재 주문】
5·18민주화운동등에관한특별법(1995년 12월 21일 법률 제5029호) 제2조는 헌법에 위반되지 아니한다.

97도20210

국가보안법위반죄와 외국인의 국외범

캐나다 교포 입북 사건

1997. 11. 20. 97도2021 전원합의체 판결, 공 1997, 3720

(본 판례는 이후 2008. 4. 17. 2004도4899 전원합의체 판결, 공 2008상, 740 『재독 철학자 사건』에 의하여 폐기됨)

1. 사실관계 및 사건의 경과

【사실관계】

① [갑은 캐나다로 이민을 갔다.]

② 1993. 6. 10. 갑은 캐나다 국적을 취득하였다.

③ 1995. 5. 13. 갑은 [북한의 대남공작기관의 지령을 받기 위하여] 중국을 거쳐 북한에 들어갔다.

④ 1996. 9. 14. 갑은 [북한의 대남공작기관의 지령을 받기 위하여] 중국을 거쳐 북한에 들어갔다.

⑤ [이후 갑은 국내에 입국하여 검거되었다.]

⑥ 검사는 갑을 국가보안법위반죄(탈출·회합)로 기소하였다.

⑦ 갑에 대한 공소사실의 요지는 다음과 같다.

　　(가)「캐나다 국적을 가진 갑은 북한의 지령을 받기 위하여 1995. 5. 9. 캐나다 토론토를 출발하여
　　　　일본과 중국을 순차 경유하여 1995. 5. 13. 북한 평양에 들어갔다.」(제3의 가 탈출)

　　(나)「캐나다 국적을 가진 갑은 북한의 지령을 받고 국내에 잠입하여 활동하던 중 그 목적수행을 위
　　　　하여 1996. 9. 13. 10:35 서울 김포공항에서 대한항공 651편으로 중국 북경으로 출국한 후 중
　　　　국 북경에서 1996. 9. 14. 10:30 고려민항편으로 북한 평양에 들어갔다.」(제4의 나 탈출)

⑧ (간첩죄 등 기타 범죄는 검토대상에서 제외함)

【사건의 경과】

① 제1심법원은 유죄를 인정하였다.

② 갑은 불복 항소하였다.

③ 항소심법원은 다음의 이유를 들어서 무죄를 선고하였다.

　　(가) 갑의 행위는 외국인의 국외범이다.

　　(나) 외국인의 국외범에 대하여는 형법 제5조에 열거된 이외의 죄를 적용할 수 없음이 원칙이다.

　　(다) 형법 제5조에는 국가보안법은 포함되어 있지 않다.

　　(라) 국가보안법 자체나 그 밖의 법률에 외국인의 국외범에 국가보안법을 적용할 수 있는 근거가 없다.

④ 검사는 불복 상고하였다.

⑤ 검사는 상고이유로, 갑의 행위는 외국인의 국내범에 해당한다고 주장하였다.

2. 사안에 대한 항소심의 판단

【항소심 판단】 가. 원심판결 이유에 의하면 원심은, 제1심 판시 제3의 가, 제4의 나의 탈출의 점에

관하여, 그 내세운 증거에 의하여, /

【항소심 판단】 피고인이 1993. 6. 10. (원심의 1996. 6. 10.은 오기로 보인다) 캐나다 국적을 취득하고, /

【항소심 판단】 1995. 5. 13. 및 1996. 9. 14. 반국가단체의 지령을 받기 위하여, 또는 그 지령을 받고 목적수행을 협의하기 위하여 외국인 중국에서 반국가단체의 지배하에 있는 북한으로 들어간 사실을 인정한 다음, /

【항소심 판단】 외국인의 국외범에 대하여는 형법 제5조에 열거된 이외의 죄를 적용할 수 없음이 원칙인데 여기에 국가보안법은 포함되지 아니하였고, /

【항소심 판단】 또 국가보안법 자체나 그 밖의 법률에 이와 같은 외국인의 국외범에 대하여 국가보안법을 적용할 수 있는 근거가 없으므로, /

【항소심 판단】 제1심이 캐나다 국적의 외국인인 피고인의 대한민국 영역 외에서의 탈출행위에 대하여 국가보안법을 적용하여 처벌한 것은 외국인의 국외범에 관한 법리를 오해한 위법이 있어 /

【항소심 판단】 이 부분에 관한 제1심판결은 그대로 유지될 수 없다고 판단하였다.

3. 국가보안법상 탈출의 개념

【대법원 판단】 나. 원심이 피고인의 위 각 행위를 외국인의 국외범에 해당한다고 본 것은, 위 각 행위가 국가보안법 제6조 제2항에 정한 '탈출'에 해당함을 전제로 한 것이므로, /

【대법원 판단】 먼저 피고인의 위 각 행위가 위 법조항에 정한 '탈출'에 해당하는지의 여부에 관하여 본다.

【대법원 분석】 국가보안법 제6조 제1항은 "국가의 존립·안전이나 자유민주적 기본질서를 위태롭게 한다는 정을 알면서 반국가단체의 지배하에 있는 지역으로부터 잠입하거나 그 지역으로 탈출한 자는 10년 이하의 징역에 처한다."고 규정하고 있고, /

【대법원 분석】 그 제2항은 "반국가단체나 그 구성원의 지령을 받거나 받기 위하여 또는 그 목적수행을 협의하거나 협의하기 위하여 잠입하거나 탈출한 자는 사형·무기 또는 5년 이상의 징역에 처한다."고 규정하고 있는바, /

【대법원 요지】 위 법조 각 항에서 말하는 '탈출'이라고 함은 특별한 사정이 없는 한 자의로 대한민국의 통치권이 실지로 행사되는 지역으로부터 벗어나거나, /

【대법원 요지】 반국가단체의 지배하에 있는 지역으로 들어가는 행위를 말한다고 함이 대법원의 일관된 견해라고 할 것이다.

【대법원 요지】 그런데 위 반국가단체의 지배하에 있는 지역으로 들어가는 행위에는 /

【대법원 요지】 대한민국의 통치권이 실지로 행사되는 지역으로부터 직접 들어가는 행위와 /

【대법원 요지】 제3국을 통하여 들어가는 행위 및 /

【대법원 요지】 제3국에서 거주하다가 들어가는 행위 등 /

【대법원 요지】 세 가지 행위유형이 있을 수 있는바, /

【대법원 요지】 국가보안법 제6조 제1항에 정한 탈출죄의 경우에는 자의로 반국가단체의 지배하에 있는 지역으로 들어가는 행위만을 그 처벌대상을 하고 있어 /

【대법원 요지】 위에서 본 세 가지 행위유형 모두가 그 처벌대상이 된다고 할 것이나, /

【대법원 요지】 그 제2항에 정한 지령탈출죄의 경우에는 그 외에 자의로 대한민국의 통치권이 실지로 행사되는 지역으로부터 벗어나는 행위도 그 처벌대상으로 하고 있으므로, /

【대법원 요지】 위에서 본 세 가지 행위유형 중 대한민국의 통치권이 실지로 행사되는 지역으로부터 직접 들어가는 행위와 /

【대법원 요지】 제3국을 통하여 들어가는 행위는 대한민국의 통치권이 실지로 행사되는 지역으로부터 벗어남으로써 이미 그 범죄가 기수에 이르게 되고 /

【대법원 요지】 따라서 고유한 의미에서 반국가단체의 지배하에 있는 지역으로 들어가는 행위로서 처벌되는 것은 제3국에서 거주하다가 들어가는 행위뿐이라고 할 것이다.

【대법원 요지】 한편 형사법에 있어서 일반적으로 신분범의 경우를 제외하고는 행위의 주체에 따라 행위의 구성요건해당성이 달라지는 것은 아니므로, /

【대법원 요지】 국가보안법 제6조 제2항의 법문에 그 행위주체가 내국인으로 제한되어 있지 아니한 이상, /

【대법원 요지】 외국인이라고 하더라도 그가 자의로 대한민국의 통치권이 실지로 행사되는 지역으로부터 벗어나는 행위와 /

【대법원 요지】 제3국에서 거주하다가 반국가단체의 지배하에 있는 지역으로 들어가는 행위는 /

【대법원 요지】 외국인의 국외범 해당 여부의 문제는 별론으로 하고 /

【대법원 요지】 모두 위 법조항에 정한 '탈출' 행위에는 해당한다고 할 것이다.

4. 사안에 대한 대법원의 판단

【대법원 분석】 그런데 기록에 의하면, 제1심 판시 제3의 가의 탈출의 점에 대한 공소사실의 요지는 /

【대법원 분석】 캐나다 국적을 가진 피고인이 북한의 지령을 받기 위하여 1995. 5. 9. 캐나다 토론토를 출발하여 일본과 중국을 순차 경유하여 1995. 5. 13. 북한 평양에 들어갔다는 것이고, /

【대법원 분석】 같은 판시 제4의 나의 탈출의 점에 대한 공소사실의 요지는 캐나다 국적을 가진 피고인이 북한의 지령을 받고 국내에 잠입하여 활동하던 중 그 목적수행을 위하여 /

【대법원 분석】 1996. 9. 13. 10:35 서울 김포공항에서 대한항공 651편으로 중국 북경으로 출국한 후 /

【대법원 분석】 중국 북경에서 1996. 9. 14. 10:30 고려민항편으로 북한 평양에 들어갔다는 것이므로, /

【대법원 판단】 피고인의 위 각 행위는 국가보안법 제6조 제2항에 정한 '탈출'에 해당한다고 보아야 할 것이다.

【대법원 판단】 그러므로 원심이 피고인의 위 각 행위가 국가보안법 제6조 제2항에 정한 '탈출'에 해당한다고 본 전제는 옳다고 할 것이다.

【대법원 요지】 그러나 헌법 제3조는 대한민국의 영토는 한반도와 그 부속도서로 한다고 규정하고 있어 북한도 대한민국의 영토에 속하는 것이 분명하므로, /

【대법원 요지】 피고인의 위 제3의 가의 탈출행위는 제3국과 대한민국 영역 내에 걸쳐서 이루어진 것이고, /

【대법원 요지】 위 제4의 나의 탈출행위는 대한민국 영역 내와 대한민국 영역 외에 있는 대한민국의 항공기 내 및 /

【대법원 요지】 대한민국의 통치권이 미치지 아니하는 제3국에 걸쳐서 이루어진 것이라고 할 것인바, /

【대법원 요지】 이와 같은 경우에는 비록 피고인이 캐나다 국적을 가진 외국인이라고 하더라도 형법 제2조, 제4조에 의하여 대한민국의 형벌법규가 적용되어야 할 것이고, /

【대법원 요지】 형법 제5조, 제6조에 정한 외국인의 국외범 문제로 다룰 것은 아니라고 할 것이다.

【대법원 결론】 따라서 이와 다른 견해를 취한 원심은 국가보안법 제6조 제2항의 탈출죄의 법리 또는 외국인의 국외범에 관한 법리를 오해한 위법이 있다고 하지 아니할 수 없다. /

【대법원 결론】 원심이 들고 있는 판례들은 이미 폐지된 구 반공법에 관한 것이어서 이 사건에 원용하기에 적절하지 아니하다.

【대법원 결론】 이 점을 지적하는 검사의 상고이유 주장은 이유 있다. (파기 환송)

99도3801

음모죄의 성립요건
절취 여부의 판단방법
전역후 한탕 하자 사건
1999. 11. 12. 99도3801, 공 1999, 2570

1. 사실관계 및 사건의 경과

【사실관계 1】
① 갑은 군인이다.
② 을도 군인이다.
③ 갑과 을은 수회에 걸쳐 "총을 훔쳐 전역 후 은행이나 현금수송차량을 털어 한탕 하자"는 말을 나누었다.

【사실관계 2】
① 1998. 8. 5. 15:00경 갑은 소속 대대 위병소 앞 탄약고 출입문 서북방 20m 떨어진 언덕 위 소로에서 더덕을 찾기 위하여 나무막대로 땅을 파고 있었다.
② 갑은 땅을 파다가 땅속 20cm 깊이에서 탄통 8개를 발견하였다. (㉠탄통)
③ 갑은 뚜껑을 열어 그 안에 군용물인 탄약이 들어 있음을 확인하였다.
④ 갑은 이러한 사실을 지휘관에게 보고하는 등의 절차를 밟지 않았다.
⑤ 갑은 전역일에 탄통을 가지고 나갈 목적으로 그 자리에 다시 ㉠탄통을 파묻어 은닉하였다.
⑥ [이후 갑의 ㉠탄통 은닉행위가 발각되었다.]
⑦ 소속 중대 및 대대가 보유중인 탄약에 대해 재고조사가 실시되었다.
⑧ 그 결과 탄약의 재고에 아무런 이상이 없다는 탄약 조사결과가 나왔다.

【사건의 경과】
① 군검찰관은 갑을 다음의 공소사실로 기소하였다.
　(가) 강도음모죄
　(나) 절도죄
② 갑의 피고사건은 제1심을 거친 후, 항소심에 계속되었다.
③ 항소심법원은 무죄를 선고하였다.
④ 군검찰관은 불복 상고하였다.
⑤ 군검찰관은 상고이유로 다음의 점을 주장하였다.
　(가) 갑과 을이 전역 후 한탕하자고 말한 것은 강도음모죄에 해당한다.
　(나) ㉠탄통은 소속 부대 대대장의 점유에 속한다.

2. 강도음모죄 부분에 대한 판단

【대법원 요지】 형법상 음모죄가 성립하는 경우의 음모란 2인 이상의 자 사이에 성립한 범죄실행의 합의를 말하는 것으로, /

【대법원 요지】 범죄실행의 합의가 있다고 하기 위하여는 단순히 범죄결심을 외부에 표시·전달하는 것만으로는 부족하고, /

【대법원 요지】 객관적으로 보아 특정한 범죄의 실행을 위한 준비행위라는 것이 명백히 인식되고, /

【대법원 요지】 그 합의에 실질적인 위험성이 인정될 때에 비로소 음모죄가 성립한다고 할 것이다.

【대법원 판단】 원심이 같은 취지에서 피고인 갑과 피고인 을이 수회에 걸쳐 '총을 훔쳐 전역 후 은행이나 현금수송차량을 털어 한탕 하자'는 말을 나눈 정도만으로는 강도음모를 인정하기에 부족하다고 판단한 것은 정당하고, /

【대법원 결론】 거기에 강도음모죄의 법리를 오해하여 판결 결과에 영향을 미친 위법이 있다고 할 수 없다.

3. 탄약통의 절도죄 부분에 대한 판단

(1) 절취 여부의 판단방법

【대법원 요지】 절취란 타인이 점유하고 있는 재물을 점유자의 의사에 반하여 그 점유를 배제하고 자기 또는 제3자의 점유로 옮기는 것을 말하고, /

【대법원 요지】 어떤 물건이 타인의 점유하에 있다고 할 것인지의 여부는, /

【대법원 요지】 객관적인 요소로서의 관리범위 내지 사실적 관리가능성 외에 /

【대법원 요지】 주관적 요소로서의 지배의사를 참작하여 결정하되 /

【대법원 요지】 궁극적으로는 당해 물건의 형상과 그 밖의 구체적인 사정에 따라 사회통념에 비추어 규범적 관점에서 판단할 수밖에 없다 할 것이다.

(2) 공소사실의 요지

【대법원 분석】 원심은, /

【대법원 분석】 피고인 갑이 1998. 8. 5. 15:00경 소속 대대 위병소 앞 탄약고 출입문 서북방 20m 떨어진 언덕 위 소로에서 더덕을 찾기 위하여 나무막대로 땅을 파다가 /

【대법원 분석】 땅속 20㎝ 깊이에서 탄통 8개를 발견하고 뚜껑을 열어 그 안에 군용물인 탄약이 들어 있음을 확인하고도 이를 지휘관에게 보고하는 등의 절차를 거치지 아니하고 /

【대법원 분석】 전역일에 이를 가지고 나갈 목적으로 그 자리에 다시 파묻어 은닉함으로써 이를 절취하였다는 공소사실에 대하여 /

(3) 사안에 대한 항소심의 판단

【항소심 판단】 소속 중대 및 대대가 보유중인 탄약의 재고에 아무런 이상이 없다는 탄약 조사결과 등에 비추어 보면 /

【항소심 판단】 위와 같은 행위만으로 피고인 갑이 종전의 점유자의 의사를 배제하고 새로운 점유를 취득하였다고 보기에 부족하고, 달리 /

【항소심 판단】 이에 대한 증거가 없다는 이유로 무죄를 선고하였다.

(4) 사안에 대한 대법원의 판단

【대법원 판단】 원심의 이유 설시에는 다소 미흡한 점이 없지 아니하나, /

【대법원 판단】 이는 결국 위 탄통이 땅속에 묻혀있게 된 원인과 경위, 종전의 점유관계 등을 밝히지 아니하고서는 /

【대법원 판단】 그것이 위 부대를 관리하는 대대장의 점유하에 있다거나 /

【대법원 판단】 피고인이 위 탄통에 대한 타인의 점유를 침탈하여 새로운 점유를 취득한 것이라고 보기 어렵다는 취지의 판단으로 보여지고, /

【대법원 결론】 위와 같은 원심의 판단은 절도죄에 있어서의 점유에 관한 법리에 비추어 결론에 있어서 옳다고 여겨지며, /

【대법원 결론】 거기에 상고이유로 주장하는 바와 같이 채증법칙에 위반하여 사실을 오인하거나 절도죄의 성립에 관한 법리를 오해한 위법 등이 있다고 할 수 없다. (상고 기각)

2003도3768

집행유예기간 경과와 선고유예
맛사지 종업원 폭행 사건
2003. 12. 26. 2003도3768, 공 2004, 294

1. 사실관계 및 사건의 경과

【사실관계】
① 1985. 9. 26. 갑은 부산지방법원에서 야간주거침입절도죄로 징역 10월에 집행유예 2년을 선고받아

그 판결이 확정되었다. (㉮전과)

② 1987. 9. 26. ㉮판결의 집행유예 선고는 실효 또는 취소됨이 없이 유예기간을 경과하였다.

③ 1990. 6. 15. 갑은 부산지방법원에서 상해죄 등으로 징역 8월에 집행유예 2년을 선고받아 그 판결이 확정되었다. (㉯전과)

④ 1992. 6. 15. ㉯판결의 집행유예 선고는 실효 또는 취소됨이 없이 유예기간을 경과하였다.

⑤ 2001. 9. 13. 12:30경 갑은 부산 M장소 소재 탑스포츠맛사지에서 주먹과 전화수화기로 종업원 A의 머리를 때려 폭행하였다.

【사건의 경과】

① 검사는 갑을 폭행죄로 기소하였다.

② 제1심법원은 다음의 이유를 들어서 갑에게 형의 선고유예 판결을 선고하였다.

    (가) 형법 제59조 제1항 단행은 선고유예의 결격사유로 '자격정지 이상의 형을 받은 전과'를 규정하고 있다.

    (나) 형법 제65조는 집행유예기간의 경과에 따라 형의 선고가 효력을 잃는다고 규정하고 있다.

    (다) 형의 선고가 효력을 잃은 전과는 형법 제59조 제1항 단행의 '자격정지 이상의 형을 받은 전과'에 해당하지 않는다.

    (라) 갑에 대해서는 집행유예기간의 경과에 따라 형의 선고가 효력을 잃은 ㉮, ㉯전과가 있다.

    (마) 갑의 ㉮, ㉯전과는 형법 제59조 제1항 단행에 규정된 선고유예 결격사유인 '자격정지 이상의 형을 받은 전과'에 해당하지 않는다.

③ 검사는 불복 항소하였다.

④ 항소심법원은 항소를 기각하고, 제1심판결을 유지하였다.

⑤ 검사는 불복 상고하였다.

⑥ 검사는 상고이유로, 집행유예기간의 경과에 따라 형의 선고가 효력을 잃은 전과도 선고유예의 결격사유인 '자격정지 이상의 형을 받은 전과'에 해당한다고 주장하였다.

2. 사안에 대한 항소심의 판단

【항소심 판단】 원심은, /

【항소심 판단】 피고인이 2001. 9. 13. 12:30경 부산 M장소 소재 탑스포츠맛사지에서 주먹과 전화수화기로 종업원인 피해자 A의 머리를 때려 폭행한 공소사실에 대하여, /

【항소심 판단】 피고인이 1985. 9. 26. 부산지방법원에서 야간주거침입절도죄로 징역 10월에 집행유예 2년을, /

【항소심 판단】 1990. 6. 15. 같은 법원에서 상해죄 등으로 징역 8월에 집행유예 2년을 각 선고받아 그 판결이 확정된 후 /

【항소심 판단】 그 집행유예 선고가 실효 또는 취소됨이 없이 유예기간을 경과한 사실을 인정한 다음, /

【항소심 판단】 형법 제65조에 의하여 집행유예기간의 경과에 따라 형의 선고가 효력을 잃은 경우 /

【항소심 판단】 당해 전과는 형법 제59조 제1항 단행에 규정된 선고유예 결격사유인 "자격정지 이상

의 형을 받은 전과"에 해당하지 아니한다는 이유로 /

【항소심 판단】 피고인에 대하여 형의 선고를 유예한 제1심판결을 그대로 유지하였다.

3. 사안에 대한 대법원의 판단

【대법원 판단】 그러나 원심의 위와 같은 판단은 다음과 같은 이유로 수긍하기 어렵다.

【대법원 분석】 형법 제59조 제1항은 /

【대법원 분석】 "1년 이하의 징역이나 금고, 자격정지 또는 벌금의 형을 선고할 경우 제51조의 사항을 참작하여 개전의 정상이 현저한 때에는 그 선고를 유예할 수 있다. /

【대법원 분석】 단, 자격정지 이상의 형을 받은 전과가 있는 자에 대하여는 예외로 한다."고 규정하고 있는바, /

【대법원 요지】 선고유예가 주로 범정이 경미한 초범자에 대하여 형을 부과하지 않고 자발적인 개선과 갱생을 촉진시키고자 하는 제도라는 점, /

【대법원 요지】 형법 제61조가 유예기간 중 자격정지 이상의 형에 처한 판결이 확정되거나 자격정지 이상의 형에 처한 전과가 발각된 경우 등을 선고유예의 실효사유로 규정하고 있는 점 등을 종합하여 보면, /

【대법원 요지】 형법 제59조 제1항 단행에서 정한 "자격정지 이상의 형을 받은 전과"라 함은 자격정지 이상의 형을 선고받은 범죄경력 자체를 의미하는 것이고, /

【대법원 요지】 그 형의 효력이 상실된 여부는 묻지 않는 것으로 해석함이 상당하다고 할 것이다. /

【대법원 요지】 따라서 형의 집행유예를 선고받은 자는 형법 제65조에 의하여 그 선고가 실효 또는 취소됨이 없이 정해진 유예기간을 무사히 경과하여 형의 선고가 효력을 잃게 되었다고 하더라도 /

【대법원 요지】 형의 선고의 법률적 효과가 없어진다는 것일 뿐, /

【대법원 요지】 형의 선고가 있었다는 기왕의 사실 자체까지 없어지는 것은 아니므로, /

【대법원 요지】 형법 제59조 제1항 단행에서 정한 선고유예 결격사유인 "자격정지 이상의 형을 받은 전과가 있는 자"에 해당한다고 보아야 할 것이다.

【대법원 결론】 이와 달리 원심이, 피고인이 집행유예를 선고한 판결에 의하여 징역형을 선고받은 사실이 있다고 하더라도 그 유예기간을 무사히 경과한 이상 이를 선고유예의 결격사유로 삼을 수 없다고 판단한 것은 형법 제59조 제1항 단행의 해석적용을 그르쳐 판결에 영향을 미친 위법을 저지른 것이라고 할 것이다. /

【대법원 결론】 이 점을 지적하는 검사의 상고이유는 이유 있다. (파기 환송)

2004도8259

공범과 중지범의 성립요건
텐트 속 강간 중지 사건
2005. 2. 25. 2004도8259, [미간행]

1. 사실관계 및 사건의 경과

【사실관계】
① 갑과 을은 A녀를 텐트 안으로 끌고 갔다.
② 갑과 을은 을과 갑의 순서로 성관계를 하기로 하였다.
③ 갑은 텐트 밖으로 나와 주변에서 망을 보았다.
④ 을은 A녀의 반항을 억압한 후 간음하여 강간하였다.
⑤ 이어 갑이 텐트 안으로 들어가 A녀를 강간하려 하였다.
⑥ A녀가 반항을 하며 강간을 하지 말아 달라고 사정을 하자 갑은 강간을 하지 않았다.

【사건의 경과】
① 검사는 갑과 을을 성폭력처벌법위반죄(특수강간)로 기소하였다.
② 제1심법원은 특수강간죄(합동강간)의 기수범으로 유죄를 선고하였다.
③ 갑과 을은 불복 항소하였다.
④ 항소심법원은 항소를 기각하고, 제1심판결을 유지하였다.
⑤ 갑은 불복 상고하였다.
⑥ 을은 상고하지 않았다.
⑦ 갑은 상고이유로, A녀를 자의로 강간하지 않았으므로 중지범에 해당한다고 주장하였다.

2. 사안에 대한 대법원의 판단

【대법원 요지】 다른 공범의 범행을 중지하게 하지 아니한 이상 자기만의 범의를 철회, 포기하여도 중지미수로는 인정될 수 없는 것인바, /

【대법원 판단】 기록에 의하면, 피고인은 원심 공동피고인과 합동하여 피해자를 텐트 안으로 끌고 간 후 원심 공동피고인, 피고인의 순으로 성관계를 하기로 하고 /

【대법원 판단】 피고인은 위 텐트 밖으로 나와 주변에서 망을 보고 /

【대법원 판단】 원심 공동피고인은 피해자의 옷을 모두 벗기고 피해자의 반항을 억압한 후 피해자를 1회 간음하여 강간하고, /

【대법원 판단】 이어 피고인이 위 텐트 안으로 들어가 피해자를 강간하려 하였으나 /

【대법원 판단】 피해자가 반항을 하며 강간을 하지 말아 달라고 사정을 하여 강간을 하지 않았다는 것이므로, /

【대법원 판단】 앞서 본 법리에 비추어 보면 위 [을]이 피고인과의 공모하에 강간행위에 나아간 이상 /

【대법원 판단】 비록 피고인이 강간행위에 나아가지 않았다 하더라도 중지미수에 해당하지는 않는다고 할 것이다.

【대법원 결론】 같은 취지에서, 원심이, 피고인에 대한 판시 행위를 성폭력범죄의처벌및피해자보호등에관한법률 제6조 제1항, 형법 제297조의 기수로 인정하여 처벌한 제1심의 조치를 유지한 것은 정당하고, 거기에 상고이유로 주장하는 바와 같은 중지미수에 관한 법리오해의 위법이 없다. (상고 기각)

2005도9858

누범가중 기간의 기산 시점
등기말소와 소송사기의 관계
변호사 소개 누범가중 사건
2006. 4. 7. 2005도9858 전원합의체 판결, 공 2006, 2106

1. 사실관계 및 사건의 경과

【사실관계 1】

① 갑은 공문서위조죄 등으로 징역 10월을 선고받았다.

② 2000. 6. 23. 갑은 형의 집행을 종료하고 출소하였다.

③ ㉠부동산은 A 명의로 소유권보존등기가 되어 있다.

④ [당시까지의 대법원판례에 의하면 등기명의 말소를 구하는 거짓 소송은 사기죄를 구성하지 않았다.]

⑤ [갑은 을과 짜고 ㉠부동산에 대한 소유권보존등기를 말소하기로 하였다.

⑥ [갑과 을은 이후 ㉠부동산에 대한 소유권보존등기를 을 명의로 돌려놓은 다음 이를 처분하기로 하였다.]

【사실관계 2】

① 2002. 7. 초순경 갑은 ㉠부동산 소유권보존등기말소 소송의 수임에 관하여 을을 변호사 병에게 소개하였다.

② 갑이 을을 변호사 병에게 소개할 당시 갑과 병 사이에 소개의 대가로 금품을 지급받기로 하는 묵시적 약정이 있었다.

③ 갑의 소개 직후 을은 변호사 병을 대리인으로 선임하여 A를 상대로 ㉠부동산에 대한 소유권보존등기말소 소송을 제기하였다.

④ [2004. 7. 무렵 을은 ㉠부동산에 대한 민사소송에서 승소하였다.]

⑤ [㉠부동산에 대한 A 명의가 말소되었다.]

⑥ 2004. 7. 15. 갑은 변호사 병으로부터 을을 소개한 대가의 일부로 1억 1천만원을 지급받았다.

【사건의 경과】

① 검사는 갑, 을, 병을 특가법위반죄(사기) 등으로 기소하였다.

② 갑 등의 피고사건은 제1심을 거친 후, 항소심에 계속되었다.

③ 항소심법원은 갑에게 특가법위반죄(사기)와 변호사법위반죄를 인정하였다.

④ 항소심법원은 특가법위반죄(사기)와 변호사법위반죄에 대해 각각 누범가중을 하여 갑에게 형을 선고하였다.

⑤ 갑은 불복 상고하였다.

⑥ 갑은 상고이유로 다음의 점을 주장하였다.

    (가) 형법 제35조는 금고 이상의 형을 받아 그 집행을 종료하거나 면제를 받은 후 3년 내에 금고 이상에 해당하는 죄를 범한 자를 누범으로 처벌한다.

    (나) ㉠부동산에 대한 승소판결이 확정된 것은 갑의 출소한 2000. 6. 23.으로부터 3년이 지난 2004. 7.에 있었다.

    (다) 갑이 변호사 병으로부터 사건 소개비를 받은 것은 갑의 출소한 2000. 6. 23.으로부터 3년이 지난 2004. 7. 15.에 있었다.

    (라) 따라서 갑에게 누범가중하여 처벌한 항소심판결은 위법하다.

⑦ 대법원은 소유권보존등기 말소와 사기죄의 관계에 대해 12 대 1로 견해가 나뉘었다.

⑧ 대법원은 다수의견에 따라 판례를 변경하였다.

2. 소송사기의 성립요건과 기수시기에 관한 판단

【대법원 요지】 법원을 기망하여 자기에게 유리한 판결을 얻고 그 판결 확정에 의하여 타인의 협력 없이 자신의 의사만으로 재물이나 재산상 이익을 얻을 수 있는 지위를 취득하게 되면, /

【대법원 요지】 그 지위는 재산적 가치가 있는 구체적 이익으로서 사기죄의 객체인 재산상 이익에 해당하므로, 사기죄가 성립된다.

【대법원 요지】 피고인 또는 그와 공모한 자가 자신이 토지의 소유자라고 허위의 주장을 하면서 소유권보존등기 명의자를 상대로 보존등기의 말소를 구하는 소송을 제기한 경우 /

【대법원 요지】 그 소송에서 위 토지가 피고인 또는 그와 공모한 자의 소유임을 인정하여 보존등기 말소를 명하는 내용의 승소확정판결을 받는다면, /

【대법원 요지】 이에 터 잡아 언제든지 단독으로 상대방의 소유권보존등기를 말소시킨 후 위 판결을 부동산등기법 제130조 제2호 소정의 소유권을 증명하는 판결로 하여 자기 앞으로의 소유권보존등기를 신청하여 그 등기를 마칠 수 있게 되므로, /

【대법원 요지】 이는 법원을 기망하여 유리한 판결을 얻음으로써 '대상 토지의 소유권에 대한 방해를 제거하고 그 소유명의를 얻을 수 있는 지위'라는 재산상 이익을 취득한 것이고, /

【대법원 요지】 그 경우 기수시기는 위 판결이 확정된 때이다.

【대법원 요지】 이와는 달리, 소유권보존등기 명의자를 상대로 그 보존등기의 말소를 구하는 소송을 제기한 경우, /

【대법원 요지】 설령 승소한다고 하더라도 상대방의 소유권보존등기가 말소될 뿐이고 이로써 원고가 당해 부동산에 대하여 어떠한 권리를 회복 또는 취득하거나 의무를 면하는 것은 아니므로 법원을 기망하여 재물이나 재산상 이익을 편취한 것이라고 볼 수 없다는 취지로 판시한 /

【대법원 요지】 대법원 1983. 10. 25. 선고 83도1566 판결과 같은 취지의 판결들은 위 법리에 저촉되는 범위 내에서 이를 변경하기로 한다.

【대법원 결론】 같은 취지에서 피고인 갑의 판시 소송사기로 인한 특정경제범죄 가중처벌 등에 관한 법률 위반(사기)죄를 유죄로 인정한 원심의 판단은 정당하고, 거기에 상고이유에서 주장하는 바와 같은 소송사기의 성립요건 및 기수시기에 관한 법리오해 등의 위법이 없다.

3. 누범가중의 요건 및 실행의 착수시기에 관한 판단

(1) 사기죄 부분에 대한 대법원의 판단

【대법원 요지】 형법 제35조 소정의 누범이 되려면 금고 이상의 형을 받아 그 집행을 종료하거나 면제를 받은 후 3년 내에 다시 금고 이상에 해당하는 죄를 범하여야 하는바, /

【대법원 요지】 이 경우 다시 금고 이상에 해당하는 죄를 범하였는지 여부는 그 범죄의 실행행위를 하였는지 여부를 기준으로 결정하여야 한다. /

【대법원 요지】 따라서 3년의 기간 내에 실행의 착수가 있으면 족하고, 그 기간 내에 기수에까지 이르러야 되는 것은 아니다.

【대법원 결론】 같은 취지에서 피고인 갑의 판시 소송사기로 인한 특정경제범죄 가중처벌 등에 관한 법률 위반(사기)죄에 대하여 누범기간 내에 실행의 착수가 있다는 이유로 누범가중을 한 원심의 판단은 정당하고, /

【대법원 결론】 거기에 상고이유에서 주장하는 바와 같은 누범가중의 요건에 관한 법리오해 등의 위법이 없다.

(2) 변호사법위반죄 부분에 대한 대법원의 판단

【대법원 요지】 또한, 법률사무의 수임에 관하여 당사자를 특정 변호사에게 소개한 후 그 대가로 금품을 수수하면 변호사법 제109조 제2호, 제34조 제1항을 위반하는 죄가 성립하는바, /

【대법원 요지】 그 경우 소개의 대가로 금품을 받을 고의를 가지고 변호사에게 소개를 하면 실행행위의 착수가 있다고 할 것이다.

【대법원 판단】 원심이 적법하게 채택한 증거에 의하면, /

【대법원 판단】 피고인 갑은 공문서위조죄 등으로 징역 10월을 선고받아 2000. 6. 23. 그 형의 집행을 종료한 자로서, /

【대법원 판단】 판시 소유권보존등기말소 소송의 수임에 관하여 2002년 7월 초순경 그 원고인 공동피고인 을을 변호사인 원심 공동피고인 병에게 소개하고 /

【대법원 판단】 2004. 7. 15. 그 대가의 일부로 1억 1천만원을 지급받았으며, /

【대법원 판단】 위 소개 당시 이미 피고인 갑과 병 사이에 소개의 대가로 금품을 지급받기로 하는 묵시적 약정이 있었던 사실을 인정할 수 있으므로, /

【대법원 판단】 피고인 갑은 누범기간 내인 2002년 7월 초순경 판시 변호사법 위반죄의 실행에 착수하였다고 할 것이다. /

【대법원 결론】 실행의 착수시기를 이와 달리 인정한 원심의 판단은 잘못이지만, /

【대법원 결론】 결과적으로 누범기간 내에 실행의 착수가 있다는 이유로 판시 변호사법 위반죄에 대하여 누범가중을 한 원심의 결론은 정당하고. /

【대법원 결론】 거기에 상고이유에서 주장하는 바와 같은 판결 결과에 영향을 미친 법리오해 등의 위법이 없다. (상고 기각)

2006도4885

범죄수익과 몰수 · 추징의 법리
CD 담보 주식매매 사건
2008. 11. 13. 2006도4885, 공 2008하, 1707

1. 사실관계 및 사건의 경과

【사실관계 1】
① 갑은 P회사의 대표이사로 근무하고 있다.
② P회사에 종속적인 거래처로서 Q회사 등이 있다.
③ P회사는 신규 유상증자 주식 및 출자전환 주식을 발행하게 되었다.
④ P회사는 양도성예금증서를 보유하고 있다. (㉠CD증서)
⑤ 2003. 5. 9.경부터 2003. 6. 12.경까지 사이에 갑은 ㉠CD증서를 Q회사에 담보로 제공하였다.
⑥ Q회사는 ㉠CD증서를 R은행에 담보로 제출하여 25억원을 대출받았다.
⑦ Q회사는 자신들의 업무를 잘 보아달라는 부탁과 함께 대출금을 갑에게 전달하였다.
⑧ 갑은 S회사 등 다른 종속적 거래처들을 통해서도 같은 방법으로 대출을 받았다.
⑨ 갑은 이렇게 하여 도합 6,455,782,500원을 대출받았다. (㉡대출금)

【사실관계 2】
① 갑은 ㉡대출금을 주식발행 주관회사인 M회사에 주식 매수대금으로 지급하였다.
② 갑은 그 밖의 ㉢자금을 M회사에 주식 매수대금으로 지급하였다.
③ 갑은 보호예수기간 경과 후 P회사의 신규 유상증자 주식 및 출자전환 주식 242,514주를 받았다. (㉣주식)
④ 갑은 유사한 방법으로 P회사의 주식 65,800주를 취득하였다. (㉤주식)
⑤ 2004. 2.경 갑은 ㉣주식 중 827,445주를 T회사에게 매도하였다. (㉥주식)
⑥ 갑은 T회사로부터 주식 매수대금의 일부로 9,308,756,250원을 받았다. (㉦대금)
⑦ 갑은 수사기관의 추적을 피해 ㉣잔여주식과 ㉤주식을 은닉할 대상을 찾던 중 A를 발견하였다.
⑧ 갑은 A에게 ㉣잔여주식과 ㉤주식의 은닉을 부탁하였다.
⑨ A는 ㉣잔여주식과 ㉤주식을 A 명의로 명의개서하였다.

【사건의 경과 1】
① 검사는 갑을 특정가법위반죄(배임)와 범죄수익은닉의규제및처벌등에관한법률위반죄 등으로 기소하

였다.

② 검사는 공소사실에 ㉣잔여주식과 ㉤주식의 취득 부분만을 기재하였다.

③ 검사는 공소사실에 ㉥주식 부분은 기재하지 않았다.

④ 제1심법원은 다음 주문의 판결을 선고하였다.

　(가) 징역 2년에 처한다.

　(나) 3년간 형의 집행을 유예한다.

　(다) 3,585,014,653원을 추징한다.

【사건의 경과 2】

① 갑은 불복 항소하였다.

② 갑은 항소이유로 다음의 점을 주장하였다.

　(가) ㉣잔여주식과 ㉤주식은 범죄수익이 아니다.

　(나) ㉣잔여주식과 ㉤주식을 은닉한 사실이 없다.

　(다) 추징 대상 3,185,014,653원은 피해자 P회사의 재산에 속하므로 추징할 수 없다.

③ 검사도 불복 항소하였다.

④ 검사는 항소이유로, ㉥주식 부분의 범죄수익 9,308,756,250원을 더 추징해야 한다고 주장하였다.

【사건의 경과 3】

① 항소심법원은 ㉣잔여주식과 ㉤주식이 P회사의 피해재산이므로 몰수·추징의 대상이 되지 않는다고 판단하였다.

② 항소심법원은 ㉥주식 부분은 기소되지 않았으므로 ㉾대금을 추징할 수 없다고 판단하였다.

③ 항소심법원은 다음 주문의 판결을 선고히였다.

　(가) 제1심판결을 파기한다.

　(나) 징역 2년에 처한다.

　(다) 3년간 형의 집행을 유예한다.

④ 항소심법원은 추징금은 선고하지 않았다.

⑤ 갑은 불복 상고하였다.

⑥ 검사는 불복 상고하였다.

⑦ 갑과 검사의 상고이유는 항소이유와 같다.

2. 범죄수익 부분에 대한 판단

【대법원 판단】 (중략)

【대법원 요지】 가. 구 범죄수익은닉의 규제 및 처벌에 관한 법률(2004. 3. 22. 법률 제7196호로 개정되기 전의 것, 이하 범죄수익은닉규제법이라고만 한다) 제2조 제2호에 정한 /

【대법원 요지】 범죄수익에 해당하는 '범죄행위에 의하여 생긴 재산'이란 /

【대법원 요지】 중대범죄의 범죄행위에 의하여 새로 만들어진 재산뿐만 아니라 /

【대법원 요지】 그러한 범죄행위에 의하여 취득한 재산도 포함하는 것이라고 보아야 할 것이다. /

【대법원 요지】 그런데 범죄수익은닉규제법 제2조 제1호 [별표]의 규정에 의하면 특정경제범죄 가중처벌 등에 관한 법률 위반(배임)죄는 중대범죄에 해당하고, /

【대법원 요지】 주식회사의 대표이사이기 아무런 반대급부를 제공받지 아니하고 회사 소유의 양도성예금증서를 제3자의 금융기관 대출에 대한 담보로 제공하여 그 대출이 이루어졌다면 /

【대법원 요지】 제3자에게 담보 가치에 상응한 대출금 상당의 재산상 이익을 취득하게 하고 회사에는 그에 상응한 재산상 손해를 입혔다고 할 것이므로, /

【대법원 요지】 이러한 대표이사의 담보제공행위가 특정경제범죄 가중처벌 등에 관한 법률 위반(배임)죄에 해당한다면 /

【대법원 요지】 금융기관으로부터 양도성예금증서를 담보로 제공하고 대출받은 대출금은 그 범죄행위에 의하여 생긴 재산으로서 범죄수익에 해당한다고 할 것이고, /

【대법원 요지】 제3자가 대표이사에게 그 대출금을 부정한 청탁과 함께 교부하였다고 하여도 범죄수익으로서의 성질이 사라지는 것은 아니다.

【대법원 판단】 같은 취지에서 피고인 갑이 공소외 P주식회사 소유의 양도성 예금증서를 담보로 제공하여 공소외 Q주식회사가 R은행으로부터 대출받은 25억원을 범죄수익이라고 한 원심의 판단은 정당하다.

【대법원 결론】 원심판결에는 상고이유 주장과 같은 범죄수익에 관한 법리를 오해한 잘못이 없다.

3. 범죄수익 은닉 부분에 대한 판단

【대법원 요지】 나. 범죄수익은닉규제법에 정한 범죄수익의 은닉이라 함은 범죄수익 등의 특정이나 추적 또는 발견을 불가능하게 하거나 현저하게 곤란하게 하는 행위로서 통상의 보관방법이라고 보기 어려운 경우를 의미하는 것으로서, /

【대법원 요지】 이러한 은닉행위에는 범죄수익 등인 주식을 타인에게 처분한 것처럼 타인 명의로 명의개서하여 두는 행위도 포함된다고 할 것이고, /

【대법원 채증】 구체적인 사안에서 타인 명의로 범죄수익 등에 해당하는 주식을 명의개서하는 행위가 실질 처분이 아니라 범죄수익 등을 은닉하는 행위에 해당하는지 여부를 판단할 때에는 /

【대법원 채증】 주식거래 당사자 사이의 관계, 명의개서하게 된 동기와 경위, 주식 거래대금의 실제 수수 여부 등을 종합적으로 고려하여야 한다.

【대법원 판단】 원심이 같은 취지에서 그 판시와 같은 사정을 종합하여 피고인 갑이 공소외 P주식회사 주식 826,760주를 공소외 A 명의로 명의개서한 행위가 범죄수익 등을 은닉한 행위라고 본 것은 정당하다.

【대법원 결론】 원심판결에는 상고이유로 주장하는 것과 같은 범죄수익은닉의 규제 및 처벌 등에 관한 법률의 해석 등에 관한 법리를 오해한 잘못이 없다.

4. 범죄수익 몰수 · 추징 부분에 대한 판단

【대법원 요지】 형법 제49조 단서는 행위자에게 유죄의 재판을 하지 아니할 때에도 몰수의 요건이 있는 때에는 몰수만을 선고할 수 있다고 규정하고 있으므로 /

【대법원 요지】 몰수뿐만 아니라 몰수에 갈음하는 추징도 위 규정에 근거하여 선고할 수 있다고 할 것이나, /

【대법원 요지】 우리 법제상 공소의 제기 없이 별도로 몰수나 추징만을 선고할 수 있는 제도가 마련되어 있지 아니하므로 /

【대법원 요지】 위 규정에 근거하여 몰수나 추징을 선고하기 위하여서는 몰수나 추징의 요건이 공소가 제기된 공소사실과 관련되어 있어야 하고, /

【대법원 요지】 공소사실이 인정되지 않는 경우에 이와 별개의 공소가 제기되지 아니한 범죄사실을 법원이 인정하여 그에 관하여 몰수나 추징을 선고하는 것은 불고불리의 원칙에 위반되어 불가능하고, /

【대법원 요지】 이러한 법리는 형법 제48조의 몰수·추징 규정에 대한 특별규정인 범죄수익은닉의 규제 및 처벌 등에 관한 법률 제8조 내지 제10조의 규정에 의한 몰수 또는 추징의 경우에도 마찬가지로 적용된다고 할 것이다.

【대법원 판단】 원심이 같은 취지에서 범죄사실에 대한 공소의 제기가 없다는 등의 이유로 피고인 갑이 공소외 T주식회사로부터 받은 주식의 매각대금을 추징할 수 없다고 판단한 것은 정당하다.

【대법원 결론】 원심판결에는 상고이유로 주장하는 것과 같은 추징에 관한 법리를 오해한 잘못이 없다. (다른 사유를 이유로 파기 환송)

2006도6886

특가법 누범규정의 법적 성질
절도범 거듭 누범가중 사건
2006. 12. 8. 2006도6886, 공 2007, 171

1. 사실관계 및 사건의 경과

【사실관계 1】

① 특가법 제5조의4 제1항에 의하면 상습절도죄는 무기 또는 3년 이상의 징역으로 처벌된다.

② 특가법 제5조의4 제6항에 의하면 상습절도죄로 두 번 이상 실형을 선고받고 그 집행이 끝나거나 면제된 후 3년 이내에 다시 상습절도죄를 범한 경우에는 그 죄에 대하여 정한 형의 단기의 2배까지 가중한다.

③ 그 결과 상습절도죄로 두 번 이상 실형을 선고받고 그 집행이 끝나거나 면제된 후 3년 이내에 다시 상습절도죄를 범한 사람은 무기 또는 6년 이상의 징역으로 처벌된다.

【사실관계 2】

① 2004. 4. 12. 갑은 특가법위반죄(절도)로 징역 1년 6월을 선고받고 복역하였다.

② 2005. 7. 31. 갑은 출소하였다. (㉠전과)

③ 갑은 ㉠전과를 포함하여 야간주거침입절도, 절도, 특가법위반죄(절도) 등으로 실형을 복역한 전력

만도 10여회에 이른다.

④ 갑은 최종형의 집행을 종료한 후 채 1년이 지나지 않아 다시 특가법위반죄(절도) 범행을 저질렀다. (ⓛ절도범행)

⑤ 갑이 저지른 ⓛ절도범행 횟수는 5번이나 되었다.

【사건의 경과】

① 검사는 갑을 특가법위반죄(절도)로 기소하였다.

② 제1심법원은 다음과 같이 형을 양정하였다.

    (가) 특가법 제5조의4 제6항을 적용한다. (단기 누범가중)

    (나) 형법 제35조를 적용한다. (장기 누범가중)

    (다) 형법 제53조에 기하여 작량감경을 한다.

    (라) 징역 3년을 선고한다.

③ 갑은 불복 항소하였다.

④ 항소심법원은 항소를 기각하고, 제1심판결을 유지하였다.

⑤ 갑은 불복 상고하였다.

⑥ 갑은 상고이유로, 이중의 누범가중을 하는 것은 위법하다고 주장하였다.

2. 특가법상 누범가중과 형법상 누범가중의 관계

【대법원 요지】 1. 2005. 8. 4. 법률 제7654호로 개정 · 시행된 특정범죄 가중처벌 등에 관한 법률 제5조의4 제6항은 그 입법 취지가 /

【대법원 요지】 2005. 8. 4. 법률 제7656호로 공포 · 시행된 사회보호법 폐지법률에 의하여 사회보호법이 폐지됨에 따라 상습절도 사범 등에 관한 법정형을 강화하기 위한 데 있다고 보이고, /

【대법원 요지】 조문의 체계가 일정한 구성요건을 규정하는 형식으로 되어 있으며, /

【대법원 요지】 적용요건이나 효과도 형법 제35조와 달리 규정되어 있는 점 등에 비추어 볼 때, /

【대법원 요지】 위 법률 제5조의4 제1항 또는 제2항의 죄로 2회 이상 실형을 받아 그 집행을 종료하거나 면제받은 후 3년 이내에 다시 위 제1항 또는 제2항의 죄를 범한 때에는 /

【대법원 요지】 그 죄에 정한 형의 단기의 2배까지 가중한 법정형에 의하여 처벌한다는 내용의 새로운 구성요건을 창설한 규정이라고 새겨야 할 것이므로, /

【대법원 요지】 이러한 경우 위 제6항에 정한 형에 다시 형법 제35조의 누범가중한 형기범위 내에서 처단형을 정하는 것이 옳다.

【대법원 결론】 원심이 유지한 제1심판결이 같은 취지에서, 피고인의 이 사건 범죄행위에 대하여 위 법률 제5조의4 제6항을 적용한 후 다시 형법 제35조에 의하여 누범가중을 한 조치는 정당하고, 거기에 법리오해 등의 위법은 없다. (상고 기각)

2006도8555

일부 집행유예의 허용 여부
커터 칼 상해 사건
2007. 2. 22. 2006도8555, 공 2007, 523

1. 사실관계 및 사건의 경과

【사실관계】

① 2006. 4. 13. 21:40경 갑은 서울 송파구 M장소 소재 강남동태찜 식당앞 도로에서 P식품을 운영하는 A(42세)로부터 "냉동창고 기사가 필요하니 당장 출근하여 일을 해 달라"는 제의를 받았다.

② 갑은 이를 계속 거절하여 A와 말다툼하던 중 A로부터 뺨을 얻어맞았다.

③ 갑은 상의 윗주머니에서 연필깎이용 커터 칼(칼날길이 13.5센티미터)을 꺼내 휘두르면서 A의 왼팔을 3회, 오른팔을 1회 긋고 목을 1회 그었다.

④ 이를 통해 갑은 A에게 약 3주간의 치료를 요하는 목의 개방성 상처 등의 상해를 가하였다.

【사건의 경과 1】

① 검사는 갑을 폭처법위반죄(흉기등상해)로 기소하였다.

② 제1심법원은 다음과 같은 주문의 판결을 선고하였다.

    (가) 피고인을 징역 1년 6월에 처한다.

    (나) 이 판결 선고 전의 구금일수 18일을 위 형에 산입한다.

    (다) 다만, 이 판결 확정일로부터 3년간 위 형의 집행을 유예한다.

    (라) 압수된 커터 칼 1개를 몰수한다.

③ 검사는 불복 항소하였다.

【사건의 경과 2】

① 항소심법원은 다음의 이유를 들어서 일부 집행유예가 허용된다고 판단하였다.

    (가) 형사정책상 일부 집행유예의 필요성이 있다.

    (나) 형법 제62조 제1항은 일부 집행유예를 인정하고 있다.

    (다) 대법원판례(2000도4637)도 경합범 사안에서 각각 집행유예를 선택하면서 일부 징역형에 대해 집행유예를 선고하고 있다.

② 항소심법원은 다음과 같은 주문의 판결을 선고하였다.

    (가) 원심판결을 파기한다.

    (나) 피고인을 징역 1년 6월에 처한다.

    (다) 원심판결 선고 전의 구금일수 18일을 위 형에 산입한다.

    (라) 다만, 이 판결 확정일부터 위 형 중 징역 1년에 한하여 3년간 그 형의 집행을 유예한다.

    (마) 압수된 커터 칼 1개를 몰수한다.

③ 검사는 불복 상고하였다.

④ 검사는 상고이유로, 일부 집행유예는 허용되지 않는다고 주장하였다.

2. 일부 집행유예의 허용 여부

【대법원 분석】 집행유예의 요건에 관한 형법 제62조 제1항 본문은 /

【대법원 분석】 "3년 이하의 징역 또는 금고의 형을 선고할 경우에 제51조의 사항을 참작하여 그 정상에 참작할 만한 사유가 있는 때에는 1년 이상 5년 이하의 기간 '형'의 집행을 유예할 수 있다."고 규정하고, /

【대법원 분석】 같은 조 제2항은 "형을 '병과'할 경우에는 그 형의 '일부'에 대하여 집행을 유예할 수 있다."고 규정하고 있는바, /

【대법원 요지】 비록 형법 제62조 제1항이 '형'의 집행을 유예할 수 있다고만 규정하고 있다고 하더라도, /

【대법원 요지】 이는 같은 조 제2항이 그 형의 '일부'에 대하여 집행을 유예할 수 있는 때를 형을 '병과'할 경우로 한정하고 있는 점에 비추어 보면, /

【대법원 요지】 조문의 체계적 해석상 하나의 형의 전부에 대한 집행유예에 관한 규정이라 할 것이다.

【대법원 요지】 또한, 하나의 자유형에 대한 일부집행유예에 관하여는 그 요건, 효력 및 일부 실형에 대한 집행의 시기와 절차, 방법 등을 입법에 의해 명확하게 할 필요가 있으므로, /

【대법원 요지】 그 인정을 위해서는 별도의 근거 규정이 필요하다고 할 것이다.

3. 사안에 대한 대법원의 판단

【항소심 판단】 원심은 이와 달리 형법 제62조 제1항이 일부집행유예를 인정하고 있다고 보아 /

【항소심 판단】 대법원 2002. 2. 26. 선고 2000도4637 판결을 원용하여 피고인에 대하여 하나의 징역형 중 일부에 대한 집행유예를 선고하였으나, /

【대법원 판단】 위 판결은 형법 제37조 후단의 경합범 관계에 있는 각 죄에 대하여 두 개의 자유형을 선고하는 경우 그 중 하나의 자유형에 대한 집행유예를 인정한 것으로서, /

【대법원 판단】 하나의 자유형 중 일부에 대하여 집행유예를 선고한 이 사건과 사안을 달리하여 원용하기 부적절하다.

【대법원 결론】 따라서 원심의 조치에는 집행유예에 관한 법리오해의 위법이 있고, 이는 판결 결과에 영향을 미쳤다고 할 것이므로 이 점을 지적하는 검사의 상고이유의 주장은 이유 있다. (파기 환송)

2007도768

집행유예 기간중의 집행유예 결격사유
보호관찰 집행유예취소 사건
2007. 7. 27. 2007도768, 공 2007, 1433

1. 사실관계 및 사건의 경과

【사실관계】

① 2003. 9. 24. 갑은 징역 1년 6월에 집행유예 3년의 판결을 선고받았다. (㉮판결)

② 2003. 10. 2. ㉮판결이 확정되었다. (㉮전과)

③ 2004. 8. 26. 갑은 폭처법위반죄(흉기등상해)를 범하였다. (㉯사건)

④ 2004. 11. 16. 갑은 폭처법위반죄(흉기등상해)를 범하였다. (㉰사건)

⑤ 갑은 ㉯, ㉰사건으로 기소되었다.

⑥ 2005. 7. 29. 집행유예의 요건을 완화하는 형법 일부개정이 있었다.

⑦ 2006. 4. 18. 갑은 ㉮판결에 대한 보호관찰준수사항 위반 등의 이유로 ㉮판결의 집행유예가 취소되었다. (㉱취소결정)

⑧ [㉱취소결정이 확정되어 갑은 수감되었다.]

【사건의 경과】

① 2006. 7. 26. ㉯, ㉰피고사건의 제1심법원은 갑에게 징역 1년에 집행유예 2년을 선고하였다.

② 검사는 불복 항소하였다.

③ 2007. 1. 4. 항소심법원은 제1심판결을 파기하고 갑에게 징역 10월의 실형을 선고하였다.

④ 갑은 불복 상고하였다.

⑤ 갑은 상고이유로 다음의 점을 주장하였다.

　(가) 2005. 7. 29. 집행유예의 요건을 완화하는 형법 일부개정이 있었다.

　(나) 개정된 형법은 집행유예 결격사유를 "금고 이상의 형을 선고한 판결이 확정된 때부터 그 집행을 종료하거나 면제된 후 3년까지의 기간에 범한 죄에 대하여 형을 선고하는 경우"로 규정하고 있다.

　(다) 집행유예 결격사유가 성립하는 3년은 금고 이상의 형을 선고한 판결이 확정된 때부터 기산된다.

　(라) 갑의 경우 전형(前刑)은 ㉮판결의 집행유예가 2006. 4. 18. 취소 확정된 때 비로소 ㉮판결이 확정된 것으로 보아야 한다.

　(마) 그렇게 볼 경우 ㉯, ㉰사건 범행은 ㉮판결 확정 전에 범한 것이 되므로 집행유예의 선고가 가능하다.

2. 사안에 대한 대법원의 분석

【대법원 판단】 (개정 전후 형법의 관계, 전략)

【대법원 분석】 2. 가. 기록에 의하면, 피고인은 폭력행위 등 처벌에 관한 법률 위반(야간·공동폭행)죄로 2003. 9. 24. 징역 1년 6월에 집행유예 3년의 판결을 선고받아 같은 해 10. 2. 위 판결이 확정된 전력이 있는 자로서, /

【대법원 분석】 그 집행유예기간 중인 2004. 8. 26. 및 같은 해 11. 16.에 이 사건 각 범죄를 저지른 것이고, /

【대법원 분석】 위 집행유예기간이 경과하기 전이자 이 사건 제1심판결 선고 전인 2006. 4. 18. 보호관찰준수사항 위반 등의 이유로 위 집행유예의 취소결정이 확정된 상태임을 알 수 있다.

3. 집행유예 기간 중의 집행유예 결격사유

【대법원 판단】 (종전 형법의 규정을 적용할 경우, 중략)

【대법원 요지】 집행유예기간 중에 범한 죄에 대하여 형을 선고할 때에, /

【대법원 요지】 집행유예의 결격사유를 정하는 현행 형법 제62조 제1항 단서 소정의 요건에 해당하는 경우란, /

【대법원 요지】 이미 집행유예가 실효 또는 취소된 경우와 /

【대법원 요지】 그 선고 시점에 미처 유예기간이 경과하지 아니하여 형 선고의 효력이 실효되지 아니한 채로 남아 있는 경우로 국한되고, /

【대법원 요지】 집행유예가 실효 또는 취소됨이 없이 유예기간을 경과한 때에는 위 단서 소정의 요건에 해당하지 않는다고 할 것이므로, /

【대법원 요지】 집행유예기간 중에 범한 범죄라고 할지라도 집행유예가 실효 또는 취소됨이 없이 그 유예기간이 경과한 경우에는 이에 대해 다시 집행유예의 선고가 가능하다 /

【대법원 요지】 (대법원 2007. 2. 8. 선고 **2006도6196** 판결 등 참조).

4. 사안에 대한 대법원의 판단

【대법원 판단】 위와 같은 법리 및 기록에 비추어 살펴보면, /

【대법원 판단】 이 사건의 경우 위와 같이 집행유예기간 중에 범한 피고인의 이 사건 범죄에 대하여 형을 선고함에 있어, /

【대법원 판단】 피고인은 그 집행유예기간이 경과하기 전에 보호관찰준수사항 위반 등의 이유로 이미 위 집행유예의 취소결정이 확정된 상태이므로, /

【대법원 판단】 이는 현행 형법 제62조 제1항 단서 소정의 집행유예의 결격사유에 해당된다고 할 것이어서 /

【대법원 판단】 현행 형법의 규정상 피고인에 대하여 형의 집행유예를 선고할 수 없다.

【대법원 결론】 이와 달리, 피고인에 대한 위 징역형의 집행유예 판결은 그 집행유예의 취소결정이 확정된 때에 비로소 확정된다는 독단적인 견해를 전제로 하여, /

【대법원 결론】 피고인은 현행 형법 제62조 제1항 단서 소정의 '금고 이상의 형을 선고한 판결이 확정된 후' 이 사건 범죄를 저지른 경우에 해당되지 않는다는 취지의 상고이유의 주장은 받아들일 수 없다.

【대법원 결론】 라. 결국, 종전 형법의 규정을 적용하든 현행 형법의 규정을 적용하든 어느 경우나 마찬가지로 이 사건 각 범죄행위에 관하여 피고인에 대하여 집행유예를 선고할 수는 없다고 할 것이고, /

【대법원 결론】 같은 취지에서 피고인에 대하여 징역 1년에 집행유예 2년을 선고한 제1심판결을 파기하고 피고인에 대하여 징역 10월의 실형을 선고한 원심의 조치는 정당하여 수긍할 수 있고, 거기에 피고인의 변호인들의 주장과 같은 집행유예의 결격사유에 관한 법리오해 등의 위법이 있다고 할 수 없다. (상고 기각)

2007도1915

금지착오와 정당한 이유
장례식장 식당증축 사건
2009. 12. 24. 2007도1915, 공 2010상, 281

1. 사실관계 및 사건의 경과

【사실관계 1】
① 건축법에 따르면 제2종 일반주거지역 안에서는 의료시설 중 병원만을 건축할 수 있다.
② 건축법에 따르면 장례식장은 제2종 일반주거지역 안에 건축할 수 없다.
③ 국토계획법에 따르면 부속건축물에 대하여는 주된 건축물에 대한 건축제한에 따라야 한다.
④ 이러한 건축제한에 따르지 아니한 건축물 건축행위는 국토계획법에 의하여 처벌된다.
⑤ P의료원은 충청남도 H군 소재 종합병원이다.
⑥ 갑은 P의료원의 원장이다.
⑦ P의료원은 상업지역과 제2종 일반주거지역 내에 걸쳐서 위치하고 있다.

【사실관계 2】
① P의료원은 부대시설로 Q장례식장을 가지고 있다.
② Q장례식장은 제2종 일반주거지역 안에 위치하고 있다.
③ Q장례식장에는 부대시설로 R식당이 있다.
④ R식당이 협소하여 증축의 필요성이 제기되었다.
⑤ P의료원 측은 H군에 지하 1층 1,081 m²의 ㉠건축물에 대한 증축허가를 신청하였다.

【사실관계 3】
① P의료원 측은 H군과 협의를 가졌다.
② H군은 충청남도와 협의를 가졌다.
③ 충청남도는 건설교통부에 질의하였다.
④ 건설교통부는 종합병원에 입원한 환자가 사망한 경우 그 장례의식을 위한 시설의 설치는 부속용도로 볼 수 있다는 취지로 회신하였다.

⑤ [H군은 P의료원에 ㉠건축물에 대한 건축허가를 내주었다.]

【사실관계 4】

① 갑은 P의료원의 Q상례식장이 P의료원의 부대시설이라고 판단하였다.

② 2005. 9. 29.경부터 2006. 2. 17.경까지 갑은 지하 1층 1,081 m²의 ㉠건축물을 Q장례식장의 부대시설인 R식당(접객실)으로 증축하였다.

③ 갑은 이후 ㉠건축물을 Q장례식장의 식당(접객실) 용도로 사용하고 있다.

④ H군은 ㉠건축물을 병원의 부속건물로 판단하였다.

⑤ H군은 ㉠건물을 병원의 부속건물로 기재하고 사용승인을 해 주었다.

【사건의 경과】

① 검사는 갑을 국토의계획및이용에관한법률위반죄로 기소하였다.

② 갑의 피고사건은 제1심을 거친 후, 항소심에 계속되었다.

③ 항소심법원은 유죄를 인정하였다.

④ 항소심법원은 벌금 1백만원을 정하고, 형의 선고를 유예하였다.

⑤ 갑은 불복 상고하였다.

⑥ 갑은 상고이유로 다음의 점을 주장하였다.

　　(가) 장례식장의 식당은 종합병원의 부대시설이다.

　　(나) H군과 충청남도 및 건설교통부의 질의회신에 따라 장례식장의 식당을 종합병원의 부대시설이라고 판단하였다.

【참조조문】

국토의 계획 및 이용에 관한 법률

제76조 (용도지역 및 용도지구에서의 건축물의 건축 제한 등) ① 제36조에 따라 지정된 용도지역에서의 건축물이나 그 밖의 시설의 용도 · 종류 및 규모 등의 제한에 관한 사항은 대통령령으로 정한다.

제141조 (벌칙) 다음 각 호의 어느 하나에 해당하는 자는 2년 이하의 징역 또는 2천만원(중략) 이하의 벌금에 처한다.

　　4. 제76조(같은 조 제5항 제2호부터 제4호까지의 규정은 제외한다)에 따른 용도지역 또는 용도지구에서의 건축물이나 그 밖의 시설의 용도 · 종류 및 규모 등의 제한을 위반하여 건축물이나 그 밖의 시설을 건축 또는 설치하거나 그 용도를 변경한 자

2. 국토계획법 위반 부분에 대한 판단

(1) 관련 법령에 대한 대법원의 분석

【대법원 분석】 가. 구 의료법(2006. 9. 27. 법률 제8007호로 개정되기 전의 것) 제3조, 제32조, /

【대법원 분석】 구 의료법 시행규칙(2008. 4. 11. 부령 제11호로 개정되기 전의 것) 제28조의2 [별표 2]의 규정에 의하면 /

【대법원 분석】 종합병원의 경우 시체실의 설치가 의무화되어 있고, /

【대법원 분석】 구 건축법 시행령(2006. 5. 8. 대통령령 제19466호로 개정되기 전의 것, 이하 같다) 제2조 제1항에 의하면 /

【대법원 분석】 관계 법령에서 주된 용도의 부수시설로 그 설치를 의무화하고 있는 시설의 용도는 건축물의 주된 용도의 기능에 필수적인 용도로서 '부속용도'에 해당하므로, /

【대법원 요지】 종합병원의 의무적 설치 시설인 시체실의 용도는 종합병원의 부속용도에 해당한다고 할 것이나, /

【대법원 분석】 구 건축법(2006. 9. 27. 법률 제8014호로 개정되기 전의 것) 제2조, /

【대법원 분석】 구 건축법 시행령 제3조의4 [별표 1]의 규정에 의하면 /

【대법원 분석】 '건축물의 용도'라 함은 건축물의 종류를 유사한 구조·이용목적 및 형태별로 묶어 분류한 것을 말하고, /

【대법원 분석】 건축물의 종류를 분류함에 있어 의료시설은 /

【대법원 분석】 병원(종합병원·병원·치과병원·한방병원·정신병원 및 요양소를 말한다), /

【대법원 분석】 격리병원(전염병원·마약진료소 기타 이와 유사한 것을 말한다), /

【대법원 분석】 장례식장으로 /

【대법원 분석】 그 건축물의 용도가 명확히 구분되어 있으므로, /

【대법원 요지】 종합병원이라 하더라도 의무적 설치 시설인 시체실에 더하여 /

【대법원 요지】 장례의식에 필요한 각종 부대시설(예식실, 분향소, 식당 등) 등을 추가하는 등으로 이를 장례식장의 용도로 변경·사용하는 경우에는 /

【대법원 요지】 더 이상 종합병원의 부속용도에 해당한다고 볼 수 없어, /

【대법원 요지】 종합병원이 아닌 경우와 마찬가지로 관련 법령에 따른 용도변경의 제한을 받는다고 할 것이다.

【대법원 분석】 나아가 구 국토의 계획 및 이용에 관한 법률(2006. 9. 27. 법률 제8014호로 개정되기 전의 것, 이하 같다) 제36조, 제76조 제1항, /

【대법원 분석】 같은 법 시행령(2006. 3. 23. 대통령령 제19400호로 개정되기 전의 것, 이하 같다) 제71조 제1항 제4호 [별표 5] 제2호 라목, 같은 조 제2항에 의하면, /

【대법원 요지】 제2종 일반주거지역 안에서는 구 건축법 시행령 [별표 1]의 의료시설 중 병원만을 건축할 수 있을 뿐 /

【대법원 요지】 격리병원과 장례식장은 이를 건축할 수 없는 것으로 제한되어 있고, /

【대법원 요지】 구 국토의 계획 및 이용에 관한 법률 시행령 제71조 제1항에 의한 건축제한을 적용함에 있어 /

【대법원 요지】 부속건축물에 대하여는 주된 건축물에 대한 건축제한에 따라야 한다.

  (2) 사안에 대한 대법원의 판단

【대법원 판단】 나. 원심은 그 채택 증거들에 의하여, /

【대법원 판단】 이 사건 P의료원의 장례식장이 종합병원의 의무적 설치 시설인 시체실에 더하여 장례의식에 필요한 각종 부대시설인 예식실, 분향소, 식당 등을 갖추고 있으므로 /

【대법원 판단】 위 장례식장을 종합병원의 부속용도에 해당한다고 볼 수 없고, /

【대법원 판단】 위 장례식장의 각종 부대시설 중 시체실, 예식실, 분향소 등 대부분은 상업지역 안에

위치하고 있으나, /

【대법원 판단】 이 사건 증축부분 1,081 m²는 제2종 일반주거지역 안에 위치하고 있고, /

【대법원 판단】 그 증축의 경위와 목적, 위치와 구조 및 용도 등에 비추어 장례식장 운영을 위한 부대시설인 식당(접객실)으로 증축되어 그러한 용도로만 사용되고 있는 장례식장의 부속건축물이라 할 것이어서, /

【대법원 판단】 그 용도에 관하여는 주된 건축물인 장례식장에 대한 건축제한에 따라야 할 것이므로, /

【대법원 판단】 장례식장의 건축이나 용도변경이 제한되는 제2종 일반주거지역 안에서 장례식장의 부속건축물에 해당하는 식당(접객실)을 건축하거나 그와 같은 용도로 변경하는 행위는 /

【대법원 판단】 구 국토의 계획 및 이용에 관한 법률 제76조 등의 규정에 의한 용도제한을 위반하는 것이라고 판단하였는바, /

【대법원 결론】 관련 법령과 위 법리에 비추어 살펴보면, 이러한 원심의 판단은 정당하고 거기에 국토의 계획 및 이용에 관한 법률상 용도지역에서의 건축제한 등에 관한 법리오해 등의 잘못이 없다.

3. 금지착오 부분에 대한 판단

(1) 정당한 이유의 판단기준

【대법원 요지】 형법 제16조에서 "자기가 행한 행위가 법령에 의하여 죄가 되지 아니한 것으로 오인한 행위는 그 오인에 정당한 이유가 있는 때에 한하여 벌하지 아니한다"라고 규정하고 있는바, /

【대법원 요지】 이러한 정당한 이유가 있는지 여부는 /

【대법원 요지】 행위자에게 자기 행위의 위법의 가능성에 대해 심사숙고하거나 조회할 수 있는 계기가 있어 /

【대법원 요지】 자신의 지적능력을 다하여 이를 회피하기 위한 진지한 노력을 다하였더라면 스스로의 행위에 대하여 위법성을 인식할 수 있는 가능성이 있었음에도 /

【대법원 요지】 이를 다하지 못한 결과 자기 행위의 위법성을 인식하지 못한 것인지 여부에 따라 판단하여야 할 것이고, /

【대법원 요지】 이러한 위법성의 인식에 필요한 노력의 정도는 구체적인 행위정황과 행위자 개인의 인식능력 그리고 행위자가 속한 사회집단에 따라 달리 평가하여야 한다.

(2) 사안에 대한 대법원의 판단

【대법원 판단】 원심은, /

【대법원 판단】 피고인 또는 충청남도가 이 사건 장례식장의 식당부분을 증축함에 있어, H군과 그 증축에 관한 협의과정을 거쳤고 건설교통부에 관련 질의도 했던 것으로 보이나, /

【대법원 판단】 H군과의 협의는 증축부분이 장례식장이 아닌 '병원'의 부속건물임을 전제로 한 것이고 그에 관한 건축물대장에의 기재나 사용승인 또한 마찬가지이며, /

【대법원 판단】 건설교통부의 질의회신도 종합병원의 경우 일반적으로 장례식장의 설치나 운영이 그 부속시설로서 허용된다는 취지가 아니라 /

【대법원 판단】 종합병원에 입원한 환자가 사망한 경우 그 장례의식을 위한 시설의 설치는 부속용도

로 볼 수 있다는 취지에 불과하므로, /

【**대법원 판단**】 주무관서인 H군과 위와 같은 협의를 거쳤다는 등의 사정만으로 /

【**대법원 판단**】 이 사건 장례식장의 설치·운영에 관하여 피고인이 자신의 행위가 죄가 되지 아니하는 것으로 오인하였거나 그와 같은 오인에 정당한 이유가 있었다고 할 수 없다고 판단하였는바, /

【**대법원 결론**】 위 법리에 비추어 살펴보면, 이러한 원심의 판단은 정당하고 거기에 형법 제16조의 법률의 착오에 있어서 정당한 이유에 관한 법리를 오해한 잘못이 없다. (상고 기각)

2007도2956

특가법 상습절도와 누범절도의 관계
찜질방 숙식 절도범 사건
2007. 6. 28. 2007도2956, [미간행]

1. 사실관계 및 사건의 경과

【**사실관계**】

① 갑은 다음과 같은 5회의 전과가 있다.

    (가) 1987. 4. 13. 절도죄로 징역 10월에 집행유예 2년 (①판결)

    (나) 1990. 12. 21. 특가법위반죄(절도) 징역 7년 (②판결)

    (다) 1998. 1. 8. 특수절도미수죄로 징역 1년 (③판결)

    (라) 2002. 4. 24. 절도죄로 징역 6월 (④판결)

    (마) 2003. 3. 27. 절도죄로 징역 10월 (⑤판결)

② 위의 ③, ⑤의 판결을 받은 각 절도범행은 술에 취한 피해자들의 물품 내지 주차되어 있는 자동차 안에 피해자들의 물품을 절취한 것이다.

③ 갑은 ⑤판결 형의 집행을 종료한 때부터 3년이 지나지 않은 시점에 술에 취한 A의 물품을 절취하였다.

【**사건의 경과**】

① 검사는 갑을 특가법위반죄(절도)로 기소하였다.

② 검사는 특가법 제5조의4 제1항 (상습절도)를 적용하였다.

③ 제1심법원은 갑에게 상습성이 없다고 판단하였다.

④ 제1심법원은 특가법위반죄(상습절도)에 관하여 무죄를 선고하고, 단순절도죄로 처단하였다.

⑤ 검사는 불복 항소하였다.

⑥ 항소심법원은 항소를 기각하고, 제1심판결을 유지하였다.

⑦ 검사는 불복 상고하였다.

⑧ 검사는 상고이유로, 특가법상 상습절도에 해당한다고 주장하였다.

2. 특가법 상습절도 부분에 대한 판단

(1) 상습성의 판단기준

【대법원 요지】 절도에 있어서의 상습성은 절도범행을 반복 수행하는 습벽을 말하는 것으로서 /

【대법원 요지】 동종 전과의 유무와 이 사건 범행의 횟수, 기간, 동기 및 수단과 방법 등을 종합적으로 고려하여 상습성 유무를 판단하여야 할 것이다.

(2) 사안에 대한 대법원의 분석

【대법원 분석】 기록에 의하면, 피고인은 /

【대법원 분석】 ① 1987. 4. 13. 서울지방법원 동부지원에서 절도죄로 징역 10월에 집행유예 2년, /

【대법원 분석】 ② 1990. 12. 21. 서울고등법원에서 특정범죄가중처벌 등에 관한 법률 위반(절도)죄 등으로 징역 7년, /

【대법원 분석】 ③ 1998. 1. 8. 서울형사지방법원에서 특수절도미수죄로 징역 1년, /

【대법원 분석】 ④ 2002. 4. 24. 서울지방법원에서 절도죄로 징역 6월, /

【대법원 분석】 ⑤ 2003. 3. 27. 같은 법원에서 같은 죄로 징역 10월을 각 선고받아 처벌받은 전력이 있고, /

【대법원 분석】 위 ③, ⑤의 판결을 받은 각 절도범행과 이 사건 각 절도범행은 술에 취한 피해자들의 물품 내지 주차되어 있는 자동차 안에 피해자들의 물품을 절취한 것으로서 그 범행의 대상 및 수법이 모두 같은 종류에 속하는 점, /

【대법원 분석】 피고인은 최종형의 집행을 종료한 때부터 3년도 지나지 않은 비교적 단기간 내에 동종의 이 사건 각 절도범행을 저지른 것인 점, /

【대법원 분석】 피고인은 당시 찜질방, 사우나, 오락실 등에서 숙식을 주로 해결하여 오면서 이 사건 각 범행에 이르렀고, /

【대법원 분석】 이 사건 각 범행이 우발적이거나 급박한 경제적 사정하에 이루어졌다고 단정할 수 없는 점 등이 인정되는바, /

(3) 사안에 대한 대법원의 판단

【대법원 판단】 이와 같은 사정들을 종합하여 보면, /

【대법원 판단】 절도범행의 실행이 용이하거나 피해자의 관리가 허술한 상황을 이용하여 물건을 훔치려고 하는 피고인의 절도 습벽이 이 사건 각 절도범행에서 발현된 것으로 충분히 인정할 수 있다.

【대법원 결론】 그럼에도 원심은 이와 견해를 달리하여, 제1심이 적법하게 채택한 증거들만으로는 이 사건 각 절도범행이 피고인의 절도 습벽의 발현에 따른 것이라고 단정하기 어렵고, 달리 상습성을 인정할 증거가 없다는 이유로 절도의 상습성에 관하여 무죄를 선고하고 단순절도죄로 처단한 제1심판결을 그대로 유지하였으니, /

【대법원 결론】 이러한 원심판결에는 절도의 상습성에 관한 법리를 오해하여 판결 결과에 영향을 미친 위법이 있다. 이 점을 지적하는 상고이유의 주장은 이유 있다.

3. 특가법 누범절도 부분에 대한 판단

【대법원 분석】 더구나 특정범죄가중처벌 등에 관한 법률 제5조의4 제5항은, /

【대법원 분석】 형법 제329조 내지 제331조와 제333조 내지 제336조, 제340조, 제362조의 죄 또는 그 미수죄로 3회 이상 징역형을 받은 자로서 /

【대법원 분석】 다시 이들 죄를 범하여 누범으로 처벌할 경우도 제1항 내지 제4항과 같다고 규정하고 있는바, /

【대법원 요지】 이 규정의 취지는 같은 항 해당의 경우에는 상습성이 인정되지 않는 경우에도 상습범에 관한 제1항 내지 제4항 소정의 법정형으로 처벌한다는 뜻이므로, /

【대법원 요지】 피고인과 같이 절도죄 및 특수절도미수죄 등으로 5회 징역형을 받고 다시 절도죄를 범하여 누범으로 처벌할 경우에는 상습성이 인정되지 않는다고 하더라도 /

【대법원 요지】 특정범죄가중처벌 등에 관한 법률 제5조의4 제5항에 의하여 제1항에 규정된 법정형의 형기범위 내에서 처벌하여야 할 것이며, /

【대법원 요지】 또 피고인을 같은 법 제5조의4 제1항 소정의 상습범으로 기소한 이 사건 공소장에 기재된 전과사실과 범죄사실은 /

【대법원 요지】 그대로 같은 법 제5조의4 제5항 소정의 범죄전력 및 누범가중의 요건을 충족하고 있으므로, /

【대법원 요지】 그 기본적 사실이 동일할 뿐 아니라 /

【대법원 요지】 제5항을 적용하더라도 피고인의 방어에 실질적 불이익을 끼칠 우려가 전혀 없다고 할 것이므로, /

【대법원 요지】 법원은 공소장변경절차를 거칠 필요 없이 피고인에게 위 제5항을 적용 처단하여야 할 것이다. /

【대법원 결론】 따라서 원심이 이 사건 공소사실에 대하여, 피고인에게 절도의 상습성이 있음이 인정되지 않는다는 이유만으로 단순절도죄를 적용하여 처단한 것은 이 점에서도 위법하여 그대로 유지될 수 없다. (파기 환송)

2007도6703

즉시범과 계속범의 구별
농지전용 공소시효 사건
2009. 4. 16. 2007도6703 전원합의체 판결, 공 2009상, 775

1. 사실관계 및 사건의 경과

【사실관계】
① M토지는 농업진흥지역 밖에 위치한 농지이다.

② M토지는 지목이 '전'으로 되어 있다.

③ 2001년경 A는 잡석 등을 깔아 정지작업을 하였다.

④ 갑은 그 후 A로부터 M토지를 승계하여 사용하고 있다.

⑤ 2003. 1.경부터 갑은 M토지에 폐차할 자동차를 쌓아 놓았다.

【사건의 경과 1】

① 2006. 1. 이후 검사는 갑을 농지법위반죄(농지전용)로 약식명령을 청구하였다.

② 공소사실은 다음과 같다.

③ 「피고인은 2003. 1.경 농업진흥지역 밖에 위치한 농지인 M토지에 폐차할 자동차를 쌓아 놓아 이를 전용하였다.」

④ 관할법원은 약식명령을 발하였다.

⑤ 갑은 정식재판을 청구하였다.

⑥ 제1심법원은 공소시효가 완성되었다는 이유로 면소판결을 선고하였다.

【사건의 경과 2】

① 검사는 불복 항소하였다.

② 항소심법원은 항소를 기각하고, 제1심판결을 유지하였다.

③ 검사는 불복 상고하였다.

④ 대법원은 12 대 1로 견해가 나뉘었다.

⑤ 대법원은 다수의견에 따라 원심판결을 파기하고 환송하였다.

⑥ (지면관계로 다수의견만 소개함)

【참조조문】

농지법

제2조 (정의) 이 법에서 사용하는 용어의 뜻은 다음과 같다.

1. "농지"란 다음 각 목의 어느 하나에 해당하는 토지를 말한다.

가. 전·답, 과수원, 그 밖에 법적 지목(地目)을 불문하고 실제로 농작물 경작지 또는 다년생식물 재배지로 이용되는 토지. 다만, 「초지법」에 따라 조성된 초지 등 대통령령으로 정하는 토지는 제외한다.

나. 가목의 토지의 개량시설과 가목의 토지에 설치하는 농축산물 생산시설로서 대통령령으로 정하는 시설의 부지

7. "농지의 전용"이란 농지를 농작물의 경작이나 다년생식물의 재배 등 농업생산 또는 농지개량 외의 용도로 사용하는 것을 말한다. 다만, 제1호 나목에서 정한 용도로 사용하는 경우에는 전용(轉用)으로 보지 아니한다.

제34조 (농지의 전용허가·협의) ① 농지를 전용하려는 자는 다음 각 호의 어느 하나에 해당하는 경우 외에는 대통령령으로 정하는 바에 따라 농림수산식품부장관의 허가를 받아야 한다. 허가받은 농지의 면적 또는 경계 등 대통령령으로 정하는 중요 사항을 변경하려는 경우에도 또한 같다.

(이하 생략)

제35조 (농지전용신고) ① 농지를 다음 각 호의 어느 하나에 해당하는 시설의 부지로 전용하려는 자

는 대통령령으로 정하는 바에 따라 시장·군수 또는 자치구구청장에게 신고하여야 한다. 신고한 사항을 변경하려는 경우에도 또한 같다.

(이하 생략)

제57조 (벌칙) ② 농업진흥지역 밖의 농지를 제34조 제1항에 따른 농지전용허가를 받지 아니하고 전용하거나 거짓이나 그 밖의 부정한 방법으로 농지전용허가를 받은 자는 3년 이하의 징역 또는 해당 토지가액의 100분의 50에 해당하는 금액 이하의 벌금에 처한다.

③ 제1항 및 제2항의 징역형과 벌금형은 병과(倂科)할 수 있다.

2. 농지전용의 의미

【대법원 분석】 1. 구 농지법(2005. 1. 14. 법률 제7335호로 개정되기 전의 것, 이하 '구 농지법'이라고 한다) 제2조는 /

【대법원 분석】 '농지'라 함은 "전·답 또는 과수원 기타 법적 지목(地目) 여하에 불구하고 실제의 토지현상이 농작물의 경작 또는 다년성식물 재배지로 이용되는 토지"{제1호 (가)목}로, /

【대법원 분석】 '농지의 전용'이라 함은 "농지를 농작물의 경작 또는 다년성식물의 재배 등 농업생산 또는 농지개량 외의 목적에 사용하는 것"이라고(제9호) 각 규정하고 있으므로, /

【대법원 요지】 어떠한 토지가 농지인지 여부는 공부상의 지목 여하에 불구하고 당해 토지의 사실상의 현상에 따라 가려야 하는 것이고, /

【대법원 요지】 따라서 그 토지가 공부상 지목이 전으로 되어 있다고 하여도 농지로서의 현상을 상실하고 그 상실한 상태가 일시적이라고 볼 수 없다면 그 토지는 더 이상 '농지'에 해당하지 않게 되고 /

【대법원 요지】 그 결과 구 농지법에 따른 농지전용허가의 대상이 되는 것도 아니라고 할 것이다.

3. 농지전용행위와 공소시효의 기산점

【대법원 판단】 구 농지법 제2조 제9호에서 말하는 '농지의 전용'이 이루어지는 태양은, /

【대법원 판단】 첫째로 농지에 대하여 절토, 성토 또는 정지를 하거나 또는 농지로서의 사용에 장해가 되는 유형물을 설치하는 등으로 농지의 형질을 외형상으로뿐만 아니라 사실상 변경시켜 원상회복이 어려운 상태로 만드는 경우가 있고, /

【대법원 판단】 둘째로 농지에 대하여 외부적 형상의 변경을 수반하지 않거나 또는 외부적 형상의 변경을 수반하더라도 사회통념상 원상회복이 어려운 정도에 이르지 않은 상태에서 그 농지를 다른 목적에 사용하는 경우 등이 있을 수 있다. /

【대법원 요지】 전자의 경우와 같이 농지전용행위 자체에 의하여 당해 토지가 농지로서의 기능을 상실하여 그 이후 그 토지를 농업생산 등 외의 목적으로 사용하는 행위가 더 이상 '농지의 전용'에 해당하지 않는다고 할 때에는, /

【대법원 요지】 허가 없이 그와 같이 농지를 전용한 죄는 그와 같은 행위가 종료됨으로써 즉시 성립하고 그와 동시에 완성되는 즉시범이라고 보아야 할 것이다. /

【대법원 요지】 그러나 후자의 경우와 같이 당해 토지를 농업생산 등 외의 다른 목적으로 사용하는 행위를 여전히 농지전용으로 볼 수 있는 때에는 /

【대법원 요지】 허가 없이 그와 같이 농지를 전용하는 죄는 계속범으로서 그 토지를 다른 용도로 사용하는 한 가벌적인 위법행위가 계속 반복되고 있는 계속범이라고 보아야 할 것이다.

4. 사안에 대한 항소심의 판단

【항소심 판단】 2. 원심판결의 이유에 의하면, /

【항소심 판단】 피고인이 2003. 1.경 농업진흥지역 밖에 위치한 농지인 이 사건 토지에 폐차할 자동차를 쌓아 놓아 이를 전용하였다는 공소사실에 대하여, /

【항소심 판단】 원심은 /

【항소심 판단】 이 사건 토지가 공소외인이 2001년경 잡석 등을 깔아 정지작업을 함으로써 사실상 원상회복이 어렵게 되었고, /

【항소심 판단】 이 경우 무허가 농지전용죄는 위 정지작업과 동시에 범죄가 완성되어 그때부터 공소시효가 진행된다 할 것인데, /

【항소심 판단】 이 사건 공소가 그로부터 3년이 훨씬 지난 시점에 제기되어 공소시효가 완성되었다고 판단한 다음 /

【항소심 판단】 면소판결을 선고한 제1심판결을 유지하였다.

5. 사안에 대한 대법원의 판단

【대법원 판단】 원심판결 이유를 위에서 본 법리에 비추어 살펴보면, /

【대법원 판단】 원심이 이 사건 토지가 그 형질이 변경됨으로써 농지로서의 현상을 상실하였고 사회통념상 그 원상회복도 어렵게 되어 그 시점에 농지전용행위가 완료되었다고 본 것은 정당하다고 할 것이나, /

【대법원 판단】 공소사실 자체에 의하더라도 피고인에 대한 이 사건 농지전용죄는 공소외인의 농지전용행위가 종료되기 전에 그 실행에 착수된 것이 아님이 분명한 이상 /

【대법원 판단】 원심으로서는 피고인이 이 사건 공소 범행 당시 농지로서의 현상을 상실한 이 사건 토지를 사용한 것이 농지전용죄를 구성하는지 여부를 먼저 살피고, /

【대법원 판단】 농지전용죄를 구성한다면 공소시효의 기산점이 언제인지 따로 판단하였어야 함에도 불구하고, /

【대법원 결론】 만연히 공소외인의 농지전용행위의 종료시점을 피고인의 이 사건 공소사실에 대한 공소시효의 기산점으로 하여 면소판결을 선고한 제1심판결을 유지한 것은 농지전용죄 및 공소시효의 기산점에 관한 법리를 오해하였다고 할 것이다. /

【대법원 결론】 따라서 원심판결은 더 이상 유지될 수 없다. (파기 환송)

2007도7717

자구행위의 요건
화정동 아스팔트 도로 사건
2007. 12. 28. 2007도7717, [미간행]

1. 사실관계 및 사건의 경과

【사실관계】

① 광주 서구 화정동에 M토지가 있다.

② 갑은 M토지에 대하여 사실상의 지배권을 가지고 소유자를 대신하여 M토지를 실질적으로 관리하고 있다.

③ M토지에 인접하여 N상가건물이 있다.

④ A는 N상가건물의 임대인이다.

⑤ B, C 등은 N상가건물에서 영업을 하고 있는 임차인들이다.

⑥ N상가의 사람들은 M토지 위에 나 있는 아스팔트 도로를 이용하여 N상가건물에 출입하고 있다.

⑦ [M토지에의 무상 출입을 둘러싸고 갑과 N상가 측 사람들 사이에 분쟁이 발생하였다.]

⑧ 갑은 을과 함께 M토지에 철주를 세우고 철망을 설치하면서 포장된 아스팔트를 걷어내었다.

【사건의 경과】

① 검사는 갑을 다음의 공소사실로 기소하였다.

    (가) 일반교통방해죄

    (나) 업무방해죄

② 갑의 피고사건은 제1심을 거친 후, 항소심에 계속되었다.

③ 항소심법원은 유죄를 선고하였다.

④ 갑은 불복 상고하였다.

⑤ 갑은 상고이유로 다음의 점을 주장하였다.

    (가) N상가건물은 위법한 건축물이다.

    (나) M토지의 소유권을 지키기 위한 행위이므로 자구행위에 해당하여 위법성이 조각된다.

2. 일반교통방해죄의 성립범위

【대법원 요지】 1. 가. 형법 제185조의 일반교통방해죄는 일반 공중의 교통의 안전을 그 보호법익으로 하는 범죄로서 /

【대법원 요지】 육로 등을 손괴 또는 불통케 하거나 기타의 방법으로 교통을 방해하여 통행을 불가능하게 하거나 현저히 곤란하게 하는 일체의 행위를 처벌하는 것을 그 목적으로 하고 있으며, /

【대법원 요지】 여기서 '육로'라 함은 사실상 일반 공중의 왕래에 공용되는 육상의 통로를 널리 일컫는 것으로서 /

【대법원 요지】 그 부지의 소유관계나 통행권리관계 또는 통행인의 많고 적음 등을 가리지 않는다.

3. 공동정범과 공모의 형태

【대법원 요지】 그리고 2인 이상이 범죄에 공동 가공하는 공범관계에서 공모는 법률상 어떤 정형을 요구하는 것이 아니고, /

【대법원 요지】 2인 이상이 공모하여 어느 범죄에 공동 가공하여 그 범죄를 실현하려는 의사의 결합만 있으면 되는 것으로서, /

【대법원 요지】 비록 전체의 모의과정이 없었다고 하더라도 수인 사이에 순차적으로 또는 암묵적으로 상통하여 그 의사의 결합이 이루어지면 공모관계가 성립하고, /

【대법원 요지】 이러한 공모가 이루어진 이상 실행행위에 직접 관여하지 아니한 자라도 다른 공모자의 행위에 대하여 공동정범으로서의 형사책임을 지는 것이다.

4. 교통방해 부분에 대한 대법원의 판단

【대법원 분석】 나. 원심은, 적법하게 채택한 증거들을 종합하여 그 판시와 같은 사실들을 인정한 다음, /

【대법원 판단】 그러한 사실들에 비추어 볼 때, /

【대법원 판단】 광주 서구 화정동 (지번 생략) 토지(이하 '이 사건 토지'라고 한다)에 대하여 사실상의 지배권을 가지고 그 소유자를 대신하여 이 사건 토지를 실질적으로 관리하고 있던 피고인이 /

【대법원 판단】 공소외 을과 공모하여, /

【대법원 판단】 원심 판시와 같이 이 사건 토지에 철주를 세우고 철망을 설치하고 포장된 아스팔트를 걷어내는 등의 방법으로, /

【대법원 판단】 이 사건 토지를 광주 서구 화정동 1 ○ ○ 1 소재 건물의 통행로로 이용하지 못하게 하는 등 /

【대법원 판단】 피해자 공소외 A의 상가임대업무 및 임차인 공소외 B, 공소외 C 등의 상가영업업무를 방해함과 동시에 육로를 막아 일반 교통을 방해하였다고 판단하였다.

【대법원 결론】 앞서 본 바와 같은 법리 및 기록에 비추어 살펴보면, 위와 같은 원심의 증거의 취사선택과 사실인정 및 판단은 정당하여 수긍할 수 있고, /

【대법원 결론】 거기에 상고이유로 주장하는 바와 같은 채증법칙 위반으로 인한 사실오인이나, 공모공동정범과 일반교통방해죄 및 업무방해죄에 관한 법리오해 등으로 판결 결과에 영향을 미친 위법이 있다고 할 수 없다.

5. 자구행위 주장 부분에 대한 대법원의 판단

【대법원 요지】 2. 형법상 자구행위라 함은 법정절차에 의하여 청구권을 보전하기 불능한 경우에 그 청구권의 실행불능 또는 현저한 실행곤란을 피하기 위한 상당한 행위를 말하는 것이다.

【대법원 분석】 원심이 적법하게 채택한 증거들 및 기록에 비추어 살펴보면, /

【대법원 분석】 설사 피고인의 주장대로 이 사건 토지에 인접하여 있는 공소외 A 소유의 광주 서구 화정동 1 ○ ○ 1 소재 건물에 건축법상 위법요소가 존재하고 /

【대법원 분석】 공소외 A가 그와 같은 위법요소를 방치 내지 조장하고 있다거나, /

【대법원 분석】 위 건물의 건축허가 또는 이 사건 토지상의 가설건축물 허가 여부에 관한 관할관청의 행정행위에 하자가 존재한다고 가정하더라도, /

【대법원 판단】 그러한 사정만으로 이 사건에 있어서 피고인이 이 사건 토지의 소유자를 대위 또는 대리하여 /

【대법원 판단】 법정절차에 의하여 이 사건 토지의 소유권을 방해하는 사람들에 대한 방해배제 등 청구권을 보전하는 것이 /

【대법원 판단】 불가능하였거나 현저하게 곤란하였다고 볼 수 없을 뿐만 아니라, /

【대법원 판단】 피고인의 이 사건 행위가 그 청구권의 실행불능 또는 현저한 실행곤란을 피하기 위한 상당한 행위라고 볼 수도 없음을 알 수 있다.

【대법원 결론】 원심이 같은 취지에서 피고인의 자구행위 또는 자력구제 주장을 배척한 조치는 정당하고, /

【대법원 결론】 거기에 상고이유에서 주장하는 바와 같은 채증법칙 위반으로 인한 사실오인이나 자구행위 또는 자력구제에 관한 법리오해 등으로 판결 결과에 영향을 미친 위법이 있다고 할 수 없다. (상고 기각)

2007헌가10

특강법 강도상해죄와 책임주의
특강법 제3조 강도상해 사건
2008. 12. 26. 2007헌가10 등, 헌집 20-2하, 523

1. 사실관계 및 사건의 경과

【사실관계】

① 2002. 2. 22. 갑은 창원지방법원 통영지원에서 강도상해죄 및 강도죄로 징역 3년 6월을 선고받았다. (㉮사건)

② 2005. 5. 12. 갑은 ㉮사건에 대한 형의 집행을 마쳤다.

③ 2006. 9. 24. 02:10경 갑은 다음의 강도상해 범행을 하였다. (㉯사건)

  (가) 갑은 거제시 신현읍 장평리 소재 M육교 부근에서, A(여, 42세)가 핸드백을 메고 M육교 위로 올라가는 것을 발견하였다.

  (나) 갑은 A의 목을 잡아 밀어 뒤로 넘어뜨린 뒤 소지하고 있던 흉기인 접이식 과도를 잡은 손으로 A의 얼굴 부위를 1회 내리쳐 피해자의 반항을 억압하였다.

  (다) 갑은 그러한 다음 A가 메고 있던 현금 7만원 및 농협 통장 1개 등이 들어 있는 핸드백을 낚아채어 갔다.

(라) 갑의 범행으로 인해 A는 약 3주간의 치료를 요하는 다발성 좌상 등을 입었다.

【사건의 경과 1】

① 검사는 ㈑사선에 대한 강도상해 공소사실로 창원지방법원 통영지원에 갑을 구속기소하였다.

② 창원지방법원 통영지원은 다음의 법령을 적용하여 징역 10년을 선고하였다.

    (가) 특가법 제5조의5(강도상해 등 재범자의 가중처벌)

    (나) 형법 제337조(강도상해)

    (다) 특강법 제3조(단기누범가중)

    (라) 형법 제53조(작량감경)

③ 갑은 부산고등법원에 불복 항소하였다.

④ 2007. 4. 5. 부산고등법원은 특강법 제3조 중 「특정범죄 가중처벌 등에 관한 법률」 제5조의5에 의하여 가중처벌되는 특정강력범죄를 범한 때」 부분에 대해 다음의 이유를 들어서 직권으로 헌법재판소에 위헌제청결정을 하였다.

    (가) 해당 부분은 과중하고 가혹한 형벌을 규정하여 책임원칙에 위배된다.

    (나) 해당 부분은 형벌체계상 균형체계를 현저히 상실함으로써 평등의 원칙에 반한다.

【사건의 경과 2】

① 2010. 4. 15. 유기징역의 상한을 15년에서 30년으로 상향조정하는 형법 일부개정이 있었다.

② 이 형법 일부개정에 의하여 형의 법률상 감경에 관한 내용도 상향조정되었다.

③ (본 판례는 2010년 형법 일부개정이 있기 전에 나온 것임.)

④ (병합심리된 다른 사건 부분은 이하의 고찰에서 제외함)

⑤ (지면관계로 다수의견만 소개함)

⑥ (판례분석의 소제목은 판례 원문에 따름)

【참조조문】

형법

제35조 (누범) ① 금고 이상의 형을 받어 그 집행을 종료하거나 면제를 받은 후 3년 내에 금고 이상에 해당하는 죄를 범한 자는 누범으로 처벌한다.

  ② 누범의 형은 그 죄에 정한 형의 장기의 2배까지 가중한다.

제337조 (강도상해, 치상) 강도가 사람을 상해하거나 상해에 이르게 한 때에는 무기 또는 7년 이상의 징역에 처한다.

특정범죄 가중처벌 등에 관한 법률

제5조의5 (강도상해 등 재범자의 가중처벌) 형법 제337조 · 제339조의 죄 또는 그 미수죄로 형을 받아 그 집행을 종료하거나 면제를 받은 후 3년 내에 다시 이들 죄를 범한 자는 사형 · 무기 또는 10년 이상의 징역에 처한다.

특정강력범죄의 처벌에 관한 특례법

제2조 (적용범위) ① 이 법에서 "특정강력범죄"라 함은 다음 각 호의 1에 해당하는 죄를 말한다.

    4. 형법 제38장의 강도의 죄 중 제333조(강도), 제334조(특수강도), 제335조(준강도), 제336조(약취강도), 제337조(강도상해 · 치상), 제338조(강도살인 · 치사), 제339조(강도강간), 제340조(해

상강도), 제341조(상습범), 제342조(미수범. 다만, 제329조 내지 제332조의 미수범을 제외한다)

② 제1항 각 호의 범죄로서 다른 법률에 의하여 가중처벌하는 죄는 특정강력범죄로 본다.

제3조 (누범의 형) 특정강력범죄로 형을 받아 그 집행을 종료하거나 면제받은 후 3년 이내에 다시 특정강력범죄를 범한 때에는 그 죄에 정한 형의 장기 및 단기의 2배까지 가중한다.

2. 특가법 제5조의5와 특강법 제3조의 관계

가. 특가법 제5조의5의 제정경위

【헌재 분석】 특가법은 "형법·관세법·조세범처벌법·산림자원의 조성 및 관리에 관한 법률 및 마약류관리에 관한 법률에 규정된 특정범죄에 대한 가중처벌 등을 규정함으로써 건전한 사회질서의 유지와 국민경제의 발전에 기여함을 목적"(제1조 참조)으로 1966. 2. 23. 법률 제1744호로 제정되었고, /

【헌재 분석】 특가법 제5조의5는 강도범 등의 범행수법이 날로 지능적이고 대담하며 조직적으로 자행될 뿐만 아니라 심지어 인명을 살상함으로써 사회불안을 조성하고 있는 점을 감안하여 강도상해 등 재범자를 가중처벌하기 위하여 1980. 12. 18. 법률 제3280호로 신설된 것이다.

나. 특강법 제3조의 입법목적

【헌재 분석】 1990. 12. 31. 특강법을 신규 제정한 이유는 반인륜적이고 반사회적인 흉악범죄로서 가정과 사회질서를 침해하는 특정강력범죄에 대한 처벌과 그 절차에 관한 특례를 규정함으로써 국민의 생명과 신체의 안전을 보장하고 범죄로부터 사회를 방위하기 위한 것이다.

【헌재 분석】 그리고 이러한 목적을 달성하기 위하여 특강법 제2조에서 살인, 강도, 강간, 미성년자의 약취유인 등 형법과 여러 형사특별법의 일정한 범죄를 특정강력범죄로 규정하고, /

【헌재 분석】 특강법 제3조는 "특정강력범죄로 형을 받아 그 집행을 종료하거나 면제받은 후 3년 이내에 다시 특정강력범죄를 범한 때에는 그 죄에 정한 형의 장기 및 단기의 2배까지 가중"하도록 규정하며, /

【헌재 분석】 특강법 제5조에서 "특정강력범죄로 형의 선고를 받아 그 집행을 종료하거나 면제받은 후 10년을 경과하지 아니한 자가 다시 특정강력범죄를 범한 때에는 형의 집행을 유예하지 못한다"고 규정하는 등의 입법을 하고 있다. /

【헌재 분석】 그러므로 특강법 제3조의 입법목적은 결국 특강법의 입법목적과 같다 할 것이고, /

【헌재 분석】 특강법 제3조는 제정된 이래로 단 한 차례도 개정된 바 없이 유지되어 오고 있다.

다. 문제의 소재

【헌재 분석】 특가법 제5조의5는 "형법 제337조·제339조의 죄 또는 그 미수죄로 형을 받아 그 집행을 종료하거나 면제를 받은 후 3년 내에 다시 이들 죄를 범한 자는 사형·무기 또는 10년 이상의 징역에 처한다."라고 규정하고 있어, /

【헌재 분석】 특가법 제5조의5에서 가중처벌하는 형법 제337조의 죄 및 그 미수죄, 제339조의 죄 및 그 미수죄 중 어느 하나의 죄로 형을 받아 그 집행을 종료하거나 면제를 받은 후 3년 이내에 위 죄 중 하나를 저지르면 형법이 아닌 특가법 제5조의5에 의하여 처벌된다.

【헌재 분석】 그런데 특가법 제5조의5 위반죄는 특강법 제2조 제2항에 의한 특정강력범죄이고, /

【헌재 분석】 특가법 제5조의5에서 가중처벌하는 죄인 형법 제337조의 죄 및 그 미수죄, 제339조의 죄 및 그 미수죄 역시 모두 특가법 제2조 제1항 제4호 소정의 특정강력범죄이므로, /

【헌재 분석】 형법 제337조의 죄 및 그 미수죄, 제339조의 죄 및 그 미수죄 중 어느 하나의 죄로 형을 받아 그 집행을 종료하거나 면제를 받은 후 3년 이내에 위 죄 중 하나를 저지르면, /

【헌재 분석】 특가법 제5조의5에 의하여 가중처벌될 뿐만 아니라, /

【헌재 분석】 "그 죄에 정한 형의 장기 및 단기의 2배까지 가중한다."라고 규정한 특강법 제3조의 요건도 충족하게 된다.

【헌재 분석】 결국 형법 제337조의 죄 및 그 미수죄, 제339조의 죄 및 그 미수죄 중 어느 하나의 죄로 형을 받아 그 집행을 종료하거나 면제를 받은 후 3년 이내에 위 죄 중 하나를 저지른 경우에는, /

【헌재 분석】 먼저 특가법 제5조의5에 의하여 형이 가중되고, /

【헌재 분석】 만약 유기징역형을 선택하는 경우에는 특강법 제3조가 적용되어 형의 장, 단기가 2배까지 가중됨으로써 처단형의 범위가 징역 20년 이상이 되는바, /

【헌재 분석】 달리 법률상감경이나 작량감경 등의 사유가 없다면 선고형도 그 범위 내에서 결정될 것이다.

【헌재 분석】 대법원도 /

【헌재 분석】 「특가법 제5조의5의 규정취지는 강도상해죄·강도강간죄 또는 그 미수죄로 형을 받아 집행을 종료하거나 면제를 받은 후 3년 내에 다시 이들 죄를 범한 자에 대하여 가중처벌을 하여 같은 조 소정의 법정형에 의하여 처벌한다는 뜻으로 새겨야 하고, /

【헌재 분석】 한편 특가법 제5조의5 위반죄는 특강법 제2조 제2항에 의하여 특정강력범죄에 해당하므로 특강법 제3조에 의하여 누범가중을 한 형기범위 내에서 처단형을 정하는 것이 타당하다.」/

【헌재 분석】 (대법원 2006. 3. 23. 선고 2006도536 판결)라고 판시하여 /

【헌재 분석】 특가법 제5조의5 위반죄에 대한 특강법 제3조의 누범가중을 긍정하고 있다.

3. 사안에 대한 헌법재판소의 판단

【헌재 분석】 이 사건 관련 피고인들의 경우 1심에서 유죄로 인정되었거나 인정될 가능성이 높은 특가법 제5조의5 위반죄의 법정형은 사형, 무기 또는 10년 이상의 징역이고, /

【헌재 분석】 특가법 제5조의5 위반죄는 특강법 제2조 제2항 소정의 특정강력범죄이므로 /

【헌재 분석】 항상 특강법 제3조에 따라 형의 단기의 2배까지 가중되어 사실상 그 처단형의 범위가 사형, 무기 또는 20년 이상의 징역이 된다. /

【헌재 분석】 이 경우 형이 지나치게 무거워 범행의 경중과 행위자의 책임, 즉 형벌 사이에 비례성을 갖추어야 한다는 형사법상 책임원칙에 반하고 형벌체계상의 정당성과 균형성을 상실하여 평등의 원칙에 위배되는 것은 아닌지를 검토하기로 한다.

가. 형벌법규에 대한 위헌심사기준

【헌재 요지】 어떤 범죄를 어떻게 처벌할 것인가 하는 문제 즉 법정형의 종류와 범위의 선택은 /

【헌재 요지】 그 범죄의 죄질과 보호법익에 대한 고려뿐만 아니라, /

【헌재 요지】 우리의 역사와 문화, 입법 당시의 시대적 상황, 국민일반의 가치관 내지 법감정, 그리

고 범죄예방을 위한 형사정책적 측면 등 여러 가지 요소를 종합적으로 고려하여 입법자가 결정할 사항으로서 /

【헌재 요지】 광범위한 입법재량 내지 형성의 자유가 인정되어야 할 분야이다. /

【헌재 요지】 따라서 어느 범죄에 대한 법정형이 그 범죄의 죄질 및 이에 따른 행위자의 책임에 비해 지나치게 가혹하여 현저히 형벌체계상의 균형을 잃고 있다거나 /

【헌재 요지】 그 범죄에 대한 형벌 본래의 목적과 기능을 달성함에 있어 필요한 정도를 일탈하였다는 등 /

【헌재 요지】 헌법상 평등의 원칙 및 비례의 원칙 등에 명백히 위배되는 경우가 아닌 한, /

【헌재 요지】 쉽사리 헌법에 위반된다고 단정하여서는 아니 된다.

【헌재 요지】 다른 한편 이러한 입법재량은 무제한한 것이 될 수는 없고, /

【헌재 요지】 법정형의 종류와 범위를 정할 때에는 형벌 위협으로부터 인간의 존엄과 가치를 존중하고 보호하여야 한다는 헌법 제10조의 요구에 따라야 하며, /

【헌재 요지】 헌법 제37조 제2항이 규정하고 있는 과잉입법금지의 정신에 따라 형벌개별화의 원칙에 적용될 수 있는 범위의 법정형을 설정하여 실질적 법치국가의 원리를 구현하도록 하여야 하고, /

【헌재 요지】 형벌이 죄질과 책임에 상응하도록 적절한 비례성을 지켜야 한다. /

【헌재 요지】 이러한 요구는 특별형법의 경우도 마찬가지로, /

【헌재 요지】 입법취지에서 보아 중벌(重罰)주의로 대처할 필요성이 인정되는 경우라 하더라도 /

【헌재 요지】 범죄의 실태와 죄질의 경중, 이에 대한 행위자의 책임, 처벌규정의 보호법익 및 형벌의 범죄예방효과 등에 비추어 그 법정형이 전체 형벌체계상 지나치게 가혹한 것이어서, /

【헌재 요지】 그러한 유형의 범죄에 대한 형벌 본래의 기능과 목적을 달성함에 있어 필요한 정도를 현저히 일탈함으로써 /입법재량권이 헌법규정이나 헌법상의 제 원리에 반하여 자의적으로 행사된 것으로 평가되는 경우에는 /

【헌재 요지】 이와 같은 법정형을 규정한 법률조항은 헌법에 반한다고 보아야 한다.

나. 책임원칙에 반하는 과잉형벌인지 여부

【헌재 분석】 (1) 특가법 제5조의5와 특강법 제3조의 각 입법목적이 정당하다 하더라도, /

【헌재 분석】 이 사건 법률조항에서 정한 요건에 해당하는 경우에 위 두 조항이 거듭 적용됨으로 인하여 사실상 그 형이 사형, 무기 또는 20년 이상의 징역이 되는 것이 그 행위의 죄질과 책임에 비추어 지나치게 과도한 형벌을 규정하고 있는 것은 아닌지 살펴볼 필요가 있다.

【헌재 판단】 (2) 특강법 제3조는 형법 제35조 누범 규정의 특례규정이고, /

【헌재 판단】 특가법 제5조의5는 형법 제35조의 누범요건을 강도상해 등 재범자의 가중처벌요건으로 포섭시켜 법정형을 가중한 것이다. /

【헌재 판단】 또 이 사건 법률조항에 해당하기 위한 요건은 특가법 제5조의5에서 규정하는 '전범과 후범의 존재' 및 '누범기간'이라는 요건과 동일하고, /

【헌재 판단】 특가법 제5조의5의 강도상해 등의 재범가중과 특강법 제3조의 누범가중은 그 근본이념과 취지가 특히 위험한 범죄인으로부터 사회를 방위하고 장래의 재범을 방지하고자 하는 것인 점에서

동일하다.

【헌재 판단】 형사특별법은 그 입법목적에 따른 새로운 가중처벌사유가 추가될 때에만 그 가중처벌이 의미를 가진다고 볼 것인바, /

【헌재 판단】 특가법 제5조의5의 가중사유와 특강법 제3조의 누범가중사유는 사실상 동일한 내용인데도 이 사건 법률조항에 의하여 중복 적용하게 되는 것은, /

【헌재 판단】 동일한 목적을 위하여 하나의 행위에 대한 형을 중첩적으로 가중하는 것이 된다.

【헌재 판단】 (3) 한편, 형법 제42조 본문은 "징역 또는 금고는 무기 또는 유기로 하고 유기는 1월 이상 15년 이하로 한다."라고 규정하여 유기징역형의 상한은 원칙적으로 징역 15년이다. /

【헌재 판단】 [이후 2010년 형법 일부개정으로 유기징역의 하한이 30년으로 상향조정되었음. 저자 주] /

【헌재 판단】 그런데 이 사건 법률조항에 의하여 '특가법 제5조의5에서 규정한 전범과 후범의 존재' 및 '누범기간'이라는 형식적인 누범요건이 존재하기만 하면 /

【헌재 판단】 특강법 제3조까지 적용하여 형법 제337조에서 정한 7년 이상의 유기징역보다 3배 가까이 가중된 20년 이상의 유기징역에 처하게 되는바, /

【헌재 판단】 이는 그 형의 하한이 형법상 유기징역형의 원칙적 상한인 징역 15년보다도 더 높게 되는 결과가 되는 것이다.

【헌재 판단】 (4) 결국 이 사건 법률조항은 강도상해죄 등의 누범자로부터 국민의 생명과 신체의 안전을 보장하고 범죄로부터 사회를 방위하고자 하는 동일한 목적을 위하여 /

【헌재 판단】 하나의 범죄행위에 대한 형을 거듭 가중함으로써 형벌체계상 지나치게 가혹한 형을 규정하였다고 할 것이고, /

【헌재 판단】 형벌 본래의 기능과 목적을 달성함에 있어 필요한 정도를 현저히 일탈하여 그 행위의 죄질과 책임에 비추어 지나치게 과중한 형벌을 부과하여 책임원칙에 반한다고 할 것이다.

다. 형벌체계상의 균형성 및 평등원칙의 위반 여부

【헌재 요지】 (1) 어떤 유형의 범죄에 대하여 특별히 형을 가중할 필요가 있는 경우라 하더라도 /

【헌재 요지】 그 가중의 정도가 통상의 형사처벌과 비교하여 현저히 형벌체계상의 정당성과 균형을 잃은 것이 명백한 경우에는 /

【헌재 요지】 인간의 존엄성과 가치를 보장하는 헌법의 기본원리에 위배될 뿐만 아니라 /

【헌재 요지】 법의 내용에 있어서도 평등의 원칙에 반하는 위헌적 법률이라는 문제가 제기된다.

【헌재 판단】 (2) 이 사건의 당해 사건과 같이 강도상해죄 등으로 형을 받아 그 집행을 종료한 후 3년 내에 다시 강도상해죄 등을 범하여 특가법 제5조의5에 해당하는 경우에는 항상 특강법 제3조 또는 형법 제35조의 누범요건에도 해당하게 된다.

【헌재 판단】 이러한 경우 검사는 특가법 제5조의5 및 특강법 제3조를 적용하여 기소하는 것이 특가법 제5조의5 및 특강법 제3조의 입법목적과 특별법 우선의 법리에 부합한다 할 것이나, /

【헌재 판단】 실제로는 위와 같은 사안에서 범인의 성행, 범행의 경위, 결과발생의 정도, 전과의 내용 등을 고려하여 /

【헌재 판단】 ① 형법 제337조와 특강법 제3조를 적용하는 경우(사실상 처단형이 무기 또는 14년 이상 25년 이하의 징역), /

【헌재 판단】 [개정형법에 따르면 처단형이 무기 또는 14년 이상 50년 이하; 저자 주] /

【헌재 판단】 ② 특가법 제5조의5와 특강법 제3조를 적용하는 경우(사실상 처단형이 사형, 무기 또는 20년 이상 25년 이하의 징역) 등으로 달리 기소될 수도 있는 바, /

【헌재 판단】 [개정형법에 따르면 사형, 무기 또는 20년 이상 50년 이하; 저자 주]

【헌재 판단】 그 경우 그 유기징역형의 하한은 징역 14년 또는 징역 20년으로 그 편차가 크게 된다.

【헌재 판단】 결국 강도상해죄, 강도치상죄 또는 강도상해미수죄의 모든 재범자는 검사의 기소 여하에 따른 특가법 제5조의5의 적용 여부에 의하여 /

【헌재 판단】 사실상 '무기 또는 징역 14년 이상'에서부터 '사형, 무기 또는 징역 20년 이상'에 이르는 형을 선고받을 수도 있게 되는바, /

【헌재 판단】 이와 같은 불합리한 결과가 발생 가능하게 되는 이면에는 이 사건 법률조항이 형벌의 체계정당성에 어긋나 있다는 것이 자리 잡고 있다 할 것이다.

【헌재 판단】 또한 이 사건 관련 피고인들의 경우 특가법 제5조의5를 적용하고 그 법정형 중 무기징역형을 선택하면 누범에 관한 이 사건 법률조항을 적용할 여지가 없게 되고, /

【헌재 판단】 그 후 법률상감경 또는 작량감경을 하면 처단형이 징역 7년 이상(형법 제55조 제1항 제2호) 15년 이하가 되는 데 반하여, /

【헌재 판단】 [개정형법에 따르면 20년 이상 50년 이하; 저자 주]/

【헌재 판단】 애초에 유기징역형을 선택한 후 특강법 제3조를 적용하여 누범가중을 하게 되면 나중에 감경을 하더라도 처단형이 징역 10년 이상 12년 6월 이하의 징역이 되는바, /

【헌재 판단】 [개정형법에 따르면 10년 이상 25년 이하; 저자 주]/

【헌재 판단】 결국 특가법 제5조의5의 법정형 중 가장 가벼운 유기징역형을 선택하는 경우가 무기징역형을 선택하는 것보다 처단형의 하한이 더 높게 되어 불합리하게 되며, /

【헌재 판단】 [개정형법 하에서는 이러한 불합리가 제거됨; 저자 주]/

【헌재 판단】 이 또한 이 사건 법률조항이 형벌의 체계정당성에 어긋나는 측면을 보여주는 것이라고 할 수 있다.

【헌재 요지】 (3) 어느 범죄가 얼마나 사회적으로 유해한가 하는 점에 대하여는 어느 정도 사회적 합의가 형성되어 있으며, /

【헌재 요지】 형법에 규정되어 있는 구체적인 법정형은 개별적인 보호법익에 대한 이러한 통일적인 가치체계를 표현한다고 할 수 있다. /

【헌재 요지】 따라서 그 법정형을 가중하는 것도 형법상의 기존 법정형을 기준으로 일정 정도를 가중하는 것이 옳고 /

【헌재 요지】 그 가중의 정도도 유사범죄와 비교하여 현저히 부당하지 아니한 범위 내에서 가중하도록 해야 하며, /

【헌재 요지】 특히 형사특별법의 경우 일반 형법에 규정되어 있는 각 범죄의 상이한 법정형을 무시하고 일률적으로 형을 가중하여서는 아니 된다.

【헌재 분석】 이 사건 법률조항의 형을 특강법 제3조가 적용되어 유사한 형에 이르게 되는 다른 특정강력범죄의 형과 상호 비교하여 보면 [별지 1]의 표와 같은바[별지 생략함; 저자 주], /

【헌재 분석】 위 표에 의하여 /

【헌재 분석】 ① 강간치사죄 등을 범하여 징역형을 선고받아 그 집행을 종료한 후 3년 이내에 다시 강간치사죄 등을 범한 경우, /

【헌재 분석】 ② 강도치사죄를 범하여 징역형을 선고받아 그 집행을 종료한 후 3년 이내에 다시 강도치사죄를 범한 경우 및 /

【헌재 분석】 ③ 해상강도상해·치상죄를 범하여 징역형을 선고받아 그 집행을 종료한 후 3년 이내에 다시 해상강도상해·치상죄를 범한 경우 등을 /

【헌재 분석】 ④ 강도상해·치상죄를 범하여 징역형을 선고받아 그 집행을 종료한 후 3년 이내에 다시 강도상해·치상죄를 범하여 이 사건 법률조항이 적용되는 경우와 비교하여 보면, /

【헌재 분석】 유기징역형에 있어서는 형이 모두 동일하다.

【헌재 판단】 그런데 강도치사죄와 강간치사죄 등은 사람의 생명을 앗아가는 범죄라는 점에서 강도상해·치상죄에 비하여 불법의 정도가 더 크고, /

【헌재 판단】 해상강도상해·치상죄는 '다중의 위력으로 해상에서' 강도행위를 하는 것으로 강도상해·치상죄에 비하여 위험성이 더 크므로, /

【헌재 판단】 형법에서도 위와 같이 강도상해·치상죄보다 강간치사죄, 강도치사죄 및 해상강도상해·치상죄의 법정형을 중하게 규정한 것으로 볼 것이다.

【헌재 판단】 그럼에도, [별지 1]의 표 ① 내지 ④에서 보는 바와 같이 /

【헌재 판단】 형법상의 각 규정에 대하여 특강법 제3조가 적용되는 경우에는, /

【헌재 판단】 전범과 후범이 강도상해·치상죄인 경우나 그보다 더 무거운 강간치사죄 등, 강도치사죄 및 해상강도상해·치상죄인 경우에 유기징역형은 모두 동일하게 되는바, /

【헌재 판단】 이는 보호법익이나 죄질의 경중이 달라 그에 대한 형을 정함에 있어서도 달리 취급하여야 할 강도상해·치상죄와 강간치사죄, 강도치사죄 및 해상강도상해·치상죄 등을 자의적으로 동일하게 취급하는 결과가 되고 있으며, /

【헌재 판단】 이 또한 이 사건 법률조항이 형벌의 체계정당성에 어긋나고 있음을 보여주는 것이라 할 것이다.

【헌재 판단】 (4) 이상의 여러 점들에 비추어 볼 때, 이 사건 법률조항은 형벌체계상의 정당성과 균형성을 상실하여 평등의 원칙에 위배된다고 할 것이다.

라. 소 결

【헌재 판단】 그렇다면, 이 사건 법률조항은 책임과 형벌의 비례를 요구하는 책임원칙에 반하고, 형벌체계상의 균형성을 상실하여 평등원칙에도 반하는 것으로서 헌법에 위반된다 할 것이다.

4. 사안에 대한 헌법재판소의 결론

【헌재 결론】 이 사건 법률조항은 헌법에 위반되므로, 주문과 같이 결정한다. /

【헌재 결론】 이 결정에는 아래 6.과 같은 재판관 이강국, 재판관 김희옥, 재판관 이동흡의 반대의견
이 있는 외에는 나머지 관여 재판관 전원의 의견이 일치되었다. (위헌)
【헌재 주문】
'특정강력범죄의 처벌에 관한 특례법'(1990. 12. 31. 법률 제4295호로 제정된 것) 제3조 중 "특정강력
범죄로 형을 받아 그 집행을 종료하거나 면제받은 후 3년 이내에 다시 형법 제337조의 죄 또는 그 미
수죄를 범하여 '특정범죄 가중처벌 등에 관한 법률' 제5조의5에 의하여 가중처벌되는 때"에 관한 부분
은 헌법에 위반된다.

2007헌바100

죄형법정주의와 명확성의 원칙
도박개장죄 합헌결정 사건
2010. 5. 27. 2007헌바100, 헌집 22-1하, 194

1. 사실관계 및 사건의 경과

【사실관계】
① 갑은 P회사의 대표이사이다.
② 검사는 갑을 다음 내용의 공소사실로 기소하였다.
  (가) 피고인은 인터넷 도박사이트인 M게임사이트를 개설한 후 2003. 3. 7.경부터 같은 해 7. 31.
      경까지 사이에 위 사이트 회원들로 하여금 속칭 '고스톱', '포커' 등을 하게 한 다음, /
  (나) 개별 회원이 적립한 게임코인을 'H코인'으로 환전하게 하고, 다시 위 'H코인'을 신용카드 대금
      납부에 사용할 수 있는 'I', 'J'라는 사이버머니로 환전하게 하는 등의 방법으로 도박을 하게 하고, /
  (다) 위 회원들로부터 매회 해당 판돈의 5%, 환전금액의 10%를 수수료 명목으로 떼어가는 방법으
      로 영리의 목적으로 도박을 개장하였다.
③ 제1심 재판 계속중에 갑은 형법 제246조 제1항 본문 및 제247조에 대하여 재판부에 위헌제청신청
  을 하였다.
④ 2007. 8. 29. 서울중앙지방법원은 갑에게 벌금 1,000만원을 선고하였다.
⑤ 2007. 8. 29. 서울중앙지방법원은 갑의 위헌제청신청을 기각하였다.
【사건의 경과 1】
① 갑은 벌금형 판결에 불복하여 항소하였다.
② 2007. 9. 21. 갑은 헌법재판소에 헌법소원심판을 청구하였다.
③ 갑은 헌법소원심판 청구이유로 다음의 점을 주장하였다.
  (가) 게임사이트에서 이용되고 있는 게임코인은 재산상 이익에 해당한다.
  (나) 형법 제247조의 '도박'은 형법 제246조 제1항 본문과 마찬가지로 '재물을 걸고 도박하는 것'만
      을 의미한다.

　　(다) 재산상 이익을 걸고 도박하는 경우까지 '재물을 걸고 도박하는 것'에 포함하는 것으로 해석하여
　　　　처벌하는 것은 헌법에 위반된다.

④ 2008. 1. 31. 서울중앙지방법원 항소부는 항소기각 판결을 선고하였다.

⑤ 갑은 불복 상고하였다.

⑥ 2008. 9. 11. 대법원은 상고기각 판결을 선고하였다.

【사건의 경과 2】

① 2010. 5. 27. 헌법재판소는 갑의 헌법소원심판청구에 대해 결정을 내렸다.

② 헌법재판소는 심판대상을 형법 제247조로 정하였다.

③ 헌법재판소는 갑의 헌법소원심판 적격 여부에 대해 다음과 같이 의견이 나뉘었다.

　　(가) 5명의 재판관 : 형법 제247조의 죄형법정주의 위반 여부의 문제로 적법

　　(나) 4명의 재판관 : 형법 제248조의 해석문제로 부적법 각하

④ 헌법재판소는 형법 제247조의 위헌 여부에 대해 다음과 같이 의견이 나뉘었다.

　　(가) 8명의 재판관 : 합헌

　　(나) 1명의 재판관 : 한정위헌

⑤ (지면관계로 다수의견만 소개함)

⑥ (판례분석의 소제목은 판례 원문에 따름)

⑦ 2013. 4. 5. 도박죄 조문에 관한 형법 개정이 있었다.

【참조조문】

형법 (2013. 4. 5. 개정 전)

제246조 (도박) ① 재물로써 도박한 자는 500만원 이하의 벌금 또는 과료에 처한다. (단서 생략)

제247조 (도박개장) 영리의 목적으로 도박을 개장한 자는 3년 이하의 징역 또는 2천만원 이하의 벌금
　　에 처한다.

형법 (2013. 4. 5. 개정 후)

제246조 (도박, 상습도박) ① 도박을 한 사람은 1천만원 이하의 벌금에 처한다. 다만, 일시오락 정도
　　에 불과한 경우에는 예외로 한다.

　　② 상습으로 제1항의 죄를 범한 사람은 3년 이하의 징역 또는 2천만원 이하의 벌금에 처한다.

제247조 (도박장소 등 개설) 영리의 목적으로 도박을 하는 장소나 공간을 개설한 사람은 5년 이하의
　　징역 또는 3천만원 이하의 벌금에 처한다.

2. 사안에 대한 헌법재판소의 판단

가. 논의의 전제

【헌재 분석】 청구인은 이 사건 법률조항에 규정된 '도박'이라는 개념에 재산상 이익을 걸고 도박을
하는 경우도 포함된다고 해석하여서는 아니 된다는 취지의 주장을 하면서, /

【헌재 분석】 동시에 그것은 죄형법정주의의 명확성원칙에 반하는 것이라고 주장하고 있다. /

【헌재 분석】 이는 결국 이 사건 법률조항에서 사용하고 있는 '도박'이라는 용어의 개념이 불명확하여
법관의 자의적이고 편파적인 해석이 가능하다는 주장으로 해석될 수 있다.

【헌재 분석】 그렇다면 이러한 청구인의 주장을 단순히 법원의 법률해석을 다투는 것으로 보아 이 사건 심판청구를 각하하는 것보다는 /

【헌재 분석】 이 사건 법률조항이 명확성원칙에 반하여 헌법에 위배된다는 주장으로 선해하여 그 위헌성 여부를 판단하는 것이 헌법소원을 제기한 청구인의 의사에 합치된다 할 것이므로, /

【헌재 분석】 그러한 전제 하에 이 사건 법률조항이 명확성원칙에 반하는지 여부에 대하여 살펴보기로 한다.

나. 판 단

(1) 명확성 판단의 기준

【헌재 요지】 헌법 제12조 및 제13조를 통하여 보장되는 죄형법정주의 원칙은 범죄와 형벌이 법률로 정하여져야 함을 의미하며, /

【헌재 요지】 이러한 죄형법정주의에서 파생되는 명확성원칙은 법률이 처벌하고자 하는 행위가 무엇이며 그에 대한 형벌이 어떠한 것인지를 누구나 예견할 수 있고, /

【헌재 요지】 그에 따라 자신의 행위를 결정할 수 있도록 구성요건을 명확하게 규정해야 하는 것을 의미한다. /

【헌재 요지】 그러나 처벌법규의 구성요건이 명확하여야 한다고 하여 모든 구성요건을 단순한 서술적 개념으로 규정하여야 하는 것은 아니고, /

【헌재 요지】 다소 광범위하여 법관의 보충적인 해석을 필요로 하는 개념을 사용하였다고 하더라도 건전한 상식과 통상적인 법감정을 가진 사람이 통상의 해석방법에 의하여 당해 처벌법규의 보호법익과 금지된 행위 및 처벌의 종류와 정도를 알 수 있도록 규정하였다면 헌법이 요구하는 처벌법규의 명확성에 배치되는 것이 아니다. /

【헌재 요지】 그렇지 않으면 처벌법규의 구성요건이 지나치게 구체적이고 정형적이 되어 부단히 변화하는 다양한 생활관계를 제대로 규율할 수 없게 될 것이기 때문이다.

【헌재 요지】 그리고 처벌규정에 대한 예측가능성 유무를 판단할 때는 당해 특정조항 하나만을 가지고 판단할 것이 아니고, /

【헌재 요지】 법률조항의 문언, 입법목적, 입법연혁, 체계적 구조 등을 종합적으로 고려하여 관련 법조항 전체를 종합 판단하여야 하며, /

【헌재 요지】 각 대상법률의 성질에 따라 구체적·개별적으로 검토하여야 한다.

(2) 이 사건 법률조항이 명확성원칙에 반하는지 여부

【헌재 분석】 형법상 재산범죄는 '재물'과 '재산상 이익'이라는 행위의 객체에 따라 재물죄와 이득죄로 구별되고, 해당되는 구성요건도 다르다. /

【헌재 분석】 예를 들어 절도죄, 횡령죄, 장물죄, 손괴죄, 권리행사방해죄, 자동차 등 불법사용죄, 점유이탈물횡령죄, 점유강취죄 등은 재물만을 객체로 하는 재물죄이고, /

【헌재 분석】 배임죄, 컴퓨터 등 사용사기죄, 부당이득죄는 재산상 이익만을 객체로 규정하고 있는 이득죄이다. /

【헌재 분석】 그리고 강도죄, 사기죄, 공갈죄, 편의시설부정이용죄, 강제집행면탈죄는 재물과 재산

상 이익이 모두 객체로 규정되어 있는데, /

【헌재 요지】 여기서의 '재물'이란 시각과 촉각에 의하여 특정화될 수 있는 개개의 재화를 말하며, /

【헌재 요지】 '재산상 이익'이란 전체적으로 고찰할 때 재산상태의 증가를 가져오는 일체의 이익 내지 가치로서 재물을 제외한 것을 의미한다.

【헌재 판단】 그러나 도박에 관한 죄는 위와 같은 재산범죄와 다르다. /

【헌재 판단】 도박은 정당한 노동에 의하지 않고 재산을 취득하려는 행위로서 사회경제윤리에 반하고 미풍양속을 해할 뿐만 아니라, /

【헌재 판단】 그것이 조장되면 건전한 근로생활을 저해하고 폭행, 협박, 살인, 상해, 절도, 강도 등 다른 범죄를 유발하는 원인이 될 수 있기 때문에 처벌의 대상이 되는 것이다. /

【헌재 판단】 즉 도박죄는 일반 재산범죄와 달리 사회적 법익에 관한 죄로서, /

【헌재 판단】 국민일반의 건전한 근로관념과 공공의 미풍양속에 반하기 때문에 처벌의 대상이 되는 것이고, /

【헌재 판단】 도박개장죄는 영리의 목적으로 도박의 방조 내지 교사에 해당하는 행위를 하였다는 점에서 도박죄에 비하여 그 법정형을 가중한 것이다.

【헌재 판단】 따라서 여기에서는 '우연한 승부에 의하여 그 득실을 다투었는지'가 중요할 뿐 '무엇으로 도박을 하였는지'나 '도박행위로 인하여 얻은 이익이 무엇인지'는 중요하지 않다. /

【헌재 판단】 더군다나 '재산상 이익'으로써 도박을 하는 자는 정당한 노동에 의하지 않고 우연한 승부에 의하여 재산의 득실을 다투었다는 점에서 재물로써 도박을 하는 자와 그 가벌성에 아무런 차이가 없고, /

【헌재 판단】 도박개장의 경우에도 영리를 목적으로 도박을 하게 하였다는 점에서 재산상 이익으로써 도박을 하도록 개장한 자와 재물로써 도박을 하도록 개장한 자 사이에는 그 가벌성에 아무런 차이가 없다.

【헌재 요지】 이러한 점에 비추어 볼 때, 비록 형법 제246조 제1항 본문이 '재물로써'라는 표현을 사용하고 있지만, /

【헌재 요지】 그 취지가 '일반 재산범죄에서 말하는 재물'을 걸고 도박을 한 경우만 처벌하겠다는 뜻이라고는 보이지 아니하고, /

【헌재 요지】 재산적 가치가 없는 무언가를 걸고 도박을 하는 경우는 처벌하지 아니하되, 재산적 가치가 있는 무언가를 걸고 도박을 하는 경우에는 처벌을 하겠다는 취지를 표현한 것으로 볼 수 있으므로, /

【헌재 요지】 위 '재물'에는 '일반 재산범죄에서 말하는 재물'뿐만 아니라 '재산상 이익'도 포함하는 것으로 해석될 수 있고, /

【헌재 요지】 수범자로서도 이러한 사정을 충분히 예측할 수 있다 할 것이다.

【헌재 판단】 위에서 본 도박에 관한 죄의 보호법익 및 입법목적과 취지, 도박에 관한 죄의 본질 등을 종합하여 볼 때, /

【헌재 판단】 이 사건 법률조항의 '도박'에는 '일반 재산범죄에서의 재물'로써 하는 도박뿐만 아니라 '기타 재산상 이익'으로써 하는 도박도 당연히 포함되어 있는 것이라 할 수 있고, /

【헌재 판단】 건전한 상식과 통상적인 법감정을 가진 일반 수범자로서는 이러한 사정을 충분히 예측할 수 있다 할 것이므로, /

【헌재 판단】 이 사건 법률조항은 명확성의 원칙에 반하지 아니한다.

3. 사안에 대한 헌법재판소의 결론

【헌재 결론】 그렇다면 이 사건 법률조항은 헌법에 위반되지 아니하므로, /

【헌재 결론】 아래 5.와 같은 재판관 이강국, 재판관 조대현, 재판관 김종대, 재판관 민형기의 반대의견과 /

【헌재 결론】 아래 6.과 같은 재판관 목영준의 반대의견을 제외한 /

【헌재 결론】 나머지 관여 재판관의 일치된 의견으로 주문과 같이 결정한다.

【코멘트】

　2013. 4. 5. 형법이 일부 개정되었는데 (가) 범죄단체조직죄의 개선, (나) 도박과 복표에 관한 죄의 개선, (다) 약취와 유인의 죄의 개선을 그 내용으로 담고 있다. 도박죄와 관련하여서는 도박죄의 객체에 '재물'뿐만 아니라 '재산상 이익'도 포함됨을 명확하게 하기 위하여 도박죄의 구성요건 중 '재물로써' 부분이 삭제되었다. 따라서 본 헌법재판소 판례는 이 형법 개정에 의하여 그 의미를 잃었다고 할 수 있다.

$$\boxed{\text{2008다92022}}$$

집행유예와 당연퇴직의 관계
철도공무원 뺑소니 사건
2011. 3. 24. 2008다92022, 공 2011상, 799

1. 사실관계 및 사건의 경과

【사실관계 1】

① 1995. 6. 24. 갑은 철도청 공무원으로 임용되어 근무하고 있었다.

② 2000. 12. 15. 갑은 특가법위반죄(도주차량)로 징역 8월에 집행유예 2년을 선고받았다. (㉮판결)

③ 2001. 8. 14. ㉮판결은 확정되었다.

④ 철도청은 ㉮확정판결이 있은 사정을 알지 못하여 갑에 대하여 아무런 조치를 취하지 아니하였다.

⑤ 갑은 철도청 소속 공무원으로 사실상 계속 근무하였다.

⑥ 갑에 대한 2년의 집행유예 기간이 경과하였다.

【사실관계 2】

① 2005. 1. 1. 철도청은 민영화되어 한국철도공사로 새로이 출범하였다.

② 2005. 1. 1. 구 한국철도공사법 부칙 제7조 제4항에 의하여 갑은 철도청 공무원의 신분에서 퇴직하

였다.

③ 갑은 같은 조 제2항에 의하여 한국철도공사의 직원으로 임용되어 사실상 근무해 왔다.

④ (관련 법령의 내용은 판례 본문 참조)

⑤ 한국철도공사는 갑에게 금고 이상의 형이 선고된 ㉮확정판결의 당연퇴직사유가 있는 사실을 알게 되었다.

⑥ 2008. 3. 13. 한국철도공사는 갑에게 다음의 통지를 하였다.

    (가) 갑은 국가공무원법 제33조(결격사유) 및 제69조(당연퇴직)에 의하여 2001. 8. 14. 당연퇴직 하였다.

    (나) 2001. 8. 14.자 당연퇴직으로 인하여 2005. 1. 1.자 한국철도공사 신규임용을 동일자로 취소한다.

【사건의 경과】

① 갑은 한국철도공사를 상대로 직원신규임용취소행위무효확인을 구하는 민사소송을 제기하였다.

② 제1심법원은 원고 갑의 청구를 기각하였다.

③ 갑은 불복 항소하였다.

④ 항소심법원은 항소를 기각하고, 제1심판결을 유지하였다.

⑤ 갑은 불복 상고하였다.

⑥ 갑은 상고이유로 다음의 점을 주장하였다.

    (가) ㉮판결 집행유예기간의 경과로 형의 선고는 효력을 상실하였다.

    (나) 형의 선고가 효력을 상실하였으므로 ㉮판결은 당연퇴직 사유에 해당하지 않는다.

【참조조문】

국가공무원법

제33조 (결격사유) 다음 각 호의 어느 하나에 해당하는 자는 공무원으로 임용될 수 없다.

   3. 금고 이상의 실형을 선고받고 그 집행이 종료되거나 집행을 받지 아니하기로 확정된 후 5년이 지나지 아니한 자

   4. 금고 이상의 형을 선고받고 그 집행유예 기간이 끝난 날부터 2년이 지나지 아니한 자

   5. 금고 이상의 형의 선고유예를 받은 경우에 그 선고유예 기간 중에 있는 자

제69조 (당연퇴직) 공무원이 다음 각 호의 어느 하나에 해당할 때에는 당연히 퇴직한다.

   1. 제33조 각 호의 어느 하나에 해당하는 경우. 다만, 제33조 제5호는 「형법」 제129조부터 제132 조까지 및 직무와 관련하여 같은 법 제355조 또는 제356조에 규정된 죄를 범한 사람으로서 금고 이상의 형의 선고유예를 받은 경우만 해당한다.

2. 당연퇴직 여부에 대한 판단

(1) 공사 설립과 신분관계의 승계

【대법원 요지】 1. 국가 또는 지방자치단체가 수행하던 특정 사업을 법률에 의하여 새로 설립되는 공사에 이관하는 경우에 있어서, /

【대법원 요지】 인적 조직에 신분상의 변동이 있고 물적 조직도 그것을 규율하는 법률 등에 차이가

있는 점에 비추어 볼 때 /

【대법원 요지】 입법정책적 판단에 의하여 새로 설립되는 공사에 승계되는 권리·의무의 범위를 정할 수 있다. /

【대법원 분석】 그런데 철도산업발전기본법 제21조 제3항은 /

【대법원 분석】 "국가는 철도운영 관련사업을 효율적으로 경영하기 위하여 철도청 및 고속철도건설공단의 관련조직을 전환하여 특별법에 의하여 한국철도공사(이하 '철도공사'라 한다)를 설립한다."고 규정하고, /

【대법원 분석】 같은 법 제25조 제1항은 /

【대법원 분석】 "철도공사 및 철도시설공단은 철도청 직원 중 공무원 신분을 계속 유지하는 자를 제외한 철도청 직원 및 고속철도건설공단 직원의 고용을 포괄하여 승계한다."고 규정하고 있다. /

【대법원 분석】 이에 따라 구 한국철도공사법 (2003. 12. 31. 법률 제7052호로 제정된 것, 이하 같다) 부칙 제7조 제1항, 제2항, 제4항은 /

【대법원 분석】 철도청장은 소속 공무원 중 철도공사의 직원으로 신분이 전환될 자를 확정하여 철도공사가 직원을 임용할 수 있도록 조치하여야 하고, /

【대법원 분석】 철도공사 설립 당시 공무원 신분을 계속 유지하는 자와 한국철도시설공단 직원으로 임용된 자를 제외한 철도청 직원은 철도공사의 직원으로 임용하며, /

【대법원 분석】 철도공사의 직원으로 임용된 때에는 공무원 신분에서 퇴직한 것으로 본다고 규정하고 있다.

【대법원 판단】 위 각 규정의 문언 및 입법 취지에 비추어, /

【대법원 판단】 구 한국철도공사법 부칙 제7조 제1항, 제2항, 제4항에 의하여 /

【대법원 판단】 철도공사 설립 당시 철도청 소속 공무원의 신분에서 퇴직하여 철도공사의 직원으로 임용된 자의 종전 근로관계는 철도공사에 당연히 승계된다고 보아야 하고, /

【대법원 판단】 다만 이 경우 승계되는 근로관계는 구 한국철도공사법의 시행일인 2005. 1. 1. 현재 철도청 공무원의 신분을 갖고 있는 자와의 근로관계만을 의미하고 /

【대법원 판단】 그 시점에 이미 철도청 공무원의 신분을 상실한 자로서 사실상 근무해 온 자의 근로관계까지 승계하는 것은 아니다.

(2) 집행유예와 당연퇴직의 관계

【대법원 분석】 한편 구 국가공무원법 (2002. 12. 18. 법률 제6788호로 개정되기 전의 것, 이하 같다) 제69조는 /

【대법원 분석】 "공무원이 제33조 각 호의 1에 해당할 때에는 당연히 퇴직한다."고 규정하고, /

【대법원 분석】 같은 법 제33조 제1항 제4호는 결격사유 중의 하나로 /

【대법원 분석】 '금고 이상의 형을 받고 그 집행유예의 기간이 완료된 날로부터 2년을 경과하지 아니한 자'를 들고 있다. /

【대법원 요지】 구 국가공무원법 제69조에서 규정하고 있는 당연퇴직제도는 /

【대법원 요지】 같은 법 제33조 제1항 각 호에 규정되어 있는 결격사유가 발생하는 것 자체에 의하여 /

【대법원 요지】 임용권자의 의사표시 없이 결격사유에 해당하게 된 시점에 당연히 그 공무원으로서의 신분을 상실하게 하는 것이고, /

【대법원 요지】 당연퇴직의 효력이 생긴 후에 당연퇴직사유가 소멸한다는 것은 있을 수 없으므로, /

【대법원 요지】 국가공무원이 금고 이상의 형의 집행유예를 받은 경우에는 /

【대법원 요지】 그 이후 형법 제65조에 따라 형의 선고의 효력을 잃게 되었다 하더라도 /

【대법원 요지】 이미 발생한 당연퇴직의 효력에는 영향이 없다.

(3) 사안에 대한 대법원의 분석

【대법원 분석】 원심판결 이유 및 원심이 일부 인용한 제1심판결 이유에 의하면, /

【대법원 분석】 원고는 1995. 6. 24. 철도청 공무원으로 임용되어 근무하던 중 /

【대법원 분석】 2000. 12. 15. 대전지방법원에서 특정범죄가중처벌등에관한법률위반(도주차량)죄 등으로 징역 8월에 집행유예 2년을 선고받고, 2001. 8. 14. 위 판결이 확정된 사실, /

【대법원 분석】 그런데 철도청은 이러한 사정을 알지 못하여 원고에 대하여 아무런 조치를 취하지 아니하였고, /

【대법원 분석】 원고는 철도청 소속 공무원으로 사실상 계속 근무하다가 /

【대법원 분석】 2005. 1. 1. 구 한국철도공사법 부칙 제7조 제4항에 의하여 철도청 공무원의 신분에서 퇴직하고, /

【대법원 분석】 같은 조 제2항에 의하여 피고의 직원으로 임용되어 사실상 근무해 온 사실, /

【대법원 분석】 피고는 원고에게 위와 같은 당연퇴직사유가 있는 사실을 알게 되자 /

【대법원 분석】 2008. 3. 13. 원고에게 원고가 국가공무원법 제33조(결격사유) 및 제69조(당연퇴직)에 의하여 2001. 8. 14. 당연퇴직하였다는 통지 및 /

【대법원 분석】 2001. 8. 14.자 당연퇴직으로 인하여 2005. 1. 1.자 한국철도공사 신규임용을 동일자로 취소한다는 통지(이하 '이 사건 통지'라고 한다)를 하게 된 사실 등을 알 수 있다.

(4) 사안에 대한 대법원의 판단

【대법원 판단】 위와 같은 사실관계를 앞서 본 법리에 비추어 보면, /

【대법원 판단】 원고는 2001. 8. 14. 위 집행유예의 판결이 확정됨으로써 그 시점에 이미 철도청 공무원의 신분을 상실하였으므로, /

【대법원 판단】 구 한국철도공사법 부칙 제7조 제1항, 제2항에 의하여 피고의 직원으로 신분이 전환될 수 없고, /

【대법원 판단】 따라서 원고가 철도청 공무원의 신분을 가지고 있음을 전제로 하는 피고의 2005. 1. 1.자 임용행위는 아무런 효력이 없다.

3. 기타 쟁점에 대한 부분

(1) 소의 이익 여부

【대법원 판단】 2. 우선 이 사건 통지의 무효확인 청구 부분에 대하여 직권으로 판단한다.

【대법원 판단】 원고는, 위에서 본 바와 같이 피고가 2008. 3. 13. 원고에게 한 이 사건 통지가 효력이 없다고 주장하면서 그 무효의 확인을 구하고 있다.

【대법원 판단】 그러나 원고는 2001. 8. 14. 집행유예 판결이 확정됨으로써 그 시점에 이미 철도청 공무원의 신분을 상실하였다고 할 것이므로, /

【대법원 판단】 피고의 2005. 1. 1.자 임용행위가 아무런 효력이 없음은 앞서 본 바와 같다. /

【대법원 판단】 따라서 피고의 이 사건 통지는 원고가 집행유예의 확정판결로 인하여 이미 공무원의 신분을 상실하였고 2005. 1. 1.자 임용행위가 아무런 효력이 없음을 확인하고 알려주는 데 그칠 뿐, /

【대법원 판단】 이로 인하여 원고와 피고 사이에 어떠한 법률관계가 발생하는 것은 아니라고 할 것이므로, /

【대법원 판단】 원고는 이 사건 통지에 대한 무효확인을 구할 소의 이익이 없다.

【대법원 결론】 그럼에도 원심이 원고에게 피고를 상대로 이 사건 통지의 무효확인을 구할 이익이 있다고 판단한 것은, 확인의 이익에 관한 법리오해로 인하여 판결에 영향을 미친 위법이 있다.

(2) 근로자 지위 확인 청구 등

【대법원 판단】 3. 나아가 이 사건 근로자 지위 확인 청구와 임금 지급 청구에 관한 상고이유에 대하여 보건대, /

【대법원 판단】 위에서 본 법리와 기록에 의하여 인정되는 사실관계에 비추어 살펴볼 때, /

【대법원 판단】 원심이 비록 그 이유는 달리하였지만 원고가 피고의 직원으로서의 지위를 유효하게 유지하고 있음을 전제로 하는 이 사건 근로자 지위 확인 청구와 임금 지급 청구를 모두 배척한 결론은 정당하다.

【대법원 판단】 원심판결에는 이에 관하여 상고이유에서 주장하는 바와 같은 법리오해 등으로 인하여 판결에 영향을 미친 위법이 없다.

(3) 대법원의 최종 판단

【대법원 결론】 4. 그러므로 원심판결의 주위적 청구에 관한 부분 중 직원 신규임용 취소통지의 무효확인 청구 부분은 위법하여 이를 파기하되, 이 사건은 대법원이 직접 재판하기에 충분하므로 민사소송법 제437조에 따라 자판하기로 하는바, /

【대법원 결론】 위에서 본 바에 의하면 이 부분 소는 확인의 이익이 없어 부적법하므로 원심판결 중 이 부분을 파기하고, /

【대법원 결론】 제1심판결 중 같은 부분을 취소하여 이 부분 소를 각하하고, /

【대법원 결론】 나머지 상고를 기각하며, /

【대법원 결론】 상고기각 부분의 상고비용과 소각하 부분의 소송총비용은 패소자의 부담으로 하기로 하여, /

【대법원 결론】 관여 대법관의 일치된 의견으로 주문과 같이 판결한다.

2008도3656

외국인 간통고소의 효력
공소장변경의 허용한계
배우자 전지가위 협박 사건

2008. 12. 11. 2008도3656, 공 2009상, 53

1. 사실관계 및 사건의 경과

【사실관계 1】

① 갑과 A는 혼인신고를 한 부부이다.

② A는 외국인 P국 국적자이다.

③ P국에는 간통죄 처벌규정이 없다.

④ A는 갑의 여자관계를 의심하게 되었다.

⑤ 갑과 A 사이에 부부싸움이 자주 일어나게 되었다.

⑥ 갑은 부부싸움 중 A에게 폭력을 행사하였다.

⑦ 2004. 3. 22. 22:00경에도 갑과 A 사이에 심한 부부싸움이 있었다. (㉠부부싸움)

⑧ (기타 부부싸움 부분은 생략함)

⑨ 2004. 9. 28.경 갑은 집을 나갔다.

【사실관계 2】

① 2005. 7. 14. 갑은 A를 상대로 서울가정법원에 이혼청구의 소를 제기하였다.

② A는 갑이 제기한 이혼소송의 소장을 송달받았다.

③ A는 갑과 이혼하고 싶은 생각이 없었다.

④ A는 A의 동생 B를 통하여 음식 장사라도 하면서 갑을 기다리겠다면서 갑을 설득하였다.

⑤ 갑은 이에 응하지 않았다.

⑥ A의 동생 B는 갑의 뜻이 확고하다면 이혼을 하더라도 살 집이라도 마련해 달라고 부탁하였다.

⑦ 갑은 이를 거절하면서 재산을 처분하겠다고 말하였다.

⑧ 2005. 9. 30. A는 갑을 상대로 서울가정법원에 이혼 및 재산분할청구의 반소를 제기하였다.

【사실관계 3】

① 2005. 10. 25.경 갑은 집으로 돌아왔다.

② 갑과 A는 이후에도 각방을 쓰고 있을 뿐만 아니라, 부부관계를 가진 일도 전혀 없다.

③ 2006. 2. 21. A는 서울가정법원에서 ㉮사건과 관련하여 조사를 명받은 가사조사관에게 이혼할 의사가 있다는 취지의 진술을 하였다.

④ 2006. 6. 3. 갑은 C의 집에서 C와 성관계를 가졌다. (㉡간통행위)

⑤ A는 갑을 간통죄로 고소하였다.

【사건의 경과 1】

① 검사는 갑을 다음의 공소사실로 기소하였다.

    (가) ㉠부부싸움 : 상해죄

    (나) ㉡간통행위 : 간통죄

② 갑의 피고사건은 제1심을 거친 후, 항소심에 계속되었다.

【사건의 경과 2】

① 2008. 1. 16. 검사는 ㉠부부싸움 부분에 대해 항소심법원에 공소장변경신청을 하였다.

② 검사가 공소를 제기하였던 원래의 공소사실은 다음과 같다.

③ 「피고인은 2004. 3. 22. 22:00경 M장소에 있는 피고인의 집에서 피해자와 말다툼을 하다가 발로 피해자의 배와 가슴 부위를 수회 차 피해자에게 약 2주간의 치료를 요하는 흉부좌상을 가하였다.」 (㉢상해)

④ 검사가 공소장변경신청으로 ㉢상해 공소사실에 추가한 공소사실은 다음과 같다.

⑤ 「피고인은 계속하여 부엌 뒤에 있는 창고에서 위험한 물건인 전지가위를 가지고 와 거실바닥에 쓰러져 있는 피해자에게 들이대며 '너 오늘 죽여 버리겠다'고 말하여 피해자를 협박하였다.」 (㉣흉기휴대협박)

⑥ 검사는 적용법조에 폭처법위반죄(흉기등협박)의 관련 조문을 추가하였다.

⑦ 2008. 4. 8. 제4회 공판기일에서 항소심법원은 검사의 공소장변경신청을 허가하였다.

⑧ 2008. 4. 15. 항소심법원은 다음과 같은 판단을 내렸다.

    (가) ㉢상해 부분 : 무죄

    (나) ㉣흉기휴대협박 : 유죄

    (다) ㉡간통행위 : 유죄

【사건의 경과 3】

① 갑은 불복 상고하였다.

② 갑은 간통죄 부분에 대한 첫번째 상고이유로 다음의 점을 주장하였다.

    (가) A는 간통죄가 처벌되지 아니하는 P국 국적자이다.

    (나) A에 대해 보호법익이 침해된 바가 없다.

    (다) A는 피해자가 아니어서 간통죄의 고소를 할 수 없다.

③ 갑은 간통죄 부분에 대한 두번째 상고이유로 다음의 점을 주장하였다.

    (가) A는 가사조사관에게 갑과 혼인생활을 지속할 의사가 없음을 밝혔다.

    (나) 이는 간통의 종용에 해당한다.

    (다) 간통 종용이 있으면 유효하게 간통죄의 고소를 할 수 없다.

④ (갑의 ㉠행위 등 부부싸움 부분에 대한 상고이유는 검토를 생략함)

2. 간통죄 부분에 대한 판단

(1) 속지주의와 간통죄의 고소

【대법원 요지】 형법 제2조는 "본법은 대한민국 영역 내에서 죄를 범한 내국인과 외국인에게 적용한

다."고 규정하여 형법의 적용범위에 관하여 속지주의 원칙을 채택하고 있는바, /

【대법원 요지】 대한민국 영역 내에서 배우자 있는 자가 간통한 이상, /

【대법원 요지】 그 간통죄를 범한 자의 배우자가 간통죄를 처벌하지 아니하는 국가의 국적을 가진 외국인이라 하더라도 피고인의 간통죄 성립에는 아무런 영향이 없고, /

【대법원 요지】 그 외국인 배우자는 형사소송법의 규정에 따른 고소권이 있다고 할 것이므로, /

【대법원 결론】 이 점에 관한 상고이유의 주장은 받아들일 수 없다.

(2) 간통종용과 간통죄의 고소

【대법원 요지】 한편, 혼인 당사자가 더 이상 혼인관계를 지속할 의사가 없고 이혼의사의 합치가 있는 경우에는 /

【대법원 요지】 비록 법률적으로 혼인관계가 존속한다고 하더라도, 간통에 대한 사전 동의인 종용에 해당하는 의사표시가 그 합의 속에 포함되어 있는 것으로 보아야 할 것이나, /

【대법원 요지】 그러한 합의가 없는 경우에는 /

【대법원 요지】 비록 잠정적 · 임시적 · 조건적으로 이혼의사가 쌍방으로부터 표출되어 있다고 하더라도 간통 종용의 경우에 해당하지 않는다고 할 것이다.

(3) 사안에 대한 대법원의 판단

【대법원 분석】 원심은 그 채택 증거들을 종합하여, /

【대법원 분석】 피고인이 2005. 7. 14. 피해자를 상대로 서울가정법원에 이혼청구의 소를 제기하였고, /

【대법원 분석】 이에 피해자가 2005. 9. 30. 피고인을 상대로 같은 법원에 이혼 및 재산분할청구의 반소를 제기한 사실, /

【대법원 분석】 피해자가 2006. 2. 21. 서울가정법원에서 위 사건과 관련하여 조사를 명받은 가사조사관에게 이혼할 의사가 있다는 취지의 진술을 한 사실, /

【대법원 분석】 피고인은 2004. 9. 28.경 집을 나가 2005. 10. 25.경 집에 들어왔으나, 이후에도 각방을 쓰고 있을 뿐만 아니라, 부부관계를 가진 일도 전혀 없는 사실이 인정되나, /

【대법원 분석】 다른 한편 피해자는 피고인이 제기한 이혼소송의 소장을 송달받았으나 피고인과 이혼하고 싶은 생각이 없어 피해자의 동생을 통하여 음식 장사라도 하면서 피고인을 기다리겠다면서 피고인을 설득하였는데 피고인이 응하지 아니하였고, /

【대법원 분석】 이에 피해자의 동생은 피고인의 뜻이 확고하다면 이혼을 하더라도 살 집이라도 마련해 달라고 부탁하였으나, /

【대법원 분석】 피고인이 이마저 거절하면서 재산을 처분하겠다고 하여, /

【대법원 분석】 재산에 대한 처분금지가처분 등을 하기 위하여 부득이하게 이혼 및 재산분할을 구하는 반소를 하였고, /

【대법원 분석】 이후에도 피고인에게 다시 살 것을 종용하기도 한 사실을 인정한 다음, /

【대법원 판단】 앞서 본 사정만으로 피해자가 피고인이 다른 이성과 정교관계를 갖더라도 이를 묵인하겠다는 진실한 의사를 갖고 있었고 이를 명백하고 믿을 수 있는 방법으로 표현하였다고 보기는 어렵

다고 판단하였는바, /

【대법원 결론】 앞서 본 법리와 기록에 비추어 살펴보면, 위와 같은 원심의 판단은 옳은 것으로 수긍이 가고, 거기에 상고이유의 주장과 같은 간통죄에 있어서 종용에 관한 법리오해의 위법 등이 있다고 할 수 없다.

3. 공소장변경 부분에 관한 판단

(1) 공소장변경의 허용한계

【대법원 판단】 3. 공소장변경의 한계에 관하여 직권으로 본다.

【대법원 분석】 공소장의 변경은 공소사실의 동일성이 인정되는 범위 내에서만 허용되고, /

【대법원 분석】 공소사실의 동일성이 인정되지 아니한 범죄사실을 공소사실로 추가하는 취지의 공소장변경신청이 있는 경우에는 법원은 그 변경신청을 기각하여야 하는바(형사소송법 제298조 제1항), /

【대법원 요지】 공소사실의 동일성은 그 사실의 기초가 되는 사회적 사실관계가 기본적인 점에서 동일하면 그대로 유지되는 것이나, /

【대법원 요지】 이러한 기본적 사실관계의 동일성을 판단함에 있어서는 /

【대법원 요지】 그 사실의 동일성이 갖는 기능을 염두에 두고 /

【대법원 요지】 피고인의 행위와 그 사회적인 사실관계를 기본으로 하되 /

【대법원 요지】 규범적 요소도 아울러 고려하여야 한다.

(2) 사안에 대한 대법원의 분석

【대법원 분석】 기록에 비추어 살펴보면, /

【대법원 분석】 검사는 당초 2004. 3. 22.자 상해의 점에 관하여 /

【대법원 분석】 "피고인이 2004. 3. 22. 22:00경 포천시 일동면 (이하 생략)에 있는 피고인의 집에서 피해자와 말다툼을 하다가 발로 피해자의 배와 가슴 부위를 수회 차 피해자에게 약 2주간의 치료를 요하는 흉부좌상을 가하였다."는 범죄사실로 공소를 제기하였다가, /

【대법원 분석】 2008. 1. 16. 원심법원에 이 부분 공소사실을 /

【대법원 분석】 "피고인이 2004. 3. 22. 22:00경 포천시 일동면 (이하 생략)에 있는 피고인의 집에서 피해자와 말다툼을 하다가 발로 피해자의 배와 가슴 부위를 수회 차 피해자에게 약 2주간의 치료를 요하는 흉부좌상을 가하고, /

【대법원 분석】 계속하여 부엌 뒤에 있는 창고에서 위험한 물건인 전지가위를 가지고 와 거실바닥에 쓰러져 있는 피해자에게 들이대며 '너 오늘 죽여 버리겠다'고 말하여 피해자를 협박하였다."는 것으로 범죄사실을 추가하고, /

【대법원 분석】 죄명 및 적용법조에 "폭력행위 등 처벌에 관한 법률 위반(집단·흉기 등 협박)" 및 "폭력행위 등 처벌에 관한 법률 제3조 제1항, 제2조 제1항 제1호, 형법 제283조 제1항"을 각 추가하는 내용의 /

【대법원 분석】 이 사건 공소장변경신청을 하였고, /

【대법원 분석】 이에 원심법원은 2008. 4. 8. 제4회 공판기일에서 이 사건 공소장변경을 허가한 다음, /

【대법원 분석】 2004. 3. 22.자 상해의 점에 대하여는 무죄를, 추가된 흉기휴대협박의 점에 내하여는 유죄를 선고하였음을 알 수 있다.

(3) 사안에 대한 대법원의 판단

【대법원 판단】 그런데 피고인에 대하여 공소가 제기된 당초의 범죄사실과 검사가 공소장변경신청을 하여 추가한 범죄사실은 범행 장소와 피해자가 동일하고 시간적으로 밀접되어 있기는 하나, /

【대법원 판단】 그 수단·방법 등 범죄사실의 내용이나 행위태양이 다를 뿐만 아니라 죄질에도 현저한 차이가 있어 그 기본적인 사실관계가 동일하다고 할 수 없다.

【대법원 결론】 그렇다면 원심이 이 사건 공소장변경신청을 허가한 다음 변경된 범죄사실에 대하여 심판한 것은 위법하다고 할 것이므로, /

【대법원 결론】 원심으로서는 이 사건 공소장변경신청에 대하여 기각결정을 하거나 /

【대법원 결론】 허가결정을 취소하고 피고인에 대하여 원래 공소가 제기된 당초의 범죄사실을 대상으로 심리하여 판결을 하였어야 함에도, /

【대법원 결론】 당초의 범죄사실과 동일성이 인정되지 않는 추가된 범죄사실에 대하여 심리하여 유죄를 선고하였으니, /

【대법원 결론】 원심판결에는 공소사실의 동일성 내지 공소장변경에 관한 법리를 오해하여 판결에 영향을 미친 위법이 있다고 할 것이다. (파기 환송)

2008도4085

1인회사와 배임죄의 관계
외국인의 국외범과 거증책임
뉴질랜드 학원분양 사건
2008. 7. 24. 2008도4085, [미간행]

1. 사실관계 및 사건의 경과

【사실관계 1】
① [갑은 뉴질랜드로 이민을 갔다.]
② 2001년경 갑은 뉴질랜드 국적을 취득하였다.
③ 갑은 [뉴질랜드에 설립된 한국계] P회사의 대표이사이다.
④ 갑은 뉴질랜드에서 Q학원을 운영하고 있다.
⑤ R학원은 P회사의 사업과는 관련이 없는 뉴질랜드의 학교법인이다.
⑥ 갑은 P회사 주주들의 동의 등 절차를 거치지 아니하고 R학원에 2,000만원을 기부하였다. (㉠기부

　행위)

【사실관계 2】

① [A는 뉴질랜드로 이민을 갔다.]

② A는 뉴질랜드 영주권 취득을 원하고 있다.

③ 갑은 [이민 온] A에게 다음과 같이 말하였다.

　(가) 갑이 운영하는 Q학원은 성업중이다.

　(나) A가 Q학원의 분원인 S학원을 분양받아 운영하면 Q학원과의 고용관계가 2년 이상 유지된다.

　(다) 그렇게 되면 A는 뉴질랜드 영주권을 취득할 수 있다.

　(라) 뉴질랜드에서 탤런트비자를 취득하려면 2년치 급료에 해당하는 9만 뉴질랜드 달러를 보증금 명목으로 뉴질랜드 정부신탁계좌에 입금시켜야 한다.

　(마) 갑은 A가 뉴질랜드 정부신탁계좌에 입금시키는 돈을 향후 2년간 A의 급료로만 사용하겠다.

④ 갑의 말을 믿은 A는 뉴질랜드 비자취득을 위한 급료 보증금 및 S학원 양수대금 명목으로 13만 뉴질랜드 달러를 갑에게 지급하였다. (ⓒ수수행위)

⑤ [이후 A는 뉴질랜드 비자를 취득하지 못하였다.]

【사건의 경과】

① 검사는 갑을 다음의 공소사실로 기소하였다.

　(가) ㉠기부행위 : 업무상배임죄

　(나) ㉡수수행위 : 사기죄

② 갑의 피고사건은 제1심을 거친 후, 항소심에 계속되었다.

③ 항소심법원은 유죄를 인정하였다.

④ 갑은 불복 상고하였다.

⑤ 갑은 상고이유로 다음의 점을 주장하였다.

　(가) P회사는 갑이 1인 대주주인 1인회사이다.

　(나) 1인주주 갑의 동의 아래 이루어진 기부행위는 배임죄에 해당하지 않는다.

　(다) 갑의 A에 대한 행위는 외국인의 국외범이다.

　(라) 갑의 A에 대한 행위는 뉴질랜드 법률상 죄가 되지 않는다.

【참조조문】

국적법

제14조 (대한민국 국적의 이탈 요건 및 절차) ① 복수국적자로서 외국 국적을 선택하려는 자는 외국에 주소가 있는 경우에만 주소지 관할 재외공관의 장을 거쳐 법무부장관에게 대한민국 국적을 이탈한다는 뜻을 신고할 수 있다. (단서 생략) 〈개정 2010. 5. 4〉

② 제1항에 따라 국적 이탈의 신고를 한 자는 법무부장관이 신고를 수리한 때에 대한민국 국적을 상실한다. 〈개정 2010. 5. 4〉

제15조 (외국 국적 취득에 따른 국적 상실) ① 대한민국의 국민으로서 자진하여 외국 국적을 취득한 자는 그 외국 국적을 취득한 때에 대한민국 국적을 상실한다.

　[전문개정 2008. 3. 14]

2. 업무상 배임죄 부분에 대한 판단

【대법원 요지】 주식회사와 주주는 별개의 법인격을 가진 존재로서 동일인이라 할 수 없으므로 /

【대법원 요지】 1인 주주나 대주주라 하여도 그 본인인 주식회사에 손해를 주는 임무위배행위가 있는 경우에는 배임죄가 성립하고, /

【대법원 요지】 회사의 임원이 그 임무에 위배되는 행위로 재산상 이익을 취득하거나 제3자로 하여금 이를 취득하게 하여 회사에 손해를 가한 때에는 이로써 배임죄가 성립하며, /

【대법원 요지】 위와 같은 임무위배행위에 대하여 사실상 주주의 양해를 얻었다고 하여 본인인 회사에게 손해가 없었다거나 또는 배임의 범의가 없었다고 볼 수 없다.

【대법원 판단】 원심은, 그 적법하게 조사하여 채택한 증거들에 의하여, /

【대법원 판단】 [P주식회사]의 대표이사인 피고인이 회사의 사업과는 아무 관련이 없는 기독교 선교 활동단체인 학교법인 [R]학원에 주주들의 동의 등 정당한 절차를 거치지 아니하고 2,000만원을 기부하여 위 회사에게 동액 상당의 손해를 가하였다는 공소사실을 /

【대법원 판단】 유죄로 인정한 제1심판결이 정당하다고 판단하였다.

【대법원 결론】 원심판결 이유를 위와 같은 법리와 기록에 비추어 살펴보면, 원심의 이와 같은 사실인정 및 판단은 정당한 것으로 수긍할 수 있다.

【대법원 결론】 원심판결에는 상고이유에서 주장하는 바와 같이 채증법칙을 위반하거나 배임죄에 관한 법리 등을 오해한 위법이 없다.

3. 사기죄 부분에 대한 판단

(1) 사안에 대한 대법원의 분석

【대법원 분석】 (1) 원심은, 그 적법하게 조사하여 채택한 증거들에 의하여 그 판시와 같은 사실을 인정한 다음, /

【대법원 분석】 사실은 피고인이 피해자 공소외 A로 하여금 피고인이 운영하던 [Q]학원의 분원을 운영하게 하더라도 공소외 A가 학원직원으로서의 고용관계를 2년간 유지할 가망이 없었고 결과적으로 뉴질랜드 영주권을 취득할 가능성도 없었음에도, /

【대법원 분석】 공소외 A에게 위 학원이 성업중이어서 위 학원의 분원 중 하나인 [S]분원을 양도받아 운영하면 위 학원과의 고용관계가 2년 이상 유지되어 뉴질랜드 영주권을 취득할 수 있다고 거짓말하고, /

【대법원 분석】 또한 탤런트비자를 취득하기 위해서는 2년치 급료에 해당하는 9만 뉴질랜드 달러를 보증금 명목으로 정부신탁계좌에 입금시켜야 하는데 그 돈은 향후 2년간 피해자의 급료로만 사용하겠다고 거짓말하여 /

【대법원 분석】 피해자로부터 비자취득을 위한 급료 보증금 및 학원 양수대금 명목으로 13만 뉴질랜드 달러를 편취하였다고 인정하였다.

【대법원 분석】 원심판결 이유를 기록에 비추어 살펴보면, 원심의 이와 같은 사실인정은 정당한 것으로 수긍할 수 있다.

【대법원 결론】 원심판결에는 상고이유에서 주장하는 바와 같이 채증법칙을 위반한 위법이 없다.

(2) 외국인의 국외범에 대한 판단

【대법원 판단】 (2) 그러나 원심판결은 다음과 같은 이유로 유지될 수 없다.

【대법원 요지】 대한민국의 국민이 뉴질랜드의 시민권을 취득하면 /

【대법원 요지】 국적법(2008. 3. 14. 법률 제8892호로 개정되기 전의 것, 이하 같다) 제15조 제1항에 정한 /

【대법원 요지】 '자진하여 외국 국적을 취득한 자'에 해당하여 우리나라의 국적을 상실하게 되는 것이지 /

【대법원 요지】 대한민국과 뉴질랜드의 '이중국적자'가 되어 /

【대법원 요지】 국적법 제14조 제1항의 규정에 따라 법무부장관에게 대한민국의 국적을 이탈한다는 뜻을 신고하여야 비로소 대한민국의 국적을 상실하게 되는 것은 아니며, /

【대법원 요지】 한편 형법 제6조 본문에 의하여 외국인이 대한민국 영역 외에서 대한민국 국민에 대하여 범죄를 저지른 경우에도 우리 형법이 적용되지만, /

【대법원 요지】 같은 조 단서에 의하여 행위지의 법률에 의하여 범죄를 구성하지 아니하거나 소추 또는 형의 집행을 면제할 경우에는 우리 형법을 적용하여 처벌할 수 없다고 할 것이고, /

【대법원 요지】 이 경우 행위지의 법률에 의하여 범죄를 구성하는지 여부에 대해서는 엄격한 증명에 의하여 검사가 이를 입증하여야 할 것이다.

【대법원 판단】 그런데 기록에 의하면, 피고인은 2001년경에 뉴질랜드 시민권을 취득한 사실이 인정되므로 피고인은 그 무렵 대한민국의 국적을 상실하였다고 할 것이어서, /

【대법원 판단】 피해자 공소외 A에 대한 이 사건 사기 범행 당시에는 피고인이 외국인이라고 할 것이고, /

【대법원 판단】 위 사기범행의 장소도 뉴질랜드임을 알 수 있으므로, /

【대법원 판단】 이는 결국 외국인이 대한민국 영역 외에서 대한민국 국민에 대하여 범죄를 저지른 경우에 해당한다고 할 것이다.

【대법원 판단】 따라서 원심으로서는 /

【대법원 판단】 피해자 공소외 A에 대한 사기의 점에 관한 이 사건 공소사실이 행위지인 뉴질랜드 법률에 의하여 범죄를 구성하는지 여부 및 소추 또는 형의 집행이 면제되는지 여부를 심리하여 /

【대법원 판단】 이 부분 공소사실이 행위지의 법률에 의하여 범죄를 구성하고 그에 대한 소추나 형의 집행이 면제되지 않는 경우에 한하여 우리 형법을 적용하여 처벌하였어야 할 것인데, /

【대법원 결론】 이에 관하여 아무런 입증이 없음에도 원심이 이 부분 공소사실을 유죄로 인정한 것은 위법하다고 할 것이다.

【대법원 결론】 이를 지적하는 피고인의 상고이유의 주장은 이유 있다. (파기 환송)

2008도6530

국가사무와 양벌규정
항만관리 순찰차 사건
2009. 6. 11. 2008도6530, 공 2009하, 1153

1. 사실관계 및 사건의 경과

【사실관계】
① 갑은 부산광역시 항만관리소에서 근무하는 부산광역시 지방직 6급 공무원이다.
② ⓐ카니발 승합차량에는 관할 관청의 승인을 받지 아니하고 차량 상판에 적색의 불빛을 발산하는 경광등 및 실내 앰프 장치가 설치되어 있다.
③ 2007. 9. 4.부터 2007. 9. 12.까지 갑은 부산남항 내 시설에 대한 순찰, 노숙자 단속, 주차단속 등 업무를 위해 ⓐ카니발 승합차량을 운행하였다.

【사건의 경과 1】
① 검사는 갑을 자동차관리법위반죄(불법개조)로 기소하였다.
② 검사는 갑의 사용주인 부산광역시를 자동차관리법의 양벌규정을 적용하여 기소하였다.
③ 제1심법원은 다음 주문의 판결을 선고하였다.
　(가) 피고인 부산광역시를 벌금 1,000,000원에 처한다.
　(나) 피고인 갑에 대한 형의 선고를 유예한다.

【사건의 경과 2】
① 부산광역시는 불복 항소하였다.
② 갑은 항소하지 않았다.
③ 항소심법원은 다음 주문의 판결을 선고하였다.
　(가) 원심판결을 파기한다.
　(나) 피고인에 대한 형의 선고를 유예한다.
④ 부산광역시는 불복 상고하였다.
⑤ 부산광역시는 상고이유로, 법리오해의 위법을 주장하였다.
⑥ 대법원은 직권으로 판단하였다.

【참조조문】
자동차관리법 (행위시법)

제34조 (자동차의 구조·장치의 변경) 자동차의 구조·장치중 건설교통부령이 정하는 것을 변경하고자 하는 때에는 당해자동차의 소유자가 시장·군수 또는 구청장의 승인을 얻어야 한다.

제81조 (벌칙) 다음 각호의 1에 해당하는 자는 1년 이하의 징역 또는 300만원 이하의 벌금에 처한다.
　3. 제34조(제52조에서 준용하는 경우를 포함한다)의 규정에 위반하여 구조등이 변경된 자동차인 것을 알면서 이를 운행한 자

제83조 (양벌규정) 법인의 대표자, 법인 또는 개인의 대리인·사용인 기타의 종업원이 그 법인 또는 개인의 업무와 관련하여 제78조 내지 제82조의 위반행위를 한 때에는 행위자를 벌하는 외에 그 법인 또는 개인에 대하여도 각 해당 조의 벌금형에 처한다.

2. 국가사무·자치사무와 양벌규정

【대법원 판단】 그러나 직권으로 보건대, /

【대법원 요지】 국가가 본래 그의 사무의 일부를 지방자치단체의 장에게 위임하여 그 사무를 처리하게 하는 기관위임사무의 경우에는 /

【대법원 요지】 지방자치단체는 국가기관의 일부로 볼 수 있고, /

【대법원 요지】 지방자치단체가 그 고유의 자치사무를 처리하는 경우에 /

【대법원 요지】 지방자치단체는 국가기관의 일부가 아니라 국가기관과는 별도의 독립한 공법인으로서 /

【대법원 요지】 양벌규정에 의한 처벌대상이 되는 법인에 해당하며, /

【대법원 요지】 법령상 지방자치단체의 장이 처리하도록 하고 있는 사무가 자치사무인지, 기관위임사무에 해당하는지 여부를 판단함에 있어서는 /

【대법원 요지】 그에 관한 법령의 규정 형식과 취지를 우선 고려하여야 할 것이지만 /

【대법원 요지】 그 외에도 그 사무의 성질이 전국적으로 통일적인 처리가 요구되는 사무인지 여부나 /

【대법원 요지】 그에 관한 경비부담과 최종적인 책임귀속의 주체 등도 아울러 고려하여 판단하여야 한다.

3. 사안에 대한 대법원의 분석

【대법원 분석】 그런데 지방자치법 제11조 제4호에 의하면, /

【대법원 분석】 '지정항만 등 전국적 규모나 이와 비슷한 규모의 사무는 국가사무로서 지방자치단체가 처리할 수 없다'고 규정되어 있고, /

【대법원 분석】 구 항만법(2007. 8. 3. 법률 제8628호로 개정되기 전의 것, 이하 같다) 제2조 제2호, /

【대법원 분석】 구 항만법 시행령(2007. 12. 31. 대통령령 20506호로 개정되기 전의 것, 이하 같다) 제2, 3조 및 [별표 1]에 의하면, /

【대법원 분석】 '부산남항은 연안항으로서 지정항만에 포함'되어 있으며, /

【대법원 분석】 구 항만법 제23조에 의하면, /

【대법원 분석】 '지정항만은 해양수산부장관이 관리한다'고 규정되어 있다. /

【대법원 분석】 또한 기록에 의하면, /

【대법원 분석】 부산광역시장은 중앙행정기관의 장으로부터 권한위임받은 /

【대법원 분석】 부산남항 항만시설관리에 관한 항만시설의 사용허가, /

【대법원 분석】 운영의 위임·위탁, 사용신고의 수리, /

【대법원 분석】 항만시설 사용료의 징수 및 면제, /

【대법원 분석】 관리청이 아닌 자의 사용료의 요율 및 징수방법 등에 관한 사항 신고의 수리, /

【대법원 분석】 부담금 등의 부과·징수, 법령 위반 등에 대한 처분 또는 조치, /

【대법원 분석】 공익을 위한 처분 또는 조치, 출입 및 검사, /

【대법원 분석】 장기체류화물의 처리 등에 관한 권한을 /

【대법원 분석】 항만관리사업소장에게 위임한 사실, /

【대법원 분석】 부산광역시 항만관리사업소에서 근무하는 부산광역시 지방식 6급 공무원인 제1심 공동피고인 갑은 /

【대법원 분석】 항만관리사무의 일환인 부산남항 내 시설에 대한 순찰, 노숙자 단속, 주차단속 등 업무를 위해 이 사건 당시 이 사건 카니발 승합차량을 운행한 사실 등이 인정된다. /

4. 사안에 대한 대법원의 판단

【대법원 판단】 이러한 사정을 종합하여 앞서 본 법리에 비추어 보면, /

【대법원 판단】 제1심 공동피고인 갑의 이 사건 항만순찰 등 업무는 부산광역시장이 국가로부터 위임받은 기관위임사무에 해당한다고 봄이 상당하고, /

【대법원 판단】 이러한 경우에 지방자치단체인 피고인을 양벌규정에 의한 처벌대상이 되는 법인에 해당하는 것으로 보아 처벌할 수는 없으므로 /

【대법원 판단】 피고인에게는 이 사건 자동차관리법 위반죄가 성립할 수 없다.

【대법원 결론】 그럼에도 원심은 만연히 /

【대법원 결론】 피고인의 사용인인 제1심 공동피고인 갑이 그 업무에 관하여 관할 관청의 승인 없이 차량 상판에 적색의 불빛을 발산하는 경광등 및 실내 앰프 장치가 설치된 부산 80로4910호 카니발 승합차량을 2007. 9. 4.부터 2007. 9. 12.까지 항만순찰 업무를 위해 운행하였다는 이 사건 공소사실을 /

【대법원 결론】 구 자동차관리법(2007. 10. 17. 법률 제8658호로 개정되기 전의 것, 이하 같다) 제83조, 제81조 제3호, 제34조 위반죄에 해당하는 것으로 판단하고 말았으니, /

【대법원 결론】 이러한 원심판결에는 구 자동차관리법 제83조의 양벌규정에 따라 처벌대상이 되는 법인에 관한 법리를 오해하고 필요한 심리를 다하지 못하여 판결 결과에 영향을 미친 위법이 있다. (파기 환송)

2008도6551

공동정범의 공모와 기능적 행위지배
작량감경의 방법
시세조종 작량감경 사건

2009. 2. 12. 2008도6551, [미간행]

1. 사실관계 및 사건의 경과

【사실관계】

① [사실관계가 불명하므로 임의로 보충함]

② [A 등은 소위 주가조작 전문가들이다.]

③ 갑과 그의 지인들은 A 등에게 자신들의 ㉠증권계좌와 ㉡자금을 교부하였다.

④ [A 등은 ㉠증권계좌와 ㉡자금을 이용한 수백차례의 가장매매를 통하여 ㉢주식의 시세를 끌어올렸다.]

⑤ 갑 등은 [㉢주식의 전망을 선전하여] 적극적으로 투자자들을 유치하여 관리하였다.

⑥ [이후 ㉢주식의 주가는 최고점을 찍은 후 폭락하였다.]

【사건의 경과】

① 검사는 갑 등을 증권거래법위반죄(시세조종)의 공동정범으로 기소하였다.

② 갑은 A 등의 ㉢주식 시세조종행위에 일체 관여한 바가 없었다고 주장하였다.

③ 갑 등의 피고사건은 제1심을 거친 후, 항소심에 계속되었다.

④ 항소심법원은 다음과 같이 법령을 적용하였다.

　(가) 갑과 A 등의 행위는 포괄일죄에 해당한다.

　(나) 갑 등의 행위에 대해 징역형과 벌금형을 병과하여 처벌하기로 한다.

　(다) 징역형에 대해 형법 제55조 제1항 제3호를 적용하여 작량감경한다.

　(라) (벌금형에 대해서는 형법 제55조 제1항 제6호를 기재하지 않았다.)

⑤ 갑은 불복 상고하였다.

⑥ 갑은 상고이유로 다음의 점을 주장하였다.

　(가) 갑과 A 등 사이에 시세조종에 대한 공모가 없었다.

　(나) 갑은 A 등의 시세조종행위에 기능적 행위지배를 한 일이 없다.

⑦ 대법원은 갑의 상고이유를 판단하는 외에 직권으로 판단하였다.

【참조조문】

증권거래법

제188조의4 (시세조종등 불공정거래의 금지) ① 누구든지 상장유가증권 또는 코스닥상장 유가증권의 매매거래에 관하여 그 거래가 성황을 이루고 있는 듯이 잘못 알게 하거나 기타 타인으로 하여금 그릇된 판단을 하게 할 목적으로 다음 각호의 1에 해당하는 행위를 하지 못한다.

　1. 자기가 매도하는 같은 시기에 그와 같은 가격으로 타인이 그 유가증권을 매수할 것을 사전에 그 자와 통정한 후 매도하는 행위

　2. 자기가 매수하는 같은 시기에 그와 같은 가격으로 타인이 그 유가증권을 매도할 것을 사전에 그 자와 통정한 후 매수하는 행위

　3. 유가증권의 매매거래에 있어서 그 권리의 이전을 목적으로 하지 아니하는 가장된 매매거래를 하는 행위

　4. 제1호 내지 제3호의 행위의 위탁 또는 수탁을 하는 행위

제207조의2 (벌칙) ① 다음 각호의 1에 해당하는 자는 10년 이하의 징역 또는 2천만원 이하의 벌금에 처한다. 다만, 그 위반행위로 얻은 이익 또는 회피한 손실액의 3배에 해당하는 금액이 2천만원을 초과하는 때에는 그 이익 또는 회피손실액의 3배에 상당하는 금액이하의 벌금에 처한다.

　2. 제188조의4의 규정에 위반한 자

② 제1항 각호의 위반행위로 얻은 이익 또는 회피한 손실액이 5억원 이상인 때에는 다음의 구분에 따라 가중처벌한다.

1. 이익 또는 회피한 손실액이 50억원 이상인 때에는 무기 또는 5년 이상의 징역에 처한다.

2. 이익 또는 회피한 손실액이 5억원 이상 50억원 미만인 때에는 3년 이상의 유기징역에 처한다.

제214조 (징역과 벌금의 병과) ① 제207조의2 내지 제210조에 규정하는 죄를 범한 자에게는 징역과 벌금을 병과할 수 있다.

② 제1항의 규정에 따라 제207조의2 제2항의 규정을 위반한 자에 대하여 벌금형을 병과하는 경우에는 그 위반행위로 얻은 이익 또는 회피손실액의 3배에 상당하는 금액 이하의 벌금에 처한다.

2. 공동정범 부분에 대한 판단

(1) 공동정범의 성립요건

【대법원 요지】 2인 이상이 공동으로 가공하여 범죄를 행하는 공동정범에 있어서 /

【대법원 요지】 공모나 모의는 반드시 직접, 명시적으로 이루어질 필요는 없고 순차적, 암묵적으로 상통하여 이루어질 수도 있으나, /

【대법원 요지】 어느 경우에도 범죄에 공동가공하여 이를 공동으로 실현하려는 의사의 결합이 있어야 하고, /

【대법원 요지】 피고인이 공모의 점과 함께 범의를 부인하는 경우에는 /

【대법원 요지】 이러한 주관적 요소로 되는 사실은 사물의 성질상 범의와 상당한 관련성이 있는 간접사실 또는 정황사실을 증명하는 방법에 의하여 이를 입증할 수밖에 없다. /

【대법원 요지】 한편, 형법 제30조의 공동정범은 공동가공의 의사와 그 공동의사에 기한 기능적 행위지배를 통한 범죄실행이라는 주관적·객관적 요건을 충족함으로써 성립하는바, /

【대법원 요지】 공모자 중 일부가 구성요건적 행위 중 일부를 직접 분담하여 실행하지 않은 경우라 할지라도 /

【대법원 요지】 전체 범죄에 있어서 그가 차지하는 지위, 역할이나 범죄 경과에 대한 지배 내지 장악력 등을 종합해 볼 때, /

【대법원 요지】 단순한 공모자에 그치는 것이 아니라 /

【대법원 요지】 범죄에 대한 본질적 기여를 통한 기능적 행위지배가 존재하는 것으로 인정된다면, /

【대법원 요지】 이른바 공모공동정범으로서의 죄책을 면할 수 없는 것이다.

(2) 사안에 대한 대법원의 판단

【대법원 판단】 원심이 인용한 제1심 채택의 증거들을 기록과 위 법리에 비추어 살펴보면, /

【대법원 판단】 위 피고인들은 공소외인 등이 시세조종의 방법으로 주가조작을 하는 데 사용하도록 자신 및 지인들의 증권계좌와 자금을 교부하였을 뿐만 아니라, /

【대법원 판단】 적극적으로 투자자들을 유치하여 관리함으로써 그들 명의의 증권계좌와 자금이 공소외인 등의 주가조작 범행에 사용되도록 한 사실을 알 수 있으므로, /

【대법원 판단】 위 피고인들이 미필적으로나마 공소외인 등의 주가조작 범행을 인식하면서 그 범행

에 공동가공하려는 의사를 가지고 /

【대법원 판단】 투자자 유치 등의 행위를 분담함으로써 기능적 행위지배를 통한 범죄실행에 나아갔다고 할 것이다.

【대법원 결론】 원심이 같은 취지에서 피고인들이 공소외인 등과 공모하여 이 사건 주가조작 범행을 저질렀다는 공소사실을 유죄로 인정한 것은 정당하고, 거기에 상고이유로 주장하는 바와 같은 공모나 범의, 공모공동정범의 성립에 관한 법리오해나 채증법칙 위반 등의 위법이 없다.

【대법원 판단】 (중략)

3. 작량감경 부분에 대한 판단

【대법원 요지】 하나의 죄에 대하여 징역형과 벌금형을 병과하는 경우, /

【대법원 요지】 특별한 규정이 없는 한 징역형에만 작량감경을 하고 벌금형에는 작량감경을 하지 않는 것은 위법하다.

【대법원 판단】 원심판결의 적용법조란 기재에 의하면, 원심은 /

【대법원 판단】 포괄일죄인 피고인들의 증권거래법위반의 범행에 대해 징역형과 벌금형을 병과하여 처벌하기로 한 다음, /

【대법원 판단】 작량감경을 하면서 징역형에 대한 작량감경규정인 형법 제55조 제1항 제3호만 기재하고 /

【대법원 판단】 벌금형에 대한 작량감경규정인 형법 제55조 제1항 제6호는 기재하지 않았으며, /

【대법원 판단】 달리 그 판결 이유를 검토하여 보아도 벌금형에 대하여 작량감경하였다는 점을 인정할 근거가 없으므로, /

【대법원 판단】 원심은 징역형에 대해서만 작량감경하고 벌금형에 대하여는 작량감경을 하지 않은 것으로 볼 수밖에 없다.

【대법원 결론】 따라서 원심판결에는 작량감경에 관한 법리를 오해한 위법이 있고, 이는 판결 결과에 영향을 미쳤음이 분명하다. (파기 환송)

2008도6693

형벌법규 해석의 한계

화물자동차 유상임대 사건

2011. 4. 14. 2008도6693, 공 2011상, 953

1. 사실관계 및 사건의 경과

【사실관계】

① 화물자동차운수사업법에 따르면 "자가용화물자동차를 유상으로 화물운송용에 제공하거나 임대하는 행위"는 처벌된다.

② (관련 조문의 내용은 판례 본문 참조)

③ 갑은 ⓐ자가용화물자동차를 소유하고 있다.

④ 갑은 A에게 논을 받고 ⓐ자가용화물사동자를 단순히 임대하였다.

⑤ [갑이 ⓐ자가용화물자동차를 유상으로 화물운송용에 제공하거나 임대한 일은 없었다.]

【사건의 경과】

① 검사는 갑을 화물자동차운수사업법위반죄로 기소하였다.

② 갑의 피고사건은 제1심을 거친 후, 항소심에 계속되었다.

③ 항소심법원은 화물자동차운수사업법의 벌칙규정을 다음과 같이 해석하였다.

　　(가) 자가용화물자동차를 유상으로 화물운송용에 제공하는 행위는 처벌된다.

　　(나) 자가용화물자동차를 유상으로 화물운송용에 임대하는 행위는 처벌된다.

④ 항소심법원은 갑의 행위가 위의 어느 경우에도 해당하지 않는다고 판단하였다.

⑤ 항소심법원은 무죄를 선고하였다.

⑥ (항소심의 판단 이유는 판례 본문 참조)

⑦ 검사는 불복 상고하였다.

⑧ 검사는 상고이유로, 화물자동차운수사업법의 벌칙규정을 다음과 같이 해석하여야 한다고 주장하였다.

　　(가) 자가용화물자동차를 유상으로 화물운송용에 제공하는 행위는 처벌된다.

　　(나) 자가용화물자동차를 유상으로 임대하는 행위는 처벌된다.

2. 화물자동차운수사업법 벌칙규정의 개관

【대법원 분석】 1. 구 화물자동차 운수사업법(2008. 2. 29. 법률 제8852호로 개정되기 전의 것. 이하 '법'이라 한다) 제39조는 /

【대법원 분석】 "자가용화물자동차의 소유자 또는 사용자는 자가용화물자동차를 유상(당해 자동차의 운행에 필요한 경비를 포함한다)으로 화물운송용에 제공하거나 임대하여서는 아니된다. /

【대법원 분석】 다만, 건설교통부령이 정하는 사유에 해당되는 경우로서 시·도지사의 허가를 받은 경우에는 그러하지 아니하다."고 규정하고 있고, /

【대법원 분석】 그 제48조 제4호는 '제39조의 규정에 위반하여 자가용화물자동차를 유상으로 화물운송용에 제공하거나 임대한 자'를 처벌하도록 하고 있다. /

【대법원 분석】 한편 법 시행규칙 제49조는 '천재·지변 또는 이에 준하는 비상사태로 인하여 수송력공급을 긴급히 증가시킬 필요가 있는 경우(제1호)', /

【대법원 분석】 '사업용화물자동차·철도등 화물운송수단의 운행이 불가능하여 이를 일시적으로 대체하기 위한 수송력공급이 긴급히 필요한 경우(제2호)', /

【대법원 분석】 '영농조합법인이 그 사업을 위하여 화물자동차를 직접 소유·운영하는 경우(제3호)'를 유상운송이 허가되는 사유로 규정하고 있다.

3. 사안에 대한 항소심의 판단

【항소심 판단】 2. 원심은, /

【항소심 판단】 법 제39조와 제48조 제4호의 규정이 실질적인 유상 화물운송행위의 금지를 그 주된 목적으로 하는 것일 뿐 /

【항소심 판단】 자가용화물자동차의 유상 임대행위 자체를 금지하고자 하는 취지는 아니고, /

【항소심 판단】 자가용화물자동차의 대여행위는 재산권 보장에 관한 헌법 제23조, 직업선택의 자유에 관한 헌법 제15조 등에 의하여 보장되는 것이므로 /

【항소심 판단】 이를 제한하는 법률은 엄격하게 해석되어야 하는 점 등에 비추어, /

【항소심 판단】 위 규정들은 자가용화물자동차의 소유자 등이 그 자동차를 이용하여 불법적으로 운수사업을 경영하는 등의 방법으로 각종 규제를 잠탈하는 것을 방지하기 위하여, /

【항소심 판단】 자가용화물자동차를 '유상으로 화물운송용에 제공'함으로써 실질적으로 화물자동차 운수사업을 영위하거나 /

【항소심 판단】 '유상으로 화물운송용에 임대'함으로써 간접적으로 화물자동차 운수사업에 관여하는 행위를 금지하는 규정이라고 봄이 상당하다고 전제한 다음, /

【항소심 판단】 법 제39조 위반을 이유로 자가용화물자동차의 소유자 등을 처벌하려면 자가용화물자동차를 유상으로 타인의 사용에 제공하거나 임대한 것만으로는 안 되고 /

【항소심 판단】 그에 더하여 그 자동차에 의한 화물운송행위 역시 유상으로 이루어진 사실, /

【항소심 판단】 즉 임대인이 화물운송의 대가를 수수하기로 하였거나 /

【항소심 판단】 유상 화물운송을 위하여 임대한 사실까지 인정되어야 하는데, /

【항소심 판단】 피고인들이 공소사실 기재와 같이 자가용화물자동차를 임대한 사실은 인정되나 /

【항소심 판단】 '유상으로 화물운송용에' 제공하거나 임대하였다고 볼 증거가 없어 /

【항소심 판단】 결국 피고인들은 유상 화물운송과는 무관하게 자가용화물자동차를 임대한 것이라고 보아, /

【항소심 판단】 피고인들에게 무죄를 선고하였다.

4. 사안에 대한 대법원의 판단

【대법원 판단】 3. 그러나 원심의 위와 같은 판단은 수긍하기 어렵다.

【대법원 판단】 화물자동차 운수사업법은 화물의 원활한 운송을 도모함으로써 공공복리의 증진에 기여함을 목적으로 하고 있고(법 제1조), /

【대법원 판단】 '화물자동차 운수사업'이란 화물자동차 운송사업, 화물자동차 운송주선사업 및 화물자동차 운송가맹사업만을 의미하는 것이어서(법 제2조 제2항) /

【대법원 판단】 화물자동차 대여사업은 이에 포함되지 않을 뿐 아니라, /

【대법원 판단】 여객자동차 운수사업법 제30조와 그 시행규칙 제67조에서도 화물자동차는 자동차대여사업에 사용할 수 있는 자동차의 범위에 포함되어 있지 않은 점, /

【대법원 판단】 화물의 원활한 운송 및 공공복리의 증진이라는 화물자동차 운수사업법의 목적 및 /

【대법원 판단】 이를 달성하기 위해 국내 물류운송 시장의 건전한 발전과 그 과정에서의 왜곡을 방지하고자 하는 위 규정들의 취지, /

【대법원 판단】 그 밖에 관련 법률의 체계와 상호관계 및 /

【대법원 판단】 화물자동차 운수사업과 관련된 입법정책 등을 종합해 보면, /

【대법원 요지】 이 사건 처벌의 대상이 되는 '자가용화물자동차를 유상으로 화물운송용에 제공하거나 임대하는 행위'라 함은 /

【대법원 요지】 자가용화물자동차를 '유상으로 화물운송용에 제공하는 행위'와 '임대하는 행위'를 의미한다고 보아야 할 것이다.

【대법원 요지】 또한 어떤 법률의 개념이 다의적이고 그 어의(어의)의 테두리 안에서 여러 가지 해석이 가능할 때, /

【대법원 요지】 헌법을 최고법규로 하는 통일적인 법질서의 형성을 위하여 헌법에 합치되는 해석을 택하여야 하며, /

【대법원 요지】 이에 의하여 위헌적인 결과가 될 해석은 배제하면서 합헌적이고 긍정적인 면은 살려야 한다는 것이 헌법의 일반법리이기는 하나, /

【대법원 판단】 이 사건 처벌규정인 법 제48조 제4호, 제39조는 그 법률조항의 개념이 다의적이지 아니할 뿐 아니라 /

【대법원 판단】 그 어의의 테두리 안에서 헌법합치적 법률해석 방법을 적용하더라도 /

【대법원 판단】 피고인들의 행위를 이 사건 처벌규정에 해당하지 아니하는 것으로 해석할 여지는 없다고 할 것이다.

【대법원 판단】 그렇다면 원심이 인정한 바와 같은 피고인들의 자가용화물자동차 임대행위는 법 제39조의 위반행위에 해당한다고 보아야 할 것임에도, /

【대법원 결론】 이와 달리한 원심의 판단에는 법 제48조 제4호, 제39조의 해석·적용을 그르쳐 판결에 영향을 미친 위법이 있다. 이를 지적하는 상고이유는 이유 있다. (파기 환송)

2008도7143

위험운전치사상죄와 음주운전죄의 관계
위험운전 대 음주운전 사건
2008. 11. 13. 2008도7143, 공 2008하, 1723

1. 사실관계 및 사건의 경과

【사실관계】
① 갑은 택시운전사이다.
② 갑은 혈중알콜농도 0.112%의 음주상태에서 ⓐ택시를 운전하고 있었다.
③ 갑은 A 등이 타고 있던 ⓑ승용차를 들이받는 교통사고를 내었다.
④ 이 사고로 A 등이 부상을 입었다.
【사건의 경과 1】
① 검사는 갑을 다음의 공소사실의 경합범으로 기소하였다.

　(가) 특가법위반죄(위험운전치사상)

　(나) 도로교통법위반죄(음주운전)

② 제1심법원은 범죄사실을 인정하였다.

③ 제1심법원은 다음과 같이 판단하였다.

　(가) 특가법위반죄(위험운전치사상) : 유죄

　(나) 도로교통법위반죄(음주운전) : 무죄 (이유 부분에서 설시)

④ 제1심법원은 갑에게 다음의 형을 선고하였다.

　(가) 징역 8월

　(나) 집행유예 2년

　(다) 사회봉사명령 80시간

　(라) 준법운전강의 수강명령 40시간

【사건의 경과 2】

① 검사는 불복 항소하였다.

② 검사는 항소이유로, 도로교통법위반죄(음주운전)와 특가법위반죄(위험운전치사상)는 경합범 관계에 있다고 주장하였다.

③ 항소심법원은 다음과 같이 판단하였다.

　(가) 음주로 인한 특가법위반죄(위험운전치사상)죄는 도로교통법위반죄(음주운전)를 기본범죄로 하는 결과적 가중범이다.

　(나) 특가법위반죄(위험운전치사상)죄는 도로교통법위반죄(음주운전)의 행위유형과 보호법익을 모두 포함하고 있다.

　(다) 특가법위반죄(위험운전치사상)가 성립하면 도로교통법위반죄(음주운전)는 이에 흡수된다.

④ 항소심법원은 항소를 기각하고, 제1심판결을 유지하였다.

⑤ 검사는 불복 상고하였다.

⑥ 검사의 상고이유는 항소이유와 같다.

【참조조문】

도로교통법 (현행법)

제44조 (술에 취한 상태에서의 운전 금지) ① 누구든지 술에 취한 상태에서 자동차등(「건설기계관리법」 제26조 제1항 단서에 따른 건설기계 외의 건설기계를 포함한다. 이하 이 조, 제45조, 제47조, 제93조 제1항 제1호부터 제4호까지 및 제148조의2에서 같다)을 운전하여서는 아니 된다.

② 경찰공무원(자치경찰공무원은 제외한다. 이하 이 항에서 같다)은 교통의 안전과 위험방지를 위하여 필요하다고 인정하거나 제1항을 위반하여 술에 취한 상태에서 자동차등을 운전하였다고 인정할 만한 상당한 이유가 있는 경우에는 운전자가 술에 취하였는지를 호흡조사로 측정할 수 있다. 이 경우 운전자는 경찰공무원의 측정에 응하여야 한다.

③ 제2항에 따른 측정 결과에 불복하는 운전자에 대하여는 그 운전자의 동의를 받아 혈액 채취 등의 방법으로 다시 측정할 수 있다.

④ 제1항에 따라 운전이 금지되는 술에 취한 상태의 기준은 운전자의 혈중알코올농도가 0.05퍼센

트 이상인 경우로 한다.

[전문개정 2011. 6. 8]

제148조의2 (벌칙) ① 다음 각 호의 어느 하나에 해당하는 사람은 1년 이상 3년 이하의 징역이나 500만원 이상 1천만원 이하의 벌금에 처한다.

1. 제44조 제1항을 2회 이상 위반한 사람으로서 다시 같은 조 제1항을 위반하여 술에 취한 상태에서 자동차등을 운전한 사람

2. 술에 취한 상태에 있다고 인정할 만한 상당한 이유가 있는 사람으로서 제44조 제2항에 따른 경찰공무원의 측정에 응하지 아니한 사람

② 제44조 제1항을 위반하여 술에 취한 상태에서 자동차등을 운전한 사람은 다음 각 호의 구분에 따라 처벌한다.

1. 혈중알콜농도가 0.2퍼센트 이상인 사람은 1년 이상 3년 이하의 징역이나 500만원 이상 1천만원 이하의 벌금

2. 혈중알콜농도가 0.1퍼센트 이상 0.2퍼센트 미만인 사람은 6개월 이상 1년 이하의 징역이나 300만원 이상 500만원 이하의 벌금

3. 혈중알콜농도가 0.05퍼센트 이상 0.1퍼센트 미만인 사람은 6개월 이하의 징역이나 300만원 이하의 벌금

③ 제45조를 위반하여 약물로 인하여 정상적으로 운전하지 못할 우려가 있는 상태에서 자동차등을 운전한 사람은 3년 이하의 징역이나 1천만원 이하의 벌금에 처한다.

[전문개정 2011. 6. 8]

특정범죄 가중처벌 등에 관한 법률

제5조의11 (위험운전 치사상) 음주 또는 약물의 영향으로 정상적인 운전이 곤란한 상태에서 자동차(원동기장치자전거를 포함한다)를 운전하여 사람을 상해에 이르게 한 사람은 10년 이하의 징역 또는 500만원 이상 3천만원 이하의 벌금에 처하고, 사망에 이르게 한 사람은 1년 이상의 유기징역에 처한다.

[전문개정 2010. 3. 31]

2. 관련 조문의 분석

【대법원 분석】 1. 도로교통법[2011년 개정 전의 조문임; 저자 주] 제44조 제1항은 /

【대법원 분석】 "누구든지 술에 취한 상태에서 자동차 등(건설기계관리법 제26조 제1항 단서의 규정에 의한 건설기계 외의 건설기계를 포함한다)을 운전하여서는 아니 된다."라고 규정하고 있고, /

【대법원 분석】 같은 조 제4항은 /

【대법원 분석】 "제1항의 규정에 따라 운전이 금지되는 술에 취한 상태의 기준은 혈중 알코올농도가 0.05% 이상으로 한다."라고 규정하고 있으며, /

【대법원 분석】 같은 법 제150조 제1호는 제44조 제1항의 규정을 위반하여 술에 취한 상태에서 자동차 등을 운전한 사람을 2년 이하의 징역이나 500만원 이하의 벌금에 처하도록 규정하고 있다. /

【대법원 분석】 한편, 특정범죄가중처벌 등에 관한 법률 제5조의11은 /

【대법원 분석】 "음주 또는 약물의 영향으로 정상적인 운전이 곤란한 상태에서 자동차(원동기장치자전거를 포함한다)를 운전하여 사람을 상해에 이르게 한 자는 10년 이하의 징역 또는 500만원 이상 3천만원 이하의 벌금에 처하고, /

【대법원 분석】 사망에 이르게 한 자는 1년 이상의 유기징역에 처한다."라고 규정하고 있다.

3. 도로교통법위반죄와 위험운전치사상죄의 적용대상과 보호법익

【대법원 판단】 원래 도로교통법은 도로에서 일어나는 교통상의 위험과 장해를 방지하고 제거하여 안전하고 원활한 교통을 확보함을 목적으로 하는 것이어서(도로교통법 제1조), /

【대법원 판단】 불특정다수의 사람 또는 차마의 통행을 위한 도로에서의 자동차 운전 등의 통행행위만을 법의 적용대상으로 삼고 /

【대법원 판단】 도로 이외의 장소에서의 통행행위는 적용대상으로 하지 않고 있다(도로교통법 제2조 제1호, 제24호). /

【대법원 판단】 반면, 음주로 인한 특정범죄가중처벌 등에 관한 법률 위반(위험운전치사상)죄는 입법취지와 그 문언에 비추어 볼 때, /

【대법원 판단】 주취상태에서의 자동차 운전으로 인한 교통사고가 빈발하고 그로 인한 피해자의 생명·신체에 대한 피해가 중대할 뿐만 아니라 사고발생 전 상태로의 회복이 불가능하거나 쉽지 않은 점 등의 사정을 고려하여, /

【대법원 판단】 형법 제268조에서 규정하고 있는 업무상과실치사상죄의 특례를 규정하여 가중처벌함으로써 피해자의 생명·신체의 안전이라는 개인적 법익을 보호하기 위한 것이어서, /

【대법원 판단】 그 적용범위가 도로에서의 자동차 운전으로 인한 경우뿐만 아니라 /

【대법원 판단】 도로 이외 장소에서의 자동차 운전으로 인한 경우도 역시 포함되는 것으로 본다.

4. 도로교통법위반죄와 위험운전치사상죄의 입법취지

【대법원 판단】 한편, 도로교통법 위반(음주운전)죄는 술에 취한 상태에서 자동차 등을 운전하는 행위를 처벌하면서, /

【대법원 판단】 술에 취한 상태를 인정하는 기준을 운전자의 혈중 알코올농도 0.05% 이상이라는 획일적인 수치로 규정하여, /

【대법원 판단】 운전자가 혈중 알코올농도의 최저기준치를 초과한 주취상태에서 자동차 등을 운전한 경우에는 구체적으로 정상적인 운전이 곤란한지 여부와 상관없이 이를 처벌대상으로 삼고 있는 바, /

【대법원 판단】 이는 위와 같은 혈중 알코올농도의 주취상태에서의 운전행위로 인하여 추상적으로 도로교통상의 위험이 발생한 것으로 봄으로써 /

【대법원 판단】 도로에서 주취상태에서의 운전으로 인한 교통상의 위험과 장해를 방지하고 제거하여 안전하고 원활한 교통을 확보하는데 그 목적이 있다. /

【대법원 판단】 반면, 음주로 인한 특정범죄가중처벌 등에 관한 법률 위반(위험운전치사상)죄는 /

【대법원 판단】 도로교통법 위반(음주운전)죄의 경우와는 달리 /

【대법원 판단】 형식적으로 혈중 알코올농도의 법정 최저기준치를 초과하였는지 여부와는 상관없이 /

【대법원 판단】 운전자가 음주의 영향으로 실제 정상적인 운전이 곤란한 상태에 있어야만 하고, /

【대법원 판단】 그러한 상태에서 자동차를 운전하다가 사람을 상해 또는 사망에 이르게 한 행위를 처벌대상으로 하고 있는 바, /

【대법원 판단】 이는 음주로 인한 특정범죄가중처벌 등에 관한 법률 위반(위험운전치사상)죄는 업무상과실치사상죄의 일종으로 구성요건적 행위와 그 결과 발생 사이에 인과관계가 요구되기 때문이다.

5. 사안에 대한 대법원의 판단

【대법원 요지】 위와 같이 음주로 인한 특정범죄가중처벌 등에 관한 법률 위반(위험운전치사상)죄와 도로교통법 위반(음주운전)죄는 /

【대법원 요지】 입법 취지와 보호법익 및 적용 영역을 달리하는 별개의 범죄로서 /

【대법원 요지】 양 죄가 모두 성립하는 경우 두 죄는 실체적 경합관계에 있는 것으로 보아야 할 것이다.

【대법원 결론】 이와 달리 원심은 음주로 인한 특정범죄가중처벌 등에 관한 법률 위반(위험운전치사상)죄는 도로교통법 위반(음주운전)죄를 기본범죄로 하는 결과적 가중범으로 그 행위유형과 보호법익을 모두 포함하고 있다는 이유로 특정범죄가중처벌 등에 관한 법률 위반(위험운전치사상)죄가 성립하면 도로교통법 위반(음주운전)죄는 이에 흡수된다고 판단하였으니, /

【대법원 결론】 원심판결에는 위 두 죄의 죄수관계에 관한 법리를 오해하여 판결에 영향을 미친 위법이 있다고 할 것이다.

【대법원 결론】 이 점을 지적하는 상고이유의 주장은 이유 있다. (파기 환송)

2008도7312

공동정범과 신분관계
권리행사방해죄의 성립요건
광역수사대 사건이첩 사건
2010. 1. 28. 2008도7312, 공 2010상, 471

1. 사실관계 및 사건의 경과

【사실관계 1】
① (사실관계가 불명하여 임의로 일부 보완함)
② 경찰관 갑은 서울지방경찰청 소속 광역수사대 단장이다.
③ 남대문경찰서 관내에 관내 유력인사 K와 관련된 ㉮형사사건이 발생하였다.
④ 남대문경찰서 소속 경찰관 A 등은 ㉮사건의 수사에 착수하였다.
⑤ [광역수사대장 갑은 유력인사 K와 평소 친밀한 관계에 있었다.]

⑥ [K는 갑에게 사건의 선처를 부탁하였다.]

【사실관계 2】

① 갑은 지휘라인에 있는 을, 병, 정을 통하여 남대문경찰서의 ㉮사건 수사를 중단시켰다.

② 갑은 지휘라인에 있는 을, 병, 정을 통하여 ㉮사건을 광역수사대에 이첩하도록 하였다.

③ 서울지방경찰청 광역수사대 소속 경찰관 B 등은 ㉮사건의 수사에 착수하였다.

④ 갑은 다시 ㉮사건을 남대문경찰서에 이첩하도록 하였다.

⑤ 남대문경찰서에서는 다른 경찰관 C 등이 수사를 담당하게 되었다.

【사건의 경과 1】

① 검사는 갑을 다음의 공소사실로 기소하였다.

 (가) 수사방해 : 권리행사방해에 의한 직권남용권리행사방해죄 (㉠죄)

 (나) 사건이첩 : 의무 없는 일 강요에 의한 직권남용권리행사방해죄 (㉡죄)

② 갑의 피고사건은 제1심을 거친 후, 항소심에 계속되었다.

③ 항소심법원은 범죄사실을 갑과 K의 공동정범으로 파악하였다.

④ 항소심법원은 다음과 같이 판단하였다.

 (가) ㉠죄 : 유죄

 (나) ㉡죄 : 무죄

【사건의 경과 2】

① 갑은 유죄 부분에 불복 상고하였다.

② 갑은 상고이유로 다음의 점을 주장하였다.

 (가) 사실관계의 확정이 잘못되었다.

 (나) 경찰관 A, B 등은 상사의 명에 따랐으므로 권리행사가 방해되었다고 할 수 없다.

 (다) 항소심판결이 갑과 K의 관계를 공동정범으로 인정한 것은 위법하다.

 (라) 검사가 을, 병, 정을 기소하지 않고 갑만을 기소한 것은 공소권남용에 해당하여 무효이다.

③ 검사는 무죄 부분에 불복 상고하였다.

④ 검사는 상고이유로, ㉠죄와 ㉡죄 모두 유죄로 인정되어야 한다고 주장하였다.

2. 피고인의 상고이유에 대한 판단

(1) 권리방해죄와 권리의 의미

【대법원 요지】 형법 제123조는 "공무원이 그 직권을 남용하여 사람으로 하여금 의무없는 일을 하게 하거나 사람의 권리행사를 방해한 때에는 5년 이하의 징역, 10년 이하의 자격정지 또는 1천만원 이하의 벌금에 처한다"라고 규정하고 있는바, /

【대법원 요지】 여기서 말하는 '권리'는 법률에 명기된 권리에 한하지 않고 /

【대법원 요지】 법령상 보호되어야 할 이익이면 족한 것으로서, /

【대법원 요지】 공법상의 권리인지 사법상의 권리인지를 묻지 않는다고 봄이 상당하다. /

【대법원 판단】 원심이 경찰관 직무집행법의 관련 규정을 근거로 경찰관은 범죄를 수사할 권한을 가지고 있다고 인정한 다음, /

【대법원 판단】 이러한 범죄수사권은 직권남용권리행사방해죄에서 말하는 '권리'에 해당한다고 인정한 것은 위와 같은 법리에 따른 것으로서 정당하고 /

【대법원 결론】 거기에 상고이유로 주장하는 바와 같은 법리오해의 잘못이 없다.

(2) 권리방해 여부에 대한 판단

【대법원 판단】 원심은, 그 판시와 같은 사정들에 비추어 보면, /

【대법원 판단】 공소외 A 등 남대문경찰서 소속 경찰관들의 구체적인 수사권 및 /

【대법원 판단】 공소외 B 등 광역수사대 소속 경찰관들의 구체적인 수사권이 이미 발생한 상태였고, /

【대법원 판단】 피고인 등의 행위로 인하여 수사가 중단되거나 /

【대법원 판단】 수사 첩보가 서울지방경찰청 광역수사대로부터 남대문경찰서로 이첩됨으로써 /

【대법원 판단】 위 경찰관들의 수사권이 침해된 사실이 인정된다고 판단하였다. /

【대법원 결론】 기록에 비추어 살펴보면, 이러한 원심의 판단은 정당하여 수긍할 수 있고, 거기에 상고이유로 주장하는 바와 같은 법리오해의 위법이 있다고 할 수 없다.

(3) 비신분자와 신분자의 공동정범 여부

【대법원 요지】 형법 제30조의 공동정범은 공동가공의 의사와 그 공동의사에 기한 기능적 행위지배를 통한 범죄 실행이라는 주관적 · 객관적 요건을 충족함으로써 성립하는바, /

【대법원 요지】 공모자 중 일부가 구성요건 행위 중 일부를 직접 분담하여 실행하지 않는 경우라고 할지라도 /

【대법원 요지】 전체 범죄에 있어서 그가 차지하는 지위, 역할이나 범죄 경과에 대한 지배 내지 장악력 등을 종합해 볼 때, /

【대법원 요지】 단순히 공모자에 그치는 것이 아니라 /

【대법원 요지】 범죄에 대한 본질적 기여를 통한 기능적 행위지배가 존재하는 것으로 인정된다면 /

【대법원 요지】 이른바 공모공동정범으로서의 죄책을 면할 수 없는 것이고, /

【대법원 요지】 이러한 법리는 공무원이 아닌 자가 공무원과 공모하여 직권남용권리행사방해죄를 범한 경우에도 마찬가지라고 할 것이다. /

【대법원 결론】 원심이 피고인에 대하여 직권남용권리행사방해죄의 공동정범으로서의 책임을 인정한 것은 위와 같은 법리에 따른 것으로서 정당하고, 거기에 상고이유로 주장하는 바와 같은 법리오해의 잘못이 없다.

【대법원 판단】 (중략) (상고 기각)

3. 검사의 상고이유에 대한 판단

【대법원 판단】 이 사건과 같이 상급 경찰관이 직권을 남용하여 부하 경찰관들의 수사를 중단시키거나 사건을 다른 경찰관서로 이첩하게 한 경우, /

【대법원 판단】 일단 '부하 경찰관들의 수사권 행사를 방해한 것'에 해당함과 아울러 /

【대법원 판단】 '부하 경찰관들로 하여금 수사를 중단하거나 사건을 다른 경찰관서로 이첩할 의무가 없음에도 불구하고 수사를 중단하게 하거나 사건을 이첩하게 한 것'에도 해당된다고 볼 여지가 있다. /

【대법원 판단】 그러나 이는 어디까지나 하나의 사실을 각기 다른 측면에서 해석한 것에 불과한 것으로서, /

【대법원 판단】 권리행사를 방해함으로 인한 직권남용권리행사방해죄와 의무 없는 일을 하게 함으로 인한 직권남용권리행사방해죄가 별개로 성립하는 것이라고 할 수는 없다. /

【대법원 요지】 따라서 위 두 가지 행위 태양에 모두 해당하는 것으로 기소된 경우, /

【대법원 요지】 권리행사를 방해함으로 인한 직권남용권리행사방해죄만 성립하고 /

【대법원 요지】 의무 없는 일을 하게 함으로 인한 직권남용권리행사방해죄는 따로 성립하지 아니하는 것으로 봄이 상당하다 /

【대법원 요지】 (다만 공소제기권자인 검사는 위와 같은 사안에 있어 재량에 따라 의무 없는 일을 하게 함으로 인한 직권남용권리행사방해죄로 공소를 제기할 수도 있는 것이므로, /

【대법원 요지】 그 경우 법원이 그 공소범위 내에서 직권남용권리행사방해죄로 인정하여 처벌하는 것은 가능하다. 대법원 2008. 2. 14. 선고 2005도4202 판결 참조). /

【대법원 결론】 원심이 이 사건 공소사실 중 '권리행사를 방해하였다'는 부분은 유죄로 인정하고, '의무 없는 일을 하게 하였다'는 부분은 무죄라고 판단한 것은 /

【대법원 결론】 위와 같은 법리에 따른 것으로서 정당하고, 거기에 상고이유로 주장하는 바와 같은 법리오해의 잘못이 없다. (상고 기각)

2008도8606

의료사고와 업무상 주의의무
활력징후 검사 사건
2010. 10. 28. 2008도8606, 공 2010하, 2200

1. 사실관계 및 사건의 경과

【사실관계 1】

① 갑과 을은 P대학병원 간호사들이다.

② 갑과 을은 ㉠일반병실을 담당하고 있다.

③ 환자의 혈압, 체온, 맥박, 호흡 등을 활력징후(vital sign)라고 한다.

④ P대학병원 외과병동의 외과간호사를 위한 ㉡지침서가 있다.

⑤ ㉡지침서에 따르면 췌장 수술 환자의 경우 4시간마다 활력징후를 측정하여야 한다고 되어 있다.

⑥ P대학병원의 경우 간호사 1명이 17명 정도의 환자를 담당하고 있다.

⑦ P대학병원 일반병실의 의료여건상 간호사는 의사의 특별한 지시가 없는 한 4시간마다 활력징후를 측정하는 것이 임상관행이다.

【사실관계 2】

① 2005. 10. 31. A는 췌장 두부에 종괴가 발견되어 이를 제거하기 위하여 P대학병원에 입원하였다.

② (이하 일자는 생략하고 시각만을 표시함)

③ A의 진료를 담당한 주치의는 일반외과 전공의 B이다.

④ B는 A의 수술 전에 미리 활력징후 관련 M지시(오더)를 컴퓨디에 입력해 놓았다.

⑤ B가 간호사에게 내린 활력징후 관련 M지시(오더) 내용은 다음과 같다.

　　(가) 수술 후 환자에 대하여 상태가 안정될 때까지 15분마다 활력징후를 측정할 것

　　(나) 그 후 4시간 동안은 1시간마다 활력징후를 측정할 것

　　(다) 그 후에는 4시간마다 한번씩 활력징후를 측정할 것

⑥ M지시(오더) 아래에는 '활력징후를 한 시간 간격으로 측정'이 추가적으로 기재되어 있다.

⑦ 또한 다음 경우에 의사에게 알려달라는 내용이 기재되어 있다.

　　(가) 수축기 혈압이 90㎜Hg 이하이거나 160㎜Hg 이상인 경우

　　(나) 이완기 혈압이 60㎜Hg 이하이거나 100㎜Hg 이상인 경우

【사실관계 3】

① 12:50경 A는 췌두부 십이지장절제술을 받았다. (ⓒ수술)

② 18:35경 ⓒ수술이 종료되었다.

③ A는 ⓒ수술 후 회복실로 이송되었다.

④ A의 혈압, 체온, 맥박, 호흡 등의 활력징후가 안정적이 되었다.

【사실관계 4】

① 20:15경 A는 ㉠일반병실로 이송되었다.

② 20:15경 갑은 A가 이송되자 즉시 혈압계, 체온계, 청진기 등 기계적인 장비를 사용하여 활력징후를 측정하였다. (제1차 활력징후 검사)

③ 21:00경 A가 오심을 호소하였다.

④ 갑은 ㉠병실에 들러 A의 상태를 살펴보고, 오심증상을 줄이기 위하여 진통제의 투여를 중단하였다.

⑤ 21:30경 갑은 혈압계, 체온계, 청진기 등 기계적인 장비를 사용하여 활력징후를 측정하였다. (제2차 활력징후 검사)

⑥ 당시 A의 혈압, 체온, 맥박, 호흡 등은 모두 정상범위 내였다.

【사실관계 5】

① 21:43경 갑은 ㉠병실에 들러 A의 수술부위를 점검하고, 배액의 양상, T-자관을 통한 담즙의 양상, 의식상태 등을 관찰하였다.

② 22:00경 갑은 구토와 오심을 호소하는 A를 관찰하고 소변량을 확인하였다.

③ 22:15경 수석전공의, 주치의 등이 회진을 하였다.

④ 당시 A는 의식이 명료하고 배액관의 양상도 출혈기미는 없는 등 안정적인 상태로서 출혈을 의심할 수 있는 특이증상은 없었다.

【사실관계 6】

① 갑의 퇴근시간은 23:00이었다.

② 을은 23:00부터 근무가 예정되어 있었다.

③ 을은 21:00경부터 이미 출근하여 M지시(오더) 등을 확인하고 있었다.

④ 22:50경 을은 수술통증을 호소하는 A를 위하여 진통제를 투여하였다.

⑤ 23:00경 을은 다시 ㉠병실에 들러 소변량을 측정하고 A의 상태를 살피며 배액관 검사하였으나 특이사항을 발견하지 못하였다.

⑥ 23:00 이후부터 을은 담당하고 있는 ㉠병실의 환자들에 대하여 순차적으로 활력징후를 측정하였다.

【사실관계 7】

① 23:10경 갑은 퇴근 전에 A의 ㉠병실에 들러 수액이 들어가는 속도와 환자의 의식상태, 체온변화, 배액양상 등을 관찰하였다.

② 갑은 A로부터 출혈을 의심할 만한 특별한 증상을 발견하지 못하였다.

③ 그 당시 A는 호흡곤란 증상을 보여 보호자들이 A에게 심호흡을 시키고 있었다.

④ 갑은 특별한 이상이 없다는 취지로 말하고 돌아갔다.

⑤ A의 의식수준이 떨어지면서 잠을 자려는 태도를 보이자 보호자들은 다시 갑을 찾아와 재워도 되느냐고 물어보았다.

⑥ 갑은 괜찮다는 취지로 답변하고 퇴근하였다.

【사실관계 8】

① 23:35경 을은 A의 가족으로부터 A가 숨을 쉬지 않는다는 연락을 받았다.

② 을은 이를 담당의사에게 알렸다.

③ 이후 의료진이 A에 대해 심폐소생술과 재수술을 실시하였다.

④ 다음날 02:49경 A는 출혈로 인하여 사망하였다.

【사건의 경과 1】

① 검사는 수술 당시 주치의가 간호사에게 내린 다음 지시에 주목하였다.

   (가) 수술 후 환자에 대하여 상태가 안정될 때까지 15분마다 활력징후를 측정할 것

   (나) 그 후 4시간 동안은 1시간마다 활력징후를 측정할 것

② 검사는 갑과 을이 1시간 마다 활력징후를 측정하지 아니한 것이 주의의무위반이라고 판단하였다.

③ 검사는 갑과 을을 업무상과실치사죄의 공동정범으로 기소하였다.

④ 갑과 을은 다음의 점을 들어서 주의의무위반이 없었다고 주장하였다.

   (가) P대학병원의 ㉡지침서에 따르면 췌장 수술 환자의 경우 4시간마다 활력징후를 측정하게 되어 있다.

   (나) P대학병원 일반병실의 의료여건상 간호사는 의사의 특별한 지시가 없는 한 4시간마다 활력징후를 측정하는 것이 임상관행이다.

【사건의 경과 2】

① 제1심법원은 무죄를 선고하였다.

② 검사는 불복 항소하였다.

③ 항소심법원은 항소를 기각하고, 제1심판결을 유지하였다.

④ 검사는 불복 상고하였다.

⑤ 검사는 상고이유로, 갑과 을에게 주의의무위반이 인정된다고 주장하였다.

2. 의료인과 주의의무의 정도

【대법원 요지】 1. 인간의 생명과 건강을 담당하는 의사에게는 그의 업무의 성질에 비추어 보아 위험방지를 위하여 필요한 최선의 주의의무가 요구되고, /

【대법원 요지】 따라서 의사로서는 /

【대법원 요지】 환자의 상태에 충분히 주의하고 /

【대법원 요지】 진료 당시의 의학적 지식에 입각하여 /

【대법원 요지】 그 치료방법의 효과와 부작용 등 모든 사정을 고려하여 /

【대법원 요지】 최선의 주의를 기울여 그 치료를 실시하지 않으면 안 되는데, /

【대법원 요지】 이러한 주의의무의 기준은 진료 당시의 이른바 임상의학의 실천에 의한 의료수준에 의하여 결정되어야 하나, /

【대법원 요지】 그 의료수준은 규범적으로 요구되는 수준으로 파악되어야 하고, /

【대법원 요지】 당해 의사나 의료기관의 구체적 상황에 따라 고려되어서는 안 된다 할 것이다.

【대법원 요지】 한편, 구 의료법(2007. 4. 11. 법률 제8366호로 전부 개정되기 전의 것)은 제2조에서 /

【대법원 요지】 의사는 의료에 종사하고, 간호사는 간호 또는 진료의 보조 등에 종사한다고 규정하고 있으므로, /

【대법원 요지】 간호사가 의사의 진료를 보조할 경우에는 특별한 사정이 없는 한 의사의 지시에 따라 진료를 보조할 의무가 있다.

3. 사안에 대한 대법원의 분석

【대법원 분석】 2. 가. 원심판결 이유 및 원심이 적법하게 채택하여 조사한 증거에 의하면, /

【대법원 분석】 출혈의 초기단계에서는 맥박수 증가 등 활력징후의 이상이 먼저 나타나고, /

【대법원 분석】 출혈이 어느 정도 진행된 이후에야 다른 증상이 나타나기 때문에 /

【대법원 분석】 출혈 여부를 미리 알고 대처하기 위하여 수술 직후에는 활력징후를 자주 측정하는 사실, /

【대법원 분석】 피해자는 2005. 11. 2. 췌장 종양 절제술(PPPD)을 받고 회복실에서 약 1시간 40분 정도 있다가 20:15경 일반병실로 옮겨진 사실, /

【대법원 분석】 피해자의 진료를 담당한 일반외과 전공의 공소외인은 수술 전에 미리 활력징후 관련 지시(오더)를 컴퓨터에 입력해 놓았는데, /

【대법원 분석】 여기에는 'V/S q 15min till stable, then q 1hr(×4) → q 4hr' /

【대법원 분석】 (활력징후가 안정될 때까지 15분 간격으로 측정하고, 안정되면 1시간 간격으로 4회 측정하며, 그 후 4시간 간격으로 측정) /

【대법원 분석】 아래에 /

【대법원 분석】 'V/S check q 1hr' /

【대법원 분석】 (활력징후를 한 시간 간격으로 측정)이 /

【대법원 분석】 추가적으로 기재되어 있고, /

【대법원 분석】 만약 수축기 혈압이 90㎜Hg 이하이거나 160㎜Hg 이상인 경우 및 /

【대법원 분석】 이완기 혈압이 60㎜Hg 이하이거나 100㎜Hg 이상인 경우에는 /

【대법원 분석】 의사에게 알려 달라는 내용이 기재되어 있으며, /

【대법원 분석】 공소외인은 이 사건 수사과정에서 /

【대법원 분석】 위 지시 중 화살표 이전 부분/

【대법원 분석】 (활력징후가 안정될 때까지 15분 간격으로 측정하고, 안정되면 1시간 간격으로 4회 측정)은 /

【대법원 분석】 일반병실과 중환자실 모두 동일하게 적용되고, /

【대법원 분석】 화살표 이후 부분 중 4시간 간격 측정은 일반병실에서, /

【대법원 분석】 그 아래 기재된 1시간 간격 측정은 중환자실에서 적용된다는 취지로 진술한 사실(증거기록 443쪽 이하), /

【대법원 분석】 그 날 23:00까지 일반병실에서 피해자의 간호를 담당하는 간호사인 피고인 갑 역시 컴퓨터를 통하여 위와 같은 지시를 확인한 후 /

【대법원 분석】 일반병실 입원 즉시 및 그로부터 1시간 후인 21:30경 2회에 걸쳐 활력징후를 측정하였으나, /

【대법원 분석】 22:30경 이후에는 활력징후를 측정하지 않았던 사실, /

【대법원 분석】 23:00부터 일반병실에서 피해자의 간호를 담당하는 간호사인 피고인 을은 21:00경 미리 출근하여 컴퓨터를 통하여 의사 지시 및 그 수행 여부를 확인한 다음 /

【대법원 분석】 자신의 근무시각인 23:00경 피해자의 병실에 들어가 상태를 관찰하였으나 활력징후는 측정하지 않은 사실, /

【대법원 분석】 피고인 갑은 보호자들의 요청에 의하여 23:10경 피해자를 관찰하였는데, /

【대법원 분석】 그 당시 피해자는 호흡곤란 증상을 보여 보호자들이 피해자에게 심호흡을 시키고 있었으나, /

【대법원 분석】 피고인 갑은 특별한 이상이 없다는 취지로 말하고 돌아간 사실, /

【대법원 분석】 피해자의 의식수준이 떨어지면서 잠을 자려는 태도를 보이자 보호자들은 다시 피고인 갑을 찾아와 재워도 되느냐고 물어보았는데 /

【대법원 분석】 피고인 갑은 괜찮다는 취지로 답변하고 퇴근한 사실, /

【대법원 분석】 23:40경 피해자 가족들은 피해자가 숨을 쉬지 않는 것을 발견하고 피고인 을 등 간호사들에게 알린 사실, /

【대법원 분석】 의료진은 피해자에게 심폐소생술을 시행하는 한편, /

【대법원 분석】 출혈로 인한 쇼크로 판단하고 지혈을 위한 개복수술을 시행하였는데, /

【대법원 분석】 동맥 출혈은 없었으나 장간막 등에서 전반적으로 피가 스미어 나오는 양상으로 출혈이 있었고, /

【대법원 분석】 출혈량은 복강 내에 약 3L, 기관지 삽관부위에 약 1L 정도였으며, /

【대법원 분석】 피해자는 02:49경 출혈로 인하여 사망한 사실, /

【대법원 분석】 이 사건 췌장 종양 제거수술의 주요 부작용은 출혈이고, /

【대법원 분석】 피해자는 췌장 종양 제거수술 직후까지 출혈성 경향이 없었던 사실, /

【대법원 분석】 출혈이 진행되어 비가역적인 상태에 이르면 치료에도 불구하고 출혈 경향이 유지되기도 하는 사실을 알 수 있다.

4. 사안에 대한 대법원의 판단

【대법원 판단】 나. 사정이 이와 같다면, /

【대법원 판단】 활력징후가 안정된 후 1시간 간격으로 4회 측정하라는 의사의 지시는 일반병실에서도 적용되는 것으로서 /

【대법원 판단】 일반병실 간호사인 피고인들에게 명시적으로 전달되었고, /

【대법원 판단】 출혈의 초기단계에서는 활력징후 변화 이외에 임상증상이 잘 나타나지 않기 때문에 /

【대법원 판단】 환자의 임상증상 관찰로써 활력징후 측정을 대체할 수는 없는 점에 비추어 보면 /

【대법원 판단】 위 지시가 잘못된 내용이라고 볼 수 없으며, /

【대법원 판단】 피고인들이 1시간 간격으로 활력징후를 측정하였더라면 /

【대법원 판단】 출혈을 조기에 발견하여 수혈, 수술 등 치료를 받고 사망하지 않았을 가능성이 충분하다고 보인다.

【대법원 판단】 이와 관련하여 피고인들이 근무하는 P대학교병원에서 활용하는 외과 간호사를 위한 지침서(증거기록 305쪽)에 /

【대법원 판단】 췌장암 수술 후 활력징후는 4시간 간격으로 측정한다고 되어 있더라도, /

【대법원 판단】 위 내용은 수술 후 활력징후가 어느 정도 안정된 다음 측정하는 간격에 대한 것이지, /

【대법원 판단】 안정되는 과정에서 측정하는 간격에 대한 것은 아니며, /

【대법원 판단】 이 사건에서 P대학교병원 간호부장 역시 위 업무지침서가 의사의 지시보다 앞설 수는 없다는 견해를 피력하고 있으므로, /

【대법원 판단】 췌장암 수술을 받고 일반병실에 입원한 환자의 경우 /

【대법원 판단】 활력징후가 완전히 안정되기 전에도 항상 4시간 간격으로 활력징후를 측정하는 것이 임상관행이라고 볼 수 없을 뿐만 아니라 /

【대법원 판단】 임상의학의 실천에 의한 의료수준이라고 볼 수도 없다.

【대법원 판단】 따라서 피고인 갑은 일반병실에 올라온 피해자에 대하여 1시간 간격으로 4회에 걸쳐 활력징후를 측정할 의무가 있음에도, /

【대법원 판단】 3회차 활력징후 측정시각인 22:30경 이후 활력징후를 측정하지 아니한 업무상과실이 있다고 보아야 한다. /

【대법원 판단】 그리고 피고인 을 역시 자신의 근무교대시각이 되었으면 /

【대법원 판단】 의사의 지시내용 중 수행되지 않은 것이 어떤 것이 있는지 살펴 /

【대법원 판단】 1시간 간격 활력징후 측정 등 시급한 내용이 수행되지 않은 경우 /

【대법원 판단】 위 지시를 먼저 수행할 의무가 있음에도, /

【대법원 판단】 23:00경 피해자를 관찰하고도 활력징후를 측정하지 않았고, /

【대법원 판단】 그 후에도 만연히 다른 업무를 보면서 4회차 측정시각인 23:30경까지도 활력징후를

측정하지 아니한 업무상과실이 있다고 보아야 한다.

【대법원 결론】 다. 그럼에도 불구하고 /

【대법원 결론】 피고인들이 1시간 간격으로 피해자의 활력징후를 측정하지 않았고 피해자가 그 후 사망하였다는 사정만으로 업무상과실이 있거나, /

【대법원 결론】 피고인들의 활력징후 측정 미이행 행위와 피해자의 사망 사이에 인과관계가 있다고 단정하기 어렵다는 이유로, /

【대법원 결론】 이 사건 공소사실이 무죄라고 판단한 원심판결은 /

【대법원 결론】 간호사에게 요구되는 업무상 주의의무 또는 상당인과관계에 대한 법리를 오해하여 판결에 영향을 미친 위법이 있다. /

【대법원 결론】 이 점을 지적하는 상고이유의 주장은 이유 있다. (파기 환송)

2008도9109

사후적 경합범의 감경사유
소년시절 강도상해 사건
2011. 9. 29. 2008도9109, 공 2011하, 2271

1. 사실관계 및 사건의 경과

【사실관계 1】

① 갑(18세), 을(17세), 병(15세), 정(불명)은 소년들이다.

② 갑, 을, 병, 정은 강도범행을 모의하였다.

③ 2003. 9. 30. 06:18경 갑 등은 P24시편의점에 이르렀다.

④ 갑과 을은 망을 보고, 병과 정은 편의점 안으로 들어갔다.

⑤ 병은 편의점 종업원 A(남, 36세)에게 소시지를 달라고 말하였다.

⑥ A가 소시지를 꺼내기 위해 냉장고 문을 열려고 하였다.

⑦ 그 순간 병은 소지하고 있던 나무몽둥이로 A의 뒷머리를 3회 가량 내리쳐 바닥에 쓰러뜨렸다.

⑧ 정은 그곳 계산대에 있던 A소유의 현금 654,900원을 꺼내었다.

⑨ 병의 가격으로 인하여 A는 약 6주간의 치료를 요하는 두개골골절 등의 상해를 입었다.

【사실관계 2】

① [갑 등은 도주하여 검거되지 않았다.]

② [이후 갑은 군에 입대하였다.]

③ 2006. 5. 2. 갑은 수도방위사령부 보통군사법원에서 군무이탈죄 등으로 징역 2년에 집행유예 3년을 선고받았다. (㉮판결)

④ 2006. 5. 3. ㉮판결은 확정되었다. (㉮확정판결)

⑤ 2008년 무렵 갑 등의 2003년 강도범행이 발각되었다.

⑥ 갑은 ㉮군무이탈죄의 확정판결에 의하여 아직 집행유예 기간 중에 있다.

⑦ (형법 제63조에 따라 집행유예 기간 중에 실형선고를 받아 확정되면 집행유예는 실효된다.)

【사건의 경과 1】

① 검사는 갑, 을, 병을 강도상해죄의 공동정범으로 기소하였다.

② (이하 갑에 대한 부분만 고찰함)

③ 강도상해죄(형법 제337조)는 법정형이 무기 또는 7년 이상의 징역이다.

④ 강도상해죄는 법정형의 하한이 7년 이상의 징역이므로 작량감경(형법 제53조)을 하여도 집행유예
가 허용되지 않는다.

⑤ 2008. 7. 17. 제1심법원은 판결을 선고하였다.

⑥ 제1심법원은 다음과 같이 처단형을 결정하여 형을 선고하였다.

　(가) 강도상해죄 공동정범 (무기 또는 7년 이상의 징역)

　(나) ㉮군무이탈죄의 확정판결에 대한 사후적 경합범으로 형법 제39조 제1항 전문 적용 (감경
　　불허)

　(다) 형법 제53조에 의하여 작량감경

　(라) 징역 3년 6월 (실형 선고)

【사건의 경과 2】

① 갑은 불복 항소하였다.

② 갑은 항소이유로, 양형부당을 주장하였다.

③ 2008. 9. 26. 항소심법원은 다음과 같이 처단형을 결정하여 형을 선고하였다.

　(가) 강도상해죄 공동정범 (무기 또는 7년 이상의 징역)

　(나) ㉮군무이탈죄의 확정판결에 대한 사후적 경합범으로 형법 제39조 제1항 후문 적용 (감경
　　허용)

　(다) 형법 제53조에 의하여 작량감경

　(라) 징역 3년에 집행유예 5년

④ (형법 제62조 제1항 단서에 따라 집행유예 기간 중이라도 확정판결 선고전에 범한 범죄에 대해서는
집행유예가 허용된다.)

⑤ 검사는 불복 상고하였다.

⑥ 검사는 상고이유로 다음의 점을 주장하였다.

　(가) 사후적 경합범 감경을 할 사유가 없다.

　(나) 집행유예를 할 사유가 없다.

2. 형법 제39조 제1항 후단의 감경 요건

【대법원 분석】 형법 제39조 제1항은 /

【대법원 분석】 "경합범 중 판결을 받지 아니한 죄가 있는 때에는 그 죄와 판결이 확정된 죄를 동시에
판결할 경우와 형평을 고려하여 그 죄에 대하여 형을 선고한다. /

【대법원 분석】 이 경우 그 형을 감경 또는 면제할 수 있다."고 정하고 있으므로, /

【대법원 요지】 형법 제37조의 후단 경합범(이하 '후단 경합범'이라 한다)에 대하여 형을 감경 또는 면제할 것인지는 원칙적으로 그 죄에 대하여 심판하는 법원이 재량에 따라 판단할 수 있고, /

【대법원 요지】 판결이 확정된 죄와 후단 경합범의 죄에 대한 선고형의 총합이 /

【대법원 요지】 두 죄에 대하여 형법 제38조를 적용하여 산출한 처단형의 범위 내에 속하도록 /

【대법원 요지】 후단 경합범에 대한 형을 정하여야 하는 제한을 받는 것은 아니다. /

【대법원 요지】 그렇지만 판결이 확정된 죄와 후단 경합범을 동시에 판결할 경우와 형평을 고려하라는 위 조항의 취지에 비추어 볼 때 /

【대법원 요지】 후단 경합범에 대하여 심판하는 법원의 재량이 무제한적이라 할 수는 없으므로, /

【대법원 요지】 후단 경합범에 해당한다는 이유만으로 특별히 형평을 고려하여야 할 사정이 존재하지 아니함에도 위 조항 후문을 적용하여 형을 감경 또는 면제하는 것은 /

【대법원 요지】 오히려 판결이 확정된 죄와 후단 경합범을 동시에 판결할 경우와 형평에 맞지 아니할 뿐만 아니라 책임에 상응하는 합리적이고 적절한 선고형이 될 수 없어 허용될 수 없다. /

【대법원 요지】 따라서 위 조항 후문의 '감경' 또는 '면제'는 /

【대법원 요지】 판결이 확정된 죄의 선고형에 비추어 /

【대법원 요지】 후단 경합범에 대하여 처단형을 낮추거나 형을 추가로 선고하지 않는 것이 /

【대법원 요지】 형평을 실현하는 것으로 인정되는 경우에만 적용할 수 있다고 봄이 상당하다. /

【대법원 요지】 이때 위 조항 후문을 적용하여 후단 경합범 자체에 대한 처단형을 낮추어 선고형을 정하는 경우, /

【대법원 요지】 그러한 조치가 판결이 확정된 죄와 후단 경합범을 동시에 판결할 경우와 형평에 맞는 정당한 것인지 여부는 /

【대법원 요지】 판결이 확정된 죄의 선고형과 후단 경합범에 대하여 선고할 형의 각 본형을 기준으로 판단하되, /

【대법원 요지】 후단 경합범에 대한 형의 집행을 유예하는 등 다른 처분을 부과할 경우에는 /

【대법원 요지】 그 처분을 비롯한 관련 제반 사정을 종합하여 전체적, 실질적으로 판단하여야 할 것이다.

3. 사안에 대한 대법원의 판단

【대법원 판단】 원심판결 이유를 위 법리에 비추어 살펴보면, /

【대법원 판단】 원심이 징역 2년에 집행유예 3년에 처하는 판결이 확정된 군무이탈죄(법정형 2년 이상 10년 이하의 징역) 등과 /

【대법원 판단】 후단 경합범의 관계에 있는 피고인의 이 사건 강도상해죄(법정형 무기징역 또는 7년 이상의 유기징역)에 대하여, /

【대법원 판단】 형법 제39조 제1항이 정한 법률상 감경과 작량감경을 하여 산출한 처단형 범위 내인 징역 3년으로 형을 정하고 그 형의 집행을 유예한 판결을 선고한 조치는, /

【대법원 판단】 선고된 각 본형의 합계, 집행유예의 실효 가능성 및 이 사건 강도상해죄 범행 당시 피고인의 연령(만 18세) 등 이 사건 강도상해죄와 관련된 제반 사정에 비추어 볼 때 /

【대법원 판단】 판결이 확정된 죄와 후단 경합범을 동시에 판결할 경우와 형평을 고려한 것으로 볼 수 있어 정당한 것으로 수긍할 수 있고, /

【대법원 결론】 거기에 상고이유 주장과 같이 형법 제39조 제1항과 형법 제62소 제1항의 해석·석용에 관하여 법령을 위반한 잘못이 없다. (상고 기각)

2008도9581

규범적 요소와 명확성의 원칙
불안감 문자 발송 사건
2008. 12. 24. 2008도9581, [미간행]

1. 사실관계 및 사건의 경과

【사실관계】

① [사실관계가 불명확하므로 임의로 구성함]

② [갑은 채권추심업자이다.]

③ 갑은 [채권추심을 위하여 채무자] A 등에게 반복적으로 ㉠문자메세지를 휴대전화로 발송하였다.

④ [㉠문자메세지는 빚을 제때에 갚지 않으면 신상에 좋지 않을 것이라는 내용이었다.]

【사건의 경과】

① 검사는 갑을 정보통신망법위반죄로 기소하였다.

② 갑의 피고사건은 제1심을 거친 후, 항소심에 계속되었다.

③ 항소심법원은 유죄를 인정하였다.

④ 갑은 불복 상고하였다.

⑤ 갑은 상고이유로 다음의 점을 주장하였다.

　(가) 정통망법의 관련 벌칙규정은 '불안감'이라는 표현을 사용하고 있다.

　(나) '불안감'이라는 표현은 내용이 불명확하다.

　(다) 내용이 불명확한 정통망법 관련 벌칙규정은 명확성의 원칙에 반하여 무효이다.

【참조조문】

정보통신망 이용촉진 및 정보보호 등에 관한 법률

제44조의7 (불법정보의 유통금지 등) ① 누구든지 정보통신망을 통하여 다음 각 호의 어느 하나에 해당하는 정보를 유통하여서는 아니 된다. 〈개정 2011. 9. 15〉

　3. 공포심이나 불안감을 유발하는 부호·문언·음향·화상 또는 영상을 반복적으로 상대방에게 도달하도록 하는 내용의 정보

제74조 (벌칙) ① 다음 각 호의 어느 하나에 해당하는 자는 1년 이하의 징역 또는 1천만원 이하의 벌금에 처한다. 〈개정 2012. 2. 17〉

　3. 제44조의7 제1항 제3호를 위반하여 공포심이나 불안감을 유발하는 부호·문언·음향·화상 또

는 영상을 반복적으로 상대방에게 도달하게 한 자

2. 규범적 구성요건요소와 명확성의 원칙

【대법원 요지】 2. 일반적으로 법규는 그 규정의 문언에 표현력의 한계가 있을 뿐만 아니라 그 성질상 어느 정도의 추상성을 가지는 것은 불가피하고, /

【대법원 요지】 구 정보통신망 이용촉진 및 정보보호 등에 관한 법률(2007. 1. 26. 법률 제8289호로 개정되기 전의 것) 제65조 제1항 제3호에서 규정하는 /

【대법원 요지】 "불안감"은 평가적·정서적 판단을 요하는 규범적 구성요건요소이고, /

【대법원 요지】 "불안감"이란 개념이 사전적으로 "마음이 편하지 아니하고 조마조마한 느낌"이라고 풀이되고 있어 이를 불명확하다고 볼 수는 없으므로, /

【대법원 결론】 위 규정 자체가 죄형법정주의 및 여기에서 파생된 명확성의 원칙에 반한다고 볼 수 없다. (상고 기각)

2008도9606

피해자의 승낙과 사회상규
보험사기 상해 사건
2008. 12. 11. 2008도9606, [미간행]

1. 사실관계 및 사건의 경과

【사실관계】
① 갑은 을과 공모하여 교통사고를 가장하여 보험금을 타내기로 하였다.
② 갑은 을의 승낙을 받아 A에게 상해를 가하였다. (㉠상해)
③ 을은 ㉠상해에 관한 서류를 거짓으로 꾸며서 P보험사를 상대로 보험금을 청구하였다.

【사건의 경과】
① 검사는 갑을 사기죄, 상해죄, 사문서위조죄 등의 공소사실로 기소하였다.
② 갑의 피고사건은 제1심을 거친 후, 항소심에 계속되었다.
③ 항소심법원은 유죄를 인정하였다.
④ 갑은 불복 상고하였다.
⑤ 갑은 상고이유로 다음의 점을 주장하였다.
  (가) 갑의 상해행위는 을의 승낙에 기초한 것이다.
  (나) 피해자의 승낙이 있으므로 위법성이 조각된다.

2. 피해자의 승낙과 사회상규

【대법원 요지】 형법 제24조의 규정에 의하여 위법성이 조각되는 피해자의 승낙은 /

【대법원 요지】 개인적 법익을 훼손하는 경우에 /

【대법원 요지】 법률상 이를 처분할 수 있는 사람의 승낙이어야 할 뿐만 아니라 /

【대법원 요지】 그 승낙이 윤리적·도덕적으로 사회상규에 반하는 것이 아니어야 한다.

【대법원 분석】 원심은 그 판시와 같은 사실을 인정한 다음, /

【대법원 요지】 피고인이 피해자와 공모하여 교통사고를 가장하여 보험금을 편취할 목적으로 피해자에게 상해를 가하였다면 /

【대법원 요지】 피해자의 승낙이 있었다고 하더라도 이는 위법한 목적에 이용하기 위한 것이므로 피고인의 행위가 피해자의 승낙에 의하여 위법성이 조각된다고 할 수 없다고 판단하였다. /

【대법원 결론】 앞서 본 법리 및 기록에 비추어 살펴보면, 원심의 위와 같은 판단은 정당하고, 거기에 상고이유의 주장과 같은 피해자 승낙에 관한 법리를 오해하였거나 죄형법정주의의 명확성 원칙에 위배되는 위법이 없다. (상고 기각)

2008도11017

죄형법정주의와 소급효금지의 원칙
게임머니 환전 사건
2009. 4. 23. 2008도11017, 공 2009상, 788

1. 사실관계 및 사건의 경과

【사실관계 1】

① 2006. 4. 28. 「게임산업진흥에 관한 법률」(이하 게임산업진흥법으로 약칭함)이 제정되었다.

② 2006. 10. 29. 게임산업진흥법이 시행되었다.

③ 2006. 10. 29. 게임산업진흥법 시행령이 대통령령으로 제정되었다.

④ 게임산업진흥법은 게임머니 환전업을 형사처벌하고 있다.

⑤ 게임산업진흥법은 게임머니의 범위를 대통령령에 위임하고 있다.

⑥ 제정된 게임산업진흥법 시행령은 게임머니의 범위를 규정하고 있지 않았다.

⑦ 2007. 1. 19. 게임산업진흥법이 개정되었다.

⑧ 2007. 5. 16. 게임산업진흥법 시행령이 개정되었다.

⑨ 개정된 게임산업진흥법 시행령은 게임머니의 범위를 규정하였다.

【사실관계 2】

① M사이트는 인터넷 게임사이트이다.

② N사이트는 M사이트에서 사용되는 게임머니를 사고파는 사이트이다.

③ 2007. 1. 19.부터 2007. 4. 6.까지 갑은 P회사 사무실에서 M사이트와 N사이트에 접속하는 컴퓨터를 갖추었다.

④ 갑은 게임머니를 사고 팔 직원들을 고용하였다.

⑤ 갑은 게임머니 300,000,000원당 약 20,000원에 판매하였다.

⑥ 갑은 20,000원에 판매한 게임머니를 약 18,000원에 재매입하였다.

⑦ 갑은 이러한 방식으로 게임머니 판매대금 합계 1,314,285,543원 상당을 판매하였다.

⑧ 갑은 이를 통하여 약 50,000,000원 상당의 수익을 올렸다.

【사건의 경과 1】

① 검사는 갑을 다음의 공소사실로 기소하였다.

    (가) 게임산업진흥에관한법률위반죄(게임머니환전업)

    (나) 상습도박방조죄

    (다) 전기통신사업법위반죄

② 검사는 P회사를 게임산업진흥법의 양벌규정을 적용하여 기소하였다.

③ (이하 게임산업진흥법 위반죄 부분만 고찰함)

④ 제1심법원은 유죄를 인정하였다.

【사건의 경과 2】

① 갑과 P회사는 불복 항소하였다.

② 항소심법원은 항소를 기각하고, 제1심판결을 유지하였다.

③ 갑은 불복 상고하였다.

④ [P회사는 상고하지 않았다.]

⑤ 갑은 상고이유로 다음의 점을 주장하였다.

    (가) 게임산업진흥법 벌칙규정은 '게임머니'의 범위를 정하지 아니하여 명확성의 원칙에 반한다.

    (나) 게임산업진흥법 벌칙규정은 구성요건표지인 '게임머니'의 범위를 대통령령에 포괄위임하여 죄형법정주의에 반한다.

    (다) 공소사실 이후의 시점에 제정된 대통령령을 적용하여 처벌하는 것은 소급효금지의 원칙에 위반된다.

【참조조문】

게임산업진흥에 관한 법률

제32조 (불법게임물 등의 유통금지 등) ① 누구든지 게임물의 유통질서를 저해하는 다음 각 호의 행위를 하여서는 아니 된다. (단서 생략)

7. 누구든지 게임물의 이용을 통하여 획득한 유·무형의 결과물(점수, 경품, 게임 내에서 사용되는 가상의 화폐로서 대통령령이 정하는 게임머니 및 대통령령이 정하는 이와 유사한 것을 말한다)을 환전 또는 환전 알선하거나 재매입을 업으로 하는 행위

제44조 (벌칙) ① 다음 각 호의 어느 하나에 해당하는 자는 5년 이하의 징역 또는 5천만원 이하의 벌금에 처한다.

2. 제32조 제1항 제1호·제4호 또는 제7호에 해당하는 행위를 한 자

② 제1항의 규정에 해당하는 자가 소유 또는 점유하는 게임물, 그 범죄행위에 의하여 생긴 수익(이하 이 항에서 "범죄수익"이라 한다)과 범죄수익에서 유래한 재산은 몰수하고, 이를 몰수할 수 없는 때에는 그 가액을 추징한다.

제47조 (양벌규정) 법인의 대표자나 법인 또는 개인의 대리인·사용인 그 밖의 종업원이 그 법인 또는 개인의 업무에 관하여 제44조 내지 제46조의 규정에 의한 위반행위를 한 때에는 행위자를 벌하는 외에 그 법인 또는 개인에 대하여도 각 해당 조의 벌금형을 과한다. 다만, 법인 또는 개인이 그 위반행위를 방지하기 위하여 해당 업무에 관하여 상당한 주의와 감독을 게을리하지 아니한 경우에는 그러하지 아니하다.

게임산업진흥에 관한 법률 시행령

제18조의3 (게임머니 등) 법 제32조 제1항 제7호에서 "대통령령이 정하는 게임머니 및 대통령령이 정하는 이와 유사한 것"이란 다음 각 호의 어느 하나에 해당하는 것을 말한다.

1. 게임물을 이용할 때 베팅 또는 배당의 수단이 되거나 우연적인 방법으로 획득된 게임머니

2. 제1호에서 정하는 게임머니의 대체 교환 대상이 된 게임머니 또는 게임아이템(게임의 진행을 위하여 게임 내에서 사용되는 도구를 말한다. 이하 같다) 등의 데이터

3. 다음 각 목의 어느 하나에 해당하는 게임머니 또는 게임아이템 등의 데이터

가. 게임제작업자의 컴퓨터프로그램을 복제, 개작, 해킹 등을 하여 생산·획득한 게임머니 또는 게임아이템 등의 데이터

나. 법 제32조 제1항 제8호에 따른 컴퓨터프로그램이나 기기 또는 장치를 이용하여 생산·획득한 게임머니 또는 게임아이템 등의 데이터

다. 다른 사람의 개인정보로 게임물을 이용하여 생산·획득한 게임머니 또는 게임아이템 등의 데이터

라. 게임물을 이용하여 업으로 게임머니 또는 게임아이템 등을 생산·획득하는 등 게임물의 비정상적인 이용을 통하여 생산·획득한 게임머니 또는 게임아이템 등의 데이터

2. 공소사실의 요지

【대법원 분석】 피고인에 대한 이 사건 공소사실 중 게임산업진흥에 관한 법률 위반의 점의 요지는, /

【대법원 분석】 피고인은 2007. 1. 19.부터 2007. 4. 6.까지 원심공동피고인 P주식회사 사무실에서 인터넷 게임사이트인 (사이트명 1 생략) 및 위 사이트에서 사용되는 게임머니를 사고파는 사이트인 (사이트명 2 생략)에 접속하는 컴퓨터를 갖추어 놓고 게임머니를 사고 팔 직원들을 고용한 다음, /

【대법원 분석】 게임머니 300,000,000원당 약 20,000원에 판매한 게임머니를 약 18,000원에 재매입하는 등으로 게임머니 판매대금 합계 1,314,285,543원 상당을 판매하여 약 50,000,000원 상당의 수익을 올림으로써 /

【대법원 분석】 게임물의 이용을 통해 획득한 유·무형의 결과물인 게임머니를 환전하는 것을 업으로 하였다는 것인바, /

3. 사안에 대한 항소심의 판단

【항소심 판단】 원심은 그 판시와 같은 이유로 /

【항소심 판단】 게임산업진흥에 관한 법률(이하 '법'이라 한다) 제32조 제1항 제7호가 적어도 도박에 사용되는 게임머니의 환전을 업으로 하는 것은 금지한다는 것을 일반인이 보아도 쉽게 알 수 있었다고 보이므로 /

【**항소심 판단**】 위 법 조항은 명확성의 원칙 내지 소급효금지의 원칙에 위배되지 않는다고 하여 /

【**항소심 판단**】 피고인에 대한 이 부분 공소사실을 유죄로 인정한 제1심판결을 그대로 유지하였다.

4. 게임산업진흥법 벌칙규정과 죄형법정주의

(1) 위임입법의 한계에 관한 판단

【**대법원 요지**】 사물의 변별능력을 갖춘 일반인의 이해와 판단으로써 /

【**대법원 요지**】 처벌법규의 입법 목적이나 그 전체적 내용, 구조 등을 살펴보아 /

【**대법원 요지**】 그 구성요건 요소에 해당하는 행위 유형을 정형화하거나 한정할 합리적 해석 기준을 찾을 수 있다면 /

【**대법원 요지**】 죄형법정주의가 요구하는 형벌법규의 명확성의 원칙에 반하는 것이 아니다. /

【**대법원 요지**】 그리고 사회현상의 복잡다기화와 국회의 전문적 · 기술적 능력의 한계 및 시간적 적응능력의 한계로 인하여 /

【**대법원 요지**】 형사처벌에 관련된 모든 법규를 예외 없이 형식적 의미의 법률에 의하여 규정한다는 것은 사실상 불가능할 뿐만 아니라 실제에 적합하지도 아니하기 때문에, /

【**대법원 요지**】 특히 긴급한 필요가 있거나 미리 법률로써 자세히 정할 수 없는 부득이한 사정이 있는 경우에 한하여 /

【**대법원 요지**】 수권법률(위임법률)이 /

【**대법원 요지**】 구성요건의 점에서는 처벌대상인 행위가 어떠한 것인지 이를 예측할 수 있을 정도로 구체적으로 정하고, /

【**대법원 요지**】 형벌의 점에서는 형벌의 종류 및 그 상한과 폭을 명확히 규정하는 것을 전제로 /

【**대법원 요지**】 위임입법이 허용되며, /

【**대법원 요지**】 이러한 위임입법은 죄형법정주의에 반하지 않는다.

(2) 명확성의 원칙에 관한 판단

【**대법원 분석**】 법 제32조 제1항 제7호(2007. 1. 19. 공포되어 같은 날 시행)는 /

【**대법원 분석**】 "누구든지 게임물의 이용을 통하여 획득한 유 · 무형의 결과물/

【**대법원 분석**】 (점수, 경품, 게임 내에서 사용되는 가상의 화폐로서 대통령령이 정하는 게임머니 및 대통령령이 정하는 이와 유사한 것을 말한다)을 /

【**대법원 분석**】 환전 또는 환전 알선하거나 재매입을 업으로 하는 행위를 하여서는 아니 된다."고, /

【**대법원 분석**】 제44조 제1항 제2호(2007. 1. 19. 공포되어 같은 날 시행)는 /

【**대법원 분석**】 "제32조 제1항 제7호에 해당하는 행위를 한 자는 5년 이하의 징역 또는 5천만원 이하의 벌금에 처한다"고 각 규정하고, /

【**대법원 분석**】 법 시행령 제18조의3(2007. 5. 16. 공포되어 같은 날 시행)은 법 제32조 제1항 제7호에서 /

【**대법원 분석**】 "대통령령이 정하는 게임머니 및 대통령령이 정하는 이와 유사한 것"으로 /

【**대법원 분석**】 "게임물을 이용할 때 베팅 또는 배당의 수단이 되거나 우연적인 방법으로 획득된 게

임머니, /

【대법원 분석】 위 게임머니의 대체교환 대상이 된 게임머니 또는 게임아이템(게임의 진행을 위하여 게임 내에서 사용되는 도구를 말한다. 이하 같다) 등의 데이터, /

【대법원 분석】 게임제작업자의 컴퓨터프로그램을 복제, 개작, 해킹 등을 하거나 게임물의 비정상적인 이용을 통하여 생산 · 획득한 게임머니 또는 게임아이템 등의 데이터"를 규정하고 있는바, /

【대법원 판단】 게임산업진흥에 관한 법령의 입법 목적이나 그 전체적 내용, 구조 등을 살펴보면, /

【대법원 판단】 사물의 변별능력을 갖춘 일반인의 이해와 판단으로써 /

【대법원 판단】 법 제44조 제1항 제2호, 제32조 제1항 제7호, 법 시행령 제18조의3의 구성요건 요소에 해당하는 행위 유형을 정형화하거나 한정할 합리적인 해석 기준을 찾을 수 있다고 보이므로, /

【대법원 판단】 법 제44조 제1항 제2호, 제32조 제1항 제7호, 법 시행령 제18조의3은 처벌규정으로서의 명확성을 지니는 것이어서 /

【대법원 판단】 헌법 제12조 제1항 제2문과 제13조 제1항 전단이 요구하는 죄형법정주의의 명확성의 원칙에 위배되지 않는다.

(3) 포괄입법금지원칙에 관한 판단

【대법원 판단】 그리고 법 제32조 제1항 제7호가 환전, 환전 알선, 재매입 영업행위를 금지하는 게임머니 및 이와 유사한 것을 대통령령이 정하도록 위임하고 있는 것은 /

【대법원 판단】 사회현상의 복잡다기화와 국회의 전문적 · 기술적 능력의 한계 및 시간적 적응능력의 한계로 인하여 /

【대법원 판단】 형사처벌에 관련된 모든 법규를 예외 없이 형식적 의미의 법률에 의하여 규정한다는 것은 사실상 불가능할 뿐만 아니라 실제에 적합하지도 아니하기 때문에, /

【대법원 판단】 특히 긴급한 필요가 있거나 미리 법률로써 자세히 정할 수 없는 부득이한 사정이 있다는 고려에서 비롯되었고, /

【대법원 판단】 법 제32조 제1항 제7호는 처벌대상인 행위의 객체인 게임물의 이용을 통하여 획득한 유 · 무형의 결과물에 관하여 /

【대법원 판단】 '점수, 경품, 게임 내에서 사용되는 가상의 화폐로서 대통령령이 정하는 게임머니 및 대통령령이 정하는 이와 유사한 것을 말한다'라고 규정하고 있어, /

【대법원 판단】 그 문언 자체에 의하더라도 누구나 게임물의 이용을 통하여 획득한 유 · 무형의 결과물이 무엇인지 이해할 수 있고, /

【대법원 판단】 대통령령에 위임될 사항이 어떠한 것인지도 예측할 수 있다고 보이며, /

【대법원 판단】 법 시행령 제18조의3 각 호에 규정된 '게임머니 및 이에 유사한 것'은 법 제32조 제1항 제7호에 규정된 '게임물의 이용을 통하여 획득한 유 · 무형의 결과물'에 해당한다고 보이므로, /

【대법원 판단】 법 제32조 제1항 제7호, 법 시행령 제18조의3은 형벌법규의 포괄위임입법금지 원칙이나 죄형법정주의에 위배되지는 않는다.

(4) 소급효금지의 원칙에 관한 판단

【대법원 판단】 다만, 헌법 제13조 제1항 전단과 형법 제1조 제1항은 형벌법규의 소급효금지 원칙을

밝히고 있고. /

【대법원 판단】 2007. 1. 19. 제8247호로 법률이 개정되면서 시행된 법 제44조 제1항 제2호, 제32조 제1항 제7호와 /

【대법원 판단】 2007. 5. 16. 제20058호로 대통령령이 개정되면서 신설된 법 시행령 제18조의3과 부칙 제1조에 의하면, /

【대법원 판단】 법 시행령 제18조의3의 시행일 이후 위 시행령 조항 각 호에 규정된 게임머니의 환전, 환전 알선, 재매입 영업행위가 처벌되는 것이므로, /

【대법원 판단】 그 시행일 이전에 위 시행령 조항 각 호에 규정된 게임머니를 환전, 환전 알선, 재매입한 영업행위를 처벌하는 것은 형벌법규의 소급효금지 원칙에 위배된다.

【대법원 결론】 따라서 이와 달리 피고인이 법 시행령 제18조의3의 시행일 이전에 위 시행령 조항 각 호에 규정된 게임머니를 환전한 영업행위를 유죄로 인정한 원심판결에는 형벌법규의 소급효금지 원칙에 관한 법리를 오해한 위법이 있다. (파기 환송)

2008모1116

집행유예와 준수사항의 관계
준법운전 수강명령 사건
2009. 3. 30. 2008모1116, 공 2009상, 677

1. 사실관계 및 사건의 경과

【사실관계 1】

① 2000. 6. 19. 갑은 도로교통법위반(음주운전)죄로 벌금 150만원을 선고받았다.

② 2000. 8. 25. 갑은 도로교통법위반(무면허운전)죄로 벌금 100만원을 선고받았다.

③ 2007. 10. 2. 갑은 도로교통법위반(음주운전)죄 및 도로교통법위반(무면허운전)죄로 벌금 300만원을 선고받았다.

④ 2008. 2. 4. 갑은 제주지방법원에서 도로교통법 위반(음주운전 및 무면허운전)죄로 다음의 판결을 선고받았다. (㉮판결)

　(가) 징역 4월

　(나) 집행유예 2년

　(다) 준법운전강의 수강 40시간

⑤ 제주지방법원은 수강명령을 선고하면서 '재범의 기회나 충동을 줄 수 있는 장소에 출입하지 아니할 것'이라는 특별준수사항을 부과하였다.

⑥ 2008. 2. 12. ㉮판결은 확정되었다.

【사실관계 2】

① 2008. 3. 1. 갑은 제주보호관찰소장에게 자신의 주거, 직업 등을 신고함과 동시에 수강명령을 성실

하게 이행하겠다는 취지의 서약서를 작성하여 제출하였다.

② 2008. 3. 7.경 갑은 무면허 운전중 후진하다 차량 뒤를 지나가던 A를 충격하여 약 2주간의 치료를 요하는 상해를 입히고 아무런 조치 없이 도주하였다. (㉯사고)

③ 2008. 3. 10. 갑은 준법운전강의 수강을 받기 시작하였다.

④ 2008. 3. 12. 갑은 ㉯사고로 긴급체포된 후 구속되었다.

⑤ 이로써 갑은 나머지 준법운전강의 수강명령을 이행하지 못하였다.

【사건의 경과】

① 검사는 제주지방법원에 ㉮판결의 집행유예 취소신청을 하였다.

② 2008. 4. 24. 제주지방법원은 검사의 집행유예 취소신청을 기각하는 결정을 내렸다. (㉰기각결정)

③ 검사는 ㉰기각결정에 불복하여 제주지방법원에 항고하였다.

④ 2008. 6. 5. 갑은 ㉯사고 범죄사실로 인하여 제주지방법원에서 특가법위반죄(도주차량) 등으로 벌금 700만원을 선고받았다.

⑤ 2008. 9. 18. 제주지방법원은 다음의 이유를 들어서 ㉰집행유예취소신청 기각결정을 취소하였다. (㉱취소결정)

  (가) 갑은 도로교통법위반(음주운전)죄 및 도로교통법위반(무면허운전)죄로 ㉮집행유예 판결을 선고받아 ㉮판결이 확정된 이후로 1개월도 지나지 않아 또 다시 무면허운전을 하였다.

  (나) 갑은 A에게 전치 2주의 상해를 입히고도 구호하는 등의 조치를 취하지 않고 도주한 다음 수사기관에 자수하지 않고 긴급체포될 때까지 태연하게 준법운전강의를 수강하고 있었다.

  (다) 갑에게 동종 전력으로 수회 처벌받은 전력이 있다.

⑥ 갑은 ㉱집행유예 취소결정에 불복하여 대법원에 재항고하였다.

⑦ 갑은 재항고 이유로 다음의 점을 주장하였다.

  (가) 집행유예를 선고할 때에는 보호관찰, 사회봉사명령, 수강명령만을 과할 수 있다.

  (나) 준수사항은 보호관찰법이 보호관찰대상자에 대하여 규정하고 있는 별개의 사항이다.

  (다) 갑은 집행유예를 선고받은 수강명령대상자이다.

  (라) 법원은 사회봉사 · 수강명령대상자에게 '재범의 기회나 충동을 줄 수 있는 장소에 출입하지 아니할 것'이라는 특별준수사항을 부과할 수 없다.

【참조조문】

형법

제62조의2 (보호관찰, 사회봉사 · 수강명령) ① 형의 집행을 유예하는 경우에는 보호관찰을 받을 것을 명하거나 사회봉사 또는 수강을 명할 수 있다.

  ② 제1항의 규정에 의한 보호관찰의 기간은 집행을 유예한 기간으로 한다. 다만, 법원은 유예기간의 범위내에서 보호관찰기간을 정할 수 있다.

  ③사회봉사명령 또는 수강명령은 집행유예기간내에 이를 집행한다.

제64조 (집행유예의 취소) ① 집행유예의 선고를 받은 후 제62조 단행의 사유가 발각된 때에는 집행유예의 선고를 취소한다.

  ② 제62조의2의 규정에 의하여 보호관찰이나 사회봉사 또는 수강을 명한 집행유예를 받은 자가 준

수사항이나 명령을 위반하고 그 정도가 무거운 때에는 집행유예의 선고를 취소할 수 있다.

보호관찰 등에 관한 법률

제20조 (판결의 통지 등) ① 법원은 「형법」 제59조의2 또는 제62조의2에 따라 보호관찰을 명하는 판결이 확정된 때부터 3일 이내에 판결문 등본 및 준수사항을 적은 서면을 피고인의 주거지를 관할하는 보호관찰소의 장에게 보내야 한다.

제30조 (보호관찰의 기간) 보호관찰 대상자는 다음 각 호의 구분에 따른 기간에 보호관찰을 받는다.

1. 보호관찰을 조건으로 형의 선고유예를 받은 사람: 1년

2. 보호관찰을 조건으로 형의 집행유예를 선고받은 사람: 그 유예기간. 다만, 법원이 보호관찰 기간을 따로 정한 경우에는 그 기간

(이하 생략)

제32조 (보호관찰 대상자의 준수사항) ① 보호관찰 대상자는 보호관찰관의 지도·감독을 받으며 준수사항을 지키고 스스로 건전한 사회인이 되도록 노력하여야 한다.

② 보호관찰 대상자는 다음 각 호의 사항을 지켜야 한다.

1. 주거지에 상주(常住)하고 생업에 종사할 것

2. 범죄로 이어지기 쉬운 나쁜 습관을 버리고 선행(善行)을 하며 범죄를 저지를 염려가 있는 사람들과 교제하거나 어울리지 말 것

3. 보호관찰관의 지도·감독에 따르고 방문하면 응대할 것

4. 주거를 이전(移轉)하거나 1개월 이상 국내외 여행을 할 때에는 미리 보호관찰관에게 신고할 것

③ 법원 및 심사위원회는 판결의 선고 또는 결정의 고지를 할 때에는 제2항의 준수사항 외에 범죄의 내용과 종류 및 본인의 특성 등을 고려하여 필요하면 보호관찰 기간의 범위에서 기간을 정하여 다음 각 호의 사항을 특별히 지켜야 할 사항으로 따로 과(科)할 수 있다.

1. 야간 등 재범의 기회나 충동을 줄 수 있는 특정 시간대의 외출 제한

2. 재범의 기회나 충동을 줄 수 있는 특정 지역·장소의 출입 금지

3. 피해자 등 재범의 대상이 될 우려가 있는 특정인에 대한 접근 금지

4. 범죄행위로 인한 손해를 회복하기 위하여 노력할 것

5. 일정한 주거가 없는 자에 대한 거주장소 제한

6. 사행행위에 빠지지 아니할 것

7. 일정량 이상의 음주를 하지 말 것

8. 마약 등 중독성 있는 물질을 사용하지 아니할 것

9. 「마약류관리에 관한 법률」상의 마약류 투약, 흡연, 섭취 여부에 관한 검사에 따를 것

10. 그 밖에 보호관찰 대상자의 재범 방지를 위하여 필요하다고 인정되어 대통령령으로 정하는 사항

⑤ 제2항부터 제4항까지의 준수사항은 서면으로 고지하여야 한다.

2. 관련 법령의 분석

【대법원 분석】 형법 제62조의2 제1항은 /

【대법원 분석】 '형의 집행을 유예하는 경우에는 보호관찰을 받을 것을 명하거나 사회봉사 또는 수강

을 명할 수 있다'고 규정하고, /

【대법원 분석】 보호관찰 등에 관한 법률 제32조 제2항은 /

【대법원 분석】 보호관찰대상자의 준수사항으로 '범죄로 이어지기 쉬운 나쁜 습관을 버리고 선행을 하며 범죄를 행할 우려가 있는 자들과 교제하거나 어울리지 말 것(제2호)' 등을 규정하고, /

【대법원 분석】 같은 조 제3항에서 /

【대법원 분석】 '법원 및 심사위원회는 판결의 선고 또는 결정의 고지를 함에 있어서 제2항의 준수사항 외에 대통령령이 정하는 범위 안에서 본인의 특성 등을 고려하여 특별히 준수하여야 할 사항을 따로 과할 수 있다'고 규정하고 있다. /

【대법원 분석】 그리고 보호관찰 등에 관한 법률 제62조 제2항은 /

【대법원 분석】 사회봉사 · 수강명령대상자의 준수사항으로 /

【대법원 분석】 '보호관찰관의 집행에 관한 지시에 따를 것(제1호)과 /

【대법원 분석】 주거를 이전하거나 1월 이상의 국내외여행을 할 때에는 미리 보호관찰관에게 신고할 것(제2호)'을 규정하고, /

【대법원 분석】 같은 조 제3항에서 /

【대법원 분석】 '법원은 판결의 선고를 함에 있어서 제2항의 준수사항 외에 대통령령이 정하는 범위 안에서 본인의 특성 등을 고려하여 특별히 준수하여야 할 사항을 따로 과할 수 있다'는 규정을 두고 있다. /

【대법원 분석】 한편, 보호관찰 등에 관한 법률 시행령 제19조에서 /

【대법원 분석】 보호관찰대상자에게 과할 수 있는 특별준수사항으로 '재범의 기회나 충동을 줄 수 있는 장소에 출입하지 아니할 것(제1호)' 등을 규정하고, /

【대법원 분석】 같은 시행령 제39조 제1항에서 /

【대법원 분석】 보호관찰대상자에게 과할 수 있는 특별준수사항을 사회봉사 · 수강명령대상자에 대하여 준용한다고 규정하고 있다.

3. 집행유예와 준수사항의 관계

【대법원 요지】 이상과 같은 규정에 비추어, 법원이 사회봉사 · 수강명령대상자에게 '재범의 기회나 충동을 줄 수 있는 장소에 출입하지 아니할 것'이라는 특별준수사항을 부과하는 것이 허용되지 않는 것은 아니라고 할 것이다.

【대법원 분석】 그런데 보호관찰, 사회봉사 · 수강 또는 갱생보호는 당해 대상자의 교화 · 개선 및 범죄예방을 위하여 필요하고도 상당한 한도 내에서 이루어져야 하며, /

【대법원 분석】 당해 대상자의 연령 · 경력 · 심신상태 · 가정환경 · 교우관계 기타 모든 사정을 충분히 고려하여 가장 적합한 방법으로 실시되어야 하므로(보호관찰 등에 관한 법률 제4조), /

【대법원 분석】 법원은 특별준수사항을 부과함에 있어 대상자의 생활력, 심신의 상태, 범죄 또는 비행의 동기, 거주지의 환경 등 대상자의 특성을 고려하여 /

【대법원 분석】 대상자가 준수할 수 있다고 인정되고 자유를 부당하게 제한하지 아니하는 범위 내에서 개별화하여 부과하여야 한다는 점, /

【대법원 분석】 형법 제62조의2 제2항, 제3항, 보호관찰 등에 관한 법률 제59조 제1항에 의하면, /

【대법원 분석】 보호관찰의 기간은 집행을 유예한 기간으로 하고 다만, 법원은 유예기간의 범위 내에서 보호관찰기간을 정할 수 있는 반면, /

【대법원 분석】 사회봉사명령 · 수강명령은 집행유예기간 내에 이를 집행하되 일정한 시간의 범위 내에서 그 기간을 정하여야 하는 점, /

【대법원 분석】 보호관찰명령이 보호관찰기간 동안 바른 생활을 영위할 것을 요구하는 추상적 조건의 부과이거나 악행을 하지 말 것을 요구하는 소극적인 부작위조건의 부과인 반면, /

【대법원 분석】 사회봉사명령 · 수강명령은 특정 시간 동안의 적극적인 작위의무를 부과하는 데 그 특징이 있다는 점 등에 비추어 보면, /

【대법원 요지】 사회봉사 · 수강명령대상자에 대한 특별준수사항은 보호관찰대상자에 대한 것과 같을 수 없고, /

【대법원 요지】 따라서 보호관찰대상자에 대한 특별준수사항을 사회봉사 · 수강명령대상자에게 그대로 적용하는 것은 적합하지 않다고 할 것이다.

【대법원 요지】 이러한 관점에 더하여 형법 제64조 제2항에서 준수사항이나 명령의 위반 정도가 무거운 때에 집행유예의 선고를 취소할 수 있도록 규정하고 있고, /

【대법원 요지】 집행유예의 취소는 자유형의 선고와 마찬가지로 자유를 박탈하는 결과를 가져올 뿐만 아니라 사회봉사 · 수강명령의 실패와 다름 아니기 때문에 /

【대법원 요지】 이는 사회봉사 · 수강명령의 목적을 도저히 달성할 수 없을 정도에 이르렀다고 판단될 때에 하여야 함이 바람직하다는 사정을 보태어 보면, /

【대법원 요지】 법원이 보호관찰대상자에게 특별히 부과할 수 있는 '재범의 기회나 충동을 줄 수 있는 장소에 출입하지 아니할 것'이라는 사항을 만연히 사회봉사 · 수강명령대상자에게 부과하고 /

【대법원 요지】 사회봉사 · 수강명령대상자가 재범한 것을 집행유예 취소사유로 삼는 것은 신중하여야 할 것이다.

4. 사안에 대한 대법원의 분석

【대법원 분석】 원심결정 이유와 기록에 의하면, /

【대법원 분석】 재항고인은 2008. 2. 4. 제주지방법원에서 도로교통법 위반(음주운전 및 무면허운전)죄로 징역 4월에 집행유예 2년 및 40시간의 준법운전강의 수강명령을 선고받은 사실, /

【대법원 분석】 재항고인은 2008. 3. 1. 보호관찰소에 수강명령 개시신고를 하고 같은 달 10.부터 수강명령을 이행하기로 한 사실, /

【대법원 분석】 재항고인은 2008. 3. 7.경 무면허 운전중 후진하다 차량 뒤를 지나가던 사람을 충격하여 약 2주간의 치료를 요하는 상해를 입히고 아무런 조치 없이 도주하는 사고가 발생한 사실, /

【대법원 분석】 재항고인은 2008. 3. 10.부터 같은 달 12.까지 3일간 수강명령을 이행하였으나 2008. 3. 12. 위 사고로 긴급체포된 후 구속됨으로써 나머지 수강명령을 이행하지 못한 사실, /

【대법원 분석】 원심은 재항고인이 음주 · 무면허운전으로 집행유예 판결을 선고받아 판결이 확정된 이후로 1개월도 지나지 않아 또다시 무면허운전으로 상해 사고를 내고 도주한 점 등을 들어 /

【대법원 분석】 준수사항의 위반 정도가 무겁다고 판단하여 위 집행유예를 취소한 사실을 알 수 있다.

5. 사안에 대한 대법원의 판단

【대법원 판단】 위에서 본 바와 같은 관계 법령의 해석과 판단 기준에 비추어 보면, /

【대법원 판단】 법원이 재항고인에게 수강명령을 선고하면서 '재범의 기회나 충동을 줄 수 있는 장소에 출입하지 아니할 것'이라는 특별준수사항을 부과하였다고 하더라도 /

【대법원 판단】 재범과 그로 인한 수강명령이행 중단을 이유로 집행유예의 선고를 취소한 데에는 /

【대법원 판단】 사회봉사·수강명령대상자 준수사항 위반으로 인한 집행유예 취소에 관한 법리를 오해하고 그 판단 기준을 일탈함으로써 결정 결과에 영향을 미친 위법이 있다고 할 것이다.

【대법원 판단】 그러므로 원심결정을 파기하고, 사건을 다시 심리·판단하게 하기 위하여 원심법원에 환송하기로 하여 관여 대법관의 일치된 의견으로 주문과 같이 결정한다. (파기 환송)

2008모1396

벌금의 시효중단 개시시점
벌금 20억원 노역장유치 사건
2009. 6. 25. 2008모1396, 공 2009하, 1451

1. 사실관계 및 사건의 경과

【사실관계】

① 2003. 3. 12. 갑은 서울고등법원에서 특가법위반죄(조세) 등 죄로 다음의 형을 선고받았다. (㉮판결)

  (가) 징역 3년

  (나) 집행유예 4년

  (다) 벌금 2,038,006,488원

  (라) 위 벌금을 납입하지 아니하는 경우 금 3,000,000원을 1일로 환산한 기간 피고인을 노역장에 유치하되 단수금액을 1일로 한다.

② 2003. 3. 20. ㉮판결은 확정되었다.

③ 그 후 갑은 벌금을 납입하지 않았다.

④ 갑은 농협 외 6개 은행에 갑 명의의 ⓐ계좌 등을 가지고 있었다.

⑤ [ⓐ계좌 등은 계좌를 개설하기 위하여 입금한 10,000원만 들어 있는 것들이었다.] (㉯예금채권)

⑥ [ⓐ계좌 등은 5년 여 동안 한번도 사용되지 아니한 휴면계좌들이었다.]

【사건의 경과 1】

① 서울동부지방검찰청은 집행력 있는 징수명령을 발하였다. (㉰징수명령)

② 2005. 11. 18. 서울동부지방검찰청 검사는 ㉰징수명령에 의하여 서울동부지방법원에 ㉯예금채권에 관하여 채권압류 및 추심명령을 신청하였다.

③ 2005. 11. 22. 서울동부지방검찰청 검사는 서울동부지방법원으로부터 채권압류 및 추심명령 결정을 받았다. (㉰채권압류 및 추심명령)

④ ㉰채권압류 및 추심명령은 그 무렵 농협 등 제3채무자들에게 송달되었다.

⑤ 2005. 12. 8. 서울동부지방검찰청 검사는 농협으로부터 갑 명의 ⓐ계좌로부터 예금잔액 10,687원을 추심하였다.

【사건의 경과 2】

① 2008. 5. 6. 서울동부지방검찰청 검사는 갑에 대해 ㉮판결의 벌금형에 기한 노역장 유치의 집행을 하였다.

② 갑은 검사의 노역장 유치의 집행에 대해 형을 선고한 서울고등법원에 형소법 제489조에 따라 재판의 집행에 관한 이의신청을 하였다.

③ 2008. 11. 25. 서울고등법원은 갑의 재판의 집행에 관한 이의신청을 기각하였다.

【사건의 경과 3】

① 갑은 서울고등법원의 기각결정에 불복하여 대법원에 재항고하였다.

② 갑은 첫번째 상고이유로 다음의 점을 주장하였다.

  (가) 농협 ⓐ계좌의 예금채권은 휴면예금으로 편성되어 농협의 수익으로 처리되었다.

  (나) ㉰채권압류 및 추심명령은 갑의 재산에 대한 것이 아니어서 그 효력이 없다.

  (다) 농협이 ㉰채권압류 및 추심명령의 집행에 대하여 휴면예금에 갈음하는 금액을 검찰에 지급한 것은 형법 제80조 소정의 형의 시효중단 사유인 강제처분의 개시로 볼 수 없다.

③ 갑은 두번째 상고이유로 다음의 점을 주장하였다.

  (가) 갑은 ㉰채권압류 사실을 통지받은 바가 없다.

  (나) 따라서 민법 제176조에 의하여 ㉰채권압류는 시효중단의 효력이 없다.

④ 갑은 세번째 상고이유로 다음의 점을 주장하였다.

  (가) ㉯휴면예금에 대한 압류 및 추심명령의 집행은 집행비용에도 미치지 못하는 것이어서 민사집행법 제188조 제3항에 의하여 집행하지 못하는 경우에 해당한다.

  (나) ㉯휴면예금에 대한 압류 및 추심명령의 집행은 집행하지 못하는 경우에 추심한 것이어서 시효중단의 효력이 없다.

⑤ 갑은 네번째 상고이유로 다음의 점을 주장하였다.

  (가) 검사는 ㉯휴면예금 10,687원을 압류, 추심하였을 뿐이다.

  (나) ㉯휴면예금 10,687원을 압류, 추심한 행위로 인하여 약 15억원에 가까운 벌금형의 시효가 중단된다고 보는 것은 신의칙에 반한다.

【참조조문】

형법

제78조 (시효의 기간) 시효는 형을 선고하는 재판이 확정된 후 그 집행을 받음이 없이 다음의 기간을 경과함으로 인하여 완성된다.

  1. 사형은 30년

  2. 무기의 징역 또는 금고는 20년

3. 10년 이상의 징역 또는 금고는 15년

4. 3년 이상의 징역이나 금고 또는 10년 이상의 자격정지는 10년

5. 3년 미만의 징역이나 금고 또는 5년 이상의 자격정지는 5년

6. 5년 미만의 자격정지, 벌금, 몰수 또는 추징은 3년

7. 구류 또는 과료는 1년

제80조 (시효의 중단) 시효는 사형, 징역, 금고와 구류에 있어서는 수형자를 체포함으로, 벌금, 과료, 몰수와 추징에 있어서는 강제처분을 개시함으로 인하여 중단된다.

2. 벌금의 시효중단 개시시점

【대법원 요지】 벌금에 있어서의 시효는 강제처분을 개시함으로 인하여 중단되고(형법 제80조), /

【대법원 요지】 여기서 채권에 대한 강제집행의 방법으로 벌금형을 집행하는 경우에는 /

【대법원 요지】 검사의 징수명령서에 기하여 '법원에 채권압류명령을 신청하는 때'에 강제처분인 집행행위의 개시가 있는 것으로 보아 /

【대법원 요지】 특별한 사정이 없는 한 그때 시효중단의 효력이 발생하며, /

【대법원 요지】 한편 그 시효중단의 효력이 발생하기 위하여 집행행위가 종료되거나 성공하였음을 요하지 아니하고, /

【대법원 요지】 수형자에게 집행행위의 개시사실을 통지할 것을 요하지 아니한다. /

【대법원 요지】 따라서 일응 수형자의 재산이라고 추정되는 채권에 대하여 압류신청을 한 이상 /

【대법원 요지】 피압류채권이 존재하지 아니하거나 압류채권을 환가하여도 집행비용 외에 잉여가 없다는 이유로 집행불능이 되었다고 하더라도 /

【대법원 요지】 이미 발생한 시효중단의 효력이 소멸하지는 않는다.

【대법원 결론】 같은 취지에서, 검사의 이 사건 노역장유치집행처분에 형사소송법 제489조 소정의 이의신청사유가 있다는 재항고인의 주장을 배척한 원심판단은 정당하고, 거기에 재판에 영향을 미친 헌법 · 법률 · 명령 또는 규칙의 위반이 없다. (재항고 기각)

2008어4

사회봉사명령의 법적 성질
가정폭력 사회봉사 사건
2008. 7. 24. 2008어4, 공 2008하, 1489

1. 사실관계 및 사건의 경과

【사실관계 1】

① 1998. 7. 가정폭력사건에 대처하기 위하여 가정폭력범죄의처벌등에관한특례법(이하 가정폭력처벌

법의 약칭함)이 제정되었다.

② 가정폭력처벌법은 가정폭력범죄를 가정보호사건으로 분류하고 있다.

③ 가정보호사건은 가정법원에 송치된다.

④ 가정법원의 단독판사는 검사의 관여 없이 가정보호사건을 심리한다.

⑤ 가정폭력처벌법은 가정폭력사범에 대해 보호관찰, 사회봉사명령, 수강명령 등의 제도를 도입하였다.

⑥ 제정 당시 가정폭력처벌법은 사회봉사명령과 수강명령의 상한을 각각 100시간으로 정하고 있었다.

【사실관계 2】

① 갑은 A와 약 19년 전 결혼하였다.

② 갑은 수 년에 한 번씩 A를 폭행하였다.

③ 2006. 7. 말경 갑은 다시 A를 폭행하였다. (㉮사건)

④ 검사는 ㉮사건을 가정폭력처벌법상의 가정보호사건으로 처리하기로 하였다.

⑤ 검사는 ㉮사건을 부산지방법원 가정지원에 송치하였다.

⑥ 2007. 8. 3. 가정폭력처벌법이 개정되었다.

⑦ 이 개정에 의하여 사회봉사 및 수강명령의 상한이 200시간으로 상향 조정되었다.

【사건의 경과】

① 부산지방법원 가정지원 단독판사는 다음의 판단을 하였다.

(가) 가정폭력처벌법상 보호처분은 보안처분이다.

(나) 보안처분에는 재판시법주의가 적용된다.

② 2008. 5. 9. 부산지방법원 가정법원 단독판사는 갑에게 다음과 같이 명하였다.

(가) 보호관찰 6개월

(나) 사회봉사 200시간

(다) 수강 80시간

③ 갑은 부산지방법원 본원 합의부에 불복 항고하였다.

④ 2008. 5. 30. 부산지방법원 본원 합의부는 항고를 기각하였다.

⑤ 갑은 불복하여 대법원에 재항고하였다.

⑥ 갑은 상고이유로 다음의 점을 주장하였다.

(가) ㉮행위 당시 가정폭력처벌법상 사회봉사 및 수강명령의 상한은 각각 100시간이었다.

(나) 갑에게 100시간을 제한을 넘어 사회봉사 200시간을 명한 것은 위법하다.

【참조조문】

가정폭력범죄의 처벌 등에 관한 특례법 (현행법)

제9조 (가정보호사건의 처리) ① 검사는 가정폭력범죄로서 사건의 성질·동기 및 결과, 가정폭력행위자의 성행 등을 고려하여 이 법에 따른 보호처분을 하는 것이 적절하다고 인정하는 경우에는 가정보호사건으로 처리할 수 있다. 이 경우 검사는 피해자의 의사를 존중하여야 한다.

② 다음 각 호의 경우에는 제1항을 적용할 수 있다.

1. 피해자의 고소가 있어야 공소를 제기할 수 있는 가정폭력범죄에서 고소가 없거나 취소된 경우

2. 피해자의 명시적인 의사에 반하여 공소를 제기할 수 없는 가정폭력범죄에서 피해자가 처벌을 희망하지 아니한다는 명시적 의사표시를 하였거나 처벌을 희망하는 의사표시를 철회한 경우

제10조 (관할) ① 가정보호사건의 관할은 가정폭력행위자의 행위지, 거주지 또는 현재지를 관할하는 가정법원으로 한다. 다만, 가정법원이 설치되지 아니한 지역에서는 해당 지역의 지방법원(지원을 포함한다. 이하 같다)으로 한다.

② 가정보호사건의 심리와 결정은 단독판사(이하 "판사"라 한다)가 한다.

제11조 (검사의 송치) ① 검사는 제9조에 따라 가정보호사건으로 처리하는 경우에는 그 사건을 관할 가정법원 또는 지방법원(이하 "법원"이라 한다)에 송치하여야 한다.

② 검사는 가정폭력범죄와 그 외의 범죄가 경합(競合)하는 경우에는 가정폭력범죄에 대한 사건만을 분리하여 관할 법원에 송치할 수 있다.

제19조 (조사·심리의 방향) 법원은 가정보호사건을 조사·심리할 때에는 의학, 심리학, 사회학, 사회복지학, 그 밖의 전문적인 지식을 활용하여 가정폭력행위자, 피해자, 그 밖의 가정구성원의 성행, 경력, 가정 상황, 가정폭력범죄의 동기·원인 및 실태 등을 밝혀서 이 법의 목적을 달성할 수 있는 적정한 처분이 이루어지도록 노력하여야 한다.

제32조 (심리의 비공개) ① 판사는 가정보호사건을 심리할 때 사생활 보호나 가정의 평화와 안정을 위하여 필요하거나 선량한 풍속을 해칠 우려가 있다고 인정하는 경우에는 결정으로 심리를 공개하지 아니할 수 있다.

② 증인으로 소환된 피해자 또는 가정구성원은 사생활 보호나 가정의 평화와 안정의 회복을 이유로 하여 판사에게 증인신문(證人訊問)의 비공개를 신청할 수 있다. 이 경우 판사는 그 허가 여부와 공개 법정 외의 장소에서의 신문 등 증인신문의 방식 및 장소에 관하여 결정을 할 수 있다.

제40조 (보호처분의 결정 등) ① 판사는 심리의 결과 보호처분이 필요하다고 인정하는 경우에는 결정으로 다음 각 호의 어느 하나에 해당하는 처분을 할 수 있다.

1. 가정폭력행위자가 피해자 또는 가정구성원에게 접근하는 행위의 제한

2. 가정폭력행위자가 피해자 또는 가정구성원에게 「전기통신기본법」 제2조 제1호의 전기통신을 이용하여 접근하는 행위의 제한

3. 가정폭력행위자가 친권자인 경우 피해자에 대한 친권 행사의 제한

4. 「보호관찰 등에 관한 법률」에 따른 사회봉사·수강명령

5. 「보호관찰 등에 관한 법률」에 따른 보호관찰

6. 「가정폭력방지 및 피해자보호 등에 관한 법률」에서 정하는 보호시설에의 감호위탁

7. 의료기관에의 치료위탁

8. 상담소등에의 상담위탁

제41조 (보호처분의 기간) 제40조 제1항 제1호부터 제3호까지 및 제5호부터 제8호까지의 보호처분의 기간은 6개월을 초과할 수 없으며, 같은 항 제4호의 사회봉사·수강명령의 시간은 200시간을 각각 초과할 수 없다.

제49조 (항고) ① ……제40조의 보호처분……에 있어서 그 결정에 영향을 미칠 법령 위반이 있거나 중대한 사실 오인(誤認)이 있는 경우 또는 그 결정이 현저히 부당한 경우에는 검사, 가정폭력행위

자, 법정대리인 또는 보조인은 가정법원 본원합의부에 항고할 수 있다. (단서 생략)

③ 항고는 그 결정을 고지받은 날부터 7일 이내에 하여야 한다.

2. 사안에 대한 대법원의 분석

【대법원 분석】 원심은, 2006. 7. 말경에 있었던 재항고인의 이 사건 폭행행위에 대하여 /

【대법원 분석】 현행 가정폭력범죄의 처벌 등에 관한 특례법(이하 '가정폭력처벌법'이라고 한다) 제41조, 제40조 제1항 제5호, 제4호를 적용하여 /

【대법원 분석】 재항고인에게 6개월간 보호관찰을 받을 것과 200시간의 사회봉사 및 80시간의 수강을 명하고 있는데, /

【대법원 분석】 원심이 적용한 보호처분에 관한 위 규정은 이 사건 폭행행위 이후인 2007. 8. 3. 법률 제8580호로 개정된 것으로서 /

【대법원 분석】 개정 전 가정폭력처벌법(이하 '구 가정폭력처벌법'이라고 한다)에는 사회봉사 및 수강명령의 상한이 각각 100시간으로 되어 있다가 /

【대법원 분석】 위 개정 당시 각각 200시간으로 그 상한이 확대되었다.

3. 사안에 대한 대법원의 판단

【대법원 요지】 그런데 가정폭력처벌법이 정한 보호처분 중의 하나인 사회봉사명령은 /

【대법원 요지】 가정폭력범죄를 범한 자에 대하여 환경의 조정과 성행의 교정을 목적으로 하는 것으로서 /

【대법원 요지】 형벌 그 자체가 아니라 보안처분의 성격을 가지는 것이 사실이나, /

【대법원 요지】 한편으로 이는 가정폭력범죄행위에 대하여 형사처벌 대신 부과되는 것으로서, /

【대법원 요지】 가정폭력범죄를 범한 자에게 의무적 노동을 부과하고 여가시간을 박탈하여 실질적으로는 신체적 자유를 제한하게 되므로, /

【대법원 요지】 이에 대하여는 원칙적으로 형벌불소급의 원칙에 따라 행위시법을 적용함이 상당하다.

【대법원 판단】 그렇다면 이 사건 폭행행위에 대하여는 행위시법인 구 가정폭력처벌법 제41조, 제40조 제1항 제4호, 제3호를 적용하여 100시간의 범위 내에서 사회봉사를 명하여야 함에도 불구하고, /

【대법원 결론】 원심은 현행 가정폭력처벌법을 잘못 적용한 나머지 위 상한시간을 초과하여 사회봉사를 명하였으니, /

【대법원 결론】 원심결정에는 법률적용을 그르친 위법이 있고, 이 점을 지적하는 재항고인의 주장은 이유 있다. (파기 환송)

2008헌가16

법인의 형사처벌과 책임주의

의료법인 양벌규정 사건

2009. 7. 30. 2008헌가16, 헌집 21-2상, 97

1. 사실관계 및 사건의 경과

【사실관계】

① 강릉시 소재 P병원은 보건의료에 관한 연구개발 등을 목적으로 설립된 의료법인이다.

② 갑은 P병원의 건강관리과 직원이다.

③ 갑은 의료인 면허가 없다.

④ 갑은 P병원 건강검진센터 사무실에서 초등학생 A 등에 대해 구강검진을 하였다.

【사건의 경과 1】

① 검사는 다음 요지의 공소사실로 갑과 P병원에 대해 의료법위반죄로 약식명령을 청구하였다.

    (가) 「2007. 8. 22. 14:00경 P병원의 건강검진센터 사무실에서 P병원 건강관리과 직원인 상피고 인 갑이 의료인이 아님에도 불구하고,

    (나) 강릉시 소재 Q초등학교 4학년에 재학 중인 A 외 19명에 대하여 구강검진을 실시하고 학생구 강검진 기록지의 종합소견란에 '양호', '우식치료', '대체로 양호' 등을 기록하는 등 의료행위를 하였다.」

② 2008. 5. 2. P의료법인은 춘천지방법원 강릉지원에서 벌금형의 약식명령을 받았다.

③ P의료법인은 춘천지방법원 강릉지원에 정식재판을 청구하였다. (㉮피고사건)

【사건의 경과 2】

① 2008. 6. 23. 담당재판부는 ㉮피고사건 소송계속중 직권으로 의료법 제91조 제1항 중 다음 부분이 책임주의에 반하여 헌법에 위반된다며 헌법재판소에 위헌 여부의 심판을 제청하였다.

② "법인의 대리인, 사용인, 그 밖의 종업원이 제87조에 따른 위반행위를 한 때에는 그 법인에도 해당 조문의 벌금형을 과한다"

③ (지면관계로 다수의견만 소개함)

④ (판례분석의 소제목은 판례 원문에 따름)

【참조조문】

의료법 (2007. 4. 11. 법률 제8366호로 전부 개정된 것)

제27조 (무면허 의료행위 등 금지) ① 의료인이 아니면 누구든지 의료행위를 할 수 없으며 의료인도 면허된 것 이외의 의료행위를 할 수 없다. (단서 생략)

제87조 (벌칙) ① 다음 각 호의 어느 하나에 해당하는 자는 5년 이하의 징역이나 2천만원 이하의 벌 금에 처한다.

    1. 면허증을 대여한 자

2. ⋯⋯제27조 제1항, ⋯⋯을 위반한 자

제91조 (양벌규정) ① 법인의 대표자, 대리인, 사용인, 그 밖의 종업원이 제87조 부터 제90조까지의
규정에 따른 위반행위를 하면 그 행위자를 벌할 뿐만 아니라 그 법인에도 해당 조문의 벌금형을 과
(科)한다.

2. 사안에 대한 헌법재판소의 판단

가. 이 사건 법률조항의 연혁

【헌재 분석】 의료법상의 양벌규정은 1951. 9. 25. 법률 제221호로 제정된 국민의료법 제65조에서
유래하는데, /

【헌재 분석】 1973. 2. 16. 법률 제2533호 전부 개정 시 의료법으로 법명되면서 '처벌을 강화한다'는
목적하에 기존의 내용 중 '법인 또는 개인의 업무에 관하여'라는 부분이 삭제된 이래 실질적인 내용의
변동 없이 현재에 이르고 있다.

【헌재 분석】 또한, 무면허 의료행위의 금지 및 이에 대한 처벌조항도 국민의료법 제정 시부터 존재
해왔는데, /

【헌재 분석】 그 내용은 1962. 3. 20 법률 제1035호 의료법 전부 개정 시 변경된 이후 현재까지 거의
변함이 없으나 /

【헌재 분석】 무면허 의료행위에 대한 처벌조항의 법정형이 1994. 1. 7 법률 제4732호 개정 시 /

【헌재 분석】 "5년 이하의 징역 또는 2천만원 이하의 벌금형"으로 상향되었고, /

【헌재 분석】 무면허의료행위 금지조항이 2007. 4. 11. 법률 제8366호 전부 개정으로 제25조에서
제27조로 조문의 위치가 변경된 이후 현재에 이르고 있다.

나. 이 사건 법률조항의 내용

【헌재 분석】 이 사건 법률조항은 /

【헌재 분석】 법인이 고용한 종업원 등이 의료법 제87조 제1항 제2호 중 제27조 제1항의 규정에 따
른 위반행위, 즉 무면허 의료행위를 한 사실이 인정되면, /

【헌재 분석】 곧바로 그 종업원 등을 고용한 법인에게도 종업원 등에 대한 처벌조항에 규정된 벌금형
을 과하도록 규정하고 있다. /

【헌재 분석】 또한, 이 사건 법률조항은 종업원 등의 범죄행위에 대한 법인의 가담 여부나 종업원 등
의 행위를 감독할 주의의무의 위반 여부를 법인에 대한 처벌요건으로 규정하고 있지 않으며, /

【헌재 분석】 달리 법인이 면책될 가능성에 대해서도 규정하고 있지 아니하다.

【헌재 분석】 결국 이 사건 법률조항은 종업원 등의 일정한 행위가 있으면 법인이 그와 같은 종업원
등의 범죄에 대해 어떠한 잘못이 있는지를 전혀 묻지 않고 곧바로 영업주인 법인을 종업원 등과 같이
처벌하도록 규정하고 있다.

다. 형벌에 대한 책임주의

【헌재 요지】 형벌은 범죄에 대한 제재로서 그 본질은 법질서에 의해 부정적으로 평가된 행위에 대한

비난이다. /

【헌재 요지】 일반적으로 범죄는 법질서에 의해 부정적으로 평가되는 행위, 즉 행위반가치(行爲反價值)와 그로 인한 부정적인 결과의 발생, 즉 결과반가치(結果反價値)라고 말할 수 있으나, /

【헌재 요지】 여기서 범죄를 구성하는 핵심적 징표이자 형벌을 통해 비난의 대상으로 삼는 것은 '법질서가 부정적으로 평가한 행위에 나아간 것', 즉 행위반가치에 있다.

【헌재 요지】 만약 법질서가 부정적으로 평가한 결과가 발생하였다고 하더라도 그러한 결과의 발생이 어느 누구의 잘못에 의한 것도 아니라면, /

【헌재 요지】 부정적인 결과가 발생하였다는 이유만으로 누군가에게 형벌을 가할 수는 없다. /

【헌재 요지】 물론 결과의 제거와 원상회복을 위해 그 결과 발생에 아무런 잘못이 없는 개인이나 집단에 대해, /

【헌재 요지】 민사적 또는 행정적으로 불이익을 가하는 것이 공평의 관념에 비추어 볼 때 허용되는 경우도 있을 수 있다. /

【헌재 요지】 그러나 법질서가 부정적으로 평가할 만한 행위를 하지 않은 자에 대해서 형벌을 부과할 수는 없다. /

【헌재 요지】 왜냐하면, 형벌의 본질은 비난가능성인데, 비난받을 만한 행위를 하지 않은 자에 대한 비난이 정당화될 수 없음은 자명한 이치이기 때문이다.

【헌재 요지】 이와 같이 '책임없는 자에게 형벌을 부과할 수 없다'는 형벌에 관한 책임주의는 형사법의 기본원리로서, /

【헌재 요지】 헌법상 법치국가의 원리에 내재하는 원리인 동시에, /

【헌재 요지】 국민 누구나 인간으로서의 존엄과 가치를 가지고 스스로의 책임에 따라 자신의 행동을 결정할 것을 보장하고 있는 헌법 제10조의 취지로부터 도출되는 원리이다.

라. 법인에 대한 제재의 필요성과 책임주의

(1) 법인에 대한 제재의 필요성

【헌재 판단】 전통적으로 범죄행위의 주체는 인간으로 인식되어 왔으므로 그 범죄행위에 대한 형벌도 자연인만을 그 대상으로 삼았다. /

【헌재 판단】 그러나 오늘날 사회가 복잡·다양화됨에 따라 자연인과 별개로 법인이라는 존재가 별도의 조직과 기관을 가지고 사회적으로 실재하며 활동하고 있고 /

【헌재 판단】 이러한 법인의 사회적 활동이 증가함에 따라 법인에 의한 반사회적 법익침해행위가 적지 않게 나타나고 있다.

【헌재 판단】 이러한 법인의 반사회적 법익침해행위에 대하여 그 직접적 행위자인 개인에게뿐만 아니라 법인 자체에 대하여도 사회적 비난이 가해지고 있고, /

【헌재 판단】 이에 대한 실효성 있는 대응책으로 법인 자체에 대한 법적인 제재수단이 필요하게 되었다. /

【헌재 판단】 그 결과 오늘날 그 제재수단의 선택이나 적용요건에 있어 차이가 있을 뿐, /

【헌재 판단】 법인에 의한 반사회적 법익침해에 대하여 법인 자체에게 제재를 가하는 것은 세계적인

추세라고 할 수 있다.

【헌재 판단】 우리 입법자는, 위와 같이 현대 사회에 새로운 범죄의 주체로 등장한 법인의 반사회적 법익침해활동에 대처하기 위하여 정책적 필요에 따라, /

【헌재 판단】 일정한 보호법익을 침해하는 법인에 대하여는 가장 강력한 제재수단인 형사처벌을 과할 수 있도록 하였는바, /

【헌재 판단】 그 중 하나로서 이 사건 법률조항은 종업원 등의 범죄행위에 대하여 해당 종업원 등을 형사처벌함과 아울러 /

【헌재 판단】 영업주인 법인에 대하여도 형사적 처벌인 벌금형을 과하도록 규정하고 있는 것이다.

(2) 법인에 대한 형사처벌과 책임주의

【헌재 판단】 일반적으로 형사상 책임은 '행위자가 합법을 결의하고 행동할 수 있었음에도 불구하고 불법을 결의하고 행동하였다고 하는 의사형성에 대한 윤리적 비난'을 의미하는데, /

【헌재 판단】 이러한 전통적 책임개념은 자연인을 전제로 한 것이므로 /

【헌재 판단】 '책임 없으면 형벌 없다'는 책임주의의 원칙이 단지 법적으로 인격이 부여된 법인에게도 그대로 적용되는지에 대하여 의문이 생길 수 있다.

【헌재 요지】 그러나 형사적 책임은 순수한 윤리적 비난이 아니라 국가적 규범의 침해에 대한 법적인 책임이므로 /

【헌재 요지】 자연인에 대한 위와 같은 책임개념을 법인의 책임에 대하여도 동일하게 적용할 필요가 없을 뿐 아니라, /

【헌재 요지】 법인의 행위는 이를 대표하는 자연인인 대표기관의 의사결정에 따른 행위에 의하여 실현되므로 /

【헌재 요지】 자연인인 대표기관의 의사결정 및 행위에 따라 법인의 책임 유무를 판단하지 못할 바도 아니다. /

【헌재 요지】 나아가 형벌권은 국가가 가지고 있는 가장 강력한 제재수단이므로 형벌권을 중요한 사회가치를 보호하기 위한 수단으로만 사용하여야 하는바, /

【헌재 요지】 입법자가 일단 법인의 일정한 반사회적 활동에 대한 대응책으로 가장 강력한 제재수단인 형벌을 선택한 이상, /

【헌재 요지】 그 적용에 있어서는 형벌에 관한 헌법상 원칙, 즉 법치주의와 죄형법정주의로부터 도출되는 책임주의원칙이 준수되어야 한다.

【헌재 요지】 결국, 법인의 경우도 자연인과 마찬가지로 '책임 없으면 형벌 없다'는 책임주의원칙이 적용된다고 할 것이다.

마. 이 사건 법률조항의 위헌성

【헌재 판단】 (1) 이 사건 법률조항은 양벌규정으로서, /

【헌재 판단】 종업원 등의 일정한 범죄행위가 있으면 법인이 그와 같은 종업원 등의 범죄에 대해 어떠한 잘못이 있는지를 전혀 묻지 않고 곧바로 영업주인 법인에게 종업원 등과 같이 벌금형을 과하도록 규정하고 있다. /

【헌재 판단】 즉, 위 법률조항은 법인인 영업주가 고용한 종업원 등이 무면허 의료행위를 한 경우에 /

【헌재 판단】 그와 같은 종업원 등의 범죄행위에 대해 법인에게 비난받을 만한 행위가 있었는지 여부, /

【헌재 판단】 가령 종업원 등의 범죄행위를 지시하였거나 이에 실질적으로 가담하였거나 도움을 주었는지 여부, /

【헌재 판단】 아니면 영업주의 업무에 관한 종업원 등의 행위를 지도하고 감독하는 노력을 게을리하였는지 여부와는 전혀 관계없이 /

【헌재 판단】 종업원 등의 범죄행위가 있으면 자동적으로 영업주인 법인도 처벌하도록 규정하고 있다.

【헌재 요지】 한편, 이 사건 법률조항을 '영업주가 종업원 등에 대한 선임·감독상의 주의의무를 위반한 과실 기타 영업주의 귀책사유가 있는 경우에만 처벌하도록 규정한 것'으로 해석함으로써 /

【헌재 요지】 책임주의에 합치되도록 합헌적 법률해석을 할 수 있는지가 문제될 수 있으나, /

【헌재 요지】 합헌적 법률해석은 어디까지나 법률조항의 문언과 목적에 비추어 가능한 범위 안에서의 해석을 전제로 하는 것이므로 /

【헌재 요지】 위와 같은 해석은 문언상 가능한 범위를 넘어서는 해석으로서 허용되지 않는다고 보아야 한다.

【헌재 판단】 그 결과 이 사건 법률조항에 의할 경우 법인이 종업원 등의 위반행위와 관련하여 선임·감독상의 주의의무를 다하여 아무런 잘못이 없는 경우까지도 법인에게 형벌을 부과될 수밖에 없게 된다.

【헌재 판단】 (2) 이처럼 이 사건 법률조항은 /

【헌재 판단】 종업원 등의 범죄행위에 관하여 비난할 근거가 되는 법인의 의사결정 및 행위구조, /

【헌재 판단】 즉 종업원 등이 저지른 행위의 결과에 대한 법인의 독자적인 책임에 관하여 전혀 규정하지 않은 채, /

【헌재 판단】 단순히 법인이 고용한 종업원 등이 범죄행위를 하였다는 이유만으로 법인에 대하여 형사처벌을 과하고 있는바, /

【헌재 판단】 이는 아무런 비난받을 만한 행위를 하지 않은 자에 대하여 다른 사람의 범죄행위를 이유로 처벌하는 것으로서 형벌에 관한 책임주의에 반한다고 하지 않을 수 없다.

바. 소 결

【헌재 판단】 결국 이 사건 법률조항은 다른 사람의 범죄에 대해 그 책임 유무를 묻지 않고 형벌을 부과함으로써 법치국가의 원리 및 죄형법정주의로부터 도출되는 책임주의원칙에 반하므로 헌법에 위반된다.

3. 사안에 대한 헌법재판소의 결론

【헌재 결론】 그렇다면, 이 사건 법률조항은 헌법에 위반되므로 주문과 같이 결정한다. /

【헌재 결론】 이 결정에는 재판관 이공현의 별개 위헌의견, 재판관 조대현의 일부위헌의견 및 재판관 이동흡의 반대의견이 있는 이외에는 /

【헌재 결론】 나머지 관여 재판관의 일치된 의견에 의한 것이다.

【헌재 주문】

의료법(2007. 4. 11. 법률 제8366호로 전부 개정된 것) 제91조 제1항 중 "법인의 대리인, 사용인, 그 밖의 종업원이 제87조 제1항 제2호 중 제27조 제1항의 규정에 따른 위반행위를 하면 그 법인에 대하여도 해당 조문의 벌금형을 과한다"는 부분은 헌법에 위반된다.

2008헌가20

단기 누범가중의 법적 성질
특강법 제3조 강도강간 사건
2010. 2. 25. 2008헌가20, 헌집 22-1상, 11

1. 사실관계 및 사건의 경과

【사실관계】

① 2003. 9. 26. 갑은 대전지방법원 논산지원에서 준강도죄 및 특가법위반죄(절도)로 징역 3년을 선고받았다. (㉮판결)

② 2006. 6. 26. 갑은 ㉮판결 형의 집행을 종료하였다.

③ 2006. 7. 7. 05:20경부터 2007. 5. 8. 04:20경까지 사이에 갑은 대전광역시 일대에서 6회에 걸쳐 여성들만 사는 원룸 등에 침입하여 피해 여성 7명에 대하여 각 흉기를 들고 강도와 강간, 강제추행 등을 저질렀다.

④ 갑은 위와 같은 공소사실로 구속기소되었다.

⑤ 2008. 2. 19. 제1심인 대전지방법원은 갑에 대하여 판단하였다.

⑥ 제1심법원은 다음의 법령을 적용하였다.

　(가) 성폭법 제12조, 제5조 제1항, 형법 제342조, 제330조, 제297조(야간주거침입강간미수의 점),

　(나) 성폭법 제6조 제1항, 형법 제297조(흉기휴대강간의 점),

　(다) 성폭법 제6조 제1항, 형법 제297조(흉기휴대강간의 점),

　(라) 성폭법 제9조 제1항, 제5조 제1항, 형법 제342조, 제330조, 제298조(강제추행치상의 점),

　(마) 성폭법 제5조 제2항, 형법 제334조 제1항, 제297조(야간주거침입강도강간의 점),

　(바) 성폭법 제5조 제2항, 형법 제334조 제2항, 제297조(특수강도강간의 점),

　(사) 성폭법 제12조, 제5조 제2항, 형법 제334조 제2항, 제297조(특수강도강간미수의 점)

⑦ 제1심법원은 특강법 제3조에 따라 단기 누범가중을 하였다.

⑧ 제1심법원은 경합범 가중하여 갑에게 징역 20년을 선고하였다.

【사건의 경과】

① 갑은 대전고등법원에 불복 항소하였다.

② 2008. 7. 2. 갑은 대전고등법원에 특강법 제3조에 대하여 위헌제청신청을 하였다.

③ 2008. 7. 23. 대전고등법원은 위헌제청결정을 하였다.

④ 헌법재판소는 심판대상을 특강법 제3조의 나음 부분들로 한정하였다.

 (가) "성폭력법 제20조 제2항, 특강법 제2조 제1항의 특정강력범죄로서 성폭력법 제12조, 제5조 제1항의 야간주거침입강간미수죄를 범한 때"에 관한 부분 (제1 심판대상)

 (나) "성폭력법 제20조 제2항, 특강법 제2조 제1항의 특정강력범죄로서 성폭력법 제6조 제1항의 흉기휴대강간죄를 범한 때"에 관한 부분 (제2 심판대상)

 (다) "성폭력법 제20조 제2항, 특강법 제2조 제1항의 특정강력범죄로서 성폭력법 제9조 제1항의 야간주거침입강제추행치상죄를 범한 때"에 관한 부분 (제3 심판대상)

 (라) "성폭력법 제20조 제2항, 특강법 제2조 제1항의 특정강력범죄로서 성폭력법 제5조 제2항의 특수강도강간죄를 범한 때"에 관한 부분(제4 심판대상)

 (마) "성폭력법 제20조 제2항, 특강법 제2조 제1항의 특정강력범죄로서 성폭력법 제12조, 제5조 제2항의 특수강도강간미수죄를 범한 때"에 관한 부분(제5 심판대상)

⑤ (지면관계로 다수의견만 소개함)

⑥ (판례분석의 소제목은 판례 원문에 따름)

【참조조문】

특정강력범죄의 처벌에 관한 특례법

제3조 (누범의 형) 특정강력범죄로 형을 받아 그 집행을 종료하거나 면제받은 후 3년 이내에 다시 특정강력범죄를 범한 때에는 그 죄에 정한 형의 장기 및 단기의 2배까지 가중한다.

2. 사안에 대한 헌법재판소의 판단

가. 특강법 제3조의 성격 및 입법목적

 (1) 특강법 제3조의 성격

【헌재 분석】 특강법 제3조가 정하는 누범요건은 전범과 후범 모두 특강법이 정하는 특정강력범죄에 해당할 것을 요구한다는 점에서 /

【헌재 분석】 전범과 후범 간에 아무런 관련성을 요구하지 않는 형법 제35조가 정한 누범요건과 차이가 있고, /

【헌재 분석】 그 효과 면에서는 형법상 누범의 경우 형의 상한만을 2배 가중하고 있는 데 반하여 형의 상한과 하한을 모두 2배 가중하고 있다.

 (2) 특강법 제3조의 입법목적

【헌재 분석】 1990. 12. 31. 특강법을 제정한 이유는 반인륜적이고 반사회적인 흉악범죄로서 가정과 사회질서를 침해하는 특정강력범죄에 대한 처벌과 그 절차에 관한 특례를 규정함으로써 국민의 생명과 신체의 안전을 보장하고 범죄로부터 사회를 방위하기 위한 것이었다. /

【헌재 분석】 그리고 이러한 목적을 달성하기 위하여 특강법 제2조에서 형법과 여러 형사특별법의

일정한 범죄를 특정강력범죄로 규정하고, /

【헌재 분석】 특강법 제3조에서는 "특정강력범죄로 형을 받아 그 집행을 종료하거나 면제받은 후 3년 이내에 다시 특정강력범죄를 범한 때에는 그 죄에 정한 형의 장기 및 단기의 2배까지 가중"하도록 규정하며, /

【헌재 분석】 특강법 제5조에서는 "특정강력범죄로 형의 선고를 받아 그 집행을 종료하거나 면제받은 후 10년을 경과하지 아니한 자가 다시 특정강력범죄를 범한 때에는 형의 집행을 유예하지 못한다." 라고 규정하였다. /

【헌재 분석】 그러므로 특강법 제3조의 입법목적은 결국 특강법의 입법목적과 같다 할 것이고, 특강법 제3조는 제정된 이래로 단 한 차례도 개정된 바 없이 유지되어 오고 있다.

나. 형벌법규에 대한 위헌심사기준

【헌재 요지】 어떤 범죄를 어떻게 처벌할 것인가 하는 문제 즉 법정형의 종류와 범위의 선택은 /

【헌재 요지】 그 범죄의 죄질과 보호법익에 대한 고려 뿐만 아니라 우리의 역사와 문화, 입법 당시의 시대적 상황, 국민일반의 가치관 내지 법감정 그리고 범죄예방을 위한 형사정책적 측면 등 /

【헌재 요지】 여러 가지 요소를 종합적으로 고려하여 입법자가 결정할 사항으로서 /

【헌재 요지】 광범위한 입법재량 내지 형성의 자유가 인정되어야 할 분야이다. /

【헌재 요지】 따라서 어느 범죄에 대한 법정형이 그 범죄의 죄질 및 이에 따른 행위자의 책임에 비하여 지나치게 가혹한 것이어서 현저히 형벌체계상의 균형을 잃고 있다거나 /

【헌재 요지】 그 범죄에 대한 형벌 본래의 목적과 기능을 달성함에 있어 필요한 정도를 일탈하였다는 등 /

【헌재 요지】 헌법상 평등의 원칙 및 비례의 원칙 등에 명백히 위배되는 경우가 아닌 한, /

【헌재 요지】 쉽사리 헌법에 위반된다고 단정하여서는 아니 된다.

【헌재 요지】 다른 한편 이러한 입법재량은 무제한한 것이 될 수는 없으며, /

【헌재 요지】 법정형의 종류와 범위를 정할 때에는 형벌 위협으로부터 인간의 존엄과 가치를 존중하고 보호하여야 한다는 헌법 제10조의 요구에 따라야 하고, /

【헌재 요지】 헌법 제37조 제2항이 규정하고 있는 과잉입법금지의 정신에 따라 형벌개별화의 원칙에 적용될 수 있는 범위의 법정형을 설정하여 실질적 법치국가의 원리를 구현하도록 하여야 하며, /

【헌재 요지】 형벌이 죄질과 책임에 상응하도록 적절한 비례성을 지켜야 한다. /

【헌재 요지】 이러한 요구는 특별형법의 경우에도 마찬가지로서, /

【헌재 요지】 입법취지에서 보아 중벌주의(重罰主義)로 대처할 필요성이 인정되는 경우라 하더라도 범죄의 실태와 죄질의 경중, 이에 대한 행위자의 책임, 처벌규정의 보호법익 및 형벌의 범죄예방효과 등에 비추어 전체 형벌체계상 지나치게 가혹한 것이어서, /

【헌재 요지】 그러한 유형의 범죄에 대한 형벌 본래의 기능과 목적을 달성함에 있어 필요한 정도를 현저히 일탈함으로써 입법재량권이 헌법규정이나 헌법상의 제원리에 반하여 자의적으로 행사된 것으로 평가되는 경우에는 /

【헌재 요지】 이와 같은 법정형을 규정한 법률조항은 헌법에 반한다고 보아야 한다.

다. 판 단

(1) 책임원칙에 반하는 과잉형벌인지의 여부

【헌재 분석】 (가) 이 사건 제1 내지 제3 심판대상은 /

【헌재 분석】 특강법 제3조 중 /

【헌재 분석】 "성폭력법 제12조, 제5조 제1항의 야간주거침입강간미수죄를 범한 때"에 관한 부분(법정형이 무기 또는 5년 이상의 징역), /

【헌재 분석】 "성폭력법 제6조 제1항의 흉기휴대강간죄를 범한 때"에 관한 부분(법정형이 무기 또는 5년 이상의 징역), /

【헌재 분석】 "성폭력법 제9조 제1항의 야간주거침입강제추행치상죄를 범한 때"에 관한 부분(법정형이 무기 또는 7년 이상의 징역, /

【헌재 분석】 이와 같은 제1 내지 제3 심판대상 관련 죄 부분을 이하에서는 '성폭력법 제9조 제1항의 야간주거침입강제추행치상죄 등'이라 한다)으로서, /

【헌재 분석】 제청신청인에 대한 당해 사건에서와 같이 각 유기징역형을 선택한 후 특강법 제3조의 가중을 하면 /

【헌재 분석】 (사형 또는 무기징역형 외에도) /

【헌재 분석】 처단형의 범위가 징역 14년 이상(또는 10년 이상) 25년[2010년 형법 일부개정에 의하여 50면; 저자 주] 이하가 되고, /

【헌재 분석】 이 사건 제4, 제5 심판대상은 /

【헌재 분석】 특강법 제3조 중 /

【헌재 분석】 "성폭력법 제5조 제2항의 특수강도강간죄를 범한 때"에 관한 부분과 /

【헌재 분석】 "성폭력법 제12조, 제5조 제2항의 특수강도강간미수죄를 범한 때"에 관한 부분/

【헌재 분석】 (각 법정형이 사형·무기 또는 10년 이상의 징역으로 동일하다, /

【헌재 분석】 이하에서는 이와 같은 제4, 제5 심판대상 관련 죄 부분을 '성폭력법 제5조 제2항의 특수강도강간죄 등'이라 한다)으로서, /

【헌재 분석】 각 유기징역형을 선택한 후 특강법 제3조의 가중을 하면 /

【헌재 분석】 (사형 또는 무기징역형 외에도) /

【헌재 분석】 처단형의 범위가 20년 이상 25년[2010년 형법 일부개정에 의하여 50면; 저자 주] 이하가 되는바, /

【헌재 판단】 그 입법목적이 반인륜적이고 반사회적인 흉악범죄인 특정강력범죄에 대한 가중처벌을 통하여 국민의 생명과 신체의 안전을 보장하고 범죄로부터 사회를 방위하는 데 있으므로 /

【헌재 판단】 정당성은 인정된다 할 것이지만, /

【헌재 분석】 형법 제35조에서 정한 누범과는 달리 일정한 누범요건에 해당하면 일률적으로 그 법정형의 단기까지 2배로 가중하고 있으므로 /

【헌재 분석】 행위의 죄질과 책임에 비추어 지나치게 과도한 형벌을 규정하고 있는 것은 아닌지가 문제된다.

【헌재 판단】 (나) "금고 이상의 형을 받아 그 집행을 종료하거나 면제를 받은 후 3년 내에 금고 이상에 해당하는 죄를 범한 자"에 대하여는 형법 제35조에 그 죄에 정한 형의 장기를 2배 가중하는 누범 조항을 두고 있는바, /

【헌재 요지】 형법상 책임이 행위자가 합법을 결의하고 행동할 수 있었음에도 불구하고 불법을 결의하고 행동하였다고 하는 의사형성에 대한 비난가능성을 의미한다고 볼 때 /

【헌재 요지】 '재판의 경고기능의 무시'나 '범죄추진력의 강화'는 이러한 비난가능성을 가중시키므로 /

【헌재 요지】 누범을 가중처벌하는 것은 일응 합리적 이유가 있다.

【헌재 판단】 우리 재판소는 형법 제35조의 누범조항의 위헌 여부에 관하여, /

【헌재 판단】 "형법 제35조 제1항이 규정하는 누범은 금고 이상의 형을 받아 그 집행을 종료하거나 면제받은 후 3년 내에 금고 이상에 해당하는 죄를 범한 경우로, /

【헌재 판단】 같은 법조 제2항에서 누범을 그 죄에 정한 형의 장기의 2배까지 가중하도록 규정하고 있는바, /

【헌재 판단】 이와 같이 가중처벌하는 취지는 /

【헌재 판단】 범인이 전범에 대한 형벌에 의하여 주어진 기왕의 경고에 따르지 아니하고 다시 범죄를 저질렀다는 잘못된 범인의 생활태도와, /

【헌재 판단】 범인이 전범에 대한 형벌의 경고기능을 무시하고 다시 범죄를 저지름으로써 범죄추진력이 새로이 강화되었기 때문에 책임이 가중되어야 한다는 데 있고, /

【헌재 판단】 또한 재범예방이라는 형사정책적 목적이 배려된 바 있다 할 것이다. /

【헌재 판단】 따라서 누범을 가중처벌하는 것은 전범에 대하여 형벌을 받았음에도 다시 범행을 하였다는 데 있는 것이지, /

【헌재 판단】 전범과 후범을 일괄하여 다시 처벌한다는 것이 아니므로 일사부재리의 원칙에 위배되는 것은 아니다. /

【헌재 판단】 또한 누범을 가중처벌하는 것은 전범에 대한 형벌의 경고적 기능을 무시하고 다시 범죄를 저질렀다는 점에서 사회적 비난가능성이 높고, /

【헌재 판단】 누범이 증가하고 있는 추세를 감안하여 범죄예방 및 사회방위의 형사정책적 고려에 기인한 것이어서 /

【헌재 판단】 합리적 근거 있는 차별이라 볼 것이므로 평등원칙에도 위배되지 아니한다고 할 것이다."라고 판단한 바 있고 /

【헌재 판단】 (헌재 1995. 2. 23. 93헌바43, 판례집 7-1, 222, 234-236), /

【헌재 판단】 또한 '2회 이상 폭력범죄로 징역형을 받은 후 다시 폭력범죄를 범한 자에 대한 누범가중처벌 규정'인 /

【헌재 판단】 '폭력행위 등 처벌에 관한 법률'(이하 '폭처법'이라 한다) 제3조 제4항의 위헌 여부에 관하여, /

【헌재 판단】 "폭처법 제3조 제4항이 정하는 누범요건은 /

【헌재 판단】 과실범 간의 또는 과실범과 고의범 간의 누범도 인정하는 형법상의 누범요건과는 달리 /

【헌재 판단】 전범과 후범이 모두 고의범으로서 폭력범죄라는 관련성을 가질 것과 /

【헌재 판단】 폭력범죄로 인한 2회 이상의 징역형을 요구하고 있는 점에서 /

【헌재 판단】 보다 엄격히 그 요건을 정하고 있다. /

【헌재 판단】 따라서 누범요건으로 전범과 후범 사이에 범죄행위의 관련성을 요구하고, /

【헌재 판단】 전범으로 2회 이상의 징역형을 요구하는 위 조항의 누범요건은 /

【헌재 판단】 폭력범죄로 인한 전판결의 경고가 실질적으로 동일한 폭력범죄를 억제할 것을 명하는 기능을 하는 경우에만 누범이 성립되도록 그 요건을 정하고 있어, /

【헌재 판단】 형법상의 누범조항과는 달리 단순한 범죄의 반복만으로 중대한 책임을 지우는 것이 아니라 /

【헌재 판단】 이전의 반복된 폭력범죄로 유죄판결을 받고도 죄질이 중한 같은 폭력범죄를 저지른 경우에만 가중처벌을 하고 있다고 할 것이므로 /

【헌재 판단】 그 요건에서 이미 책임원칙과 조화되도록 하고 있다. /

【헌재 판단】 나아가 폭력전과자들의 반복된 폭력행위, 그것도 조직적·집단적 폭력과 같이 그 위해가 심대하거나 흉기폭력과 같이 생명·신체에 중대한 손상을 초래하는 폭력범죄로부터 건강한 사회를 방위하고, /

【헌재 판단】 고질적인 폭력풍토를 시급히 쇄신하여야 할 현실적 필요성에서 제정된 폭처법의 입법배경을 고려하면, /

【헌재 판단】 위 조항이 정한 누범의 법정형이 책임원칙에 반하는 과잉처벌이라고 단정하기 어렵다."고 판단한 바 있다 /

【헌재 판단】 (헌재 2002. 10. 31. 2001헌바68, 판례집 14-2, 500, 509-512). /

【헌재 판단】 또한 특강법 제3조 중 /

【헌재 판단】 "특정강력범죄로 형을 받아 그 집행을 종료하거나 면제받은 후 3년 이내에 다시 형법 제337조의 강도상해죄를 범한 때에는 그 죄에 정한 형의 장기 및 단기의 2배까지 가중한다."라는 부분이 /

【헌재 판단】 책임과 형벌의 비례를 요구하는 책임원칙에 위반되는지 여부에 관한 사건에서는 /

【헌재 판단】 "형법 제337조의 강도상해죄의 죄질, 특강법 제3조의 입법목적 및 누범요건 등을 종합하면, /

【헌재 판단】 강도상해죄의 형의 하한이 특강법 제3조에 의하여 징역 7년에서 징역 14년까지 가중된다고 하더라도 지나치게 과중하고 가혹한 형벌을 규정하는 조항이라고 단정할 수 없고, /

【헌재 판단】 입법재량의 한계를 벗어나 법관의 양형재량을 과도하게 제한하고 있는 것이라고도 볼 수 없다."/

【헌재 판단】 (헌재 2008. 12. 26. 2006헌바16, 판례집 20-2하, 618, 619)라고 판시하였다. /

【헌재 판단】 (다) 이 사건으로 돌아와 살피건대, /

【헌재 판단】 제1 내지 제5 심판대상에 관한 특강법 제3조가 정한 누범은 /

【헌재 판단】 형법상의 누범처럼 이전에 어떠한 범죄로든 금고 이상의 유죄판결을 받았음에도 다시 범죄를 행한 자에게 중대한 책임을 지우는 것이 아니라, /

【헌재 판단】 전범 및 후범의 범죄를 죄질이 불량하고 범행에 대한 비난가능성이 크며 피해가 중한 반인륜적이고 반사회적인 특정강력범죄로 한정함으로써 /

【헌재 판단】 특정강력범죄에 해당하지 아니하는 죄질이 가벼운 일반범죄는 그 적용대상에서 배제하는 한편 /

【헌재 판단】 전범과 후범 사이에 실질적 관련성까지 요구하고 있으므로, /

【헌재 판단】 형법 제35조의 누범에 비하여 가중된 책임의 근거를 엄격한 요건의 설정에서 명시하고 있는 것이다. /

【헌재 판단】 또한 반인륜적이고 반사회적인 흉악범죄인 특정강력범죄를 단기간 내에 재범한 경우에는 국민의 생명, 신체 등 법익을 심각하게 침해할 가능성이 높고 사회질서에 대한 혼란을 야기할 수도 있으므로 /

【헌재 판단】 특정강력범죄의 특별예방 및 일반예방, 더 나아가 사회방위 및 사회의 질서유지라는 목적 달성을 위하여 특별한 수단이 요구되는 점, /

【헌재 판단】 특강법 제2조에서 살인, 약취·유인, 강간, 강도, 단체범죄 등 죄질이 불량하고 범행에 대한 비난가능성이 크며 피해가 중한 반인륜적이고 반사회적인 범죄만을 특강법이 적용되는 특정강력범죄로 제한하고 있는 점, /

【헌재 판단】 특정강력범죄인 '성폭력법 제9조 제1항의 야간주거침입강제추행치상죄 등' 및 '성폭력법 제5조 제2항의 특수강도강간죄 등'이 /

【헌재 판단】 국민의 생명, 신체 등 법익을 심각하게 침해할 가능성이 높고 가정과 사회질서에 대한 혼란을 야기할 수 있는 점 및 /

【헌재 판단】 제1 내지 제5 심판대상에 관한 특강법 제3조 부분에서 가중처벌되는 누범은 전범에 대한 형벌의 경고적 기능을 무시하고 다시 범죄를 저질렀다는 점에서 비난가능성·반사회성 및 책임이 더 크고, /

【헌재 판단】 그에 대한 가중처벌은 사회방위, 범죄의 특별예방 및 일반예방, 더 나아가 가정과 사회의 질서유지의 목적을 달성하기 위한 하나의 수단이기도 한 점 등을 고려하면, /

【헌재 판단】 제1 내지 제5 심판대상에 관한 특강법 제3조가 그 법정형의 단기까지 2배 가중하는 것도 합리적인 입법재량의 범위를 일탈하였다고 볼 수는 없는 것이고 /

【헌재 판단】 (대법원 2005. 4. 14. 선고 2005도1258 판결 ; 대법원 2006. 5. 26. 선고 2006도1640 판결 참조), /

【헌재 판단】 따라서 제1 내지 제5 심판대상에 관한 특강법 제3조가 /

【헌재 판단】 특정강력범죄로 형을 선고받아 그 집행을 종료하거나 면제받은 후 비교적 짧은 기간이라 할 수 있는 3년 이내에 /

【헌재 판단】 다시 특정강력범죄인 /

【헌재 판단】 '성폭력법 제9조 제1항의 야간주거침입강제추행치상죄 등' 또는 /

【헌재 판단】 '성폭력법 제5조 제2항의 특수강도강간죄 등'을 범하여 /

【헌재 판단】 성폭력법 제9조 제1항, 성폭력법 제5조 제2항 등에 의하여 처벌되는 경우에 /

【헌재 판단】 그 죄에 정한 형의 장기 뿐만 아니라 단기의 2배까지 가중하여 처벌하도록 규정하였다 하여 /

【헌재 판단】 이를 두고 범죄와 형벌 사이에 적정한 비례관계가 있어야 한다는 책임원칙에 반하는 과

잉형벌이라 단정할 수는 없다고 할 것이다.

【헌재 판단】 한편 형법 제42조는 "징역 또는 금고는 무기 또는 유기로 하고 유기는 1월 이상 15년[2010 형법 일부개정으로 30년; 저자 주] 이하로 한다. 단, 유기징역 또는 유기금고에 대하여 형을 가중하는 때에는 25년[2010 형법 일부개정으로 50년; 저자 주]까지로 한다."고 규정하고 있는바, /

【헌재 판단】 특히 성폭력법 제5조 제2항의 법정형이 특강법 제3조에 의하여 가중된 결과 그 처단형의 하한이 사실상 징역 20년이 된다고 하더라도, /

【헌재 판단】 법정형을 가중한 처단형의 과잉처벌 여부를 판단함에 있어 처단형이 아닌 법정형의 상한인 징역 15년[2010 형법 일부개정으로 30년; 저자 주]을 기준으로 할 수는 없는 것이고, /

【헌재 판단】 형법 제42조에서도 형이 가중된 경우의 상한을 징역 25년[2010 형법 일부개정으로 50년; 저자 주]으로 규정하고 있는 만큼 /

【헌재 판단】 제4, 제5 심판대상에 관한 특강법 제3조에 따라 가중된 형벌이 책임원칙에 반하는지를 판단함에 있어 형법 제42조에서 정한 법정형의 상한인 징역 15년[2010 형법 일부개정으로 50년; 저자 주]을 기준으로 하여야 할 이유도 없다.

【헌재 요지】 법관의 양형재량과 관련하여 보면, /

【헌재 요지】 입법자가 법정형 책정에 관한 여러 가지 요소를 종합적으로 고려하여 법률 그 자체로써 법관에 의한 양형재량의 범위를 좁혀 놓았다고 하더라도 /

【헌재 요지】 그것이 당해 범죄의 보호법익과 죄질에 비추어 범죄와 형벌 간의 비례의 원칙상 수긍할 수 있는 정도의 합리성이 있다면, /

【헌재 요지】 이러한 법률을 위헌이라고 할 수는 없는바, /

【헌재 판단】 제1 내지 제5 심판대상에 관한 특강법 제3조 부분은 /

【헌재 판단】 형의 단기, 즉 하한의 2배까지 가중하도록 규정하고 있다는 점에서 법관의 양형을 제한하는 면이 없지 않으나, /

【헌재 판단】 반인륜적이고 반사회적인 흉악범죄에 해당하는 특정강력범죄의 재발을 방지하고자 하는 특강법의 입법목적 및 /

【헌재 판단】 특정강력범죄로 이미 형을 받아 그 집행을 종료하거나 면제받은 자가 /

【헌재 판단】 그 후 3년 내에 다시 특정강력범죄인 /

【헌재 판단】 '성폭력법 제9조 제1항의 야간주거침입강제추행치상죄 등' 또는 /

【헌재 판단】 '성폭력법 제5조 제2항의 특수강도강간죄 등'을 저지른 경우에는 /

【헌재 판단】 그 비난가능성이 특히 크다고 보아 엄히 처벌하려는 입법자의 결단에 수긍할 만한 합리적 이유가 있다고 보이는 점 등을 종합하면, /

【헌재 판단】 제1 내지 제5 심판대상에 관한 특강법 제3조 부분이 /

【헌재 판단】 입법재량의 한계를 벗어나 법관의 양형재량을 과도하게 제한하고 있는 것이라고 볼 수 없다.

(2) 형벌체계상의 균형성 및 평등원칙의 위반 여부

【헌재 요지】 (가) 어떤 유형의 범죄에 대하여 특별히 형을 가중할 필요가 있는 경우라 하더라도 /

【헌재 요지】 그 가중의 정도가 통상의 형사처벌과 비교하여 현저히 형벌체계상의 정당성과 균형을 잃은 것이 명백한 경우에는 /

【헌재 요지】 인간의 존엄성과 가치를 보장하는 헌법의 기본원리에 위배될 뿐만 아니라 /

【헌재 요지】 법의 내용에 있어서도 평등의 원칙에 반하는 위헌적 법률이라는 문제가 제기된다.

【헌재 요지】 그러나 법정형의 종류와 범위를 정함에 있어서 고려해야 할 사항 중 가장 중요한 것은 당해 범죄의 보호법익과 죄질로서, /

【헌재 요지】 보호법익이 다르면 법정형의 내용이 다를 수 있고, /

【헌재 요지】 보호법익이 같다고 하더라도 죄질이 다르면 또 그에 따라 법정형의 내용이 달라질 수밖에 없다. /

【헌재 요지】 그러므로 보호법익과 죄질이 서로 다른 둘 또는 그 이상의 범죄를 동일 선상에 놓고 그중 어느 한 범죄의 법정형을 기준으로 하여 단순한 평면적인 비교로써 다른 범죄의 법정형의 과중 여부를 판정하여서는 아니 된다. /

【헌재 판단】 또한 어느 범죄에 대한 법정형의 하한도 여러 가지 요소의 종합적 고려에 따라 입법자가 그 재량으로 결정할 사항이며, /

【헌재 판단】 범죄의 경중과 법정형 하한의 경중이 언제나 반드시 정비례하는 것은 아니고 당해 범죄의 죄질 및 성격에 따라 다르다. /

【헌재 판단】 우리 형법상의 이른바 개인적 법익을 침해하는 죄에 관한 규정들만 보더라도 살인죄보다는 죄질이 가볍다고 볼 수 있는 죄인데도 그 법정형의 하한은 살인죄(사형, 무기 또는 5년 이상의 징역)의 그것보다 높이 규정한 것이 흔히 있는바 /

【헌재 판단】 (예컨대, 제339조의 강도강간죄, 제340조 제2항의 해상강도상해죄 등의 법정형은 모두 "무기 또는 10년 이상의 징역"이고, 제340조 제1항의 해상강도죄 등의 법정형은 "무기 또는 7년 이상의 징역"이다), /

【헌재 판단】 위 형법 규정들이 모두 형벌체계상의 균형을 잃은 것으로서 위헌이라고 단정할 수 없다는 점에서도 분명하다.

【헌재 판단】 한편 우리 재판소는 /

【헌재 판단】 특강법 제3조 중 /

【헌재 판단】 "특정강력범죄로 형을 받아 그 집행을 종료하거나 면제받은 후 3년 이내에 다시 형법 제337조의 강도상해죄를 범한 때에는 그 죄에 정한 형의 장기 및 단기의 2배까지 가중한다."라는 부분이 /

【헌재 판단】 형벌체계상의 정당성과 균형을 잃어 평등원칙에 반하는지 여부에 관한 사건에서 /

【헌재 판단】 "특강법의 입법배경, 생명과 신체의 안전이라는 보호법익의 중대성, /

【헌재 판단】 형법 제337조의 강도상해죄를 범한 누범자의 반사회성과 위험성, /

【헌재 판단】 행위자 책임의 정도 및 일반예방이라는 형사정책의 측면 등을 종합적으로 고려할 때, /

【헌재 판단】 강도상해죄에 특강법 제3조를 적용하여 단기의 2배까지 가중하는 경우 그 법정형이 무기 또는 14년 이상의 징역이 된다 하더라도 /

【헌재 판단】 형법상 강도강간 · 해상강도상해 · 해상강도 등의 법정형과 비교하여 그 형의 하한이

더 높다는 이유만으로 /

【헌재 판단】 그 가중정도가 현저히 형벌체계상의 정당성과 균형을 잃은 것이 명백하여 평등원칙에 반한다고 단징힐 수는 없다."/

【헌재 판단】 (헌재 2008. 12. 26. 2006헌바16, 판례집 20-2하, 618)라고 판시한 바 있다.

【헌재 판단】 (나) 이 사건 제1 내지 제5 심판대상에 관한 특강법 제3조 부분은 /

【헌재 판단】 이전의 특정강력범죄로 형을 받아 그 집행을 종료하거나 면제받은 후 3년 이내에 /

【헌재 판단】 다시 특정강력범죄인 /

【헌재 판단】 '성폭력법 제9조 제1항의 야간주거침입강제추행치상죄 등' 또는 /

【헌재 판단】 '성폭력법 제5조 제2항의 특수강도강간죄 등'을 범한 경우에만 적용되도록 그 요건을 엄격히 하고 있는바, /

【헌재 판단】 이러한 경우는 특강법상 특정강력범죄로 인한 실형을 선고한 전판결의 경고작용에 비추어 행위자에 대한 중대한 책임비난이 가능한 경우라고 판단되고, /

【헌재 판단】 특히 특정강력범죄가 국민의 생명, 신체 등 법익을 심각하게 침해할 가능성이 높고 가정과 사회질서에 대한 혼란을 야기할 수 있는 점, /

【헌재 판단】 이러한 유형의 특정강력범죄를 예방하고 근절하려는 목적에서 특별법으로 제정된 특강법의 입법배경, /

【헌재 판단】 생명과 신체의 안전이라는 보호법익의 중대성, /

【헌재 판단】 '성폭력법 제9조 제1항의 야간주거침입강제추행치상죄 등' 또는 '성폭력법 제5조 제2항의 특수강도강간죄 등'을 범한 누범자의 반사회성과 위험성, /

【헌재 판단】 행위자 책임의 정도 및 /

【헌재 판단】 일반예방이라는 형사정책의 측면 등을 종합적으로 고려할 때, /

【헌재 판단】 '성폭력법 제9조 제1항의 야간주거침입강제추행치상죄 등' 또는 /

【헌재 판단】 '성폭력법 제5조 제2항의 특수강도강간죄 등'에 /

【헌재 판단】 특강법 제3조를 적용하여 단기의 2배까지 가중하는 경우 /

【헌재 판단】 그 처단형이 사실상 무기징역형 외에도 14년/

【헌재 판단】 (제1, 제2 심판대상의 경우에는 10년) 또는 /

【헌재 판단】 20년 이상의 징역이 된다 하더라도, /

【헌재 판단】 단 1회의 범행에도 적용 가능한 강도강간·강도살인·해상강도상해의 법정형(각 무기 또는 10년 이상의 징역)과 비교하여 /

【헌재 판단】 그 법정형의 하한이 더 높거나 같다는 이유만으로 /

【헌재 판단】 그 가중정도가 현저히 형벌체계상의 정당성과 균형을 잃은 것이 명백하여 평등원칙에 반한다고 단정할 수는 없다.

【헌재 판단】 또한 이 사건 제4, 제5 심판대상의 경우 /

【헌재 판단】 성폭력법 제5조 제2항에서 정한 형 중 무기징역형을 선택한 다음 형을 감경하면 /

【헌재 판단】 그 징역형의 하한이 징역 7년[2010 형법 일부개정으로 10년; 저자 주]이 됨에 반하여 /

【헌재 판단】 유기징역형을 선택한 다음 특강법 제3조의 누범가중 이후에 형을 감경하면 /

【헌재 판단】 처단형의 하한이 징역 10년이 되기는 하지만, /

【헌재 판단】 이와 같은 차이는 '법률상 감경'에 따른 효과의 차이일 뿐 /

【헌재 판단】 특강법 제3조 자체에 내포된 문제로 볼 수는 없는 것이다.

(3) 소 결

【헌재 결론】 그렇다면 제1 내지 제5 심판대상이 과중하고 가혹한 형벌을 규정하여 책임원칙에 반한다거나 형벌체계상 균형을 상실하여 평등원칙에 위배되는 조항이라고는 볼 수 없다.

3. 사안에 대한 헌법재판소의 결론

【헌재 결론】 이상과 같은 이유로 특강법 제3조 중 제1 내지 제5 심판대상 부분은 모두 헌법에 위반되지 아니하므로 주문과 같이 결정한다. /

【헌재 결론】 이 결정은 이 사건 제4, 제5 심판대상 부분에 대한 재판관 김종대, 재판관 송두환의 다음 5.와 같은 반대의견이 있는 이외에 /

【헌재 결론】 나머지 관여 재판관 전원의 일치된 의견에 의한 것이다.

2008헌가23

사형제도의 합헌성 여부
사형제도 재차 헌법소원 사건
2010. 2. 25. 2008헌가23, 헌집 22-1상, 36

1. 사실관계 및 사건의 경과

【사실관계】

① 갑은 2회에 걸쳐 4명을 살해하고 그 중 3명의 여성을 추행한 범죄사실로 구속기소되었다.

② 갑은 1심인 광주지방법원 순천지원에서 다음의 법령이 적용되어 사형을 선고받았다.

　(가) 형법 제250조 제1항

　(나) 「성폭력범죄의 처벌 및 피해자보호 등에 관한 법률」 제10조 제1항

③ 갑은 광주고등법원에 항소하였다.

④ 갑은 항소심 재판 계속 중 광주고등법원에 사형을 규정한 형법 조문에 대해 위헌법률심판제청을 하였다.

⑤ 2008. 9. 17. 광주고등법원은 사형 관련 형법 조문들에 대해 위헌이라고 의심할 만한 상당한 이유가 있다며 위헌법률심판제청결정을 하였다.

【사건의 경과】

① 헌법재판소는 종전에 사형제도에 대해 합헌결정을 내린 바가 있었다(1996. 11. 28. 95헌바1).

② 헌법재판소는 광주고등법원의 위헌법률심판제청결정에 대해 본안 판단을 하기로 하였다.

③ 헌법재판소는 심판의 대상을 다음의 조문으로 정하였다.

    (가) 형법(1953. 9. 18. 법률 제293호로 제정된 것) 제41조 제1호

    (나) 형법 제41조 제2호 및 제42조 중 각 '무기징역' 부분

    (다) 형법 제72조 제1항 중 '무기징역' 부분

    (라) 형법 제250조 제1항 중 '사형, 무기의 징역에 처한다.'는 부분

    (마) 구「성폭력범죄의 처벌 및 피해자보호 등에 관한 법률」(1997. 8. 22. 법률 제5343호로 개정되고 2008. 6. 13. 법률 제9110호로 개정되기 전의 것, 이하 '구 성폭력법'이라 한다) 제10조 제1항 중 '사형 또는 무기징역에 처한다.'는 부분

④ 헌법재판소는 5 대 4로 의견이 나뉘었다.

⑤ 헌법재판소는 다수의견에 따라 합헌으로 결정하였다.

⑥ (지면관계로 무기징역 위헌 여부와 살인죄 등 개별 형벌법규의 위헌성 판단 부분은 생략함)

⑦ (지면관계로 다수의견만 소개함)

⑧ (판례분석의 소제목은 판례 원문에 의함)

2. 사안에 대한 헌법재판소의 판단

가. 형법 제41조 제1호(사형제도)의 위헌 여부

(1) 사형제도의 의의 및 현황

【헌재 판단】 형법 제41조 제1호는 형의 종류의 하나로서 사형을 규정하고 있고, /

【헌재 판단】 사형은 인간존재의 바탕인 생명을 빼앗아 사람의 사회적 존재를 말살하는 형벌이므로 생명의 소멸을 가져온다는 의미에서 생명형이자, 성질상 모든 형벌 중에서 가장 무거운 형벌이라는 의미에서 극형인 궁극의 형벌이다. /

【헌재 판단】 사형은 국가형사정책적인 측면과 인도적인 측면에서 비판이 되어 오기도 하였으나 인류 역사상 가장 오랜 역사를 가진 형벌의 하나로서 범죄에 대한 근원적인 응보방법이며 또한 가장 효과적인 일반예방법으로 인식되어 왔고, /

【헌재 판단】 우리나라에서는 고대의 소위 기자 8조금법(箕子 八條禁法)에 "상살자 이사상(相殺者 以死償)"이라고 규정된 이래 현행의 형법 및 특별형법에 이르기까지 계속하여 하나의 형벌로 인정되어 오고 있다.

【헌재 분석】 우리나라의 현행 형법과 특별형법에는 사형을 법정형으로 규정한 조문들이 있는바, /

【헌재 분석】 형법의 경우 각칙에서 21개 조항이 사형을 법정형으로 규정하고 있는데, /

【헌재 분석】 이 중 여적죄(형법 제93조)만이 절대적 법정형으로 사형만을 규정하고 있고, 나머지는 모두 상대적 법정형으로 규정하고 있으며, /

【헌재 분석】 특별형법의 경우 20여개의 특별형법에 사형을 법정형으로 규정한 조문들이 있고, 그 가운데에는 절대적 법정형으로 사형을 규정한 것도 있다.

【헌재 분석】 한편, 전세계적으로 보아 2008년 말 기준으로 사형이 존치하는 국가는 미국, 일본, 중

국, 대만, 인도 등 105개국으로서 /

【헌재 분석】 그 중 전쟁범죄를 제외한 일반범죄에 대하여 사형을 폐지한 국가는 10개국이고, /

【헌재 분석】 최근 10년 이상 사형집행을 하지 않은 국가는 36개국이다. /

【헌재 분석】 모든 범죄에 대한 사형을 폐지한 국가는 독일, 프랑스, 스웨덴, 필리핀 등 92개국이다.

【헌재 분석】 우리나라에서 사형의 집행은 1997. 12. 30. 이후로는 이루어진 적이 없으나, 사형의 선고는 계속되고 있으며, /

【헌재 분석】 헌법재판소는 사형을 형의 종류의 하나로서 규정한 형법 제41조 제1호(사형제도) 및 사형을 법정형의 하나로 규정한 살인죄 조항인 형법 제250조 제1항에 대하여 1996. 11. 28. 95헌바1 사건에서 합헌결정을 한 바 있다.

(2) 생명권의 의의 및 사형제도 자체의 위헌성 심사에 있어서의 쟁점

【헌재 판단】 인간의 생명은 고귀하고, 이 세상에서 무엇과도 바꿀 수 없는 존엄한 인간 존재의 근원이다. /

【헌재 판단】 이러한 생명에 대한 권리는 비록 헌법에 명문의 규정이 없다 하더라도 인간의 생존본능과 존재목적에 바탕을 둔 선험적이고 자연법적인 권리로서 헌법에 규정된 모든 기본권의 전제로서 기능하는 기본권 중의 기본권이라 할 것이다. /

【헌재 판단】 따라서 인간의 생명권은 최대한 존중되어야 하고, /

【헌재 판단】 국가는 헌법상 용인될 수 있는 정당한 사유 없이 생명권을 박탈하는 내용의 입법 등을 하여서는 아니될 뿐만 아니라, /

【헌재 판단】 한편으로는 사인의 범죄행위로 인해 일반국민의 생명권이 박탈되는 것을 방지할 수 있는 입법 등을 함으로써 일반국민의 생명권을 최대한 보호할 의무가 있다.

【헌재 판단】 사형은 이러한 생명권에 대한 박탈을 의미하므로, 만약 그것이 형벌의 목적달성에 필요한 정도를 넘는 과도한 것으로 평가된다면 우리 헌법의 해석상 허용될 수 없는 위헌적인 형벌이라고 하지 않을 수 없을 것이다.

【헌재 요지】 그런데 사형제도가 위헌인지 여부의 문제와 형사정책적인 고려 등에 의하여 사형제도를 법률상 존치시킬 것인지 또는 폐지할 것인지의 문제는 서로 구분되어야 할 것이다. /

【헌재 요지】 즉, 사형제도가 위헌인지 여부의 문제는 성문 헌법을 비롯한 헌법의 법원(法源)을 토대로 헌법규범의 내용을 밝혀 사형제도가 그러한 헌법규범에 위반하는지 여부를 판단하는 것으로서 헌법재판소에 최종적인 결정권한이 있는 반면, /

【헌재 요지】 사형제도를 법률상 존치시킬 것인지 또는 폐지할 것인지의 문제는 사형제도의 존치가 필요하거나 유용한지 또는 바람직한지에 관한 평가를 통하여 민주적 정당성을 가진 입법부가 결정할 입법정책적 문제이지 헌법재판소가 심사할 대상은 아니라 할 것이다. /

【헌재 판단】 유럽의 선진 각국을 비롯하여 사형제도를 폐지한 대다수의 국가에서 헌법해석을 통한 헌법재판기관의 위헌결정이 아닌 헌법개정이나 입법을 통하여 사형제도의 폐지가 이루어졌다는 점은 위와 같은 구분과 관련하여 시사하는 바가 크다.

【헌재 판단】 또한 사형제도 자체의 위헌성 여부를 심사하는 것과 사형을 법정형으로 규정하고 있는

개별 형벌조항의 위헌성 여부를 심사하는 것 역시 구분되어야 할 것이다. /

【헌재 판단】 즉, 사형제도 자체가 위헌이라고 선언되려면, 잔혹한 방법으로 수많은 인명을 살해한 연쇄살인범이나 테러범, 내란학살을 주도한 자, 계획적이고 조직적으로 타인의 생명을 박탈한 살인범 등 타인의 생명을 박탈한 범죄 중에서도 극악한 범죄 및 이에 준하는 범죄에 대한 어떠한 사형 선고조차도 모두 헌법에 위반된다고 인정할 수 있어야 한다. /

【헌재 판단】 따라서 만약, 극악한 범죄 중 극히 일부에 대하여서라도 헌법질서내에서 사형이 허용될 수 있다고 한다면, 사형제도 자체가 위헌이라고 할 수는 없고, /

【헌재 판단】 다만, 사형제도 자체의 합헌성을 전제로 하여 사형이 허용되는 범죄유형을 어느 범위까지 인정할 것인지가 문제될 뿐이며, /

【헌재 판단】 이는 개별 형벌조항의 위헌성 여부의 판단을 통하여 해결할 문제라고 할 것이다.

【헌재 분석】 따라서 위와 같은 구분을 전제로 하여, /

【헌재 분석】 우리 헌법이 명문으로 사형제도를 인정하고 있는지, /

【헌재 분석】 생명권이 헌법 제37조 제2항에 의한 일반적 법률유보의 대상이 되는지, /

【헌재 분석】 사형제도가 생명권 제한에 있어서의 헌법상 비례원칙에 위배되는지, /

【헌재 분석】 사형제도가 인간의 존엄과 가치를 규정한 헌법 제10조에 위배되는지를 차례로 살펴본다.

(3) 우리 헌법이 명문으로 사형제도를 인정하고 있는지 여부

【헌재 분석】 우리 헌법은 사형제도에 대하여 그 금지나 허용을 직접적으로 규정하고 있지는 않다. /

【헌재 분석】 그러나, 헌법 제12조 제1항은 "모든 국민은 …… 법률과 적법절차에 의하지 아니하고는 처벌·보안처분 또는 강제노역을 받지 아니한다."고 규정하는 한편, /

【헌재 분석】 헌법 제110조 제4항은 "비상계엄하의 군사재판은 군인·군무원의 범죄나 군사에 관한 간첩죄의 경우와 초병·초소·유독음식물공급·포로에 관한 죄 중 법률이 정한 경우에 한하여 단심으로 할 수 있다. 다만, 사형을 선고한 경우에는 그러하지 아니하다."고 규정하고 있다. /

【헌재 판단】 이는 법률에 의하여 사형이 형벌로서 규정되고, 그 형벌조항의 적용으로 사형이 선고될 수 있음을 전제로 하여, /

【헌재 판단】 사형을 선고한 경우에는 비상계엄하의 군사재판이라도 단심으로 할 수 없고, 사법절차를 통한 불복이 보장되어야 한다는 취지의 규정이라 할 것이다.

【헌재 판단】 따라서 우리 헌법은 적어도 문언의 해석상 사형제도를 간접적으로나마 인정하고 있다고 할 것이다.

(4) 생명권이 헌법 제37조 제2항에 의한 일반적 법률유보의 대상이 되는지 여부

【헌재 분석】 인간의 생명에 대하여는 함부로 사회과학적 혹은 법적인 평가가 행하여져서는 아니되고, 각 개인의 입장에서 그 생명은 절대적 가치를 가진다고 할 것이므로 /

【헌재 분석】 생명권은 헌법 제37조 제2항에 따른 제한이 불가능한 절대적 기본권이 아닌지가 문제될 수 있다.

【헌재 판단】 그런데 우리 헌법은 절대적 기본권을 명문으로 인정하고 있지 아니하며, /

【헌재 판단】 헌법 제37조 제2항에서는 국민의 모든 자유와 권리는 국가안전보장·질서유지 또는

공공복리를 위하여 필요한 경우에 한하여 법률로써 제한할 수 있도록 규정하고 있는바, /

【헌재 요지】 어느 개인의 생명권에 대한 보호가 곧바로 다른 개인의 생명권에 대한 제한이 될 수밖에 없거나, /

【헌재 요지】 특정한 인간에 대한 생명권의 제한이 일반국민의 생명 보호나 이에 준하는 매우 중대한 공익을 지키기 위하여 불가피한 경우에는 /

【헌재 요지】 비록 생명이 이념적으로 절대적 가치를 지닌 것이라 하더라도 생명에 대한 법적 평가가 예외적으로 허용될 수 있다고 할 것이므로, /

【헌재 요지】 생명권 역시 헌법 제37조 제2항에 의한 일반적 법률유보의 대상이 될 수밖에 없다.

【헌재 판단】 예컨대 생명에 대한 현재의 급박하고 불법적인 침해 위협으로부터 벗어나기 위한 정당방위로서 그 침해자의 생명에 제한을 가하여야 하는 경우, /

【헌재 판단】 모체의 생명이 상실될 우려가 있어 태아의 생명권을 제한하여야 하는 경우, /

【헌재 판단】 국민 전체의 생명에 대하여 위협이 되는 현재적이고 급박한 외적의 침입에 대한 방어를 위하여 부득이하게 국가가 전쟁을 수행하는 경우, /

【헌재 판단】 정당한 이유 없이 타인의 생명을 부정하거나 그에 못지 아니한 중대한 공공이익을 침해하는 극악한 범죄의 발생을 예방하기 위하여 범죄자에 대한 극형의 부과가 불가피한 경우 등 /

【헌재 판단】 매우 예외적인 상황 하에서 국가는 생명에 대한 법적인 평가를 통해 특정 개인의 생명권을 제한할 수 있다 할 것이다.

【헌재 판단】 한편, 헌법 제37조 제2항에서는 자유와 권리를 제한하는 경우에도 자유와 권리의 본질적인 내용을 침해할 수 없다고 규정하고 있다. /

【헌재 판단】 그런데 생명권의 경우, 다른 일반적인 기본권 제한의 구조와는 달리, 생명의 일부 박탈이라는 것은 상정할 수 없기 때문에 생명권에 대한 제한은 필연적으로 생명권의 완전한 박탈을 의미하게 되는바, /

【헌재 판단】 이를 이유로 생명권의 제한은 어떠한 상황에서든 곧바로 개인의 생명권의 본질적인 내용을 침해하는 것으로서 기본권 제한의 한계를 넘는 것으로 본다면, /

【헌재 판단】 이는 생명권을 제한이 불가능한 절대적 기본권으로 인정하는 것과 동일한 결과를 가져오게 된다.

【헌재 판단】 그러나 앞서 본 바와 같이 생명권 역시 그 제한을 정당화할 수 있는 예외적 상황 하에서는 헌법상 그 제한이 허용되는 기본권인 점 및 /

【헌재 판단】 생명권 제한구조의 특수성을 고려한다면, /

【헌재 판단】 생명권 제한이 정당화될 수 있는 예외적인 경우에는 생명권의 박탈이 초래된다 하더라도 곧바로 기본권의 본질적인 내용을 침해하는 것이라 볼 수는 없다. /

【헌재 요지】 따라서 사형이 비례의 원칙에 따라 최소한 동등한 가치가 있는 다른 생명 또는 그에 못지 아니한 공공의 이익을 보호하기 위한 불가피성이 충족되는 예외적인 경우에만 적용됨으로써 생명권의 제한이 정당화될 수 있는 경우에는, /

【헌재 요지】 그것이 비록 생명권의 박탈을 초래하는 형벌이라 하더라도 이를 두고 곧바로 생명권이라는 기본권의 본질적인 내용을 침해하는 것이라 볼 수는 없다.

(5) 사형제도가 생명권 제한에 있어서의 헌법상 비례원칙에 위배되는지 여부

【헌재 분석】 (가) 앞서 본 바와 같이, 생명권 역시 헌법 제37조 제2항에 의한 일반적 법률유보의 대상이 될 수 있다 할 것이므로, /

【헌재 분석】 생명권의 제한을 형벌의 내용으로 하는 사형제도의 위헌성 여부를 판단하기 위하여 사형제도가 생명권 제한에 있어서의 헌법상 비례원칙에 위배되는지 여부를 살펴본다.

나. 입법목적의 정당성 및 수단의 적합성

【헌재 판단】 사형은, 이를 형벌의 한 종류로 규정함으로써, /

【헌재 판단】 일반국민에 대한 심리적 위하를 통하여 범죄의 발생을 예방하며, /

【헌재 판단】 이를 집행함으로써 극악한 범죄에 대한 정당한 응보를 통하여 정의를 실현하고, /

【헌재 판단】 당해 범죄인 자신에 의한 재범의 가능성을 영구히 차단함으로써 사회를 방어한다는 공익상의 목적을 가진 형벌인바, /

【헌재 판단】 이러한 사형제도의 입법목적은 정당하다고 할 것이다.

【헌재 판단】 나아가 사형은 인간의 죽음에 대한 공포본능을 이용한 가장 냉엄한 궁극의 형벌로서 이를 통한 일반적 범죄예방효과가 있다고 볼 수 있으므로 /

【헌재 판단】 일반적 범죄예방목적을 달성하기 위한 적합한 수단이라 할 것이다. /

【헌재 판단】 또한 잔혹한 방법으로 다수의 인명을 살해하는 등의 극악한 범죄의 경우, /

【헌재 판단】 그 법익침해의 정도와 범죄자의 책임의 정도는 가늠할 수 없을 만큼 심대하다 할 것이며, /

【헌재 판단】 수많은 피해자 가족들의 형언할 수 없는 슬픔과 고통, 분노 및 일반국민이 느낄 불안과 공포, 분노까지 고려한다면, /

【헌재 판단】 이러한 극악한 범죄에 대하여는 우리 헌법질서가 허용하는 한도 내에서 그 불법정도와 책임에 상응하는 강력한 처벌을 함이 정의의 실현을 위하여 필수불가결하다 할 것인바, /

【헌재 판단】 가장 무거운 형벌인 사형은 이러한 정당한 응보를 통한 정의의 실현을 달성하기 위한 적합한 수단이라 할 것이다.

다. 피해의 최소성

【헌재 판단】 1) 특정 범죄와 그 법정형 사이에 적정한 비례관계가 존재하는 일반적인 상황하에서는, /

【헌재 판단】 형벌이 무거울수록, 즉, 형벌 부과에 의한 범죄자의 법익침해 정도가 커질수록 범죄를 실행하려는 자의 입장에서는 범죄를 통하여 얻을 수 있는 이익에 비하여 범죄로 인하여 부과될 수 있는 불이익이 보다 커지게 됨으로써 /

【헌재 판단】 그 범죄행위를 포기하게 될 가능성이 커진다고 볼 수 있다. /

【헌재 판단】 따라서, 우리 형법체계에 비추어 보면, 일반적으로 벌금형보다는 징역형이, 단기의 징역형보다는 장기의 징역형이, 유기징역형보다는 무기징역형이 범죄억지효과가 크다고 봄이 상당하다. /

【헌재 판단】 특히, 무기징역형이나 사형의 대체형벌로 논의될 수 있는 가석방이 불가능한 종신형을 선고받은 범죄자의 경우 사회로부터의 격리라는 자유형의 집행 목적에 반하지 아니하는 한도 내에서

는 인격권 등의 기본권을 그대로 가지는 반면, /

【헌재 판단】 사형을 선고받은 범죄자는 사형집행으로 인하여 생명을 박탈당함으로써 인간의 생존을 전제로 한 모든 자유와 권리까지 동시에 전면적으로 박탈당한다는 점에 비추어 보면, /

【헌재 판단】 한 인간에게 있어서 가장 소중한 생명을 박탈하는 내용의 사형은 무기징역형이나 가석방이 불가능한 종신형보다도 범죄자에 대한 법익침해의 정도가 크다 할 것이다. /

【헌재 판단】 여기에다 인간의 생존본능과 죽음에 대한 근원적인 공포까지 고려하면, 사형은 잠재적 범죄자를 포함하는 모든 일반국민에 대하여 무기징역형이나 가석방이 불가능한 종신형보다 더 큰 위하력을 발휘함으로써 가장 강력한 범죄억지력을 가지고 있다고 봄이 상당하다. /

【헌재 판단】 따라서 입법자가 이러한 범죄와 형벌의 본질 및 그 관계, 인간의 본성 등을 바탕으로 하여 사형이 무기징역형 등 자유형보다 더 큰 일반적 범죄예방효과를 가지고 있다고 보아 형벌의 한 종류로 규정한 이상, 이러한 입법자의 판단은 존중되어야 할 것이고, /

【헌재 판단】 이와 달리 무기징역형이나 가석방이 불가능한 종신형이 사형과 동일한 혹은 오히려 더 큰 일반적 범죄예방효과를 가지므로 사형을 대체할 수 있다는 주장은 이를 인정할 만한 명백한 근거가 없는 이상 받아들일 수 없다.

【헌재 판단】 나아가 이와 같이 사형이 무기징역형이나 가석방이 불가능한 종신형보다 일반적 범죄예방효과가 크다고 볼 수 있는 이상, 무기징역형 등 자유형보다 사형을 통하여 살인범죄 등 극악한 범죄의 발생을 보다 더 감소시킬 수 있다 할 것이다. /

【헌재 판단】 이는 무고하게 살해되는 일반국민의 수가 사형제도의 영향으로 감소될 수 있다는 것, 즉, 무고한 생명의 일부라도 사지(死地)로부터 구해낼 수 있다는 것을 의미한다. /

【헌재 판단】 그리고 설령 사형과 무기징역형 등 자유형 사이의 일반적 범죄예방효과 차이가 탁월하게 크지는 아니하여 사형제도로 인하여 보다 더 구제되는 무고한 생명의 수가 월등히 많지는 않다고 하더라도, /

【헌재 판단】 구제되는 생명의 수의 많고 적음을 떠나, 이러한 무고한 국민의 생명 보호는 결코 양보하거나 포기할 수 있는 성질의 것이 아니라 할 것이다.

【헌재 판단】 2) 또한 잔혹한 방법으로 다수의 인명을 살해한 범죄 등 극악한 범죄의 경우에는, 범죄자에 대한 무기징역형이나 가석방이 불가능한 종신형의 선고만으로는 형벌로 인한 범죄자의 법익침해 정도가 당해 범죄로 인한 법익침해의 정도 및 범죄자의 책임에 미치지 못하게 되어 범죄와 형벌 사이의 균형성을 잃게 될 뿐만 아니라 이로 인하여 피해자들의 가족 및 일반국민의 정의관념에도 부합하지 못하게 된다. /

【헌재 판단】 결국, 극악한 범죄에 대한 정당한 응보를 통한 정의의 실현이라는 목적을 달성함에 있어서 사형보다 범죄자에 대한 법익침해의 정도가 작은 무기징역형이나 가석방이 불가능한 종신형은 사형만큼의 효과를 나타낸다고 보기 어렵다.

【헌재 분석】 3) 한편, 생명을 박탈하는 형벌인 사형은 그 성격상 이미 형이 집행되고 난 후에는 오판임이 밝혀지더라도 범죄자의 기본권 제한을 회복할 수 있는 수단이 없다는 점에서 최소침해성원칙에 위배되는지 여부가 문제된다.

【헌재 판단】 그런데, 인간은 완벽한 존재일 수가 없고 그러한 인간이 만들어낸 어떠한 사법제도 역

시 결점이 없을 수는 없다는 점에 비추어 보면, 형사재판에 있어서의 오판가능성은 사법제도가 가지는 숙명적 한계라고 할 것이지 사형이라는 형벌제도 자체의 문제라고 보기는 어렵다. /

【헌재 판단】 따라서 오판가능성 및 그 회복의 문제는, 피고인의 방어권을 최대한 보장하고, 엄격한 증거조사절차를 거쳐 유죄를 인정하도록 하는 형사공판절차제도와 오판을 한 하급심 판결이나 확정된 판결을 시정할 수 있는 심급제도, 재심제도 등의 제도적 장치 및 그에 대한 개선을 통하여 오판가능성을 최소화함으로써 해결할 문제이지, /

【헌재 판단】 이를 이유로 사형이라는 형벌의 부과 자체를 최소침해성원칙에 어긋나 위헌이라고 할 수는 없다.

【헌재 판단】 4) 위에서 살펴본 바와 같이, 사형은 그보다 완화된 형벌인 무기징역형이나 가석방이 불가능한 종신형에 비하여 일반적 범죄예방목적 및 정당한 응보를 통한 정의의 실현이라는 목적을 달성함에 있어서 더 효과적인 수단이라고 할 것이고, /

【헌재 판단】 위와 같은 입법목적의 달성에 있어서 사형과 동일한 효과를 나타내면서도 사형보다 범죄자에 대한 법익침해 정도가 작은 다른 형벌이 명백히 존재한다고 보기 어려우므로 사형제도는 최소침해성원칙에 어긋난다고 할 수 없다.

라. 법익의 균형성

【헌재 판단】 모든 인간의 생명은 자연적 존재로서 동등한 가치를 갖는다고 할 것이나 /

【헌재 판단】 그 동등한 가치가 서로 충돌하게 되거나 생명의 침해에 못지아니한 중대한 공익을 침해하는 등의 경우에는 /

【헌재 판단】 국민의 생명 등을 보호할 의무가 있는 국가로서는 어떠한 생명 또는 법익이 보호되어야 할 것인지 그 규준을 제시할 수 있는 것이다. /

【헌재 판단】 인간의 생명을 부정하는 등의 범죄행위에 대한 불법적 효과로서 지극히 한정적인 경우에만 부과되는 사형은 죽음에 대한 인간의 본능적인 공포심과 범죄에 대한 응보욕구가 서로 맞물려 고안된 "필요악"으로서 불가피하게 선택된 것이며 지금도 여전히 제 기능을 하고 있다는 점에서 정당화될 수 있다.

【헌재 판단】 나아가 사형으로 인하여 침해되는 사익은 타인의 생명을 박탈하는 등의 극악한 범죄를 저지른 자의 생명 박탈이라 할 것인바, /

【헌재 판단】 이는 범죄자의 자기책임에 기초한 형벌효과에 기인한 것으로서 엄격하고 신중한 형사소송절차를 거쳐 생명이 박탈된다는 점에서, 극악무도한 범죄행위로 인하여 무고하게 살해당하였거나 살해당할 위험이 있는 일반국민의 생명권 박탈 및 그 위험과는 동일한 성격을 가진다고 보기 어렵고, /

【헌재 판단】 두 생명권이 서로 충돌하게 될 경우 범죄행위로 인한 무고한 일반국민의 생명권 박탈의 방지가 보다 우선시되어야 할 가치라 할 것이다.

【헌재 판단】 따라서 사형제도에 의하여 달성되는 범죄예방을 통한 무고한 일반국민의 생명 보호 등 중대한 공익의 보호와 정의의 실현 및 사회방위라는 공익은 사형제도로 발생하는 극악한 범죄를 저지른 자의 생명권 박탈이라는 사익보다 결코 작다고 볼 수 없을 뿐만 아니라, /

【헌재 판단】 다수의 인명을 잔혹하게 살해하는 등의 극악한 범죄에 대하여 한정적으로 부과되는 사

형이 그 범죄의 잔혹함에 비하여 과도한 형벌이라고 볼 수 없으므로, /

【헌재 판단】 사형제도는 법익균형성원칙에 위배되지 아니한다.

【헌재 판단】 (마) 결국 사형이 극악한 범죄에 한정적으로 선고되는 한, 사형제도 자체는 위에서 살펴 본 바와 같이 입법목적의 정당성, 수단의 적합성, 피해의 최소성, 법익균형성 등을 모두 갖추었으므로 생명권 제한에 있어서의 헌법상 비례원칙에 위배되지 아니한다.

(6) 사형제도가 인간의 존엄과 가치를 규정한 헌법 제10조에 위배되는지 여부

【헌재 분석】 헌법 제10조는 "모든 국민은 인간으로서의 존엄과 가치를 가지며, 행복을 추구할 권리 를 가진다. 국가는 개인이 가지는 불가침의 기본적 인권을 확인하고 이를 보장할 의무를 진다."라고 하 여 모든 기본권의 종국적 목적이자 기본이념이라 할 수 있는 인간의 존엄과 가치를 규정하고 있다. /

【헌재 판단】 이러한 인간의 존엄과 가치 조항은 헌법이념의 핵심으로 국가는 헌법에 규정된 개별적 기본권을 비롯하여 헌법에 열거되지 아니한 자유와 권리까지도 이를 보장하여야 하고, /

【헌재 판단】 이를 통하여 개별 국민이 가지는 인간으로서의 존엄과 가치를 존중하고 확보하여야 한 다는 헌법의 기본원리를 선언한 것이라 할 것이다.

【헌재 판단】 그런데 사형제도가 범죄자의 생명권 박탈을 그 내용으로 하고 있으므로 인간의 존엄과 가치를 규정한 헌법 제10조에 위배되는지에 관하여 보건대, /

【헌재 판단】 앞서 살펴본 바와 같이, 사형제도 자체는 우리 헌법이 적어도 문언의 해석상 간접적으 로나마 인정하고 있는 형벌의 한 종류일 뿐만 아니라, /

【헌재 판단】 사형이 극악한 범죄에 한정적으로 선고되는 한, 기본권 중의 기본권이라고 할 생명권을 제한함에 있어서 헌법상 비례원칙에 위배되지 아니한다고 할 것인바, /

【헌재 판단】 이와 같이 사형제도가 인간존엄성의 활력적인 기초를 의미하는 생명권 제한에 있어서 헌법 제37조 제2항에 의한 헌법적 한계를 일탈하였다고 볼 수 없는 이상, /

【헌재 판단】 사형제도가 범죄자의 생명권 박탈을 내용으로 한다는 이유만으로 곧바로 인간의 존엄 과 가치를 규정한 일반조항인 헌법 제10조에 위배되어 위헌이라고 할 수는 없다.

【헌재 판단】 또한 사형은 형벌의 한 종류로서, 앞서 살펴본 바와 같이, 다수의 무고한 생명을 박탈하 는 살인범죄 등의 극악한 범죄에 예외적으로 부과되는 한, 그 내용이 생명권 제한에 있어서의 헌법적 한계를 일탈하였다고 볼 수 없을 뿐만 아니라, /

【헌재 판단】 사형제도는 공익의 달성을 위하여 무고한 국민의 생명을 그 수단으로 삼는 것이 아니라, /

【헌재 판단】 형벌의 경고기능을 무시하고 극악한 범죄를 저지른 자에 대하여 그 중한 불법 정도와 책임에 상응하는 형벌을 부과하는 것으로서 이는 당해 범죄자가 스스로 선택한 잔악무도한 범죄행위 의 결과라 할 것인바, /

【헌재 판단】 이러한 형벌제도를 두고 범죄자를 오로지 사회방위라는 공익 추구를 위한 객체로만 취 급함으로써 범죄자의 인간으로서의 존엄과 가치를 침해한 것으로 보아 위헌이라고 할 수는 없다.

【헌재 판단】 한편, 사형을 선고하는 법관이나 이를 집행하여야 하는 교도관 등은 인간의 생명을 박 탈하는 사형을 선고하거나 집행하는 과정에서 인간으로서의 자책감을 가지게 될 여지가 있다고 할 것 이나, /

【헌재 판단】 이는 사형제도가 본래 목적한 바가 아니고 사형의 적용 및 집행이라는 과정에서 필연적으로 발생하게 되는 부수적인 결과일 뿐이다. /

【헌재 판단】 물론 사형을 직접 집행하는 교도관의 자책감 등을 최소화할 수 있는 사형집행방법의 개발 등은 필요하다고 할 것이지만, /

【헌재 판단】 앞서 살펴본 바와 같이, 사형제도는 무고한 일반국민의 생명 보호 등 극히 중대한 공익을 보호하기 위한 것으로서 생명권 제한에 있어서의 헌법적 한계를 일탈하였다고 할 수 없는 이상, /

【헌재 판단】 이러한 공익을 보호하여야 할 공적 지위에 있는 법관 및 교도관 등은 다른 형벌의 적용, 집행과 마찬가지로 사형의 적용, 집행을 수인할 의무가 있다고 할 것이다. /

【헌재 판단】 따라서 법관 및 교도관 등이 인간적 자책감을 가질 수 있다는 이유만으로 사형제도가 법관 및 교도관 등을 공익 달성을 위한 도구로서만 취급하여 그들의 인간으로서의 존엄과 가치를 침해하는 위헌적인 형벌제도라고 할 수는 없다.

(7) 소결론

【헌재 판단】 앞서 살펴본 바와 같이, 형법 제41조 제1호 규정의 사형제도 자체는 우리의 현행 헌법이 스스로 예상하고 있는 형벌의 한 종류이기도 할 뿐만 아니라 생명권 제한에 있어서의 헌법 제37조 제2항에 의한 한계를 일탈하였다고 할 수 없고, /

【헌재 판단】 인간의 존엄과 가치를 규정한 헌법 제10조에 위배된다고 볼 수 없으므로 헌법에 위반되지 아니한다고 할 것이다.

【헌재 판단】 국가는 때로 보다 더 소중한 가치를 지키기 위하여 소중한 가치를 포기할 수밖에 없는 상황에 직면하게 되기도 한다. /

【헌재 판단】 사형제도 역시, 무고한 일반국민의 생명이나 이에 준하는 중대한 공익을 지키기 위하여 이를 파괴하는 잔악무도한 범죄를 저지른 자의 생명을 박탈할 수밖에 없는 국가의 불가피한 선택의 산물이라고 할 것이다.

【헌재 판단】 다만, 사형이란 형벌이 무엇보다 고귀한 인간의 생명을 박탈하는 극형임에 비추어, /

【헌재 판단】 우리의 형사관계법령에 사형을 법정형으로 규정하고 있는 법률조항들이 과연 행위의 불법과 형벌 사이에 적정한 비례관계를 유지하고 있는지를 개별적으로 따져 보아야 할 것임은 물론 /

【헌재 판단】 나아가 비록 법정형으로서의 사형이 적정한 것이라 하더라도 이를 선고함에 있어서는 특히 신중을 기하여야 할 것이다.

【헌재 판단】 (중략)

3. 사안에 대한 헌법재판소의 결론

【헌재 결론】 이상과 같은 이유로 이 사건 심판대상 중 형법 제72조 제1항 중 '무기징역' 부분은 부적법하고, /

【헌재 결론】 나머지 부분은 모두 헌법에 위반되지 아니하므로 주문과 같이 결정한다.

【헌재 결론】 이 결정에는 재판관 이강국의 형법 제41조 제1호에 대한 다음 6.과 같은 보충의견, /

【헌재 결론】 재판관 민형기의 형법 제41조 제1호에 대한 다음 7.과 같은 보충의견, /

【헌재 결론】 재판관 송두환의 형법 제41조 제1호에 대한 다음 8.과 같은 보충의견, /
【헌재 결론】 재판관 조대현의 형법 제41조 제1호에 대한 다음 9.와 같은 일부위헌의견, /
【헌재 결론】 재판관 김희옥의 형법 제41조 제1호에 대한 다음 10.과 같은 위헌의견, /
【헌재 결론】 재판관 김종대의 형법 제41조 제1호에 대한 다음 11.과 같은 위헌의견, /
【헌재 결론】 재판관 목영준의 형법 제41조 제1호, 제41조 제2호 및 제42조 중 각 '무기징역' 부분에 대한 다음 12.와 같은 위헌의견이 있는 외에는 /
【헌재 결론】 나머지 관여 재판관 전원의 의견이 일치되었다.

2008헌바106

죄형법정주의와 성문법률주의
농협정관 벌칙위임 사건
2010. 7. 29. 2008헌바106, 헌집 22-2상, 288

1. 사실관계 및 사건의 경과

【사실관계】
① 농업협동조합법은 임원선거와 관련하여 정관이 정하는 방법 외의 방법으로 선거운동을 할 수 없다고 규정하고 있다.
② 농업협동조합법은 이에 위반하는 행위를 형사처벌하고 있다.
③ 갑은 지역신문(M뉴스) 발행인이다.
④ 2007. 5. 21. 및 5. 22. 갑은 경남 H군 M농협 조합장 선거의 조합장 예비후보자가 언론사 대표를 매수하였다는 내용이 담긴 M뉴스를 배포하였다. (㉮사건)

【사건의 경과 1】
① 검사는 갑을 농협의 정관이 정하는 방법 외의 방법으로 선거운동을 하여 농업협동조합법의 관계규정을 위반하였다는 혐의로 기소하였다.
② 창원지방법원 진주지원은 유죄를 인정하여 징역 2년을 선고하였다.
③ 갑은 창원지방법원에 항소하였다.
④ ㉮사건의 항소심 재판계속 중 갑은 농업협동조합법의 관련규정에 대해 위헌심판 제청신청을 하였다.
⑤ 2008. 9. 4. 창원지방법원 항소부는 위헌법률심판 제청신청을 기각하였다.
⑥ 2008. 9. 25. 갑은 헌법재판소에 헌법소원심판을 청구하였다.

【사건의 경과 2】
① 갑은 ㉮사건의 항소심에서도 유죄가 인정되었다.
② 갑은 불복 상고하였다.
③ 2008. 12. 11. 대법원은 상고를 기각하였다.
④ 갑의 ㉮사건에 대한 형은 확정되었다.

⑤ (지면관계로 헌법재판소의 다수의견만 소개함)

⑥ (판례분석의 소제목은 판례 원문에 따름)

【참조조문】

농업협동조합법 (2004. 12. 31. 법률 제7273호로 개정된 것)

제50조 (선거운동의 제한) ④ 누구든지 임원선거와 관련하여 다음 각 호의 방법 중 정관이 정하는 행위 외의 선거운동을 할 수 없다.

1. 선전벽보의 부착

2. 선거공보의 배부

3. 소형인쇄물의 배부

4. 합동연설회 또는 공개토론회의 개최

5. 전화·컴퓨터통신을 이용한 지지·호소

지역농업협동조합 정관례 (2007. 11. 16. 농림부고시 제2007-74호로 개정된 것)

제77조 (선거운동) ① 이 정관에서 "선거운동"이라 함은 당선되거나 당선되게 하거나 당선되지 못하게 하기 위한 행위를 말한다. 다만, 선거에 관한 단순한 의견의 개진·의사의 표시·입후보와 선거운동을 위한 준비행위 또는 통상적인 업무행위는 선거운동으로 보지 아니한다.

⑤ 누구든지 선거와 관련하여 선거공보의 배부와 다음 각 호의 방법이 정하는 행위 외의 선거운동을 할 수 없다.

1. ○○○○

2. ○○○○

(비고) 다음의 제1호 내지 제4호 중 2가지를 선택한다.

1. 선전벽보의 부착

2. 소형인쇄물의 배부

3. 합동연설회 또는 공개토론회의 개최

4. 전화·컴퓨터통신을 이용한 지지·호소

M농업협동조합 정관 (2006. 5. 15. 제정된 것)

제77조 (선거운동) ⑤ 누구든지 선거와 관련하여 선거공보의 배부와 다음 각 호의 방법이 정하는 행위 외의 선거운동을 할 수 없다.

1. 합동연설회 또는 공개토론회 개최

2. 전화·컴퓨터 통신을 이용한 지지호소

2. 사안에 대한 헌법재판소의 판단

가. 이 사건 법률조항의 입법취지 및 입법연혁

【헌재 분석】 최초의 농협법은 농민의 자주적인 협동조직을 촉진하여 농업생산력의 증진과 농민의 경제적·사회적 지위향상을 도모함으로써 국민경제의 균형 있는 발전을 기하기 위해 1957. 2. 14. 법률 제436호로 제정되었으며, /

【헌재 분석】 이후 농업협동조합중앙회·축산업협동조합중앙회 및 인삼협동조합중앙회로 분산되어

있던 중앙조직을 농업협동조합중앙회로 통합하여 일원화하면서 농협법은 1999. 9. 7. 법률 제6018호로 폐지제정 되었다. /

【헌재 분석】 농협법의 입법목적은 농업인의 자주적인 협동조직을 바탕으로 농업인의 경제적·사회적·문화적 지위의 향상과 농업의 경쟁력 강화를 통하여 농업인의 삶의 질을 높이고, 국민경제의 균형 있는 발전에 이바지함에 있다(제1조). /

【헌재 분석】 한편, 농협법은 선거의 과열방지 및 선거의 공정성 확보를 위하여 선거운동을 제한하는 규정을 두고 있는데, /

【헌재 분석】 선거운동 제한 규정의 연혁에 대하여 살펴보면, /

【헌재 분석】 1957년 제정당시에는 선거운동 제한규정이 없었으나, /

【헌재 분석】 1961. 7. 29. 법률 제670호로 폐지제정 되면서 제51조에서 처음 선거운동 제한을 규정하였고, /

【헌재 분석】 이 사건 법률조항과 같이 '정관'이 정하는 선전벽보의 첩부, 선거공보·소형인쇄물의 배부 및 합동연설회의 개최 외의 행위를 금지하여 그 위반시 이를 처벌하는 규정은 1994. 12. 22. 법률 제4819호에서 처음 규정되었다. /

【헌재 분석】 이후 1999. 9. 7. 폐지제정 된 법률 제6018호에서 정관에 정하는 선거운동방법 중 공개토론회를 추가하였고, /

【헌재 분석】 2004. 12. 31. 개정된 이 사건 법률조항에서 전화·컴퓨터통신을 이용한 지지·호소를 추가하여 현재에 이르고 있다.

나. 죄형법정주의 원칙 위배 여부

(1) 헌법상 죄형법정주의 원칙

【헌재 요지】 헌법 제12조 제1항 후문은 누구든지 법률과 적법한 절차에 의하지 아니하고는 처벌·보안처분 또는 강제노역을 받지 아니한다고 규정하고 있다. /

【헌재 요지】 이러한 죄형법정주의는 범죄와 형벌이 법률로 정하여져야 함을 의미하는 것으로, /

【헌재 요지】 이러한 죄형법정주의에서 파생되는 명확성의 원칙은 누구나 법률이 처벌하고자 하는 행위가 무엇이며 그에 대한 형벌이 어떠한 것인지를 예견할 수 있고, /

【헌재 요지】 그에 따라 자신의 행위를 결정할 수 있도록 구성요건이 명확할 것을 의미하는 것이다. /

【헌재 요지】 형벌법규의 내용이 애매모호하거나 추상적이어서 불명확하면 /

【헌재 요지】 무엇이 금지된 행위인지를 국민이 알 수 없어 법을 지키기가 어려울 뿐더러 /

【헌재 요지】 범죄의 성립 여부가 법관의 자의적인 해석에 맡겨져 /

【헌재 요지】 죄형법정주의에 의하여 국민의 자유와 권리를 보장하려는 법치주의의 이념은 실현될 수 없기 때문이다.

【헌재 요지】 한편, 법규범이 명확한지 여부는 /

【헌재 요지】 그 법규범이 수범자에게 법규의 의미내용을 알 수 있도록 공정한 고지를 하여 예측가능성을 주고 있는지 여부 및 /

【헌재 요지】 그 법규범이 법을 해석·집행하는 기관에게 충분한 의미내용을 규율하여 자의적인 법

해석이나 법집행이 배제되는지 여부, /

【헌재 요지】 다시 말하면 예측가능성 및 자의적 법집행 배제가 확보되는지 여부에 따라 이를 판단할 수 있는데, /

【헌재 요지】 법규범의 의미내용은 그 문언뿐만 아니라 입법목적이나 입법취지, 입법연혁, 그리고 법규범의 체계적 구조 등을 종합적으로 고려하는 해석방법에 의하여 구체화하게 되므로, /

【헌재 요지】 결국 법규범이 명확성원칙에 위반되는지 여부는 위와 같은 해석방법에 의하여 그 의미내용을 합리적으로 파악할 수 있는 해석기준을 얻을 수 있는지 여부에 달려 있다고 할 것이다.

(2) 이 사건 법률조항에 관한 판단

【헌재 분석】 이 사건 법률조항은 범죄구성요건의 실질적 내용을 법률에서 직접 규정하지 아니하고 농협의 정관에 위임하고 있어, /

【헌재 분석】 범죄와 형벌에 관한 사항은 입법부가 제정한 형식적 의미의 "법률"로써 정하여야 하며, /

【헌재 분석】 또 범죄와 그에 대한 형벌이 어떠한 것인지는 수범자 누구나도 "예측"할 수 있도록 명확히 규정하여야 한다는 /

【헌재 분석】 죄형법정주의 원칙에 위배된다는 의심이 있으므로 이에 대하여 살펴본다.

(가) 범죄구성요건의 정관 위임 문제

【헌재 분석】 헌법 제40조는 "입법권은 국회에 속한다."라고 규정하면서, /

【헌재 분석】 아울러 제75조는 "대통령은 법률에서 구체적으로 범위를 정하여 위임받은 사항과 법률을 집행하기 위하여 필요한 사항에 관하여 대통령령을 발할 수 있다."고 규정하여 /

【헌재 분석】 위임입법의 근거를 마련함과 동시에 그 한계를 제시하고 있다. /

【헌재 요지】 그런데 이처럼 허용되는 위임입법의 형식은 원칙적으로 헌법 제75조, 제95조에서 예정하고 있는 대통령령, 총리령 또는 부령 등의 법규명령의 형식을 벗어나서는 아니되며, /

【헌재 요지】 특히 처벌법규의 위임에 있어서는 죄형법정주의가 지니고 있는 법치주의, 국민주권 및 권력분립원리의 의미를 고려할 때, /

【헌재 요지】 무엇이 범죄이며 그에 대한 형벌이 어떠한 것인가는 입법부가 제정한 형식적 의미의 법률로써 확정하여야 할 것이므로 /

【헌재 요지】 거기에 대해서는 원칙적으로 위임입법이 허용되지 아니한다고 보아야 할 것이다.

【헌재 분석】 그런데 이 사건 법률조항은, 조합원에 한하지 않고 모든 국민을 수범자로 하는 형벌조항이며, /

【헌재 분석】 또 금지되고 허용되는 선거운동이 무엇인지 여부가 형사처벌의 구성요건에 관련되는 주요사항임에도 불구하고, /

【헌재 분석】 그에 대한 결정을 입법자인 국회가 스스로 정하지 않고 개개 농협의 정관에 위임하고 있다.

【헌재 요지】 그러나 정관은 법인의 조직과 활동에 관하여 단체 내부에서 자율적으로 정한 자치규범으로서, /

【헌재 요지】 대내적으로만 효력을 가질 뿐 대외적으로 제3자를 구속하지는 않는 것이 원칙이고, /

【헌재 요지】 그 생성과정 및 효력발생요건에 있어 법규명령과 성질상 차이가 크다.

【헌재 요지】 그럼에도 불구하고 형사처벌에 관련되는 주요사항을 헌법이 위임입법의 형식으로 예정하고 있지도 않은 특수법인의 정관에 위임하는 것은 /

【헌재 요지】 사실상 그 정관 작성권자에게 처벌법규의 내용을 형성할 권한을 준 것이나 다름없고, /

【헌재 요지】 따라서 정관에다 구성요건을 위임하고 있는 이 사건 법률조항은 /

【헌재 요지】 우선 범죄와 형벌에 관하여는 입법부가 제정한 형식적 의미의 법률로써 정하여야 한다는 죄형법정주의 원칙에 비추어 허용되기 어렵다.

【헌재 분석】 나아가 개개 농협의 정관에다 위와 같이 구성요건 내용을 위임하다 보면 /

【헌재 분석】 정관작성권을 가진 개개 농협들이 그들의 내부사정에 따라 각기 다른 내용의 정관들을 제정할 수 있게 될 것이므로 /

【헌재 분석】 각 정관들이 과연 어떤 선거운동방법을 허용하고 금지할지 일반 국민들로서는 예측이 불가능하게 되는데 /

【헌재 분석】 이 점은 뒤에서 보는 명확성원칙 위반의 부분에 넣어 판단하기로 한다.

(나) 처벌법규의 명확성원칙

【헌재 요지】 위임의 구체성·명확성의 요구 정도는 그 규율대상의 종류와 성격에 따라 달라질 것이지만, /

【헌재 요지】 특히 처벌법규나 조세법규와 같이 국민의 기본권을 직접적으로 제한하거나 침해할 소지가 있는 법규에서는 구체성·명확성의 요구가 강화되어 /

【헌재 요지】 그 위임의 요건과 범위가 일반적인 급부행정의 경우보다 더 엄격하게 제한적으로 규정되어야 할 것이다.

【헌재 판단】 그런데 이 사건 법률조항은 범죄와 형벌에 관한 사항을 형식적 의미의 법률로써 정하지 아니하여 불명확할 뿐만 아니라, /

【헌재 판단】 법률조항 자체의 의미도 불명확하여 처벌법규에 요구되는 예측가능성을 현저히 결여하고 있다.

1) 농협법 제50조 제4항의 해석과 명확성원칙

【헌재 판단】 농협법 제50조 제4항은 "누구든지 임원선거와 관련하여 다음 각 호의 방법 중 정관이 정하는 행위 외의 선거운동을 할 수 없다."라고 되어 있는바, /

【헌재 판단】 위 규정만으로는 '정관이 정하는 행위 외의 선거운동'이 과연 어느 범위의 선거운동을 말하는지에 관하여 구체적으로 알 수 없다. /

【헌재 판단】 이는 위 규정 중 '다음 각 호의 방법' 부분이 수식하는 범위가 불명확하여, /

【헌재 판단】 정관에서 허용하지 않는 선거운동의 경우 /

【헌재 판단】 제50조 제4항 각 호에 나열된 행위만 금지된다는 것인지, /

【헌재 판단】 제50조 제4항 각 호를 포함한 일체의 모든 선거운동이 금지된다는 것인지를 판단하기 어렵고, /

【헌재 판단】 이에 대하여는 법원의 해석(대법원 2007. 4. 27. 선고 2007도1185 등과 2004. 7. 22.

선고 2004도2290 판결 등의 비교참조)으로도 이 사건 법률조항의 의미내용을 명확하게 파악할 수가 없다.

【헌재 판단】 이처럼 농협법 및 이 사건 법률조항의 입법목적이나 입법취지, 법원의 법률해석을 종합적으로 살펴보더라도 이 사건 법률조항의 의미내용을 합리적으로 파악할 수 있는 해석기준을 얻기 어려운 상황이라면, /

【헌재 판단】 이 사건 법률조항이 법을 해석 · 집행하는 기관에게 충분한 의미내용을 제공하여 자의적인 법해석이나 법집행 가능성을 배제해주고 있다거나, /

【헌재 판단】 수범자에게 법규의 의미내용에 대한 예측가능성을 명확히 하고 있다고 보기 어렵다.

2) 정관의 구체적 내용에 대한 예측가능성 문제

【헌재 판단】 이 사건 법률조항에 의하여 금지되는 선거운동방법의 대강을 예측하는 것이 가능한지에 관하여 보건대, /

【헌재 판단】 비록 농협법 제50조 제4항 제1호 내지 제5호에서 정관에서 규정할 수 있는 5가지 선거운동방법으로 /

【헌재 판단】 선전벽보의 부착, 선거공보 · 소형인쇄물의 배부, 합동연설회 또는 공개토론회의 개최, 전화 · 컴퓨터통신을 이용한 지지 · 호소를 열거하고 있기는 하나, /

【헌재 판단】 이러한 선거운동방법은 선거에 있어서 일반적으로 상정 가능한 대표적인 선거운동을 나열한 것에 불과하고, /

【헌재 판단】 이 사건 법률조항은 위 5가지 선거운동방법 중 정관에서 과연 어떠한 기준으로 허용할 행위 유형을 선택해야 할 것인지에 대하여는 전혀 규정하지 않고 /

【헌재 판단】 개개 농협의 정관들에 제한 없이 일임하고 있다. /

【헌재 판단】 그 결과 지역 농협마다 내부의 개별적인 사정에 따라서 각각 달리 /

【헌재 판단】 제50조 제4항 각 호의 모든 선거운동이 허용될 수도 있고, /

【헌재 판단】 일부의 선거운동만 허용될 수도 있으며 /

【헌재 판단】 심지어 정관에서 정하지 않으면 해석론에 따라선 어떤 선거운동도 할 수 없게 될 수도 있어 /

【헌재 판단】 위 법률규정만으로는 금지되는 선거운동의 방법을 예측할 수 없다.

【헌재 판단】 특히 이 사건 법률조항은 농협의 조합원뿐만 아니라 정관 내용에 대한 인식 또는 숙지를 기대하기 곤란한 일반 국민까지 그 수범자에 포함시키고 있으므로, /

【헌재 판단】 '정관이 정하는 행위 외의 선거운동'이 구체적으로 무엇인지에 관한 수범자의 예측가능성을 더욱 인정하기 어렵다고 할 것이다.

【헌재 요지】 설령 일반 국민이 정관의 구체적인 내용을 직접 열람함으로써, 금지되거나 허용되는 선거운동이 무엇인지 확인할 수 있는 길이 열려 있다고 하더라도, /

【헌재 요지】 죄형법정주의에서 말하는 예측가능성은 법률규정만을 보고서 판단할 수 있어야 하는 것이므로, /

【헌재 요지】 정관까지 보아야 비로소 예측가능하다면 이는 법률조항 자체의 예측가능성이 없음을

자인하는 셈이다.

【헌재 판단】 결국 이 사건 법률조항은 형식적 의미의 법률이 아닌 정관에 범죄구성요건을 위임함에 따라 수범자로 하여금 형사처벌 유무에 대하여 전혀 예측할 수 없도록 하고 있으므로 헌법상 죄형법정주의 원칙에 위배된다고 할 것이다.

3. 사안에 대한 헌법재판소의 결론

【헌재 결론】 그렇다면 이 사건 법률조항은 죄형법정주의 원칙에 반하여 헌법에 위반된다고 할 것이므로 주문과 같이 결정한다. /

【헌재 결론】 이 결정에는 아래 5.와 같은 재판관 조대현의 일부위헌의견 및 /

【헌재 결론】 아래 6.과 같은 재판관 이동흡의 반대의견이 있다.

【헌재 주문】

농업협동조합법(2004. 12. 31. 법률 제7273호로 개정된 것) 제172조 제2항 제2호 중 '제50조 제4항' 부분은 헌법에 위반된다.

2008헌바157

죄형법정주의와 명확성의 원칙
전기통신기본법 공익 사건

2010. 12. 28. 2008헌바157, 헌집 22-2하, 684

1. 사실관계 및 사건의 경과

【사실관계】

① 전기통신기본법 제47조 제1항은 다음과 같은 벌칙규정을 두고 있다. (㉠조항)

   "공익을 해할 목적으로 전기통신설비에 의하여 공연히 허위의 통신을 한 자는 5년 이하의 징역 또는 5천만원 이하의 벌금에 처한다."

② 미국산 쇠고기 수입반대집회가 한창인 때이다.

③ 2008. 6. 2. 갑은 P정당 홈페이지 및 인터넷 M포털사이트 N카페에 접속하였다.

④ 갑은 접속 후 다음의 글과 사진을 게재하였다.

   (가) "경찰이 미국산 쇠고기 수입반대집회 진압 과정에서 시위여성을 강간하였다." (㉡글)

   (나) 사진 (㉢사진)

【사건의 경과 1】

① 검사는 ㉡글이 허위이고 ㉢사진이 갑에 의해 조작된 합성사진이라고 판단하였다.

② 검사는 갑을 전기통신기본법 위반죄로 기소하였다.

③ 제1심 재판이 계속되는 도중 갑은 ㉠조항에 대해 재판부에 위헌법률심판제청신청을 하였다. (㉣신청)

④ 2008. 10. 22. 제1심법원은 갑에 대하여 유죄판결을 선고하면서 ㉣신청을 기각하였다.

⑤ 2008. 11. 14. 갑은 ㉣위헌법률심판제청신청 기각결정문을 송달받았다.

⑥ 2008. 12. 12. 갑은 ㉠조항의 위헌확인을 구하는 헌법소원심판을 청구하였다.

【사건의 경과 2】

① 헌법재판소는 7 대 2로 견해가 나뉘었다.

② 다수의견은 위헌을 주장하였다.

③ 소수의견은 합헌을 주장하였다.

④ 재판관 4인은 '허위의 통신' 부분의 명확성원칙 위반 여부에 관한 보충의견을 제시하였다.

⑤ 재판관 5인은 과잉금지원칙 위반 여부에 관한 보충의견을 제시하였다.

⑥ 소수의견은 반대의견을 제시하였다.

⑦ 대법원은 다수의견에 따라 위헌을 선언하였다.

⑧ (지면관계로 다수의견만 소개함)

2. 표현의 자유와 명확성의 원칙

【헌재 요지】 (가) 법률은 되도록 명확한 용어로 규정하여야 한다는 명확성의 원칙은 /

【헌재 요지】 민주주의 · 법치주의 원리의 표현으로서 모든 기본권제한입법에 요구되는 것이나, /

【헌재 요지】 표현의 자유를 규제하는 입법에 있어서는 더욱 중요한 의미를 지닌다. /

【헌재 판단】 현대 민주사회에서 표현의 자유가 국민주권주의 이념의 실현에 불가결한 것인 점에 비추어 볼 때, /

【헌재 판단】 불명확한 규범에 의한 표현의 자유의 규제는 헌법상 보호받는 표현에 대한 위축효과를 수반하고, /

【헌재 판단】 그로 인해 다양한 의견, 견해, 사상의 표출을 가능케 하여 이러한 표현들이 상호 검증을 거치도록 한다는 표현의 자유의 본래의 기능을 상실케 한다. /

【헌재 판단】 즉, 무엇이 금지되는 표현인지가 불명확한 경우에, /

【헌재 판단】 자신이 행하고자 하는 표현이 규제의 대상이 아니라는 확신이 없는 기본권주체는 대체로 규제를 받을 것을 우려해서 표현행위를 스스로 억제하게 될 가능성이 높은 것이다. /

【헌재 요지】 그렇기 때문에 표현의 자유를 규제하는 법률은 규제되는 표현의 개념을 세밀하고 명확하게 규정할 것이 헌법적으로 요구된다.

3. 죄형법정주의와 명확성의 원칙

【헌재 요지】 (나) 한편, 죄형법정주의의 원칙은 법률이 처벌하고자 하는 행위가 무엇이며 그에 대한 형벌이 어떠한 것인지를 누구나 예견할 수 있고, /

【헌재 요지】 그에 따라 자신의 행위를 결정할 수 있게끔 구성요건을 명확하게 규정할 것을 요구한다. /

【헌재 요지】 형벌법규의 내용이 애매모호하거나 추상적이어서 불명확하면 무엇이 금지된 행위인지를 국민이 알 수 없어 법을 지키기가 어려울 뿐만 아니라, /

【헌재 요지】 범죄의 성립 여부가 법관의 자의적인 해석에 맡겨져서 죄형법정주의에 의하여 국민의

자유와 권리를 보장하려는 법치주의의 이념은 실현될 수 없기 때문이다.

【헌재 판단】 (다) 이 사건 법률조항은 표현의 자유에 대한 제한입법이며, 동시에 형벌조항에 해당하므로, 엄격한 의미의 명확성원칙이 적용된다.

4. 명확성원칙 위반 여부에 대한 헌법재판소의 판단

(1) 공익 개념의 특징

【헌재 분석】 (가) 이 사건 법률조항은 '공익을 해할 목적으로 전기통신설비에 의하여 공연히 허위의 통신을 한 자'를 처벌하도록 하고 있는바, /

【헌재 분석】 '공익을 해할 목적'이라는 초과주관적 구성요건이 의미하는 바가 무엇인지 우선 문제된다.

【헌재 분석】 (나) 헌법 제37조 제2항은 모든 자유와 권리는 국가의 안전보장 · 질서유지 또는 공공복리를 위하여 필요한 경우에 한하여 법률로써 제한할 수 있음을 규정하고 있고, /

【헌재 분석】 헌법 제21조 제4항은 언론 · 출판은 공중도덕이나 사회윤리를 침해하여서는 아니된다고 규정하고 있다.

【헌재 분석】 그런데 이 사건 법률조항은 "공익을 해할 목적"의 허위의 통신을 금지하는바, /

【헌재 판단】 여기서의 "공익"은 /

【헌재 판단】 위 헌법 제37조 제2항의 "국가의 안전보장 · 질서유지"와 /

【헌재 판단】 헌법 제21조 제4항의 "공중도덕이나 사회윤리"와 비교하여 볼 때 /

【헌재 판단】 '동어반복'이라고 할 수 있을 정도로 전혀 구체화되어 있지 아니하다. /

【헌재 판단】 형벌조항의 구성요건으로서 구체적인 표지를 정하고 있는 것이 아니라, /

【헌재 판단】 헌법상 기본권제한에 필요한 최소한의 요건 또는 /

【헌재 판단】 헌법상 언론 · 출판자유의 한계를 /

【헌재 판단】 그대로 법률에 옮겨 놓은 것에 불과할 정도로 /

【헌재 판단】 그 의미가 불명확하고 추상적이다.

(2) 사안에 대한 헌법재판소의 판단

【헌재 판단】 "공익"이라는 개념은 이처럼 매우 추상적인 것이어서 /

【헌재 판단】 어떠한 표현행위가 과연 "공익"을 해하는 것인지, 아닌지에 관한 판단은 /

【헌재 판단】 사람마다의 가치관, 윤리관에 따라 크게 달라질 수밖에 없다. /

【헌재 판단】 건전한 상식과 통상적인 법감정을 가진 일반인들에게 있어 공통적으로 공익으로 인식될 수 있는 이익이 존재함은 의문의 여지가 없으나, /

【헌재 판단】 판단주체에 따라 공익인지 여부를 달리 판단할 가능성이 있는 이익이 존재함도 부인할 수 없다. /

【헌재 판단】 이는 판단주체가 법전문가라 하여도 마찬가지이고, 법집행자의 통상적 해석을 통하여 그 의미내용이 객관적으로 확정될 수 있다고 보기 어렵다.

【헌재 판단】 나아가 현재의 다원적이고 가치상대적인 사회구조 하에서 구체적으로 어떤 행위상황이 문제되었을 때에 문제되는 공익은 하나로 수렴되지 않는 경우가 대부분이다. /

【헌재 판단】 문제되는 행위가 어떤 공익에 대하여는 촉진적이면서 동시에 다른 공익에 대하여는 해가 될 수도 있으며, /

【헌재 판단】 전체적으로 보아 공익을 해할 목적이 있는지 여부를 판난하기 위하여는 공익간 형량이 불가피하게 되는바, /

【헌재 판단】 그러한 형량의 결과가 언제나 객관적으로 명백한 것은 아니다.

【헌재 판단】 결국, 이 사건 법률조항은 수범자인 국민에 대하여 일반적으로 허용되는 '허위의 통신' 가운데 어떤 목적의 통신이 금지되는 것인지 고지하여 주지 못한다. /

【헌재 판단】 어렴풋한 추측마저 불가능하다고는 할 수 없더라도, /

【헌재 판단】 그것은 대단히 주관적인 것일 수밖에 없다.

【헌재 판단】 (다) 물론 입법에 있어서 추상적 가치개념의 사용이 필요한 것은 일반적으로 부인할 수 없고, /

【헌재 판단】 "공익"이라는 개념을 사용하는 것이 언제나 허용되지 않는다고 단정할 수도 없다. /

【헌재 판단】 법률의 입법목적, 규율의 대상이 되는 법률관계나 행위의 성격, 관련 법규범의 내용 등에 따라서는 그러한 개념의 사용이 허용되는 경우도 있을 수 있을 것이다. /

【헌재 요지】 그러나 '허위의 통신'이라는 행위 자체에 내재된 위험성이나 /

【헌재 요지】 전기통신의 효율적 관리와 발전을 추구하는 전기통신기본법의 입법목적을 고려하더라도 /

【헌재 요지】 확정될 수 없는 막연한 "공익" 개념을 구성요건요소로 삼아서 표현행위를 규제하고, /

【헌재 요지】 나아가 형벌을 부과하는 이 사건 법률조항은 /

【헌재 요지】 표현의 자유에서 요구하는 명확성의 요청 및 /

【헌재 요지】 죄형법정주의의 명확성원칙에 부응하지 못하는 것이라 할 것이다.

【헌재 요지】 (라) 따라서, 이 사건 법률조항은 명확성의 원칙에 위배하여 헌법에 위반된다.

【헌재 주문】

전기통신기본법(1996. 12. 30. 법률 제5291호로 개정된 것) 제47조 제1항은 헌법에 위반된다.

2009도988

양벌규정의 적용범위
평가위원 양벌규정 사건
2009. 5. 28. 2009도988, 공 2009하, 1063

1. 사실관계 및 사건의 경과

【사실관계 1】
① 갑은 H대학교 건축과 교수이다.

② 을은 P건설회사 상무(M구역 재개발 현장소장)이다.

③ 병은 Q건설회사 차장(건설사업본부 건축ENG팀)이다.

④ 정은 R회사 부장(건축기술영업팀)이다.

⑤ SH공사는 N구역에 동남권유통단지 이주전문상가 '가'블럭 건설공사(공사 예산액 5,658억원)를 발주하였다. (㉠공사)

⑥ P, Q, R회사는 ㉠공사 턴키입찰에 참가하였다.

⑦ SH공사는 서울시에 ㉠공사 설계적격심의소위원회 평가위원 선정을 위탁하였다.

【사실관계 2】

① P회사의 상무 을은 평가위원후보 대상인 갑을 수시로 만나 점심을 먹거나 ㉠공사 입찰에 제출한 회사 설계도면을 홍보해 왔다.

② 2006. 9. 12. 을은 갑에게 전화하여 ㉠공사 턴키입찰 평가위원으로 들어가면 P회사가 제출한 설계안에 대해서 좋은 평가를 해달라는 청탁을 하였다.

③ 2006. 9. 13. 을은 갑에게 같은 내용의 부탁을 하였다.

④ 2006. 9. 18. 을은 갑에게 같은 내용의 청탁을 하였다.

⑤ 2006. 9. 19. 갑은 서울시에 의하여 ㉠공사 턴키입찰 설계적격심의소위원회 평가위원으로 선정되었다.

⑥ 2006. 9. 19. 을은 휴대전화 문자메세지로 갑에게 P회사의 설계안에 대해 좋은 평가를 해달라는 청탁을 하였다.

⑦ 2006. 11. 말경 을은 갑의 교수 연구실에서 갑에게 ㉠공사 심의와 관련하여 설계도면 심의시 선처를 해주어서 고맙다는 명목으로 2,000만원을 교부하였다.

⑧ 갑은 이를 알면서 을로부터 2,000만원을 교부받았다.

⑨ (유사한 사례는 갑과 Q회사의 병, 갑과 R회사의 정 사이에도 있었다.)

【사건의 경과 1】

① 검사는 갑을 다음의 공소사실로 기소하였다.

    (가) 건설산업진흥법위반죄(금품수수)

    (나) 형법상 배임수재죄

② 검사는 을, 병, 정을 다음의 공소사실로 기소하였다.

    (가) 건설산업진흥법위반죄(금품제공)

    (나) 형법상 배임증재죄

③ 검사는 P, Q회사를 건설산업진흥법의 양벌규정을 적용하여 기소하였다.

④ 갑 등의 피고사건은 제1심을 거친 후, 항소심에 계속되었다.

⑤ 항소심법원은 유죄를 인정하였다.

【사건의 경과 2】

① 을, 병, 정은 불복 상고하였다.

② P회사와 Q회사는 불복 상고하였다.

③ 갑은 상고하지 않았다.

④ 을, 병, 정은 상고이유로, 갑에게 부탁한 행위가 부정한 청탁에 해당하지 않는다고 주장하였다.

⑤ (P회사와 Q회사의 상고이유는 분명하지 않음)

⑥ 대법원은 건설산업진흥법의 양벌규정에 대하여 직권으로 판단하였다.

⑦ (이하에서 배임수재죄와 배임증재죄에 관한 부분은 고찰에서 생략함)

【참조조문】

건설산업진흥법

제38조의2 (부정한 청탁에 의한 재물 등의 취득 및 제공 금지) ① 발주자, 수급인, 하수급인 또는 이해관계인은 도급계약의 체결 또는 건설공사의 시공에 관하여 부정한 청탁을 받고 재물 또는 재산상의 이익을 취득하거나 부정한 청탁을 하면서 재물 또는 재산상의 이익을 제공하여서는 아니 된다.

제95조의2 (벌칙) 제38조의2를 위반하여 부정한 청탁을 받고 재물 또는 재산상의 이익을 취득하거나 부정한 청탁을 하면서 재물 또는 재산상의 이익을 제공한 자는 5년 이하의 징역 또는 5천만원 이하의 벌금에 처한다.

제98조 (양벌규정) ② 법인의 대표자나 법인 또는 개인의 대리인, 사용인, 그 밖의 종업원이 그 법인 또는 개인의 업무에 관하여 제94조, 제95조, 제95조의2, 제96조 또는 제97조 제1호·제2호·제3호의 위반행위를 하면 그 행위자를 벌하는 외에 그 법인 또는 개인에게도 해당 조문의 벌금형을 과(科)한다.

2. 건설산업기본법 양벌규정의 적용범위

【대법원 분석】 건설산업기본법(이하 '건산법'이라고 한다) 제38조의2는 /

【대법원 분석】 "도급계약의 체결 또는 건설공사의 시공과 관련하여 발주자, 수급인, 하수급인 또는 이해관계인은 부정한 청탁에 의한 재물 또는 재산상의 이익을 취득하거나 공여하여서는 아니 된다"고 하고, /

【대법원 분석】 제95조의2는 /

【대법원 분석】 "제38조의2의 규정을 위반하여 부정한 청탁에 의한 재물 또는 재산상의 이익을 취득하거나 공여한 자는 5년 이하의 징역 또는 5천만원 이하의 벌금에 처한다"고 정하고 있다. /

【대법원 요지】 위 조항들의 문언상 그 처벌대상이 되는 행위는 /

【대법원 요지】 발주자, 수급인, 하수급인 또는 이해관계인(이하 '발주자 등'이라고 한다)이 /

【대법원 요지】 도급계약의 체결 또는 건설공사의 시공과 관련하여 스스로 영득하기로 하는 명목으로 /

【대법원 요지】 재물 또는 재산상의 이익을 취득하거나 /

【대법원 요지】 그와 같은 명목으로 이를 공여하는 행위에 한정되고, /

【대법원 요지】 그와 달리 발주자 등의 사용인 기타 종업원 등이 /

【대법원 요지】 개인적으로 영득하기 위하여 배임수증재적 명목으로 /

【대법원 요지】 재물 또는 재산상의 이익을 취득하거나 /

【대법원 요지】 그와 같은 명목으로 이를 공여하는 행위는 /

【대법원 요지】 위 조항에 의하여 처벌되는 행위에 포함되지 아니한다.

3. 건설산업기본법 양벌규정과 종업원의 처벌 여부

【대법원 분석】 한편, 건산법 제98조 제2항은 /

【대법원 분석】 "법인의 대표자, 법인 또는 개인의 대리인·사용인 기타 종업원이 그 법인 또는 개인의 업무에 관하여 제94조 내지 제97조의 위반행위를 한 때에는 행위자를 벌하는 외에 당해 법인이나 개인에 대하여도 각 해당 조의 벌금형을 과한다"는 양벌조항을 마련하고 있는바, /

【대법원 요지】 이는 업무주가 아니면서 당해 업무를 실제로 집행하는 자가 있는 때에 /

【대법원 요지】 벌칙조항의 실효성을 확보하기 위하여 그 적용대상자를 당해 업무를 실제로 집행하는 자에게까지 확장함으로써 /

【대법원 요지】 그러한 자가 당해 업무집행과 관련하여 벌칙조항의 위반행위를 한 경우 /

【대법원 요지】 위 양벌조항에 의하여 처벌할 수 있도록 한 행위자의 처벌규정임과 동시에 /

【대법원 요지】 그 위반행위의 이익귀속주체인 업무주에 대한 처벌조항이라고 할 것이므로, /

【대법원 요지】 위 양벌조항에 의하여 발주자 등의 대표자, 대리인·사용인 기타 종업원(이하 '사용인 등'이라고 한다)도 건산법 제38조의2와 제95조의2에 의한 처벌대상이 될 수 있다.

4. 종업원의 개인적 행위와 양벌규정

【대법원 요지】 그러나 앞서 본 바와 같이 건산법 제38조의2와 제95조의2에 의하여 처벌되는 행위는 /

【대법원 요지】 발주자 등이 스스로 영득하기로 하는 명목으로 재물 또는 재산상의 이익을 취득하거나 /

【대법원 요지】 그와 같은 명목으로 이를 공여하는 행위에 한정되므로, /

【대법원 요지】 위 양벌조항이 적용되는 사용인 등의 행위 역시 /

【대법원 요지】 객관적으로 보아 발주자 등이 스스로 영득하기로 하는 명목으로 재물 또는 재산상의 이익을 취득하거나 /

【대법원 요지】 그와 같은 명목으로 이를 공여하는 행위로 평가될 수 있는 경우에 한정되고, /

【대법원 요지】 그와 달리 사용인 등이 개인적으로 영득하기 위하여 /

【대법원 요지】 배임수증재적 명목으로 재물 또는 재산상의 이익을 취득하거나 /

【대법원 요지】 그와 같은 명목으로 이를 공여하는 행위는 이에 포함시킬 수 없다. /

【대법원 요지】 발주자 등이 스스로 영득하기 위한 명목으로 재물 또는 재산상의 이익을 취득하거나 /

【대법원 요지】 그와 같은 명목으로 이를 공여하는 행위와 /

【대법원 요지】 사용인 등이 배임수증재적 명목으로 재물 또는 재산상의 이익을 취득하거나 /

【대법원 요지】 그와 같은 명목으로 이를 공여하는 행위는 /

【대법원 요지】 그 본질, 성격과 내용을 전혀 달리하는 별개의 행위이므로, /

【대법원 요지】 만약 양벌조항을 매개로 삼아 전자의 행위를 처벌하는 조항으로 후자의 행위까지 처벌하게 된다면 /

【대법원 요지】 이 경우 위 양벌조항은 단순히 처벌조항의 주체를 확장시키는 정도를 넘어 전혀 다른 새로운 구성요건을 창출하는 것이어서 /

【대법원 요지】 죄형법정주의의 원칙상 쉽게 허용할 수 없기 때문이다.

5. 사안에 대한 항소심의 판단

【항소심 판단】 원심판결 이유에 의하면 원심은, /

【항소심 판단】 건산법 제38조의2의 '수급인' 또는 '이해관계인'에 해당하는 /

【항소심 판단】 피고인 P주식회사, 피고인 Q주식회사 및 공소외 주식회사/

【항소심 판단】 (이하 통틀어 '피고인 회사 등'이라고 하고, 상호 중 '주식회사'는 생략한다)의 /

【항소심 판단】 임직원으로서 위 양벌규정에 의한 피고인 회사 등의 '사용인'에 해당하는 /

【항소심 판단】 피고인 을, 병, 정이 /

【항소심 판단】 SH공사가 발주한 동남권유통단지 이주전문상가 '가' 블록 공사 입찰의 설계적격심의 위원회 평가위원으로 선정되어 평가업무를 담당함으로써 /

【항소심 판단】 위 양벌규정에 의해 발주자의 '사용인'에 해당하게 된 원심공동피고인 갑에게 /

【항소심 판단】 부정한 청탁에 의한 재물을 공여하고, /

【항소심 판단】 평가위원인 원심공동피고인 갑는 그 재물을 취득하였다는 이유로, /

【항소심 판단】 피고인들 및 원심공동피고인 갑에 대한 건산법 위반죄를 모두 유죄로 인정하였는바, /

6. 사안에 대한 대법원의 판단

【대법원 판단】 이 사건에서 위 평가위원인 원심공동피고인 갑을 발주자의 사용인으로 볼 수 있다 하더라도, /

【대법원 판단】 피고인 을, 병, 정이나 위 원심공동피고인 갑은 모두 /

【대법원 판단】 객관적으로 보아도 발주자인 SH공사에 영득시킨다는 명목으로 재물을 취득하거나 공여한 것이 아니고, /

【대법원 판단】 발주자의 사용인인 원심공동피고인 갑이 개인적으로 영득하기 위하여 /

【대법원 판단】 배임수증재적 명목으로 재물을 취득하거나 /

【대법원 판단】 그와 같은 명목으로 이를 공여한 것이므로, /

【대법원 판단】 앞서 본 법리에 비추어, 평가위원인 원심공동피고인 갑에 대하여는 물론, /

【대법원 판단】 피고인들에 대하여도 건산법 제95조의2 위반죄는 성립하지 않는다고 할 것임에도, /

【대법원 결론】 원심이 이와 달리 발주자의 사용인이 개인적으로 영득하기 위하여 배임수증재적 명목으로 부정한 청탁에 의한 재물을 취득하거나 그와 같은 명목으로 이를 공여한 경우에도 위 건산법 위반죄가 성립한다고 보아 피고인들에 대한 건산법 위반죄를 모두 유죄로 인정한 데에는 /

【대법원 결론】 건산법 제38조의2, 제95조의2, 제98조 제2항에 관한 법리를 오해하여 판결에 영향을 미친 잘못이 있다고 할 것이다. /

【대법원 결론】 따라서 피고인들의 건산법 위반의 점에 대한 상고이유에 대하여 나아가 판단할 필요 없이 원심판결 중 피고인들에 대한 건산법 위반죄 부분은 위법하여 모두 파기를 면할 수 없다고 할 것이다. (파기 환송)

2009도1446

목적의 인식 정도
시세조정 목적 사건
2009. 5. 28. 2009도1446, 공 2009하, 1072

1. 사실관계 및 사건의 경과

【사실관계 1】

① 갑은 창업투자지원업무에 종사하는 사람이다.

② 갑은 본업이 아닌 P회사의 주식매매 일만을 하였다.

③ 2000. 12. 5. P회사의 주가는 2,350원이었다.

④ 2000. 12. 5.경부터 갑은 P회사의 주식을 매집하기 시작하였다.

⑤ 갑은 38개의 증권계좌를 통하여 P회사의 주식을 집중적으로 대량 거래하였다.

⑥ 갑은 매수주문을 낸 후 매수가격에 근접한 매도제의가 들어오면 이를 취소하였다.

【사실관계 2】

① 2001. 2. 1. P회사의 주가는 8,130원으로 상승하여 245.9% 상승하였다.

② P회사의 주가는 이후 대규모 유상증자에 따른 등락을 반복하였다.

③ 2001. 1. 11.경 갑은 P회사의 주식 1,209,950주(총 발행주식 384만 주의 31.5%)를 보유하고 있었다.

④ 2001. 11. 30.경 P회사의 주가는 2,720원 정도에 머물렀다.

⑤ 2002. 12. 26.경 갑은 Q은행으로부터 P회사의 주식 76만 주(총 발행주식의 약 20%)를 추가로 매입하였다.

【사건의 경과】

① 검사는 갑을 증권거래법위반죄(가장·통정매매)로 기소하였다.

② 갑은 다음과 같은 이유로 범행을 부인하였다.

　　(가) P회사의 주식 매집 과정에서 주가가 상승한 것일 뿐 주가 조종행위는 하지 아니하였다.

　　(나) P회사의 경영권 인수를 위해 주식을 매집하고 있던 갑이 인위적으로 주가를 부양한다는 것은 있을 수 없는 일이다.

③ 갑의 피고사건은 제1심을 거친 후, 항소심에 계속되었다.

④ 항소심법원은 갑의 시세조종행위를 인정하였다.

⑤ 항소심법원은 갑에게 징역 7년 및 벌금 100억원을 선고하였다.

⑥ 갑은 불복 상고하였다.

⑦ 갑은 상고이유로, 경영권 인수를 위한 주식거래일 뿐 시세조종행위는 아니라고 주장하였다.

【참조조문】

증권거래법

제188조의4 (시세조종등 불공정거래의 금지) ① 누구든지 상장유가증권 또는 코스닥상장 유가증권

의 매매거래에 관하여 그 거래가 성황을 이루고 있는 듯이 잘못 알게 하거나 기타 타인으로 하여금 그릇된 판단을 하게 할 목적으로 다음 각호의 1에 해당하는 행위를 하지 못한다.

1. 자기가 매도하는 같은 시기에 그와 같은 가격으로 타인이 그 유가증권을 매수할 것을 사전에 그 자와 통정한 후 매도하는 행위

2. 자기가 매수하는 같은 시기에 그와 같은 가격으로 타인이 그 유가증권을 매도할 것을 사전에 그 자와 통정한 후 매수하는 행위

(이하 생략)

② 누구든지 유가증권시장 또는 코스닥시장에서의 매매거래를 유인할 목적으로 다음 각호의 1에 해당하는 행위를 하지 못한다.

1. 단독으로 또는 타인과 공모하여 유가증권의 매매거래가 성황을 이루고 있는 듯이 잘못 알게 하거나 그 시세를 변동시키는 매매거래 또는 그 위탁이나 수탁을 하는 행위

제207조의2 (벌칙) ① 다음 각호의 1에 해당하는 자는 10년 이하의 징역 또는 2천만원 이하의 벌금에 처한다. 다만, 그 위반행위로 얻은 이익 또는 회피한 손실액의 3배에 해당하는 금액이 2천만원을 초과하는 때에는 그 이익 또는 회피손실액의 3배에 상당하는 금액이하의 벌금에 처한다.

2. 제188조의4의 규정에 위반한 자

② 제1항 각호의 위반행위로 얻은 이익 또는 회피한 손실액이 5억원 이상인 때에는 다음의 구분에 따라 가중처벌한다.

1. 이익 또는 회피한 손실액이 50억원 이상인 때에는 무기 또는 5년 이상의 징역에 처한다.

2. 이익 또는 회피한 손실액이 5억원 이상 50억원 미만인 때에는 3년 이상의 유기징역에 처한다.

2. 시세조종행위와 목적의 인식 정도

【대법원 분석】 가. 구 증권거래법(2002. 4. 27. 법률 제6695호로 개정되기 전의 것) 제188조의4 제1항 위반죄가 성립하기 위하여는 /

【대법원 분석】 통정매매 또는 가장매매 사실 외에 /

【대법원 분석】 주관적 요건으로 '거래가 성황을 이루고 있는 듯이 오인하게 하거나 기타 타인으로 하여금 그릇된 판단을 하게 할 목적'이 있어야 하고, /

【대법원 분석】 같은 조 제2항 위반죄의 성립을 위하여는 /

【대법원 분석】 '인위적인 조작을 가하여 변동시킨 유가증권의 시세를 투자자에게 자연적인 수요·공급의 원칙에 의하여 형성된 것으로 오인시켜 투자자를 유가증권의 매매거래에 끌어들이려는 목적'을 의미하는 /

【대법원 분석】 '매매거래를 유인할 목적'이 요구되는데, /

【대법원 요지】 이러한 위 각 법조 소정의 목적은 다른 목적과의 공존 여부나 어느 목적이 주된 것인지는 문제되지 아니하고, /

【대법원 요지】 그 목적에 대한 인식의 정도는 적극적 의욕이나 확정적 인식임을 요하지 아니하며 미필적 인식이 있으면 족하다. /

【대법원 채증】 그리고 이러한 목적은 당사자가 이를 자백하지 않더라도 /

【대법원 채증】 그 유가증권의 성격과 발행된 유가증권의 총수, 매매거래의 동기와 태양, 그 유가증권의 가격 및 거래량의 동향, 전후의 거래상황, 거래의 경제적 합리성 및 공정성 등의 /

【대법원 채증】 간접사실을 종합적으로 고려하여 판단할 수 있다.

3. 사안에 대한 대법원의 판단

【대법원 판단】 이러한 법리와 기록에 비추어 보면, /

【대법원 판단】 원심이 그 판시와 같은 사정들을 근거로 /

【대법원 판단】 피고인이 거래가 성황을 이루고 있는 듯이 잘못 알게 하거나 기타 타인으로 하여금 그릇된 판단을 하게 할 목적으로 가장 · 통정매매를 하였고 /

【대법원 판단】 매매거래를 유인할 목적으로 고가매수주문, 허수매도 · 매수주문을 하였다고 판단한 후 /

【대법원 판단】 이에 관한 공소사실을 유죄로 인정한 조치는 옳고, /

【대법원 결론】 상고이유로 주장하는 바와 같이 채증법칙을 위배하거나 구 증권거래법 제188조의4 제1항, 제2항에 관한 법리를 오해한 위법 등이 없다. (상고 기각)

2009도1934

강제추행치상죄와 인과관계
술값시비 이중상해 사건
2009. 7. 23. 2009도1934, 공 2009하, 1496

1. 사실관계 및 사건의 경과

【사실관계 1】

① 2007. 10. 10. 갑은 대전지방법원에서 상해죄로 징역 8월, 집행유예 2년을 선고받았다. (㉮판결)

② 2007. 10. 18. ㉮판결은 확정되었다.

③ 갑은 집행유예 기간 중에 있다.

【사실관계 2】

① 2007. 10. 30. 04:15경 갑은 을과 함께 P주점에서 술을 마셨다.

② 갑은 P주점의 종업원 A(여, 18세)와 술값 문제로 시비가 되었다.

③ 갑은 A와 상호 욕설을 하다가 P주점의 계산대 통로에서 양손으로 수회 A의 목과 가슴을 밀어 A를 수회 넘어뜨렸다.

④ 갑은 A가 일어나자 오른손 주먹과 손바닥으로 A의 얼굴을 수회 때렸다.

⑤ 을은 이에 합세하여 손으로 A의 어깨를 1회 밀었다. (이상 ㉠공동폭행)

【사실관계 3】

① 을은 경찰에 신고를 하기 위해 P주점 밖으로 나갔다.

② 갑은 그 틈을 이용하여 A의 상의 위쪽으로 손을 넣어 A의 가슴을 만지고 스타킹 위로 A의 허벅지를 만졌다. (ⓛ강제추행)

③ A는 이러한 과정에서 약 3주간의 치료를 요하는 다음의 상해를 입었다.

  (가) 비골 골절, 좌측 수부 타박상 및 찰과상, 안면부와 우측 족부의 좌상 (ⓒ비골골절상 등)

  (나) 우측 서혜부 타박상 및 찰과상, 가슴부 좌상 및 찰과상과 열상 (ⓔ가슴부 찰과상 등)

【사건의 경과】

① 검사는 갑을 다음의 공소사실로 기소하였다.

  (가) 강제추행치상죄

  (나) 폭처법위반죄(공동상해)

② 검사는 을을 폭처법위반죄(공동상해)로 기소하였다.

③ 제1심법원은 갑과 을에게 유죄를 인정하였다.

④ 갑은 불복 항소하였다.

⑤ 을은 항소하지 않았다.

⑥ 항소심법원은 항소를 기각하고, 제1심판결을 유지하였다.

⑦ 갑은 불복 상고하였다.

⑧ 갑은 상고이유로 다음의 점을 주장하였다.

  (가) 갑의 ⓛ강제추행과 ⓒ비골골절상 등 사이에 인과관계가 없다.

  (나) ⓔ가슴부 찰과상 등은 상해에 해당하지 않는다.

  (다) 따라서 강제추행치상죄는 성립하지 않는다.

2. 강제추행 부분에 대한 판단

【대법원 판단】 원심이 적법한 증거조사를 거쳐 채택한 증거 등에 비추어 원심판결 이유를 살펴보면, /

【대법원 판단】 원심이 그 판시와 같은 이유로 피고인이 피해자의 상의 위쪽으로 손을 넣어 피해자의 가슴을 만지고 스타킹 위로 피해자의 허벅지를 만져 피해자를 강제로 추행한 사실을 인정한 것은 정당하고, /

【대법원 판단】 거기에 상고이유의 주장과 같이 강제추행의 법리를 오해하거나 채증법칙을 위반한 위법이 있다고 할 수 없다.

【대법원 판단】 그러나 피해자가 입은 상처를 강제추행치상죄에 있어서의 상해로 보아 강제추행치상죄를 유죄로 인정한 조치는 다음과 같은 이유로 이를 수긍할 수 없다.

3. ⓒ비골 골절 등 상해와 ⓛ강제추행의 인과관계

【대법원 요지】 강제추행치상죄에 있어 상해의 결과는 /

【대법원 요지】 강제추행의 수단으로 사용한 폭행이나 /

【대법원 요지】 추행행위 그 자체 또는 /

【대법원 요지】 강제추행에 수반하는 행위로부터 발생한 것이어야 한다.

【대법원 판단】 그런데 피해자가 입은 상처들 중 '비골 골절, 좌측 수부 타박상 및 찰과상, 안면부와

우측 족부의 좌상'(이하 '이 사건 비골 골절 등'이라 한다)에 관하여 보건대, /

【대법원 판단】 원심판결 및 원심이 적법한 증거조사를 거쳐 채택한 증거 등에 의하면, /

【대법원 판단】 이 사건 비골 골절 등은 피해자와 피고인 사이에 술값 문제로 시비가 되어 상호 욕설을 하다가 피고인이 양손으로 피해자의 가슴 부분을 여러 차례 밀어 넘어뜨리고, /

【대법원 판단】 제1심 공동피고인 을도 이에 합세하여 피해자의 어깨를 1회 미는 등의 폭행을 하여 발생한 것임을 알 수 있고, /

【대법원 판단】 이와 같은 폭행 경위나 당시 제1심 공동피고인 을도 위 폭행에 합세하고 있었던 정황 등에 비추어 보면, /

【대법원 판단】 피고인에게 위 폭행 당시부터 피해자에 대한 강제추행의 범의가 있었다고 보기는 어렵다. /

【대법원 판단】 그러므로 피고인의 위 폭행은 강제추행의 수단으로서의 폭행으로 볼 수 없어, /

【대법원 판단】 이 사건 비골 골절 등과 그 이후 일어난 강제추행 사이에 인과관계가 있다고 할 수 없다.

【대법원 판단】 뿐만 아니라, 원심은 피고인과 제1심 공동피고인 을이 공동하여 피해자에게 이 사건 비골 골절 등 상해를 가한 부분을 상해로 인한 폭력행위 등 처벌에 관한 법률 위반죄로 처벌하고 있는데, /

【대법원 요지】 이처럼 고의범인 상해죄로 처벌한 상해를 다시 결과적 가중범인 강제추행치상죄의 상해로 인정하여 이중으로 처벌할 수는 없다 할 것이다.

【대법원 결론】 따라서, 이 사건 비골 골절 등을 강제추행치상죄의 상해에 포함시킨 원심판결에는 결과적 가중범인 강제추행치상죄에 관한 법리를 오해하여 판결에 영향을 미친 위법이 있다 할 것이다.

4. ㉣가슴부 찰과상 등의 상해 여부에 대한 판단

【대법원 요지】 상해는 피해자의 신체의 건강상태가 불량하게 변경되고 생활기능에 장애가 초래되는 것을 말하는 것으로서, /

【대법원 요지】 피해자가 입은 상처가 극히 경미하여 굳이 치료할 필요가 없고 /

【대법원 요지】 치료를 받지 않더라도 일상생활을 하는 데 아무런 지장이 없으며 /

【대법원 요지】 시일이 경과함에 따라 자연적으로 치유될 수 있을 정도라면, /

【대법원 요지】 그로 인하여 피해자의 신체의 건강상태가 불량하게 변경되었다거나 생활기능에 장애가 초래된 것으로 보기 어려워 강제추행치상죄에 있어서의 상해에 해당한다고 할 수 없다.

【대법원 판단】 이와 같은 법리에 비추어 피해자가 입은 나머지 상처들인 '우측 서혜부 타박상 및 찰과상, 가슴부 좌상 및 찰과상과 열상'(이하 '이 사건 가슴부 찰과상 등'이라 한다)에 관하여 보건대, /

【대법원 분석】 원심판결 및 원심이 적법한 증거조사를 거쳐 채택한 증거 등에 의하면, /

【대법원 분석】 이 사건 가슴부 찰과상 등은 피고인이 피해자의 가슴과 허벅지를 만지는 과정에서 발생한 것으로서, /

【대법원 분석】 피해자는 이 사건 비골 골절 등과 이 사건 가슴부 찰과상 등에 대하여 21일간의 치료를 요한다는 상해진단을 받았으나 /

【대법원 분석】 이와 같은 진단은 이 사건 비골 골절 등이 포함되었기 때문이고, /

【대법원 분석】 피해자는 이 사건 가슴부 찰과상 등에 대하여는 별도로 치료받은 바 없이 /

【대법원 분석】 일상생활에도 지장이 없어 /

【대법원 분석】 시일이 경과함에 따라 자연적으로 치유된 사실을 알 수 있는바, /

【대법원 판단】 이러한 상처 발생 경위, 정도 및 그 치유 경과와 /

【대법원 판단】 가슴 부위의 피부가 외부에 드러난 다른 부분보다 약하여 상처가 쉽게 생기거나 두드러져 보일 가능성도 배제할 수 없는 점 등에 비추어 보면, /

【대법원 판단】 이 사건 가슴부 찰과상 등은 강제추행치상죄에 있어서의 상해에 해당하지 않을 여지가 있다 할 것이다.

【대법원 결론】 따라서, 원심판결 중 이 사건 가슴부 찰과상 등을 강제추행치상죄의 상해에 해당하는 것으로 판단한 부분 역시 심리를 다하지 아니하고 강제추행치상죄의 상해에 관한 법리를 오해하여 판결에 영향을 미친 위법이 있다 할 것이다. (파기 환송)

2009도2682

소년법 개정과 기준법령
소년연령 인하 사건
2009. 5. 28. 2009도2682, 2009전도7, 공 2009하, 1077

1. 사실관계 및 사건의 경과

【사실관계】

① 1990. 1. 3. 갑은 출생하였다.

② 2007. 8. 12. 17:00경 갑은 혼자 귀가하던 A(9세)를 보고 강간하려고 마음을 먹었다.

③ 갑은 A를 따라가 M아파트 엘리베이터를 A와 함께 탔다.

④ 갑은 10층에 이르러 내리려고 하던 A의 입을 막고 잡아당겨 15층까지 올라갔다.

⑤ 갑은 A를 옥상으로 데려가 유사강간행위를 하였다.

【사건의 경과 1】

① 검사는 갑을 성폭력처벌법위반죄(13세미만미성년자강간등)로 기소하였다.

② 검사는 갑에 대해 위치추적 전자장치 부착명령을 청구하였다.

③ 2007. 12. 21. 소년의 연령을 20세에서 19세로 낮추는 소년법 개정이 있었다.

④ 2008. 6. 22. 개정 소년법이 시행되었다.

⑤ 2008. 12. 12. 제1심법원은 다음 주문의 판결을 선고하였다.

　(가) 피고인을 징역 장기 2년 6월, 단기 2년에 처한다.

　(나) 이 판결 선고 전의 구금일수 51일을 위 형에 산입한다.

　(다) 피부착명령청구자에 대하여 3년간 위치추적 전자장치의 부착을 명한다.

(라) 피부착명령청구자에 대하여 별지 기재와 같은 준수사항을 부과한다.

【사건의 경과 2】

① 갑은 불복 항소하였다.

② 항소심에 이르러 갑은 19세 이상이 되었다.

③ 2009. 3. 26. 항소심법원은 다음 주문의 판결을 선고하였다.

　(가) 원심판결 중 피고사건 부분을 파기한다.

　(나) 피고인을 징역 2년에 처한다.

　(다) 원심판결 선고 전의 구금일수 51일을 위 형에 산입한다.

　(라) 원심판결 중 피부착명령청구자의 부착명령사건 부분에 대한 항소를 기각한다.

④ 갑은 불복 상고하였다.

⑤ 갑은 상고이유로 다음의 점을 주장하였다.

　(가) 행위 당시 소년이었으므로 소년법에 따라 소년감경을 행하고 부정기형을 선고하여야 한다.

　(나) 구 소년법에 따르면 갑은 항소심판결 선고시에도 소년에 해당한다.

　(다) 갑에게 구 소년법에 따라 소년감경을 행하고 부정기형을 선고하여야 한다.

　(라) 재범의 위험이 없음에도 전자장치 부착명령을 과한 것은 위법하다.

【참조조문】

소년법

제60조 (부정기형) ① 소년이 법정형으로 장기 2년 이상의 유기형에 해당하는 죄를 범한 경우에는 그 형의 범위에서 장기와 단기를 정하여 선고한다. /

다만, 장기는 10년, 단기는 5년을 초과하지 못한다.

② 소년의 특성에 비추어 상당하다고 인정되는 때에는 그 형을 감경할 수 있다.

③ 형의 집행유예나 선고유예를 선고할 때에는 제1항을 적용하지 아니한다.

④ 소년에 대한 부정기형을 집행하는 기관의 장은 형의 단기가 지난 소년범의 행형 성적이 양호하고 교정의 목적을 달성하였다고 인정되는 경우에는 관찰 검찰청 검사의 지휘에 따라 그 형의 집행을 종료시킬 수 있다.

부칙 제2조 (일반적 경과조치) 이 법은 이 법 시행 당시 조사 또는 심리 중에 있는 보호사건 또는 형사사건에 대하여도 적용한다. 다만, 이 법 시행 전에 종전의 규정에 따라 행한 보호절차 또는 형사절차의 효력에는 영향을 미치지 아니한다.

특정강력범죄의 처벌에 관한 특례법

제4조 (소년에 대한 형) ① 특정강력범죄를 범한 당시 18세 미만인 소년을 사형 또는 무기형에 처하여야 할 때에는 「소년법」 제59조에도 불구하고 그 형을 20년의 유기징역으로 한다.

② 특정강력범죄를 범한 소년에 대하여 부정기형(不定期刑)을 선고할 때에는 「소년법」 제60조 제1항 단서에도 불구하고 장기는 15년, 단기는 7년을 초과하지 못한다.

2. 소년법 적용 여부에 대한 판단

【대법원 요지】 소년법이 적용되는 '소년'이란 19세 미만인 사람을 말하므로(같은 법 제2조), /

【대법원 요지】 피고인이 소년법의 적용을 받으려면 심판시에 19세 미만이어야 한다. /

【대법원 요지】 따라서 소년법 제60조 제2항의 적용대상인 '소년'인지의 여부도 심판시, 즉 사실심판결 선고시를 기준으로 판단되어야 한다. /

【대법원 요지】 이러한 법리는 피고인이 위 '소년'의 범위를 20세 미만에서 19세 미만으로 축소한 소년법 개정법률/

【대법원 요지】 (2007. 12. 21. 법률 제8722호로 공포되어, 2008. 6. 22.에 시행되었다)이 시행되기 전에 이 사건 범행을 저질렀고, /

【대법원 요지】 이 사건에서와 같이 20세가 되기 전에 원심판결이 선고되었다고 해서 달라지지 아니한다(동법 부칙 제2조 참조). /

【대법원 판단】 위 법리와 기록에 비추어 살펴보면, /

【대법원 판단】 제1심판결이 피고인에 대하여 부정기형을 선고하였으나 /

【대법원 판단】 원심이 원심판결 선고 당시 19세 이상인 피고인이 소년법상의 '소년'에 해당하지 않는다고 하여, 그에 대하여 정기형을 선고한 것은 정당하다. /

【대법원 결론】 거기에 상고이유에서 주장하는 바와 같은 소년범 감경에 관한 소년법 제60조 제2항 등의 적용에 관한 법리 오해의 위법이 없다.

3. 부착명령 부분에 대한 판단

【대법원 판단】 원심은 피고인의 성행, 이 사건 범행의 동기와 방법, 범행 후의 정황 등 제반 사정을 종합적으로 고려하여, 피고인에게 재범의 위험성이 있다고 판단한 이 부분 제1심판결의 결론을 그대로 유지하였다.

【대법원 결론】 이러한 원심의 조치는 기록에 비추어 수긍이 간다. 거기에 상고이유에서 주장하는 바와 같은 심리미진, 법리 오해, 이유불비 등의 위법이 없다. (상고 기각)

2009도3505

공무집행방해죄와 상상적 경합
제지 경찰관 폭행 사건
2009. 6. 25. 2009도3505, 공 2009하, 1265

1. 사실관계 및 사건의 경과

【사실관계】

① [M장소에서 갑이 행패를 부리고 있다는 신고가 P지구대에 접수되었다.]

② 경찰관 A와 B는 신고를 받고 M장소에 함께 출동하였다.

③ 경찰관 A와 B는 M장소에서 신고 처리 및 수사 업무를 집행하기 시작하였다.

④ 갑은 M장소에서 경찰관 A와 B에게 욕설을 하였다.

⑤ 갑은 욕설을 하면서 먼저 경찰관 A를 폭행하였다.

⑥ 갑은 곧이어 이를 제지하는 경찰관 B를 폭행하였다.

【사건의 경과 1】

① 검사는 갑을 공무집행방해죄로 기소하였다.

② 제1심법원은 다음과 같이 판단하여 유죄를 인정하였다.

　(가) 경찰관 A에 대한 공무집행방해죄 인정 (㉠죄)

　(나) 경찰관 B에 대한 공무집행방해죄 인정 (㉡죄)

　(다) ㉠죄와 ㉡죄는 실체적 경합

③ 갑은 불복 항소하였다.

④ 항소심법원은 다음의 이유를 들어 제1심판결을 파기하고 형을 선고하였다.

　(가) 경찰관 A에 대한 공무집행방해죄 인정 (㉠죄)

　(나) 경찰관 B에 대한 공무집행방해죄 인정 (㉡죄)

　(다) ㉠죄와 ㉡죄는 상상적 경합

⑤ 항소심법원은 유죄판결에 법령적용만을 기재하였을 뿐 범죄사실이나 증거요지는 기재하지 않았다.

【사건의 경과 2】

① 갑은 불복 상고하였다.

② 갑은 상고이유로, 채증법칙 위반을 주장하였다.

③ 대법원은 직권으로 판단하였다.

④ 대법원은 항소심판결의 이유에 미비점이 있음에 주목하였다.

⑤ 대법원은 항소심판결을 파기하고 자판하였다.

2. 유죄판결의 기재사항

【대법원 요지】 가. 형사소송법 제323조 제1항에 따르면, 유죄판결의 판결이유에는 범죄사실, 증거의 요지와 법령의 적용을 명시하여야 하는 것인바, /

【대법원 요지】 유죄판결을 선고하면서 판결이유에 이 중 어느 하나를 전부 누락한 경우에는 형사소송법 제383조 제1호에 정한 판결에 영향을 미친 법률위반으로서 파기사유가 된다.

【대법원 판단】 원심판결의 이유 기재에 의하면, /

【대법원 판단】 원심은 직권으로 제1심판결을 파기하고 다시 피고인에 대하여 유죄판결을 선고하면서 그 판결이유에 법령의 적용만 기재하였을 뿐, /

【대법원 판단】 범죄될 사실이나 증거의 요지를 전부 누락하였음을 알 수 있으므로, 원심판결은 위법하여 파기를 면할 수 없다.

【대법원 판단】 한편, 이 사건은 소송기록과 원심에 이르기까지 조사된 증거에 의하여 판결하기에 충분하다고 인정되므로 형사소송법 제396조에 의하여 이 법원이 직접 판결하기로 한다.

3. 공무집행방해죄와 상상적 경합

【대법원 요지】 나. 동일한 공무를 집행하는 여럿의 공무원에 대하여 폭행·협박 행위가 이루어진 경

우에는 /

【대법원 요지】 공무를 집행하는 공무원의 수에 따라 여럿의 공무집행방해죄가 성립하고, /

【내법원 요지】 위와 같은 폭행 · 협박 행위가 동일한 장소에서 동일한 기회에 이루어진 것으로서 사회관념상 1개의 행위로 평가되는 경우에는 /

【대법원 요지】 여럿의 공무집행방해죄는 상상적 경합의 관계에 있다고 할 것이다.

【대법원 분석】 원심이 적법하게 확정한 사실관계와 기록에 의하면, /

【대법원 분석】 경찰관 공소외 A와 공소외 B는 피고인에 대하여 접수된 피해 신고를 받고 함께 출동하여 신고 처리 및 수사 업무를 집행 중이었는데, /

【대법원 분석】 피고인은 같은 장소에서 위 경찰관들에게 욕설을 하면서 먼저 경찰관 공소외 A를 폭행하고 곧이어 이를 제지하는 경찰관 공소외 B를 폭행한 사실을 알 수 있는바, /

【대법원 판단】 위와 같이 동일한 장소에서 동일한 기회에 이루어진 폭행 행위는 사회관념상 1개의 행위로 평가하는 것이 상당하므로 /

【대법원 판단】 공소외 A와 공소외 B에 대한 공무집행방해죄는 형법 제40조에 정한 상상적 경합의 관계에 있다고 할 것이다.

【대법원 결론】 그럼에도 불구하고 이 사건 각 공무집행방해의 범행이 실체적 경합의 관계에 있다고 보아 형을 가중한 제1심의 조치는 위법하고, 이러한 잘못은 판결에 영향을 미쳤다고 할 것이므로 제1심판결 역시 더 이상 유지될 수 없다. /

【대법원 결론】 따라서 제1심을 파기하고 다음과 같이 판결한다.

4. 대법원 파기자판의 사례

【대법원 판단】 범죄사실 및 증거의 요지는 제1심판결의 각 해당란 기재와 같으므로 형사소송법 제399조, 제369조에 의하여 이를 그대로 인용한다.

【대법원 판단】 피고인의 판시 행위는 각 형법 제136조 제1항에 해당하는바, /

【대법원 판단】 형법 제40조, 제50조를 적용하여 범정이 더 무거운 공소외 A에 대한 공무집행방해죄에 정한 형으로 처벌하고, /

【대법원 판단】 정해진 형 중 벌금형을 선택하여 피고인을 벌금 500,000원에 처하고, /

【대법원 판단】 피고인이 위 벌금을 납입하지 아니하는 경우 형법 제70조, 제69조 제2항을 적용하여 50,000원을 1일로 환산한 기간 피고인을 노역장에 유치하고, /

【대법원 판단】 형법 제57조를 적용하여 제1심판결 선고 전의 구금일수 1일을 위 벌금에 관한 노역장 유치기간에 산입하기로 하여 /

【대법원 판단】 관여 법관의 일치된 의견으로 주문과 같이 판결한다.

【코멘트】 형법 제57조에 대한 2009. 6. 25. 2007헌바25 헌법재판소의 일부 위헌결정에 의하여 미결구금일수는 전부 형기에 산입되게 되었다. 2009. 12. 10. 2009도11448 대법원판결에 의하여 이제는 유죄판결을 선고할 때 미결구금일수의 산입에 관한 판단을 하지 않게 되었다.

2009도4590

형벌법규의 해석방법
등급미분류 영업 사건
2009. 8. 20. 2009도4590, 공 2009하, 1591

1. 사실관계 및 사건의 경과

【사실관계】

① 갑은 P피씨방을 운영하고 있다.

② M게임물은 관계 당국의 등급분류를 받지 않은 게임물이다.

③ 2008. 6. 23.경부터 2008. 9. 8. 14:10경까지 갑은 P피씨방에서 ㉠컴퓨터 30대에 M게임물을 설치하였다.

④ P피씨방을 찾은 손님들은 현금을 지급하고 10,000원당 ㉡쿠폰 1장을 교부받았다.

⑤ 손님들은 ㉡쿠폰으로 다음 방식의 M게임을 하였다.

    (가) ㉡쿠폰을 ㉠컴퓨터에 연결된 ㉢인식기에 통과시킨다.

    (나) ㉡쿠폰 1장당 5분의 시간이 입력된다.

    (다) ㉠컴퓨터 화면에서 3초당 자동차바퀴 그림이 떨어지면서 릴 회전 아이템에 맞으면 아래에 있는 4×3의 전자릴이 회전한다.

    (라) 회전에 따른 우연한 결과에 따라 같은 무늬가 정렬되는 경우 시간의 형식으로 점수를 얻는다.

    (마) 5분당 응모권 1장을 배출받는다.

【사건의 경과】

① 검사는 갑을 다음의 공소사실로 게임산업진흥법위반죄로 기소하였다.

    (가) 피고인은 등급분류를 받지 아니한 게임물을 이용에 제공하였다. (㉮게임물제공 부분)

    (나) 피고인은 일반게임제공업을 하였다. (㉯게임물제공업 부분)

② 제1심법원은 게임산업진흥법의 관련 벌칙규정에 대해 다음과 같이 해석하였다.

    (가) 등급분류 자체를 받지 아니한 게임물은 이용제공 행위 자체가 금지된다.

    (나) 등급분류 자체를 받지 아니한 게임물제공업은 성립할 수 없다.

③ 제1심법원은 위의 해석을 근거로 다음과 같이 판단하였다.

    (가) ㉮게임물제공 부분 : 유죄

    (나) ㉯게임제공업 부분 : 무죄

④ 검사는 불복 항소하였다.

⑤ 검사는 항소이유로, 등급분류 여부를 떠나서 허가 없는 게임물제공업은 처벌대상이 된다고 주장하였다.

⑥ 항소심법원은 항소를 기각하고, 제1심판결을 유지하였다.

⑦ 검사는 불복 상고하였다.

⑧ 검사의 상고이유는 항소이유와 같다.

【참조조문】

게임산업진흥에 관한 법률

제2조 (정의) 이 법에서 사용하는 용어의 정의는 다음과 같다.

　6의2. 제6호의 게임제공업 중 일정한 물리적 장소에서 필요한 설비를 갖추고 게임물을 제공하는 영업은 다음 각 호와 같다.

　나. 일반게임제공업 : 제21조의 규정에 따라 등급분류된 게임물 중 청소년이용불가 게임물과 전체이용가 게임물을 설치하여 공중의 이용에 제공하는 영업

제21조 (등급분류) ① 게임물을 유통시키거나 이용에 제공하게 할 목적으로 게임물을 제작 또는 배급하고자 하는 자는 당해 게임물을 제작 또는 배급하기 전에 등급위원회로부터 당해 게임물의 내용에 관하여 등급분류를 받아야 한다. (단서 생략)

제26조 (게임제공업 등의 허가 등) ① 일반게임제공업을 영위하고자 하는 자는 허가의 기준 · 절차 등에 관하여 대통령령이 정하는 바에 따라 시장 · 군수 · 구청장의 허가를 받아 영업을 할 수 있다. (단서 생략)

제32조 (불법게임물 등의 유통금지 등) ① 누구든지 게임물의 유통질서를 저해하는 다음 각 호의 행위를 하여서는 아니 된다. 다만, 제4호의 경우 「사행행위 등 규제 및 처벌특례법」에 따라 사행행위 영업을 하는 자를 제외한다.

　1. 제21조 제1항의 규정에 의하여 등급을 받지 아니한 게임물을 유통 또는 이용에 제공하거나 이를 위하여 진열 · 보관하는 행위

제44조 (벌칙) ① 다음 각 호의 어느 하나에 해당하는 자는 5년 이하의 징역 또는 5천만원 이하의 벌금에 처한다.

　2. 제32조 제1항 제1호……에 해당하는 행위를 한 자

제45조 (벌칙) 다음 각 호의 어느 하나에 해당하는 자는 2년 이하의 징역 또는 2천만원 이하의 벌금에 처한다.

　2. ……제26조 제1항……의 규정을 위반하여 허가를 받지 아니하거나 등록을 하지 아니하고 영업을 한 자

2. 형벌법규의 해석방법

【대법원 분석】 게임산업진흥에 관한 법률은 제2조 제6호의2 나목에서 /

【대법원 분석】 일반게임제공업을 "제21조의 규정에 따라 등급분류된 게임물 중 청소년이용불가 게임물과 전체이용가 게임물을 설치하여 공중의 이용에 제공하는 영업"으로 정의한 다음, /

【대법원 분석】 제26조 제1항에서 /

【대법원 분석】 일반게임제공업을 영위하고자 하는 자로 하여금 관할 관청의 허가를 받도록 하면서, /

【대법원 분석】 이에 위반하여 허가를 받지 아니하고 영업을 한 자를 제45조 제2호에 의하여 처벌하고 있다. /

【대법원 요지】 이와 같은 위 법률조항의 문언 및 체계와 아울러 /

【**대법원 요지**】 형벌법규의 해석은 엄격하여야 하고 /

【**대법원 요지**】 명문규정의 의미를 피고인에게 불리한 방향으로 확장해석하거나 유추해석하는 것은 허용되지 않는 점에 비추어 보면, /

【**대법원 요지**】 등급분류를 받지 아니한 게임물을 공중의 이용에 제공하는 것은 위 법률 제2조 제6호 의2 나목에 규정된 일반게임제공업에 해당하지 않으므로, /

【**대법원 요지**】 그러한 영업을 관할 관청의 허가 없이 하였다고 하더라도 이를 위 법률 제45조 제2 호, 제26조 제1항에 의하여 처벌할 수는 없다.

【**대법원 결론**】 같은 취지에서 원심이 무허가 일반게임장 영업 부분의 공소사실에 대하여 무죄를 선 고한 제1심판결을 유지한 것은 정당하고, 거기에 주장하는 바와 같은 법리오해 등의 위법이 없다. (상 고 기각)

2009도5075

미필적 고의의 내용
공동정범의 성립요건
다단계 상품권 사건

2009. 9. 10. 2009도5075, 공 2009하, 1710

1. 사실관계 및 사건의 경과

【**사실관계 1**】

① P회사는 M상품권 발행사이다.

② Q회사는 M상품권 판매사이다.

③ R회사는 M상품권 환전사이다.

④ 갑은 P회사의 대표이사로서 Q, R회사를 실질적으로 운영하고 있다.

⑤ 을, 병, 정 등은 P, Q, R회사의 고문, 차장, 이사 등이다.

⑥ 을, 병, 정 등은 상품권 판매 및 산하 판매조직 관리 업무를 담당하였다

⑦ 무 등은 Q회사의 판매담당 중간간부들이다.

【**사실관계 2**】

① 갑 등은 P회사 본사 사무실에서 A 등에게 투자설명회를 개최하였다.

② 갑 등은 소속 직원 등을 통하여 다음과 같이 말하였다.

③ (일부 내용만 소개함)

　(가) 우리 회사는 M상품권을 발행하여 할인 판매하는데, 매출이 지속적으로 증가하고 있는 전도유 　　　망한 회사이다.

　(나) 우리 회사 상품권을 구입하면 구입금액에 따라 원금 대비 125%~140%의 상품권을 지급하겠다.

　(다) 아울러 상품권을 다른 사람에게 많이 판매하여 매출액 및 하위판매원 수가 증가하면 회사에서

정한 기준에 따라 딜러 ⇒ 상근딜러(컨설턴트) ⇒ 부장(수석 컨설턴트) ⇒ 본부장으로 승진하
게 된다.

    (라) 직급에 따라 영업지원비, 판매지원비, 판매장려금, 판매촉진비를 지급한다.

    (마) 원금을 초과하여 지급하는 25%~40%의 상품권 및 수당은 1.5%~20%의 가맹점 수수료 수익
       과 H, I, J 사업을 통해 고수익을 창출하여 충분히 지급할 수 있다.

    (바) 우리 회사나 대표를 믿고 M상품권을 구입하라.

④ 갑 등의 설명을 믿은 A 등은 M상품권 구입비 명목으로 돈을 갑 등에게 지급하였다.

⑤ 갑 등은 A 등으로부터 총 합계 964,345,316,976원을 교부받았다.

【사건의 경과 1】

① 검사는 갑 등을 다음의 공소사실로 기소하였다.

    (가) 특경가법위반죄(사기)

    (나) 방문판매법위반죄

    (다) 유사수신행위규제법위반죄

② (방문판매법위반죄 부분은 관련법령이 이후 개정되었으므로 고찰에서 생략함)

③ 갑 등의 피고사건은 제1심을 거친 후, 항소심에 계속되었다.

④ 항소심법원은 유죄를 인정하였다.

【사건의 경과 2】

① 갑 등은 불복 상고하였다.

② 갑 등은 특경가법위반죄(사기) 부분에 대한 상고이유로 다음의 점을 주장하였다.

    (가) 갑 등의 금품수수 행위는 투자금 수입이었을 뿐, 투자금을 편취할 생각은 없었다.

    (나) 갑, 을, 병 등 사이에는 사기죄의 공동정범이 성립하지 않는다.

    (다) 상습사기의 상습성이 없다.

③ 갑 등은 유사수신행위규제법위반죄 부분에 대한 상고이유로 다음의 점을 주장하였다.

    (가) 갑 등은 행위는 투자유치행위이지 유사수신행위가 아니다.

    (나) M상품권 구매자가 상품권 중 일부를 가맹점에서 사용하였으므로 해당 부분은 유사수신행위에
       해당하지 않는다.

    (다) M상품권을 판매할 때 이를 유사수신행위라고 생각하지 않았다.

【참조조문】

유사수신행위의 규제에 관한 법률

제2조 (정의) 이 법에서 "유사수신행위"란 다른 법령에 따른 인가 · 허가를 받지 아니하거나 등록 · 신
고 등을 하지 아니하고 불특정 다수인으로부터 자금을 조달하는 것을 업(業)으로 하는 행위로서 다
음 각 호의 어느 하나에 해당하는 행위를 말한다.

1. 장래에 출자금의 전액 또는 이를 초과하는 금액을 지급할 것을 약정하고 출자금을 받는 행위

2. 장래에 원금의 전액 또는 이를 초과하는 금액을 지급할 것을 약정하고 예금 · 적금 · 부금 · 예탁
금 등의 명목으로 금전을 받는 행위

3. 장래에 발행가액(發行價額) 또는 매출가액 이상으로 재매입(再買入)할 것을 약정하고 사채(社債)

를 발행하거나 매출하는 행위

    4. 장래의 경제적 손실을 금전이나 유가증권으로 보전(補塡)하여 줄 것을 약정하고 회비 등의 명목으로 금전을 받는 행위

제3조 (유사수신행위의 금지) 누구든지 유사수신행위를 하여서는 아니 된다.

제6조 (벌칙) ① 제3조를 위반하여 유사수신행위를 한 자는 5년 이하의 징역 또는 5천만원 이하의 벌금에 처한다.

제7조 (양벌규정) 법인의 대표자나 법인 또는 개인의 대리인, 사용인, 그 밖의 종업원이 그 법인 또는 개인의 업무에 관하여 제6조의 위반행위를 하면 그 행위자를 벌하는 외에 그 법인 또는 개인에게도 해당 조문의 벌금형을 과(科)한다. 다만, 법인 또는 개인이 그 위반행위를 방지하기 위하여 해당 업무에 관하여 상당한 주의와 감독을 게을리하지 아니한 경우에는 그러하지 아니하다.

2. 특경가법위반죄(사기) 부분에 대한 판단

(1) 고의의 내용과 입증방법

【대법원 요지】 (1) 피고인이 편취의 범의를 부인하는 경우, /

【대법원 요지】 이러한 범죄의 주관적 요소로 되는 사실은 사물의 성질상 범의와 상당한 관련성이 있는 간접사실 또는 정황사실을 증명하는 방법에 의하여 이를 입증할 수밖에 없고, /

【대법원 요지】 이 때 무엇이 상당한 관련성이 있는 간접사실 또는 정황사실에 해당하는가는 /

【대법원 요지】 정상적인 경험칙에 바탕을 두고 치밀한 관찰력이나 분석력에 의하여 /

【대법원 요지】 사실의 연결상태를 합리적으로 판단하는 방법에 의하여 판단하여야 한다. /

【대법원 요지】 한편, 범죄구성요건의 주관적 요소로서의 미필적 고의는 /

【대법원 요지】 범죄사실의 발생 가능성에 대한 인식이 있고 나아가 /

【대법원 요지】 범죄사실이 발생할 위험을 용인하는 내심의 의사가 있어야 하며, /

【대법원 채증】 그 행위자가 범죄사실이 발생할 가능성을 용인하고 있었는지의 여부는 /

【대법원 채증】 행위자의 진술에 의존하지 아니하고 /

【대법원 채증】 외부에 나타난 행위의 형태와 행위의 상황 등 구체적인 사정을 기초로 하여 /

【대법원 채증】 일반인이라면 당해 범죄사실이 발생할 가능성을 어떻게 평가할 것인가를 고려하면서 /

【대법원 채증】 행위자의 입장에서 그 심리상태를 추인하여야 한다.

【대법원 판단】 원심판결 이유에 의하면, /

【대법원 판단】 원심 역시 위 법리에 따라 위 피고인들에게 상품권 구입대금 편취의 미필적 고의가 인정된다고 보았음을 알 수 있고, /

【대법원 결론】 그 판단에 상고이유에서 주장하는 바와 같은 편취의 범의나 미필적 고의에 관한 법리오해 등의 위법은 없다. /

【대법원 결론】 나머지 편취의 범의에 관한 원심의 판단에 대하여 다투는 취지의 주장은 결국 사실심인 원심의 전권에 속하는 증거의 취사선택과 사실의 인정을 탓하는 것으로서 모두 받아들일 수 없고, /

【대법원 결론】 달리 원심판결에 판결에 영향을 미치는 채증법칙 위반 등의 위법은 없다. /

【대법원 결론】 상고이유에서 지적하고 있는 대법원판결들은 이 사건과 사안을 달리하는 것들로 이

사건에 원용하기에 적절하지 아니하다.

(2) 공동정범의 성립 여부

【대법원 요지】 (2) 형법 제30조의 공동정범은 2인 이상이 공동하여 죄를 범하는 것으로서, /

【대법원 요지】 공동정범이 성립하기 위하여는 /

【대법원 요지】 주관적 요건으로서 공동가공의 의사와 /

【대법원 요지】 객관적 요건으로서 공동의사에 기한 기능적 행위지배를 통한 범죄의 실행사실이 필요하고, /

【대법원 요지】 공동가공의 의사는 /

【대법원 요지】 공동의 의사로 특정한 범죄행위를 하기 위하여 일체가 되어 /

【대법원 요지】 서로 다른 사람의 행위를 이용하여 자기의 의사를 실행에 옮기는 것을 내용으로 하는 것이어야 하는바, /

【대법원 요지】 공모자 중 구성요건 행위 일부를 직접 분담하여 실행하지 않은 자라도 /

【대법원 요지】 전체 범죄에 있어서 그가 차지하는 지위, 역할이나 범죄 경과에 대한 지배 내지 장악력 등을 종합해 볼 때, /

【대법원 요지】 단순한 공모자에 그치는 것이 아니라 /

【대법원 요지】 범죄에 대한 본질적 기여를 통한 기능적 행위지배가 존재하는 것으로 인정되는 경우 /

【대법원 요지】 이른바 공모공동정범으로서의 죄책을 질 수 있다.

【대법원 판단】 원심판결 이유에 의하면, /

【대법원 판단】 원심 역시 위 법리에 따라 피고인 을[P회사 고문; 저자 주]이 상품권 구입대금 편취의 공동정범에 해당한다고 보았음을 알 수 있고, /

【대법원 결론】 그 판단에 상고이유에서 주장하는 바와 같은 공동정범에 관한 법리오해 등의 위법은 없다. /

【대법원 결론】 피고인 을의 공동정범으로서의 죄책에 관한 원심의 판단에 대하여 다투는 취지의 나머지 주장은 결국 사실심인 원심의 전권에 속하는 증거의 취사선택과 사실의 인정을 탓하는 취지로서 모두 받아들일 수 없고, 달리 원심판결에 판결에 영향을 미치는 채증법칙 위반 등의 위법은 없다.

(3) 상습사기 성립 여부

【대법원 요지】 (3) 상습사기에 있어서의 상습성이라 함은 반복하여 사기행위를 하는 습벽으로서 행위자의 속성을 말하고, /

【대법원 요지】 이러한 습벽의 유무를 판단함에 있어서는 사기의 전과가 중요한 판단자료가 되나, /

【대법원 요지】 사기의 전과가 없다고 하더라도 범행의 횟수, 수단과 방법, 동기 등 제반 사정을 참작하여 사기의 습벽이 인정되는 경우에는 상습성을 인정하여야 한다.

【대법원 판단】 원심판결 이유에 의하면, 원심 역시 위 법리에 따라 피고인 병[P회사 기획 담당; 저자 주]에게 사기의 습벽이 있었다고 보았음을 알 수 있고, /

【대법원 결론】 그 판단에 상고이유에서 주장하는 바와 같은 상습성에 관한 법리오해 등의 위법은 없다. /

【대법원 결론】 피고인 병의 상습성에 관한 원심의 판단에 대하여 다투는 취지의 나머지 주장은 결국 사실심인 원심의 전권에 속하는 증거의 취사선택과 사실의 인정을 탓하는 취지로서 모두 받아들일 수 없고, 달리 원심판결에 판결에 영향을 미치는 채증법칙 위반 등의 위법은 없다.

다. 유사수신행위규제법위반죄 부분에 대한 판단

(1) 상품거래와 유사수신행위

【대법원 요지】 ⑴ 유사수신행위의 규제에 관한 법률 제3조는 유사수신행위를 금지하면서 /

【대법원 요지】 제2조 제1호에서 '장래에 출자금의 전액 또는 이를 초과하는 금액을 지급할 것을 약정하고 출자금을 수입하는 행위'를 유사수신행위의 하나로 규정하고 있는바, /

【대법원 요지】 상품거래의 형식을 띠었다고 하더라도 /

【대법원 요지】 그것이 상품의 거래를 가장하거나 빙자한 것일 뿐 사실상 금전의 거래라고 볼 수 있는 경우라면 이를 위 법이 금하는 유사수신행위로 볼 수 있다.

【대법원 판단】 원심판결 이유에 의하면, 원심 역시 위 법리에 따라 피고인들이 한 이 사건 상품권 거래행위는 유사수신행위에 해당한다고 보았음을 알 수 있고, /

【대법원 결론】 그 판단에 상고이유에서 주장하는 바와 같은 유사수신행위에 관한 법리오해 등의 위법은 없다. /

【대법원 결론】 나머지 유사수신행위에 관한 원심의 판단에 대하여 다투는 취지의 주장은 결국 사실심인 원심의 전권에 속하는 증거의 취사선택과 사실의 인정을 탓하는 것으로서 모두 받아들일 수 없고, 달리 원심판결에 판결에 영향을 미치는 채증법칙 위반 등의 위법은 없다.

(2) 유사수신행위규제법위반죄의 법적 성질

【대법원 요지】 ⑵ 유사수신행위규제법 제3조, 제2조 제1호의 유사수신행위는 /

【대법원 요지】 장래에 출자금의 전액 또는 이를 초과하는 금액을 지급할 것을 약정하고 출자금을 수입하는 행위를 함으로써 즉시 성립하고 그와 동시에 완성되는 즉시범인바, /

【대법원 요지】 그 후 상품권 구매자가 상품권 중 일부를 가맹점에서 사용하였다는 사정은 범죄성립 후의 사정에 불과하므로, /

【대법원 판단】 [R회사]에서 환전되지 않고 일반가맹점에서 정상적으로 사용된 상품권을 판매한 행위는 상품권의 거래를 가장하거나 빙자하여 금원을 수입한 행위가 아니라는 상고이유 주장은 이를 받아들일 수 없다.

(3) 법률의 착오와 정당한 이유

【대법원 요지】 ⑶ 형법 제16조에서 자기가 행한 행위가 법령에 의하여 죄가 되지 아니한 것으로 오인한 행위는 그 오인에 정당한 이유가 있는 때에 한하여 벌하지 아니한다고 규정하고 있는 바, /

【대법원 요지】 이때 정당한 이유가 있는지 여부는 /

【대법원 요지】 행위자에게 자기 행위의 위법의 가능성에 대해 심사숙고하거나 조회할 수 있는 계기가 있어 /

【대법원 요지】 자신의 지적능력을 다하여 이를 회피하기 위한 진지한 노력을 다하였더라면 /

【대법원 요지】 스스로의 행위에 대하여 위법성을 인식할 수 있는 가능성이 있었음에도 이를 다하지 못한 결과 /

【대법원 요지】 자기 행위의 위법성을 인식하지 못한 것인지 여부에 따라 판단하여야 한다.

【대법원 판단】 원심판결 이유에 의하면, 원심 역시 위 법리에 따라 피고인 무에게 법률의 착오가 인정되지 않는다고 판단하였음을 알 수 있고, /

【대법원 결론】 그 판단에 상고이유에서 주장하는 바와 같은 법률의 착오에 관한 법리오해 등의 위법은 없다. /

【대법원 결론】 피고인 무의 법률의 착오에 해당한다는 주장에 관한 원심의 판단에 대하여 다투는 취지의 나머지 주장은 결국 사실심인 원심의 전권에 속하는 증거의 취사선택과 사실의 인정을 탓하는 것으로서 모두 받아들일 수 없고, 달리 원심판결에 판결에 영향을 미치는 채증법칙 위반 등의 위법은 없다. (상고 기각)

2009도6061

전자장치 부착명령의 법적 성질
10년 동안 부착명령 사건
2009. 9. 10. 2009도6061, 2009전도13, 공 2009하, 1726

1. 사실관계 및 사건의 경과

【사실관계 1】

① 2007. 4. 27. 「특정 성폭력범죄자에 대한 위치추적 전자장치 부착에 관한 법률」(이하 전자장치부착법으로 약칭함)이 제정되었다.

② 2008. 10. 28. 위 법률이 시행되었다.

③ 위 법률에 의하여 성폭력범죄에 대해 위치추적 전자장치 부착제도가 시행되었다.

④ 전자장치 부착시에는 보호관찰이 필요적으로 부과된다.

⑤ 2009. 5. 8. 위 법률은 「특정 범죄자에 대한 위치추적 전자장치 부착 등에 관한 법률」로 개정되었다.

⑥ 2009. 8. 9. 위 개정법률이 시행되었다.

⑦ 이 개정과 이후의 개정에 의하여 전자장치 부착 대상범죄에 미성년자 대상 유괴범죄, 살인범죄가 추가되었다.

【사실관계 2】

① 2012. 12. 18. 위 법률은 「특정 범죄자에 대한 보호관찰 및 전자장치 부착 등에 관한 법률」로 개정되었다.

② 위 개정법률은 다음의 특징이 있다.

  (가) 강도범죄가 대상범죄에 추가되었다.

(나) 전자장치 부착 없는 출소 후 보호관찰 청구제도가 도입되었다.

(다) 전자장치 부착기간이 대폭 연장되었다.

(라) 보호관찰소와 수사기관 사이에 전자장치 피부착자의 신상정보 제공에 관한 근거조문이 신설되었다.

③ 2013. 6. 19. 위 개정법률이 시행되었다.

④ 2014. 6. 19. 강도범죄에 대하여 위 개정법률이 시행되었다.

⑤ (본 판례는「특정 성폭력범죄자에 대한 위치추적 전자장치 부착에 관한 법률」시행 시점에 나온 것이다.)

【사실관계 3】

① 1998. 10. 29. 갑은 서울고등법원에서 강도강간미수죄 등으로 징역 장기 3년, 단기 2년 6월을 선고받았다. (㉮전과)

② 2001. 4. 26. 갑은 서울고등법원에서 강도강간죄 등으로 징역 7년을 선고받았다. (㉯판결)

③ 2008. 6. 28. 갑은 안양교도소에서 ㉯판결의 형의 집행을 종료하였다.

④ 2008. 8. 28. 09:40경 갑은 A(여, 22세)에 대해 강도강간상해 범행을 하였다. (㉰범행)

⑤ 2008. 9. 12. 10:00경 갑은 B를 상대로 강도상해 범행을 하였다. (㉱범행)

⑥ 2008. 9. 21. 22:30경 갑은 C(여, 33세)에 대해 강도강간 범행을 하였다. (㉲범행)

⑦ 2008. 10. 5. 22:00경 갑은 D에 대해 준강도 범행을 하였다. (㉳범행)

⑧ 2008. 10. 28. 전자장치부착법이 시행되었다.

【사건의 경과 1】

① 검사는 ㉰, ㉱, ㉲, ㉳범행에 대해 갑을 다음의 공소사실로 기소하였다.

(가) 준강도

(나) 강도강간

(다) 주거침입 강도상해

② 검사는 갑에 대해 위치추적 전자장치 부착명령을 청구하였다.

③ 제1심법원은 다음 주문의 판결을 선고하였다.

(가) 피고인을 징역 20년에 처한다.

(나) 이 판결 선고 전의 구금일수 194일을 위 형에 산입한다.

(다) 피부착명령청구자에 대하여 10년간 위치추적 전자장치의 부착을 명한다.

(라) 피부착명령청구자에 대하여 별지 기재와 같이 준수사항을 부과한다.

④ 갑에게 부과된 준수사항에는 야간시간대 외출금지 등의 사항이 들어 있었다.

⑤ 갑은 불복 항소하였다.

⑥ 항소심법원은 항소를 기각하고, 제1심판결을 유지하였다.

⑦ 항소심법원은 항소심판결 선고 전 구금일수 중 일부만을 제1심이 선고한 형에 산입하였다.

【사건의 경과 2】

① 갑은 불복 상고하였다.

② 갑은 첫번째 상고이유로, 형이 과중하다고 주장하였다.

③ 갑은 두번째 상고이유로, 다음의 점을 들어서 소위 전자발찌법이 위헌이라고 주장하였다.

    (가) 형의 집행을 종료한 후에 다시 위치추적 전자장치를 부착하게 하는 것은 일사부재리의 원칙에 반한다.

    (나) '야간 등 특정 시간대의 외출제한'을 준수사항으로 부과한 것은 거주이전의 자유를 침해한 것이다.

    (다) 전자장치부착법은 피부착자의 기본권을 과도하게 제한하여 위헌무효이다.

④ 갑은 세번째 상고이유로 다음의 점을 주장하였다.

    (나) 전자장치 부착명령의 기간을 전자장치부착법이 허용하는 최장 10년으로 한 것은 과중하다.

    (다) 갑의 범행 시간대와 무관한 시간대의 외출제한을 준수사항으로 부과한 것은 부당하다.

⑤ (이하 부착명령 부분에 대한 판단만 소개함)

【참조조문】

특정 범죄자에 대한 보호관찰 및 전자장치 부착 등에 관한 법률

[시행 2013. 6. 19] [법률 제11558호, 2012. 12. 18, 일부개정]

제1조 (목적) 이 법은 특정범죄를 저지른 사람의 재범방지를 위하여 형기를 마친 뒤에 보호관찰 등을 통하여 지도하고 보살피며 도움으로써 건전한 사회복귀를 촉진하고 위치추적 전자장치를 신체에 부착하게 하는 부가적인 조치를 취함으로써 특정범죄로부터 국민을 보호함을 목적으로 한다.

제2조 (정의) 이 법에서 사용하는 용어의 정의는 다음과 같다.

  1. "특정범죄"란 성폭력범죄, 미성년자 대상 유괴범죄, 살인범죄 및 강도범죄를 말한다.

  (이하 생략)

제5조 (전자장치 부착명령의 청구) ① 검사는 다음 각 호의 어느 하나에 해당하고, 성폭력범죄를 다시 범할 위험성이 있다고 인정되는 사람에 대하여 전자장치를 부착하도록 하는 명령(이하 "부착명령"이라 한다)을 법원에 청구할 수 있다.

  (② 이하 생략)

제9조 (부착명령의 판결 등) ① 법원은 부착명령 청구가 이유 있다고 인정하는 때에는 다음 각 호에 따른 기간의 범위 내에서 부착기간을 정하여 판결로 부착명령을 선고하여야 한다. /

다만, 19세 미만의 사람에 대하여 특정범죄를 저지른 경우에는 부착기간 하한을 다음 각 호에 따른 부착기간 하한의 2배로 한다.

  1. 법정형의 상한이 사형 또는 무기징역인 특정범죄: 10년 이상 30년 이하

  2. 법정형 중 징역형의 하한이 3년 이상의 유기징역인 특정범죄(제1호에 해당하는 특정범죄는 제외한다): 3년 이상 20년 이하

  3. 법정형 중 징역형의 하한이 3년 미만의 유기징역인 특정범죄(제1호 또는 제2호에 해당하는 특정범죄는 제외한다): 1년 이상 10년 이하

  ③ 부착명령을 선고받은 사람은 부착기간 동안 「보호관찰 등에 관한 법률」에 따른 보호관찰을 받는다.

제9조의2 (준수사항) ① 법원은 제9조 제1항에 따라 부착명령을 선고하는 경우 부착기간의 범위에서 준수기간을 정하여 다음 각 호의 준수사항 중 하나 이상을 부과할 수 있다. /

다만, 제4호의 준수사항은 500시간의 범위에서 그 기간을 정하여야 한다.

1. 야간 등 특정 시간대의 외출제한

2. 특정지역 · 장소에의 출입금지

2의2. 주거지역의 제한

3. 피해자 등 특정인에의 접근금지

4. 특정범죄 치료 프로그램의 이수

5. 그 밖에 부착명령을 선고받는 사람의 재범방지와 성행교정을 위하여 필요한 사항

제12조 (집행지휘) ① 부착명령은 검사의 지휘를 받아 보호관찰관이 집행한다.

제13조 (부착명령의 집행) ① 부착명령은 특정범죄사건에 대한 형의 집행이 종료되거나 면제 · 가석방되는 날 또는 치료감호의 집행이 종료 · 가종료되는 날 석방 직전에 피부착명령자의 신체에 전자장치를 부착함으로써 집행한다. /

다만, 부착명령의 원인이 된 특정범죄사건이 아닌 다른 범죄사건으로 형이나 치료감호의 집행이 계속될 경우에는 부착명령의 원인이 된 특정범죄사건이 아닌 다른 범죄사건에 대한 형의 집행이 종료되거나 면제 · 가석방되는 날 또는 치료감호의 집행이 종료 · 가종료되는 날부터 집행한다.

제16조 (수신자료의 보존 · 사용 · 폐기 등) ① 보호관찰소의 장은 피부착자의 전자장치로부터 발신되는 전자파를 수신하여 그 자료(이하 "수신자료"라 한다)를 보존하여야 한다.

② 수신자료는 다음 각 호의 경우 외에는 열람 · 조회 또는 공개할 수 없다.

1. 피부착자의 특정범죄 혐의에 대한 수사 또는 재판자료로 사용하는 경우

2. 보호관찰관이 지도 · 원호를 목적으로 사용하는 경우

3. 「보호관찰 등에 관한 법률」 제5조에 따른 보호관찰심사위원회(이하 "심사위원회"라 한다)의 부착명령 가해제와 그 취소에 관한 심사를 위하여 사용하는 경우

④ 검사 또는 사법경찰관은 수신자료를 열람 또는 조회하는 경우 관할 지방법원(보통군사법원을 포함한다) 또는 지원의 허가를 받아야 한다. /

다만, 관할 지방법원 또는 지원의 허가를 받을 수 없는 긴급한 사유가 있는 때에는 수신자료 열람 또는 조회를 요청한 후 지체 없이 그 허가를 받아 보호관찰소의 장에게 송부하여야 한다.

제16조의2 (피부착자의 신상정보 제공 등) ① 보호관찰소의 장은 피부착자가 제14조 제2항에 따라 신고한 신상정보를 범죄예방 및 수사에 활용하게 하기 위하여 피부착자의 주거지를 관할하는 경찰관서의 장 등 수사기관에 제공할 수 있다.

② 제1항에 따라 신상정보를 제공받은 수사기관은 범죄예방 및 수사활동 중 인지한 사실이 피부착자 지도 · 감독에 활용할 만한 자료라고 판단할 경우 이를 보호관찰소의 장에게 제공할 수 있다.

③ 보호관찰소의 장은 피부착자가 범죄를 저질렀거나 저질렀다고 의심할 만한 상당한 이유가 있을 때에는 이를 수사기관에 통보하여야 한다.

④ 수사기관은 체포 또는 구속한 사람이 피부착자임을 알게 된 경우에는 피부착자의 주거지를 관할하는 보호관찰소의 장에게 그 사실을 통보하여야 한다.

⑤ 제1항부터 제4항에 따른 제공 및 통보의 절차와 관리 등에 필요한 사항은 대통령령으로 정한다.

제17조 (부착명령의 가해제 신청 등) ① 보호관찰소의 장 또는 피부착자 및 그 법정대리인은 해당 보호관찰소를 관할하는 심사위원회에 부착명령의 가해제를 신청할 수 있다.

② 제1항의 신청은 부착명령의 집행이 개시된 날부터 3개월이 경과한 후에 하여야 한다. 신청이 기각된 경우에는 기각된 날부터 3개월이 경과한 후에 다시 신청할 수 있다.

제18조 (부착명령 가해제의 심사 및 결정) ④ 심사위원회는 피부착자가 부착명령이 계속 집행될 필요가 없을 정도로 개선되어 재범의 위험성이 없다고 인정하는 때에는 부착명령의 가해제를 결정할 수 있다. /

이 경우 피부착자로 하여금 주거이전 상황 등을 보호관찰소의 장에게 정기적으로 보고하도록 할 수 있다.

제20조 (부착명령 집행의 종료) 제9조에 따라 선고된 부착명령은 다음 각 호의 어느 하나에 해당하는 때에 그 집행이 종료된다.

1. 부착명령기간이 경과한 때
2. 부착명령과 함께 선고한 형이 사면되어 그 선고의 효력을 상실하게 된 때
4. 부착명령이 가해제된 자가 그 가해제가 취소됨이 없이 잔여 부착명령기간을 경과한 때

2. 전자장치 부착 부분에 대한 대법원의 판단

(1) 전자장치 부착제도의 법적 성질

【대법원 요지】 (1) 특정 성폭력범죄자에 대한 위치추적 전자장치 부착에 관한 법률(이하 '이 사건 법률'이라 한다)에 의한 전자감시제도는 /

【대법원 요지】 성폭력범죄자의 재범방지와 성행교정을 통한 재사회화를 위하여 /

【대법원 요지】 그의 행적을 추적하여 위치를 확인할 수 있는 전자장치를 신체에 부착하게 하는 부가적인 조치를 취함으로써 /

【대법원 요지】 성폭력범죄로부터 국민을 보호함을 목적으로 하는 일종의 보안처분이다.

(2) 전자장치부착법의 내용

【대법원 분석】 이 사건 법률은 위와 같은 전자감시제도의 취지를 충실히 살리기 위하여 /

【대법원 분석】 전자장치 부착명령을 선고하는 경우 /

【대법원 분석】 "야간 등 특정 시간대의 외출제한, 특정지역·장소에의 출입금지, 피해자 등 특정인에의 접근금지, 성폭력 치료 프로그램의 이수" 등 /

【대법원 분석】 피부착자의 재범방지와 성행교정을 위하여 필요한 준수사항을 부과할 수 있도록 하는 한편, /

【대법원 분석】 부착명령에 따른 기본권 침해를 최소화하면서도 그것이 재범방지 및 성행교정을 위한 실질적인 역할을 다 할 수 있도록 /

【대법원 분석】 피부착자의 전자장치로부터 발신되는 전자파의 수신자료를 /

【대법원 분석】 "피부착자의 성폭력범죄 혐의에 대한 수사 또는 재판자료로 사용하는 경우, /

【대법원 분석】 보호관찰관이 지도·원호를 목적으로 사용하는 경우, /

【대법원 분석】 보호관찰 등에 관한 법률 제5조에 따른 보호관찰심사위원회의 부착명령 가해제와 그 취소에 관한 심사를 위하여 사용하는 경우" 외에는 /

【대법원 분석】 열람·조회 또는 공개할 수 없도록 하면서 아울러 /

【대법원 분석】 검사 또는 사법경찰관이 이를 열람 또는 조회하는 경우에는 법관이 발부한 압수수색영장을 제시하도록 하고 있다. /

【대법원 분석】 뿐만 아니라 이 사건 법률은 성폭력범죄자의 재범위험성이 높고 성폭력범죄의 폐해가 심각한 현실을 감안하여 /

【대법원 분석】 그 재범요인의 완전한 제거 및 피해자의 충분한 보호에 필요한 기간을 확보하고자 /

【대법원 분석】 부착명령을 선고할 수 있는 기간의 상한을 10년으로 설정하면서, /

【대법원 분석】 한편으론 그 부착명령의 탄력적 집행을 위하여 3개월 마다 부착명령의 가해제를 신청할 수 있게 하여 /

【대법원 분석】 피부착자의 개선 정도로 보아 재범의 위험성이 없다고 인정되는 경우에는 부착명령을 가해제할 수 있도록 하고 있다.

(3) 전자장치부착법의 위헌성 여부

【대법원 분석】 이러한 전자감시제도의 목적과 성격, 그 운영에 관한 이 사건 법률의 규정 내용 및 취지 등을 종합해 보면, /

【대법원 요지】 보안처분의 일종인 전자감시제도는 /

【대법원 요지】 범죄행위를 한 자에 대한 응보를 주된 목적으로 그 책임을 추궁하는 사후적 처분인 형벌과 구별되어 그 본질을 달리하는 것으로서 /

【대법원 요지】 형벌에 관한 일사부재리의 원칙이 그대로 적용되지 않으므로 /

【대법원 요지】 이 사건 법률이 형 집행의 종료 이후에 부착명령을 집행하도록 규정하고 있다 하더라도 그것이 일사부재리의 원칙에 반한다고 볼 수 없다. /

【대법원 판단】 또 이 사건 법률이 그 목적 달성을 위한 합리적 범위 내에서 전자감시제도를 탄력적으로 운영하도록 하면서 /

【대법원 판단】 그에 따른 피부착자의 기본권 침해를 최소화하기 위한 방안을 마련하고 있는 이상 /

【대법원 판단】 상고이유의 주장과 같이 이 사건 법률이 전자감시제도를 오로지 형기를 마친 성폭력범죄자의 감시를 위한 방편으로만 이용함으로써 피부착자의 기본권을 과도하게 제한하는 과잉입법에 해당한다고 볼 수도 없다. /

【대법원 판단】 그리고 이 사건 법률은 피부착자의 전자장치로부터 발신되는 전자파의 수신자료에 대한 사용을 피부착자의 재범방지와 성행교정 등을 위하여 필요한 경우로 엄격히 제한하고 있을 뿐 아니라 /

【대법원 판단】 부착명령의 선고와 함께 '야간 등 특정 시간대의 외출제한'을 준수사항으로 부과할 수 있도록 한 것도 /

【대법원 판단】 범죄에 취약한 시간대의 외출을 제한함으로써 가능한 한 재범의 발생을 방지하려는데 있으므로, /

【대법원 판단】 헌법이 보장한 거주이전의 자유를 본질적으로 침해하는 측면도 없다.

【대법원 판단】 따라서 이 사건 법률의 위헌성에 관한 상고이유의 주장은 모두 받아들일 수 없다.

(4) 부착기간의 과중 여부

【대법원 판단】 ② 피고인에 대한 전자장치 부착명령의 기간을 이 사건 법률에 허용하는 최장기인 10년으로 한 것은 과중하고 이 사건 각 범행의 시간대와 무관한 시간대의 외출제한을 준수사항으로 부과한 것도 부당하다는 상고이유의 주장은 /

【대법원 판단】 상고심에 이르러 처음 주장하는 것이어서 적법한 상고이유가 될 수 없을 뿐 아니라, /

【대법원 판단】 직권으로 살펴보아도 피고인에 대한 부착명령이 과중하다거나 준수사항의 부과가 부당하다고 보이지 않으므로, 이 부분 상고이유의 주장도 이유 없다.

3. 미결구금일수 산입 부분에 대한 대법원의 판단

【대법원 판단】 2. 직권으로 판단한다.

【대법원 판단】 기록에 의하면, 원심은 피고인의 항소를 기각하면서 형법 제57조 제1항의 "판결 선고 전의 구금일수는 그 전부 또는 일부를 유기징역, 유기금고, 벌금이나 과료에 관한 유치 또는 구류에 산입한다"는 규정에 따라 원심판결 선고 전 구금일수 중 일부만을 제1심이 선고한 형에 산입하였다.

【대법원 판단】 그런데 헌법재판소는 형법 제57조 제1항 중 '또는 일부' 부분은 헌법에 위반된다고 선언하였는바(헌법재판소 2009. 6. 25. 선고 2007헌바25 결정), 이로 인하여 위 부분을 적용하여 원심판결 선고 전 구금일수 중 일부만을 산입한 원심 판단 부분은 그대로 유지될 수 없게 되었다.

【대법원 결론】 그러므로 원심판결 중 판결 선고 전 구금일수 산입에 관한 부분을 파기하고, 형사소송법 제396조에 의하여 이 법원이 직접 판결하기로 하되, /

【대법원 결론】 판결 선고 전의 구금일수는 전부 본형에 산입될 것이므로 항소 이후의 구금일수 산입에 관하여 따로 정하지 아니하며, /

【대법원 결론】 나머지 원심판결에 대한 상고는 기각하기로 관여 대법관의 의견이 일치되어 주문과 같이 판결한다.

2009도7150

예비죄의 성립요건
살인대가 약정 사건

2009. 10. 29. 2009도7150, 공 2009하, 2067

1. 사실관계 및 사건의 경과

【사실관계 1】
① 갑은 중국에 출입하면서 여러 가지 비정상적인 사업을 하고 있다.
② 갑과 A 사이에 돈 문제로 소송이 진행되고 있다.
③ 갑은 A로부터 무조건 돈을 받으려 하고 있다.

④ 을은 폭력배이다.

⑤ 병은 조선족 폭력배이다.

⑥ 을과 병은 한국인들을 중국으로 유인하여 인질강도를 벌인 일이 있다. (⑦사건)

【사실관계 2】

① 2007. 7. 19. 갑은 인천에서 출발하여 중국 청도로 가는 여객선에서, 을에게 자신을 J라는 가명으로 소개하였다.

② 갑은 을에게 다음과 같이 제의하였다.

　(가) 나는 밀수도 하고 중국에서 사람을 데려오는 등 돈 되는 일은 다 한다.

　(나) 내가 돈 받을 놈이 하나 있는데 보아하니 수사망도 잘 피할 것 같으니 같이 일을 하자.

　(다) 같이 일을 하면 월 200만원을 주겠다.

③ 을은 자신을 K라는 가명으로 소개하면서 갑의 제의를 승낙하였다.

【사실관계 3】

① 2007. 8. 7. 무렵 갑은 을에게 갑의 일을 하는 경비조로 10만원을 을이 사용하는 F 명의 계좌로 송금하였다.

② 2007. 8. 일자불상경 갑은 을에게 20만원을 주면서 휴대폰을 하나 만들라고 지시하였다.

③ 을은 범행을 위한 자신의 ⓐ휴대전화를 개설하였다.

④ 을은 갑에게 다른 사람 명의로 된 ⓑ휴대폰을 하나 개설하여 건네주었다.

⑤ 이로써 갑과 을은 서로 상대방만이 알고 있는 연락망을 구축하게 되었다.

【사실관계 4】

① 2007. 8. 하순 즈음 갑은 을에게 "내가 돈 받을 사람 집에 가 보자"고 하였다.

② 갑은 을과 함께 A가 살고 있는 서울 광진구 M아파트로 찾아가 그곳을 둘러보았다.

③ 갑과 을은 M아파트에 A의 차량인 흰색 로체 ⓒ승용차가 있는지를 찾아보았으나 찾지는 못하였다.

【사실관계 5】

① 2007. 9. 13. 갑은 을에게 "돈 받을 놈하고 북부지방법원에서 소송이 진행중이니 함께 가 보자"고 말하였다.

② 갑은 을과 함께 서울 노원구 공릉동에 있는 서울북부지방법원으로 찾아가서 법원 건물 앞에서 A가 나오기를 기다리고 있었다.

③ 갑은 A가 재판을 마치고 법원 건물 밖으로 나오자 다음과 같이 지시하였다.

④ "저 놈이 바로 내가 이야기한 놈이다. 뒤를 쫓아가 무슨 차를 타고 가는지 확인해라."

⑤ 이에 따라 을은 A를 약 7m 가량 쫓아가 피해자가 흰색 승용차를 타고 가는 것을 확인하였다.

⑥ 갑은 그 자리에서 을에게 A의 차량번호와 주거지 주소, 가족관계 등을 알려 주었다.

【사실관계 6】

① 2007. 9. 13. (같은 날) 갑과 을은 서울 광진구 능동에 있는 군자역에 있는 패밀리마트 앞 벤치로 자리를 옮겼다.

② 갑은 을에게 다음과 같이 말하였다.

③ "저 놈을 테러해라. 죽여도 좋다. 그러면 월급 외에 돈 천만원을 주겠다."

④ 2007. 9. 중순 갑은 군자역 패밀리마트 앞 벤치에서 을에게 A를 살해하라고 지시하면서 다음과 같이 말하였다.

   (가) 테러할 수 있는 중국 놈을 하나 구해라.

   (나) 안산 원곡동에 가면 중국 깡패들이 많다.

   (다) A를 제거하면 너한테 1,000만원을 주겠다.

   (라) 중국 놈에게는 내가 따로 대가를 지급하겠다.

⑤ 을은 겉으로 갑의 지시를 승낙하였다.

【사실관계 7】

① 2007. 9. 20. 22:00 무렵 을은 G로부터 소개받은 병을 데리고 군자역 패밀리마트 앞 벤치로 갔다.

② 을은 갑에게 병을 소개해 주었다.

③ 갑은 그 자리에서 을과 병에게 A를 살해할 것을 지시하였다.

④ 갑이 을 또는 병 중 1인에게 지시한 내용도 그 요지는 을과 병 서로에게 전달되었다.

⑤ 을과 병은 겉으로 갑의 지시를 승낙하였다.

【사실관계 8】

① 2007. 9. 21. 21:00 무렵 갑은 군자역 패밀리마트 앞 벤치에서 을과 병을 다시 만났다.

② 갑은 을과 병에게 다음과 같이 지시하였다.

   (가) 오늘 밤에 A 집으로 이동을 하여 A를 제거하라.

   (나) 그렇게 하면 내일 아침에 영동호텔 앞에서 만나 대가를 지급하겠다.

③ 이에 따라 을과 병은 A의 집인 N[오피스텔] 303호의 바로 아래층에 있는 2층 L사우나로 이동하였다. (이상 ㉮사건)

【사실관계 9】

① 을과 병은 처음부터 A를 살해하려는 마음이 없었다.

② 을과 병은 A를 살해하는 대신 A에게 갑으로부터 살해를 의뢰받은 사실을 알리고 이를 미끼로 A를 협박하여 돈을 갈취하기로 모의하였다.

③ 2007. 9. 21. 밤 을과 병은 L사우나에서 잠을 잤다.

④ 2007. 9. 22. 07:30 무렵 을은 A의 집으로 전화를 걸어 A에게 다음과 같이 말하였다.

⑤ "당신을 살인하라는 의뢰를 받았다. 만나서 얘기하자."

【사실관계 10】

① 2007. 9. 22. 08:00 무렵 을과 병은 L사우나 경비실 앞 공터에서 A를 만나 다음과 같이 말하였다.

   (가) 당신과 당신 가족들과 차량번호는 물론 자녀들 학교와 학원까지 모두 잘 알고 있다.

   (나) 나에게 살인을 의뢰한 사람이 5,000만원을 주기로 하였다.

   (다) 당신이 5,000만원을 주면 살해하지 않을 테니 돈을 내놔라.

② 이에 대하여 A는 "돈이 없다"고 말하였다.

③ 그러자 을은 다음과 같이 말하였다.

   (가) 의뢰인이 원래 5,000만원을 주기로 하였다.

   (나) 그런데 지금은 말을 바꿔 2,000만원만 준다고 한다.

(다) 그러니 2,000만원이라도 내놓아라.

(라) 그러면 당신 대신 의뢰인을 죽여주겠다.

④ 을은 어디론가 전화를 하였다.

⑤ 을은 "돈이 준비되었나? 돈이 준비되었으면 테러를 하겠다."고 큰 소리로 통화를 하면서 A를 위협하였다.

⑥ 병은 그 자리에서 을의 옆에 있으면서 A에게 다음과 같이 말하여 을을 거들었다.

(가) 빨리 협상을 끝내라. 우리는 시간이 없다.

(나) 우리 조직이 알면 난리가 난다

⑦ 그러나 A는 을과 병의 요구에 응하지 않았다. (이상 ㉰사건)

【사실관계 11】

① 을은 A를 협박하다가 A에게 다음과 같이 말하였다.

(가) 휴대폰을 빌려주면 당신에게 누가 살인청부를 하였는지 알려주겠다.

(나) 우리는 이 휴대폰을 의뢰인에게 증거로 보여주고 돈을 받은 후 중국인들을 출국시키겠다.

② 을은 A로부터 A의 ⓓ휴대폰을 받았다.

【사실관계 12】

① 2007. 9. 22. 09:00 무렵 을과 병은 서울 강남구 신사동에 있는 영동호텔 앞에서 갑을 만났다.

② 을은 A를 살해한 직후이어서 매우 당황한 것처럼 행동하였다.

③ 을은 갑에게 A의 ⓓ휴대폰을 보여주면서 "그 사람 휴대폰이다"라고 속였다.

④ 을은 갑에게 병을 가리키며 '일을 다 했으니 빨리 중국으로 보내야 한다'고 거짓말하였다.

⑤ 을은 이에 속은 갑으로부터 영동호텔 앞길에서 안양으로 이동하는 을 운행의 승용차 안에서 돈 1,200만원을 건네받았다.

⑥ 2007. 9. 22. (같은 날) 을은 안양시 관양동에 있는 관양농협 현금자동지급기에서 600만원, 추가로 200만원 합계 800만원을 을이 사용하는 H 명의의 계좌로 이체받았다. (이상 ㉱사건)

【사건의 경과 1】

① 검사는 ㉰사건에 대해 갑을 살인예비죄로 기소하였다.

② 검사는 을과 병을 다음의 공소사실로 기소하였다.

(가) ㉮사건 : 인질강도죄

(나) ㉰사건 : 폭처법위반죄(공동공갈)

(다) ㉱사건 : 사기

③ 갑 등의 피고사건은 제1심을 거친 후, 항소심에 계속되었다.

④ 항소심법원은 유죄를 인정하였다.

【사건의 경과 2】

① 갑은 불복 상고하였다.

② 을은 불복 상고하였다.

③ 갑은 상고이유로 다음의 점을 주장하였다.

(가) A를 살해하기 위한 객관적 준비행위를 한 사실이 없다.

(나) 살인의 준비행위가 없으므로 살인예비죄가 성립하지 않는다.

(다) [갑과 을, 병 사이에 살인에 대한 합의가 이루어지지 않았으므로 살인음모죄도 성립하지 않는다.]

④ (이하에서는 갑의 살인예비죄 부분만 고찰함)

2. 살인예비죄의 성립요건

【대법원 요지】 형법 제255조, 제250조의 살인예비죄가 성립하기 위하여는 /

【대법원 요지】 형법 제255조에서 명문으로 요구하는 살인죄를 범할 목적 외에도 /

【대법원 요지】 살인의 준비에 관한 고의가 있어야 하며, /

【대법원 요지】 나아가 실행의 착수까지에는 이르지 아니하는 살인죄의 실현을 위한 준비행위가 있어야 한다. /

【대법원 요지】 여기서의 준비행위는 물적인 것에 한정되지 아니하며 특별한 정형이 있는 것도 아니지만, /

【대법원 요지】 단순히 범행의 의사 또는 계획만으로는 그것이 있다고 할 수 없고 /

【대법원 요지】 객관적으로 보아서 살인죄의 실현에 실질적으로 기여할 수 있는 외적 행위를 필요로 한다.

3. 사안에 대한 대법원의 판단

【대법원 판단】 원심은 그 판시와 같은 사정들에 비추어 이 사건 살인예비에 관한 피고인 을의 진술이 신빙성이 있다고 판단하였다. /

【대법원 판단】 나아가 위 피고인 을의 진술 및 그 채택증거들을 종합하여 인정되는 판시와 같은 사실들에 비추어 보면 /

【대법원 판단】 피고인 갑은 피해자 A를 살해하기 위하여 피고인 을과 위 공소외인[병]을 고용하였고 /

【대법원 판단】 그들에게 살인의 대가를 지급하기로 약정하였으므로, /

【대법원 판단】 피고인 갑에게는 살인죄를 범할 목적 및 살인의 준비에 관한 고의가 인정될 뿐 아니라 /

【대법원 판단】 그가 살인죄의 실현을 위한 준비행위를 하였음을 인정할 수 있고, /

【대법원 판단】 따라서 피고인 갑에 대하여 살인예비죄가 성립한다고 판단하였다.

【대법원 결론】 원심판결의 이유를 기록에 비추어 살펴보면, 원심의 사실인정과 판단은 정당한 것으로 수긍할 수 있다. /

【대법원 결론】 원심판결에 상고이유에서 주장하는 바와 같은 채증법칙 위반, 살인예비죄에 있어서의 고의 또는 살인죄 실현을 위한 준비행위에 관한 법리 오해 등의 위법이 없다. (상고 기각)

2009도8222

신호등과 교차로 통행방법
적색신호 우회전 사건
2011. 7. 28. 2009도8222, 공 2011하, 1862

1. 사실관계 및 사건의 경과

【사실관계 1】

① 갑은 ⓐ젠트라 승용차를 운전하고 있다.

② ⓐ승용차는 자동차종합보험에 가입되어 있다.

③ 2008. 7. 30. 16:06경 갑은 ⓐ승용차를 운전하여 M삼거리 도로에 이르렀다.

④ M삼거리 도로는 삼거리 교차로에 연접하여 N횡단보도가 설치되어 있다.

⑤ N횡단보도에는 차량용 보조등이 설치되어 있지 않다.

⑥ 갑이 M삼거리 교차로에 진행할 당시 신호등 상황은 다음과 같다.

　(가) M삼거리 교차로의 차량용 신호등 : 적색

　(나) N횡단보도에 설치되어 있는 보행등 : 녹색

【사실관계 2】

① 당시 갑의 진행방향 좌측에서 우측으로 A(65세)가 운전하는 ⓑ자전거가 직진신호에 따라 직진하며 진행하고 있었다.

② 갑은 N횡단보도 정지선에서 정지하지 아니한 채 N횡단보도를 통과하여 M교차로에 진입하여 시속 약 20km로 우회전하면서 진행하였다.

③ 갑은 ⓐ승용차 앞범퍼 부분으로 신호에 따라 진행하는 A 운전의 ⓑ자전거를 들이받아 A를 그곳 바닥에 넘어지게 하였다.

④ A는 이 사고로 약 10주간의 치료를 요하는 제12흉추체 골절 등 상해를 입었다.

【사건의 경과 1】

① 검사는 갑을 교통사고처리특례법위반죄로 기소하였다.

② 제1심법원은 ⓐ승용차가 종합보험에 가입되어 일단 교특법 특례의 적용대상이 된다고 판단하였다.

③ 갑이 교차로 신호등이 적색인 상태에서 우회전한 행위가 교특법상 특례적용의 제외사유에 해당하는지 문제되었다.

④ 제1심법원은 교차로 신호등이 적색인 상태에서 우회전하는 행위는 교특법 특례적용 예외사유인 '신호위반'에 해당하지 않는다고 판단하였다.

⑤ 제1심법원은 공소기각판결을 선고하였다.

【사건의 경과 2】

① 검사는 불복 항소하였다.

② 항소심법원은 항소를 기각하고, 제1심판결을 유지하였다.

③ 검사는 불복 상고하였다.

④ 검사는 상고이유로, '신호위반'의 특례적용 제외사유가 인정된다고 주장하였다.

2. 적색 신호시 교차로 통행방법

【대법원 분석】 1. 도로교통법 제4조는 "교통안전시설의 종류, 교통안전시설을 만드는 방식과 설치하는 곳 그 밖에 교통안전시설에 관하여 필요한 사항은 행정안전부령으로 정한다"고 정하고 있고, /

【대법원 분석】 구 도로교통법 시행규칙(2010. 8. 24. 행정안전부령 제156호로 개정되기 전의 것. 이하 '구 시행규칙'이라고 한다) 제6조 제2항 [별표 2] /

【대법원 분석】 '신호기가 표시하는 신호의 종류 및 신호의 뜻'은 /

【대법원 분석】 차량신호등 중 적색의 등화가 표시하는 신호의 뜻으로 /

【대법원 분석】 "차마는 정지선, 횡단보도 및 교차로의 직전에서 정지하여야 한다. 다만, 신호에 따라 진행하는 다른 차마의 교통을 방해하지 아니하고 우회전할 수 있다"고 정하고 있다.

【대법원 요지】 그런데 교차로와 횡단보도가 연접하여 설치되어 있고 차량용 신호기는 교차로에만 설치된 경우에 있어서는, /

【대법원 요지】 그 차량용 신호기는 차량에 대하여 교차로의 통행은 물론 교차로 직전의 횡단보도에 대한 통행까지도 아울러 지시하는 것이라고 보아야 할 것이고, /

【대법원 요지】 횡단보도의 보행등 측면에 차량보조등이 설치되어 있지 아니하다고 하여 횡단보도에 대한 차량용 신호등이 없는 상태라고는 볼 수 없다. /

【대법원 요지】 위와 같은 경우에 그러한 교차로의 차량용 적색등화는 교차로 및 횡단보도 앞에서의 정지의무를 아울러 명하고 있는 것으로 보아야 하므로, /

【대법원 요지】 그와 아울러 횡단보도의 보행등이 녹색인 경우에는 모든 차량이 횡단보도 정지선에서 정지하여야 하고, 나아가 우회전하여서는 아니되며, /

【대법원 요지】 다만 횡단보도의 보행등이 적색으로 바뀌어 횡단보도로서의 성격을 상실한 때에는 우회전 차량은 횡단보도를 통과하여 신호에 따라 진행하는 다른 차마의 교통을 방해하지 아니하고 우회전할 수 있다. /

【대법원 요지】 따라서 교차로의 차량신호등이 적색이고 교차로에 연접한 횡단보도 보행등이 녹색인 경우에 /

【대법원 요지】 차량 운전자가 위 횡단보도 앞에서 정지하지 아니하고 횡단보도를 지나 우회전하던 중 업무상과실치상의 결과가 발생하면 /

【대법원 요지】 교통사고처리특례법 제3조 제1항, 제2항 단서 제1호의 신호위반에 해당하고, /

【대법원 요지】 이때 위 신호위반행위가 교통사고 발생의 직접적인 원인이 된 이상 /

【대법원 요지】 그 사고장소가 횡단보도를 벗어난 곳이라 하여도 /

【대법원 요지】 위 신호위반으로 인한 업무상과실치상죄가 성립함에는 지장이 없다.

3. 사안에 대한 항소심의 판단

【항소심 판단】 2. 원심은, /

【항소심 판단】 그 판시 차량을 운전하던 피고인이 삼거리 교차로에서 차량용 신호기가 적색등화인 때에 우회전하다가 /

【항소심 판단】 신호에 따라 진행하던 피해자 자전거의 교통을 방해하여 이 사건 사고가 발생하였다고 하더라도 /

【항소심 판단】 피고인에게는 그 우회전에 대하여 신호위반의 책임이 없다고 판단하고 /

【항소심 판단】 이 사건 공소를 기각한 제1심판결을 그대로 유지하였다.

4. 사안에 대한 대법원의 판단

(1) 사안에 대한 분석

【대법원 분석】 그러나 기록에 의하면, 위 삼거리 교차로에 연접하여 횡단보도가 설치되어 있었으며 /

【대법원 분석】 그 횡단보도에 차량용 보조등은 설치되어 있지 아니하였으나 /

【대법원 분석】 거기에 설치되어 있던 보행등은 녹색이었고, /

【대법원 분석】 위 삼거리 교차로의 차량용 신호등은 적색이었던 사실, /

【대법원 분석】 그럼에도 불구하고 피고인은 횡단보도 정지선에서 정지하지 아니한 채 횡단보도를 통과하여 교차로에 진입·우회전을 하다가 /

【대법원 분석】 당시 신호에 따라 위 교차로를 지나 같은 방향으로 직진하던 피해자 운전의 자전거를 왼쪽 앞 범퍼로 들이받아 피해자에게 그 판시의 상해를 입힌 사실을 알 수 있다.

(2) 사안에 대한 판단

【대법원 판단】 앞서 본 법리에 비추어 살펴보면, /

【대법원 판단】 위와 같은 경우 피고인은 횡단보도 정지선에서 정지하여야 하고 /

【대법원 판단】 교차로에 진입하여 우회전하여서는 아니된다고 할 것임에도 /

【대법원 판단】 교차로의 차량용 적색등화를 위반하여 우회전하다가 이 사건 사고가 발생한 것이고, /

【대법원 판단】 또한 위 신호위반의 우회전행위와 위 사고 발생 사이에는 직접적인 원인관계가 존재한다고 봄이 상당하다. /

【대법원 판단】 그렇다면 이 사건 사고는 교통사고처리특례법 제3조 제1항, 제2항 단서 제1호의 신호위반으로 인한 업무상과실치상죄에 해당한다 할 것이므로, /

【대법원 결론】 이와 달리 피고인이 신호를 위반하지 아니하였다고 판단하여 공소기각사유에 해당한다고 본 원심판결에는 도로교통법의 신호 또는 지시에 따를 의무에 관한 법리를 오해하여 판결 결과에 영향을 미친 위법이 있다고 할 것이다. (파기 환송)

┌─────────────┐
│ **2009도8265** │
└─────────────┘

포괄일죄의 판단기준
에너지 연구원 횡령 사건

2011. 7. 28. 2009도8265, 공 2011하, 1865

1. 사실관계 및 사건의 경과

【사실관계 1】

① P회사는 에너지 저장장치 등의 기술을 개발하는 회사이다.

② P회사는 M연구소를 설치하여 운영하고 있다.

③ 갑은 P회사의 대표이사이다.

④ 을은 P회사의 자금담당 상무이사이다.

⑤ A는 M연구소의 연구원이다.

⑥ 병은 Q회사를 운영하고 있다.

⑦ Q회사는 M연구소에서 사용하는 약품, 촉매제 등을 납품하고 있다.

【사실관계 2】

① P회사는 지식경제부 산하 R기술평가원과 고출력 에너지 저장장치 개발에 관한 ⓐ정부과제사업을 진행하였다.

② P회사는 R기술평가원 이외에도 지식경제부 산하 S, T기관 등과 ⓑ, ⓒ사업 등의 정부과제사업을 진행하였다.

③ P회사의 정부과제사업은 총 9과제에 이르렀다.

④ P회사는 이들 과제사업의 수행과 관련하여 R기술평가원 등으로부터 기술개발사업비조로 정부출연금 11,168,498,000원을 지급받아 보관하고 있었다.

⑤ 정부출연금의 사용에 대해 관련규정은 다음과 같이 정하고 있다.

　　(가) 정부출연금은 다른 용도의 자금과 분리하여 별도의 계정을 설정하여 관리하여야 한다.

　　(나) 기술개발협약에서 정한 비목별로 사용하여야 하며, 다른 용도에 사용하여서는 안 된다.

⑥ 갑과 을은 납품업자 병과 짜고 허위세금계산서를 받거나 거래대금을 부풀리는 방법으로 정부출연금을 빼돌리기로 하였다.

【사실관계 3】

① 갑과 을은 연구원 A에게 관련 업무처리를 지시하였다.

② A은 업자 병에게 마치 Q회사가 P회사에 총 10,582,066원 상당의 물품을 공급한 것처럼 세금계산서를 발급해 줄 것을 부탁하였다.

③ 병은 이 금액 상당의 세금계산서를 P회사에게 발급하였다.

④ 같은 날 A는 물품대금 10,582,066원을 송금하였다.

⑤ 병은 송금받은 금액에서 부가가치세, 수수료를 공제한 나머지 대금을 현금으로 찾아 갑과 을에게 전

해주었다. (㉠행위)

⑥ 갑 등은 이러한 행위를 여러 차례에 걸쳐서 반복하였다. (㉡, ㉢행위 등)

⑦ 갑, 을, 병이 짜고 빼돌린 정부출연금은 총 876,477,149원에 달하였다.

【**사건의 경과**】

① 검사는 갑, 을, 병을 특경가법위반죄(횡령)로 기소하였다.

② 제1심법원은 갑 등 범한 ㉠, ㉡, ㉢ 등 일련의 횡령행위들을 포괄일죄로 파악하였다.

③ 제1심법원은 특경가법위반죄(횡령)의 유죄를 인정하였다.

④ 갑 등은 불복 항소하였다.

⑤ 항소심법원은 다음의 이유를 들어서 포괄일죄를 인정하였다.

    (가) 정부 산하 R, S기관 등은 모두 지식경제부 장관으로부터 업무를 위탁받은 것이다.

    (나) 정부출연금의 지급 역시 지식경제부 장관이 최종 결재권한을 가지고 있다.

    (다) 따라서 이 사건 정부출연금은 전부 동일한 위탁관계에 기초한 것이다.

⑥ 항소심법원은 항소를 기각하고, 제1심판결을 유지하였다.

⑦ 갑 등은 불복 상고하였다.

⑧ 갑 등은 상고이유로 다음의 점을 주장하였다.

    (가) ㉠, ㉡, ㉢ 등의 행위는 기술개발의 연구과제 또는 주관기관별로 각각의 횡령죄가 성립한다.

    (나) ㉠, ㉡, ㉢ 등의 등의 행위를 포괄하여 일죄로 보아 특경가법위반죄(횡령)로 판단한 원심판결은 법리오해에 기인한 위법을 범한 잘못이 있다.

2. 포괄일죄의 판단방법

【**대법원 요지**】 특정경제범죄 가중처벌 등에 관한 법률(이하 '특경법'이라 한다) 제3조 제1항은 /

【**대법원 요지**】 특정재산범죄를 범한 자가 그 범죄행위로 인하여 취득하거나 제3자로 하여금 취득하게 한 재물 또는 재산상 이익의 가액(이하 '이득액'이라 한다)이 5억원 이상인 때에 가중처벌하고 있는데, /

【**대법원 요지**】 여기서 말하는 '이득액'은 단순일죄의 이득액이나 혹은 포괄일죄가 성립되는 경우의 이득액의 합산액을 의미하는 것이고 /

【**대법원 요지**】 경합범으로 처벌될 수죄에 있어서 그 이득액을 합한 금액을 의미하는 것은 아니다. /

【**대법원 요지**】 한편 수개의 업무상횡령 행위가 포괄하여 1죄로 되기 위해서는 /

【**대법원 요지**】 그 피해법익이 단일하고, 범죄의 태양이 동일하며, 단일 범의의 발현에 기인하는 일련의 행위라고 인정되어야 한다.

3. 사안에 대한 대법원의 판단

【**대법원 분석**】 원심이 인용한 제1심판결의 인정 사실에 의하면, /

【**대법원 분석**】 공소외 주식회사는 2003. 8.경부터 2008. 8.경까지 9회에 걸쳐 지식경제부 산하 [R]기술평가원, [S]전자부품연구원, [T]산업진흥원 등의 기관으로부터 9개의 정부과제사업을 부여받

고 각 정부과제별로 정부출연금을 교부받은 사실, /

【대법원 분석】 위 정부 산하 기관 등은 각기 다른 시기에 서로 다른 유형의 법령 등에 근거하여 정부 과제별로 사업자 선정 및 협약 체결을 하였고, /

【대법원 분석】 개별 정부과제의 내용이나 사업기간도 모두 다른 사실, /

【대법원 분석】 각 정부과제별로 지원되는 정부출연금은 각기 다른 금융계좌에 입금되어 개별 과제 별로 지정된 목적과 용도에만 사용하도록 되어 있는 사실을 알 수 있다. /

【대법원 판단】 이러한 사실관계에 비추어 보면, /

【대법원 판단】 위와 같은 개별 협약 및 정부출연금 위탁관계를 하나로 묶어 주는 포괄적인 법률관계 가 존재하는 등의 특별한 사정이 없는 한, /

【대법원 판단】 공소외 주식회사와 위 정부 산하 기관들 사이에는 9개의 정부과제별로 별개의 정부 출연금 위탁관계가 성립한다고 봄이 상당하다. /

【대법원 판단】 따라서 공소외 주식회사의 대표이사 또는 자금담당 임원으로서 이 사건 정부출연금 을 보관하는 지위에 있는 위 피고인들이 위탁의 취지에 반하여 자금을 처분하는 경우에도 /

【대법원 판단】 정부과제별로 별개인 위탁신임관계를 침해하는 것이 되어 /

【대법원 판단】 그로 인한 피해법익이 단일하다고 할 수 없을 뿐만 아니라 그 범의의 단일성도 인정 되기 어렵다고 할 것이다.

4. 사안에 대한 대법원의 결론

【항소심 판단】 그런데 원심판결 이유에 의하면 원심은, /

【항소심 판단】 위 정부 산하 기관들이 모두 지식경제부 장관으로부터 업무를 위탁받은 것이고 /

【항소심 판단】 정부출연금의 지급 역시 지식경제부 장관이 최종 결재권한을 가지고 있다는 이유만 으로 /

【항소심 판단】 이 사건 정부출연금이 전부 동일한 위탁관계에 기초한 것이라고 인정한 다음, /

【항소심 판단】 위 피고인들의 이 사건 정부출연금 횡령 범행은 포괄하여 1개의 업무상횡령 범죄에 해당하고 /

【항소심 판단】 그 횡령금액의 합계액이 5억원 이상이 되므로 특경법 제3조 제1항 제2호를 적용하여 가중처벌할 수 있다고 본 제1심의 판단을 그대로 유지하였다.

【대법원 결론】 원심의 위와 같은 조치에는 포괄일죄의 성립요건에 관한 법리를 오해한 위법이 있고, 정부과제별 출연금에 대한 횡령액을 별도로 산정할 경우 그 횡령액이 특경법 제3조 제1항 소정의 금액 에 미달할 여지가 있는 이 사건에서 위와 같은 위법은 판결에 영향을 미쳤다고 보아야 한다.

【대법원 결론】 이 점을 지적하는 위 피고인들의 상고이유의 주장은 이유 있다. (파기 환송)

2009도10139

공동정범과 기능적 행위지배
임대계약 확인 사건
2010. 1. 28. 2009도10139, 공 2010상, 476

1. 사실관계 및 사건의 경과

【사실관계】

① 갑은 위조된 ㉠부동산임대차계약서를 담보로 제공하고 A로부터 돈을 차용할 것을 계획하였다.

② 갑은 A가 위조된 ㉠부동산임대차계약서상의 임대인에게 전화를 하여 확인할 것에 대비하기로 하였다.

③ 갑은 을에게 미리 전화를 하여 임대인 행세를 하여달라고 부탁을 하였다.

④ 을은 갑의 계획을 알면서 이를 승낙하였다.

⑤ 을은 A의 남편 B로부터 확인 전화를 받았다.

⑥ 을은 자신이 실제의 임대인인 것처럼 행세하여 전세금액 등을 확인해 주었다.

⑦ 갑은 위조된 ㉠부동산임대차계약서를 A에게 보여주고 돈을 빌렸다.

【사건의 경과 1】

① 검사는 갑을 다음의 공소사실로 기소하였다.

　　(가) 사문서위조죄

　　(나) 위조사문서행사죄

　　(다) 사기죄

② 검사는 을을 다음 요지의 공소사실로 기소하였다.

　　(가) 「갑과 을은 공모하여 사문서위조죄를 범하였다.」

　　(나) 「갑과 을은 공모하여 위조사문서행사죄를 범하였다.」

【사건의 경과 2】

① 제1심법정에서 검사는 갑에 대한 ㉡사법경찰관작성 피의자신문조서를 증거로 제출하였다.

② ㉡사경조서에는 다음과 같은 갑의 진술이 기재되어 있었다.

③ "본인(갑)은 을과 짜고 ㉠부동산임대차계약서를 위조하였다." (㉢기재사항)

④ 제1심법정에서 갑은 다음과 같이 성립의 진정을 인정하였다.

　　(가) ㉡사경조서에 기재된 서명날인은 본인(갑)의 것이 맞다.

　　(나) ㉡사경조서에 기재된 ㉢기재사항은 본인(갑)이 진술한 대로 기재되어 있다.

⑤ 제1심법정에서 을은 ㉡사경조서에 기재된 ㉢기재사항이 사실이 아니라고 진술하였다.

⑥ 제1심법원은 갑에 대해 유죄를 인정하였다.

⑦ 제1심법원은 을에 대해 증거불충분을 이유로 무죄를 선고하였다.

【사건의 경과 3】

① 갑은 항소하지 않았다.

② 검사는 을의 무죄 부분에 불복 항소하였다.

③ 항소심법원은 항소를 기각하고, 제1심판결을 유지하였다.

④ 검사는 불복 상고하였다.

⑤ 검사는 상고이유로, 갑과 을은 공동정범 관계에 있다고 주장하였다.

2. 사문서위조죄 부분에 대한 판단

(1) 공범자에 대한 사경작성 피의자신문조서의 증거능력

【대법원 요지】 형사소송법 제312조 제3항은 /

【대법원 요지】 검사 이외의 수사기관이 작성한 당해 피고인에 대한 피의자신문조서를 유죄의 증거로 하는 경우뿐만 아니라, /

【대법원 요지】 검사 이외의 수사기관이 작성한 당해 피고인과 공범관계에 있는 다른 피고인이나 피의자에 대한 피의자신문조서를 /

【대법원 요지】 당해 피고인에 대한 유죄의 증거로 채택할 경우에도 적용된다. /

【대법원 요지】 따라서 당해 피고인과 공범관계에 있는 공동피고인에 대하여 검사 이외의 수사기관이 작성한 피의자신문조서는 /

【대법원 요지】 그 공동피고인의 법정진술에 의하여 성립의 진정이 인정되더라도 /

【대법원 요지】 당해 피고인이 공판기일에서 그 조서의 내용을 부인하면 증거능력이 부정된다.

(2) 사안에 대한 대법원의 판단

【대법원 판단】 위 법리와 기록에 비추어 검토하여 보면, /

【대법원 판단】 원심이 /

【대법원 판단】 피고인[을]이 제1심 공동피고인 갑과 공모하여 부동산임대차계약서를 위조하였는지에 관하여 /

【대법원 판단】 제1심판결이 /

【대법원 판단】 제1심 공동피고인 갑에 대한 경찰피의자신문조서는 피고인[을]이 공판기일에서 내용을 부인하여 증거능력이 없고 /

【대법원 판단】 달리 이를 인정할 증거가 없다는 이유로 피고인에 대하여 무죄를 선고한 것을 /

【대법원 판단】 그 판시와 같이 그대로 유지한 것은 정당한 것으로 수긍이 간다. /

【대법원 결론】 거기에 상고이유에서 주장하는 바와 같은 채증법칙 위반의 위법이 없다.

3. 위조사문서행사죄 부분에 대한 판단

【항소심 판단】 원심은 /

【항소심 판단】 피고인이 제1심 공동피고인 갑와 공모하여 위조된 부동산임대차계약서를 행사하였다는 공소사실에 대하여도 /

【항소심 판단】 제1심판결이 이를 인정할 만한 증거가 부족하다는 이유로 피고인에 대하여 무죄를 선고한 것을 그 판시와 같이 그대로 유지하였다.

【대법원 판단】 그러나 피고인[을]의 경찰에서의 진술, 제1심 공동피고인 갑의 경찰 및 원심 법정에서의 각 진술에 의하면, /

【대법원 판단】 제1심 공동피고인 갑은 위조된 부동산임대차계약서를 담보로 제공하고 피해자 공소외 A로부터 돈을 차용할 것을 계획하면서 /

【대법원 판단】 공소외 A가 위조된 부동산임대차계약서상의 임대인에게 전화를 하여 확인할 것에 대비하여 피고인[을]에게 미리 전화를 하여 임대인 행세를 하여달라고 부탁을 하였고, /

【대법원 판단】 피고인은 위와 같이 제1심 공동피고인 갑이 위조된 부동산임대차계약서를 담보 관련 문서로 제시하여 공소외 A로부터 돈을 빌려 편취한다는 사정을 잘 알면서도 이를 승낙하여 /

【대법원 판단】 실제로 공소외 A의 남편 공소외 B로부터 전화를 받자 자신이 실제의 임대인인 것처럼 행세하여 전세금액 등을 확인함으로써 /

【대법원 판단】 위조사문서의 행사에 관하여 역할분담을 하였음을 알 수 있고, /

【대법원 판단】 피고인의 위와 같은 행위는 위조사문서행사에 있어서 기능적 행위지배의 공동정범요건을 갖추었다고 할 것이다.

【대법원 결론】 그럼에도 불구하고 원심은 피고인이 제1심 공동피고인 갑과 공모하여 위조사문서행사죄를 범하였다고 인정할 만한 증거가 없다고 하여 피고인에 대하여 무죄를 선고하고 말았으니 /

【대법원 결론】 원심판결에는 공동정범에 관한 법리를 오해하였거나 채증법칙에 위반하여 자유심증주의의 한계를 넘음으로써 판결결과에 영향을 미친 위법이 있다. /

【대법원 결론】 이 점을 지적하는 상고취지는 이유 있다. (파기 환송)

2009도10759

상표법위반죄와 포괄일죄
페레가모 샌들 사건
2011. 7. 14. 2009도10759, 공 2011하, 1669

1. 사실관계 및 사건의 경과

【사실관계】

① 이탈리아의 페레가모 회사는 우리나라에서 다음의 상표등록을 받았다.
　(가) 1986. 11. 20. '핸드백' 등 가방류를 지정상품으로 한 ⓐ상표등록
　(나) 1987. 1. 20. '샌들화' 등 신발류를 지정상품으로 한 ⓑ상표등록
　(다) 2001. 9. 7. '넥타이핀' 등과 같은 장신구를 지정상품으로 한 ⓒ상표·서비스표등록

② 2008. 2. 18.부터 2008. 4. 28.까지 갑은 인터넷 쇼핑몰을 통하여 위조상표가 부착된 페라가모 핸드백, 여성용 헤어밴드 등을 판매하였다. (㉠행위)

③ 2008. 3. 15.부터 2008. 8. 14.까지 갑은 A와 공모하여 인터넷 쇼핑몰을 통하여 페라가모 '샌들 및

여성용 신발'을 판매하였다. (ⓛ행위)

④ 2008. 9. 11. 갑은 ㉠행위에 대한 상표법 위반죄로 징역 8월에 집행유예 2년을 선고받았다. (㉮판결)

⑤ 2008. 9. 19. 갑에 대한 ㉮판결은 확정되었다.

【사건의 경과】

① 검사는 갑을 다시 ⓛ행위에 대하여 상표법위반죄(상표권침해)로 기소하였다. (㉯사건)

② 갑의 피고사건은 제1심을 거친 후, 항소심에 계속되었다.

③ 항소심법원은 다음과 같이 판단하였다.

    (가) 문제된 상표권자 및 표장은 모두 페레가모사의 것으로 동일하다.

    (나) 동일한 상표권자와 표장을 침해하는 행위는 지정상품이 다르더라도 포괄일죄의 관계에 있다.

    (다) 그러므로 ㉯공소사실과 ㉮확정판결의 범죄사실은 포괄일죄의 관계에 있다.

    (라) 따라서 ㉮확정판결의 효력은 ㉯공소사실에 미친다.

④ 항소심법원은 면소판결을 선고하였다.

⑤ 검사는 불복 상고하였다.

⑥ 검사는 상고이유로, 상표권 별로 상표법위반죄가 성립한다고 주장하였다.

2. 상표법위반죄와 포괄일죄

【대법원 요지】 수개의 등록상표에 대하여 상표법 제93조 소정의 상표권침해 행위가 계속하여 행하여진 경우에는 각 등록상표 1개마다 포괄하여 1개의 범죄가 성립하므로, /

【대법원 요지】 특별한 사정이 없는 한 상표권자 및 표장이 동일하다는 이유로 등록상표를 달리하는 수개의 상표권침해 행위를 포괄하여 하나의 죄가 성립하는 것으로 볼 수 없다.

3. 사안에 대한 대법원의 분석

【대법원 분석】 위 법리와 기록에 비추어 본다.

【대법원 분석】 원심이 적법하게 채택한 증거에 의하면, /

【대법원 분석】 '살바토레 페라가모 이탈리아 에스.피.에이.'가 /

【대법원 분석】 1986. 11. 20. '핸드백' 등 가방류를 지정상품으로 하여 "ⓐ" 상표등록(등록번호 1 생략)을, /

【대법원 분석】 1987. 1. 20. '샌들화' 등 신발류를 지정상품으로 하여 "ⓑ" 상표등록(등록번호 2 생략)을, /

【대법원 분석】 2001. 9. 7. '넥타이핀' 등과 같은 장신구를 지정상품으로 하여 "ⓒ" 상표·서비스표 등록(등록번호 3 생략)을 각 받은 사실, /

【대법원 분석】 피고인은 2008. 9. 11. 서울중앙지방법원에서 상표법 위반죄로 징역 8월에 집행유예 2년을 선고받아 2008. 9. 19. 그 판결이 확정되었는데, /

【대법원 분석】 그 범죄사실은 피고인이 2008. 2. 18.부터 2008. 4. 28.까지 인터넷 쇼핑몰을 통하여 위조상표가 부착된 페라가모(FERRAGAMO) 핸드백, 여성용 헤어밴드 등을 판매함으로써 페라가모 상표권을 침해하였다는 것이고, /

【대법원 분석】 위 확정판결의 범죄사실에는 그 침해품으로 '샌들화' 등과 같은 신발류가 전혀 나타나 있지 않은 사실을 알 수 있다.

4. 사안에 대한 대법원의 판단

【대법원 판단】 따라서 이 사건 공소사실 중 /

【대법원 판단】 피고인은 공소외인과 공모하여 2008. 3. 15.부터 2008. 8. 14.까지 인터넷 쇼핑몰을 통하여 원심판시 [별지 1] 범죄일람표 제59, 60항 기재와 같이 페라가모 '샌들 및 여성용 신발' 총 541점을 이름을 알 수 없는 자들에게 합계 87,773,730원(정품시가 300,995,000원 상당)에 판매함으로써 /

【대법원 판단】 '샌들화' 등을 지정상품으로 하는 "ⓑ"(등록번호 2 생략) 상표권을 침해하였다는 부분과 /

【대법원 판단】 위 판결이 확정된 범죄사실은 /

【대법원 판단】 그 침해의 대상이 되는 등록상표를 달리하여 각 별개의 상표권침해죄를 구성한다고 할 것이므로, /

【대법원 판단】 비록 그 상표권자 및 표장이 같다고 하더라도 위 공소사실과 위 확정판결의 범죄사실을 포괄하여 하나의 죄가 성립하는 것으로 볼 수 없다.

【대법원 결론】 그럼에도 원심은 상표권자 및 표장이 동일한 이상 지정상품이 다르더라도 위 공소사실과 위 확정판결의 범죄사실은 포괄일죄의 관계에 있다고 판단한 다음, /

【대법원 결론】 위 확정판결의 효력이 그와 포괄일죄의 관계에 있는 위 공소사실에 미친다고 하여 형사소송법 제326조 제1호에 의하여 위 공소사실에 관하여 면소를 선고하였다. /

【대법원 결론】 위와 같은 원심판단에는 상표권침해죄의 죄수에 관한 법리를 오해하여 판결에 영향을 미친 위법이 있고, 이 점을 지적하는 상고이유의 주장은 이유 있다. (파기 환송)

2009도12109

현주건조물방화죄와 부작위 방화 – 부정례
모텔 방화재 사건

2010. 1. 14. 2009도12109, 2009감도38, [공보불게재]

1. 사실관계 및 사건의 경과

【사실관계】
① 갑은 P모텔에 투숙하였다.
② 갑은 모텔 방에 투숙하여 담배를 피운 후 재떨이에 담배를 껐다.
③ 갑은 담뱃불이 완전히 꺼졌는지 여부를 확인하지 않은 채 불이 붙기 쉬운 휴지를 재떨이에 버리고 잠을 잤다.

④ 그 결과 담뱃불이 휴지와 옆에 있던 침대시트에 옮겨 붙어 화재가 발생하였다.

⑤ 갑은 화재 발생 사실을 안 상태에서 P모텔을 빠져나오면서도 모텔 주인이나 다른 투숙객들에게 이를 알리시 아니하였다.

⑥ 이 화재로 인하여 다수의 투숙객이 사망하거나 부상을 입었다.

【사건의 경과】

① 검사는 갑을 다음의 공소사실로 기소하였다.

   (가) 주위적 공소사실 : 현주건조물방화치사죄 및 현주건조물방화치상죄의 작위범

   (나) 제1 예비적 공소사실 : 현주건조물방화치사죄 및 현주건조물방화치상죄의 부작위범

   (다) 제2 예비적 공소사실 : 중과실치사죄, 중과실치상죄, 중실화죄

② 갑의 피고사건은 제1심을 거친 후, 항소심에 계속되었다.

③ 항소심법원은 다음과 같이 판단하였다.

   (가) 주위적 공소사실 : 무죄

   (나) 제1 예비적 공소사실 : 무죄

   (다) 제2 예비적 공소사실 : 유죄

④ 검사는 무죄 부분에 불복 상고하였다.

⑤ 대법원은 주위적 공소사실에 대한 상고이유를 배척하였다.

⑥ 대법원은 제1 예비적 공소사실에 대하여 판단하였다.

2. 부작위에 의한 방화죄의 성립요건

【대법원 요지】 형법이 금지하고 있는 법익침해의 결과발생을 방지할 법적인 작위의무를 지고 있는 자가 /

【대법원 요지】 그 의무를 이행하지 아니한 경우, /

【대법원 요지】 이를 작위에 의한 실행행위와 동일하게 부작위범으로 처벌하기 위하여는, /

【대법원 요지】 그 의무를 이행함으로써 결과발생을 쉽게 방지할 수 있었음에도 불구하고 /

【대법원 요지】 그 결과의 발생을 용인하고 이를 방관한 채 /

【대법원 요지】 그 의무를 이행하지 아니한 결과, /

【대법원 요지】 그 부작위가 작위에 의한 법익침해와 동등한 형법적 가치를 가진다고 볼 수 있어 /

【대법원 요지】 그 범죄의 실행행위로 평가될 만한 것이라야 한다. /

3. 사안에 대한 대법원의 판단

【대법원 판단】 원심은, /

【대법원 판단】 이 사건 화재는 /

【대법원 판단】 피고인이 모텔 방에 투숙하여 담배를 피운 후 재떨이에 담배를 끄게 되었으나 담뱃불이 완전히 꺼졌는지 여부를 확인하지 않은 채 불이 붙기 쉬운 휴지를 재떨이에 버리고 잠을 잔 과실로 /

【대법원 판단】 담뱃불이 휴지와 옆에 있던 침대시트에 옮겨 붙게 함으로써 발생하였고, /

【**대법원 판단**】 이러한 피고인의 과실은 중대한 과실에 해당한다고 전제한 다음, /

【**대법원 판단**】 이와 같이 이 사건 화재가 피고인의 중과실로 발생하였다 하더라도, /

【**대법원 판단**】 이 부분 공소사실과 같이 부작위에 의한 현주건조물방화치사 및 현주건조물방화치상죄가 성립하기 위하여는, /

【**대법원 판단**】 피고인에게 법률상의 소화의무가 인정되는 외에 /

【**대법원 판단**】 소화의 가능성 및 용이성이 있었음에도 /

【**대법원 판단**】 피고인이 그 소화의무에 위배하여 /

【**대법원 판단**】 이미 발생한 화력을 방치함으로써 /

【**대법원 판단**】 소훼의 결과를 발생시켜야 하는 것인데, /

【**대법원 판단**】 이 사건 화재가 피고인의 중대한 과실 있는 선행행위로 발생한 이상 /

【**대법원 판단**】 피고인에게 이 사건 화재를 소화할 법률상 의무는 있다 할 것이나, /

【**대법원 판단**】 피고인이 이 사건 화재 발생 사실을 안 상태에서 /

【**대법원 판단**】 모텔을 빠져나오면서도 모텔 주인이나 다른 투숙객들에게 이를 알리지 아니하였다는 사정만으로는 /

【**대법원 판단**】 피고인이 이 사건 화재를 용이하게 소화할 수 있었다고 보기 어렵고, /

【**대법원 판단**】 달리 이를 인정할 만한 증거가 없다는 이유로, /

【**대법원 판단**】 이 부분 공소사실에 대하여 무죄로 판단하였다.

【**대법원 결론**】 앞서 본 법리에 비추어 기록을 살펴보면, 이러한 원심의 사실인정과 판단은 정당한 것으로 수긍이 되고, 거기에 상고이유의 주장과 같은 채증법칙 위배나 부작위범에 관한 법리오해 등의 위법이 있다고 할 수 없다. (상고 기각)

2009도12671

교특법 특례와 직접적 원인관계
횡단보도 바깥 보행자 사건

2011. 4. 28. 2009도12671, 공 2011상, 1092

1. 사실관계 및 사건의 경과

【**사실관계 1**】

① 갑은 ⓐ자동차를 운전하고 있다.

② ⓐ자동차는 자동차종합보험에 가입해 있다.

③ 교통사고처리특례법(이하 교특법으로 약칭함)은 자동차종합보험에 가입해 있는 경우 교통사고가 나더라도 공소를 제기할 수 없도록 하는 특례를 규정하고 있다.

④ 교특법은 일정한 주의의무 위반의 경우 특례적용 대상에서 제외하고 있다.

⑤ 교특법은 특례적용 제외사유로 횡단보도 사고를 들고 있다.

【사실관계 2】

① A는 B를 부축하여 M횡단도로를 건너고 있었디.

② 이때 A는 M횡단보도 안에 있었으나 B는 M횡단도로 바깥에 위치하고 있었다.

③ 갑은 ⓐ자동차를 운전하여 M횡단보도 앞에 이르렀다.

④ 갑은 M횡단보도에서 보행자 보호를 위한 일시정지를 하지 않고 그대로 진행하였다.

⑤ 이때 ⓐ자동차가 M횡단보도를 통행중인 A를 충격하였다.

⑥ A에 대한 충격으로 M횡단도로 바깥에 위치하고 있던 B가 밀려 넘어져 상해를 입었다.

【사건의 경과】

① 검사는 갑을 교통사고처리특례법위반죄로 기소하였다.

② 제1심법원은 B의 사고가 M횡단보도 바깥에서 발생하였음에 주목하였다.

③ 제1심법원은 갑의 교통사고가 횡단보도사고에 해당하지 않는다고 판단하였다.

④ 제1심법원은 교특법 특례조항을 적용하여 갑에게 공소기각판결을 선고하였다.

⑤ 검사는 불복 항소하였다.

⑥ 항소심법원은 항소를 기각하고, 제1심판결을 유지하였다.

⑦ 검사는 불복 상고하였다.

⑧ 검사는 상고이유로, 횡단보도 바깥에 있는 사람에 대한 상해 사고도 교특법상 특례규정 제외사유에 해당한다고 주장하였다.

【참조조문】

교통사고처리 특례법

제3조 (처벌의 특례) ① 차의 운전자가 교통사고로 인하여「형법」제268조의 죄를 범한 경우에는 5년 이하의 금고 또는 2천만원 이하의 벌금에 처한다.

② 차의 교통으로 제1항의 죄 중 업무상과실치상죄 또는 중과실치상죄와「도로교통법」제151조의 죄를 범한 운전자에 대하여는 /

피해자의 명시적인 의사에 반하여 공소를 제기할 수 없다. /

다만, 차의 운전자가 제1항의 죄 중 업무상과실치상죄 또는 중과실치상죄를 범하고도 /

피해자를 구호하는 등「도로교통법」제54조 제1항에 따른 조치를 하지 아니하고 도주하거나 /

피해자를 사고 장소로부터 옮겨 유기하고 도주한 경우, /

같은 죄를 범하고「도로교통법」제44조 제2항을 위반하여 음주측정 요구에 따르지 아니한 경우/

(운전자가 채혈 측정을 요청하거나 동의한 경우는 제외한다)와 /

다음 각 호의 어느 하나에 해당하는 행위로 인하여 같은 죄를 범한 경우에는 그러하지 아니하다.

6.「도로교통법」제27조 제1항에 따른 횡단보도에서의 보행자 보호의무를 위반하여 운전한 경우

제4조 (보험 등에 가입된 경우의 특례) ① 교통사고를 일으킨 차가 /

「보험업법」제4조, 제126조, 제127조 및 제128조,「여객자동차 운수사업법」제60조, 제61조 또는「화물자동차 운수사업법」제51조에 따른 보험 또는 공제에 가입된 경우에는 /

제3조 제2항 본문에 규정된 죄를 범한 차의 운전자에 대하여 공소를 제기할 수 없다. /

다만, 다음 각 호의 어느 하나에 해당하는 경우에는 그러하지 아니하다.

1. 제3조 제2항 단서에 해당하는 경우

2. 피해자가 신체의 상해로 인하여 생명에 대한 위험이 발생하거나 불구가 되거나 불치 또는 난치의 질병이 생긴 경우

3. 보험계약 또는 공제계약이 무효로 되거나 해지되거나 계약상의 면책 규정 등으로 인하여 보험회사, 공제조합 또는 공제사업자의 보험금 또는 공제금 지급의무가 없어진 경우

도로교통법

제27조 (보행자의 보호) ① 모든 차의 운전자는 /

보행자(제13조의2 제6항에 따라 자전거에서 내려서 자전거를 끌고 통행하는 자전거 운전자를 포함한다)가 횡단보도를 통행하고 있을 때에는 /

보행자의 횡단을 방해하거나 위험을 주지 아니하도록 /

그 횡단보도 앞(정지선이 설치되어 있는 곳에서는 그 정지선을 말한다)에서 일시 정지하여야 한다.

2. 교특법 특례의 제외사유

【대법원 분석】 교통사고처리 특례법(이하 '특례법'이라고 한다) 제3조 제2항 단서 제6호, 제4조 제1항 단서 제1호는 /

【대법원 분석】 '도로교통법 제27조 제1항의 규정에 의한 횡단보도에서의 보행자 보호의무를 위반하여 운전하는 행위로 인하여 업무상과실치상의 죄를 범한 때'를 /

【대법원 분석】 특례법 제3조 제2항, 제4조 제1항 각 본문 소정의 처벌의 특례 조항이 적용되지 않는 경우로 규정하고, /

【대법원 분석】 도로교통법 제27조 제1항은 모든 차의 운전자는 "보행자가 횡단보도를 통행하고 있는 때에는 그 횡단보도 앞에서 일시 정지하여 보행자의 횡단을 방해하거나 위험을 주어서는 아니된다."라고 규정하고 있다. /

【대법원 요지】 따라서 차의 운전자가 도로교통법 제27조 제1항의 규정에 따른 횡단보도에서의 보행자에 대한 보호의무를 위반하고 /

【대법원 요지】 이로 인하여 상해의 결과가 발생하면 /

【대법원 요지】 그 운전자의 행위는 특례법 제3조 제2항 단서 제6호에 해당하게 될 것인바, /

【대법원 요지】 이때 횡단보도 보행자에 대한 운전자의 업무상 주의의무 위반행위와 그 상해의 결과 사이에 직접적인 원인관계가 존재하는 한 /

【대법원 요지】 위 상해가 횡단보도 보행자 아닌 제3자에게 발생한 경우라 해도 단서 제6호에 해당함에는 지장이 없다.

3. 사안에 대한 항소심의 판단

【항소심 판단】 원심판결 이유에 의하면 원심은, /

【항소심 판단】 특례법 제3조 제2항 단서 제6호 및 도로교통법 제27조 제1항의 입법 취지에는 /

【항소심 판단】 차를 운전하여 횡단보도를 지나는 운전자의 보행자에 대한 주의의무뿐만 아니라 /

【항소심 판단】 횡단보도를 통행하는 보행자의 생명 · 신체의 안전을 두텁게 보호하기 위한 목적까지도 포함된 것으로 봄이 상당하다고 한 다음, /

【항소심 판단】 피고인이 운전하는 자동차가 이 사건 횡단보도를 통행하는 공소외인을 충격하고, /

【항소심 판단】 그로 인하여 공소외인이 부축하던 피해자가 밀려 넘어져 상해를 입게 되었다고 하더라도 /

【항소심 판단】 피해자가 횡단보도 밖에서 통행하고 있었던 이상 /

【항소심 판단】 피해자는 특례법 제3조 제2항 단서 제6호 및 도로교통법 제27조 제1항에 의한 보호대상이 될 수 없다는 이유를 들어 /

【항소심 판단】 특례법 제3조 제2항 및 제4조 제1항 각 본문을 적용하여 피고인에게 공소기각을 선고한 /

【항소심 판단】 제1심판결을 그대로 유지하고, 검사의 항소를 기각하였다.

4. 사안에 대한 대법원의 판단

【대법원 판단】 그러나 원심의 인정 사실에 의하면, /

【대법원 판단】 이 사건 사고는 도로교통법 제27조 제1항의 규정에 따른 횡단보도 보행자인 공소외인에 대하여 피고인이 그 주의의무를 위반하여 운전한 업무상 과실로써 야기된 것이고, /

【대법원 판단】 피해자의 상해는 이를 직접적인 원인으로 하여 발생한 것으로 보아야 하는 이상, /

【대법원 판단】 앞서 본 법리에 비추어 이는 특례법 제3조 제2항 단서 제6호에서 정한 횡단보도 보행자 보호의무의 위반행위에 해당한다 할 것이다.

【대법원 결론】 그럼에도 이 사건 범죄의 성립과 직접 관련이 없는 부수적인 사정을 들어 이와 달리 판단한 원심판결에는 특례법 제3조 제2항 단서 제6호에 관한 법리를 오해하여 판결에 영향을 미친 위법이 있다. 이 점을 지적하는 취지의 상고이유의 주장은 이유 있다. (파기 환송)

2009도13151

간접정범의 본질
증거인멸죄와 본범의 교사행위
조합 회계서류 폐기 사건

2011. 7. 14. 2009도13151, [미간행]

1. 사실관계 및 사건의 경과

【사실관계】

① 갑은 P노동조합지부의 지부장이다.

② 갑은 업무상 횡령 혐의로 조합원들로부터 고발을 당하였다. (㉠횡령 부분)

③ 갑은 을과 공동하여 조합 회계서류를 무단 폐기하였다. (ⓛ손괴 부분)

④ 갑은 조합 회계서류의 폐기에 정당한 근거가 있는 것처럼 을로 하여금 조합 회의록을 조작하여 수사 기관에 제출하도록 지시하였다. (ⓒ증거변조 부분)

⑤ (이하 ⓒ증거변조 부분에 대하여서만 검토함)

【사건의 경과】

① 검사는 ⓒ증거변조 부분에 대해 갑과 을을 다음의 공소사실로 기소하였다.

　　(가) 을 : 증거변조죄·변조증거사용죄

　　(나) 갑 : 증거변조교사죄·변조증거사용교사죄

② 갑과 을의 피고사건은 제1심을 거친 후, 항소심에 계속되었다.

③ 항소심법원은 갑과 을에게 무죄를 선고하였다.

④ (항소심의 판단 이유는 판례 본문 참조)

⑤ 검사는 불복 상고하였다.

⑥ 검사는 상고이유로 다음의 점을 주장하였다.

　　(가) 을에 대해 증거변조·변조증거사용죄가 성립하지 않는다고 하자.

　　(나) 갑은 어느 행위로 처벌되지 아니하는 을을 교사한 것이다.

　　(다) 그렇다면 갑은 형법 제34조의 간접정범으로 처벌되어야 한다.

2. 증거변조·변조증거사용 부분에 대한 대법원의 판단

【대법원 판단】 원심은 제1심이 적법하게 채택·조사한 증거들에 의하여 그 판시와 같은 사실을 인정한 다음, /

【대법원 판단】 이 사건 회의록의 변조·사용은 이 사건 회계서류 폐기에 정당한 근거가 존재하는 양 꾸며냄으로써 /

【대법원 판단】 피고인들이 공범관계에 있는 문서손괴죄의 형사사건에 관한 증거를 변조·사용한 것으로 볼 수 있다는 이유로, /

【대법원 판단】 이 사건 공소사실 중 피고인 을에 대한 증거변조 및 변조증거사용의 점을 무죄로 판단하고, /

【대법원 판단】 공범의 종속성 법리에 따라 피고인 갑에 대한 증거변조교사 및 변조증거사용교사의 점도 무죄로 판단하였다.

【대법원 결론】 관련 법리와 기록에 비추어 살펴보면, 원심의 위와 같은 사실인정과 판단은 정당한 것으로 수긍할 수 있고, /

【대법원 결론】 거기에 상고이유로 주장하는 바와 같은 증거변조죄 및 변조증거사용죄와 증거변조교사죄 및 변조증거사용교사죄의 성립에 관한 법리오해의 위법이 없다.

3. 간접정범 주장 부분에 대한 대법원의 판단

【대법원 판단】 또한, 원심은 /

【대법원 요지】 간접정범도 정범의 일종인 이상 /

【대법원 요지】 증거변조죄 및 변조증거사용죄의 정범으로 처벌되지 아니하는 피고인 갑을 /

【대법원 요지】 같은 죄의 간접정범으로 처벌할 수는 없고, /

【대법원 요지】 비록 자기의 형사사건에 관한 증거를 변조 · 사용하기 위하여 타인을 교사하여 증서를 변조 · 사용하도록 하였더라도 /

【대법원 요지】 피교사자인 타인이 같은 형사사건의 공범에 해당하여 증거변조죄 및 변조증거사용죄로 처벌되지 않은 이상 /

【대법원 요지】 본 죄의 교사범을 처벌하는 취지와 달리 /

【대법원 요지】 자기 방어권 행사를 위해 제3자로 하여금 새로운 범죄를 저지르게 함으로써 자기 방어권의 한계를 일탈하여 새로이 국가의 형사사법기능을 침해한 경우라고도 보기 어렵다는 이유로, /

【대법원 요지】 피고인 갑에 대하여 증거변조죄 및 변조증거사용죄의 간접정범도 성립하지 않는다고 판단하였다.

【대법원 결론】 관련 법리와 기록에 비추어 살펴보면, 원심의 위와 같은 판단은 정당한 것으로 수긍할 수 있고, 거기에 상고이유로 주장하는 바와 같은 증거변조죄 및 변조증거사용죄의 간접정범 성립에 관한 법리오해의 위법이 없다. (상고 기각)

【코멘트】

　본 판례에 대한 논의에 들어가기에 앞서서 먼저 사실관계를 정리해 본다. 본 판례의 사실관계를 보면, 갑은 ㉠횡령죄를 감추기 위하여 공범인 을과 함께 ㉡손괴죄를 범하고 있다. 이어서 갑은 ㉠횡령죄와 ㉡손괴죄의 처벌을 면하려고 을에게 ㉢증거변조죄를 범하도록 교사하고 있다. 을의 ㉢증거변조행위는 을 자신이 공범으로 되어 있는 ㉡손괴죄의 처벌을 면하기 위한 것이기도 하다.

　형법 제155조는 '타인의 형사사건(징계사건 포함. 이하 같다)에 관한 증거'에 대한 범죄행위를 규정하고 있다. 형법 제155조 제1항은 (가) 타인의 형사사건에 관한 증거를 인멸, 은닉하는 행위, (나) 타인의 형사사건에 관한 증거를 위조, 변조하는 행위, (다) 위조 · 변조된 증거를 사용하는 행위를 각각 처벌대상으로 규정하고 있다. (가), (나), (다)의 행위는 모두 같은 구성요건 안에 규정되어 있으므로 포괄일죄의 관계에 있다(이하에서는 서술의 편의를 위하여 이들 행위를 '증거인멸'로 통칭하기로 한다).

　형법 제155조 제1항은 '타인'의 형사사건에 관한 증거를 행위객체로 규정하고 있다. 범인 자신의 형사사건에 관한 증거는 대상으로 하지 않는다. 이는 범인의 자기비호 본능을 입법자가 고려하였기 때문이다. 그러나 이러한 배려는 범인이 본범으로서 자기의 형사사건에 관한 증거를 인멸하는 경우에만 허용된다. 본범이 아닌 타인을 교사하여 범인 자신의 형사사건에 관한 증거를 인멸하게 하는 것은 피교사자를 기준으로 볼 때 '타인의 형사사건에 관한 증거'를 인멸하는 것이 된다. 이러한 경우는 입법자가 배려한 범위를 넘어서서 범인이 자신의 방어권을 남용하는 것이 된다.

　이제 이러한 법리를 염두에 두고 본 판례의 사안을 살펴본다. 갑은 을로 하여금 ㉢증거변조행위를 하도록 교사하였다. 그런데 을은 ㉡손괴죄의 공범으로서 ㉢증거변조행위를 한 것이다. 을은 자신의 형사사건에 대해 본범으로서 증거변조행위를 하였으므로 을에 대해 증거변조죄는 성립하지 않는다. 피교사자 을에게 증거변조죄가 성립하지 아니하므로 교사자 갑에게도 증거변조교사죄가 성립하지 않는다.

이와 같은 결론에 대해 검사는 형법 제34조가 "어느 행위로 인하여 처벌되지 아니하는 자를 교사하여 범죄행위의 결과를 발생하게 한 자는 교사의 예에 의하여 처벌한다"고 규정한 점에 주목한다. 을이 ⓛ손괴죄의 본범으로 처벌되지 아니하는 자라 할지라도 갑은 을을 교사하여 ⓒ증거변조죄의 결과를 발생하게 한 것이므로 증거변조교사죄의 예에 따라 갑을 처벌해야 한다는 것이다.

형법 제34조가 규정한 간접정범의 본질에 대해 정범설과 공범설이 대립하고 있다. 본 판례에서 대법원이 유지한 항소심의 판시사항을 대법원의 의견이라고 본다면, 대법원은 정범설과 공범설의 두 가지 입장에서 각각 범죄 불성립의 결론을 도출하고 있다.

먼저, 간접정범을 정범으로 파악하는 경우를 놓고 본다. "간접정범은 정범의 일종이다"라는 입장을 취할 경우, 갑은 증거인멸죄의 구성요건에 해당하지 아니하는 을을 이용하여 자신의 형사사건에 대한 증거인멸행위를 한 것이므로 정범은 자기의 형사사건에 대해 증거인멸죄를 범할 수 없다는 법리에 따라 범죄가 성립하지 않는다.

본 판례에서 대법원은 항소심이 설시한 "간접정범은 정범의 일종이다"라는 명제를 그대로 유지하고 있다. 그러나 이러한 대법원의 태도는 간접정범을 "교사 또는 방조의 예에 의하여 처벌한다"고 규정한 형법 제34조의 문언에 비추어 볼 때 매우 의문스럽다고 하지 않을 수 없으며, 이 점을 강조한 1983. 6. 14. 83도515 전원합의체 판결(『콘트롤 데이타 사건』)과의 관계에서도 문제가 있다고 생각된다.

두번째로 간접정범을 공범의 확장된 형태로 파악하는 경우를 놓고 본다. 본 사안의 경우 갑이 을에게 증거인멸을 하도록 교사하고 있으나 피교사자 을이 범죄불성립이므로 갑을 보통의 교사범으로 처벌할 수 없다. 그렇다면 형법 제34조에 의하여 교사범 처벌불비의 흠을 막을 수 있을 것인지 살펴보아야 한다.

주지하는 바와 같이 본범의 증거인멸 교사행위는 원칙적으로 처벌의 대상이 된다. 본범을 증거인멸죄의 교사범으로 처벌하는 취지는 본범이 자기 방어권 행사를 위해 제3자로 하여금 새로운 범죄를 저지르게 함으로써 자기 방어권의 한계를 일탈하여 새로이 국가의 형사사법기능을 침해하였기 때문이다.

그런데 본 사안의 경우 피교사자 을은 자기의 형사사건(ⓛ손괴죄)의 증거를 인멸하였으므로 '타인'의 형사사건에 관한 증거를 대상으로 하는 증거인멸죄가 성립하지 않는다. 이러한 경우는 본범이 '제3자로 하여금 새로운 범죄를 저지르게 한 경우'에 해당하지 않는다. 결국 간접정범을 공범설의 입장에서 파악하더라도 본 사안에서 교사자 갑을 증거인멸죄의 교사범으로 처벌할 수 없다는 결론에 이른다.

본 판례에서 한 가지 주목할 점이 있다. 증거인멸죄는 타인의 형사사건에 관한 증거를 인멸할 때에 성립한다. 그런데 공범관계에 있는 사람들 사이에 공통되는 증거가 '타인'의 형사사건에 관한 증거인지 '자기'의 형사사건에 관한 증거인지 문제된다. 이에 대해서는 여러 가지 견해가 제시되고 있다. 본 판례에서 대법원은 "피교사자인 타인이 같은 형사사건의 공범에 해당하여 증거변조죄 및 변조증거사용죄로 처벌되지 않은 이상"이라는 표현을 사용하고 있다. 이 표현으로부터 우리는 대법원이 공범관계에 있는 형사사건의 증거를 '자기'의 형사사건에 관한 증거에 포함시키고 있음을 알 수 있다.

2009도13197

국회 위증과 증언거부권
국회 문광위 위증 사건
2012. 10. 25. 2009도13197, 공 2012하, 1977

1. 사실관계 및 사건의 경과

【사실관계】

① 국회에서의증언·감정등에관한법률은 증언거부권을 규정하고 있다(동법 제3조).

② 국회에서의증언·감정등에관한법률은 증언거부권 고지에 관한 규정을 두고 있지 않다.

③ 갑은 국회에서의증언·감정등에관한법률에 기하여 국회 문화관광위원회에 증인으로 출석하였다.

④ 국회 문화관광위원회 위원장 A는 갑에게 증언거부권을 고지하지 않았다.

⑤ 갑은 이후 선서를 하고 허위증언을 하였다

【사건의 경과】

① 검사는 갑을 국회에서의증언·감정등에관한법률위반죄(위증)로 기소하였다.

② 갑의 피고사건은 제1심을 거친 후, 항소심에 계속되었다.

③ 항소심법원은 유죄를 인정하였다.

④ 갑은 불복 상고하였다.

⑤ 갑은 상고이유로 다음의 점을 주장하였다.

　(가) 갑은 증언거부권을 고지받지 않았으므로 위증죄가 성립하지 않는다.

　(나) 신문요구서가 법정된 기간 내에 송달되지 아니하여 신문절차가 위법하다.

　(다) 갑은 증언거부권을 고지받지 않았으므로 진실한 증언에 대한 기대가능성이 없다.

2. 증언거부권 고지조항과 유추해석

【대법원 분석】 형사소송법 제160조는 '증인이 제148조, 제149조에 해당하는 경우에는 재판장은 신문 전에 증언을 거부할 수 있음을 설명하여야 한다'고 규정하고 있음에 반해, /

【대법원 분석】 국회에서의 증언·감정 등에 관한 법률은 위와 같은 증언거부권의 고지에 관한 규정을 두고 있지 아니한바, /

【대법원 요지】 증언거부권을 고지받을 권리가 형사상 자기에게 불리한 진술을 강요당하지 아니함을 규정한 헌법 제12조 제2항에 의하여 바로 국민의 기본권으로 보장받아야 한다고 볼 수는 없고, /

【대법원 요지】 증언거부권의 고지를 규정한 형사소송법 제160조 규정이 국회에서의 증언·감정 등에 관한 법률에도 유추 적용되는 것으로 인정할 근거가 없다.

【대법원 판단】 원심이 같은 취지에서

【대법원 판단】 피고인 갑이 국회 문화관광위원회 위원장으로부터 증언거부권을 고지받지 아니한 채

선서를 하고 증언을 하였다고 하더라도 위 선서 및 증언 자체는 유효한 것이라고 보아 /

【**대법원 판단**】 허위 증언한 피고인 갑에 대하여 위증죄가 성립한다고 판단한 것은 정당하고, /

【**대법원 결론**】 거기에 국회에서의 증언·감정 등에 관한 법률에서의 선서 및 증언거부권과 위증죄 성립에 관한 법리를 오해한 위법이 없다.

3. 신문요지 통보의 법적 성질

【**대법원 분석**】 국회에서의 증언·감정 등에 관한 법률 제5조 제1항은 '본회의 또는 위원회가 이 법에 의한 보고나 서류제출의 요구 또는 증인·감정인·참고인의 출석요구를 할 때에는 해당자나 기관의 장에게 요구서를 발부한다'고 규정하고 있고, /

【**대법원 분석**】 같은 조 제3항은 '제1항의 요구서에는 증인과 참고인의 경우에는 신문할 요지를 첨부하여야 한다'고 규정하고 있으며, /

【**대법원 분석**】 같은 조 제4항은 '제1항의 요구서는 늦어도 증인 등의 출석요구일 7일 전에 송달되어야 한다'고 규정하고 있다.

【**대법원 요지**】 위 법률 제5조 제3항이 증인에게 신문할 요지를 통보하도록 규정한 취지는 /

【**대법원 요지**】 대상자로 하여금 사전에 국회에 출석하여 증언할 대체적인 내용을 파악하고 미리 사실관계를 확인해 보거나 관련 자료를 찾아볼 수 있도록 준비하게 함으로써 국회에서 보다 충실한 증언이 가능하도록 하기 위한 것에 있을 뿐 /

【**대법원 요지**】 신문할 요지에 포함되지 않은 사항의 신문을 금지하는 취지는 아니라 할 것이고, /

【**대법원 요지**】 위 법률 제5조 제4항은 규정형식, 출석으로 인한 증인의 일정관리상 제약, 답변자료 준비의 필요성, 위반 시 처벌의 엄격성 등을 고려할 때 반드시 준수하여야 할 강행규정으로 해석함이 상당하나, /

【**대법원 요지**】 위 규정들을 준수하지 못한 이유로 국회에 출석한 증인이 허위의 진술을 하는 것까지 처벌할 수 없다고 할 수는 없다.

【**대법원 결론**】 원심이 같은 취지로 판단한 것은 정당하고, 이와 다른 전제에 선 상고이유 주장은 이유 없다.

4. 증언거부권 불고지와 기대가능성

【**대법원 판단**】 피고인 갑은 국회에서의 증언·감정 등에 관한 법률 제3조에 의하여 증언을 거부할 수 있는 권리가 있어 위증죄로부터의 탈출구가 마련되어 있는 만큼 사실대로 진술할 것을 기대할 가능성이 없다고 볼 수는 없고, /

【**대법원 판단**】 피고인 갑에게 증언거부권이 있음을 고지하지 않은 것이 국회에서의 증언·감정 등에 관한 법률 위반으로 되지 않음은 앞서 본 바와 같다.

【**대법원 결론**】 원심이 적법하게 증인으로 선서하고 증언을 한 피고인 갑에게 사실대로 진술할 것을 기대할 가능성이 없는 것으로 볼 수 없다고 판단한 것은 정당하고, 거기에 위증죄에 있어서 기대가능성에 관한 법리를 오해한 위법이 없다. (상고 기각)

2009도14407

환자의 자기결정권과 의사의 주의의무

의무의 충돌

무수혈 수술 사건

2014. 6. 26. 2009도14407, 공 2014하, 1504

1. 사실관계 및 사건의 경과

【사실관계 1】

① 갑은 P대학병원 소속 정형외과 의사이다.

② A(여)는 '여호와 증인' 신도이다.

③ A는 '여호와 증인'의 신도로서 다른 사람의 피를 받지 않아야 한다는 교리를 생명보다 소중히 하는 신념을 가지고 있다.

④ A는 1945년생으로 이 사건 당시 62세이다.

【사실관계 2】

① A는 1975년경 우측 고관절 부위에 결핵성 관절염을 앓아 골반과 대퇴골의 유합수술을 받은 일이 있다.

② A는 골반과 대퇴골의 유합된 부위에서 통증 등이 있자 우측 고관절을 인공고관절로 바꾸는 수술을 받기를 원하였다.

③ 수술시 다른 사람의 혈액을 수혈하는 방식을 가리켜서 '타가수혈'이라고 한다.

④ 수술시 다른 사람의 혈액을 수혈받지 않는 방식을 '무수혈 방식'이라고 한다.

⑤ A는 무수혈 방식의 수술을 받기를 원하였다.

⑥ A는 무수혈 방식의 수술을 하는 병원을 알아보았다.

【사실관계 3】

① 2007. 12. 초순경 A는 P대학병원에 와서 의사 갑에게 무수혈 방식의 수술을 받을 수 있는지 문의하였다.

② 갑은 전반적인 검사와 혈액종양내과의 답변을 확인한 후 A에 대하여 무수혈 방식에 의해 수술이 가능하다고 판단하였다.

③ 갑은 A에게 다음과 같이 설명하였다.

　(가) 무수혈 방식의 수술은 가능하다.

　(나) 그렇지만 수술 상황에 따라서는 수혈을 하지 아니하면 출혈로 인하여 사망에 이를 위험성이 있다.

④ A는 갑에게 수술을 받겠다고 말하였다.

⑤ A는 자신의 종교적 신념에 따라 어떠한 상황에서도 수혈을 하지 말 것을 갑에게 요구하였다.

⑥ 2007. 12. 17. A는 다음 내용의 책임면제각서를 P대학병원에 제출하였다.

　(가) 치료에 있어 전혈수혈이나 성분수혈을 전적으로 금해 주실 것을 본 각서를 통해 알려드립니다. …

(나) 담당 의료진은 치료 도중 전혈이나 혈액성분의 수혈이 필요하다고 느낄지 모르지만, 그렇더라도 수혈을 원치 않는다는 본인의 의지는 확고하며, 설사 환자가 무의식이 되더라도 이 방침은 변하지 않습니다.

(다) 본인은 여호와의 증인 신분으로, 관련된 문제를 심사숙고한 후 본 의료적/종교적 각서를 작성합니다. 본인의 이러한 방침을 따름으로 인하여 야기되는 모든 피해에 대하여 본인은 병(의)원 및 담당 의료진에게 민·형사상의 어떠한 책임도 묻지 않겠습니다.

【사실관계 4】

① B는 P대학병원 마취통증의학과 의사이다.

② 2007. 12. 19. (수술 전날) B는 A와 A의 딸을 만나 다음의 설명을 하였다.

　(가) 수술 도중 대량출혈이 발생할 가능성이 있다.

　(나) 그러한 경우 타가수혈을 하지 않으면 장기손상 및 부전에 의한 사망가능성이 매우 높다.

③ 2007. 12. 20. 수술 시작 직전에 B는 다시 A에게 타가수혈을 거부하는 의사가 유효한지 확인하였다.

④ A는 여전히 타가수혈을 강력하게 거부하였다.

【사실관계 5】

① 갑은 A의 요구에 따라 무수혈 방식으로 수술을 진행하였다.

② 수술 도중 과다출혈로 인하여 범발성 응고장애가 발생하여 지혈이 되지 않고 타가수혈이 필요한 상황이 발생하였다.

③ C는 정형외과 전문의로서 A에 대한 수술에 참여하고 있었다.

④ 갑은 C로 하여금 수술실 밖으로 나가 A의 가족들에게 A의 상태를 설명한 후 타가수혈을 할 것인지 여부를 묻도록 하였다.

⑤ A의 남편은 '여호와의 증인' 신도였으므로 타가수혈을 거부하였다.

⑥ A의 자녀들은 타가수혈을 강력히 원하였다.

⑦ A의 가족들 사이에 의견이 나뉘어 C는 확실한 대답을 얻지 못하였다.

⑧ 이에 갑은 타가수혈 여부를 결정하지 못하고 의료진을 통해 '여호와의 증인' 교섭위원회에 이 사건과 관련된 자문을 급하게 요청하였다.

⑨ 갑은 '여호와의 증인' 교섭위원회로부터 별다른 답신을 받지 못하였다.

【사실관계 6】

① 그러는 중에도 A의 출혈은 계속되었다.

② 갑은 수술을 중단한 후 A를 중환자실로 옮겼다.

③ 그 후 A의 남편도 타가수혈에 동의함으로써 가족들 전부가 타가수혈을 원하게 되었다.

④ 그러나 이 당시 A는 폐울혈 및 범발성 응고장애가 발생하고 있는 상태에 있어 A에 대한 타가수혈은 증상을 악화시킬 가능성이 있었다.

⑤ 이 때문에 P대학병원 측에서는 A에게 타가수혈을 시행하지 아니하였다.

⑥ A는 결국 다량 실혈로 인한 폐부종으로 사망하였다.

【사건의 경과】

① 검사는 갑을 업무상 과실치사죄로 기소하였다.

② 제1심법원은 갑에게 무죄를 선고하였다.

③ 검사는 불복 항소하였다.

④ 항소심법원은 항소를 기각하고, 제1심판결을 유지하였다.

⑤ 항소심법원은 갑이 A의 치료방법 선택에 따라 수술과정에서 타가수혈을 하지 않은 행위는 위법성이 없다고 판단하였다.

⑥ (항소심의 판단 이유는 판례 본문 참조)

⑦ 검사는 불복 상고하였다.

⑧ 검사는 상고이유로, 환자의 자기결정권에 관한 법리오해가 있다고 주장하였다.

2. 환자의 자기결정권과 의사의 주의의무의 관계

【대법원 판단】 1. 수술과정에서의 수혈 거부에 관한 환자의 자기결정권과 의사의 진료상의 주의의무에 관하여 본다.

가. 진료계약에 따른 진료의무의 내용

【대법원 판단】 환자가 의사에게 진료를 의뢰하고, 의사가 그 요청에 응하여 치료행위를 개시하는 경우에 의사와 환자 사이에는 진료계약이 성립된다. /

【대법원 판단】 진료계약에 따라 의사는 질병의 치료 등을 위하여 모든 의료지식과 의료기술을 동원하여 환자를 진찰하고 치료할 의무를 부담하며 /

【대법원 판단】 이에 대하여 환자 측은 보수를 지급할 의무를 부담한다.

【대법원 판단】 질병의 진행과 환자 상태의 변화에 대응하여 이루어지는 가변적인 의료의 성질로 인하여, /

【대법원 판단】 계약 당시에는 진료의 내용 및 범위가 개괄적이고 추상적이지만, /

【대법원 판단】 이후 질병의 확인, 환자의 상태와 자연적 변화, 진료행위에 의한 생체반응 등(이하 '환자의 건강상태 등'이라 한다)에 따라 제공되는 진료의 내용이 구체화되므로, /

【대법원 판단】 의사는 환자의 건강상태 등과 당시의 의료수준 그리고 자기의 지식경험에 따라 적절하다고 판단되는 진료방법을 선택할 수 있는 상당한 범위의 재량을 가진다 /

【대법원 판단】 (대법원 1992. 5. 12. 선고 91다23707 판결, 대법원 2007. 5. 31. 선고 2005다5867 판결 등 참조).

【대법원 요지】 그렇지만 환자의 수술과 같이 신체를 침해하는 진료행위를 하는 경우에 /

【대법원 요지】 의사는 질병의 증상, 치료방법의 내용 및 필요성, 발생이 예상되는 위험 등에 관하여 당시의 의료수준에 비추어 상당하다고 생각되는 사항을 설명하여 /

【대법원 요지】 당해 환자가 그 필요성이나 위험성을 충분히 비교해 보고 그 진료행위를 받을 것인지의 여부를 선택하도록 함으로써 그 진료행위에 대한 동의를 받아야 한다 /

【대법원 요지】 (대법원 1994. 4. 15. 선고 92다25885 판결, 대법원 2002. 10. 25. 선고 2002다48443 판결 등 참조). /

【대법원 요지】 환자의 동의는 헌법 제10조에서 규정한 개인의 인격권과 행복추구권에 의하여 보호

되는 자기결정권을 보장하기 위한 것으로서 /

【대법원 요지】 환자는 생명과 신체의 기능을 어떻게 유지할 것인지에 대하여 스스로 결정하고 진료행위를 선택하게 되므로, /

【대법원 요지】 진료계약에 의하여 제공되는 진료의 내용은 의사의 설명과 환자의 동의에 의하여 구체화된다고 할 수 있다.

나. 진료의 선택 및 거부와 그 제한

【대법원 판단】 이와 같이 자기결정권 및 신뢰관계를 기초로 하는 진료계약의 본질에 비추어 강제진료를 받아야 하는 등의 특별한 사정이 없는 한 환자는 자유로이 진료 여부를 결정할 수 있고 체결된 진료계약을 해지할 수 있다(민법 제689조 제1항). /

【대법원 판단】 그리고 진료계약을 유지하는 경우에도 환자의 자기결정권이 보장되는 범위 내에서는 제공되는 구체적인 진료행위의 내용을 선택하고 그 내용의 변경을 요구할 수 있을 것이며, /

【대법원 판단】 원칙적으로 의사는 이를 받아들이고 환자의 요구에 상응한 다른 적절한 진료방법이 있는지를 강구하여야 할 것이다.

【대법원 판단】 그러나 인간의 생명은 고귀하고 생명은 헌법에 규정된 모든 기본권의 전제로서 기능하는 기본권 중의 기본권이라 할 것이고, /

【대법원 판단】 의사는 국민의 건강한 생활 확보에 이바지하는 사명을 가지고 의료 임무를 수행하여야 하며 환자에게 최선의 의료서비스를 제공하여야 하는 의무를 지므로, /

【대법원 판단】 의사로서는 환자가 요구하는 경우라고 하더라도 환자의 생명과 직결되는 진료행위를 중단하거나 환자의 생명 유지를 위하여 필요한 구체적인 진료행위를 진료방법에서 제외할 것인지에 대하여 극히 제한적으로 신중하게 판단하여야 한다 /

【대법원 판단】 (대법원 2009. 5. 21. 선고 2009다17417 전원합의체 판결 참조).

다. 환자의 자기결정권과 수혈 거부

【대법원 요지】 위에서 본 것과 같이 구체적인 진료행위가 그 진료 개시에 앞서 환자의 자기결정권에 따라 치료방법에서 배제되어 있다면 특별한 사정이 없는 한 의사는 그 진료행위를 강제할 수 없다.

【대법원 요지】 그러나 우리 헌법은 인간의 생명을 최고의 가치로 존중하고 있고, /

【대법원 요지】 여기에 자살관여죄를 처벌하는 우리 형법의 태도와 생명 보존 및 심신상의 중대한 위해의 제거를 목적으로 하는 응급의료에 관한 법률의 취지 등을 보태어 보면, /

【대법원 요지】 회복가능성이 높은 응급의료상황에서 생명과 직결된 치료방법을 회피하는 것은 원칙적으로 허용될 수 없다고 보아야 한다.

【대법원 요지】 그렇지만 환자의 자기결정권도 인간으로서의 존엄과 가치 및 행복추구권에 기초한 가장 본질적인 권리이므로, /

【대법원 요지】 특정한 치료방법을 거부하는 것이 자살을 목적으로 하는 것이 아닐 뿐만 아니라 그로 인해 침해될 제3자의 이익이 없고, /

【대법원 요지】 그러한 자기결정권의 행사가 생명과 대등한 가치가 있는 헌법적 가치에 기초하고 있

다고 평가될 수 있다는 등의 특별한 사정이 있다면, /

【대법원 요지】 이러한 자기결정권에 의한 환자의 의사도 존중되어야 한다.

【대법원 요지】 그러므로 환자의 명시적인 수혈 거부 의사가 존재하여 수혈하지 아니함을 전제로 환자의 승낙(동의)을 받아 수술하였는데 /

【대법원 요지】 수술 과정에서 수혈을 하지 않으면 생명에 위험이 발생할 수 있는 응급상태에 이른 경우에, /

【대법원 요지】 환자의 생명을 보존하기 위해 불가피한 수혈 방법의 선택을 고려함이 원칙이라 할 수 있지만, /

【대법원 요지】 한편으로 환자의 생명 보호에 못지않게 환자의 자기결정권을 존중하여야 할 의무가 대등한 가치를 가지는 것으로 평가되는 때에는 이를 고려하여 진료행위를 하여야 한다.

【대법원 채증】 어느 경우에 수혈을 거부하는 환자의 자기결정권이 생명과 대등한 가치가 있다고 평가될 것인지는 /

【대법원 채증】 환자의 나이, 지적 능력, 가족관계, /

【대법원 채증】 수혈 거부라는 자기결정권을 행사하게 된 배경과 경위 및 목적, /

【대법원 채증】 수혈 거부 의사가 일시적인 것인지 아니면 상당한 기간 동안 지속되어 온 확고한 종교적 또는 양심적 신념에 기초한 것인지, /

【대법원 채증】 환자가 수혈을 거부하는 것이 실질적으로 자살을 목적으로 하는 것으로 평가될 수 있는지 및 /

【대법원 채증】 수혈을 거부하는 것이 다른 제3자의 이익을 침해할 여지는 없는 것인지 등 /

【대법원 채증】 제반 사정을 종합적으로 고려하여 판단하여야 할 것이다. /

【대법원 요지】 다만 환자의 생명과 자기결정권을 비교형량하기 어려운 특별한 사정이 있다고 인정되는 경우에 /

【대법원 요지】 의사가 자신의 직업적 양심에 따라 환자의 양립할 수 없는 두 개의 가치 중 어느 하나를 존중하는 방향으로 행위하였다면, /

【대법원 요지】 이러한 행위는 처벌할 수 없다고 할 것이다.

라. 수혈 거부에 관한 환자의 자기결정권 행사의 전제 및 의사의 주의의무

【대법원 요지】 그렇지만 이러한 판단을 위해서는 /

【대법원 요지】 환자가 거부하는 치료방법, 즉 수혈 및 이를 대체할 수 있는 치료방법의 가능성과 안정성 등에 관한 의사의 설명의무 이행과 /

【대법원 요지】 이에 따른 환자의 자기결정권 행사에 /

【대법원 요지】 어떠한 하자도 개입되지 않아야 한다는 점이 전제되어야 한다.

【대법원 요지】 즉 환자는 치료행위 과정에서의 수혈의 필요성 내지 수혈을 하지 아니할 경우에 야기될 수 있는 생명 등에 대한 위험성, 수혈을 대체할 수 있는 의료 방법의 효용성 및 한계 등에 관하여 의사로부터 충분한 설명을 듣고, /

【대법원 요지】 이러한 의사의 설명을 이해한 후 진지한 의사결정을 하여야 하고, /

【대법원 요지】 그 설명 및 자기결정권 행사 과정에서 예상한 범위 내의 상황이 발생되어야 하며, /

【대법원 요지】 또한 의사는 실제로 발생된 그 상황 아래에서 환자가 수혈 거부를 철회할 의사가 없는지 재확인하여야 할 것이다.

【대법원 요지】 특히 의사는 수술과정 등에서 발생되는 출혈로 인하여 환자의 생명이 위험에 빠지지 않도록 하기 위하여 환자에게 수혈하는 것이 통상적인 진료방법이고 /

【대법원 요지】 또한 수혈을 통하여 출혈로 인한 사망의 위험을 상당한 정도로 낮출 수 있음에도 /

【대법원 요지】 환자의 의사결정에 따라 그 수혈을 포기하고 이를 대체할 수 있는 수술 방법을 택하는 것인데, /

【대법원 요지】 그 대체 수술 방법이 수혈을 완전히 대체할 수 있을 정도의 출혈 방지 효과를 가지지 못한다면 그만큼 수술과정에서 환자가 과다출혈로 인한 사망에 이를 위험이 증가할 수 있으므로, /

【대법원 요지】 그럼에도 불구하고 수술을 할 필요성이 있는지에 관하여 통상적인 경우보다 더욱 세심하게 주의를 기울임으로써, /

【대법원 요지】 과연 수술을 하는 것이 환자를 위한 최선의 진료방법인지 신중히 판단할 주의의무가 있다. /

【대법원 요지】 그리고 수술을 하는 경우라 하더라도 수혈 대체 의료 방법과 함께 그 당시의 의료 수준에 따라 출혈로 인한 위험을 최대한 줄일 수 있는 사전준비나 시술방법을 시행함으로써 위와 같은 위험 발생 가능성을 줄이도록 노력하여야 하며, /

【대법원 요지】 또한 수술 과정에서 예상과 달리 다량의 출혈이 발생될 수 있는 사정이 드러남으로써 위와 같은 위험 발생 가능성이 현실화되었다면 /

【대법원 요지】 과연 위험을 무릅쓰고 수술을 계속하는 것이 환자를 위한 최선의 진료방법인지 다시 판단하여야 한다. /

【대법원 요지】 환자가 수혈 대체 의료 방법을 선택하였다고 하더라도 이는 생명에 대한 위험이 현실화되지 아니할 것이라는 전제 내지 기대 아래에서의 결정일 가능성이 크므로, /

【대법원 요지】 위험 발생 가능성이 현실화된 상태에서 그 위험을 무릅쓰고 수술을 계속하는 것이 환자의 자기결정권에 기초한 진료라고 쉽게 단정하여서는 아니 될 것이다.

3. 사안에 대한 대법원의 분석

【대법원 분석】 2. 가. 원심이 인정한 이 사건 수술 전 상황 및 수술의 진행 경과에 관한 사실의 요지는 다음과 같다.

【대법원 분석】 망 공소외 A(1945년생으로 이 사건 당시 62세이다. 이하 '망인'이라 한다)는 1975년경 우측 고관절 부위에 결핵성 관절염을 앓아 골반과 대퇴골의 유합수술을 받았는데, 골반과 대퇴골의 유합된 부위에서 통증 등이 있자 우측 고관절을 인공고관절로 바꾸는 수술을 받기를 원하였다.

【대법원 분석】 망인은 다른 사람의 혈액을 수혈(이하 이를 '타가수혈'이라 한다) 받지 않는 방식(이하 이를 '무수혈 방식'이라 한다)으로 시술되는 수술을 받고자 2007. 12. 초순경 ○○대학교병원에 와서 위 병원 소속 정형외과 의사인 피고인에게 문의하였는데, /

【대법원 분석】 피고인은 전반적인 검사와 혈액종양내과의 답변을 확인한 후 망인에 대하여 무수혈

방식에 의해 수술이 가능하다고 판단하였고, 망인에게 무수혈 방식의 수술이 가능하지만 수술 상황에 따라서는 수혈을 하지 아니하면 출혈로 인하여 사망에 이를 위험성이 있음을 설명하였다.

【대법원 분석】 망인은 '여호와 증인' 신도로 다른 사람의 피를 받지 않아야 한다는 교리를 생명보다 소중히 하는 신념을 가지고 있었고, 이는 망인이 속한 종교단체에서 역사적으로 인정되어 온 교리이다.

【대법원 분석】 망인은 자신의 종교적 신념에 따라 어떠한 상황에서도 수혈을 하지 말 것을 피고인에게 요구하였고, /

【대법원 분석】 2007. 12. 17. 위 병원에, /

【대법원 분석】 "치료에 있어 전혈수혈이나 성분수혈을 전적으로 금해 주실 것을 본 각서를 통해 알려드립니다. … /

【대법원 분석】 담당 의료진은 치료 도중 전혈이나 혈액성분의 수혈이 필요하다고 느낄지 모르지만, 그렇더라도 수혈을 원치 않는다는 본인의 의지는 확고하며, 설사 환자가 무의식이 되더라도 이 방침은 변하지 않습니다. /

【대법원 분석】 본인은 여호와의 증인 신분으로, 관련된 문제를 심사숙고한 후 본 의료적/종교적 각서를 작성합니다. /

【대법원 분석】 본인의 이러한 방침을 따름으로 인하여 야기되는 모든 피해에 대하여 본인은 병(의)원 및 담당 의료진에게 민·형사상의 어떠한 책임도 묻지 않겠습니다."/

【대법원 분석】 라고 기재된 책임면제각서를 제출함으로써, 타가수혈을 거부하겠다는 명확한 의사를 표시하였다.

【대법원 분석】 ○○대학교병원 마취통증의학과 의사인 공소외 B는, 수술 전날인 2007. 12. 19. 망인과 망인의 딸을 만나 수술 도중 대량출혈이 발생할 가능성이 있고 그러한 경우 타가수혈을 하지 않으면 장기손상 및 부전에 의한 사망가능성이 매우 높다는 설명을 하였고, /

【대법원 분석】 2007. 12. 20. 수술 시작 직전에 다시 망인에게 타가수혈을 거부하는 의사가 유효한지 확인하였으나, 망인은 여전히 타가수혈을 강력하게 거부하였다.

【대법원 분석】 피고인은 망인의 요구에 따라 무수혈 방식으로 수술하던 도중 과다출혈로 인하여 범발성 응고장애가 발생하여 지혈이 되지 않고 타가수혈이 필요한 상황이 발생하자, /

【대법원 분석】 정형외과 전문의 공소외 C로 하여금 수술실 밖으로 나가 망인의 가족들에게 망인의 상태를 설명한 후 타가수혈을 할 것인지 여부를 묻도록 하였는데, /

【대법원 분석】 망인의 남편은 '여호와의 증인' 신도였으므로 타가수혈을 거부한 반면 망인의 자녀들은 타가수혈을 강력히 원하는 등 가족들 사이에 의견이 나뉘어 확실한 대답을 얻지 못하였다.

【대법원 분석】 이에 피고인은 타가수혈 여부를 결정하지 못하고 의료진을 통해 '여호와의 증인' 교섭위원회에 이 사건과 관련된 자문을 급하게 요청하였으나 별다른 답신을 받지 못하였다.

【대법원 분석】 그러는 중에도 망인의 출혈이 계속되어 피고인은 수술을 중단한 후 망인을 중환자실로 옮겼다. /

【대법원 분석】 그 후 망인의 남편도 타가수혈에 동의함으로써 가족들 전부가 타가수혈을 원하였으나, /

【대법원 분석】 당시는 폐울혈 및 범발성 응고장애가 발생하고 있는 상태라 타가수혈이 증상을 악화시킬 가능성이 있어 병원 측에서는 망인에게 타가수혈을 시행하지 아니하였고, /

【대법원 분석】 망인은 결국 다량 실혈로 인한 폐부종으로 사망하였다.

4. 사안에 대한 항소심의 판단

【항소심 분석】 나. 나아가 원심은, 위 인정 사실들과 아울러 이 사건 기록에 의하면, /

【항소심 분석】 ① 망인은 '여호와의 증인' 신도로서 타인의 피를 받는 행위를 종교적인 신념에 따라 명백하게 거부하고 있었고, /

【항소심 분석】 ② 망인은 오래전 받은 골반과 대퇴골의 유합수술로 인한 후유증으로 상당한 통증을 느끼고 있었으며 일상생활에도 상당한 지장을 겪고 있었기에 인공고관절 치환술을 받기를 원하고 있었으며, /

【항소심 분석】 ③ ○○대학교병원에서 수술을 받기 전 다른 3개의 병원에서 진료를 받았는데, 그 과정에서도 수술 도중 상당한 출혈이 발생할 수 있어 무수혈 방식의 수술은 위험하다는 사실을 고지받았고, /

【항소심 분석】 ④ ○○대학교병원에서 무수혈수술이 가능하다는 얘기를 전해 듣고 위 병원에 찾아갔는데, 피고인으로부터 진료를 받는 과정 및 수술을 준비하는 과정에서도 수술도중 출혈 발생 가능성 및 그로 인한 위험성 등에 대해 충분한 설명과 고지를 받았으며, /

【항소심 분석】 ⑤ 망인의 딸은 망인이 무수혈 방식의 수술을 받는 것을 반대하여 망인을 설득하기도 하였던 것으로 보이나, 망인은 결국 자신의 종교적인 신념에 따라 무수혈 방식의 수술을 결정하였고 /

【항소심 분석】 (망인의 딸이 수술 전 의료진에게 위급한 상황이 발생하면 타가수혈을 해달라고 요청하였더라도 이미 망인의 의사가 명확하였고, 자기결정권의 취지와 그 일신전속적인 성격을 고려할 때 망인의 의사가 번복된다고 보기 어렵), /

【항소심 분석】 ⑥ 이 사건 수술과정에서 심각한 출혈이 발생한 것을 제외하고는 피고인이 예상하지 못한 상황이 발생하였다거나 망인이 미리 고려하지 못한 상황이 발생하였다고 보기는 어려우며, /

【항소심 분석】 ⑦ 어떤 의미에서는 심각한 출혈 자체와 그로 인한 사망의 결과도 망인이 이 사건 수술과정에서 발생할 수 있는 최악의 상황으로 가정하고 있었고, /

【항소심 분석】 이를 종교적인 이유에서 전부 감내할 의사를 가지고 있었다고 볼 수 있는 사정들이 인정되므로, /

【항소심 판단】 이에 비추어 보면 피고인이 망인의 치료방법 선택에 따라 수술과정에서 타가수혈을 하지 않은 행위는 위법성이 없다고 판단하고, /

【항소심 판단】 이 사건 업무상과실치사 공소사실이 범죄의 증명이 없거나 범죄로 되지 않는 경우에 해당한다는 제1심판결을 그대로 유지하였다.

5. 사안에 대한 대법원의 판단

【대법원 판단】 3. 이러한 원심의 사실인정과 판단을 비롯한 원심판결 이유를 기록에 비추어 살펴보면, 다음과 같이 판단된다.

【대법원 판단】 가. 앞서 본 것과 같이 자기결정권의 행사가 유효하다고 하더라도 특별한 사정이 있는 예외적인 경우에 한하여 생명과 대등한 가치를 가지는 것으로 평가될 수 있으므로, /

【대법원 판단】 원심의 판단 이유 중에서, /

【대법원 판단】 환자의 자기결정권 행사가 의사의 일반적인 의무, 즉 국가의 생명권 보호의무에 기초를 두고 있는 환자의 생명을 구할 의무 등과 직접 충돌하는 상황이 발생할 경우에는 /

【대법원 판단】 원칙적으로 자기결정권의 행사를 의사의 의무보다 우위에 두어야 한다는 취지로 설시한 부분은 적절하다고 할 수 없다.

【대법원 판단】 나. 그러나 위에서 본 원심판단의 논거는 대체로 앞에서 살펴본 수혈 거부에 대한 환자의 자기결정권 행사에 따른 의사의 진료의무에 관한 법리에 상응하는 것으로 수긍할 수 있고, /

【대법원 판단】 또한 원심이 인정한 피고인의 무수혈 방식의 수술 및 그 위험성에 관한 수술 전의 설명 내용, /

【대법원 판단】 망인의 나이, 가족관계, 망인이 이 사건 수술에 이르게 된 경위, 망인이 타가수혈 거부라는 자기결정권을 행사하게 된 배경, /

【대법원 판단】 수혈 거부에 대한 망인의 확고한 종교적 신념, 책임면제각서를 통한 망인의 진지한 의사결정, /

【대법원 판단】 수술 도중 타가수혈이 필요한 상황에서의 가족 등의 의사 재확인 등에 관한 사정들을 종합적으로 고려하여 보면, /

【대법원 판단】 이 사건에서는 망인의 생명과 자기결정권을 비교형량하기 어려운 특별한 사정이 있으므로, /

【대법원 판단】 타가수혈하지 아니한 사정만을 가지고 피고인이 의사로서 진료상의 주의의무를 다하지 아니하였다고 할 수 없다.

【대법원 결론】 다. 따라서 피고인이 자신의 직업적 양심에 따라 망인의 자기결정권을 존중하여 망인에게 타가수혈하지 아니하고 이 사건 인공고관절 수술을 시행한 행위에 대하여 /

【대법원 결론】 업무상과실치사에 관한 범죄의 증명이 없는 경우에 해당한다는 제1심판결을 그대로 유지한 원심의 결론은 수긍할 수 있다. /

【대법원 결론】 이와 달리 위와 같은 원심의 판단에 환자의 자기결정권에 관한 법리를 오해하여 판결에 영향을 미친 위법이 있다는 상고이유의 주장은 받아들이지 아니한다. (상고 기각)

【코멘트】

　본 판례는 환자의 자기결정권과 의사의 생명보호 주의의무 사이의 관계를 다룬 것으로서 주목된다. 본 판례의 사실관계에서 의사 갑은 여호와의 증인인 환자 A의 강력한 의사에 따라 무수혈 방식으로 고관절 수술을 행하고 있다. 그런데 무수혈 방식에 의한 수술의 경우 다량 출혈이 발생하여 환자가 사망에 이를 수 있는 가능성이 매우 높다. 이와 같이 위험한 수술임에도 불구하고 환자의 자기결정권을 존중하여 수술한 결과 사망의 결과가 발생한 경우에 의사를 업무상 과실치사죄로 처벌할 수 있는가 하는 점이 본 판례의 초점이다.

　이 문제에 대해 제1심법원과 항소심법원은 환자의 자기결정권에 무게를 두어서 갑의 행위에 위법성이 없다고 판단한다. 이에 대해 대법원은 환자의 자기결정권을 의사의 생명보호를 위한 주의의무보다 우위에 두는 태도를 경계한다. 그러면서도 대법원은 "다만 환자의 생명과 자기결정권을 비교형량하기 어려운 특별한 사정이 있다고 인정되는 경우에 의사가 자신의 직업적 양심에 따라 환자의 양립할 수 없는 두 개의 가치 중 어느 하나를 존중하는 방향으로 행위하였다면, 이러한 행위는 처벌할 수 없다"고 판단하여 결론적으로 원심법원의 무죄 결론을 지지하고 있다.

본 판례에서 대법원이 제시한 환자의 자기결정권과 의사의 주의의무의 관계에 대해서는 더 이상 깊이 분석할 여유가 없다. 몇 마디의 코멘트보다는 판례 원문을 정독하여 그 정치한 법리전개를 따라가 보는 것이 보다 중요하기 때문이다.

그럼에도 불구하고 본 판례에서 한 가지 짚고 넘어가야 할 부분이 있다. 본 판례에서 사건의 진행과정을 보면, 제1심법원과 항소심법원은 의사 갑의 행위가 환자의 자기결정권을 존중한 것이어서 위법성이 없다고 판단하고, 이를 근거로 범죄불성립이라는 결론에 이르고 있다. 이에 대해 대법원은 "다만 환자의 생명과 자기결정권을 비교형량하기 어려운 특별한 사정이 있다고 인정되는 경우에 의사가 자신의 직업적 양심에 따라 환자의 양립할 수 없는 두 개의 가치 중 어느 하나를 존중하는 방향으로 행위하였다면, 이러한 행위는 처벌할 수 없다"고 판시하여, 범죄론체계상 범죄불성립의 근거를 명확하게 밝히고 있지 않다.

본 판례의 전체적인 맥락을 살펴보면, 대법원이 '처벌할 수 없다'는 표현을 사용한 것은 본 판례 사안의 특수성에 비추어 의사 갑이 주의의무를 다하였다고 판단한 데에 기인한 것이 아닌가 하는 생각을 낳게 한다. 그러나 과연 의사 갑이 주의의무를 다하였기 때문에 불처벌이라는 법적 효과가 도출되는 것인지는 분명하지 않다.

원심판결의 '위법성이 없다'는 표현과 대법원의 '처벌할 수 없다'는 표현 사이에는 미묘한 차이가 있다. 예컨대 본 판례의 사실관계와 동일한 사안을 놓고 손해배상과 같은 민사소송이 진행되었다고 생각해 보면 그 차이는 보다 분명해진다. 원심판결과 같이 '위법성이 없다'고 판단한다면 민사소송의 여지는 처음부터 봉쇄된다. 위법성이 없는 행위에 대해서는 처음부터 불법행위 책임을 논할 수 없기 때문이다.

동일한 문제상황은 형사재판의 경우에도 일어난다. 본 판례에서 갑의 행위가 처벌되지 아니하는 것에 대해서는 여러 가지 해석이 가능하다. 하나는 구성요건 단계에서 주의의무 위반을 부정하는 방안이다. 다른 하나는 위법성 단계에서 의무의 충돌 이론에 기초하여 위법성을 조각하는 방안이다. 또 다른 하나는 책임 단계에서 주의의무 위반을 부정하는 방안이다. 각각의 해석방법에 따라 동일한 행위가 위법한 것이 될 수도 있고 위법하지 아니한 것으로 될 수도 있다. 그리고 이는 곧 이론적으로 정당방위의 대상이 될 수 있는가, 보안처분의 대상이 될 수 있는가 하는 등의 여러 가지 논쟁거리를 제공한다.

본 판례는 대법원이 환자의 자기결정권 존중과 의사의 생명보호 의무 사이에 정밀한 비교형량의 기준을 제시하였다는 점에서 높이 평가될 필요가 있다. 그럼에도 불구하고 본 판례에서 대법원이 비교형량의 법적 효과에 대하여 '처벌할 수 없다'는 애매한 표현을 사용한 점은 다소 아쉬운 대목이라고 생각된다. 개인적인 생각으로는 대법원이 의무의 충돌 이론에 기초하여 범죄불성립의 결론에 도달한 드문 사례로 본 판례가 평가되어야 한다고 본다.

2009헌가25

양별규정과 법인 대표자의 책임
원산지 허위표시 사건
2010. 7. 29. 2009헌가25 등, 헌집 22-2상, 183

1. 사실관계 및 사건의 경과

【사실관계】

① (법인의 대표자가 등장하는 2009헌가29 사건 부분을 요약하여 정리함)

② (판례번호는 검색의 편의를 위하여 2009헌가25로 표시함)

③ P농업협동조합은 조합원이 생산한 물자의 가공 및 판매 등을 목적으로 하는 법인이다.

④ 갑은 P농협의 조합장이다.

⑤ 을은 P농협 미곡처리장의 장이다.

⑥ 병은 P농협 미곡처리장의 계장이다.

⑦ 2006. 8. 23.경부터 2008. 10. 10.까지 갑, 을, 병은 P농협의 업무에 관하여 P지역 이외의 다른 지역에서 원곡을 수매한 후 이를 가공하여 P지역 쌀로 판매하는 방법으로 쌀의 원산지를 허위로 표시하여 판매하였다.

【사건의 경과】

① 검사는 P농협을 농산물품질관리법의 양별규정을 적용하여 기소하였다.

② 제1심법원은 P농협에 벌금 700만원을 선고하였다.

③ P농협은 불복 항소하였다.

④ P농협은 항소심 계속중에 농산물품질관리법의 양별규정에 대하여 위헌법률심판제청신청을 하였다.

⑤ 2009. 11. 6. 항소심법원은 P농협의 위헌법률심판 제청신청을 받아들여 헌법재판소에 위헌법률심판제청을 하였다.

⑥ 헌법재판소는 위헌법률심판의 대상을 농산물품질관리법의 양별규정 중 법인 관련 부분으로 정리하였다.

【참조조문】

농산물품질관리법

(2002. 12. 26. 법률 제6816호로 개정되고, 2009. 6. 9. 법률 제9759호로 개정되기 전의 것)

제17조 (허위표시 등의 금지) ① 제15조 제1항 및 제16조 제1항의 규정에 의하여 원산지의 표시를 하도록 한 농산물 또는 그 가공품을 판매하거나 가공하는 자 또는 유전자변형농산물의 표시를 하도록 한 농산물을 판매하는 자는 다음 각호의 행위를 하여서는 아니된다.

1. 원산지 또는 유전자변형농산물의 표시를 허위로 하거나 이를 혼동하게 할 우려가 있는 표시를 하는 행위

제34조의2 (벌칙) 제17조 제1항의 규정을 위반한 자는 7년 이하의 징역 또는 1억원 이하의 벌금에 처하거나 이를 병과할 수 있다.

제37조 (양벌규정) 법인의 대표자, 법인이나 개인의 대리인·사용인 기타의 종업원이 그 법인 또는 개인의 업무에 관하여 제34조의2·제35조 또는 제36조의 위반행위를 한 때에는 행위자를 벌하는 외에 그 법인 또는 개인에 대하여도 각 해당 조의 벌금형을 과한다.

2. 사안에 대한 헌법재판소의 판단

가. '종업원 등' 부분에 대한 판단

【헌재 분석】 구 농산물품질관리법 제37조 중 /

【헌재 분석】 "법인의 대리인·사용인 기타의 종업원이 그 법인의 업무에 관하여 제34조의2의 위반행위를 한 때에는 그 법인에 대하여도 해당 조의 벌금형을 과한다."는 부분/

【헌재 분석】 (이하 '이 사건 법률조항 중 법인의 종업원 관련 부분'이라 한다)은, /

【헌재 분석】 법인이 고용한 종업원 등이 일정한 위반행위를 한 사실이 인정되면 곧바로 그 종업원 등을 고용한 법인에게도 종업원 등에 대한 처벌조항에 규정된 벌금형을 과하도록 규정하고 있다. /

【헌재 분석】 또한, 종업원 등의 범죄행위에 대한 법인의 가담 여부나 종업원 등의 행위를 감독할 주의의무의 위반 여부를 법인에 대한 처벌요건으로 규정하지 않고 있으며, /

【헌재 분석】 달리 법인이 면책될 가능성에 대해서도 규정하지 않고 있다.

【헌재 분석】 결국, 이 사건 법률조항 중 법인의 종업원 관련 부분은 종업원 등의 일정한 행위가 있으면 법인이 그와 같은 종업원 등의 범죄에 대하여 어떠한 잘못이 있는지를 전혀 묻지 않고 곧바로 영업주인 법인을 종업원 등과 같이 처벌하도록 규성하고 있다.

【헌재 요지】 살피건대, 형벌은 범죄에 대한 제재로서 그 본질은 법질서에 의하여 부정적으로 평가된 행위에 대한 비난이다. /

【헌재 요지】 만약 법질서가 부정적으로 평가한 결과가 발생하였다고 하더라도 그러한 결과의 발생이 어느 누구의 잘못에 의한 것도 아니라면, /

【헌재 요지】 부정적인 결과가 발생하였다는 이유만으로 누군가에게 형벌을 가할 수는 없다. /

【헌재 요지】 이와 같이 '책임 없는 자에게 형벌을 부과할 수 없다.'는 형벌에 관한 책임주의는 형사법의 기본원리로서, /

【헌재 요지】 헌법상 법치국가의 원리에 내재하는 원리인 동시에 헌법 제10조의 취지로부터 도출되는 원리이고, /

【헌재 요지】 법인의 경우도 자연인의 경우와 마찬가지로 책임주의원칙이 적용된다고 할 것이다.

【헌재 판단】 그런데 이 사건 법률조항 중 법인의 종업원 관련 부분에 의할 경우, /

【헌재 판단】 법인이 종업원 등의 위반행위와 관련하여 선임·감독상의 주의의무를 다하여 아무런 잘못이 없는 경우까지도 법인에게 형벌을 부과될 수밖에 없게 된다. /

【헌재 판단】 이처럼 이 사건 법률조항 중 법인의 종업원 관련 부분은 종업원 등의 범죄행위에 관하여 비난할 근거가 되는 법인의 의사결정 및 행위구조, /

【헌재 판단】 즉 종업원 등이 저지른 행위의 결과에 대한 법인의 독자적인 책임에 관하여 전혀 규정하지 않은 채, /

【헌재 판단】 단순히 법인이 고용한 종업원 등이 업무에 관하여 범죄행위를 하였다는 이유만으로 법인에 대하여 형사처벌을 과하고 있는바, /

【헌재 판단】 이는 다른 사람의 범죄에 대해 그 책임 유무를 묻지 않고 형벌을 부과하는 것으로서 법치국가의 원리 및 죄형법정주의로부터 도출되는 책임주의원칙에 반한다.

나. '대표자' 부분에 대한 판단

【헌재 분석】 구 농산물품질관리법 제37조 중 /

【헌재 분석】 "법인의 대표자가 그 법인의 업무에 관하여 제34조의2의 위반행위를 한 때에는 그 법인에 대하여도 해당 조의 벌금형을 과한다."는 부분/

【헌재 분석】 (이하 '이 사건 법률조항 중 법인의 대표자 관련 부분'이라 한다)도 /

【헌재 분석】 앞서 본 종업원 관련 부분과 마찬가지로, /

【헌재 분석】 법인의 대표자가 일정한 위반행위를 한 사실이 인정되면 곧바로 영업주인 법인에게도 대표자에 대한 처벌조항에 규정된 벌금형을 과하도록 규정하고 있다.

【헌재 요지】 그러나 법인 대표자의 행위와 종업원 등의 행위는 달리 보아야 한다. /

【헌재 요지】 법인의 행위는 법인을 대표하는 자연인인 대표기관의 의사결정에 따른 행위에 의하여 실현되므로, /

【헌재 요지】 자연인인 대표기관의 의사결정 및 행위에 따라 법인의 책임 유무를 판단할 수 있다. /

【헌재 요지】 즉, 법인은 기관을 통하여 행위하므로 법인이 대표자를 선임한 이상 그의 행위로 인한 법률효과는 법인에게 귀속되어야 하고, /

【헌재 요지】 법인 대표자의 범죄행위에 대하여는 법인 자신이 자신의 행위에 대한 책임을 부담하는 것이다. /

【헌재 요지】 이 사건의 각 당해 사건에서도, 원산지를 허위로 표시하여서는 아니 될 의무를 부담하는 것은 법인이지만, /

【헌재 요지】 법인은 직접 범행의 주체가 될 수 없고 /

【헌재 요지】 대표자의 행위를 매개로 하여서만 범행을 실현할 수 있으므로 /

【헌재 요지】 대표자의 행위를 곧 법인의 행위로 보고 법인을 처벌하는 것이다. /

【헌재 요지】 더욱이 더 이상의 감독기관이 없는 대표자의 행위에 대하여 누군가의 감독상 과실을 인정할 수도 없고, /

【헌재 요지】 달리 대표자의 책임과 분리된 법인만의 책임을 상정하기도 어렵다.

【헌재 요지】 결국, 법인 대표자의 법규위반행위에 대한 법인의 책임은, /

【헌재 요지】 법인 자신의 법규위반행위로 평가될 수 있는 행위에 대한 법인의 직접책임으로서, /

【헌재 요지】 대표자의 고의에 의한 위반행위에 대하여는 법인 자신의 고의에 의한 책임을, /

【헌재 요지】 대표자의 과실에 의한 위반행위에 대하여는 법인 자신의 과실에 의한 책임을 부담하는 것이다.

【헌재 요지】 따라서, 이 사건 법률조항 중 법인의 대표자 관련 부분은 대표자의 책임을 요건으로 하여 법인을 처벌하므로 책임주의원칙에 반하지 아니한다.

3. 사안에 대한 헌법재판소의 결론

【헌재 결론】 그렇다면, 이 사건 법률조항 중 법인의 종업원 관련 부분은 헌법에 위반되고, /

【헌재 결론】 법인의 대표자 관련 부분은 헌법에 위반되지 아니하므로 주문과 같이 결정한다. /

【헌재 결론】 이 결정은, /

【헌재 결론】 법인의 종업원 관련 부분에 대하여 /

【헌재 결론】 재판관 이공현의 일부위헌의견, /

【헌재 결론】 재판관 조대현의 반대의견, /

【헌재 결론】 재판관 이동흡의 반대의견이 있고, /

【헌재 결론】 법인의 대표자 관련 부분에 대하여 /

【헌재 결론】 재판관 이공현의 별개의견, /

【헌재 결론】 재판관 조대현의 별개의견, /

【헌재 결론】 재판관 김종대, 재판관 목영준의 반대의견이 있는 외에는 /

【헌재 결론】 나머지 관여 재판관 전원의 일치된 의견에 의한 것이다.

【헌재 주문】

1. 구 농산물품질관리법(2002. 12. 26. 법률 제6816호로 개정되고, 2009. 6. 9. 법률 제9759호로 개정되기 전의 것) 제37조 중 "법인의 대리인·사용인 기타의 종업원이 그 법인의 업무에 관하여 제34조의2의 위반행위를 한 때에는 그 법인에 대하여도 해당 조의 벌금형을 과한다."는 부분은 헌법에 위반된다.

2. 구 농산물품질관리법(2002. 12. 26. 법률 제6816호로 개정되고, 2009. 6. 9. 법률 제9759호로 개정되기 전의 것) 제37조 중 "법인의 대표자가 그 법인의 업무에 관하여 제34조의2의 위반행위를 한 때에는 그 법인에 대하여도 해당 조의 벌금형을 과한다."는 부분은 헌법에 위반되지 아니한다.

2009헌바2

죄형법정주의와 위임입법의 한계
수산업법 벌칙위임 사건
2010. 9. 30. 2009헌바2, 헌집 22-2상, 1

1. 사실관계 및 사건의 경과

【사실관계】

① 갑은 여수시 선적 근해형망어선 P호의 임차 선주 겸 선장이다.

② P호에 대한 어업허가는 다음과 같다.

(가) 조업구역 : 조업구역은 전라북도 연해

(나) 조업조건 : 조업구역 제한에 위반하지 아니할 것

③ 2008. 5. 24. 14:35경부터 15:20경 사이에 갑은 P호를 운항하여 전남 완도군 고금면 M리 앞 해상에서 조업을 하였다.

④ 갑은 수면바닥에 자연서식 중인 바지락 50㎏(시가 5만원 상당)을 포획·채취하였다.

⑤ 검사는 갑을 수산업법위반죄로 광주지방법원 해남지원에 약식기소하였다.

⑥ 갑은 광주지방법원 해남지원으로부터 벌금 300만원의 약식명령을 고지받았다.

⑦ 2008. 8. 4. 갑은 광주지방법원 해남지원에 정식재판을 청구하였다. (㉮사건)

【사건의 경과】

① 갑은 ㉮사건 재판 중 광주지방법원 해남지원에 처벌법규인 수산업법 등에 대해 위헌법률심판제청신청을 하였다.

② 광주지방법원 해남지원은 갑의 신청을 기각하였다.

③ 2009. 1. 8. 갑은 헌법재판소법 제68조 제2항에 의하여 헌법재판소에 헌법소원심판을 청구하였다. (㉯심판청구 사건)

④ 2009. 4. 22. 수산업법이 전면 개정되었다.

⑤ 2010. 9. 30. 헌법재판소는 ㉯심판청구 사건에 대해 판단을 내렸다.

⑥ 헌법재판소는 갑의 행위 당시 법령인 구 수산업법 제53조 제2항 및 제3항을 심판대상 법률조항으로 정하였다.

⑦ (판례분석의 소제목은 판례 원문에 따름)

【참조조문】

(이하 조문은 행위시 법령을 기준으로 함)

수산업법

제52조 (어업조정에 관한 명령) ① 생략

② 제1항의 규정에 의한 대통령령에는 필요한 벌칙을 둘 수 있다.

③ 제2항의 벌칙에는 300만원이하의 벌금·구류 또는 과료의 규정을 둘 수 있다.

제53조 (어업조정에 관한 명령) ① 어업단속·위생관리·유통질서, 그 밖에 어업조정을 위하여 다음 각 호에 관하여 필요한 사항은 대통령령으로 정할 수 있다.

3. 조업구역, 어업의 시기와 포획·채취할 수 있는 수산동식물의 종류에 관한 제한이나 금지

제61조 (어업조정 등에 관한 명령) ① 행정관청은 어업단속, 위생관리, 유통질서의 유지나 어업조정을 위하여 필요하면 다음 각 호의 사항을 명할 수 있다.

2. 근해어업에 대한 조업구역의 제한이나 금지

② 제1항 각 호에 따른 제한 또는 금지사항 등에 필요한 사항은 대통령령으로 정한다.

제98조 (벌칙) 다음 각 호의 어느 하나에 해당하는 자는 2년 이하의 징역 또는 500만원 이하의 벌금에 처한다.

8. 제61조의 어업조정 등에 관한 명령을 위반한 자

2. 사안에 대한 헌법재판소의 판단

가. 입법연혁

【헌재 분석】 (1) 일제 강점기인 1911. 6. 3. 조선총독부제령 제6호로 제정된 '어업령'은 면허의 조건 또는 어업의 제한에 위반한 자를 1,000원 이하의 벌금에 처하도록 규정하고 있었다(제22조 제2호). /

【헌재 분석】 그런데 '어업령'의 하위법령이라 할 '어업령시행규칙'은 위 '어업령' 규정과는 별도로 일정한 허가조건 또는 어업의 제한을 위반한 자를 200원 이하의 벌금에 처하도록 규정하고 있었으나(제35조 제2호), /

【헌재 분석】 '어업령시행규칙'의 위와 같은 처벌 규정에 관해 '어업령'은 아무런 위임 규정을 두지 않았다. /

【헌재 분석】 '어업령'은 1929. 1. 29. 폐지되었고 /

【헌재 분석】 새로이 제정된 '조선어업령'은 일정한 제한·조건·정지 또는 금지에 위반하여 어업을 한 자를 벌금형으로 처벌하는 규정들을 두었고(제68조 내지 제70조), /

【헌재 분석】 그 하위 법령인 '조선어업령시행규칙' 역시 일정한 사항을 위반한 행위에 대한 벌칙을 규정하였으나(제62조, 제63조), /

【헌재 분석】 그러한 벌칙 규정에 관하여 '조선어업령'은 역시 아무런 위임 규정도 두지 않았다.

【헌재 분석】 (2) 1953. 9. 9. 법률 제295호로 제정된 수산업법은 /

【헌재 분석】 제48조 제1항에서, /

【헌재 분석】 "주무부장관 또는 지방장관은 수산동식물의 번식보호, 어업단속 기타 어업조정을 위하여 좌의 사항에 관하여 필요한 부령 또는 규칙을 정할 수 있다."고 한 후/

【헌재 분석】 (좌의 사항이란 /

【헌재 분석】 제1호 내지 제4호에서 규정한, /

【헌재 분석】 수산동식물의 채포에 관한 제한 또는 금지, /

【헌재 분석】 어구 또는 어선에 관한 제한 또는 금지, /

【헌재 분석】 수산동식물의 번식보호에 필요한 물체의 채취 또는 제거에 관한 제한 또는 금지, /

【헌재 분석】 수산동식물의 이식에 관한 제한 또는 금지 등을 의미한다), /

【헌재 분석】 이어 제2항에서 /

【헌재 분석】 "전항의 규정에 의한 부령 또는 규칙에는 필요한 벌칙을 둘 수 있다."고 하고, /

【헌재 분석】 제3항에서 /

【헌재 분석】 "전항의 벌칙에는 부령에는 6월 이하의 징역, 5만환 이하의 벌금, 구류 또는 과료, 규칙에는 3월 이하의 징역, 5,000환 이하의 벌금, 구류 또는 과료의 규정을 둘 수 있다."고 규정하였는데, /

【헌재 분석】 그 후 수산업법에 대한 두 차례의 전부 개정을 거쳐 이 사건 법률조항에 이르게 되었으나, /

【헌재 분석】 조문의 위치와 세부적인 내용 및 법정형의 벌금액에는 변화가 있었으나, /

【헌재 분석】 하위 법령에서 벌칙을 정할 수 있도록 한 내용은 변함없이 이어져 왔다.

【헌재 분석】 (3) 한편 수산업법은 2009. 4. 22. 법률 제9626호로 전부 개정되었는데, /

【헌재 분석】 개정된 수산업법 제61조는 /

【헌재 분석】 행정관청으로 하여금 어업단속, 위생관리, 유통질서의 유지나 어업조정을 위하여 필요한 경우 조업구역의 제한이나 금지를 비롯한 여러 종류의 제한이나 금지를 명할 수 있도록 하고(제1항) /

【헌재 분석】 그 제한이나 금지사항 등에 필요한 사항은 대통령령으로 정하도록 하였으나(제2항), /

【헌재 분석】 그 위반 행위에 대한 처벌은 대통령령에 위임하지 않고 제98조 제8호에서 직접 규정하였다.

나. 죄형법정주의 원칙 위반 여부

(1) 죄형법정주의와 위임입법의 한계

【헌재 요지】 (가) "법률이 없으면 범죄도 없고 형벌도 없다."라는 말로 표현되는 죄형법정주의는 /

【헌재 요지】 이미 제정된 정의로운 법률에 의하지 아니하고는 처벌되지 아니한다는 원칙으로서 /

【헌재 요지】 이는 무엇이 처벌될 행위인가를 국민이 예측가능한 형식으로 정하도록 하여 개인의 법적 안정성을 보호하고 /

【헌재 요지】 성문의 형벌법규에 의한 실정법질서를 확립하여 국가형벌권의 자의적 행사로부터 개인의 자유와 권리를 보장하려는 /

【헌재 요지】 법치국가 형법의 기본원칙이다. /

【헌재 요지】 우리 헌법도 제12조 제1항 후단에 "법률과 적법한 절차에 의하지 아니하고는 처벌·보안처분 또는 강제노역을 받지 아니한다."라고 규정하고, /

【헌재 요지】 제13조 제1항 전단에 "모든 국민은 행위시의 법률에 의하여 범죄를 구성하지 아니하는 행위로 소추되지 아니하며"라고 규정하여 죄형법정주의를 천명하였다. /

【헌재 요지】 그러나 고도로 복잡다양하고 급속히 변화하는 현대사회에서 형사처벌에 관련된 모든 법규를 예외 없이 형식적 의미의 법률에 의하여 규정한다는 것은 /

【헌재 요지】 사실상 불가능할 뿐만 아니라 실제로 적합하지도 않기 때문에, /

【헌재 요지】 형벌에 관해서도 위임입법은 허용된다.

【헌재 요지】 (나) 다만 형벌에 관한 위임입법이 허용된다 하더라도, /

【헌재 요지】 우리 헌법이 반드시 법률을 통해서만 기본권에 대한 제한이 가능하도록 한 제37조 제2항에 그치지 않고 /

【헌재 요지】 죄형법정주의를 명시적으로 선언하고 있는 취지에 비추어 볼 때, /

【헌재 요지】 형벌법규를 하위법령에 위임하는 것은 원칙적으로 바람직하지 못한 것으로, /

【헌재 요지】 그 요건과 범위는 엄격하게 제한적으로 적용되어야 한다. /

【헌재 요지】 따라서 형벌법규의 위임은 특히 긴급한 필요가 있거나 /

【헌재 요지】 미리 법률로써 자세히 정할 수 없는 부득이한 사정이 있는 경우에 한정되어야 하고 /

【헌재 요지】 이러한 경우일지라도 법률에서 범죄의 구성요건은 처벌대상인 행위가 어떠한 것이 될 것임을 예측할 수 있을 정도로 구체적으로 정하고 /

【헌재 요지】 형벌의 종류 및 그 상한과 폭을 명백히 규정하여야 한다.

(2) 이 사건 법률조항에 대한 판단

(가) 위임의 필요성

【헌재 판단】 1) 위에서 본 바와 같이 형벌법규의 위임은 특히 긴급한 필요가 있거나 미리 법률로써 자세히 정할 수 없는 부득이한 사정이 있는 경우에 한정되어야 한다. /

【헌재 판단】 그런데 이 사건 법률조항이 하위법령인 대통령령에 위임하고 있는 것은 /

【헌재 판단】 구 수산업법 제53조 제1항에 따라 대통령령에 규정될 /

【헌재 판단】 '어업조정에 관한 각종 제한이나 금지' 그 자체가 아니라, /

【헌재 판단】 그러한 금지나 제한 중 '어떠한 금지나 제한을 위반한 경우에 형사처벌할 것인가' /

【헌재 판단】 그리고 형사처벌한다면 '어느 정도의 형벌로 처벌할 것인가'이다. /

【헌재 판단】 다시 말해 이 사건 법률조항은 일정한 제한이나 금지에 위반한 행위의 가벌성 및 처벌의 정도에 대한 판단을 대통령령에 위임하고 있는 것이다. /

【헌재 판단】 그러나 가벌성과 처벌의 정도에 대한 판단은, 사회공동체의 가치관 또는 법감정을 고려하여 입법자가 정책적으로 결정하여야 할 문제로서, /

【헌재 판단】 그 판단이 사회적 상황에 따라 수시로 급변하는 것이라고 할 수 없을 뿐 아니라 /

【헌재 판단】 미리 법률로써 자세히 정하기 어려울 정도로 전문적이고 기술적인 사항이라고 볼 수도 없다.

【헌재 판단】 2) 이 사건에서 보건대, /

【헌재 판단】 당해 사건에서 문제되고 있는 "조업구역의 제한"과 관련하여 살펴보면, /

【헌재 판단】 조업구역을 어떻게 제한하고 금지할 것인가의 문제는 전문적이고 기술적인 사항일 수 있고, /

【헌재 판단】 급변하는 상황에 따라 탄력적으로 대응할 필요성이 있는 사항으로 볼 수도 있다. /

【헌재 판단】 조업구역을 정하는 것은 각 어업의 특성, 수산자원의 부존상태, 어군의 형성과 이동, 어업자의 이해관계 등에 따라 다양한 규율을 수시로 필요로 하는 것이고, /

【헌재 판단】 어업의 시기도 각종 수산동식물의 종류에 따라 다양할 수밖에 없고 /

【헌재 판단】 또한 해양생태계의 변화에 즉응하여 규율하여야 하며, /

【헌재 판단】 포획·채취할 수 있는 수산동식물의 종류도 각종 수산동식물의 부존상태, 수산자원 증식·보호의 필요성 등에 따라 탄력적으로 규제되어야 하기 때문이다.

【헌재 판단】 그러나 조업구역의 제한이나 금지를 위반한 어업을 형벌로 처벌할 것인지, /

【헌재 판단】 처벌한다면 어느 정도로 처벌할 것인지의 문제는, /

【헌재 판단】 전문적이고 기술적인 판단이 필요한 사항이 아니고 급변하는 상황에 연관된 문제도 아니다. /

【헌재 판단】 해양생태계의 변화 등에 대응한 구체적인 조업구역의 설정은 수시로 변화할 수 있다 하더라도, /

【헌재 판단】 조업구역을 위반한 어업에 대한 가벌성 및 처벌의 정도에 대한 판단은 사회공동체의 가

치관 또는 법감정에 좌우되는 것이지 /

【헌재 판단】 해양생태계의 변화에 좌우되는 것은 아니기 때문이다.

【헌재 판단】 3) 한편 이 사건 법률조항과 관련조항들의 입법연혁을 살펴보더라도, /

【헌재 판단】 이 사건 법률조항이 처벌조항을 하위법령에 위임하였어야 할 필요성을 인정하기 어렵다. /

【헌재 판단】 수산업법은 1953. 9. 9. 법률 제295호로 제정된 이래로 형벌로 처벌할 필요가 있는 일정한 수산업법 위반 행위들에 대해서는 "벌칙"의 장에서 직접 처벌조항을 규정해 오고 있었는데, /

【헌재 판단】 굳이 이 사건 법률조항에 대해서만 처벌조항을 대통령령에 위임하고 있었다. /

【헌재 판단】 그러나 2009. 4. 22. 전부 개정된 수산업법은 /

【헌재 판단】 조업구역의 제한이나 금지 등 어업조정을 위해 필요한 제한이나 금지 등에 관하여 필요한 사항은 대통령령으로 정할 수 있도록 위임하면서도(제61조 제1항 제2호, 제2항), /

【헌재 판단】 그 위반 행위에 대한 처벌은 하위법령에 위임하지 않고 직접 규정하였다(제98조 제8호). /

【헌재 판단】 또한 같은 날 새로이 제정된 수산자원관리법 역시 /

【헌재 판단】 수산자원의 보호에 관한 내용 중 일부를 대통령령 등 하위법령에 위임하면서도(제14조 내지 제27조) /

【헌재 판단】 그 위반 행위에 대한 처벌은 하위법령에 위임하지 않고 직접 규정하였다(제64조 내지 제67조). /

【헌재 판단】 이러한 사정에 비추어 볼 때, /

【헌재 판단】 이 사건 법률조항에 대해서만 유독 처벌조항을 위임할 필요성이 있었다거나, /

【헌재 판단】 수산업법이 제정된 이래 최근에 이르기까지 위임의 필요성이 있어 오다가 /

【헌재 판단】 2009. 4. 22. 수산업법이 전부 개정되고 수산자원관리법이 제정될 무렵에 이르러서야 /

【헌재 판단】 위임의 필요성이 사라졌다고 보기도 어렵다.

(나) 예측가능성

【헌재 요지】 1) 한편 긴급한 필요가 있거나 미리 법률로써 자세히 정할 수 없는 부득이한 사정이 있어 형벌법규를 하위법령에 위임할 필요가 있는 경우에도, /

【헌재 요지】 처벌대상인 행위가 어떠한 것이 될 것임을 예측할 수 있을 정도로 법률이 구체적으로 정하고 형벌의 종류 및 그 상한과 폭을 명백히 규정하여야 한다. /

【헌재 판단】 그런데 이 사건 법률조항만으로는 대통령령에 규정될 내용 중 처벌의 대상이 되는 행위가 어떠한 것이 될 것인지를 전혀 예측할 수 없다.

【헌재 판단】 구 수산업법 제53조 제1항은 /

【헌재 판단】 어업단속·위생관리·유통질서 그 밖에 어업조정을 위하여 필요한 사항들을 대통령령으로 정하도록 하였는데, /

【헌재 판단】 이 사건 법률조항은 /

【헌재 판단】 위와 같이 구 수산업법 제53조 제1항에 따라 대통령령으로 정해질 사항들에 대해 '대통령령으로 필요한 벌칙을 둘 수 있다.'고만 할 뿐, /

【헌재 판단】 대통령령이 어떠한 사항들의 위반 행위에 대해 벌칙을 둘 수 있는지에 대해서는 아무런 기준도 제시하지 않고 있다. /

【헌재 판단】 이 사건 법률조항을 통해 알 수 있는 것은 단지 /

【헌재 판단】 '구 수산업법 제53조 제1항의 위임에 따라 대통령령에 정해질 사항들 중에는 그 위반 행위에 대해 벌칙이 규정될 수도 있다.'는 정도일 뿐, /

【헌재 판단】 구체적으로 어떠한 사항들을 위반하면 처벌받게 될 것인지는 알 수가 없다. /

【헌재 판단】 이는 결국 구 수산업법 제53조 제1항의 위임에 따라 대통령령에 규정될 사항들 중 /

【헌재 판단】 그 위반 행위에 대한 처벌 여부를 대통령령에 전적으로 위임한 것이다.

【헌재 판단】 2) 이 사건 법률조항에 따라 대통령령에 의해 처벌되는 행위가 무엇인지에 대한 예측의 어려움은, /

【헌재 판단】 구 수산업법 제53조 제1항의 위임에 따라 대통령령으로 규정될 사항들의 내용을 살펴보아도 전혀 해소되지 않는다. /

【헌재 판단】 구 수산업법 제53조 제1항에 따라 어업단속·위생관리·유통질서 그 밖에 어업조정을 위하여 대통령령이 정할 수 있는 사항들은 /

【헌재 판단】 수산동식물의 포획·채취 또는 양식한 어획물 및 그 제품의 처리에 관한 제한이나 금지, /

【헌재 판단】 어선의 수·규모·설비와 어법에 관한 제한이나 금지, /

【헌재 판단】 조업구역, /

【헌재 판단】 어업의 시기와 포획·채취할 수 있는 수산동식물의 종류에 관한 제한이나 금지, /

【헌재 판단】 어구의 제작·판매·소지·선적 또는 그 사용에 관한 제한이나 금지, /

【헌재 판단】 근해어업에 대한 허가의 정수, /

【헌재 판단】 선복량의 제한과 어업허가의 제한이나 금지, /

【헌재 판단】 어업자·어업종사자의 수 또는 자격, /

【헌재 판단】 어업자가 아닌 자의 포획·채취에 대한 제한이나 금지, /

【헌재 판단】 외국과의 어업에 관한 협정 또는 일반적으로 승인된 국제법규와 외국의 수산에 관한 법령을 시행하기 위한 제한이나 금지, /

【헌재 판단】 수산물의 포장 및 용기의 제한이나 금지, /

【헌재 판단】 포획·채취하거나 양식한 수산동식물과 그 제품의 양륙장소 및 매매장소의 지정 또는 그 지정의 취소 /

【헌재 판단】 등에 관해 필요한 사항들이다. /

【헌재 판단】 위와 같은 사항들 중에는 그 위반 행위에 행정상의 제재만으로도 충분한 사항이 있을 수 있는가 하면, /

【헌재 판단】 형사처벌이 필요한 사항도 있을 수 있는데, /

【헌재 판단】 과연 어떠한 사항에 대해 행정적 제재가 따르고 어떠한 사항에 대해서는 형사처벌까지 따르게 될 것인지, /

【헌재 판단】 대통령령이 그 처벌 여부를 규정하기 전까지는 누구도 명확히 예측할 수 없다. /

【헌재 판단】 이 사건 법률조항은 위반 행위에 대한 제재로서 벌칙이 필요한 경우가 어떠한 경우인지

대해서는 아무런 규정을 두지 않은 채 /

【헌재 판단】 "필요한 벌칙을 둘 수 있다."고만 함으로써 /

【헌재 판단】 벌칙이 필요한 경우에 대한 판단을 전석으로 대통령령에 맡기고 있다.

【헌재 분석】 3) 헌법재판소는 이 사건 법률조항과 동일한 내용을 규정하고 있던 구 수산업법/

【헌재 분석】 (1990. 8. 1. 법률 제4252호로 전부 개정되고 1995. 12. 30. 법률 제5131호로 개정되기 전의 것) /

【헌재 분석】 제52조 제2항, 제3항에 대해, /

【헌재 분석】 "'필요한 벌칙을 둘 수 있다.'라는 규정형식이 위임법률의 통상적인 처벌규정에 비하여 볼 때 다소 이례적인 것이기는 하나, /

【헌재 분석】 이는 벌칙을 둘 수도 있고 두지 않을 수도 있다는 뜻이 아니고 /

【헌재 분석】 수산업법의 목적과 어선·어구에 대한 제한 또는 금지를 규정한 취지에 비추어 보면, /

【헌재 분석】 시행령으로 벌칙을 규정할 권한이 있다는 의미라는 것이 의문의 여지 없이 분명하다."고 /

【헌재 분석】 판단한 바 있으나(헌재 1994. 6. 30. 93헌가15등, 판례집 6-1, 576, 590-591), /

【헌재 판단】 이러한 해석은 이 사건 법률조항의 문언에 반할 뿐 아니라, /

【헌재 판단】 실제로 구 수산업법 제53조 제1항의 위임에 따라 규정된 대통령령의 하나인 /

【헌재 판단】 구 수산자원보호령이 규정한 사항들 중에는 /

【헌재 판단】 그 위반 행위에 대해 아무런 벌칙을 규정하지 않은 경우도 있었다는 점에서(제27조, 제32조 참조) /

【헌재 판단】 더 이상 유지되기는 어렵다.

【헌재 판단】 4) 나아가 이 사건 법률조항은 대통령령에 규정할 벌칙으로 "500만원 이하의 벌금·구류 또는 과료"를 규정하고 있지만, /

【헌재 판단】 대통령령에 규정될 각각의 처벌조항의 법정형을 살펴보기 전까지는 어떠한 위반 행위들이 어느 정도의 형벌로 처벌될 것인지 예측할 수 없다. /

【헌재 판단】 이 사건 법률조항에 따라 대통령령에 의해 처벌될 수 있는 행위유형들도 /

【헌재 판단】 죄질과 불법의 정도가 다양할 수 있고 그에 따라 처벌의 정도 또한 달라질 수 있는데, /

【헌재 판단】 이 사건 법률조항은 다양한 유형의 구성요건적 행위들에 대해 각각 어느 정도의 처벌이 가해질 것인지에 대해서는 아무런 기준을 제시하지 않고 있다. /

【헌재 판단】 그 결과 대통령령이 규정하고 있는 구체적인 법정형을 살펴보기 전까지는, /

【헌재 판단】 어떠한 위반 행위가 어느 정도로 처벌될 것인지를 예측할 수 없다. /

【헌재 판단】 구 수산자원보호령을 살펴보더라도 /

【헌재 판단】 서로 다른 위반 행위들에 대해 /

【헌재 판단】 "500만원 이하의 벌금"(제37조), "300만원 이하의 벌금"(제38조), "200만원 이하의 벌금"(제39조) 등 /

【헌재 판단】 각기 다른 법정형으로 처벌하고는 있지만, /

【헌재 판단】 그와 같은 법정형의 차별은 대통령령을 살펴보기 전에는 명확히 예측할 수 없다.

(다) 소 결

【헌재 결론】 결국 이 사건 법률조항은, /

【헌재 결론】 특히 긴급한 필요가 있다거나 미리 법률로써 자세히 정할 수 없는 부득이한 사정이 있다고 볼 수 없음에도 /

【헌재 결론】 형벌법규를 불필요하게 하위법령에 위임하고 있을 뿐 아니라, /

【헌재 결론】 하위법령에 의해 처벌의 대상이 될 행위가 어떠한 것인지, /

【헌재 결론】 나아가 그 처벌의 정도는 어떠할 것인지에 대해 전혀 예측할 수 없도록 규정함으로써 /

【헌재 결론】 죄형법정주의를 규정한 헌법 제12조 제1항에 위반된다.

3. 사안에 대한 헌법재판소의 결론

【헌재 결론】 그렇다면 이 사건 법률조항은 헌법에 위반되므로 주문과 같이 결정한다. /

【헌재 결론】 이와 함께, 법정형의 상한과 일부 표현에 차이가 있을 뿐 실질적으로 이 사건 법률조항과 동일한 내용을 규정하고 있던 /

【헌재 결론】 구 수산업법(1990. 8. 1. 법률 제4252호로 전부 개정되고 1995. 12. 30. 법률 제5131호로 개정되기 전의 것) /

【헌재 결론】 제52조 제2항, 제3항이 헌법에 위반되지 아니한다고 판시한 /

【헌재 결론】 헌법재판소 1994. 6. 30. 선고 93헌가15 · 16 · 17 결정은 /

【헌재 결론】 이 결정의 견해와 저촉되는 한도 내에서 이를 변경하기로 한다. /

【헌재 결론】 이 결정에는 아래 6.과 같은 재판관 이공현, 재판관 조대현, 재판관 이동흡의 반대의견이 있는 외에는 /

【헌재 결론】 나머지 관여 재판관들의 의견이 일치되었다.

【헌재 주문】

구 수산업법(2007. 4. 11. 법률 제8377호로 전부 개정되고 2009. 4. 22. 법률 제9626호로 전부 개정되기 전의 것) 제53조 제2항 및 제3항은 헌법에 위반된다.

2009헌바56

죄형법정주의와 명확성의 원칙
범죄단체 활동 합헌 사건
2011. 4. 28. 2009헌바56, 헌집 23-1하, 1

1. 사실관계 및 사건의 경과

【사실관계】

① 갑과 을은 다음 요지의 공소사실로 폭처법위반죄로 기소되었다.

(가) 갑은 범죄를 목적으로 하는 단체 또는 집단인 P위생파의 두목으로 활동하였다.

(나) 을은 P위생파의 부두목격인 행동대장으로 활동하였다.

② 2008. 10. 24. 수원지방법원 평택지원은 갑과 을에 대해 **폭처법위반죄**(단체 등의 공동공갈) 등의 죄로 다음의 형을 선고하였다.

(가) 갑 : 징역 4년

(나) 을 : 징역 7년

③ 2008. 12. 2. 갑과 을은 제1심판결에 불복하여 서울고등법원에 항소하였다.

【사건의 경과】

① 항소심 계속중 갑과 을은 폭처법 제4조 제1항 중 '구성원으로 활동한 자' 부분 등에 대하여 위헌법률심판제청신청을 하였다.

② 2009. 2. 19. 서울고등법원은 갑과 을의 신청을 기각하였다.

③ 2009. 3. 5. 서울고등법원의 기각결정은 갑과 을에게 송달되었다.

④ 2009. 4. 3. 갑과 을은 폭처법 제4조 제1항 등에 대해 헌법재판소법 제68조 제2항에 의하여 헌법재판소에 헌법소원심판을 청구하였다.

⑤ 갑과 을은 헌법소원심판청구의 이유로 다음의 점을 주장하였다.

(가) 폭처법상 범죄단체 '활동'의 개념이 불명확하여 명확성의 원칙에 위반된다.

(나) 기본범죄에는 벌금 등이 규정되어 있는데, 폭처법에는 무조건 징역형이 규정되어 있어서 평등원칙에 반한다.

⑥ (판례분석의 소제목은 판례 원문에 의함)

【참조조문】

폭력행위 등 처벌에 관한 법률

(2006. 3. 24. 법률 제7891호로 개정된 것)

제4조 (단체 등의 구성·활동) ① 이 법에 규정된 범죄를 목적으로 한 단체 또는 집단을 구성하거나 그러한 단체 또는 집단에 가입하거나 그 구성원으로 활동한 자는 다음의 구별에 의하여 처벌한다.

1. 수괴는 사형, 무기 또는 10년 이상의 징역에 처한다.

2. 간부는 무기 또는 7년 이상의 징역에 처한다.

2. 사안에 대한 헌법재판소의 판단

가. 폭처법의 제정경위 및 이 사건 법률조항의 입법취지

【헌재 분석】 폭처법은 1961. 6. 13. 국가재건최고회의 제3차 상임위원회에서 의결되어 같은 달 20. 법률 제625호로 공포·시행되었는데, /

【헌재 분석】 집단적 또는 상습적으로 폭력행위 등을 자행하여 사회질서를 문란하게 하고 사회적 불안을 조성하는 자 등을 처벌함으로써(동법 제1조), /

【헌재 분석】 사회적 질서를 바로잡고 불안을 해소하기 위한 것이었다. /

【헌재 판단】 그 중 이 사건 법률조항은 범죄단체 또는 집단에 의하여 계획적·조직적으로 행하여지

는 범죄로 인한 사회적 해악의 정도가 /

【헌재 판단】 개인의 범죄로 인한 경우보다 훨씬 중대할 뿐만 아니라, /

【헌재 판단】 범죄단체 또는 집단이 존속 · 유지되는 한 범죄 실행의 위험성이 지속된다는 점에 비추어, /

【헌재 판단】 범죄의 실행 여부를 불문하고 그 범죄의 예비 · 음모의 성격을 갖는 범죄단체 또는 집단의 생성 및 존속 자체를 막으려는 데 그 입법취지가 있고, /

【헌재 판단】 범죄단체의 구성 · 가입죄가 즉시범이어서 /

【헌재 판단】 이에 대한 공소시효가 완성된 경우에는 범죄단체 구성원으로 계속 활동하여도 이를 처벌할 수 없다는 불합리한 점을 감안하여 /

【헌재 판단】 그 처벌의 근거를 마련한 것이다 /

【헌재 판단】 (대법원 2009. 6. 11. 선고 2009도2337 판결). /

【헌재 판단】 또한, 범죄단체의 수괴나 간부는 조직의 배후에서 범행을 지시 · 명령함으로써 범죄를 유발하는 핵심기능을 하는 점에서 /

【헌재 판단】 범죄행위를 직접 실행하는 것보다 그 죄질이 더 무거운 점 등을 종합하여 /

【헌재 판단】 범죄단체 내에서의 지위 · 역할에 따라 그 법정형을 달리 정하고 있다.

나. 죄형법정주의의 명확성원칙 위배 여부

(1) 죄형법정주의의 명확성원칙

【헌재 요지】 죄형법정주의에서 파생되는 명확성원칙은 /

【헌재 요지】 누구나 법률이 처벌하고자 하는 행위가 무엇이며 /

【헌재 요지】 그에 대한 형벌이 어떠한 것인지를 예견할 수 있고, /

【헌재 요지】 그에 따라 자신의 행위를 결정할 수 있도록 /

【헌재 요지】 구성요건이 명확할 것을 의미하는 것이다. /

【헌재 요지】 그러나 처벌법규의 구성요건이 명확하여야 한다고 하여 입법권자가 모든 구성요건을 단순한 의미의 서술적인 개념에 의하여 규정하여야 한다는 것은 아니다. /

【헌재 요지】 처벌법규의 구성요건이 다소 광범위하여 어떤 범위에서는 법관의 보충적인 해석을 필요로 하는 개념을 사용하였다고 하더라도, /

【헌재 요지】 그 점만으로 헌법이 요구하는 처벌법규의 명확성에 반드시 배치되는 것이라고는 볼 수 없다.

【헌재 요지】 법규범이 명확한지 여부는 /

【헌재 요지】 그 법규범이 수범자에게 법규의 의미내용을 알 수 있도록 공정한 고지를 하여 예측가능성을 주고 있는지 여부 및 /

【헌재 요지】 그 법규범이 법을 해석 · 집행하는 기관에게 충분한 의미내용을 규율하여 자의적인 법해석이나 법집행이 배제되는지 여부, /

【헌재 요지】 다시 말하면 예측가능성 및 자의적 법집행 배제가 확보되는지 여부에 따라 이를 판단할 수 있는데, /

【헌재 요지】 법규범의 의미내용은 그 문언뿐만 아니라 입법목적이나 입법취지, 입법연혁, 그리고 법규범의 체계적 구조 등을 종합적으로 고려하는 해석방법에 의하여 구체화하게 되므로, /

【헌재 요지】 결국 법규범이 명확성원칙에 위반되는지 여부는 위와 같은 해석방법에 의하여 그 의미내용을 합리적으로 파악할 수 있는 해석기준을 얻을 수 있는지 여부에 달려 있다. /

【헌재 요지】 또한, 처벌법규의 구성요건이 어느 정도 명확하여야 하는지는 일률적으로 정할 수 없고, /

【헌재 요지】 각 구성요건의 특수성과 그러한 법적 규제의 원인이 된 여건이나 처벌의 정도 등을 고려하여 종합적으로 판단하여야 한다.

(2) 이 사건 법률조항에 대한 판단

【헌재 분석】 (가) 이 사건 법률조항은 '범죄단체 또는 집단의 구성원으로 활동한 자'를 처벌하도록 하고 있는바, /

【헌재 분석】 '활동'이라는 다소 추상적인 내용을 가진 용어를 구성요건 요소로 사용하고 있으므로, /

【헌재 분석】 이 부분에 대한 다의적인 해석의 가능성이 존재하는지에 따라 죄형법정주의의 명확성원칙에 위배되는지 여부가 판단될 것이다.

【헌재 판단】 (나) 위에서 본 바와 같이, /

【헌재 판단】 이 사건 법률조항은 /

【헌재 판단】 범죄단체 또는 집단에 의하여 계획적·조직적으로 행하여지는 범죄로 인한 사회적 해악의 정도가 개인의 범죄로 인한 경우보다 훨씬 중대할 뿐만 아니라 /

【헌재 판단】 범죄단체 또는 집단이 존속·유지되는 한 범죄 실행의 위험성이 지속되는 것에 비추어 /

【헌재 판단】 범죄의 실행 여부를 불문하고 그 범죄의 예비·음모의 성격을 갖는 범죄단체 또는 집단의 생성 및 존속 자체를 막으려는 데 그 입법취지가 있는 점, /

【헌재 판단】 범죄단체의 구성·가입죄가 즉시범이어서 /

【헌재 판단】 이에 대한 공소시효가 완성된 경우에는 범죄단체 구성원으로 계속 활동하여도 이를 처벌할 수 없다는 불합리한 점을 감안하여 /

【헌재 판단】 그 처벌의 근거를 마련한 것인 점, /

【헌재 분석】 같은 조 제2항은 /

【헌재 분석】 범죄단체 또는 집단을 구성·가입한 자가 범죄단체 또는 집단의 위력을 과시하거나 범죄단체 또는 집단의 존속·유지를 위하여 특정 범죄를 실행하는 경우에 그 범죄에 규정된 형보다 가중하여 처벌하고, /

【헌재 분석】 같은 조 제3항은 /

【헌재 분석】 타인에게 범죄단체 또는 집단에 가입할 것을 강요하거나 권유하는 행위를 처벌하며, /

【헌재 분석】 같은 조 제4항은 /

【헌재 분석】 범죄단체 또는 집단의 존속·유지를 위하여 금품을 모집하는 행위를 처벌하고 있는 점, /

【헌재 분석】 이 사건 법률조항의 문언 및 법정형의 종류, 정도 등을 종합하여 보면, /

【헌재 요지】 이 사건 법률조항에서의 '활동'은 /

【헌재 요지】 범죄단체 또는 집단의 내부규율 및 통솔체계에 따른 조직적, 집단적 의사결정에 의하여 행해지고 /

【헌재 요지】 범죄단체 또는 집단의 존속·유지를 지향하는 적극적인 행위로서 /

【헌재 요지】 그 기여의 정도가 폭처법 제4조 제3항, 제4항에 규정된 행위에 준하는 것을 의미한다고 볼 것이다 /

【헌재 요지】 (대법원 2010. 1. 28. 선고 2009도9781 판결 참조).

【헌재 채증】 나아가, 어떤 행위가 이 사건 법률조항의 '활동'에 해당하는지 여부는 /

【헌재 채증】 사회통념과 건전한 상식에 따라 구체적, 개별적으로 정해질 수밖에 없고, /

【헌재 채증】 당해 행위가 행해진 일시, 장소 및 그 내용, /

【헌재 채증】 그 행위가 이루어지게 된 동기 및 경위, 목적, /

【헌재 채증】 의사결정자와 실행행위자 사이의 관계 및 그 의사의 전달 과정 등 /

【헌재 채증】 제반사정을 종합하여 합리적으로 판단될 수 있다 할 것이다.

【헌재 판단】 그렇다면, 이 사건 법률조항이 지닌 약간의 불명확성은 법관의 통상적인 해석작용에 의하여 충분히 보완될 수 있다 할 것이고, /

【헌재 판단】 건전한 상식과 통상적인 법감정을 가진 일반인으로서 금지되는 행위가 무엇인지를 예측하는 것이 현저히 곤란하다고는 보기 어렵다.

【헌재 판단】 (다) 한편, 대법원은 이와 관련한 구체적 사례들에서, /

【헌재 판단】 다수의 구성원이 관여되었다고 하더라도 /

【헌재 판단】 범죄단체 또는 집단의 존속·유지를 목적으로 하는 조직적, 집단적 의사결정에 의한 것이 아니거나, /

【헌재 판단】 범죄단체 또는 집단의 수괴나 간부 등 상위 구성원으로부터 모임에 참가하라는 등의 지시나 명령을 소극적으로 받고 이에 단순히 응하는데 그친 경우, /

【헌재 판단】 구성원 사이의 사적이고 의례적인 회식이나 경조사 모임 등을 개최하거나 참석하는 경우 등은 /

【헌재 판단】 여기의 '활동'에 해당한다고 볼 수 없다고 판시하여 옴으로써/

【헌재 판단】 (대법원 2009. 9. 10. 선고 2008도10177 판결, /

【헌재 판단】 대법원 2010. 1. 28. 선고 2009도9781 판결 등), /

【헌재 판단】 '범죄단체의 구성원으로 활동한 자'의 범위에 관하여 자의적 확대해석에 의한 법집행을 방지하고 있다.

(3) 소 결

【헌재 판단】 이 사건 법률조항이 '활동'이라는 다소 광범위하고 추상적이어서 법관의 보충적인 해석을 필요로 하는 개념을 사용하고 있더라도, /

【헌재 판단】 그 의미내용은 건전한 상식과 통상적인 법감정을 가진 사람을 기준으로 하여 합리적으로 파악될 수 있다고 판단되고, /

【헌재 판단】 대법원 판결 등에 의하여 그에 관한 구체적이고 종합적인 해석기준이 제시되고 있어 /

【헌재 판단】 법집행기관이 자의적으로 확대하여 해석할 염려도 없다고 볼 것이므로, /

【헌재 판단】 이 사건 법률조항은 죄형법정주의의 명확성원칙에 위배되지 않는다.

다. 책임과 형벌 간의 비례원칙 위배 여부

(1) 법정형의 선택에 관한 입법형성권

【헌재 요지】 어떤 행위를 범죄로 규정하고 이에 대하여 어떠한 형벌을 과할 것인가 하는 문제는 /

【헌재 요지】 원칙적으로 입법자가 우리의 역사와 문화, 입법 당시의 시대적 상황과 국민 일반의 가치관 내지 법감정, 범죄의 실태와 죄질, 보호법익 및 범죄예방 효과 등을 종합적으로 고려하여 결정할 국가의 입법정책에 관한 사항으로서 /

【헌재 요지】 광범위한 입법재량 내지 형성의 자유가 인정되어야 할 부분이다. /

【헌재 요지】 또한, 어느 범죄에 대한 법정형이 그 범죄의 죄질 및 이에 따른 행위자의 책임에 비하여 지나치게 가혹한 것이어서 현저히 형벌 체계상의 균형을 잃고 있다거나 /

【헌재 요지】 그 범죄에 대한 형벌 본래의 목적과 기능을 달성함에 있어 필요한 정도를 일탈하였다는 등 /

【헌재 요지】 헌법상의 평등 및 비례의 원칙 등에 명백히 위배되는 경우가 아닌 한 /

【헌재 요지】 쉽사리 헌법에 위반된다고 단정하여서는 아니 된다.

(2) 선 례

【헌재 분석】 헌법재판소는 범죄단체의 간부에 대하여 무기 또는 5년 이상의 징역에 처하도록 규정한 구 폭처법(1990. 12. 31. 법률 제4294호로 개정되기 전의 것) 제4조 제2호에 대하여 /

【헌재 분석】 형벌체계상의 정당성과 균형성을 상실하지 않았고, 과잉금지원칙 및 죄형법정주의에 위배되지 않으므로 헌법에 위반되지 아니한다는 결정을 한 바 있다 /

【헌재 분석】 (헌재 1997. 3. 27. 95헌바50, 판례집 9-1, 290).

(3) 책임과 형벌 간의 비례성

【헌재 분석】 (가) 이 사건 법률조항은 폭처법에 규정된 범죄를 목적으로 한 단체의 구성원으로 '활동'한 자 중 수괴는 사형, 무기 또는 10년 이상의 징역에, 간부는 무기 또는 7년 이상의 징역에 처하도록 규정하고 있다.

【헌재 분석】 그런데 폭처법에 규정된 각 범죄의 죄질과 태양, 위험성이 각각 다르고 /

【헌재 분석】 그 '활동'의 구체적 내용이 가지는 사회에 대한 위해의 정도가 서로 달라 불법성의 면에서 모두 같다고 할 수 없음에도, /

【헌재 분석】 이 사건 법률조항이 일률적으로 범죄단체 내에서의 지위·역할에 따라 그 법정형을 정하고, /

【헌재 분석】 그 법정형 또한 무거운 징역형을 최하한으로 정하고 있는 것이 /

【헌재 분석】 책임과 형벌 간 비례의 원칙에 위배되는 것은 아닌지 의문이 있을 수 있다.

【헌재 분석】 즉, 폭처법상의 주거침입, 폭행, 협박, 손괴의 죄에 대한 형법 각 본조상의 법정형을 비교해 보면, /

【헌재 분석】 주거침입의 경우는 3년 이하의 징역 또는 500만원 이하의 벌금(형법 제319조 제1항), /

【헌재 분석】 폭행은 2년 이하의 징역, 500만원 이하의 벌금, 구류 또는 과료(제260조 제1항), /

【헌재 분석】 협박은 3년 이하의 징역, 500만원 이하의 벌금, 구류 또는 과료(제283조 제1항)이고, /

【헌재 분석】 재물손괴는 3년 이하의 징역 또는 700만원 이하의 벌금(제366조)으로 /

【헌재 분석】 법정형이 달리 규정되어 있고, /

【헌재 분석】 특히 폭행과 협박의 경우는 법정형에 구류나 과료까지 있어서 각 불법성의 정도에 차등이 있다고 볼 것인바, /

【헌재 분석】 이와 비교하여 이 사건 법률조항이 비례성을 상실한 것이 아닌가 하는 문제이다.

【헌재 판단】 (나) 그러나, 형법전의 위와 같은 기본 범죄에 다른 행위요소가 더하여질 경우에 형법전의 평가가 반드시 그대로 적용된다고는 볼 수 없고, /

【헌재 판단】 더하여지는 행위요소가 무엇이냐에 따라 새로운 평가를 해야 할 수도 있다 할 것이다. /

【헌재 판단】 즉, 기본 범죄에 다른 행위유형이 더하여지더라도 여전히 형법전의 기본 행위에 중점이 있는 경우도 있을 것이나, /

【헌재 판단】 이와 달리 기본 범죄에 더하여지는 행위에 중점이 있는 경우도 있을 수 있다. /

【헌재 요지】 그런데, 이 사건 법률조항이 '범죄단체 구성원으로서 활동'하는 경우를 처벌하는 것은 /

【헌재 요지】 단순한 일반 폭력범죄의 예비 · 음모행위와 비교하여 범죄단체가 가지는 사회적 위험성 내지 불법성이 지극히 크기 때문이고, /

【헌재 요지】 그렇다면 이와 같은 경우의 행위반가치 판단의 중점은 /

【헌재 요지】 단체가 목적으로 하는 범죄의 '종류'나 구성원으로서의 활동의 구체적 '내용'이 아니라 /

【헌재 요지】 '범죄단체' 그 자체에 있다고 볼 것이다.

【헌재 판단】 결국, '범죄단체 구성원으로서의 활동'이라는 구성요건은 /

【헌재 판단】 폭력범죄의 예비 · 음모에 다른 행위요소가 더해진 새로운 유형의 범죄로서 /

【헌재 판단】 단체가 목적으로 하는 기본범죄와는 다른 차원에서의 평가를 받을 수 있는 것이며, /

【헌재 판단】 따라서 서로 다른 종류의 범죄들을 목적으로 하거나 활동의 구체적인 내용에 차이가 있더라도 /

【헌재 판단】 '범죄단체'라는 요소로 인하여 같게 평가받게 되는 것이므로, /

【헌재 판단】 이 점만으로 책임과 형벌 간의 비례성을 상실한 것이라고 볼 수 없다.

【헌재 판단】 그리고 단체가 목적으로 하는 범죄의 '종류'나 구체적인 활동의 '내용'이 가지는 불법성에 대한 평가의 차이 정도는 /

【헌재 판단】 법관의 양형 과정에서 감안됨으로써 충분히 해소될 수 있는 문제로 보이므로, /

【헌재 판단】 이 사건 법정형이 수긍할 수 없을 정도로 비례성을 일탈하고 있다고 볼 수 없다.

【헌재 판단】 또한, 앞서 본 것과 같이 이 사건 법률조항은 폭력범죄단체의 구성원으로 활동하는 것을 처벌할 목적으로 제정되었고, /

【헌재 판단】 그러한 단체의 위험성 때문에 그 구성요건에 해당하는 자를 특별히 가중처벌하려는 것이므로, /

【헌재 판단】 일반 범죄의 예비 · 음모죄 등에 비하여 법정형이 높다거나 /

【헌재 판단】 무거운 징역형을 최하한으로 정하고 있다는 이유만으로 /

【헌재 판단】 형벌체계상의 정당성과 균형성이 상실되었다고 볼 수 없다.

(4) 소 결

【헌재 판단】 따라서 이 사건 법률조항이 책임과 형벌 간의 비례원칙에 반하는 과잉형벌이라고 할 수 없다.

【헌재 판단】 (5) 그 밖에, 청구인은 이 사건 법률조항이 신체의 자유, 인간의 존엄과 가치 및 행복추구권을 침해한다는 주장도 하였으나, 책임과 형벌 간의 비례원칙 위배 여부에 대한 판단 속에는 이 부분 판단까지 모두 포함되어 있다고 할 것이므로, 이에 대하여 따로 판단하지는 아니한다.

라. 평등원칙 위배 여부

【헌재 분석】 헌법 제11조 제1항은 "모든 국민은 법 앞에 평등하다. 누구든지 성별·종교 또는 사회적 신분에 의하여 정치적·경제적·사회적·문화적 생활의 모든 영역에 있어서 차별을 받지 아니한다."라고 규정하고 있다. /

【헌재 요지】 이러한 평등의 원칙은 일체의 차별적 대우를 부정하는 절대적 평등을 의미하는 것이 아니라 /

【헌재 요지】 입법과 법의 적용에 있어서 합리적 근거가 없는 차별을 하여서는 아니된다는 상대적 평등을 뜻하고, /

【헌재 요지】 따라서 합리적 근거가 있는 차별 또는 불평등은 평등의 원칙에 반하는 것이 아니다.

【헌재 분석】 청구인들은 범죄단체의 구성원으로서의 '활동'에 대하여 일률적으로 무거운 징역형으로 처벌하도록 하는 것이 일반 예비·음모죄와 비교하여 범죄단체 활동죄를 자의적으로 차별하는 것이라고 주장하나, /

【헌재 판단】 위에서 본 바와 같은 이 사건 법률조항의 입법목적과 범죄단체 활동죄의 특징 및 위험성 등에 비추어 보면, /

【헌재 판단】 일반 예비·음모죄와 범죄단체 활동죄 사이에는 그 불법성에 있어서 일반적으로 차이가 있고 후자가 보다 중한 범죄라고 평가할 수 있으며, /

【헌재 판단】 구체적인 사례에 따라 전자의 불법성이 더 클 경우에는 법관의 양형을 통해 시정될 문제라 할 것이므로, /

【헌재 판단】 이 사건 법률조항이 평등원칙에 위배된다고는 볼 수 없다.

3. 사안에 대한 헌법재판소의 결론

【헌재 결론】 그렇다면 이 사건 법률조항은 헌법에 위반되지 아니하므로 재판관 전원의 일치된 의견으로 주문과 같이 결정한다. (합헌)

2009헌바63

누범가중의 법적 성질
형법 제35조 재차 헌법소원 사건
2011. 5. 26. 2009헌바63 등, 헌집 23-1하, 160

1. 사실관계 및 사건의 경과

【사실관계】

① 2003. 8. 20. 갑은 서울지방법원에서 폭처법위반죄 등으로 징역 1년 6월을 선고받았다. (㉮판결)

② 2004. 11. 8. 갑은 ㉮판결 형의 집행을 종료하였다.

③ 2008. 일자불상경 갑은 서울지방법원에 다음의 공소사실로 기소되었다. (㉯사건)

  (가) 「2007. 6. 22.부터 2007. 8. 2.까지 A를 기망하여 모두 11회에 걸쳐 합계 14,870,000원을 교부받아 이를 편취하였다.」

  (나) 「2007. 7. 4.부터 2007. 7. 31.까지 공문서인 서울중앙지방법원 명의의 접수인과 공탁통지서 등을 모두 7회에 걸쳐 각 위조하여 행사하였다.」

④ 2008. 일자불상경 갑은 서울지방법원에 다음의 공소사실로 기소되었다. (㉰사건)

  (가) 「2008. 6. 30. B 운영의 주점에서 술값을 결제할 것처럼 속이고 술을 교부받는 등 합계 395,000원 상당의 재산상 이익을 취득하였다.」

  (나) 「2008. 10. 3. C 운영의 주점에서 술값을 결제할 것처럼 속이고 술과 안주를 교부받아 합계 440,000원 상당을 편취하였다.」

【사건의 경과】

① 2009. 1. 30. 서울중앙지방법원은 다음과 같이 판단하였다. (㉱판결)

  (가) ㉯사건 범죄사실에 대하여 형법 제35조를 적용하여 누범가중한다.

  (나) ㉯와 ㉰사건 범죄사실 전부에 대하여 징역 1년 3월을 선고한다.

② 갑은 ㉱판결에 불복하여 항소하였다.

③ 항소심 계속중 갑은 형법 제35조에 대하여 위헌제청신청을 하였다.

④ 2009. 4. 2. 갑의 신청은 기각되었다.

⑤ 2009. 4. 13. 갑은 헌법재판소법 제68조 제2항에 따라 헌법재판소에 헌법소원심판을 청구하였다.

⑥ (판례분석의 소제목은 판례 원문에 따름)

【참조조문】

형법

제35조 (누범) ① 금고 이상의 형을 받아 그 집행을 종료하거나 면제를 받은 후 3년 내에 금고 이상에 해당하는 죄를 범한 자는 누범으로 처벌한다.

  ②누범의 형은 그 죄에 정한 형의 장기의 2배까지 가중한다.

2. 사안에 대한 헌법재판소의 판단

가. 이 사건 법률조항의 입법취지 및 외국의 입법례

【헌재 분석】 이 사건 법률조항은, 금고 이상의 형을 받아 그 집행을 종료하거나 면제받은 후 3년 내에 금고 이상에 해당하는 죄를 범한 경우를 누범으로 규정하고 그 죄에 정한 형의 장기의 2배까지 가중하도록 하고 있다.

【헌재 요지】 이처럼 누범을 가중처벌하는 것은 /

【헌재 요지】 범죄인이 전범에 대한 형벌에 의하여 주어진 경고기능을 무시하고 후범의 실현을 통하여 범죄추진력이 보다 강화되어 행위책임이 가중되기 때문이고, /

【헌재 요지】 나아가 재범예방이라는 형사정책적 목적을 달성하기 위한 것이다. /

【헌재 요지】 즉 책임은 행위자가 합법을 결의하고 행동할 수 있었음에도 불구하고 불법을 결의하고 행하였다고 하는 의사형성에 대한 비난가능성을 의미하므로, /

【헌재 요지】 '전 판결의 경고기능 무시'나 '범죄추진력의 강화'는 행위책임의 가중을 정당화할 수 있는 근거가 된다. /

【헌재 요지】 행위자가 전범에 대한 형벌을 통하여 자신의 범죄행위의 위법성과 그에 대한 비난을 인식하고 체험하였다면 /

【헌재 요지】 불법을 회피하고 합법적인 행위를 할 수 있는 범죄억제동기가 형성되었을 것인데, /

【헌재 요지】 이러한 전 판결의 경고를 무시하고 다시 실형을 선고받을 만한 범행을 하였다면 그 행위에 대한 비난가능성, 즉 행위책임이 증대된다고 할 수 있다. /

【헌재 요지】 그리고 위와 같은 행위책임의 증대 외에도, 재범예방이라는 형사정책적 고려가 가미되어 누범을 가중처벌하고 있는 것이다.

【헌재 분석】 이와 관련하여, 일본은 징역에 처하여진 자가 집행을 종료한 날 또는 집행의 면제를 받은 날부터 5년 이내에 다시 죄를 범한 경우 유기징역에 처하는 때에는 재범으로 하고, /

【헌재 분석】 그 죄에 정한 형의 장기의 2배 이하에 처하도록 규정하고 있고(일본형법 제56조, 제57조), /

【헌재 분석】 일본최고재판소는 이에 대하여 합헌결정을 하였으며, /

【헌재 분석】 독일은 /

【헌재 분석】 2회 이상 고의의 범죄행위로 형의 선고를 받은 자가 3월 이상 자유형의 집행을 마친 후 고의의 범죄행위를 하고, /

【헌재 분석】 이전 형의 선고를 경고로 삼지 않은 것을 비난할 수 있는 때에는 /

【헌재 분석】 형의 하한을 6월 이상의 자유형으로 하도록 규정하였던 때가 있었는데 /

【헌재 분석】 (1986년 개정으로 폐지된 구 독일형법 제48조), /

【헌재 분석】 이에 대하여 독일연방헌법재판소가 합헌결정을 한 바 있다.

나. 선 례

【헌재 분석】 헌법재판소는 이 사건 법률조항이 일사부재리원칙이나 평등원칙에 반하지 않으므로 합

헌이라는 결정을 한 바 있다(헌재 1995. 2. 23. 93헌바43, 판례집 7-1, 222).

다. 위헌 여부에 대한 판단

(1) 일사부재리원칙 위배 여부

【헌재 분석】 이 사건 법률조항이 규정하는 누범은 금고 이상의 형을 받아 그 집행을 종료하거나 면제받은 후 3년 내에 금고 이상에 해당하는 죄를 범한 경우로서 그 죄에 정한 형의 장기의 2배까지 가중하도록 하고 있다. /

【헌재 판단】 이와 같이 이 사건 법률조항이 누범을 가중처벌하는 것은 /

【헌재 판단】 전범에 대하여 형벌을 받았음에도 그 형벌의 경고기능을 무시하고 다시 범행을 하였다는 데 있는 것이지 /

【헌재 판단】 전범에 대하여 처벌을 받았음에도 다시 범행을 하는 경우에는 전범도 후범과 일괄하여 다시 처벌한다는 것은 아님이 명백하다. /

【헌재 판단】 이 사건 법률조항의 누범은 전범에 대하여 처벌을 받은 후 다시 범죄를 저지른 모든 경우를 포함하는 것이 아니라 /

【헌재 판단】 일정한 요건 즉 금고 이상의 형을 받아 그 집행을 종료하거나 면제받은 후 3년 내에 금고 이상에 해당하는 죄를 범한 경우만을 누범으로 하고 있으며, /

【헌재 판단】 그 형도 장기만을 가중하고 단기는 가중하지 아니하므로 /

【헌재 판단】 전범은 양형에 있어 불리하게 작용하는 요소일 뿐, /

【헌재 판단】 전범 자체가 심판의 대상이 되어 다시 처벌받기 때문에 형이 가중되는 것은 아니다.

【헌재 판단】 따라서 이 사건 법률조항이 일사부재리원칙에 위배된다고 볼 수 없다.

(2) 책임주의에 반하는 과잉형벌인지 여부

【헌재 분석】 (가) 이 사건 법률조항이 행위책임을 근간으로 하는 책임주의에 반하는 것이 아닌가 하는 의문이 있을 수 있다.

【헌재 판단】 그러나 앞서 본 바와 같이 누범을 가중처벌하는 것은 /

【헌재 판단】 범죄인이 전범에 대한 형벌에 의하여 주어진 경고기능을 무시하고 후범의 실현을 통하여 범죄추진력이 보다 강화되어 행위책임이 가중되기 때문이고, /

【헌재 판단】 나아가 재범예방이라는 형사정책적 목적을 달성하기 위한 것이므로 /

【헌재 판단】 이 사건 법률조항이 행위책임을 근간으로 하는 책임주의에 반한다고 할 수 없다.

【헌재 분석】 (나) 이 사건 법률조항이, /

【헌재 분석】 과실범을 포함하여 금고 이상에 해당하는 죄를 범한 모든 누범자에 대하여 /

【헌재 분석】 전범과 후범 사이의 내적 연관성 등이나 후범의 행위태양, 동기, 범죄수법, 피해법익을 가리지 않고 /

【헌재 분석】 획일적으로 형의 장기의 2배까지 가중처벌하도록 하고 있는 것이 /

【헌재 분석】 책임과 형벌 간의 비례원칙에 반하는 것이 아닌가 하는 의문이 있을 수 있다.

【헌재 요지】 법정형의 종류와 범위의 선택은 /

【헌재 요지】 그 범죄의 죄질과 보호법익에 대한 고려뿐 아니라 우리의 역사와 문화, 입법 당시의 시대적 상황, 국민일반의 가치관 내지 법감정 그리고 범죄예방을 위한 형사정책적 측면 등 여러 가지 요소를 종합적으로 고려하여 /

【헌재 요지】 입법자가 결정할 사항으로서 /

【헌재 요지】 광범위한 입법재량 내지 형성의 자유가 인정되어야 할 분야이다. /

【헌재 요지】 다만, 범죄에 대한 형벌 본래의 기능과 목적을 달성함에 있어 필요한 정도를 현저히 일탈함으로써 /

【헌재 요지】 입법재량권이 헌법규정이나 헌법상의 제 원리에 반하여 자의적으로 행사된 것으로 평가되는 경우에는 /

【헌재 요지】 이와 같은 법정형을 규정한 법률조항은 헌법에 반한다고 보아야 하는데, /

【헌재 판단】 이 사건 법률조항은, /

【헌재 판단】 경미한 범죄에 대해서는 누범가중이 이루어지지 않도록, /

【헌재 판단】 전범과 후범이 모두 법정형이 아닌 선고형으로서 '금고 이상에 해당하는 죄'일 것을 요구하고 있고, /

【헌재 판단】 전범에 대해서는 형의 선고가 있었던 것만으로는 부족하고 형의 집행종료 또는 면제까지 요구하는 한편, /

【헌재 판단】 전범과 후범 사이의 시간적 간격을 '3년'으로 제한하고 있으며, /

【헌재 판단】 형의 장기만을 2배 가중하는 형태로 법정형의 폭을 넓히고 있을 뿐 /

【헌재 판단】 양형실무에 있어 중대한 영향을 미치는 형의 단기는 가중하지 아니하고 있다. /

【헌재 요지】 따라서 법원은 후범이 경미한 범죄인 경우에는 벌금형을 선택할 수 있고 /

【헌재 요지】 이 경우 이 사건 법률조항은 적용되지 아니하며, /

【헌재 요지】 또한 형의 단기는 그대로 둔 채 장기만을 가중하고 있으므로 /

【헌재 요지】 비록 후범이 형식적으로는 이 사건 법률조항 소정의 누범요건에 해당하더라도 /

【헌재 요지】 심리결과 실질적으로는 전 판결의 경고를 무시하고 범죄추진력이 강화된 것으로 보기 어려운 사안의 경우에는 얼마든지 원래 형의 최하한을 선고할 수 있다. /

【헌재 분석】 이 점에서 폐지된 독일 구 형법의 누범조항과 다르다.

【헌재 판단】 또한, 과실범도 사회생활에서 요구되는 주의의무를 위반함으로써 구성요건적 결과가 발생하였을 때 법률에 특별한 규정이 있는 경우에 한하여 예외적으로 형벌이 과해지는 범죄로서 /

【헌재 판단】 후범에 대한 비난가능성이 증대되기는 고의범과 마찬가지이고, /

【헌재 판단】 위에서 본 바와 같이 이 사건 법률조항이 누범가중의 요건과 정도를 제한하고 있어 /

【헌재 판단】 후범이 경미한 과실범이라면 법원이 벌금형을 선택함으로써 /

【헌재 판단】 이 사건 법률조항에 의한 가중처벌의 문제는 생기지 아니할 것이므로, /

【헌재 판단】 전범에 대한 형 집행종료나 면제로부터 3년 내에 금고형 이상을 선고받을 정도로 주의의무를 위반하였음을 이유로 /

【헌재 판단】 후범의 형의 장기를 2배 가중한 후 그 형기범위 내에서 최종 선고형을 결정하도록 하였다고 하여 /

【헌재 판단】 책임과 형벌의 비례원칙에 반하는 과잉형벌이라고 하기는 어렵다.

【헌재 판단】 결국, 이 사건 법률조항은 법관으로 하여금 후범의 보호법익과 죄질, 전범과의 연관성 등 구체적인 정상에 따라 그에 알맞은 적정한 선고형을 이끌어낼 수 있도록 누범가중의 요건과 정도를 적절히 제한하고 있으므로, /

【헌재 판단】 과도하게 입법재량의 한계를 벗어난 자의적인 것이라고 보기 어렵고, /

【헌재 판단】 책임과 형벌 간의 비례원칙에 위배된다고 볼 수도 없다.

(3) 평등원칙 위배 여부

【헌재 분석】 헌법 제11조 제1항은 "모든 국민은 법 앞에 평등하다. 누구든지 성별·종교 또는 사회적 신분에 의하여 정치적·경제적·사회적·문화적 생활의 모든 영역에 있어서 차별을 받지 아니한다."라고 규정하고 있는바, /

【헌재 요지】 이러한 평등원칙은 일체의 차별적 대우를 부정하는 절대적 평등을 의미하는 것이 아니라 /

【헌재 요지】 입법과 법의 적용에 있어서 합리적인 근거가 없는 차별을 하여서는 안된다는 상대적 평등을 뜻하므로 /

【헌재 요지】 합리적 근거가 있는 차별 또는 불평등은 평등의 원칙에 반하는 것이 아니다.

【헌재 판단】 누범을 가중처벌하는 것은 전범에 대한 형벌의 경고적 기능을 무시하고 다시 범죄를 저질렀다는 점에서 사회적 비난가능성이 높고, /

【헌재 판단】 누범이 증가하고 있는 추세를 감안하여 범죄예방 및 사회방위의 형사정책적 고려에 기인한 것이어서 /

【헌재 판단】 합리적 근거 있는 차별이라 볼 것이다.

【헌재 판단】 따라서 이 사건 법률조항이 자의적이고 불균형한 처벌로서 평등원칙에 위배된다고 할 수 없다.

(4) 무죄추정의 원칙 위배 여부

【헌재 판단】 청구인들은, /

【헌재 판단】 이 사건 법률조항 중 '금고 이상에 해당하는 죄를 범한 자' 부분이 /

【헌재 판단】 '금고 이상의 형이 확정된 자'나 /

【헌재 판단】 '금고 이상의 형이 분명히 선고될 자'로 오인될 수 있어 /

【헌재 판단】 무죄추정의 원칙에 반한다는 등의 주장을 하나, /

【헌재 판단】 이는 청구인들의 독자적인 견해에 의한 것일 뿐, /

【헌재 판단】 이 사건 법률조항은 형사피고인에 대한 유·무죄 판단 이후의 양형에 관한 규정으로서 무죄추정의 원칙과는 관계가 없다.

(5) 소 결

【헌재 결론】 그렇다면 이 사건 법률조항은 일사부재리 원칙, 평등 원칙 및 무죄추정의 원칙에 위배된다거나 책임주의에 반하는 과잉형벌이라고 할 수 없[다.] (합헌)

2010도931

사후적 경합범의 형 감면과 선고유예
사후적 경합범 선고유예 사건
2010. 7. 8. 2010도931, 공 2010하, 1604

1. 사실관계 및 사건의 경과

【사실관계 1】

① 갑은 전국노점상연합회 M지역 N지부장으로서 노점상을 운영하는 사람이다.

② A는 M지역 노점상연합회 회원으로 가입하였다.

③ A는 M지역 노점상연합회의 지시나 요구사항을 잘 따르지 않았다.

④ 갑 등은 A를 M지역 노점상연합회에서 탈퇴시킨 다음 A의 영업장소를 다른 사람에게 주기로 마음먹었다.

【사실관계 2】

① 2006. 9. 9. 19:00경 M지역 N장소에서 갑, 을, 병 등은 A 운영의 ㉠떡볶이 포장마차를 밀고 끌면서 옮기고 있었다.

② 갑, 을 등의 모습을 본 A는 ㉠포장마차를 반대 방향으로 밀면서 극렬하게 저항하였다.

③ 그러자 갑, 을 등은 더욱 강하게 A 쪽으로 ㉠포장마차를 밀고 끌었다.

④ 이에 밀린 A는 바닥에 넘어져 14일간의 치료를 요하는 상해를 입었다. (㉮사건)

【사건의 경과 1】

① 검사는 ㉮사건에 대해 다음의 공소사실로 갑에 대해 약식명령을 청구하였다.

　　(가) 폭처법위반죄(공동폭행)

　　(나) 업무방해죄

② 관할법원은 약식명령을 발하였다.

③ 갑은 정식재판을 청구하였다.

④ 2008. 11. 11. 수원지방법원은 갑에 대해 ㉮사건과는 별도로 폭처법위반죄(공동공갈) 등으로 다음 주문의 판결을 선고하였다. (㉯판결)

　　(가) 징역 4월

　　(나) 집행유예 2년

⑤ 2008. 11. 19. ㉯판결은 확정되었다.

【사건의 경과 2】

① 2009. 3. 19. ㉮사건의 정식재판에서 판결이 선고되었다.

② 제1심법원은 갑에게 형의 선고를 유예하였다(벌금 50만원).

③ 검사는 불복 항소하였다.

④ 2009. 12. 24. 항소심법원은 다음과 같이 판단하였다.

(가) 2006. 9. 9. ㉮사건 범행 당시에 벌금형 외에 처벌받은 전력이 없다.

(나) 2008. 11. 19. ㉯판결이 확정된 사실이 있다.

(다) 판결이 확정된 ㉯죄와 ㉮사건 각 범행은 형법 제37조 후단의 경합범 관계에 있다.

(라) 형법 제39조 제1항 전문에 의하여 ㉮, ㉯죄를 동시에 판결할 경우와의 형평을 고려하여 형을 정해야 한다.

⑤ 항소심법원은 다음 주문의 판결을 선고하였다.

(가) 원심판결을 파기한다.

(나) 피고인에 대한 형의 선고를 유예한다(벌금 50만원).

⑥ 검사는 불복 상고하였다.

⑦ 검사는 상고이유로, 전과가 있는 경우에는 선고유예를 할 수 없다고 주장하였다.

2. 사후적 경합범의 형 감면과 선고유예 여부

【대법원 분석】 형법 제59조 제1항은 /

【대법원 분석】 "1년 이하의 징역이나 금고, 자격정지 또는 벌금의 형을 선고할 경우 제51조의 사항을 참작하여 개전의 정상이 현저한 때에는 그 선고를 유예할 수 있다. /

【대법원 분석】 단, 자격정지 이상의 형을 받은 전과가 있는 자에 대하여는 예외로 한다."고 규정하고 있다.

【대법원 판단】 그런데 선고유예가 주로 범정이 경미한 초범자에 대하여 형을 부과하지 않고 자발적인 개선과 갱생을 촉진시키고자 하는 제도인 점, /

【대법원 판단】 형법은 선고유예의 예외사유를 '자격정지 이상이 형을 받은 전과'라고만 규정하고 있을 뿐 /

【대법원 판단】 그 전과를 범행 이전의 것으로 제한하거나 /

【대법원 판단】 형법 제37조 후단 경합범 규정상의 금고 이상의 형에 처한 판결에 의한 전과를 제외하고 있지 아니한 점, /

【대법원 분석】 형법 제39조 제1항은 /

【대법원 분석】 경합범 중 판결을 받지 아니한 죄가 있는 때에는 /

【대법원 분석】 그 죄와 판결이 확정된 죄를 동시에 판결할 경우와 형평을 고려하여 /

【대법원 분석】 그 죄에 대하여 형을 선고하여야 하는데 /

【대법원 판단】 이미 판결이 확정된 죄에 대하여 금고 이상의 형이 선고되었다면 /

【대법원 판단】 나머지 죄가 위 판결이 확정된 죄와 동시에 판결되었다고 하더라도 선고유예가 선고되었을 수 없을 것인데 /

【대법원 판단】 나중에 별도로 판결이 선고된다는 이유만으로 선고유예가 가능하다고 하는 것은 불합리한 점 등을 종합하여 보면, /

【대법원 요지】 형법 제39조 제1항에 의하여 /

【대법원 요지】 형법 제37조 후단 경합범 중 판결을 받지 아니한 죄에 대하여 형을 선고하는 경우에

있어서 /

【대법원 요지】 형법 제37조 후단에 규정된 금고 이상의 형에 처한 판결이 확정된 죄의 형도 /

【대법원 요지】 형법 제59조 제1항 단서에서 정한 '자격정지 이상의 형을 받은 전과'에 포함된다고 봄이 상당하다.

3. 사안에 대한 대법원의 판단

【대법원 판단】 원심판결에 의하면, /

【대법원 판단】 피고인에게는 2008. 11. 11. 수원지방법원에서 폭력행위등 처벌에 관한 법률 위반(공동공갈)죄 등으로 징역 4월에 집행유예 2년을 선고받아 같은 달 19. 그 판결이 확정된 전과가 있음을 알 수 있다. /

【대법원 판단】 그렇다면 앞서 본 법리에 비추어 볼 때, /

【대법원 판단】 비록 피고인에 대한 이 사건 범죄사실이 위 전과 이전에 저질러진 것으로서 /

【대법원 판단】 위 확정판결과 동시에 판결할 수 있는 가능성이 있는 것이었다고 하더라도 /

【대법원 판단】 피고인에 대하여 형의 선고를 유예할 수는 없다.

【대법원 결론】 그럼에도 불구하고 원심은 이와 달리 피고인에게 이 사건 범행 당시에 벌금형 외에 처벌받은 전력이 없고 이 사건 범행과 그 후에 판결이 확정된 죄를 동시에 판결할 경우와의 형평성을 고려하여야 한다는 등의 이유로 피고인에 대한 형의 선고를 유예하고 있는바, /

【대법원 결론】 이러한 원심판결에는 형법 제59조 제1항 단서에 관한 법리를 오해하여 판결에 영향을 미친 위법이 있다. 이 점을 지적하는 상고이유의 주장은 이유 있다. (파기 환송)

2010도1763

형벌법규의 역사적 해석방법
라식수술 이벤트 사건
2012. 9. 13. 2010도1763, 공 2012하, 1696

1. 사실관계 및 사건의 경과

【사실관계】

① 갑은 P안과의원 원장이다.

② 을은 Q회사의 대표이사이다.

③ Q회사는 M인터넷 사이트를 운영하고 있다.

④ M인터넷 사이트의 회원은 30만 명이다.

⑤ 갑과 을은 M인터넷 사이트에 다음과 같은 N이벤트광고를 기획하였다.

　　(가) 제목 : 'M인터넷 사이트와 함께하는 라식/라섹 90만원 체험단 모집'
　　(나) 내용 : "응모만 해도 강남 유명 안과에서 라식/라섹 수술이 양안 90만원 OK, 응모하신 분 중
　　　　단 1명에게는 무조건 라식/라섹 체험의 기회를 드립니다."
ⓖ 2008. 3.경 Q회사는 N이벤트광고를 이메일로 2회 발송하였다.
ⓗ N이벤트광고에 응모한 신청자 중 A 등 20명은 N이벤트광고 내용대로 90만원에 라식ㆍ라섹수술
　　등을 받았다.

【사건의 경과】

① 검사는 갑과 을을 의료법위반죄(환자유인)로 기소하였다.
② 검사는 Q회사를 의료법의 양벌규정을 적용하여 기소하였다.
③ (공소사실의 요지는 판례 본문 참조)
④ 갑 등의 피고사건은 제1심을 거친 후, 항소심에 계속되었다.
⑤ 항소심법원은 다음과 같이 판단하여 유죄를 인정하였다.
　　(가) 갑이 이메일을 발송하여 광고한 행위는 의료법 제27조 제3항이 정하는 환자유인행위에 해당
　　　　한다.
　　(나) 을과 Q주식회사의 행위는 의료법 제27조 제3항이 정하는 환자들에게 병원을 소개ㆍ알선하는
　　　　행위에 해당한다.
⑥ 갑 등은 불복 상고하였다.
⑦ 갑 등은 상고이유로, N이벤트 이메일 발송행위는 환자유인이나 병원을 소개ㆍ알선하는 행위에 해
　　당하지 않는다고 주장하였다.

【참조조문】

의료법

제27조 (무면허 의료행위 등 금지) ③ 누구든지 「국민건강보험법」이나 「의료급여법」에 따른 본인부
　　담금을 면제하거나 할인하는 행위, 금품 등을 제공하거나 불특정 다수인에게 교통편의를 제공하는
　　행위 등 영리를 목적으로 환자를 의료기관이나 의료인에게 소개ㆍ알선ㆍ유인하는 행위 및 이를 사
　　주하는 행위를 하여서는 아니 된다. 다만, 다음 각 호의 어느 하나에 해당하는 행위는 할 수 있다.
　　(이하 생략)

제56조 (의료광고의 금지 등) ② 의료법인ㆍ의료기관 또는 의료인은 다음 각 호의 어느 하나에 해당
　　하는 의료광고를 하지 못한다.
　1. 제53조에 따른 평가를 받지 아니한 신의료기술에 관한 광고
　2. 치료효과를 보장하는 등 소비자를 현혹할 우려가 있는 내용의 광고
　3. 다른 의료기관ㆍ의료인의 기능 또는 진료 방법과 비교하는 내용의 광고
　4. 다른 의료법인ㆍ의료기관 또는 의료인을 비방하는 내용의 광고
　5. 수술 장면 등 직접적인 시술행위를 노출하는 내용의 광고
　6. 의료인의 기능, 진료 방법과 관련하여 심각한 부작용 등 중요한 정보를 누락하는 광고
　7. 객관적으로 인정되지 아니하거나 근거가 없는 내용을 포함하는 광고
　8. 신문, 방송, 잡지 등을 이용하여 기사(記事) 또는 전문가의 의견 형태로 표현되는 광고

9. 제57조에 따른 심의를 받지 아니하거나 심의받은 내용과 다른 내용의 광고

10. 제27조 제3항에 따라 외국인환자를 유치하기 위한 국내광고

11. 그 밖에 의료광고의 내용이 국민건강에 중대한 위해를 발생하게 하거나 발생하게 할 우려가 있는 것으로서 대통령령으로 정하는 내용의 광고

④ 의료광고는 다음 각 호의 방법으로는 하지 못한다.

1. 「방송법」 제2조 제1호의 방송

2. 그 밖에 국민의 보건과 건전한 의료경쟁의 질서를 유지하기 위하여 제한할 필요가 있는 경우로서 대통령령으로 정하는 방법

제57조 (광고의 심의) ① 의료법인·의료기관·의료인이 다음 각 호의 어느 하나에 해당하는 매체를 이용하여 의료광고를 하려는 경우 미리 광고의 내용과 방법 등에 관하여 보건복지부장관의 심의를 받아야 한다.

1. 「신문 등의 진흥에 관한 법률」 제2조에 따른 신문·인터넷신문 또는 「잡지 등 정기간행물의 진흥에 관한 법률」 제2조에 따른 정기간행물

2. 「옥외광고물 등 관리법」 제2조 제1호에 따른 옥외광고물 중 현수막(懸垂幕), 벽보, 전단(傳單) 및 교통시설·교통수단에 표시되는 것

3. 전광판

4. 대통령령으로 정하는 인터넷 매체

제88조 (벌칙) ……제27조 제3항·제4항, ……을 위반한 자……는 3년 이하의 징역이나 1천만원 이하의 벌금에 처한다. (이하 생략)

제89조 (벌칙) ……제56조 제1항부터 제4항까지, 제57조 제1항, ……을 위반한 자는 1년 이하의 징역이나 500만원 이하의 벌금에 처한다.

제91조 (양벌규정) 법인의 대표자나 법인 또는 개인의 대리인, 사용인, 그 밖의 종업원이 그 법인 또는 개인의 업무에 관하여 ……제88조, 제89조……의 위반행위를 하면 그 행위자를 벌하는 외에 그 법인 또는 개인에게도 해당 조문의 벌금형을 과(科)한다. 다만, 법인 또는 개인이 그 위반행위를 방지하기 위하여 해당 업무에 관하여 상당한 주의와 감독을 게을리하지 아니한 경우에는 그러하지 아니하다.

2. 형벌법규의 해석방법

【대법원 요지】 가. 형벌법규는 문언에 따라 엄격하게 해석·적용하여야 하고 /

【대법원 요지】 일반적으로 피고인에게 불리한 방향으로 확장해석하거나 유추해석하여서는 안 되는 것이나, /

【대법원 요지】 형벌법규의 해석에 있어서도 가능한 문언의 의미 내에서 /

【대법원 요지】 당해 규정의 입법 취지와 목적 등을 고려한 법률체계적 연관성에 따라 /

【대법원 요지】 그 문언의 논리적 의미를 분명히 밝히는 체계적·논리적 해석방법은 /

【대법원 요지】 그 규정의 본질적 내용에 접근한 해석을 위한 것으로서 죄형법정주의의 원칙에 부합한다.

3. 환자유인행위의 처벌범위

(1) 의료광고와 환자유인행위의 관계

【대법원 분석】 구 의료법(2009. 1. 30. 법률 제9386호로 개정되기 전의 것. 이하 같다) 제27조 제3항 본문은 /

【대법원 분석】 "누구든지 국민건강보험법이나 의료급여법에 따른 본인부담금을 면제하거나 할인하는 행위, 금품 등을 제공하거나 불특정 다수인에게 교통편의를 제공하는 행위 등 영리를 목적으로 환자를 의료기관이나 의료인에게 소개ㆍ알선ㆍ유인하는 행위 및 이를 사주하는 행위를 하여서는 아니 된다"고 정하고 있다.

【대법원 판단】 한편 의료광고는 그 성질상 기본적으로 환자를 유인하는 성격을 지닌다. /

【대법원 판단】 그런데 이를 구 의료법 제27조 제3항에서 금지하는 환자유인행위에 해당한다고 하면, /

【대법원 판단】 이는 의료인의 직업수행의 자유 및 표현의 자유는 물론이고 의료소비자의 '알 권리'를 지나치게 제약하고, /

【대법원 판단】 나아가 새로운 의료인이 의료시장에 진입하는 것을 제한함으로써 의료인 사이의 경쟁을 통한 건전한 발전을 저해할 우려가 적지 아니하므로, /

【대법원 판단】 의료광고에 대한 관계에서는 위 법규정에서 금지하는 환자유인행위를 제한적으로 해석할 필요가 있다. /

【대법원 판단】 의료광고가 원칙적으로 금지되던 시기인 1981. 12. 31. 법률 제3504호로 처음 도입된 후에 그 기본적 내용에 있어서 큰 변화가 없는 앞서 본 구 의료법 제27조 제3항은 /

【대법원 판단】 그 입법취지기 병고에 지쳐 있는 환자의 어려운 처지를 익용하여 영리를 추구할 목적으로 환자 유치를 둘러싸고 금품수수 등의 비리가 발생하는 것을 막고, /

【대법원 판단】 또한 의료인 사이의 불필요한 과당경쟁에 의한 각종의 폐해를 방지하고자 하는 데 있다고 할 것이다. /

【대법원 판단】 그러나 환자의 유치를 위하여 광고를 하는 것은 무엇보다도 환자도 광고된 의료서비스를 이용할 것인지 여부 등을 생각할 기회를 가진다는 점에서도 일반적으로 위 법조항의 입법취지에 반한다고 할 수 없는 것이다.

(2) 의료광고 규제의 변화

【대법원 분석】 그리고 의료법은 원래 구 국민의료법 당시부터 의료광고를 원칙적으로 금지하는 태도를 취하고 있었다(2007. 1. 3. 법률 제8203호로 개정되기 전 의료법 제46조 참조). /

【대법원 분석】 이에 대하여 헌법재판소는 2005. 10. 27. 선고 2003헌가3 결정에서 특정 의료기관이나 특정 의료인의 기능ㆍ진료방법에 관한 광고금지조항이 헌법상 비례의 원칙을 위배하여 표현의 자유와 직업수행의 자유를 침해한다는 이유로 위헌결정을 하였다. /

【대법원 분석】 이에 따라 2007. 1. 3. 법률 제8203호로 개정된 의료법은 의료광고를 원칙적으로 허용하되 일정한 유형의 의료광고를 예외적으로 금지함으로써 의료광고는 일반적으로 허용되기에 이르렀고, /

【대법원 분석】 이는 구 의료법 그리고 오늘날에 이르기까지 다름이 없다.

【대법원 분석】 그리하여 구 의료법 제56조 제2항은 /

【대법원 분석】 치료효과를 보장하는 등 소비자를 현혹할 우려가 있는 내용의 광고를 비롯하여 /

【대법원 분석】 그 규정에서 열거된 것 외에 의료광고의 내용이 국민건강에 중대한 위해를 발생하게 하거나 발생하게 할 우려가 있는 것으로서 대통령령으로 정하는 내용의 광고를 금지한다. /

【대법원 분석】 또한 같은 조 제4항은 광고방법과 관련하여서도, /

【대법원 분석】 방송법에 의한 방송 등 열거된 것 외에 국민의 보건과 건전한 의료경쟁의 질서를 유지하기 위하여 제한할 필요가 있는 경우로서 대통령령으로 정하는 방법에 의한 광고를 금지하는 등 일반규정을 두어 규제한다. /

【대법원 분석】 뿐만 아니라 제57조 제1항은 신문·정기간행물 등의 매체를 이용하여 의료광고를 하는 경우에는 미리 광고의 내용과 방법 등에 관하여 보건복지부 장관의 심의를 받도록 하고 있다. /

【대법원 판단】 이와 같이 의료광고에 대하여는 그로 인하여 발생할 우려가 있는 폐해를 방지하기 위하여 그 자체로 일정한 한계가 설정되어 있다고 할 것이므로, /

【대법원 판단】 의료광고행위에 대하여는 가능한 한 그와 관련한 처벌 기타 제재에 맡기는 것이 바람직하다고 할 것이다.

【대법원 분석】 아울러 세계 각국에서도 의료광고를 일정 범위 내에서 금지하고 있는 입법례가 대부분이지만 점차 허용하는 범위가 넓어지는 추세이며, /

【대법원 분석】 금지되지 아니하는 광고에 대하여 별도로 유인행위 등의 명목으로 처벌하는 입법례는 찾아보기 어렵다.

(3) 환자유인행위에 해당하는 의료광고의 범위

【대법원 요지】 위와 같은 환자유인행위에 관한 조항의 입법취지와 관련 법익, 의료광고 조항의 내용 및 연혁·취지 등을 고려하면, /

【대법원 요지】 의료광고행위는 /

【대법원 요지】 그것이 구 의료법 제27조 제3항 본문에서 명문으로 금지하는 개별적 행위유형에 준하는 것으로 평가될 수 있거나 /

【대법원 요지】 또는 의료시장의 질서를 현저하게 해치는 것인 등의 특별한 사정이 없는 한 /

【대법원 요지】 구 의료법 제27조 제3항에서 정하는 환자의 '유인'에 해당하지 아니하고, /

【대법원 요지】 그러한 광고행위가 의료인의 직원 또는 의료인의 부탁을 받은 제3자를 통하여 행하여졌다고 하더라도 이를 환자의 '소개·알선' 또는 그 '사주'에 해당하지 아니한다고 봄이 상당하다.

4. 공소사실의 요지

【대법원 분석】 나. 이 부분 공소사실의 요지는, /

【대법원 분석】 ○○○○안과의원 원장인 피고인 갑과 피고인 Q주식회사의 대표이사인 피고인 을이 공모하여 /

【대법원 분석】 2008. 3.경 피고인 Q주식회사가 운영하는 인터넷 사이트인 (인터넷 사이트 이름 생

략)의 30만 명의 회원들에게 /

【대법원 분석】 '(인터넷 사이트 이름 생략)과 함께하는 라식/라섹 90만원 체험단 모집'이라는 제목으로 /

【대법원 분석】 "응모만 해도 강남 유명 안과에서 라식/라섹 수술이 양안 90만원 OK, 응모하신 분 중 단 1명에게는 무조건 라식/라섹 체험의 기회를 드립니다"라는 내용의 /

【대법원 분석】 이벤트광고를 이메일로 2회 발송하여 /

【대법원 분석】 그 응모신청자 중 공소외인 등 20명이 위 이벤트 광고내용대로 90만원에 라식 · 라섹 수술 등을 받도록 하였다는 것이다.

5. 사안에 대한 대법원의 판단

【대법원 판단】 다. 앞에서 본 법리에 비추어 원신판결 이유 및 기록을 살펴보면, /

【대법원 판단】 피고인 갑이 피고인 Q주식회사를 통하여 이메일을 발송한 행위는 불특정 다수인을 상대로 한 의료광고에 해당하므로 /

【대법원 판단】 특별한 사정이 없는 한 구 의료법 제27조 제3항의 환자의 '유인'이라고 볼 수 없고, /

【대법원 판단】 위와 같은 광고 등 행위가 피고인 갑의 부탁을 받은 피고인 Q주식회사 등을 통하여 이루어졌더라도 환자의 '소개 · 알선' 또는 그 '사주'에 해당하지 아니한다고 보아야 한다.

【대법원 결론】 라. 그럼에도 원심은 판시와 같은 사정만으로 피고인 갑이 이메일을 발송하여 광고한 행위는 구 의료법 제27조 제3항이 정하는 환자유인행위에 해당하고, /

【대법원 결론】 피고인 을, 피고인 Q주식회사는 환자들에게 병원을 소개 · 알선해 주었다고 단정하였으니, /

【대법원 결론】 원심판결에는 구 의료법상 금지되는 환자 유인행위 등에 관한 법리를 오해하여 형벌법규의 해석을 그르침으로써 판결 결과에 영향을 미친 위법이 있다. (파기 환송)

2010도3504

국가보안법상 선전의 개념
통일학교 자료집 사건
2013. 2. 15. 2010도3504, 공 2013상, 528

1. 사실관계 및 사건의 경과

【사실관계】
① 갑 등은 전국교직원노동조합 M지부 통일위원회 소속 교사들이다.
② 갑 등은 전교조 M지부 교사들을 대상으로 통일학교를 개최하였다.
③ 갑 등은 '통일학교 자료집'을 제작하였다. (㉠자료집)

④ 갑 등은 참석자들에게 ㉠자료집을 배포하고, 그 내용을 강의하였다.

⑤ ㉠자료집에는 김일성과 공산당을 찬양하는 북한의 역사인식과 '선군정치' 등 북한의 통치노선에 관한 내용이 들어 있었다.

【사건의 경과】

① 검사는 갑 등을 국가보안법위반죄(찬양·고무 등)로 기소하였다.

② 공소사실의 내용은 다음과 같다.

    (가) ㉠자료집 제작·배포 : 이적표현물제작·반포죄

    (나) ㉠자료집 강의 : 선전·동조죄

③ 갑 등의 피고사건은 제1심을 거친 후, 항소심에 계속되었다.

④ 항소심법원은 유죄를 선고하였다.

⑤ 갑 등은 불복 상고하였다.

2. 국가보안법상 찬양·고무죄의 성립 요건

(1) 선전 및 동조의 개념정의

【대법원 요지】 가. 국가보안법 제7조 제1항의 반국가단체 등 활동 선전·동조죄의 구성요건으로서 '선전'은 /

【대법원 요지】 불특정 또는 다수인에게 반국가단체 등의 활동 내용이나 취지를 주지시켜 이해 또는 공감을 구하는 것을, /

【대법원 요지】 '동조'는 반국가단체 등의 선전·선동 및 그 활동과 동일한 내용의 주장을 하거나 이에 합치되는 행위를 하여 반국가단체 등의 활동에 호응·가세하는 것을 의미하며, /

【대법원 요지】 이때 '선전' 또는 '동조' 행위는 국가의 존립·안전이나 자유민주적 기본질서에 실질적 해악을 끼칠 명백한 위험성이 있는 정도에 이르러야 한다. /

(2) 이적표현물의 범위

【대법원 요지】 그리고 국가보안법 제7조 제5항의 이적표현물로 인정되기 위해서는 /

【대법원 요지】 그 표현물의 내용이 국가보안법의 보호법익인 국가의 존립·안전과 자유민주적 기본질서를 위협하는 적극적이고 공격적인 것이어야 하고, /

【대법원 채증】 표현물에 이와 같은 이적성이 있는지 여부는 /

【대법원 채증】 표현물의 전체적인 내용뿐만 아니라 /

【대법원 채증】 그 작성의 동기는 물론 표현행위 자체의 태양 및 외부와의 관련사항, /

【대법원 채증】 표현행위 당시의 정황 등 /

【대법원 채증】 제반 사정을 종합하여 결정하여야 한다. /

(3) 이적목적의 입증

【대법원 분석】 또한 국가보안법 제7조 제5항의 죄는 /

【대법원 분석】 같은 조 제1항 등에 규정된 이적행위를 할 목적으로 문서·도화 기타의 표현물을 제

작 · 수입 · 복사 · 소지 · 운반 · 반포 · 판매 또는 취득함으로써 성립하는 범죄로서 /

【대법원 분석】 이른바 목적범에 해당하고, /

【대법원 요지】 목적범에서의 목적은 범죄 성립을 위한 초과주관적 위법요소로서 고의 외에 별도로 요구되는 것이며, /

【대법원 요지】 형사재판에서 공소가 제기된 범죄의 구성요건을 이루는 사실에 대한 증명책임은 검사에게 있으므로, /

【대법원 요지】 국가보안법 제7조 제5항 범죄의 성립을 인정할 수 있으려면 검사가 행위자에게 이적행위를 할 목적이 있었다는 점을 증명하여야 한다. /

【대법원 요지】 이 경우 행위자가 이적표현물임을 인식하고 /

【대법원 요지】 이와 관련하여 국가보안법 제7조 제5항에서 정한 제작 · 수입 · 복사 · 소지 · 운반 · 반포 · 판매 또는 취득 등의 행위를 하였다는 사실만으로 /

【대법원 요지】 그에게 이적행위를 할 목적이 있었다고 추정할 수 없음은 물론이지만, /

【대법원 요지】 행위자에게 이적행위 목적이 있음을 증명할 직접증거가 없는 때에는 /

【대법원 채증】 앞에서 본 표현물의 이적성의 징표가 되는 여러 사정들에 더하여 /

【대법원 채증】 행위자의 경력과 지위, /

【대법원 채증】 행위자가 이적표현물과 관련하여 위 규정의 행위를 하게 된 경위, /

【대법원 채증】 행위자의 이적단체 가입 여부 및 /

【대법원 채증】 이적표현물과 행위자가 소속한 이적단체의 실질적인 목표 및 활동과의 연관성 등 /

【대법원 요지】 간접사실을 종합적으로 고려하여 행위자의 이적행위 목적 여부를 판단할 수 있다.

【대법원 판단】 (중략)

3. 공소사실의 요지

【대법원 분석】 나. 이 사건 공소사실의 요지는, /

【대법원 분석】 피고인들은 전국교직원노동조합(이하 '전교조'라고 한다) ○○지부 통일위원회 소속 교사들로서 전교조 ○○지부 교사들을 대상으로 통일학교를 개최하면서, /

【대법원 분석】 반국가단체인 북한의 활동을 선전 또는 이에 동조할 목적으로 /

【대법원 분석】 김일성과 공산당을 찬양하는 북한의 역사인식과 '선군정치' 등 북한의 통치노선을 그대로 수용하거나 정당화 내지 미화하는 내용의 표현물인 '통일학교 자료집'을 제작 · 반포하고, /

【대법원 분석】 통일학교 수강교사들에게 위와 같은 '통일학교 자료집'의 내용을 강의함으로써 /

【대법원 분석】 반국가단체인 북한의 활동을 선전하거나 이에 동조하였다는 것이다.

4. 사안에 대한 대법원의 판단

(1) 선동 · 동조 부분에 대한 판단

【대법원 판단】 이에 대하여 원심은, 제1심이 채택한 증거를 종합하여 피고인들이 제작 · 반포한 '통일학교 자료집'은 국가보안법상의 이적표현물에 해당한다고 판단하고, /

【대법원 판단】 또한 위 증거에 의하여 인정되는 판시 사정들을 종합하여 피고인들에게 국가보안법 제7조 제5항의 이적행위에 관한 목적 및 같은 조 제1항의 반국가단체 활동의 선전·동조에 관한 고의가 있었다고 판단하여 /

【대법원 판단】 위 각 공소사실을 유죄로 인정하였다.

【대법원 판단】 (중략)

【대법원 결론】 (전략) 앞서 본 국가보안법 제7조 제1항 및 제5항의 해석에 관한 법리에 비추어 살펴보면, /

【대법원 결론】 원심이 이 사건 '통일학교 자료집'이 같은 조 제5항의 이적표현물에 해당하고, /

【대법원 결론】 피고인들이 통일학교 수강교사들에게 그 내용을 강의한 행위가 같은 조 제1항의 반국가단체 활동을 선전하거나 이에 동조한 것에 해당한다고 판단한 조치는 정당하다.

(2) 이적표현물 제조·반포 부분에 대한 판단

【대법원 판단】 나아가 원심판결 이유 및 위와 같이 적법하게 채택된 증거에 의하면, /

【대법원 판단】 피고인들이 반국가단체 활동 선전·동조 행위에 해당하는 통일학교 강의에 교재로 사용하기 위하여 '통일학교 자료집'을 제작하여 수강교사들에게 반포한 사실이 인정되고, /

【대법원 판단】 이를 위 법리에 비추어 살펴보면, 원심이 피고인들에게 국가보안법 제7조 제5항의 이적행위 목적이 인정된다고 판단하고, /

【대법원 결론】 이를 기초로 위 공소사실을 모두 유죄로 인정한 조치는 정당한 것으로 수긍할 수 있다. (상고 기각)

2010도3544

공동정범과 기능적 행위지배
현장소장 뇌물 결재 사건
2010. 7. 15. 2010도3544, 공 2010하, 1613

1. 사실관계 및 사건의 경과

【사실관계 1】
① 갑은 P, Q, R회사를 보유하여 경영하고 있다.
② 갑은 S종합건설을 보유하여 경영하고 있다.
③ P, Q, R회사는 소위 대관(對官)업무비를 회사의 예산에 편성하여 사용하였다.

【사실관계 2】
① 2003. 4. 25. 갑은 S종합건설 명의로 제주지방해양항만청에서 발주한 ㉠항 파제제 공사를 T회사와 공동수급으로 100여억원에 수주받아 시공하였다. (㉠공사)
② A는 ㉠공사의 현장소장이다.

③ 2004. 12. 7.부터 2008. 12. 18.까지 A는 제주지방해양항만청 소속 직원들에게 공사 시공과 관련한 편의제공 등을 부탁하는 취지로 금품과 향응 등을 제공하였다.

④ A가 제공한 금품과 향응은 53회에 걸쳐 26,622,500원 상당에 이르렀다.

⑤ 그 중 2006. 9. 1.자 D에 대한 40만원 상당의 향응제공은 갑이 직접 하였다. (ⓐ부분)

【사실관계 3】

① 2006. 10. 18. 갑은 한국토지공사에서 발주한 ⓛ지구 택지개발사업 조경공사를 109억 6,000여만원에 수주받아 시공하였다. (ⓛ공사)

② B는 ⓛ공사의 현장소장이다.

③ 2006. 12. 21.부터 2008. 6. 27.까지 B는 한국토지공사 직원들에게 공사감독을 함에 있어 편의제공 등을 부탁하는 취지로 금품과 향응을 제공하였다.

④ B가 제공한 금품과 향응은 13회에 걸쳐 17,417,000원 상당에 이르렀다.

⑤ 그 중 2007. 2. 28.자 E에 대한 300만원의 현금제공은 갑이 직접 하였다. (ⓑ부분)

【사실관계 4】

① 2007. 9. 20. 갑은 대한주택공사에서 발주한 ⓒ지구 택지개발사업 조경공사를 110억 9,000여만원에 수주받아 시공하였다. (ⓒ공사)

② C는 ⓒ공사의 현장소장이다.

③ 2008. 1. 31.부터 2009. 1. 21.까지 C는 현장감독관인 대한주택공사 직원 F에게 공사감독을 함에 있어 편의를 제공해 달라는 취지로 다음의 행위를 하였다.

　　(가) 3회에 걸쳐 시가불상의 개소주 제공

　　(나) 4회에 걸쳐 현금 980만원을 교부하거나 공여의 의사표시

【사실관계 5】

① 갑은 이상의 과정에서 현장감독관 등에 대한 식대, 명절 선물비 등으로 지출되는 '대관(對官)업무비'의 예산편성을 주도 또는 후원하였다.

② 갑은 현장소장 A, B, C가 각자의 판단에 따라 '대관업무비'를 지출한 후 매월 그 상세내역을 보고하면 사후에 이를 확인한 후 결재를 하여 주었다.

③ 갑은 현장소장이 지출한 대관업무비의 금액이 과다하다고 생각되면 금액을 삭감하기도 하였다.

④ 현장소장 A, B, C가 갑에게 보고한 대관업무비 내역서에는 사용내역과 상대방, 그 금액까지 구체적으로 기재되어 있었다.

⑤ 갑과 현장소장들 사이의 이상과 같은 지출 및 보고·결재는 4년 이상의 기간 동안 이루어졌다.

【사건의 경과 1】

① 검사는 갑을 뇌물공여죄의 단독정범으로 기소하였다.

② 제1심법원은 갑의 범죄사실이 갑과 현장소장 A, B, C의 공동정범에 해당한다고 판단하였다.

③ 제1심법원은 갑에게 유죄를 선고하였다.

④ 갑은 불복 항소하였다.

⑤ 갑은 항소이유로 다음의 점을 주장하였다.

　　(가) 공동정범이 성립하기 위해서는 단순히 타인의 범행을 인식하고 이를 용인하는 것만으로는 부

족하고, 타인의 행위를 이용하여 자신의 범죄의사를 실행에 옮기는 정도가 되어야 한다.

    (나) 현장소장 A, B, C는 자신들의 독자적인 판단으로 뇌물을 제공하였다.

    (다) 갑은 현장소장의 뇌물공여행위를 지시하였다거나 현장소장의 행위를 통해 자신의 범행의사를 실현한 것이라고 볼 수는 없다.

    (라) 갑은 범죄의 본질적인 부분에 기여한 바도 없다.

    (마) 그러므로 갑에게 뇌물공여의 공동정범으로서의 죄책을 물을 수 없다.

【사건의 경과 2】

① 항소심법원은 다음과 같이 판단하였다.

    (가) 현장소장 A, B, C가 독자적으로 판단하여 뇌물을 공여하였다.

    (나) 갑은 사후적으로 A, B, C로부터 보고를 받았다.

    (다) 갑에게는 공동가공의 의사 및 기능적 행위지배가 없다.

② 항소심법원은 갑이 직접 뇌물을 공여한 ⓐ, ⓑ부분에 대해 유죄를 선고하였다.

③ 항소심법원은 현장소장 A, B, C가 뇌물을 공여한 나머지 부분에 대해서는 전부 무죄를 선고하였다.

④ 검사는 불복 상고하였다.

⑤ 검사는 상고이유로, 갑에게 공동가공의 의사와 기능적 행위지배가 인정된다고 주장하였다.

2. 공동정범의 성립요건과 기능적 행위지배

【대법원 요지】 가. 형법 제30조의 공동정범은 공동가공의 의사와 그 공동의사에 의한 기능적 행위지배를 통한 범죄실행이라는 주관적 · 객관적 요건을 충족함으로써 성립하므로, /

【대법원 요지】 공모자 중 구성요건행위를 직접 분담하여 실행하지 아니한 사람도 위 요건의 충족 여부에 따라 이른바 공모공동정범으로서의 죄책을 질 수도 있다. /

【대법원 요지】 한편 구성요건행위를 직접 분담하여 실행하지 아니한 공모자가 공모공동정범으로 인정되기 위하여는 /

【대법원 요지】 전체 범죄에 있어서 그가 차지하는 지위 · 역할이나 범죄경과에 대한 지배 내지 장악력 등을 종합하여 /

【대법원 요지】 그가 단순한 공모자에 그치는 것이 아니라 /

【대법원 요지】 범죄에 대한 본질적 기여를 통한 기능적 행위지배가 존재하는 것으로 인정되어야 한다.

3. 사안에 대한 대법원의 분석

【대법원 분석】 나. 원심이 적법하게 채택한 증거를 종합하면, 다음과 같은 사실을 알 수 있다.

【대법원 분석】 피고인은 공소외 P유한회사, 공소외 Q유한회사, 공소외 R유한회사 및 조경공사 · 토목건축공사 · 전기공사 등을 하는 S종합건설 등의 업체를 보유하여 경영하고 있다. /

【대법원 분석】 피고인은 S종합건설 명의로 2003. 4. 25. 제주지방해양항만청에서 발주한 '제주 추자항 파제제 축조공사'(이하 '추자항공사'라고 한다)를 공소외 T주식회사와 공동수급으로 100여억원에, /

【대법원 분석】 2006. 10. 18. 한국토지공사에서 발주한 '김해율하지구택지개발사업 제2공구 조경공사'(이하 '김해율하공사'라고 한다)를 109억 6,000여만원에, /

【대법원 분석】 2007. 9. 20. 대한주택공사에서 발주한 '광명소하택지개발사업 조경공사'(이하 '광명소하공사'라고 한다)를 110억 9,000여만원에 각 수주받아 시공하였다.

【대법원 분석】 추자항공사의 현장소장인 공소외 A는 제주지방해양항만청 소속 직원들에게 공사 시공과 관련한 편의제공 등을 부탁하는 취지로 /

【대법원 분석】 원심판결 별지 범죄일람표(이하 '범죄일람표'라고 한다)(1) 기재와 같이 /

【대법원 분석】 2004. 12. 7.부터 2008. 12. 18.까지 53회에 걸쳐 금품과 향응 등 26,622,500원 상당을 제공하였다 /

【대법원 분석】 [다만 그 중 2006. 9. 1.자 공소외 D에 대한 40만원 상당의 향응제공은 피고인이 직접 하였다(범죄일람표(1)의 38번 부분)].

【대법원 분석】 김해율하공사의 현장소장인 공소외 B는 한국토지공사 직원들에게 공사감독을 함에 있어 편의제공 등을 부탁하는 취지로 /

【대법원 분석】 범죄일람표(2-1) 기재와 같이 /

【대법원 분석】 2006. 12. 21.부터 2008. 6. 27.까지 13회에 걸쳐 금품과 향응 등 17,417,000원 상당을 제공하였다 /

【대법원 분석】 [다만 그 중 2007. 2. 28.자 공소외 7에 대한 300만원의 현금제공은 피고인이 직접 하였다(범죄일람표(2-1)의 3번 부분].

【대법원 분석】 광명소하공사의 현장소장 공소외 C는 현장감독관인 대한주택공사 직원 공소외 F에게 공사감독을 함에 있어 편의를 제공해 달라는 취지로 /

【대법원 분석】 범죄일람표(3) 기재와 같이 /

【대법원 분석】 2008. 1. 31.부터 2009. 1. 21.까지 3회에 걸쳐 시가불상의 개소주를 제공하고, 4회에 걸쳐 현금 980만원을 교부하거나 공여의 의사표시를 하였다.

【대법원 분석】 한편 피고인은 현장감독관 등에 대한 식대, 명절 선물비 등으로 지출되는 '대관(對官)업무비'의 예산편성을 주도 또는 후원하였을 뿐만 아니라 /

【대법원 분석】 위 현장소장들이 각자의 판단에 따라 '대관업무비'를 지출한 후 매월 그 상세내역을 보고하면 사후에 이를 확인한 후 결재를 하여 주었으며 /

【대법원 분석】 그 금액이 과다하다고 생각되면 그 금액을 삭감하기도 하였고, /

【대법원 분석】 한편 현장소장이 피고인에게 보고한 대관업무비 내역서에는 사용내역과 상대방, 그 금액까지 구체적으로 기재되어 있었다. /

【대법원 분석】 이상과 같은 지출 및 보고·결재는 앞서 본 바와 같이 4년 이상의 기간 동안 이루어졌다. /

【대법원 분석】 또한 피고인은 앞서 본 바와 같이 뇌물을 직접 교부하기도 하였다.

4. 사안에 대한 대법원의 판단

【대법원 판단】 다. 위 사실관계에서 보는 바와 같이 /

【대법원 판단】 피고인이 위 회사를 유일하게 지배하는 자로서 /

【대법원 판단】 회사 대표의 지위에서 장기간에 걸쳐 현장소장들의 뇌물공여행위를 보고받고 이를

확인 · 결재하는 등의 방법으로 /

【대법원 판단】 현장소장들의 뇌물공여행위에 관여하였다면, /

【대법원 판단】 비록 피고인이 사전에 현상소장들에게 구체적인 대상 및 액수를 정하여 뇌물공여를 지시하지 아니하였다고 하더라도 /

【대법원 판단】 이 사건 뇌물공여의 핵심적 경과를 계획적으로 조종하거나 촉진하는 등으로 현장소장들의 뇌물공여행위에 본질적 기여를 함으로써 /

【대법원 판단】 기능적 행위지배를 하였다고 봄이 상당하다고 할 것이다.

【항소심 판단】 그럼에도 원심은, /

【항소심 판단】 피고인이 직접 향응을 제공하거나 현금을 제공한 부분/

【항소심 판단】 (범죄일람표(1)의 38번 및 범죄일람표(2-1)의 3번 부분. 이하 '원심유죄부분'이라고 한다)에 /

【항소심 판단】 관하여만 피고인의 뇌물공여를 인정하고, /

【항소심 판단】 현장소장들이 뇌물공여의 실행행위를 담당한 나머지 부분/

【항소심 판단】 (이하 '원심무죄부분'이라고 한다)에 관하여는 /

【항소심 판단】 그 판시와 같은 사정을 들어 피고인에게 현장소장들의 뇌물공여행위에 대한 공동가공의 의사 및 기능적 행위지배가 인정되지 아니한다고 판단하였다.

【대법원 결론】 그렇다면 원심무죄부분에 대한 원심의 위 판단에는 공모공동정범에 관한 법리를 오해하여 판결 결과에 영향을 미친 위법이 있다고 할 것이다. 이 점을 지적하는 상고논지는 이유 있다. (파기 환송)

2010도6403

보호관찰의 성질과 한계
노조지부장 출마제한 사건
2010. 9. 30. 2010도6403, 공 2010하, 2040

1. 사실관계 및 사건의 경과

【사실관계】

① 갑은 전국자동차노동조합연맹 M지역버스노동조합 P여객지부 지부장이다.

② 2004. 2.경 갑은 P여객 노조 사무실에서 운전기사 취업을 희망하는 C로부터 P여객에 취직시켜 달라는 청탁과 함께 현금 200만원을 교부받았다.

③ 2004. 2.경부터 2008. 9.경까지 갑은 8회에 걸쳐 A 등으로부터 취업, 연장근무 등 청탁 대가로 1,800만원을 교부받았다.

④ 2007. 10. 8. 23:00경부터 다음 날 05:00경까지 갑은 P여객 사무실에서 B 등을 불러들여 포커 도박을 하도록 하였다.

⑤ 갑은 그 대가로 속칭 '데라' 명목으로 도박참가자 1인마다 1시간당 1만원씩을 받았다.

⑥ 2008. 10. 4.경까지 갑은 23회에 걸쳐 버스기사들로 하여금 포커 또는 훌라 도박을 하도록 하고 데라를 받았다.

【사건의 경과】

① 검사는 갑을 다음의 공소사실로 기소하였다.

  (가) 근로기준법위반죄

  (나) 도박개장죄

② 갑의 피고사건은 제1심을 거친 후, 항소심에 계속되었다.

③ 항소심법원은 다음 주문의 판결을 선고하였다.

  (가) 징역 1년

  (나) 3년간 집행유예

  (다) 보호관찰

  (라) 200시간 사회봉사

④ 항소심법원은 다음의 특별준수사항을 부과하였다.

⑤ "보호관찰기간 중 노조지부장 선거에 후보로 출마하거나 피고인을 지지하는 다른 조합원의 출마를 후원하거나 하는 등의 방법으로 선거에 개입하지 말 것"

⑥ 갑은 불복 상고하였다.

⑦ 갑은 상고이유로 다음의 점을 주장하였다.

  (가) 특별준수사항은 피고인의 자유를 부당하게 제한하는 것으로 위법하다.

  (나) 이는 상고이유로서 헌법, 법률에 위반하는 경우에 해당한다.

【참조조문】

근로기준법

제9조 (중간착취의 배제) 누구든지 법률에 따르지 아니하고는 영리로 다른 사람의 취업에 개입하거나 중간인으로서 이익을 취득하지 못한다.

제107조 (벌칙) ……제9조……를 위반한 자는 5년 이하의 징역 또는 3천만원 이하의 벌금에 처한다.

2. 보호관찰 규정의 개관

【대법원 분석】 형법 제62조의2 제1항은 /

【대법원 분석】 '형의 집행을 유예하는 경우에는 보호관찰을 받을 것을 명하거나 사회봉사 또는 수강을 명할 수 있다'고 규정하고 있고, /

【대법원 분석】 보호관찰 등에 관한 법률(이하 '법'이라 한다) 제32조 제2항은 /

【대법원 분석】 보호관찰 대상자가 일반적으로 준수하여야 할 사항을 제1호부터 제4호까지 규정한데 이어, /

【대법원 분석】 같은 조 제3항은 /

【대법원 분석】 법원 및 심사위원회는 판결의 선고 또는 결정의 고지를 함에 있어서 /

【대법원 분석】 위 일반준수사항 외에 /

【대법원 분석】 범죄의 내용과 종류 및 본인의 특성 등을 고려하여 필요하면 /

【대법원 분석】 보호관찰기간의 범위에서 기간을 정하여 /

【대법원 분석】 보호관찰 대상자에게 /

【대법원 분석】 '야간 등 재범의 기회나 충동을 줄 수 있는 특정 시간대의 외출 제한'(제1호), /

【대법원 분석】 '재범의 기회나 충동을 줄 수 있는 특정 지역·장소의 출입 금지'(제2호), /

【대법원 분석】 '피해자 등 재범의 대상이 될 우려가 있는 특정인에 대한 접근 금지'(제3호) 등 /

【대법원 분석】 같은 항 제1호부터 제9호까지 정한 사항과 /

【대법원 분석】 '그 밖에 보호관찰 대상자의 재범 방지를 위하여 필요하다고 인정되어 대통령령으로 정하는 사항'(제10호)을 /

【대법원 분석】 특별준수사항으로 따로 과할 수 있다고 규정하고 있다. /

【대법원 분석】 이에 따라 보호관찰 등에 관한 법률 시행령(이하 '시행령'이라 한다) 제19조는 /

【대법원 분석】 보호관찰 대상자에게 과할 수 있는 특별준수사항으로 /

【대법원 분석】 '범죄와 관련이 있는 특정 업무에 관여하지 않을 것'(제3호), /

【대법원 분석】 '그 밖에 보호관찰 대상자의 생활상태, 심신의 상태, 범죄 또는 비행의 동기, 거주지의 환경 등으로 보아 /

【대법원 분석】 보호관찰 대상자가 준수할 수 있고 자유를 부당하게 제한하지 아니하는 범위에서 /

【대법원 분석】 개선·자립에 도움이 된다고 인정되는 구체적인 사항'(제8호) /

【대법원 분석】 등을 규정하고 있다.

3. 보호관찰의 법적 성질

【대법원 요지】 형법 제62조의2 제1항에서 말하는 보호관찰은 형벌이 아닌 보안처분의 성격을 갖는 것으로서, /

【대법원 요지】 과거의 불법에 대한 책임에 기초하고 있는 제재가 아니라 장래의 위험성으로부터 행위자를 보호하고 사회를 방위하기 위한 합목적적인 조치이다. /

【대법원 요지】 보호관찰은 위와 같은 형사정책적 견지에서 /

【대법원 요지】 때로는 본래 개인의 자유에 맡겨진 영역이거나 /

【대법원 요지】 또는 타인의 이익을 침해하는 법상 금지된 행위가 아니더라도 /

【대법원 요지】 보호관찰 대상자의 특성, 그가 저지른 범죄의 내용과 종류 등을 구체적·개별적으로 고려하여 /

【대법원 요지】 일정기간 동안 보호관찰 대상자의 자유를 제한하는 내용의 준수사항을 부과함으로써 /

【대법원 요지】 대상자의 교화·개선을 통해 범죄를 예방하고 재범을 방지하려는 데에 그 제도적 의의가 있다.

【대법원 요지】 법치주의와 기본권 보장의 원칙 아래에서 보호관찰 역시 자의적·무제한적으로 허용될 수 없음은 물론이다. /

【대법원 요지】 보호관찰은 필요하고도 적절한 한도 내에서 이루어져야 하며, /

【대법원 요지】 가장 적합한 방법으로 실시되어야 하므로(법 제4조 참조), /

【대법원 요지】 대상자가 준수할 수 있고 그 자유를 부당하게 제한하지 아니하는 범위 내에서 구체적으로 부과되어야 한다(시행령 제19조 제8호 참조).

4. 사안에 대한 항소심의 판단

【항소심 판단】 원심은, /
【항소심 판단】 버스회사 노동조합 지부장인 피고인이 /
【항소심 판단】 운전기사 신규 채용 내지 정년 도과 후 촉탁직 근로계약의 체결과 관련하여 /
【항소심 판단】 취업, 정년 후 계속 근로를 원하는 운전기사들로부터 청탁의 대가로 돈을 받아 이익을 취득한 행위에 대하여 /
【항소심 판단】 근로기준법 위반죄의 성립을 인정한 뒤, /
【항소심 판단】 피고인에 대하여 형의 집행을 유예함과 동시에 집행유예기간 동안 보호관찰을 받을 것을 명하면서 /
【항소심 판단】 "보호관찰기간 중 노조지부장 선거에 후보로 출마하거나 피고인을 지지하는 다른 조합원의 출마를 후원하거나 하는 등의 방법으로 선거에 개입하지 말 것"이라는 내용의 /
【항소심 판단】 특별준수사항을 부과하였다.

5. 사안에 대한 대법원의 판단

【대법원 분석】 위 법리에 비추어 기록에 나타난 다음과 같은 사정들, /
【대법원 분석】 즉 이 사건 버스회사에서는 운전기사 신규 채용시 노동조합 지부장의 추천이 있을 경우 대체로 추천을 받은 사람이 채용되었고, /
【대법원 분석】 이력서 등 채용에 필요한 서류도 노동조합에 제출하고 노동조합을 통하여 회사에 전달되곤 하였던 점, /
【대법원 분석】 회사는 노동조합과 협의하여 정년에 도달한 운전기사들 중 누구와 촉탁계약을 체결할 것인지 여부를 결정하였고, /
【대법원 분석】 그 과정에서도 지부장의 추천이 계약 체결 여부를 결정짓는 상당히 중요한 요소였던 점, /
【대법원 분석】 위와 같은 상황에서 피고인은 노동조합 지부장의 업무를 수행하면서 취업 내지 정년 도달 후 계속근로를 원하는 운전기사들로부터 수차례에 걸쳐 청탁의 대가로 돈을 받아 이익을 취득한 점, /
【대법원 분석】 피고인은 1992년 9월경 임기 3년직의 노동조합 지부장으로 당선된 이래 여섯 차례 연임되어 18년 동안 지부장으로 일해 왔고, /
【대법원 분석】 그 결과 이 사건 버스회사의 노사관계에 결정적인 영향력을 행사해 온 점, /
【대법원 분석】 피고인은 원심 공판이 진행되던 중 지부장으로서 적절하지 못한 처신을 했음을 통감하고 반성하는 의미에서 지부장직을 사퇴하였다며 자발적으로 원심법원에 사퇴서를 제출하기도 한 점 등 /
【대법원 판단】 범행에 이르게 된 동기와 내용, 피고인의 지위, 업무 환경, 생활상태, 기타 개별적 ·

구체적 특성들을 종합하여 볼 때, /

【대법원 판단】 원심이 피고인의 재범을 방지하고 개선·자립에 도움이 된다고 판단하여 피고인에게 보호관찰기간 동안 한시적으로 위와 같은 내용의 특별준수사항을 부과한 것은 정당하고, /

【대법원 판단】 상고이유에서 다투는 바와 같이 피고인의 자유를 부당하게 제한하는 위법한 것이라고 보기 어렵다.

【대법원 결론】 원심판결에는 이에 관하여 상고이유에서 주장하는 바와 같은 헌법·법률 위반의 위법이 없다.

【대법원 결론】 이 부분 상고이유의 주장도 이유 없다. (상고 기각)

2010도6924

공동정범과 공모관계의 이탈
홍보용 나체사진 사건
2010. 9. 9. 2010도6924, 공 2010하, 1960

1. 사실관계 및 사건의 경과

【사실관계 1】

① (「청소년의 성보호에 관한 법률」이 시행되던 시점의 사안이다.)

② 2009. 1.말경부터 갑은 D(여, 17세), E(여, 18세) 등 주로 가출한 어린 여성들을 고용하여 불특정 다수의 남성들과 성매매를 하도록 한 후 성매매대금을 관리하는 등 불법 성매매 영업을 하고 있었다.

③ 2009. 4. 말경 갑은 D 등이 더 이상의 성매매를 거부하자, 후배인 을과 함께 새로운 여성을 물색하기로 하였다.

④ 갑과 을은 인터넷 채팅 사이트 'M클럽'에 접속하였다.

⑤ 갑과 을은 이를 통해 알게 된 가출한 청소년인 B(여, 16세)를 유인하여 성매매를 권유하기로 하였다.

【사실관계 2】

① 2009. 5. 12. 07:00경 목포시 H동에 있는 P모텔에서 B를 만났다.

② 갑은 당시 B가 임신하여 궁박한 상태라는 점을 악용하여, "출장마사지를 하면 돈을 많이 벌 수 있다. 돈을 벌면 아이를 지워주겠다"고 말하였다.

③ B는 갑의 제안을 승낙하였다.

④ 갑은 B에게 약속을 지키지 않을 경우에는 민형사상 책임을 진다는 내용의 각서를 작성하게 하였다.

⑤ 2009. 5. 12.경부터 2009. 5. 20.경까지 갑은 B를 목포시 L동에 있는 Q모텔에 머물게 하면서 을의 감시하에 두었다. (㉠부분)

【사실관계 3】

① 갑과 을은 B의 나체사진을 찍어 홍보용 명함을 제작하기로 하였다.

② 2009. 5. 12. 07:00경 갑은 P모텔에서 B에게 영업을 위해 필요하다며 나체사진을 찍을 것을 요구하고, B로부터 승낙을 얻었다.

③ 을은 디지털카메라로 B의 나체사진 약 20장 정도를 촬영하였다.

④ 갑은 이 때 B에게 자세를 가르쳐 주었다. (ⓛ부분)

⑤ 2009. 5. 13. 갑은 별건으로 체포되어 수원구치소에 수감되었다.

【사실관계 4】

① 을은 B에게 출장마사지 명목으로 불특정 다수의 남성들과 성매매를 할 것을 요구하였다.

② 을은 B의 행적을 쫓아 감시하며 정해진 시간에 돌아오지 않을 때에는 빨리 돌아오라고 강요하였다.

③ 을은 B가 그만 두고 싶다는 의사를 표시하면 "도망가면 잡아다 섬에 팔아버린다"는 말을 수시로 하는 등의 방법으로 B를 협박하였다.

④ 2009. 5. 14.경부터 2009. 5. 20.경까지 B는 목포시 일원에 있는 모텔 등에서 불특정 다수의 남성들과 12회 정도 성매매를 하였다.

⑤ 을은 B가 성매매 남성들로부터 받은 10만원씩의 성매매대금을 B로부터 받았다. (ⓒ부분)

⑥ B로부터 받은 돈은 B, 을, 갑의 처 C 등이 나누어 사용하였다.

⑦ 2009. 5. 28. 갑은 수원구치소로부터 석방되었다.

【사건의 경과 1】

① 검사는 갑과 을을 「청소년의 성보호에 관한 법률」 위반죄 등으로 기소하였다.

② 제1심법원은 갑과 을을 공동정범으로 하여 다음의 범죄사실을 유죄로 인정하였다.

　(가) ㉠부분 : 형법상 미성년자유인죄

　(나) ㉡부분 : 청소년성보호법위반죄(청소년이용 음란물 제작)

　(다) ㉢부분 : 청소년성보호법위반죄(성매매 강요)

③ 갑은 불복 항소하였다.

④ 을은 항소하지 않았다.

【사건의 경과 2】

① 항소심법원은 미결구금일수 전부를 산입해야 한다는 이유로 제1심판결을 파기하였다.

② 항소심법원은 갑에게 제1심과 동일한 형을 선고하였다.

③ (미결구금일수 산입 부분은 고찰에서 생략함)

④ 갑은 불복 상고하였다.

⑤ 갑은 상고이유로 다음의 점을 주장하였다.

　(가) 갑은 ㉢부분 성매매 강요가 이루어지기 전에 구속 수감되었다.

　(나) 구속 이후 이루어진 ㉢부분 성매매 강요에 대해서는 공동정범이 성립하지 않는다.

2. 공동정범과 공모관계의 이탈

【대법원 요지】 1. 공모공동정범에 있어서 공모자 중의 1인이 다른 공모자가 실행행위에 이르기 전에 그 공모관계에서 이탈한 때에는 /

【대법원 요지】 그 이후의 다른 공모자의 행위에 관하여는 공동정범으로서의 책임은 지지 않는다 할

것이나, /

【대법원 요지】 공모관계에서의 이탈은 공모자가 공모에 의하여 담당한 기능적 행위지배를 해소하는 것이 필요하므로 /

【대법원 요지】 공모자가 공모에 주도적으로 참여하여 다른 공모자의 실행에 영향을 미친 때에는 /

【대법원 요지】 범행을 저지하기 위하여 적극적으로 노력하는 등 실행에 미친 영향력을 제거하지 아니하는 한 /

【대법원 요지】 공모자가 구속되었다는 등의 사유만으로 공모관계에서 이탈하였다고 할 수 없다.

3. 사안에 대한 대법원의 판단

【대법원 분석】 원심판결 이유를 위 법리와 기록에 비추어 살펴보면, /

【대법원 분석】 원심이 그 채택 증거들을 종합하여 /

【대법원 분석】 피고인이 공소외 을과 공모하여 2009. 5. 12. 피해자 공소외 B(여, 16세)에게 낙태 수술비를 별도록 해 주겠다고 말하여 성매수 행위의 상대방이 되게 하였고, /

【대법원 분석】 홍보용 명함을 제작하기 위하여 공소외 을로 하여금 위 피해자의 나체사진을 찍도록 하면서 자세를 가르쳐 주기도 한 사실, /

【대법원 분석】 피고인은 위 피해자가 중도에 도망갈 것을 염려하여 위 피해자로 하여금 3개월간 공소외 을의 관리를 받으면서 성매매를 하게 했으며 /

【대법원 분석】 약속을 지키지 않을 경우에는 민형사상 책임을 진다는 내용의 각서를 작성하도록 한 사실, /

【대법원 분석】 피고인이 별건으로 2009. 5. 13. 체포되어 수원구치소에 수감되었다가 2009. 5. 28. 석방되었는데, /

【대법원 분석】 그 수감기간 동안 피해자 공소외 B는 공소외 을의 관리 아래 2009. 5. 14.부터 2009. 5. 20.까지 사이에 12회에 걸쳐 불특정 다수 남성의 성매수 행위의 상대방이 되었고 /

【대법원 분석】 그 대가로 받은 금원은 피해자 공소외 B, 공소외 을, 피고인의 처인 공소외 C 등이 나누어 사용한 사실 등을 인정한 다음, /

【대법원 판단】 그 판시와 같은 이유로 피해자 공소외 B가 19세 미만의 청소년인지 알지 못하였다는 피고인의 주장을 배척하고, /

【대법원 판단】 비록 위 피해자가 성매매를 하는 기간 동안 피고인이 수감되어 있었다고 하더라도 /

【대법원 판단】 피고인은 공소외 을과 함께 이 사건 미성년자유인죄, 구 청소년의 성보호에 관한 법률 위반죄의 책임을 진다고 판단한 조치는 정당하고, /

【대법원 결론】 거기에 논리와 경험의 법칙에 위배하고 자유심증주의의 한계를 벗어나 사실을 인정하거나 청소년의 성보호에 관한 법률 및 공모공동정범 등에 관한 법리를 오해한 위법이 없다. (상고 기각)

2010도7251

필요적 몰수 · 추징의 범위
마약대금 필요적 추징 사건
2010. 8. 26. 2010도7251, 공 2010하, 1852

1. 사실관계 및 사건의 경과

【사실관계 1】

① 갑은 마약취급자가 아니다.

② 1997. 갑은 향정신성의약품관리법위반죄로 징역 7월을 선고받아 복역하였다. (㉮판결)

③ 1999년 갑은 필로폰 약 150g을 매매하려다가 미수에 그쳤다.

④ 1999. 6. 25. 갑은 향정신성의약품관리법위반죄로 징역 4년을 선고받았다. (㉯판결)

⑤ 2002. 9. 24. 갑은 ㉯판결 형의 집행을 종료하였다.

【사실관계 2】

① 2003. 5. 28. 오후경 갑은 서울 강남구 M장소에서 A에게 ㉠필로폰 10g을 건네주며 B에게 매도할 것을 지시하였다.

② 2003. 5. 28. 17:00경 A는 N장소에서 B에게 ㉠필로폰 약 10g을 180만원을 받고 건네주었다.

③ 2003. 6. 5. 21:00경 갑은 A에게 M장소에서 ㉡필로폰 10g을 건네주며 B에게 매도할 것을 지시하였다.

④ 2003. 6. 5. 21:00 직후 A는 N장소에서 B에게 ㉠필로폰 약 10g을 180만원을 받고 건네주었다.

【사실관계 3】

① 2003. 6. 초순경 갑은 필리핀에서 A와 함께 필로폰을 한국으로 수입하기로 마음먹었다.

② 2003. 6. 11. 06:00경 갑은 필리핀 마닐라에 있는 P호텔에서 A에게 ㉢필로폰 약 40g을 건네주며 한국에서 B에게 전달해 줄 것을 지시하였다.

③ 2003. 6. 11. 13:00경 A는 ㉢필로폰 약 40g을 자신의 팬티 안에 은닉한 채 같은 날 필리핀 마닐라에 있는 아니끼국제공항에서 아시아나 ⓐ편을 탑승하였다.

④ 2003. 6. 11. 18:00경 A는 인천국제공항에 도착한 후 세관검색대를 통과하였다.

⑤ 2003. 6. 11. 20:00경 갑은 필리핀에서 A에게 위와 같이 수입한 ㉢필로폰 약 40g 중 20g(㉣필로폰)을 B에게 매도할 것을 지시하였다.

⑥ 2003. 6. 14. 14. 02:00경 A는 N장소에서 ㉣필로폰 약 20g을 B에게 300만원을 받고 매매하려고 하였다.

⑦ 그 순간 A는 검찰청 수사관들에게 검거되어 ㉣필로폰 매매는 실패로 돌아갔다.

【사실관계 4】

① 2003. 7. 17. 오전경 갑은 필리핀에서 한국에 거주하는 C로부터 필로폰을 한국으로 보내달라는 부탁을 받고 이를 승낙하였다.

② 갑은 필리핀 마닐라에서 다리미 속에 ⑪필로폰 약 8.6g을 숨긴 후 발송인을 E, 수취인을 F, 수취장소를 L장소 Q피씨방으로 기재한 후 ⑭소포를 발송하였다.

③ 2003. 7. 21. 08:30경 ⑪필로폰이 담겨있는 ⑭소포가 인천국제공항 검색대를 통과하였다.

④ 2003. 7. 21. 14:25경 ⑭소포는 수취장소인 L장소 Q피씨방에 도착하였다.

⑤ C의 지시를 받은 D는 ⑪필로폰을 수령하였다.

⑥ 갑이 수입한 ⓒ, ⓔ, ⑪필로폰은 모두 압수되어 실제로 국내에 유통되지 아니하였다.

⑦ 갑은 오랜 해외 도피생활 끝에 자진 입국하여 자신의 범행을 자백하며 잘못을 뉘우치고 있다.

【사건의 경과】

① 검사는 갑을 「마약류관리에 관한 법률」 위반죄(향정)로 기소하였다.

② 제1심법원은 유죄를 인정하고 다음의 형을 선고하였다.

　　(가) 피고인을 징역 3년 6월에 처한다.

　　(나) 피고인으로부터 360만원을 추징한다.

③ 갑은 불복 항소하였다.

④ 항소심법원은 항소를 기각하고, 제1심판결을 유지하였다.

⑤ 갑은 불복 상고하였다.

⑥ 갑은 상고이유로 다음의 점을 주장하였다.

　　(가) [㉠, ㉡필로폰 매매로 받은 돈 중 일부를 A에게 나누어주었다.]

　　(나) ㉠, ㉡필로폰 매매로 받은 돈 360만원 전액의 추징은 위법하다.

【참조조문】

마약류 관리에 관한 법률

제67조 (몰수) 이 법에 규정된 죄에 제공한 마약류·임시마약류 및 시설·장비·자금 또는 운반 수단과 그로 인한 수익금은 몰수한다. 다만, 이를 몰수할 수 없는 경우에는 그 가액(價額)을 추징한다.

2. 필요적 몰수·추징의 범위

【대법원 요지】 마약류관리에 관한 법률 제67조에 의한 몰수나 추징은 /

【대법원 요지】 범죄행위로 인한 이득의 박탈을 목적으로 하는 것이 아니라 징벌적 성질의 처분이므로, /

【대법원 요지】 그 범행으로 인하여 이득을 취득한 바 없다 하더라도 /

【대법원 요지】 법원은 그 가액의 추징을 명하여야 하고, /

【대법원 요지】 그 추징의 범위에 관하여는 죄를 범한 자가 여러 사람일 때에는 각자에 대하여 /

【대법원 요지】 그가 취급한 범위 내에서 의약품 가액 전액의 추징을 명하여야 하며, /

【대법원 요지】 또한 향정신성의약품을 타인에게 매도한 경우에 있어 매도의 대가로 받은 대금 등은 /

【대법원 요지】 같은 법 제67조에 규정된 범죄행위로 인한 수익금으로서 필요적으로 몰수하여야 하고 /

【대법원 요지】 몰수가 불가능할 때에는 그 가액을 추징하여야 한다.

3. 사안에 대한 대법원의 판단

【대법원 판단】 원심은, 피고인이 메스암페타민을 2회에 걸쳐 타인에게 매도한 행위를 유죄로 인정하고 피고인에 대하여 그로 인한 수익금 전액인 3,600,000원의 추징을 명한 제1심판결을 유지하였는바, /

【대법원 결론】 원심의 위와 같은 판단은 앞서 본 법리 및 기록에 비추어 정당하고, 거기에 상고이유 주장과 같은 추징의 법리를 오해한 위법이 없다. (상고 기각)

2010도7412

공모공동정범과 파생범죄
외부인 지휘부 참가 사건
2010. 12. 23. 2010도7412, 공 2011상, 271

1. 사실관계 및 사건의 경과

【사실관계 1】
① 갑은 P노동조합총연맹 정책기획국장 등의 직책을 맡아 활동하였다.
② Q자동차공장에 구조조정과 관련하여 대형 노사분규가 발생하였다.
③ 갑은 Q노동조합의 총파업투쟁(일명 옥쇄파업)을 지원하기로 하였다.
④ 갑은 Q노동조합 사무실에서 Q노동조합의 집행부 을 등과 총파업 방법을 논의하고 실행계획을 수립하는 데에 참가하였다.
⑤ 이후 Q자동차공장에 경찰력이 투입되어 강제해산이 실시되었다.
⑥ 이 과정에서 노조원 병 등은 격렬히 저항하였다.
⑦ 이로 인해 경찰관과 노조원 등 다수의 부상자들이 발생하였다.

【사건의 경과】
① 검사는 갑을 특수공무집행방해치상, 폭처법위반죄, 업무방해죄 등으로 기소하였다.
② 제1심법원은 유죄를 인정하였다.
③ 갑은 불복 항소하였다.
④ 항소심법원은 항소를 기각하고, 제1심판결을 유지하였다.
⑤ 갑은 불복 상고하였다.
⑥ 갑은 상고이유로 다음의 점을 주장하였다.
　　(가) 갑은 을 등과 파업에 대해 논의한 사실은 있다.
　　(나) 그러나 그것은 업무방해에 대한 공모에 지나지 않는다.
　　(다) 상해죄나 특수공무집행방해죄 부분에 대해서는 공모가 없었다.

(라) 그럼에도 상해죄나 특수공무집행방해죄의 공동정범을 인정한 것은 위법하다.

2. 공모공동정범의 성립요건

【대법원 요지】 형법 제30조의 공동정범은 공동가공의 의사와 그 공동의사에 기한 기능적 행위지배를 통한 범죄 실행이라는 주관적 · 객관적 요건을 충족함으로써 성립하는바, /

【대법원 요지】 공모자 중 구성요건 행위 일부를 직접 분담하여 실행하지 않은 자라도 경우에 따라 이른바 공모공동정범으로서의 죄책을 질 수도 있는 것이기는 하나, /

【대법원 요지】 이를 위해서는 전체 범죄에 있어서 그가 차지하는 지위, 역할이나 범죄 경과에 대한 지배 내지 장악력 등을 종합해 볼 때, /

【대법원 요지】 단순한 공모자에 그치는 것이 아니라 범죄에 대한 본질적 기여를 통한 기능적 행위지배가 존재하는 것으로 인정되는 경우여야 한다. /

3. 파생범죄와 공모공동정범

【대법원 채증】 그리고 이 경우, /

【대법원 채증】 범죄의 수단과 태양, /

【대법원 채증】 가담하는 인원과 그 성향, /

【대법원 채증】 범행 시간과 장소의 특성, /

【대법원 채증】 범행과정에서 타인과의 접촉 가능성과 예상되는 반응 등 /

【대법원 채증】 제반 상황에 비추어, /

【대법원 요지】 공모자들이 그 공모한 범행을 수행하거나 목적 달성을 위해 나아가는 도중에 /

【대법원 요지】 부수적인 다른 범죄가 파생되리라고 예상하거나 충분히 예상할 수 있는데도 /

【대법원 요지】 그러한 가능성을 외면한 채 /

【대법원 요지】 이를 방지하기에 족한 합리적인 조치를 취하지 아니하고 공모한 범행에 나아갔다가 /

【대법원 요지】 결국 그와 같이 예상되던 범행들이 발생하였다면, /

【대법원 요지】 비록 그 파생적인 범행 하나하나에 대하여 개별적인 의사의 연락이 없었다 하더라도 /

【대법원 요지】 당초의 공모자들 사이에 그 범행 전부에 대하여 암묵적인 공모는 물론 그에 대한 기능적 행위지배가 존재한다고 보아야 할 것이다.

4. 사안에 대한 대법원의 판단

【대법원 판단】 위 법리와 기록에 비추어 살펴보면, 원심이 그 판시와 같은 사실을 인정한 다음, /

【대법원 판단】 그러한 인정 사실에 나타난 피고인이 이 사건 파업투쟁에 가담하게 된 경위, /

【대법원 판단】 위 파업투쟁 및 폭력사태의 경위와 진행 과정, /

【대법원 판단】 그 과정에서 피고인의 지위 및 역할, /

【대법원 판단】 피고인이 작성한 문건의 내용 및 성격 등을 종합하여 보면, /

【대법원 판단】 피고인이 비록 노조원들의 폭행, 상해, 특수공무집행방해치상 등 범죄행위들에 대하

여 구체적으로 모의하거나 이를 직접 분담하여 실행한 바 없었다 하더라도, /

【대법원 판단】 아래 2.항에서 판단하는 부분[경찰관 A, B, C, D에 대한 특수공무집행방해치상죄 부분임. 폭행의 개념에 해당하지 아니하여 무죄 취지로 판단함.; 필자 주]을 제외한 /

【대법원 판단】 나머지 이 사건 각 범행에 대하여 /

【대법원 판단】 암묵적인 공모는 물론 그 범행들에 대한 본질적 기여를 통한 기능적 행위지배가 있었다고 보아 /

【대법원 판단】 피고인을 위 각 범행의 공모공동정범으로 의율한 제1심판결을 유지한 것은 정당한 것으로 수긍이 가고, /

【대법원 판단】 거기에 상고이유에서 주장하는 바와 같은 공동정범에서의 기능적 행위지배에 관한 채증법칙 위반이나 법리오해 등의 위법이 없다. (특수공무방해치상죄 부분을 이유로 파기 환송)

2010도8021

형 선고와 형의 실효
절도누범 징역형 사건
2010. 9. 9. 2010도8021, 공 2010하, 1963

1. 사실관계 및 사건의 경과

【사실관계 1】

① 1981. 9. 10. 갑은 서울형사지방법원에서 야간주거침입절도죄로 징역 10월을 선고받고 형의 집행을 마쳤다. (①전과)

② 1984. 7. 9. 갑은 부산지방법원에서 절도죄 등으로 징역 10월을 선고받고 형의 집행을 마쳤다. (②전과)

③ 1986. 7. 10. 갑은 수원지방법원에서 절도죄로 징역 1년을 선고받고 형의 집행을 마쳤다. (③전과)

④ 1996. 6. 7. 갑은 대전지방법원 천안지원에서 절도죄 등으로 징역 1년에 집행유예 2년을 선고받고, 집행유예기간을 경과하였다. (④전과)

⑤ 2001. 4. 27. 갑은 대전지방법원에서 특가법위반죄(절도) 등으로 징역 2년을 선고받고 형의 집행을 마쳤다. (⑤전과)

【사실관계 2】

① 2006. 7. 19. 갑은 대전지방법원에서 특가법위반죄(절도) 등으로 징역 2년을 선고받았다. (⑥판결)

② 2008. 8. 25. 갑은 대전교도소에서 ⑥판결 형의 집행을 마쳤다.

③ 2010. 2. 11. 02:40경 갑은 P병원 장례식장에서 잠을 자고 있는 A의 옆에 누운 후 A의 바지 뒷주머니에 손을 집어넣어 지갑을 꺼내어 가려고 하였으나 잠에서 깨어난 A에게 발각되는 바람에 그 뜻을 이루지 못하고 미수에 그쳤다.

【사건의 경과】

① 검사는 갑을 특가법위반죄(절도)로 기소하였다.

② 제1심법원은 다음의 순서로 법령을 적용하였다.

　　(가) 범죄사실에 대한 해당법조 : 특가법 제5조의4 제5항, 제1항, 형법 제329조, 제342조 (유기징
　　　　역형 선택)

　　(나) 누범가중 : 형법 제35조, 제42조 단서

　　(다) 작량감경 : 형법 제53조, 제55조 제1항 제3호

③ 제1심법원은 갑을 징역 1년 6월에 처하였다.

④ 갑은 불복 항소하였다.

⑤ 항소심법원은 항소를 기각하고, 제1심판결을 유지하였다.

⑥ 갑은 불복 상고하였다.

⑦ 대법원은 직권으로 판단하였다.

【참조조문】

특정범죄 가중처벌 등에 관한 법률

제5조의4 (상습 강도 · 절도죄 등의 가중처벌) ① 상습적으로「형법」제329조부터 제331조까지의 죄
또는 그 미수죄를 범한 사람은 무기 또는 3년 이상의 징역에 처한다.

　⑤「형법」제329조부터 제331조까지, 제333조부터 제336조까지 및 제340조 · 제362조의 죄 또
는 그 미수죄로 세 번 이상 징역형을 받은 사람이 다시 이들 죄를 범하여 누범(累犯)으로 처벌하는
경우에도 제1항부터 제4항까지의 형과 같은 형에 처한다.

　⑥ 제1항 또는 제2항의 죄로 두 번 이상 실형을 선고받고 그 집행이 끝나거나 면제된 후 3년 이내에
다시 제1항 또는 제2항의 죄를 범한 경우에는 그 죄에 대하여 정한 형의 단기(短期)의 2배까지 가중
한다.

형의 실효 등에 관한 법률

제7조 (형의 실효) ① 수형인이 자격정지 이상의 형을 받지 아니하고 형의 집행을 종료하거나 그 집행
이 면제된 날부터 다음 각 호의 구분에 따른 기간이 경과한 때에 그 형은 실효된다. 다만, 구류(拘
留)와 과료(科料)는 형의 집행을 종료하거나 그 집행이 면제된 때에 그 형이 실효된다.

　1. 3년을 초과하는 징역 · 금고 : 10년

　2. 3년 이하의 징역 · 금고 : 5년

　3. 벌금 : 2년

　② 하나의 판결로 여러 개의 형이 선고된 경우에는 각 형의 집행을 종료하거나 그 집행이 면제된 날
부터 가장 무거운 형에 대한 제1항의 기간이 경과한 때에 형의 선고는 효력을 잃는다. 다만, 제1항제
1호 및 제2호를 적용할 때 징역과 금고는 같은 종류의 형으로 보고 각 형기를 합산한다.

2. 형의 실효와 전과의 효력

【대법원 분석】 가. '형의 실효 등에 관한 법률'(2010. 3. 31. 법률 제10211호로 개정되기 전의 것. 이
하 '형실효법'이라고 한다) /

【대법원 분석】 제7조 제1항은 /

【대법원 분석】 "수형인이 자격정지 이상의 형을 받음이 없이 형의 집행을 종료하거나 그 집행이 면제된 날부터 같은 항 각 호에서 정한 기간이 경과한 때에는 그 형은 실효된다"고 정하고, /

【대법원 분석】 같은 항 제2호에서 /

【대법원 분석】 3년 이하의 징역·금고형의 경우는 그 기간을 5년으로 정하고 있다. /

【대법원 요지】 위 규정에 따라 형이 실효된 경우에는 /

【대법원 요지】 형의 선고에 의한 법적 효과가 장래에 향하여 소멸되므로, /

【대법원 요지】 그 전과를 /

【대법원 요지】 구 '특정범죄 가중처벌 등에 관한 법률'(2010. 3. 31. 법률 제10210호로 개정되기 전의 것. 이하 '특가법'이라고 한다) 제5조의4 제5항에서 정한 /

【대법원 요지】 "징역형을 받은 경우"로 볼 수 없다. /

【대법원 요지】 한편 형실효법의 입법취지에 비추어 보면, /

【대법원 요지】 2번 이상의 징역형을 받은 자가 /

【대법원 요지】 자격정지 이상의 형을 받음이 없이 마지막 형의 집행을 종료한 날부터 위 법에서 정한 기간을 경과한 때에는 /

【대법원 요지】 그 마지막 형에 앞서는 형도 모두 실효되는 것으로 보아야 한다.

3. 집행유예기간 경과의 효력

【대법원 요지】 또한 형법 제65조는 "집행유예의 선고를 받은 후 그 선고의 실효 또는 취소됨이 없이 유예기간을 경과한 때에는 형의 선고는 효력을 잃는다"고 정하고 있고, /

【대법원 요지】 여기서 "형의 선고가 효력을 잃는다"는 의미는 /

【대법원 요지】 형실효법에 의한 형의 실효와 같이 /

【대법원 요지】 형의 선고에 의한 법적 효과가 장래에 향하여 소멸한다는 취지이다. /

【대법원 요지】 따라서 위 규정에 따라 형의 선고가 효력을 잃는 경우에도 /

【대법원 요지】 그 전과는 /

【대법원 요지】 특가법 제5조의4 제5항에서 정한 "징역형을 받은 경우"로 볼 수 없다고 할 것이다.

4. 사안에 대한 항소심의 판단

【항소심 분석】 나. 원심이 인용한 제1심판결은, /

【항소심 분석】 피고인이 /

【항소심 분석】 ① 1981. 9. 10. 야간주거침입절도죄로 징역 10월, /

【항소심 분석】 ② 1984. 7. 9. 절도죄 등으로 징역 10월, /

【항소심 분석】 ③ 1986. 7. 10. 절도죄로 징역 1년, /

【항소심 분석】 ④ 1997. 6. 7. 절도죄 등으로 징역 1년에 집행유예 2년, /

【항소심 분석】 ⑤ 2001. 4. 27. 특가법위반(절도)죄 등으로 징역 2년, /

【항소심 분석】 ⑥ 2006. 7. 19. 특가법위반(절도)죄 등으로 징역 2년을 선고받고 2008. 8. 25. 그

최종형의 집행을 마친 다음 /

【항소심 분석】 2010. 2. 11. 이 사건 절도미수죄를 범한 사실을 인정하고, /

【항소심 판단】 피고인을 특가법 제5조의4 세5항, 제1항, 형법 제329조, 제342조에 의하여 처단하였다.

5. 사안에 대한 대법원의 판단

【대법원 판단】 다. 그러나 원심의 위와 같은 판단은 이를 수긍할 수 없다.

【대법원 판단】 즉 위 ① 내지 ③의 전과는 /

【대법원 판단】 피고인이 ③ 전과에 대한 형의 집행을 종료한 때로부터 5년의 기간이 경과할 때까지 자격정지 이상의 형을 선고받은 사실이 없다면 /

【대법원 판단】 형실효법 제7조 제1항 제2호에 의하여 모두 실효되었다고 할 것이므로, /

【대법원 판단】 이를 특가법 제5조의4 제5항의 "징역형을 받은 경우"로 볼 수 없다. /

【대법원 판단】 또한 위 ④ 전과 역시 /

【대법원 판단】 집행유예선고의 실효 또는 취소 없이 그 유예기간이 경과하여 실효되었다면 / 앞서 본 법리에 비추어 /

【대법원 판단】 이를 특가법 제5조의4 제5항의 "징역형을 받은 경우"에 포함할 수 없다. /

【대법원 판단】 이와 같이 위 ① 내지 ④의 전과가 특가법 제5조의4 제5항의 "징역형을 받은 경우"에서 제외된다면, /

【대법원 판단】 그에 해당하는 피고인의 전과는 ⑤, ⑥만이 남게 되고, /

【대법원 판단】 이때에는 그와 같은 전과가 3회 이상이어야 한다는 요건을 결하게 되어 /

【대법원 판단】 결국 특가법 제5조의4 제5항이 적용될 수 없다고 할 것이다.

【대법원 판단】 그러므로 원심으로서는 /

【대법원 판단】 위 ③ 전과에 관한 형의 집행종료일 및 /

【대법원 판단】 피고인이 그때로부터 5년의 기간이 경과할 때까지 자격정지 이상의 형을 선고받은 사실이 있는지 여부 그리고 /

【대법원 판단】 위 ④ 전과가 집행유예선고의 실효 또는 취소 없이 그 유예기간을 경과하였는지 여부 등을 심리하여 /

【대법원 판단】 위 ① 내지 ④의 전과가 특가법 제5조의4 제5항의 "징역형을 받은 경우"에 해당하는지를 가린 다음에 /

【대법원 판단】 특가법 제5조의4 제5항의 적용 여부를 판단하였어야 할 것이다.

【대법원 결론】 그렇다면 원심이 이 사건 공소사실에 대하여 특가법 제5조의4 제5항을 적용한 것은 /

【대법원 결론】 위 ① 내지 ④의 전과가 특가법 제5조의4 제5항의 "징역형을 받은 경우"에 해당하는지에 관한 심리를 다하지 아니하거나 /

【대법원 결론】 특가법 제5조의4 제5항의 "징역형을 받은 경우"에 관한 법리를 오해하여 판결 결과에 영향을 미친 위법이 있다고 할 것이다. (파기 환송)

2010도8568

죄수의 판단기준
경제자유구역 형질변경 사건
2011. 11. 24. 2010도8568, 공 2012상, 83

1. 사실관계 및 사건의 경과

【사실관계 1】

① 「경제자유구역의 지정 및 운영에 관한 특별법」(이하 경제자유구역법)에 의하여 지정된 개발사업구역 안에서는 무허가 토지형질 변경 및 무허가 공작물 설치가 금지된다.

② 위반행위는 경제자유구역법에 의하여 1년 이하의 징역 또는 1천만원 이하의 벌금으로 처벌된다.

③ 「국토의 계획 및 이용에 관한 법률」(이하 국토계획법으로 약칭함)에 의하여 지정된 지구단위계획구역 안에서는 무허가 토지형질 변경 및 무허가 공작물 설치가 금지된다.

④ 위반행위는 국토계획법에 의하여 3년 이하의 징역 또는 3천만원 이하의 벌금으로 처벌된다.

【사실관계 2】

① P회사는 철강재, 철재 제조 및 판매업 등을 목적으로 설립된 법인이다.

② 갑은 P회사의 대표이사이다.

③ M대지는 경제자유구역법에 의하여 지정된 부산·진해 경제자유구역 내에 포함된 토지이다.

④ M대지는 국토계획법에 의하여 지정된 지구단위계획구역에 속한다.

⑤ 2008. 12. 초순경 갑은 관계 당국의 허가를 받지 않고 M토지를 조선기자재 분류 작업을 하기 위하여 정지(整地)하였다. (㉮행위)

⑥ 2009. 1. 초순경 갑은 M대지상에 1기당 가로 20m, 세로 3m, 높이 5m, 무게 10톤가량의 옹벽크레인 12기를 설치하였다. (㉯행위)

【사건의 경과 1】

① 검사는 갑을 국토계획법위반죄 및 건축법위반죄로 기소하였다.

② 검사는 P회사를 국토계획법과 건축법의 양벌규정을 적용하여 기소하였다.

③ 갑과 P회사의 피고사건은 제1심을 거친 후, 항소심에 계속되었다.

④ 항소심법원은 다음의 범죄사실을 인정하였다.

   (가) ㉮행위 : 국토계획법위반죄 (무허가 형질변경) (㉠죄)

   (나) ㉯행위 : 국토계획법위반죄 (무허가 공작물설치) (㉡죄)

   (다) ㉯행위 : 건축법위반죄 (미신고 가설건축물 축조) (㉢죄)

【사건의 경과 2】

① 항소심법원은 ㉠, ㉡, ㉢죄를 경합범으로 판단하였다.

② 항소심법원은 형과 범정이 더 무거운 ㉠에 정한 형에 경합범 가중을 하여 처단형을 결정하였다.

③ 항소심법원은 갑에게 벌금 800만원을 선고하였다.

④ 항소심법원은 P회사에 벌금 500만원을 선고하였다.

⑤ 갑과 P회사는 불복 상고하였다.

⑥ 갑과 P회사는 상고이유로 다음의 점을 주장하였다.

　(가) 일반법인 국토계획법상의 처벌법규와 특별법인 경제자유구역법상의 처벌법규는 법조경합의 관계에 있다.

　(나) 그러므로 경제자유구역 내에서 무허가 개발행위를 한 경우에는 경제자유구역법에 의한 처벌만 이 가능하고 국토계획법에 의한 처벌은 할 수 없다.

【참조조문】

국토의 계획 및 이용에 관한 법률

제56조 (개발행위의 허가) ① 다음 각 호의 어느 하나에 해당하는 행위로서 대통령령으로 정하는 행위(이하 "개발행위"라 한다)를 하려는 자는 특별시장·광역시장·특별자치시장·특별자치도지사·시장 또는 군수의 허가(이하 "개발행위허가"라 한다)를 받아야 한다. 다만, 도시·군계획사업에 의한 행위는 그러하지 아니하다.

　1. 건축물의 건축 또는 공작물의 설치

　2. 토지의 형질 변경(경작을 위한 경우로서 대통령령으로 정하는 토지의 형질 변경은 제외한다)

제140조 (벌칙) 다음 각 호의 어느 하나에 해당하는 자는 3년 이하의 징역 또는 3천만원 이하의 벌금에 처한다.

　1. 제56조 제1항 또는 제2항을 위반하여 허가 또는 변경허가를 받지 아니하거나, 속임수나 그 밖의 부정한 방법으로 허가 또는 변경허가를 받아 개발행위를 한 자

제143조 (양벌규정) (조문 생략)

경제자유구역의 지정 및 운영에 관한 특별법

제7조의5 (행위의 제한) ① 개발사업구역에서 토지의 형질변경, 건축물의 건축, 공작물의 설치 등 대통령령으로 정하는 행위를 하려는 자는 관할 시·도지사의 허가를 받아야 한다. 허가받은 사항을 변경할 때에도 또한 같다.

제33조 (벌칙) 다음 각 호의 어느 하나에 해당하는 자는 1년 이하의 징역 또는 1천만원 이하의 벌금에 처한다. 〈개정 2011. 4. 4〉

　1. 제7조의5 제1항을 위반하여 허가 또는 변경허가를 받지 아니하고 개발사업구역에서 토지의 형질변경, 건축물의 건축, 공작물의 설치 등 대통령령으로 정하는 행위를 한 자

제34조 (양벌규정) (조문 생략)

2. 죄수의 판단기준

【대법원 요지】 법조경합은 1개의 행위가 외관상 수개의 죄의 구성요건에 해당하는 것처럼 보이나 실질적으로 1죄만을 구성하는 경우를 말하며, /

【대법원 요지】 실질적으로 1죄인가 또는 수죄인가는 구성요건적 평가와 보호법익의 측면에서 고찰하여 판단하여야 한다.

3. 사안에 대한 대법원의 판단

【대법원 판단】 구 국토의 계획 및 이용에 관한 법률(2009. 2. 6. 법률 제9442호로 개정되기 전의 것, 이하 '국토계획법'이라 한다)과 /

【대법원 판단】 구 경제자유구역의 지정 및 운영에 관한 법률(2009. 1. 30. 법률 제9366호 경제자유구역의 지정 및 운영에 관한 특별법으로 개정되기 전의 것, 이하 '경제자유구역법'이라 한다)은 /

【대법원 판단】 각기 그 입법목적과 보호법익을 달리하고 있을 뿐만 아니라, /

【대법원 판단】 이 사건 공소사실과 관련된 처벌조항인 국토계획법 제140조 제1호, 제56조 제1항과 /

【대법원 판단】 경제자유구역법 제33조 제1호, 제8조의2 제1항을 비교하여 보면, /

【대법원 판단】 그 행위의 대상지역 및 허가권자, 금지되는 행위의 내용 등 구체적인 구성요건에 있어 상당한 차이가 있으므로, /

【대법원 판단】 위 법리에 비추어 살펴볼 때, 이 사건 국토계획법 위반죄가 경제자유구역법 위반죄와 법조경합 관계에 있다고 하기 어렵고, /

【대법원 판단】 두 죄는 각기 독립된 구성요건으로 이루어져 있다고 할 것이다.

【대법원 결론】 따라서 같은 취지의 원심의 판단은 정당한 것으로 수긍할 수 있고, 거기에 이 부분 상고이유에서 주장하는 바와 같은 처벌법규의 적용에 관한 법리오해 등의 위법이 있다고 볼 수 없다. (상고 기각)

2010도9927

포괄일죄와 공모관계의 이탈
시세조종 공모이탈 사건
2011. 1. 13. 2010도9927, 공 2011상, 376

1. 사실관계 및 사건의 경과

【사실관계 1】
① 갑은 P투자금융 회사의 대표이사이다.
② 을은 P회사의 주식운용팀장이다.
③ 갑은 36개의 증권계좌를 운용하고 있다. (㉠계좌로 통칭함)
④ ⓐ주식은 대주주 지분율이 높지 않은 코스닥상장법인 Q회사의 주식이다.
⑤ 갑은 ⓐ주식에 대하여 ㉠계좌를 이용하여 시세조종주문을 내어 그 주식가격을 인위적으로 부양한 후 이를 매도하여 그 시세차익을 얻기로 마음먹었다.

【사실관계 2】
① 갑은 90억원 가량의 시세조종자금을 ㉠계좌에 입금하였다.

② 갑은 90억원이 입금된 ㉠계좌를 통하여 시세조종 주문을 내도록 을 등에게 지시하였다.

③ 을 등은 갑의 지시에 따라 시세조종 주문을 내기로 공모하였다.

④ 이에 따라 을 등은 다음과 같은 방법으로 ⓐ주식의 시세조종행위를 하였나.

【사실관계 3】

① 2005. 8. 9. 09:09:47경 을 등은 R피씨방에서 H 명의 증권계좌를 통하여 ⓐ주식 30,000주를 직전가 대비 20원 높은 3,450원에 매도 주문하였다.

② 2005. 8. 9. 09:09:51경 을 등은 I 명의 증권계좌를 통하여 15,000주를 같은 가격 3,450원에 매수 주문하여 14,772주를 매매 체결되게 하였다.

③ 2005. 6. 23.부터 같은 해 8. 17.까지 을 등은 같은 방법으로 총 286회에 걸쳐 770,388주의 매매거래를 체결되게 하여 통정매매를 하였다. (이상 ㉮통정매매 부분)

【사실관계 4】

① 2005. 8. 11. 14:27:06경 ⓐ주식은 매도1순위호가가 3,690원, 매수1순위호가가 3,670원인 상황이었다.

② 을 등은 R피씨방에서 J 명의 계좌를 통하여 직전체결가 대비 40원 높은 3,740원에 ⓐ900주를 매수 주문하였다.

③ 이에 따라 ⓐ주식은 3,690원에서 3,730원까지의 가격으로 전량 매매 체결되었다.

④ 2005. 6. 8.부터 2005. 8. 17.까지 을 등은 같은 방법으로 총 862회에 걸쳐 2,191,967주의 고가매수 주문을 하였다. (이상 ㉯고가매수 부분)

【사실관계 5】

① 을 등은 유가증권시장에서의 매매거래를 유인할 목적으로 다음의 시가관여 행위를 하였다.

② 2005. 8. 9. 기준가격 결정을 위한 오전 동시호가 시간대인 08:37:41경 ⓐ주식의 예상체결가격이 3,250원인 상태이었다.

③ 을 등은 P피씨방에서 K 명의 계좌를 통하여 직전예상가보다 290원 높은 3,540원에 ⓐ주식 50,000주를 매수 주문하여 예상체결가를 3,540원으로 290원 상승시켰다.

④ 2005. 7. 26.부터 2005. 8. 17.까지 을 등은 같은 방법으로 총 35회에 걸쳐 402,915주의 시가관여 매수 주문을 하였다. (이상 ㉰시가관여 매수 부분)

【사실관계 6】

① 유가증권시장에서의 매매거래를 유인할 목적으로 을 등은 다음의 종가관여 행위를 하였다.

② 2005. 6. 7. 종가 결정을 위한 오후 동시호가 시간대인 14:59:57경 ⓐ주식의 예상체결가격은 1,400원인 상태이었다.

③ 을 등은 S피씨방에서 L 명의 계좌를 통하여 직전예상가 대비 20원 높은 1,420원에 ⓐ주식 20,000주를 매수 주문하여 예상체결가를 상승시켰다.

④ 2005. 6. 7.부터 2005. 8. 12.까지 을 등은 같은 방법으로 총 14회에 걸쳐 241,069주의 종가관여 매수 주문을 하였다. (이상 ㉱종가관여 매수 부분)

【사실관계 7】

① 을과 병은 ⓐ주식의 시세조종행위 과정에서 자신들이 개인적으로 ⓐ주식의 매매차익을 취하기 위

하여 갑 몰래 ⓐ주식을 거래하다 갑에게 발각되었다.

② 2005. 8. 초순경 갑은 을과 병을 해고하였다.

③ 병이 P회사를 퇴사한 이후에는 병이 맡아 하던 금융전략본부장의 자리가 없어지면서 A가 병의 역할을 맡아 하게 되었다.

④ 갑은 을과 병이 퇴사한 이후 남아 있던 다른 직원인 A 등에게 지시하여 ⓐ주식의 시세조종행위를 계속하였다.

【사실관계 8】

① 2005. 8. 18.부터 2005. 10. 14.까지 A 등은 총 888회에 걸쳐 3,751,016주의 매매거래를 체결되게 하여 통정매매를 하였다. (㉮통정매매 부분)

② 2005. 8. 18.부터 2005. 10. 12.까지 A 등은 총 1,498회에 걸쳐 3,469,960주의 고가매수 주문을 하였다. (㉯고가매수 주문 부분)

③ 2005. 8. 18.부터 2005. 9. 28.까지 A 등은 총 36회에 걸쳐 454,874주의 시가관여 매수 주문을 하였다. (㉰ 시가관여 매수 부분)

④ 2005. 8. 18.부터 2005. 9. 30.까지 A 등은 총 30회에 걸쳐 509,114주의 종가관여 매수 주문을 하였다. (㉱종가관여 매수 부분)

【사건의 경과 1】

① 검사는 ㉮ 내지 ㉱부분 전부에 대해 을을 증권거래법위반죄(시가조종)로 기소하였다.

② 을의 피고사건은 제1심을 거친 후, 항소심에 계속되었다.

③ 제1심법원은 다음과 같이 판단하였다.

　(가) ㉮ 내지 ㉯부분 : 유죄 (수개의 주문)

　(나) ㉰ 내지 ㉱부분 : 무죄 (1개의 주문, 실질적으로는 수개의 주문)

④ 제1심법원은 ㉮ 내지 ㉯부분의 각 행위들을 경합범으로 파악하여 형을 선고하였다.

【사건의 경과 2】

① 검사는 불복 항소하였다.

② 검사는 항소이유로 다음 점을 주장하였다.

　(가) ㉮ 내지 ㉱부분 각 증권거래법위반의 범죄사실은 포괄일죄에 해당한다.

　(나) 을이 해고된 이후에도 공범들이 공모한 범행을 같은 방법으로 계속 수행하였다.

　(다) 을은 해고된 이후에 진행된 증권거래법위반의 점에 대하여도 포괄일죄의 범위 내에서 공범으로서 책임을 면할 수 없다.

③ 항소심법원은 ㉮ 내지 ㉱부분의 각 행위들을 포괄일죄로 파악하였다.

④ 항소심법원은 다음과 같이 판단하였다.

　(가) 2005. 8. 18. 이후에 을은 갑으로부터 해고되어 P투자금융을 퇴사하였다.

　(나) 이로써 을은 기존의 공모관계에서 이탈하였다.

　(다) 을은 ㉰내 ㉱부분 시세조정행위에 대해 기능적 행위지배가 해소되었다.

⑤ 항소심법원은 다음 내용의 판결을 선고하였다.

　(가) ㉮ 내지 ㉯부분 : 유죄 (1개의 주문)

(나) ㉯ 내지 ㉴부분 : 무죄 (이유 부분에서만 설시)

⑥ 검사는 불복 상고하였다.

⑦ 검사는 상고이유로, ㉯ 내지 ㉴부분에 대해서도 을에게 유죄가 인정되어야 한다고 주장하였다.

【사건의 경과 3】

① (2007. 8. 3. 「자본시장과 금융투자업에 관한 법률」이 제정됨)

② (자본시장법의 제정과 동시에 증권거래법이 폐지됨)

③ (2009. 2. 4. 자본시장법 시행됨)

【참조조문】

증권거래법 (행위시법)

제188조의4 (시세조종등 불공정거래의 금지) ① 누구든지 상장유가증권 또는 코스닥상장 유가증권의 매매거래에 관하여 그 거래가 성황을 이루고 있는 듯이 잘못 알게 하거나 기타 타인으로 하여금 그 릇된 판단을 하게 할 목적으로 다음 각호의 1에 해당하는 행위를 하지 못한다.

1. 자기가 매도하는 같은 시기에 그와 같은 가격으로 타인이 그 유가증권을 매수할 것을 사전에 그 자와 통정한 후 매도하는 행위

2. 자기가 매수하는 같은 시기에 그와 같은 가격으로 타인이 그 유가증권을 매도할 것을 사전에 그 자와 통정한 후 매수하는 행위

② 누구든지 유가증권시장 또는 코스닥시장에서의 매매거래를 유인할 목적으로 다음 각호의 1에 해 당하는 행위를 하지 못한다.

1. 단독으로 또는 타인과 공모하여 유가증권의 매매거래가 성황을 이루고 있는 듯이 잘못 알게 하거 나 그 시세를 변동시키는 매매거래 또는 그 위탁이나 수탁을 하는 행위

2. 시세조종행위와 포괄일죄

【대법원 요지】 주식시세조종의 목적으로 허위매수주문행위, 고가매수주문행위 및 통정매매행위 등 을 반복한 경우, /

【대법원 요지】 이는 시세조종 등 불공정거래의 금지를 규정하고 있는 구 증권거래법 제188조의4에 해당하는 /

【대법원 요지】 수개의 행위를 단일하고 계속된 범의 하에서 일정기간 계속하여 반복한 범행이라 할 것이고, /

【대법원 요지】 이 범죄의 보호법익은 유가증권시장 또는 협회중개시장에서의 유가증권 거래의 공정 성 및 유통의 원활성 확보라는 사회적 법익이고 /

【대법원 요지】 각각의 유가증권 소유자나 발행자 등 개개인의 재산적 법익은 직접적인 보호법익이 아닌 점에 비추어 /

【대법원 요지】 위 각 범행의 피해법익의 동일성도 인정되므로, /

【대법원 요지】 구 증권거래법 제188조의4 소정의 불공정거래행위금지 위반의 포괄일죄가 성립하는 것이고, /

【대법원 요지】 피고인이 포괄일죄의 관계에 있는 범행의 일부를 실행한 후 공범관계에서 이탈하였

으나 /

【대법원 요지】 다른 공범자에 의하여 나머지 범행이 이루어진 경우, /

【대법원 요지】 피고인이 관여하지 않은 부분에 대하여도 죄책을 부담한다.

3. 사안에 대한 대법원의 분석

【대법원 분석】 원심은 그 채택 증거를 종합하여, /

【대법원 분석】 2005. 6. 7.경부터 2005. 10. 14.경까지 사이에 이루어진 이 사건 각 시세조정행위에 의한 구 증권거래법 위반의 공소사실은 /

【대법원 분석】 계속된 범의 아래 일정기간 계속하여 반복된 행위로서 그 보호법익도 동일하므로 포괄일죄라고 인정하는 한편, /

【대법원 분석】 제1심이 들고 있는 사정들을 근거로 /

【대법원 분석】 피고인이 P투자금융에 입사하여 다른 공범들과 함께 공소외 Q주식회사 주식의 시세조정 주문을 내기로 공모한 후 시세조정행위의 일부를 실행하였으나 /

【대법원 분석】 2005. 8. 18. 공소외 갑으로부터 해고를 당하여 공범관계로부터 이탈한 사실, /

【대법원 분석】 그 이후 다른 공범들이 2005. 8. 18. 이후의 나머지 시세조정행위를 계속한 사실을 인정하였다.

4. 사안에 대한 대법원의 판단

【대법원 판단】 사실관계가 이와 같다면, /

【대법원 판단】 위 법리에 비추어 피고인은 다른 공범들의 범죄실행을 저지하지 않은 이상, /

【대법원 판단】 피고인이 관여하지 않은 2005. 8. 18. 이후 나머지 공범들이 행한 시세조정행위에 대하여도 죄책을 부담한다.

【항소심 판단】 그럼에도 불구하고 원심은 이와 달리 /

【항소심 판단】 피고인이 2005. 8. 18. 이후에는 공소외 갑으로부터 해고되어 P투자금융을 퇴사함으로써 /

【항소심 판단】 기존의 공모관계에서 이탈하였다는 사정만으로 /

【항소심 판단】 피고인이 이미 실행한 공소외 Q주식회사 주식의 시세조정행위에 대한 기능적 행위지배가 해소되었다고 보아 /

【항소심 판단】 2005. 8. 18. 이후의 각 구 증권거래법 위반의 점에 대하여 무죄를 선고한 제1심판결을 그대로 유지하였는바, /

【대법원 결론】 이러한 원심판결에는 공모공동정범에 관한 법리를 오해하여 판결에 영향을 미친 위법이 있다. 이 점에 관한 상고이유의 주장은 이유 있다. (파기 환송)

2010도10104

의료과실과 주의의무위반
의료과실과 상당인과관계
봉독 검사 사건

2011. 4. 14. 2010도10104, 공 2011상, 960

1. 사실관계 및 사건의 경과

【사실관계 1】

① 한방시술 가운데 봉침(蜂針)시술이 있다.

② 봉침시술이란 벌독을 환자에게 주사하는 것이다.

③ 봉침시술의 부작용으로 다음 내용의 아나필락시 쇼크가 있다.

　(가) 전신·즉시형 과민반응이다.

　(나) 10만 명당 2~3명의 빈도로 발생한다.

　(다) skin test시까지의 축적된 봉독량으로는 그 증상이 발현되지 않는다.

　(라) 그 이후 봉침 시술로 인하여 한계 시점에 이르면 쇼크가 발현된다.

④ 아나필락시 쇼크를 방지하기 위하여 봉독 시술 전에 다음의 조치가 요구된다.

　(가) 봉독 시술하기 전에 알레르기 반응검사를 하여야 한다.

　(나) 알레르기 반응검사는 skin test로서 벌독 약액 0.05cc를 팔뚝에 주사하여 10~15분 경과 후 반응검사를 하는 것이다.

　(다) 시술과정에서 발생할 수 있는 알레르기 반응과 봉침시술의 특이성을 환자에게 사전에 충분히 설명하여 환자로부터 사전 동의를 얻어야 한다.

　(라) 환자가 여자일 경우와 목 부위에 시술할 경우 특히 주의하여야 한다.

　(마) 초기의 치료시에는 소량을 약한 농도로 주입한 후 상태를 지켜보아야 한다.

【사실관계 2】

① 갑은 한의사이다.

② 2007. 12. 중순경부터 갑은 M한방병원에서 진료부장으로 근무하고 있다.

③ A(여, 41세)는 목디스크 환자이다.

【사실관계 3】

① 2007. 4. 13. A는 K한방병원에서 1 : 20,000 농도인 봉독액으로 테스트를 받고 봉침 시술을 받았다.

② 2007. 4. 16. 이후 2007. 5. 8.까지 A는 총 8회에 걸쳐 봉침 시술을 받았다.

③ 2008. 10. 또는 11. 초경에 A는 아는 사람으로부터 생벌침을 2회 맞은 경험이 있다.

④ 2008. 12. 1. A는 '경추염좌'로 L병원에서 입원 치료를 받았다.

⑤ A는 다시 위 K한방병원에 내원하여 경추부위에 봉약침(10%)을 시술받았다.

⑥ A는 이 때까지 수회에 걸쳐 봉침 시술을 받았음에도 별다른 특이증상을 경험하지는 않았다.

【사실관계 4】

① 2008. 12. 13. A는 M한방병원을 찾아갔다.

② 목디스크 환자로 내원한 A는 갑에게 초진(初診)환자이다.

③ 2008. 12. 13. 14:00경 갑은 A의 목 부위에 봉침 시술을 하게 되었다.

④ 갑은 A로부터 봉침을 맞은 전력이 있다는 이야기를 들었다.

⑤ 갑은 A에게 봉침 시술시 가려움증이 생길 수 있다는 정도의 설명만 하였다.

⑥ 갑은 A에게 다른 부작용에 대한 자세한 설명은 하지 않았다.

⑦ 갑은 봉침 시술에 앞서서 봉독 알레르기 검사를 하지 않았다.

【사실관계 5】

① 갑은 곧바로 환부인 A의 목부위에 1 : 8,000의 농도인 봉독액 0.1cc를 주사하였다.

② 1분 정도의 시간이 경과하도록 A에게 아무런 이상반응이 없었다.

③ 갑은 이후 1분의 간격을 두고 모두 4회에 걸쳐 봉침을 시술하였다.

④ 갑은 봉침을 시술한 후 A의 목과 어깨에 일반침을 놓고 나서 주사실을 나갔다.

【사실관계 6】

① 봉침 시술을 받고 5~10분 후 A는 속이 쓰리고 머리 전체가 가렵고 온 몸이 붓고 가려우며 피부가 부어오르며 구토를 하고 호흡을 제대로 할 수 없게 되었다.

② A는 간호사를 불렀다.

③ 갑은 조금 후에 들어와 심한 알레르기 반응이라고 하면서 항히스타민 주사를 놓았다.

④ A의 상태가 더 심해졌다.

⑤ 갑은 응급차를 이용하여 A를 P대학교병원 응급실로 옮겨 응급처치를 하게 하였다.

⑥ A는 이후 Q대학교병원에서 3년간 벌독에 대한 면역치료가 필요하다는 진단을 받았다.

【사건의 경과 1】

① 검사는 갑을 업무상 과실치상죄로 기소하였다.

② 제1심법원은 유죄를 인정하였다.

③ 갑은 불복 항소하였다.

④ 항소심법원은 먼저 갑의 시술에 대해 다음과 같이 판단하였다.

　(가) A에게 봉침을 시술하면서 봉침 시술에 따라 나타날 수 있는 부작용에 대하여 자세한 설명을 하지 아니한 잘못이 인정된다.

　(나) 알레르기 반응검사를 제대로 실시하지 않은 채 직접 A의 환부인 목부위에 봉침을 시술한 잘못이 인정된다.

⑤ 항소심법원은 다음으로 갑의 주의의무위반과 인과관계 부분에 대해 판단하였다.

　(가) 갑이 A에게 봉침을 시술하기 전에 알레르기 반응검사를 제대로 실시하였다면 A에게 발생한 아나필락시 쇼크를 예견할 수 있었다거나 그 발생을 회피할 수 있었다고 단정할 수 없다.

　(나) 갑이 알레르기 반응검사를 제대로 실시하지 않은 잘못으로 A에게 아나필락시 쇼크가 발생하였

다고 보기 어렵다.

　(다) A가 3년간의 지속적인 면역치료를 요하는 상태에 이른 것은 A의 체질로 보일 뿐 그것이 갑의 봉침 시술로 인하여 발생한 상해라고 보기 어렵다.

⑥ 항소심법원은 제1심판결을 파기하고, 무죄를 선고하였다.

【사건의 경과 2】

① 검사는 불복 상고하였다.

② 검사는 상고이유로 다음의 점을 주장하였다.

　(가) 갑은 봉침 시술에 앞서 알레르기 검사를 하지 않았다.

　(나) 갑은 봉침 시술에 앞서 충분한 설명의무를 다하지 않았다.

　(다) 따라서 갑에게 주의의무위반이 인정된다.

　(라) 갑의 주의의무위반과 면역치료를 요하는 A의 상해 사이에 인과관계가 인정된다.

2. 알레르기 검사 부분에 대한 판단

(1) 의료사고와 주의의무 위반 여부

【대법원 요지】 의료사고에 있어서 의사의 과실을 인정하기 위해서는 /

【대법원 요지】 의사가 결과발생을 예견할 수 있었음에도 불구하고 그 결과발생을 예견하지 못하였고 /

【대법원 요지】 그 결과발생을 회피할 수 있었음에도 불구하고 그 결과발생을 회피하지 못한 /

【대법원 요지】 과실이 검토되어야 하고, /

【대법원 요지】 그 과실의 유무를 판단함에는 /

【대법원 요지】 같은 업무와 직무에 종사하는 보통인의 주의정도를 표준으로 하여야 하며, /

【대법원 요지】 이에는 사고 당시의 일반적인 의학의 수준과 의료환경 및 조건, 의료행위의 특수성 등이 고려되어야 하고, /

【대법원 요지】 이러한 법리는 한의사의 경우에도 마찬가지라고 할 것이다.

(2) 사안에 대한 대법원의 분석

【대법원 분석】 원심판결 이유 및 원심이 적법하게 채택하여 조사한 증거들에 의하면, /

【대법원 분석】 봉침(蜂針)시술 전에 실시하는 알레르기 반응검사(skin test)는 봉독액 0.05cc 정도를 팔뚝에 피내주사한 다음 10분 내지 15분 후에 피부반응 등을 살피는 방식으로 하고, /

【대법원 분석】 최초의 알레르기 반응검사에서 이상반응이 없음이 확인된 경우에는 통상 시술 시마다 알레르기 반응검사를 하지는 않는 사실, /

【대법원 분석】 피해자는 2007. 4. 13. K한방병원에서 봉독액 알레르기 반응검사를 받았으나 이상반응이 없어 봉침시술을 받은 후, /

【대법원 분석】 2007. 4. 16. 이후 2007. 5. 8.까지 K한방병원에서 약 8회에 걸쳐 시술 전 알레르기 반응검사를 받지 않은 채 봉침시술을 받았고, /

【대법원 분석】 2008. 12. 1.에는 '경추염좌'로 경추 부위에 10% 농도의 봉침시술을 받기도 하였

는데, /

【대법원 분석】 그때마다 시술 후 별다른 이상반응이 없었던 사실, /

【대법원 분석】 피고인 갑은 2008. 12. 13. 목디스크 치료를 위해 내원한 피해자에게 문진을 하여 피해자로부터 과거에 봉침을 맞았으나 별다른 이상반응이 없었다는 답변을 듣고 /

【대법원 분석】 환부인 피해자의 목 부위에 1 : 8,000의 농도인 봉독액 0.1cc를 1분 간격으로 모두 4회에 걸쳐 시술하였는데 /

【대법원 분석】 그 투여량은 알레르기 반응검사를 할 때 통상적으로 사용하는 투여량과 같은 정도인 사실, /

【대법원 분석】 그런데 피해자는 봉침시술을 받고 5～10분 후 온몸이 붓고 가려우며 호흡을 제대로 할 수 없는 등 아나필락시 쇼크반응을 나타내서 응급처치를 받았고, /

【대법원 분석】 이후 피해자는 Q대학교병원에서 향후 3년간 벌독에 대한 면역치료가 필요하다는 진단을 받은 사실, /

【대법원 분석】 아나필락시 쇼크는 봉침시술에 따라 나타날 수 있는 과민반응 중 전신·즉시형 과민반응으로서 10만 명당 2～3명의 빈도로 발생하는데, /

【대법원 분석】 봉독액 용량과 반응관계가 성립하지 않는 경우도 많고 /

【대법원 분석】 알레르기 반응검사에서 이상반응이 없더라도 이후 봉침시술과정에서 쇼크가 발생할 수도 있는 등 /

【대법원 분석】 사전에 예측하는 것이 상당히 어려운 사실 등을 알 수 있다.

(3) 사안에 대한 대법원의 판단

【대법원 판단】 사정이 이와 같다면, /

【대법원 판단】 과거 알레르기 반응검사에서 이상반응이 없었고 /

【대법원 판단】 피고인 갑이 시술하기 약 12일 전의 봉침시술에서도 이상반응이 없었던 피해자를 상대로 /

【대법원 판단】 다시 알레르기 반응검사를 실시할 의무가 있다고 보기는 어렵고, /

【대법원 판단】 설령 그러한 의무가 있다고 하더라도 /

【대법원 판단】 피고인이 4회에 걸쳐 투여한 봉독액의 양이 알레르기 반응검사에서 일반적으로 사용되는 양과 비슷한 점에 비추어 보면 /

【대법원 판단】 위 피고인이 봉침시술 과정에서 알레르기 반응검사를 제대로 시행하지 않은 채 봉독액을 과다하게 투여한 경우라고 볼 수도 없다. /

【대법원 판단】 또한 아나필락시 쇼크는 항원인 봉독액 투여량과 관계없이 발생하는 경우가 대부분이고 /

【대법원 판단】 투여량에 의존하여 발생하는 경우에도 /

【대법원 판단】 쇼크증상은 누적투여량이 일정 한계(임계치)를 초과하는 순간 발현하게 될 것인데, /

【대법원 판단】 알레르기 반응검사 자체에 의하여 한계를 초과하게 되거나 /

【대법원 판단】 알레르기 반응검사까지의 누적량이 한계를 초과하지 않더라도 /

【대법원 판단】 그 이후 봉침시술로 인하여 한계를 초과하여 쇼크가 발생할 수 있는 점을 고려하면 /

【대법원 판단】 알레르기 반응검사를 하지 않은 점과 피해자의 아나필락시 쇼크 내지 3년간의 면역치료를 요하는 상태 사이에 상당인과관계를 인정하기도 어렵다.

【대법원 결론】 같은 취지에서 원심이, 피고인 갑의 업무상 과실로 인하여 피해자에게 아나필락시 쇼크가 발생하고 벌독에 대한 면역치료를 받아야 되는 상해가 발생하였다고 볼 수 없다고 판단한 것은 정당하고, /

【대법원 결론】 거기에 상고이유 주장과 같이 한의사의 봉침시술상 업무상 과실 등에 관한 법리를 오해한 잘못은 없다.

3. 설명의무 부분에 대한 판단

(1) 설명의무위반과 상당인과관계

【대법원 요지】 의사가 설명의무를 위반한 채 의료행위를 하였고 피해자에게 상해가 발생하였다고 하더라도, /

【대법원 요지】 의사가 업무상 과실로 인한 형사책임을 지기 위해서는 /

【대법원 요지】 피해자의 상해와 의사의 설명의무 위반 내지 승낙취득 과정에서의 잘못 사이에 상당인과관계가 존재하여야 하고, /

【대법원 요지】 이는 한의사의 경우에도 마찬가지이다.

(2) 사안에 대한 대법원의 판단

【대법원 판단】 원심판결 이유에 의하면, /

【대법원 판단】 피해자는 이전에도 여러 차례 봉침시술을 받아왔고 /

【대법원 판단】 봉침시술로 인하여 아나필락시 쇼크 및 면역치료가 필요한 상태에 이르는 발생빈도가 낮은 점 등에 비추어 /

【대법원 판단】 피고인 갑이 봉침시술에 앞서 피해자에게 설명의무를 다하였다 하더라도 /

【대법원 판단】 피해자가 반드시 봉침시술을 거부하였을 것이라고 볼 수 없으므로, /

【대법원 판단】 피고인 갑의 설명의무 위반과 피해자의 상해 사이에 상당인과관계를 인정하기는 어렵다.

【대법원 결론】 같은 취지의 원심의 판단은 정당하고, 거기에 상고이유 주장과 같이 한의사의 설명의무 위반에 관한 판단누락, 법리오해 등의 위법은 없다. (상고 기각)

2010도10500

횡령 후의 횡령 처벌 여부
적성면 종중 땅 사건
2013. 2. 21. 2010도10500 전원합의체 판결, 공 2013상, 599

1. 사실관계 및 사건의 경과

【사실관계】

① P종중은 파주시 적성면에 ⓐ답(畓), ⓑ답을 소유하고 있다. (M토지)

② P종중은 [종중원] 갑의 명의로 M토지를 [적법하게] 등기해 두었다.

③ 1995. 11. 30. 갑은 자신의 개인 채무 변제에 사용하기 위한 돈을 차용하기 위해 M토지에 채권최고액 1,400만원의 근저당권을 설정하였다. (㉠행위)

④ 2003. 4. 15. 갑은 자신의 개인 채무 변제에 사용하기 위한 돈을 차용하기 위해 다시 M토지에 채권최고액 750만원의 근저당권을 설정하였다. (㉡행위)

⑤ 2009. 2. 21. 갑은 공범 을과 함께 M토지를 A에게 1억 9,300만원에 매도하였다. (㉢행위)

【사건의 경과 1】

① 검사는 ㉢행위에 대해 갑을 횡령죄로 기소하였다.

② 갑의 피고사건은 제1심을 거친 후, 항소심에 계속되었다.

③ 항소심법원은 유죄를 인정하였다.

④ 갑은 불복 상고하였다.

⑤ 갑은 상고이유로 다음의 점을 주장하였다.

   (가) ㉠행위에 의하여 횡령죄는 이미 성립하였다.

   (나) ㉡, ㉢행위는 ㉠횡령죄의 불가벌적 사후행위에 지나지 않는다.

   (다) 대법원판례에 따를 때 횡령죄의 불가벌적 사후행위는 처벌되지 않는다.

【사건의 경과 2】

① 대법원은 판례변경 여부를 놓고 다음과 같이 견해가 나뉘었다.

   (가) 9인 (다수의견) : 판례변경을 한 후 상고를 기각해야 한다.

   (나) 2인 (별개의견) : 판례변경을 하지 않더라도 상고를 기각할 수 있다.

   (다) 2인 (소수의견) : 종래의 판례에 따라 항소심판결을 파기환송해야 한다.

② 대법원은 다수의견에 따라 종전의 판례를 변경하였다.

③ 대법원은 갑의 상고를 기각하였다.

④ (이하에서는 지면 관계상 다수의견만을 소개함)

2. 횡령죄의 불가벌적 사후행위

【대법원 요지】 1. 횡령죄는 다른 사람의 재물에 관한 소유권 등 본권을 그 보호법익으로 하고 /

【대법원 요지】 그 법익침해의 위험이 있으면 그 침해의 결과가 발생되지 아니하더라도 성립하는 위험범이다 /

【대법원 요지】 (대법원 2002. 11. 13. 선고 2002도2219 판결 참조).

【대법원 요지】 그리고 일단 특정한 처분행위(이를 '선행 처분행위'라 한다)로 인하여 법익침해의 위험이 발생함으로써 횡령죄가 기수에 이른 후 /

【대법원 요지】 종국적인 법익침해의 결과가 발생하기 전에 새로운 처분행위(이를 '후행 처분행위'라 한다)가 이루어졌을 때, /

【대법원 요지】 그 후행 처분행위가 /

【대법원 요지】 선행 처분행위에 의하여 발생한 위험을 현실적인 법익침해로 완성하는 수단에 불과하거나 /

【대법원 요지】 그 과정에서 당연히 예상될 수 있는 것으로서 /

【대법원 요지】 새로운 위험을 추가하는 것이 아니라면 /

【대법원 요지】 후행 처분행위에 의해 발생한 위험은 /

【대법원 요지】 선행 처분행위에 의하여 이미 성립된 횡령죄에 의해 평가된 위험에 포함되는 것이라 할 것이므로 /

【대법원 요지】 그 후행 처분행위는 이른바 불가벌적 사후행위에 해당한다.

3. 횡령 후의 횡령이 처벌되는 경우

【대법원 요지】 그러나 후행 처분행위가 이를 넘어서서, /

【대법원 요지】 선행 처분행위로 예상할 수 없는 새로운 위험을 추가함으로써 법익침해에 대한 위험을 증가시키거나 /

【대법원 요지】 선행 처분행위와는 무관한 방법으로 법익침해의 결과를 발생시키는 경우라면, /

【대법원 요지】 이는 선행 처분행위에 의하여 이미 성립된 횡령죄에 의해 평가된 위험의 범위를 벗어나는 것이므로 /

【대법원 요지】 특별한 사정이 없는 한 별도로 횡령죄를 구성한다고 보아야 한다.

【대법원 요지】 따라서 타인의 부동산을 보관 중인 자가 불법영득의사를 가지고 그 부동산에 근저당권설정등기를 경료함으로써 일단 횡령행위가 기수에 이르렀다 하더라도 /

【대법원 요지】 그 후 같은 부동산에 별개의 근저당권을 설정하여 새로운 법익침해의 위험을 추가함으로써 법익침해의 위험을 증가시키거나 /

【대법원 요지】 해당 부동산을 매각함으로써 기존의 근저당권과 관계없이 법익침해의 결과를 발생시켰다면 /

【대법원 요지】 이는 당초의 근저당권 실행을 위한 임의경매에 의한 매각 등 그 근저당권으로 인해 당연히 예상될 수 있는 범위를 넘어 /

【대법원 요지】 새로운 법익침해의 위험을 추가시키거나 /

【대법원 요지】 법익침해의 결과를 발생시킨 것이므로 /

【대법원 요지】 특별한 사정이 없는 한 불가벌적 사후행위로 볼 수 없고, /

【대법원 요지】 별도로 횡령죄를 구성한다 할 것이다.

【대법원 요지】 이와 반대되는 취지의 /

【대법원 요지】 대법원 1996. 11. 29. 선고 96도1755 판결, /

【대법원 요지】 대법원 1997. 1. 20. 선고 96도2731 판결, /

【대법원 요지】 대법원 1998. 2. 24. 선고 97도3282 판결, /

【대법원 요지】 대법원 1999. 4. 27. 선고 99도5 판결, /

【대법원 요지】 대법원 1999. 11. 26. 선고 99도2651 판결, /

【대법원 요지】 대법원 2000. 3. 24. 선고 2000도310 판결, /

【대법원 요지】 대법원 2006. 8. 24. 선고 2006도3636 판결,

【대법원 요지】 대법원 2006. 11. 9. 선고 2005도8699 판결 등은 /

【대법원 요지】 이 판결과 배치되는 범위에서 이를 변경하기로 한다.

4. 사안에 대한 대법원의 판단

【대법원 판단】 2. 원심은 그 채택 증거에 의하여, /

【대법원 판단】 피고인 갑은 1995. 10. 20. 피해자 종중으로부터 위 종중 소유인 파주시 적성면 (이하 주소 1 생략) 답 2,337m², (이하 주소 2 생략) 답 2,340m²(이하 위 두 필지의 토지를 합하여 '이 사건 토지'라 한다)를 명의신탁받아 보관하던 중 /

【대법원 판단】 자신의 개인 채무 변제에 사용하기 위한 돈을 차용하기 위해 이 사건 토지에 관하여 1995. 11. 30. 채권최고액 1,400만원의 근저당권을, 2003. 4. 15. 채권최고액 750만원의 근저당권을 각 설정한 사실, /

【대법원 판단】 그 후 피고인들이 공모하여 2009. 2. 21. 이 사건 토지를 공소외인에게 1억 9,300만원에 매도한 사실 등을 인정한 다음, /

【대법원 판단】 피고인들이 이 사건 토지를 매도한 행위는 선행 근저당권설정행위 이후에 이루어진 것이어서 불가벌적 사후행위에 해당한다는 취지의 피고인들 주장을 배척하고, /

【대법원 판단】 피고인들의 이 사건 토지 매도행위가 횡령죄를 구성한다고 보아 이를 모두 유죄로 인정하였다.

【대법원 결론】 원심판결 이유를 앞서 본 법리와 기록에 비추어 살펴보면, 원심의 위와 같은 판단은 정당하고, 거기에 상고이유의 주장과 같이 논리와 경험의 법칙을 위반하여 자유심증주의의 한계를 벗어나거나 불가벌적 사후행위에 관한 법리를 오해하는 등의 위법이 없다.

【대법원 결론】 3. 그러므로 상고를 기각하기로 하여 주문과 같이 판결한다. /

【대법원 결론】 이 판결에 관하여 대법관 이상훈, 대법관 김용덕의 별개의견, 대법관 이인복, 대법관 김신의 반대의견이 있는 외에는 관여 법관의 의견이 일치하였다.

【판례평석】 신동운, "횡령 후의 횡령죄 성립 여부 2013. 2. 21. 2010도10500 전원합의체 판결, 판례공보 2013상", 서울대학교 법학 제54권 제4호 (2013. 12.), 599면 이하.

2010도11030

파업 참가와 기능적 행위지배
대의원 중대위 참석 사건
2011. 1. 27. 선고 2010도11030, 공 2011상, 532

1. 사실관계 및 사건의 경과

【사실관계】

① P자동차공장의 구조조정과 관련하여 Q노동조합은 대규모 점거파업을 계획하였다.

② Q노동조합은 점거파업을 지휘하기 위하여 을 등 노조집행부는 중앙쟁의대책위원회를 구성하였다.

③ 갑은 Q노동조합의 대의원이다.

④ 갑은 중앙쟁의대책위원회 회의에 몇 차례 참석하여 그 회의결과를 조합원들에게 전달하는 등의 활동을 하였다.

⑤ Q노동조합의 점거파업 사태에 대해 경찰은 강제해산을 시도하였다.

⑥ 병 등 노조원들은 경찰의 강제해산에 격렬히 저항하였다.

⑦ 이 과정에서 경찰관과 노조원들 사이에 다수의 부상자가 발생하였다.

【사건의 경과】

① 검사는 갑, 을, 병 등을 다음 공소사실의 공동정범으로 기소하였다.

　　(가) 특수공무집행방해치상죄

　　(나) 폭처법위반죄

② 갑의 피고사건은 제1심을 거친 후, 항소심에 계속되었다.

③ 항소심법원은 갑에 대해 공동정범 성립을 부정하고 무죄를 선고하였다.

④ 검사는 불복 상고하였다.

⑤ 검사는 상고이유로, 갑의 행위는 공동정범에 해당한다고 주장하였다.

2. 공모공동정범의 성립요건

【대법원 요지】 형법 제30조의 공동정범은 공동가공의 의사와 그 공동의사에 기한 기능적 행위지배를 통한 범죄 실행이라는 주관적·객관적 요건을 충족함으로써 성립하는바, /

【대법원 요지】 공모자 중 구성요건 행위 일부를 직접 분담하여 실행하지 않은 자라도 경우에 따라 이른바 공모공동정범으로서의 죄책을 질 수도 있는 것이기는 하나, /

【대법원 요지】 이를 위해서는 전체 범죄에 있어서 그가 차지하는 지위, 역할이나 범죄 경과에 대한 지배 내지 장악력 등을 종합해 볼 때, /

【대법원 요지】 단순한 공모자에 그치는 것이 아니라 /

【대법원 요지】 범죄에 대한 본질적 기여를 통한 기능적 행위지배가 존재하는 것으로 인정되는 경우여야 한다.

3. 사안에 대한 대법원의 판단

【대법원 판단】 원심은, /

【대법원 판단】 피고인 갑이 이 사건 점거파업을 주도한 중앙쟁의대책위원회 회의에 몇 차례 참석하여 그 회의결과를 조합원들에게 전달하는 등의 활동을 하였다고 하더라도, /

【대법원 판단】 피고인 갑이 그와 같은 역할을 수행하게 된 경위, /

【대법원 판단】 중앙쟁의대책위원회의 의사결정에 관여한 정도 등 /

【대법원 판단】 그 판시와 같은 여러 사정을 고려하면, /

【대법원 판단】 피고인 갑에게는 이 사건 점거파업 과정에서 다른 조합원 등에 의하여 실행된 개별 범죄에 대한 기능적 행위지배가 있었다고 볼 수 없다는 이유로, /

【대법원 판단】 위 피고인에 대한 이 부분 각 공소사실에 관하여 무죄를 선고하였다.

【대법원 결론】 관계 증거를 앞서 본 법리 및 기록에 비추어 살펴보면, 원심의 위와 같은 판단은 정당한 것으로 수긍이 가고, 거기에 상고이유에서 주장하는 바와 같이 공모공동정범의 성립요건 등에 관한 법리를 오해하거나 채증법칙에 위반한 위법이 없다. (상고 기각)

2010도11631

진정부작위범의 구별표지
크레인 게임기 사건
2011. 11. 10. 2010도11631, 공 2011하, 2597

1. 사실관계 및 사건의 경과

【사실관계 1】

① 갑은 P할인마트를 운영하고 있다.

② A는 갑과 P할인마트 옆에서 '팝스마켓플러스'라는 크레인 게임기 1대를 설치 · 운영하기로 합의하였다. (㉠게임기)

③ ㉠게임기는 게임물등급위원회의 전체이용가 등급분류를 받은 것이다.

④ 2008. 4.경부터 2009. 7. 7. 19:10경까지 A는 ㉠게임기를 P할인마트 옆에 설치하여 [돈을 받고] 불특정 다수인이 게임을 이용할 수 있도록 제공하였다.

⑤ 갑은 ㉠게임기 설치장소 및 이용전력을 제공하고 그 대가로 매월 100,000원을 A로부터 받았다.

【사실관계 2】

① B는 갑과 P할인마트 옆에서 "미주크레인" 크레인 게임기 1대를 설치 · 운영하기로 하였다. (㉡게임기)

② ㉡게임기는 게임물등급위원회의 전체이용가 등급분류를 받은 것이다.

③ 2008. 6.경부터 2009. 7. 7. 19:10경까지 B는 ⓒ게임기를 P할인마트 옆에 설치하여 [돈을 받고] 불특정 다수인이 게임을 이용할 수 있도록 제공하였다.

④ 갑은 ⓒ게임기 설치장소 및 이용전력을 제공하고 그 대가로 매월 100,000원을 B로부터 받았다.

【사건의 경과 1】

① 검사는 갑을 게임산업진흥에관한법률(이하 게임법으로 약칭함) 위반죄로 기소하였다.

② 갑에 대한 공소사실은 관할관청에 등록하지 않고 청소년게임제공업을 영위하였다는 것이었다.

③ (공소사실의 요지는 아래의 2. 참조. 항소심 판례 본문에 의함)

④ 제1심법원은 다음의 이유를 들어서 공소사실을 모두 무죄로 판단하였다.

  (가) 게임법에서 정한 '게임물'은 "영상물 또는 영상물의 이용을 주된 목적으로 제작된 기기 및 장치" 여야 한다.

  (나) 갑이 게임기 설치장소 및 이용전력을 제공한 ㉠, ⓒ크레인 게임기들은 영상물 또는 영상물의 이용을 주된 목적으로 제작된 기기 및 장치에 해당하지 않는다.

  (다) 따라서 갑의 행위는 게임법의 적용을 받지 않는다.

【사건의 경과 2】

① 검사는 불복 항소하였다.

② 항소심은 다음의 이유를 들어서 항소를 기각하고, 제1심판결을 유지하였다.

  (가) ㉠, ⓒ크레인 게임기들은 게임법상의 '게임물'에 해당한다.

  (나) 게임법위반죄(무등록영업)는 구성요건이 부작위에 의하여서만 실현될 수 있는 진정부작위범에 해당한다.

  (다) 부작위범 사이의 공동정범은 다수의 부작위범에게 공통된 의무가 부여되어 있고 그 의무를 공통으로 이행할 수 있을 때에만 성립한다.

  (라) 게임법상의 등록의무는 "청소년게임제공업을 영위하고자 하는 자", 즉 청소년게임제공업으로 인한 영업상 권리의무의 귀속주체가 되는 자에게만 부여된다.

  (마) ㉠, ⓒ크레인 게임기들의 영업상 권리의무의 귀속주체는 A와 B이다.

  (바) 갑은 ㉠, ⓒ크레인 게임기들의 영업상 권리의무의 귀속주체가 아니므로 게임법위반죄(무등록영업)는 성립하지 않는다.

  (사) 갑과 A 또는 B 사이에 공모를 인정할 수 없다.

③ 검사는 불복 상고하였다.

④ 검사는 상고이유로, 갑에게 진정부작위범인 게임법위반죄(무등록영업)의 공모공동정범이 성립한다고 주장하였다.

【참조조문】

게임산업진흥에 관한 법률

제26조 (게임제공업 등의 허가 등) ②청소년게임제공업 또는 인터넷컴퓨터게임시설제공업을 영위하고자 하는 자는 문화체육관광부령이 정하는 시설을 갖추어 시장·군수·구청장에게 등록하여야 한다. (단서 생략)

제45조 (벌칙) 다음 각 호의 어느 하나에 해당하는 자는 2년 이하의 징역 또는 2천만원 이하의 벌금에

처한다.

2. 제25조 또는 제26조 제1항·제2항·제3항 본문의 규정을 위반하여 허가를 받지 아니하거나 등록을 하지 아니하고 영업을 한 자

2. 공소사실의 요지

【항소심 분석】 가. 피고인과 공소외 A는 2008. 4.경부터 2009. 7. 7. 19:10경까지 피고인이 운영하는 "P할인마트" 옆에서, /

【항소심 분석】 공소외 A는 게임물등급위원회의 전체이용가 등급분류를 받은 "팝스마켓플러스" 크레인 게임기 1대를 설치·운영하면서 이 곳을 지나는 불특정 다수인이 게임을 이용할 수 있도록 제공하고, /

【항소심 분석】 피고인은 위 게임기 설치장소 및 이용전력을 제공하고 그 대가로 매월 100,000원을 공소외 A로부터 받았다. /

【항소심 분석】 이로써 피고인은 공소외 A와 공모하여 관할관청에 등록하지 않고 청소년게임제공업을 영위하였다.

【항소심 분석】 나. 피고인과 공소외 B는 2008. 6.경부터 2009. 7. 7. 19:10경까지 위 "P할인마트" 옆에서, /

【항소심 분석】 공소외 B는 게임물등급위원회의 전체이용가 등급분류를 받은 "미즈크레인" 크레인 게임기 1대를 설치·운영하면서 이 곳을 지나는 불특정 다수인이 게임을 이용할 수 있도록 제공하고, /

【항소심 분석】 피고인은 위 게임기 설치장소 및 이용전력을 제공하고 그 대가로 매월 100,000원을 공소외 B로부터 받았다. /

【항소심 분석】 이로써 피고인은 공소외 B와 공모하여 관할관청에 등록하지 않고 청소년게임제공업을 영위하였다.

3. 진정부작위범의 구별표지

【대법원 분석】 1. 게임산업진흥에 관한 법률(이하 '게임법'이라고 한다) 제26조 제2항은 /

【대법원 분석】 "청소년게임제공업 또는 인터넷컴퓨터게임시설제공업을 영위하고자 하는 자는 문화체육관광부령이 정하는 시설을 갖추어 시장·군수·구청장에게 등록하여야 한다."고 규정하고 있고, /

【대법원 분석】 게임법 제45조 제2호는 /

【대법원 분석】 '제25조 또는 제26조 제1항·제2항·제3항 본문의 규정을 위반하여 허가를 받지 아니하거나 등록을 하지 아니하고 영업을 한 자'를 처벌한다고 규정하고 있다. /

【대법원 요지】 위 규정형식 및 취지에 비추어 볼 때, /

【대법원 요지】 게임법 제45조 제2호 위반은 청소년게임제공업 등을 영위하고자 하는 자가 등록의무를 이행하지 아니하였다는 것만으로 구성요건이 실현되는 것은 아니고, /

【대법원 요지】 나아가 영업을 하였다는 요건까지 충족되어야 비로소 구성요건이 실현되는 것이므로 /

【대법원 요지】 이를 진정부작위범으로 볼 것은 아니다.

4. 공동정범과 방조범의 구별

【대법원 요지】 한편, 여기서 '청소년게임제공업 등을 영위하고자 하는 자'라 함은 /

【대법원 요지】 청소년게임제공업 등을 영위함으로 인한 권리의무의 귀속주체가 되는 자(이하 '영업자'라고 한다)를 의미하므로, /

【대법원 요지】 영업활동에 지배적으로 관여하지 아니한 채 단순히 영업자의 직원으로 일하거나 영업을 위하여 보조한 경우, /

【대법원 요지】 또는 영업자에게 영업장소 등을 임대하고 그 사용대가를 받은 경우 등에는 /

【대법원 요지】 게임법 제45조 위반에 대한 본질적인 기여를 통한 기능적 행위지배를 인정하기 어려워, /

【대법원 요지】 이들을 방조범으로 처벌할 수 있는지는 별론으로 하고 공동정범으로 처벌할 수는 없다.

5. 사안에 대한 항소심의 판단

【항소심 판단】 2. 원심은 게임법 제45조 제2호 위반죄는 구성요건이 부작위에 의하여서만 실현될 수 있는 진정부작위범에 해당한다고 전제한 다음, /

【항소심 판단】 이 사건 게임기들을 소유하고 설치·관리하면서 불특정 다수인이 게임을 이용할 수 있도록 제공하고 그로 인한 수익을 얻는 자, /

【항소심 판단】 즉 이 사건 게임기들을 통한 영업상 권리의무가 귀속되는 주체는 공소외 A, B이고, /

【항소심 판단】 피고인은 공소외 A, B의 부탁을 받아 피고인이 운영하는 가게 옆에 이 사건 게임기들을 설치할 장소와 전력을 제공하고 그 대가를 받는 자에 불과하여 /

【항소심 판단】 위 영업상 권리의무의 귀속주체가 아니므로 /

【항소심 판단】 피고인에게 게임법 제26조 제2항의 등록의무가 부여된다고 보기 어려우며, /

【항소심 판단】 피고인이 공소외 A, B에게 이 사건 게임기들의 설치장소 및 이용전력을 제공하고 그 대가를 받았다는 점만으로는 /

【항소심 판단】 피고인이 공소외 A, B와 무등록 청소년게임제공업을 영위하기로 공모하였다고 인정하기에 부족하고 /

【항소심 판단】 달리 이를 인정할 증거가 없다는 이유로 무죄를 선고하였다.

6. 사안에 대한 대법원의 판단

【대법원 판단】 3. 앞에서 본 법리와 기록에 비추어 살펴보면, /

【대법원 판단】 원심이 게임법 제45조 제2호 위반죄를 진정부작위범으로 본 데에는 진정부작위범에 관한 법리를 오해한 잘못이 있지만, /

【대법원 판단】 이 사건 게임기들을 설치할 장소와 전력을 제공하고 그 대가를 받은 피고인이 영업상 권리의무의 귀속주체가 될 수 없고, /

【대법원 판단】 피고인의 위와 같은 행위만으로 피고인을 게임법 제45조 위반죄의 공모공동정범으로 보기 어렵다고 판단한 결론은 정당하다.

【**대법원 결론**】 원심판결에는 상고이유에서 주장하는 바와 같이 논리와 경험의 법칙을 위반하고 자유심증주의의 한계를 벗어나거나 심리를 다하지 아니한 위법 등이 없다. (상고 기각)

2010도11884

공문서위조죄 등 공동정범
6급공무원 근무평정 사건
2012. 1. 27. 2010도11884, 공 2012상, 403

1. 사실관계 및 사건의 경과

【**사실관계 1**】
① 지방공무원 평정규칙에 의하면 소속 공무원에 대한 근무평정은 다음과 같은 형태로 이루어진다.
　(가) 근무성적의 평정자는 5급은 국·구청장, 6급은 과장이다.
　(나) 근무성적 확인자는 5급은 부시장, 6급은 국·구청장이다.
　(다) 근무성적 평정자와 확인자는 평정대상 공무원에 대한 평정결과를 종합한 '평정단위별 서열명부'를 작성하여 근무성적평정위원회에 제출하여야 한다.
　(라) 근무성적평정위원회에서는 제출받은 '평정단위별 서열명부'를 기초로 하여 '근무성적평정표'에 평정대상공무원의 순위와 평정점을 심사·결정한다.
　(마) 임용권자인 시장은 근무성적평정위원회로부터 제출받은 '근무성적평정표'의 평정점 결정 결과가 심히 부당하다고 인정되는 때에 근무성적평정위원회에 이의 재결정을 요구할 수 있다.
② 지방공무원 평정규칙 및 지방공무원 평정업무 처리지침 등은 다음과 같이 규정하고 있다. (M규정)
　(가) 각 실·국·구청에서 작성하여 제출한 '평정단위별 서열명부'의 순위는 변경할 수 없다.
　(나) 평정자가 동일한 평정대상공무원군에 대해서는 확인자가 그 상호간의 서열을 조정할 수 없다.
　(다) 다만, 근무성적평정위원회의 평정결과에 대한 피평정자의 이의신청이 받아들여져 등급 및 평가점수가 변경된 경우는 예외로 한다.
③ M규정에 따르면 서열순위 변경을 위하여 '평정단위별 서열명부'를 재작성하는 것은 원칙적으로 허용되지 않는다.

【**사실관계 2**】
① 갑은 P시 시장이다.
② 을은 P시 행정과장이다.
③ 병은 P시 인사담당 실무자이다.
④ P시에서는 지방공무원 평정규칙 등의 규정과 달리 다음과 같은 방법으로 인사평정이 이루어져 왔다.
　(가) 국·구청에서 '평정단위별 서열명부'를 작성하여 인사계에 제출한다.
　(나) 인사계에서는 각 국·구청으로부터 제출받은 '평정단위별 서열명부'를 취합하여 P시 전체 직

급별 · 직렬별 서열을 정한 '근무성적평정표'를 작성한다.

(다) 이렇게 작성된 '근무성적평정표'에 대해 행정과장, 자치행정국장, 부시장, 시장의 순서로 결재를 받는나.

(라) 결재받은 '근무성적평정표'는 근무성적평정위원회에 심사자료로 송부된다.

(마) 근무성적평정위원회는 위원장 부시장, 부위원장 자치행정국장, 주민생활국장 등 4명의 국장급 위원, 간사 행정과장으로 구성된다.

(바) 근무성적평정위원회에서는 P시장의 결재를 거쳐 송부되어 온 '근무성적평정표'에 대해 서면 심사 · 결정하는 방법으로 근무성적평정을 한다.

(사) P시장의 결재를 거쳐 송부되어 온 '근무성적평정표'를 토대로 하는 것이므로 근무성적평정은 형식적으로 심사 · 결정된다.

【사실관계 3】

① B는 P시 감사담당관이다.

② 2008. 6.경 감사담당관실에서는 2008년도 상반기 감사담당관실 소속 직원에 대한 ㉠평정단위별 서열명부를 작성하였다.

③ 감사담당관실에서는 C를 1위, D를 2위로 평정하여 행정과 인사계에 제출하였다.

④ 2008. 7.경 인사계장 병은 감사담당관실을 포함하여 P시 산하 각 실 · 국 · 구청으로부터 제출받은 '평정단위별 서열명부'를 취합하여 P시 전체 행정 6급 공무원 200여명에 대한 서열순위를 정하는 실무작업을 하였다.

⑤ 병은 C와 D를 감사담당관실에서 제출한 ㉠평정단위별 서열명부상 순위에 부합하게 C 6위, D 8위로 하는 ㉡근무성적평정표를 작성하였다.

【사실관계 4】

① 인사계장 병은 행정과장 을, 자치행정국장 정을 거쳐 부시장 무까지 결재를 받은 다음 P시장 갑에게 결재를 상신하였다.

② P시장 갑은 병에게 C와 D의 서열을 맞바꾸라고 지시하였다.

③ 2008. 7.경 병은 C와 D 간의 서열을 맞바꾸기 위해 ㉢평정단위별 서열명부 용지에 다음과 같이 기재하였다.

(가) 평정단위 기관명 : P시

(나) 평정대상 직급 : 행정 6급

(다) 평정대상 기간 : 2008. 1. 1. ~ 2008. 6. 30.

(라) 대상자 4명 중 서열순위 : 1위 D, 2위 C

④ 병은 ㉢서열명부의 확인자 및 평정자란에 "확인자 부시장 무, 평정자 감사담당관 B"라고 컴퓨터 워드프로세서로 기재하고 이를 출력하였다.

⑤ 병은 감사담당관 B를 찾아가 시장의 지시라고 하면서 C와 D 간의 서열을 변경한 ㉢평정단위별 서열명부에 평정자 날인을 요구하였다.

⑥ B는 감사담당관실 내에서 객관적인 기준에 따라 C를 서열 1위, D를 서열 2위로 정한 것은 정당하다는 이유로 병의 요구를 거절하였다.

【사실관계 5】

① 행정과장 을은 병으로부터 C와 D 간의 서열변경에 대해 B가 거절한다는 사실을 보고받았다.

② 행정과장 을은 B에게 연락하여 C와 D 간의 서열이 변경된 것으로 재작성된 ⓒ평정단위별 서열명부에 평정자 날인을 해줄 것을 강압적으로 요구하였다.

③ 행정과장 을은 병에게 B를 찾아가 서열변경을 위한 평정자 날인을 다시 받아올 것을 지시하였다.

④ 병은 B를 재차 찾아가 C와 D 간의 서열이 변경된 것으로 재작성된 ⓒ평정단위별 서열명부를 제시하면서 평정자 날인을 요구하였다.

⑤ B는 자신의 의사에 반하여 ⓒ서열명부의 평정자란에 날인하였다.

⑥ 병은 ⓒ서열명부를 첨부한 ⓔ근무성적평정표를 완성하여 P시장 갑의 결재를 받았다.

⑦ 근무성적평정위원회는 ⓔ근무성적평정표에 대해 심사ㆍ의결하였다.

⑧ (이와 유사한 서열명부 변경행위는 여러 건 있었다.)

【사건의 경과】

① 검사는 갑과 을을 다음 공소사실의 공동정범으로 기소하였다.

   (가) 직권남용권리행사방해죄

   (나) 위계공무집행방해죄

② 검사는 을을 다음의 공소사실로 기소하였다.

   (가) 공문서변조죄

   (나) 변조공문서행사죄

③ 갑과 을의 피고사건은 제1심을 거친 후, 항소심에 계속되었다.

④ 항소심법원은 유죄를 인정하였다.

⑤ 갑과 을은 불복 상고하였다.

⑥ 갑과 을은 상고이유로, 채증법칙위반과 법리오해를 주장하였다.

2. 직권남용권리행사방해죄 부분에 대한 판단

(1) 직권남용권리행사방해죄의 성립요건

【대법원 요지】 형법 제123조의 직권남용권리행사방해죄에 있어서 '직권의 남용'이란 /

【대법원 요지】 공무원이 일반적 직무권한에 속하는 사항을 불법하게 행사하는 것, /

【대법원 요지】 즉 형식적, 외형적으로는 직무집행으로 보이나 그 실질은 정당한 권한 이외의 행위를 하는 경우를 의미하고, /

【대법원 채증】 직권남용에 해당하는가의 판단 기준은 /

【대법원 채증】 구체적인 공무원의 직무행위가 그 목적, /

【대법원 채증】 그것이 행하여진 상황에서 볼 때의 필요성ㆍ상당성 여부, /

【대법원 채증】 직권행사가 허용되는 법령상의 요건을 충족했는지 등의 /

【대법원 채증】 제반 요소를 고려하여 결정하여야 하며, /

【대법원 요지】 '의무 없는 일을 하게 한 때'란 /

【대법원 요지】 '사람'으로 하여금 법령상 의무 없는 일을 하게 하는 때를 의미하고, /

【대법원 요지】 직무집행의 기준과 절차가 법령에 구체적으로 명시되어 있고 /

【대법원 요지】 실무 담당자에게도 직무집행의 기준을 적용하고 절차에 관여할 고유한 권한과 역할이 부여되어 있다면 /

【대법원 요지】 실무 담당자로 하여금 그러한 기준과 절차에 위반하여 직무집행을 보조하게 한 경우에는 /

【대법원 요지】 '의무 없는 일을 하게 한 때'에 해당한다.

(2) 지방공무원 평정규칙의 내용

【대법원 분석】 한편 지방공무원법 제76조, 지방공무원 임용령 제31조의2의 위임에 따라 지방공무원의 근무성적평정에 관한 사항을 규정한 지방공무원 평정규칙은, /

【대법원 분석】 근무성적평정은 임용권자가 정하는 평정단위별로 근무성적평정자(이하 '평정자'라 한다) 및 근무성적평정확인자(이하 '확인자'라 한다)가 실시하도록 하고(제5조 제1항), /

【대법원 분석】 평정자는 평정대상 공무원의 직근 상급 · 상위 감독자 또는 차상급 · 차상위 감독자 중에서, /

【대법원 분석】 확인자는 평정자의 직근 상급 · 상위 감독자 또는 차상급 · 차상위 감독자 중에서 임용권자가 지정하되, /

【대법원 분석】 임용권자는 평정자의 직근 상급 · 상위 감독자가 없는 경우에는 확인자를 지정하지 아니할 수 있으나, /

【대법원 분석】 임용권자는 확인자가 될 수 없도록 하고 있으며(제5조 제2항), /

【대법원 분석】 5급 이하 공무원에 대한 근무평정은 평정자 및 확인자가 지방공무원 평정규칙 제8조 및 제8조의2에 따라 평정한 후 /

【대법원 분석】 그 평정 결과를 종합하여 평정단위별 서열명부를 작성하여 근무성적평정위원회에 제출하고(제9조 제1항), /

【대법원 분석】 근무성적평정위원회가 근무성적의 평정자 및 확인자가 제출한 평정단위별 서열명부를 기초로 하여 /

【대법원 분석】 평정단위별 서열명부의 순위 내에서 근무성적평정표에 평정대상 공무원의 순위와 평정점을 심사 · 결정하는 절차에 따라 이루어지도록 규정하고 있으며(제9조 제3항), /

【대법원 분석】 평정자는 위 근무성적평정을 한 경우 그 결과의 내용을 평정대상 공무원에게 알려주어야 하고(제11조 제1항), /

【대법원 분석】 근무성적평정대상 공무원은 근무성적평정 결과에 대하여 확인자에게 이의를 신청하고(제11조 제2항), /

【대법원 분석】 이의신청 결과에 대하여도 근무성적평정소위원회에 조정을 신청할 수 있도록 하는 평정 결과의 공개 및 불복에 관한 규정(제11조 제4항) 등을 두고 있는바, /

【대법원 요지】 위와 같이 지방공무원법, 지방공무원 임용령, 지방공무원 평정규칙이 지방공무원의 근무성적평정에 관하여 임용권자와 평정권자 · 확인권자를 분리하고, /

【대법원 요지】 그 평정 절차와 방법, 평정 결과의 공개와 불복 방법 등을 구체적으로 규정하고 있는

것은 /

【대법원 요지】 지방공무원의 근무성적평정이 객관적이고 공정하며 타당하게 실시될 수 있도록 하고자 한 데에 그 입법 목적이 있다고 할 것이므로, /

【대법원 요지】 평정권자나 확인권자가 아닌 지방공무원의 임용권자이자 인사권자로서 소속 지방공무원의 인사관리업무 등을 지휘·감독하는 지위에 있는 지방자치단체의 장이나 /

【대법원 요지】 그의 인사관리업무를 보좌하는 자에게는 /

【대법원 요지】 소속 공무원에게 지시하여 관련 법령에서 정해진 절차에 따라 작성된 평정단위별 서열명부를 특정 공무원에 대한 평정순위를 변경하는 내용으로 재작성하게 할 권한이 있다고 할 수 없다.

(3) 사안에 대한 대법원의 판단

【대법원 분석】 원심은 그 채용 증거에 의하여, /

【대법원 분석】 평정대상 공무원에 대한 평정권자나 확인권자가 아니라 /

【대법원 분석】 지방자치단체의 장이자 인사관리에 관한 일반적 권한을 가지고 소속 공무원의 업무를 지휘·감독하는 지위에 있을 뿐인 P시장인 피고인 갑과 /

【대법원 분석】 그를 보좌하며 인사관련 업무를 처리하는 P시 행정과장인 피고인 을이 /

【대법원 분석】 공소사실 기재와 같이 관련 법령에서 정해진 절차에 따라 평정대상 공무원에 대한 평정단위별 서열명부가 작성되고 이에 따라 평정대상 공무원의 순위가 정해졌는데도 /

【대법원 분석】 평정권자나 실무 담당자 등으로 하여금 특정 공무원들에 대한 평정순위 변경을 구체적으로 지시하여 평정단위별 서열명부를 새로 작성하도록 한 사실, /

【대법원 분석】 그 과정에서 피고인 을은 피고인 갑의 지시 내용을 알고 그 지시에 따라 자신이 직접 작성권자인 평정자 등에게 재작성된 평정관련 서류에 도장을 날인해 줄 것을 요청하거나, /

【대법원 분석】 공소외인에게 근무성적평정표의 재작성을 지시함과 아울러 감사에 대비하여 재작성된 평정관련 서류에 작성권자인 평정자 등의 도장을 받아 놓으라고 지시한 사실 등을 인정한 다음, /

【대법원 판단】 피고인들의 이러한 행위는 /

【대법원 판단】 공동하여 공무원이 그 일반적 직무권한에 속하는 사항에 관하여 직권을 남용하여 /

【대법원 판단】 평정권자나 실무 담당자 등으로 하여금 의무 없는 일을 하도록 한 것으로서 /

【대법원 판단】 직권남용권리행사방해죄의 공동정범에 해당하고, /

【대법원 판단】 이에 대한 피고인들의 고의도 인정할 수 있으며, /

【대법원 판단】 피고인 을의 경우 위와 같은 행위에 대한 위법성 인식이 없었다거나 그 인식의 결여에 정당한 이유가 있었다고 보기도 어렵다고 판단하였다.

【대법원 결론】 위 법리와 기록에 비추어 살펴보면, 위와 같은 원심의 사실인정과 판단은 정당하고, 거기에 상고이유로 주장하는 바와 같은 채증법칙 위반, 직권남용권리행사방해죄에 관한 법리오해 등의 위법이 없다.

【대법원 결론】 적법행위에 대한 기대가능성이 없었다는 피고인 을의 상고이유의 주장은 위 피고인이 이를 항소이유로 삼거나 원심이 직권으로 심판대상으로 삼은 바가 없는 것을 상고이유에서 비로소 주장하는 것으로서 적법한 상고이유가 되지 못한다.

3. 위계공무집행방해죄 부분에 대한 판단

【대법원 요지】 위계에 의한 공무집행방해죄는 /

【대법원 요지】 행위목적을 이루기 위하여 상대방에게 오인, 착각, 부지를 일으키게 하여 이를 이용함으로써 /

【대법원 요지】 법령에 의하여 위임된 공무원의 적법한 직무에 관하여 그릇된 행위나 처분을 하게 하는 경우에 성립한다.

【대법원 분석】 원심은 그 채용 증거에 의하여 인정한 그 판시와 같은 사정에 의하면, /

【대법원 분석】 P시 근무성적평정위원회는 공소사실 기재와 같이 위원회에 제출된 근무성적평정표에 기재된 평정대상 공무원들의 순위가 피고인들에 의하여 각 국에서 작성된 평정단위별 서열명부와 달리 변경된 사실을 알지 못하고 /

【대법원 분석】 위 평정단위별 서열명부에 기초하여 작성된 것으로 오인한 채 /

【대법원 분석】 평정대상 공무원들의 근무성적 순위와 평정점을 심사 · 결정한 사실을 인정할 수 있다고 본 다음, /

【대법원 판단】 피고인들이 그와 같이 담당 공무원으로 하여금 근무성적평정표를 조작하여 근무성적평정위원회에 제출하도록 하여 /

【대법원 판단】 이에 속은 근무성적평정위원회가 조작된 근무성적평정표에 따라 평정대상 공무원들의 순위와 평정점을 심사 · 결정하도록 한 것은 위계에 의한 공무집행방해죄에 해당한다고 판단하였다.

【대법원 결론】 위 법리와 기록에 비추어 살펴보면, 위와 같은 원심의 사실인정과 판단은 정당하고, 거기에 상고이유로 주장하는 바와 같은 채증법칙 위반, 위계에 의한 공무집행방해죄에 관한 법리오해 등의 위법이 없다.

【대법원 결론】 상고이유로 들고 있는 대법원판결들은 이 사건과 사안이 달라 이 사건에 원용하기에 적절하지 아니하다.

4. 공문서변조죄 부분에 대한 판단

【대법원 요지】 공문서변조죄는 /

【대법원 요지】 권한 없는 자가 공무소 또는 공무원이 이미 작성한 문서 내용에 대하여 동일성을 해하지 않을 정도로 변경을 가하여 /

【대법원 요지】 새로운 증명력을 작출케 함으로써 공공적 신용을 해할 위험성이 있을 때 성립하고, /

【대법원 요지】 사후에 권한 있는 자의 동의나 추인 등이 있었다고 하더라도 이미 성립한 범죄에는 아무런 영향이 없다.

【대법원 분석】 원심은 그 채용 증거에 의하여, /

【대법원 분석】 피고인 을이 근무성적평정서 작성 및 수정 권한 없는 공소외인에게 재작성한 평정단위별 서열명부의 순위에 맞게 근무성적평정서의 점수를 먼저 수정하도록 지시한 사실을 인정한 다음, /

【대법원 판단】 그와 같이 위 피고인이 진정하게 성립된 근무성적평정서를 작성권자의 사전 동의 없이 수정하도록 지시하고 /

【대법원 판단】 공소외인이 그 지시에 따라 진정하게 성립된 근무성적평정서를 수정한 이상 곧바로 공문서변조죄는 성립하고, /

【대법원 판단】 비록 위 피고인이 공소외인에게 근무성적평정서의 작성명의자들로부터 수정한 부분에 도장을 받아 놓으라고 지시하였다고 하더라도 /

【대법원 판단】 그것은 사후적인 승낙을 받으라는 것에 불과하여 공문서변조죄의 성립에 지장이 없다고 판단하였다.

【대법원 결론】 위 법리와 기록에 비추어 살펴보면, 위와 같은 원심의 사실인정과 판단은 정당하고, 거기에 상고이유로 주장하는 바와 같은 채증법칙 위반, 공문서변조에 관한 법리오해 등의 위법이 없다. (상고 기각)

2010도13433

단독정범과 공범의 구별
타인 명의 세금계산서 사건
2012. 5. 10. 2010도13433, 공 2012상, 1037

1. 사실관계 및 사건의 경과

【사실관계 1】

① 갑은 사업자등록 없이 의류임가공업체 P업체를 운영하고 있다.

② Q편물은 사업자등록이 있는 의류업체이다.

③ Q편물의 대표는 A이다.

④ 갑은 R, S, T회사 등과 거래를 하였다.

⑤ 갑은 사업자등록이 있는 Q편물 명의를 가지고 세무업무를 처리하였다.

【사실관계 2】

① 2007. 2. 25.경 갑은 R회사의 대표이사 B에게 다음 내용의 매출세금계산서 1장을 교부하였다.

   (가) 작성일자 : 2007. 2. 25.

   (나) 공급가액 : 28,379,600원

   (다) 공급자 : Q편물

   (라) 공급받는 자 : R회사

② 공급된 의류는 P업체가 가공한 것이었다.

③ Q편물에서 R회사에 의류를 공급한 사실은 없었다.

④ 2007. 2. 25.경부터 2008. 12. 5.경까지 갑은 같은 방법으로 B에게 총 30회에 걸쳐 허위 매출세금계산서를 교부하였다.

⑤ 갑이 교부한 허위 매출세금계산서의 공급가액 합계 537,857,400원 상당에 이르렀다. (이상 ㉠매출세금계산서)

【사실관계 3】

① 2007. 10. 31.경 갑은 S회사 대표이사 C로부터 다음 내용의 매입세금계산서 1장을 교부받았다.

    (가) 작성일자 : 2007. 10. 31.

    (나) 공급가액 : 5,060,000원

    (다) 공급자 : S회사

    (라) 공급받는 자 : Q편물

② S회사로부터 물품을 공급받은 업체는 P업체이었다.

③ Q편물이 S회사로부터 의류를 공급받은 사실은 없었다.

④ 2007. 11. 30.경 갑은 S회사로부터 같은 방법으로 공급가액 5,080,000원짜리 매입세금계산서 1장을 교부받았다. (이상 ⓛ매입세금계산서)

【사실관계 4】

① 2008. 7. 25.경 갑은 M세무서에서 Q편물 이름으로 부가가치세 확정 신고를 하였다.

② 갑은 Q편물이 '인천세관장'으로부터 13,495,738원 상당의 재화나 용역을 제공받았다는 내용의 매입처별세금계산서합계표를 기재하였다. (ⓒ세금계산서합계표)

③ '인천세관장'으로부터 13,495,738원 상당의 재화나 용역을 제공받은 업체는 P업체이었다.

④ Q편물이 '인천세관장'으로부터 13,495,738원 상당의 재화나 용역을 제공받은 사실은 없었다.

⑤ 갑은 Q편물 명의의 ⓒ세금계산서합계표를 M세무서 담당공무원에게 제출하였다.

⑥ [갑은 소정의 세금을 전부 납부하였다. (갑의 주장임)]

⑦ [갑이 이상의 세무업무를 처리함에 있어 Q편물 대표 A로부터 Q편물 명의 사용에 대해 동의를 받았는지는 분명하지 않다.]

【사건의 경과 1】

① 갑이 Q편물 명의로 세무업무를 처리한 사실이 발각되었다.

② 검사는 갑을 조세범처벌법위반죄(허위세금계산서교부)로 기소하였다.

③ 제1심법원은 유죄를 인정하였다.

④ 갑은 불복 항소하였다.

⑤ 갑은 항소이유로 다음의 점을 주장하였다.

    (가) 조세범처벌법상 세금계산서 허위교부죄의 주체는 세금계산서의 교부자 또는 피교부자이다.

    (나) 갑은 Q편물의 대표 A의 동의를 받아 세금계산서를 교부하거나 교부받은 것이다.

    (다) 피고사건에서 행위주체는 Q편물의 대표 A이다.

    (라) 갑은 A의 방조범에 지나지 않는다.

    (마) 따라서 갑에 대해 형을 필요적으로 감경하여야 한다(형법 제32조 제2항).

【사건의 경과 2】

① 항소심법원은 Q편물 대표 A의 동의를 받았다는 갑의 주장을 배척하였다.

② 항소심법원은 갑을 조세범처벌법위반죄의 단독정범으로 인정하였다.

③ 항소심법원은 항소를 기각하고, 제1심판결을 유지하였다.

④ (항소심의 판단 이유는 판례 본문 참조)

⑤ 갑은 불복 상고하였다.

⑥ 갑은 상고이유는 항소이유와 같다.

【참조조문】

조세범처벌법 (행위시)

제11조의2 (세금계산서 교부 의무위반등) ① 부가가치세법의 규정에 의하여 세금계산서를 작성하여 교부하여야 할 자와 매출처별세금계산서합계표를 정부에 제출하여야 할 자가 /

다음 각호의 어느 하나에 해당하는 경우에는 1년 이하의 징역 또는 공급가액에 부가가치세의 세율을 적용하여 계산한 세액의 2배 이하에 상당하는 벌금에 처한다.

(각호 생략)

④ 부가가치세법의 규정에 의한 재화 또는 용역을 공급하지 아니하고 다음 각호의 어느 하나에 해당하는 행위를 한 자는 3년 이하의 징역 또는 /

그 세금계산서 및 계산서에 기재된 공급가액이나 매출처별세금계산서합계표 · 매입처별세금계산서합계표에 기재된 공급가액 또는 매출처별계산서합계표 · 매입처별계산서합계표에 기재된 매출 · 매입금액에 부가가치세의 세율을 적용하여 계산한 세액의 2배 이하에 상당하는 벌금에 처한다.

1. 부가가치세법의 규정에 의한 세금계산서를 교부하거나 교부받은 행위

3. 부가가치세법의 규정에 의한 매출 · 매입처별세금계산서합계표를 허위기재하여 정부에 제출한 행위

[위의 조문은 현행 조세범 처벌법 제10조에 해당함]

2. 허위세금계산서 교부행위의 주체

【대법원 분석】 1. 구 조세범 처벌법(2010. 1. 1. 법률 제9919호로 전부 개정되기 전의 것, 이하 같다) 제11조의2 제4항은 /

【대법원 분석】 '부가가치세법의 규정에 의한 재화 또는 용역을 공급하지 아니하고 부가가치세법의 규정에 의한 세금계산서를 교부하거나 교부받은 행위'(제1호)와 /

【대법원 분석】 '부가가치세법의 규정에 의한 재화 또는 용역을 공급하지 아니하고 부가가치세법의 규정에 의한 매출 · 매입처별 세금계산서 합계표를 허위기재하여 정부에 제출한 행위'(제3호)를 처벌하고 있다.

【대법원 판단】 위 각 규정의 내용과 입법 취지를 종합하면, /

【대법원 판단】 구 조세범 처벌법 제11조의2 제4항 제1호는 /

【대법원 판단】 재화 또는 용역(이하 '재화 등'이라 한다)을 공급하지 아니한 자가 자신을 공급하는 자로 기재한 세금계산서를 교부하거나 /

【대법원 판단】 재화 등을 공급받지 아니한 자가 자신이 공급받는 자로 기재된 세금계산서를 교부받은 행위를 대상으로 하고, /

【대법원 판단】 같은 항 제3호는 재화 등을 공급하거나 공급받지 아니한 자가 그 재화 등의 공급에 관한 세금계산서 합계표를 허위로 작성하여 정부에 제출한 행위를 그 대상으로 한다. /

【대법원 요지】 그런데 재화 등을 공급하거나 공급받은 자가 /

【대법원 요지】 제3자의 위임을 받아 제3자의 사업자등록을 이용하여 /

【대법원 요지】 그 제3자를 공급하는 자로 기재한 세금계산서를 교부하거나 /

【대법원 요지】 그 제3자가 공급받는 사로 기재된 세금계산서를 교부빋은 경우 및 /

【대법원 요지】 그 제3자의 명의로 그 재화 등의 공급에 관한 세금계산서 합계표를 작성하여 정부에 제출한 경우에는, /

【대법원 요지】 제3자가 위 세금계산서 수수 및 세금계산서 합계표 작성·제출행위를 한 것으로 볼 수 있으므로 /

【대법원 요지】 그가 재화 등을 공급하거나 공급받지 아니한 이상 /

【대법원 요지】 구 조세범 처벌법 제11조의2 제4항 제1호 및 제3호 범행의 정범이 되고, /

【대법원 요지】 재화 등을 공급하거나 공급받은 자는 가담 정도에 따라 그 범행의 공동정범이나 방조범이 될 수 있을 뿐 그 범행의 단독정범이 될 수 없다.

3. 사안에 대한 항소심의 판단

【항소심 판단】 2. 원심은 그 채택 증거에 의하여, /

【항소심 판단】 피고인이 사업자등록 없이 공소외 R주식회사, 공소외 S주식회사, 공소외 T주식회사 등과 의류 임가공 거래를 하면서 /

【항소심 판단】 공소외 A(상호: Q편물)가 그 거래를 한 것처럼 기재된 세금계산서를 교부하거나 교부받고 /

【항소심 판단】 그에 관한 매입처별 세금계산서 합계표를 작성하여 정부에 제출한 사실 등을 인정한 다음, /

【항소심 판단】 피고인은 /

【항소심 판단】 공소외 A가 의류를 공급하거나 공급받지 않았음에도 /

【항소심 판단】 공소외 A가 그 의류를 공급하거나 공급받았다는 내용의 /

【항소심 판단】 세금계산서를 교부하거나 교부받고 /

【항소심 판단】 그에 관한 세금계산서 합계표를 작성하여 정부에 제출하는 행위를 하였으므로 /

【항소심 판단】 그에 관한 공소외 A의 동의 여부와 상관없이 /

【항소심 판단】 구 조세범 처벌법 제11조의2 제4항 제1호 및 제3호 범행의 단독정범에 해당한다고 판단하여, /

【항소심 판단】 같은 취지의 이 사건 공소사실에 대하여 유죄를 선고한 제1심판결을 그대로 유지하였다.

4. 사안에 대한 대법원의 판단

【대법원 판단】 3. 그러나 원심의 판단은 다음과 같은 이유에서 수긍할 수 없다.

【대법원 판단】 원심이 인정한 사실관계를 앞서 본 법리에 비추어 살펴보면, /

【대법원 요지】 의류를 공급하거나 공급받지 아니한 공소외 A가 /

【대법원 요지】 자신의 사업자등록을 이용하여 /

【대법원 요지】 자신을 그 의류의 공급자로 기재한 세금계산서를 교부하거나 /

【대법원 요지】 자신이 그 의류의 공급받는 자로 기재된 세금계산서를 교부받는 것과 /

【대법원 요지】 자신의 명의로 그에 관한 매입처별 세금계산서 합계표를 작성하여 정부에 제출하는 것을 /

【대법원 요지】 피고인에게 위임한 경우에는 /

【대법원 요지】 공소외 A가 구 조세범 처벌법 제11조의2 제4항 제1호 및 제3호 범행의 정범이 되고 /

【대법원 요지】 피고인은 공소외 A와 함께 공동정범이 되거나 그 방조범이 될 수 있을 뿐이며, /

【대법원 요지】 공소외 A가 피고인에게 그와 같은 위임을 하지 아니한 경우에는 /

【대법원 요지】 피고인에게 형법상 문서위조죄 등의 죄책을 물을 수 있음은 별론으로 하고 /

【대법원 판단】 공소외 A나 피고인이 구 조세범 처벌법 제11조의2 제4항 제1호 및 제3호 범행의 정범이 된다거나 /

【대법원 판단】 피고인이 공소외 A에 의한 위 범행의 공범이 된다고 할 수 없다.

【대법원 결론】 그럼에도 원심은 공소외 A가 피고인에게 위와 같은 위임을 하였는지를 심리하지 아니한 채 /

【대법원 결론】 그에 상관없이 피고인이 구 조세범 처벌법 제11조의2 제4항 제1호 및 제3호 범행의 단독정범에 해당한다고 판단하였으니, /

【대법원 결론】 원심의 이와 같은 판단에는 구 조세범 처벌법 제11조의2 제4항 제1호 및 제3호에 관한 법리 등을 오해하여 필요한 심리를 다하지 아니함으로써 판결 결과에 영향을 미친 위법이 있다. (파기 환송)

2010도13609

긴급피난의 요건
외통위 출입문 사건
2013. 6. 13. 2010도13609, 공 2013하, 1266

1. 사실관계 및 사건의 경과

【사실관계】

① 한미FTA 비준동의안에 대한 국회 외교통상 상임위원회의 의안 처리가 임박하였다. (외통위)

② 갑 등은 P정당의 당직자들이다.

③ 갑 등은 외통위에 의안 상정 자체를 저지하기로 하였다.

④ 갑 등의 방해행위를 저지하기 위하여 국회 사무처는 외통위 출입문을 봉쇄하였다.

⑤ 갑 등은 회의장에 들어가기 위하여 다음의 행동을 하였다. (㉠행위)

　　(가) 해머로 출입문을 수회 쳐서 부수어 출입문을 떼어내었다.

(나) 그 안쪽에 바리케이드로 쌓여있던 책상, 탁자 등 집기를 밀치거나 잡아당겨 부수었다.

(다) 소화전에 연결된 소방호스를 이용하여 바리케이드 틈 사이로 회의장 내에 물을 분사하였다.

【사건의 경과】

① 검사는 갑 등을 다음의 공소사실로 기소하였다.

(가) 공용물건손상

(나) 국회회의장소동

② (관련되는 공무집행방해 부분은 고찰에서 생략함)

③ 갑 등의 피고사건은 제1심을 거친 후, 항소심에 계속되었다.

④ 항소심법원은 유죄를 선고하였다.

⑤ 갑 등은 불복 상고하였다.

⑥ 갑 등은 상고이유로 다음의 점을 주장하였다.

(가) ㉠행위는 [국민 정서상] 사회상규에 반하지 않는다.

(나) ㉠행위는 [국익을 지키기 위한] 긴급피난에 해당한다.

2. 사회상규의 요건

【대법원 요지】 가. 형법 제20조에 규정된 '사회상규에 위배되지 아니하는 행위'라 함은 법질서 전체의 정신이나 그 배후에 놓여 있는 사회윤리 내지 사회통념에 비추어 용인될 수 있는 행위를 말하고, /

【대법원 요지】 어떠한 행위가 사회상규에 위배되지 아니하는 정당한 행위로서 위법성이 조각되는 것인지는 구체적인 사정 아래에서 합목적적, 합리적으로 고찰하여 개별적으로 판단되어야 하므로, /

【대법원 요지】 이와 같은 정당행위를 인정하려면 /

【대법원 요지】 첫째 그 행위의 동기나 목적의 정당성, /

【대법원 요지】 둘째 행위의 수단이나 방법의 상당성, /

【대법원 요지】 셋째 보호이익과 침해이익과의 법익 균형성, /

【대법원 요지】 넷째 긴급성, /

【대법원 요지】 다섯째 그 행위 외에 다른 수단이나 방법이 없다는 보충성 /

【대법원 요지】 등의 요건을 갖추어야 한다. /

3. 긴급피난의 요건

【대법원 요지】 또한 형법 제22조 제1항의 긴급피난이란 자기 또는 타인의 법익에 대한 현재의 위난을 피하기 위한 상당한 이유 있는 행위를 말하고, /

【대법원 요지】 여기서 '상당한 이유 있는 행위'에 해당하려면, /

【대법원 요지】 첫째 피난행위는 위난에 처한 법익을 보호하기 위한 유일한 수단이어야 하고, /

【대법원 요지】 둘째 피해자에게 가장 경미한 손해를 주는 방법을 택하여야 하며, /

【대법원 요지】 셋째 피난행위에 의하여 보전되는 이익은 이로 인하여 침해되는 이익보다 우월해야 하고, /

【대법원 요지】 넷째 피난행위는 그 자체가 사회윤리나 법질서 전체의 정신에 비추어 적합한 수단일

것을 요하는 등의 요건을 갖추어야 한다.

4. 사안에 대한 대법원의 분석

【대법원 분석】 나. 원심판결 이유에 의하면, /

【대법원 분석】 피고인들은 공소외 1 등과 공동하여 2008. 12. 18. 10:30경부터 13:30경까지 사이에 국회 외교통상 상임위원회(이하 '외통위'라 한다) 회의장 앞 복도에서 /

【대법원 분석】 성명불상의 [P정당] 및 [Q정당] 의원, 의원 보좌직원, 당직자 등과 함께 봉쇄된 회의장 출입구를 뚫을 목적으로, /

【대법원 분석】 피고인 3은 해머로 출입문을 수회 쳐서 부수고, /

【대법원 분석】 피고인 2, 피고인 4, 피고인 5는 각자 해머로 출입문을 수회 치고 떼어낸 후 그 안쪽에 바리케이드로 쌓여있던 책상, 탁자 등 집기를 밀치거나 잡아당겨 부수고, /

【대법원 분석】 공소외 1은 출입문을 양손으로 젖혀 떼어낸 후 그 안쪽에 쌓여있던 소파 등 집기를 해머로 쳐서 부수고, /

【대법원 분석】 [P정당] 국회의원 보좌직원들인 공소외 2, 공소외 3은 각자 출입문 안쪽에 쌓여있던 탁자 등 집기를 밀치거나 잡아당겨 부수고, /

【대법원 분석】 피고인 1은 출입문 안쪽에 쌓여있던 탁자를 전동그라인더를 이용하여 부순 사실, /

【대법원 분석】 피고인 2는 2008. 12. 18. 13:45경 국회 외교통상 상임위원회 회의장 앞 복도에서 위와 같이 회의장 출입구 확보를 위한 시도가 실패로 돌아가자, /

【대법원 분석】 한미자유무역협정 비준동의안의 상정 등 심의를 방해하기 위해 [P정당] 국회의원 보좌직원들인 공소외 3, 공소외 4와 함께 교대로 소화전에 연결된 소방호스를 이용하여 바리케이드 틈 사이로 회의장 내에 물을 분사한 사실을 알 수 있다.

5. 사안에 대한 대법원의 판단

【대법원 판단】 이를 앞서 본 법리와 기록에 비추어 살펴보면, /

【대법원 판단】 우선 피고인들의 위와 같은 행위가 공용물건손상죄 및 국회회의장소동죄의 구성요건에 해당한다는 점은 너무나 명백하고, /

【대법원 판단】 국민의 대의기관인 국회에서 서로의 의견을 경청하고 진지한 토론과 양보를 통하여 더욱 바람직한 결론을 도출하는 합법적 절차를 외면한 채 곧바로 폭력적 행동으로 나아간 피고인들의 행위는 /

【대법원 판단】 그 방법이나 수단에 있어서도 상당성의 요건을 갖추지 못하였다고 할 것이므로 /

【대법원 판단】 이를 위법성이 조각되는 정당행위나 긴급피난의 요건을 갖춘 행위로 평가하기도 어렵다.

【대법원 결론】 따라서 원심의 이유설시에 일부 적절하지 아니한 부분이 없지 않으나, 피고인들의 위법성조각사유 주장을 배척하고 이 부분 공소사실을 모두 유죄로 판단한 원심의 결론은 정당하다. 이와 관련된 상고이유는 모두 받아들일 수 없다. (상고 기각)

2010도14409

신분범의 공동정범
별정직 공무원 집단행위 사건
2012. 6. 14. 2010도14409, 공 2012하, 1246

1. 사실관계 및 사건의 경과

【사실관계】

① 갑은 P시청에 근무하는 별정직 6급 지방공무원이다.

② 갑은 전국공무원노동조합(이하 '전공노'라고 한다) P시 지부장이다.

③ 2009. 7. 19. 16:00부터 2009. 7. 19. 17:00까지 서울역 광장에서 "교사·공무원 시국선언 탄압 규탄대회"가 열렸다. (㉠집회)

④ ㉠집회에는 야당 정치인, 노조 지도자 등 외에 ㉮, ㉯, ㉰, ㉱노동조합 조합원 1,400여 명이 참석하였다.

⑤ ㉠집회에 참석한 연설자들은 '교사·공무원 시국선언 탄압 규탄대회'의 목적이 국가공무원법 등에서 금지하는 전교조 시국선언에 대한 정부의 고발·징계 조치의 철회 및 현 정부 심판임을 밝혔다.

⑥ 갑은 A, B, C, D 등 다른 전공노 간부들과 함께 서울역 광장 등지에서 구호를 제창하는 방법 등으로 ㉠집회에 참가하였다.

【사건의 경과】

① 검사는 갑을 지방공무원법위반죄(집단행위금지)로 기소하였다.

② 제1심법원은 다음의 이유를 들어서 무죄를 선고하였다.

   (가) 지방공무원법은 모든 지방공무원에 대해 집단행위를 금지하고 있다.

   (나) 지방공무원법 제82조는 집단행위를 처벌하고 있다.

   (다) 집단행위 금지 위반행위에 대한 처벌규정은 경력직 공무원에게만 적용된다.

   (라) 특수경력직 공무원에게 적용되는 처벌규정은 없다.

③ 검사는 불복 항소하였다.

④ 검사는 항소이유로, 형법 제33조 본문에 의하여 갑은 처벌대상이 된다고 주장하였다.

⑤ 항소심법원은 지방공무원법의 입법취지와 죄형법정주의에 비추어 볼 때 형법 제33조 본문은 적용되지 않는다고 판단하였다.

⑥ 항소심법원은 항소를 기각하였다.

⑦ 검사는 불복 상고하였다.

⑧ 검사의 상고이유는 항소이유와 같다.

2. 지방공무원법 처벌규정의 적용범위

【대법원 분석】 구 지방공무원법(2011. 5. 23. 법률 제10700호로 개정되기 전의 것, 이하 '구 지방공

무원법'이라 한다) 제2조에서 /

【대법원 분석】 지방자치단체의 공무원을 경력직공무원(실적과 자격에 따라 임용되고 그 신분이 보장되는 공무원)과 특수경력직공무원(경력직공무원 외의 공무원)으로 구분한 뒤, /

【대법원 분석】 제3조 제1항 본문에서 "이 법의 규정은 제31조, 제44조부터 제46조까지, 제46조의2, 제46조의3, 제47조부터 제59조까지, 제61조 및 제74조부터 제79조까지의 규정 외에는 이 법과 그 밖의 법률에 특별한 규정이 없으면 특수경력직공무원에게 적용하지 아니한다."고 정함으로써, /

【대법원 분석】 구 지방공무원법 제6장 복무(제47조 내지 제59조)에 관한 조항들이 모두 특수경력직공무원에게 적용되도록 하면서도 /

【대법원 분석】 제9장 징계(제69조 내지 제73조의2), 제12장 벌칙(제82조)에 관한 조항들은 적용대상 조항으로 열거하지 않고 있다. /

【대법원 분석】 그리고 징계와 관련하여서는 제73조의3을 따로 두어 "다른 법률에 특별한 규정이 있는 경우 외에는 대통령령으로 정하는 바에 따라 특수경력직공무원에 대하여도 이 장의 규정을 준용할 수 있다."고 명시함으로써 /

【대법원 분석】 구 지방공무원법 제9장 징계에 관한 조항들이 특수경력직공무원에게 바로 적용될 수 없음을 분명히 하는 동시에 특수경력직공무원에 대한 징계 근거조항을 마련하고 있는 것과 달리, /

【대법원 분석】 특수경력직공무원의 구 지방공무원법 위반행위에 대한 형사처벌과 관련하여서는 아무런 적용 근거조항을 두지 않고 있다.

【대법원 요지】 위와 같은 구 지방공무원법의 체계와 관련 조항의 내용과 아울러 형벌 조항은 구체적이고 명확하여야 한다는 죄형법정주의의 원칙 등을 종합해 보면, /

【대법원 요지】 특수경력직공무원에 대하여는 공무 외의 집단행위를 금지하는 구 지방공무원법 제58조 제1항은 적용되나 /

【대법원 요지】 그 위반행위에 대한 형사처벌 조항인 구 지방공무원법 제82조는 적용되지 않는다고 보아야 한다.

【대법원 결론】 원심이 구 지방공무원법상 특수경력직공무원 신분인 피고인의 구 지방공무원법 제58조 제1항 위반행위에 대하여 형사처벌 조항인 구 지방공무원법 제82조가 그대로 적용될 수 없다고 판단한 것은 위와 같은 법리에 따른 것으로서 정당하고, /

【대법원 결론】 거기에 상고이유에서 주장하는 바와 같이 구 지방공무원법 제82조의 적용범위에 관한 법리를 오해한 위법은 없다.

3. 신분범과 공범

【대법원 분석】 형법 제33조 본문은 "신분관계로 인하여 성립될 범죄에 가공한 행위는 신분관계가 없는 자에게도 전3조의 규정을 적용한다."고 규정하고 있으므로, /

【대법원 분석】 비신분자라 하더라도 신분범의 공범으로 처벌될 수 있다. /

【대법원 요지】 그리고 구 지방공무원법 제58조 제1항 본문이 그 주체를 지방공무원으로 제한하고 있기는 하지만, /

【대법원 요지】 위 법조항에 의하여 금지되는 '노동운동이나 그 밖에 공무 외의 일을 위한 집단행위'

의 태양이 /

【대법원 요지】 행위자의 신체를 수단으로 하여야 한다거나 행위자의 인격적 요소가 중요한 의미를 가지는 것은 아니므로, /

【대법원 요지】 위 행위를 처벌하는 같은 법 제82조가 지방공무원이 스스로 위 행위를 한 경우만을 처벌하려는 것으로 볼 수는 없다. /

【대법원 요지】 따라서 지방공무원의 신분을 가지지 아니하는 사람도 /

【대법원 요지】 구 지방공무원법 제58조 제1항을 위반하여 같은 법 제82조에 따라 처벌되는 지방공무원의 범행에 가공한다면 /

【대법원 요지】 형법 제33조 본문에 의해서 공범으로 처벌받을 수 있다.

【대법원 판단】 위 법리에 비추어 보면, /

【대법원 판단】 구 지방공무원법 제82조가 적용되지 않는 구 지방공무원법상 특수경력직공무원의 경우에도 /

【대법원 판단】 위 법조항을 위반한 경력직공무원의 범행에 가공한다면 /

【대법원 판단】 역시 형법 제33조 본문에 의해서 공범으로 처벌받을 수 있다고 보아야 하고, /

【대법원 판단】 특수경력직공무원에 대하여 구 지방공무원법 제82조가 직접 적용되지 않는다는 이유만으로 달리 볼 것은 아니다.

【대법원 결론】 그런데도 원심은 이와 달리 구 지방공무원법상 특수경력직공무원에 대하여는 구 지방공무원법 제82조가 직접 적용되지 않는다는 이유만으로 형법 제33조 본문조차 적용되지 않아 경력직공무원과의 공동정범도 성립할 수 없다고 인정하였으므로, /

【대법원 결론】 이 부분 원심판단에는 신분범과 공범에 관한 법리를 오해하여 판결 결과에 영향을 미친 위법이 있다. (파기 환송)

2010도14720

선거법상 기부행위와 사회상규
군수 음식대접 사건

2011. 2. 24. 2010도14720, 공 2011상, 686

1. 사실관계 및 사건의 경과

【사실관계 1】

① 갑은 M군의 현직 군수이다.

② A는 M군의 전직 군수이다.

③ 2010. 4. P정당 M군수 선거후보자 경선이 실시될 예정이다.

④ 2010. 6. 2. 전국동시지방선거가 실시될 예정이다.

⑤ A는 다음의 지방선거에 출마가 유력시되고 있다.

⑥ 갑은 A를 견제하기 위하여 일련의 행위를 하였다.

⑦ 다음의 식사제공 행위는 그 중의 하나이다.

⑧ (이하 식사제공 행위 부분만 고찰함)

【사실관계 2】

① 2010. 3. 7. 19:00경 M군수관사에 P정당 N지역위원회 읍면 청년위원장들이 방문하였다. (㉠모임)

② 갑은 ㉠모임의 회장 D를 비롯한 선거구민 20명에게 약 36만원 상당의 식사를 제공하였다. (㉡식사
   제공)

③ 갑은 참석자들에게 다음과 같이 말하였다.

   (가) 있는 대로 준비했습니다. 맛있게 드십시오.

   (나) 이제 후보자 신분이 되는 만큼 좀 도와달라.

【사건의 경과】

① 검사는 갑을 공직선거법위반죄(기부행위)로 기소하였다.

② 갑은 다음과 같이 주장하였다.

   (가) ㉡식사제공은 선거에 관련한 기부행위가 아니다.

   (나) 20명에게 약 36만원 상당의 식사제공 행위는 사회상규에 위배되지 아니하는 정당행위로서 위
      법성이 조각된다.

③ 갑의 피고사건은 제1심을 거친 후, 항소심에 계속되었다.

④ 항소심법원은 갑의 주장을 배척하고 유죄를 인정하였다.

⑤ 갑은 불복 상고하였다.

⑥ 갑의 상고이유는 제1심에서의 주장과 같다.

【참조조문】

공직선거법

제113조 (후보자 등의 기부행위제한) ① 국회의원·지방의회의원·지방자치단체의 장·정당의 대표
   자·후보자(후보자가 되고자 하는 자를 포함한다)와 그 배우자는 /

   당해 선거구 안에 있는 자나 기관·단체·시설 또는 /

   당해 선거구의 밖에 있더라도 그 선거구민과 연고가 있는 자나 기관·단체·시설에 /

   기부행위(결혼식에서의 주례행위를 포함한다)를 할 수 없다.

제257조 (기부행위의 금지제한 등 위반죄) ① 다음 각호의 1에 해당하는 자는 5년 이하의 징역 또는 1
   천만원 이하의 벌금에 처한다.

   1. 제113조(후보자 등의 기부행위제한) …… 의 규정에 위반한 자

2. 공직선거법상 기부행위와 사회상규

【대법원 요지】 공직선거법상 기부행위의 구성요건에 해당하는 행위라 하더라도 /

【대법원 요지】 그것이 지극히 정상적인 생활형태의 하나로서 역사적으로 생성된 사회질서의 범위
안에 있는 것이라고 볼 수 있는 경우에는 /

【대법원 요지】 일종의 의례적 행위나 직무상의 행위로서 /

【대법원 요지】 사회상규에 위배되지 아니하여 위법성이 조각되는 경우가 있을 수 있지만 /

【대법원 요지】 그와 같은 사유로 위법성의 조각을 인정함에는 신중을 요한다.

3. 사안에 대한 대법원의 판단

【대법원 분석】 원심은, /

【대법원 분석】 ① 피고인은 [P정당] M군당원협의회 N면청년위원장이자 청년위원회(M군 13개 읍면 청년위원장과 총무들의 모임)의 회장인 공소외 D와 사전에 연락하여 군수 관사 방문 일정을 정한 사실, /

【대법원 분석】 ② 피고인은 현직 M군수로서 2010. 6. 2. 치러질 전국동시지방선거(제5회) M군수 선거에 [P정당] 후보로 출마할 것이 확실시되었고, /

【대법원 분석】 [P정당] M군수 선거후보자 경선(2010. 4.)이 얼마 남지 않은 시기였던 사실, /

【대법원 분석】 ③ 위 모임에 참석한 사람들은 선거구민일 뿐 아니라 [P정당] M지역 읍면 청년위원회의 회장 및 총무들로서 각 읍면의 청년위원이나 지역 주민에게 영향력을 끼칠 수 있었던 사실, /

【대법원 분석】 ④ 피고인은 참석자들에게 "있는 대로 준비했습니다. 맛있게 드십시오."라고 말하였고, 또 "이제 후보자 신분이 되는 만큼 좀 도와달라."는 취지로 말한 사실, /

【대법원 분석】 ⑤ 참석자들에게 제공된 음식물은 단순히 재료 구입비를 참석자 수로 나누었을 때의 1인당 비용도 결코 적지 않은 사실, /

【대법원 분석】 ⑥ 경찰에서 위 모임이 있었음을 알게 되자, 피고인과 측근들은 다음날인 2010. 3. 8. 오전에 대책회의를 한 후 공소외 B, E 등이 청년위원회 측 총무인 공소외 F를 찾아가 음식물 비용으로 30만원을 공소외 B의 계좌로 이체해 줄 것을 부탁한 사실 등을 인정한 다음, /

【대법원 판단】 음식물 제공으로 인한 공직선거법 위반 부분에 관하여 /

【대법원 판단】 선거에 관련한 기부행위가 아니라거나 사회상규에 위배되지 아니하는 정당행위로서 위법성이 조각된다는 취지의 피고인의 주장을 배척하였다.

【대법원 결론】 앞서 본 법리와 기록에 비추어 살펴보면, 원심의 이러한 판단은 정당하여 수긍할 수 있고, 거기에 상고이유로 주장하는 바와 같은 사회상규에 위배되지 아니하는 행위에 관한 법리오해 등의 잘못이 없다. (상고 기각)

2010도17512

사기죄와 인과관계
목디스크 보험사기 사건
2011. 2. 24. 2010도17512, 공 2011상, 692

1. 사실관계 및 사건의 경과

【사실관계 1】

① 갑은 P, Q, R회사 등 여러 보험회사의 보험에 가입하였다.

② 갑이 가입한 보험 중 일부는 교통재해에 대하여 보장해 주는 보험이었다. (I그룹)

③ 갑이 가입한 보험 중 일부는 교통재해를 포함한 상해 등에 대하여 보장해 주는 보험이었다. (II그룹)

④ I그룹에 속한 보험은 교통재해와 교통재해 이외의 일반재해를 구분하지 아니하고 상해 등에 대하여 동일하게 보장해 주는 보험이었다.

⑤ 일반적으로 상해보험약관상 상해의 개념에는 '타인의 가해에 의한 상해'가 포함되고 있다.

⑥ ⓐ그랜저 승용차는 K 소유이다.

⑦ K는 ⓐ그랜저 승용차에 대해 S보험회사의 자동차종합보험에 가입하였다.

【사실관계 2】

① 2003. 10. 초순경 갑은 남편 A가 목을 잡고 세게 흔들어 목을 다쳤다.

② 2003. 10. 13. 11:00경 전주시 L병원 앞에서 을이 운전하는 K 소유의 ⓐ그랜저 승용차와 H가 운전하는 ⓑ오토바이와의 교통사고가 발생하였다. (M교통사고)

③ 갑은 M교통사고 발생 당시에 을 운전의 ⓐ승용차에 동승하지 않았다.

④ 을은 M교통사고가 발생하자 갑에게 전화를 하였다.

⑤ 갑은 M교통사고 당시 을 운전의 ⓐ승용차에 동승하였다가 목을 다친 것으로 위장하여 보험금을 편취하기로 을과 공모하였다.

【사실관계 3】

① 2003. 10. 13. 갑은 전주시 Y신경외과의원에서 경수의 진탕 및 부종(C5-6), 경추간판의 외상성 파열(C4-5, C5-6)이라는 진단서를 발급받았다(소위 목디스크). (㉠진단서)

② 2003. 10. 13.부터 10. 18.까지 갑은 Y신경외과의원에 입원하였다. (1차 입원)

③ 2003. 10. 18.부터 10. 27.까지 갑은 전주시 J병원에 입원하였다. (2차 입원)

④ 2003. 10. 20. 갑은 J병원에서 상기 진단명으로 전방경유 수핵제거술 및 경추간 유합술을 시행받았다.

⑤ 2003. 10. 27. 갑은 J병원에서 경추간판탈출증(제5-6 경추간 파열형) 및 경척수손상(급성좌상, 제5-6 경추간)의 병명으로 다시 진단서를 발급받았다. (㉡진단서)

⑥ 2003. 10. 27.부터 2004. 1. 14.까지 갑은 예수병원에 입원하였다. (3차 입원)

【사실관계 4】

① 2003. 11. 5. 을은 ⓐ그랜저 승용차의 소유자인 K를 대리하여 자동차보험금지급청구서를 작성하여 그 무렵 S보험회사에 제출하였다.

② 2004. 5. 12. 갑은 익산시 W대학교 의과대학병원에서 경추에 24%의 영구장해와 경수에 32%의 영구장해가 있다는 내용의 후유장해진단서를 발급받았다. (㉢진단서)

③ 2005. 1. 3. 갑은 서울중앙지방법원에 ⓐ그랜저 승용차의 보험회사인 S회사를 상대로 M교통사고로 부상당한 경추부 척수 손상, 경추부 추간판 탈출증 후유장해로 인한 손해배상청구를 하였다.

④ 2006. 6. 8. 갑은 S보험회사로부터 41,538,810원을 교부받았다. (㉮행위)

【사실관계 5】

① 2003. 12. 24.경부터 2005. 1. 3.경까지 갑은 M교통사고로 인하여 상해를 입었다는 취지로 P, Q, R회사 등 자신이 가입한 여러 보험회사에 보험금을 청구하였다.

② 갑은 증빙자료로 ㉠, ㉡, ㉢진단서를 P, Q, R보험회사에 제출하였다.

③ 갑은 P회사를 포함하여 여러 보험회사들로부터 보험금을 받았다.

④ 갑이 받은 돈은 총 31회에 걸쳐 합계 107,541,604원에 이르렀다. (㉯행위들)

⑤ 갑이 M교통사고를 계기로 받은 보험금은 총 1억 5천 여 만원에 달하였다.

【사건의 경과 1】

① [S회사는 갑과 을을 보험사기로 고소하였다.]

② 검찰은 건강보험심사평가원에 입원진료 적정성 여부에 대해 심사를 의뢰하였다.

③ 건강보험심사평가원장은 입원진료 적정성 여부에 대해 다음과 같이 회신하였다.

④ "갑의 목디스크 상해로 인한 다음의 3차에 걸친 입원은 적정한 것으로 보인다."

   (가) 2003. 10. 13.부터 10. 18.까지 입원진료 (1차 입원)

   (나) 2003. 10. 18.부터 10. 27.까지 입원진료 (2차 입원)

   (다) 2003. 10. 27.부터 2004. 1. 14.까지 입원 (3차 입원)

【사건의 경과 2】

① 검사는 갑과 을을 사기죄로 기소하였다.

② 제1심법원은 일반상해를 교통사고 상해로 속여서 교통사고 보험금을 수령하는 것은 기망에 해당한다고 판단하였다.

③ 제1심법원은 다음과 같이 판단하였다.

   (가) ㉮행위 부분 : 갑과 을의 사기죄 공동정범

   (나) ㉯행위들 부분 : 갑의 사기죄 단독정범

④ 갑과 을은 불복 항소하였다.

⑤ 항소심법원은 항소를 기각하고, 제1심판결을 유지하였다.

【사건의 경과 3】

① 갑과 을은 불복 상고하였다.

② 갑과 을은 ㉮행위 부분에 대한 상고이유로, 공동정범의 법리 오해를 주장하였다.

③ 갑은 ㉯행위들 부분에 대한 상고이유로 다음의 점을 주장하였다.

   (가) 갑의 목디스크는 상해에 해당한다.

   (나) P보험회사 등에 상해보험금을 청구한 것은 기망에 해당하지 않는다.

   (다) 갑의 보험금청구와 P보험회사 등의 보험금 지급 사이에 인과관계가 없다.

④ 대법원은 갑과 을의 ㉮행위 부분에 대해 상고이유를 배척하였다.

⑤ 대법원은 갑의 ㉯행위들 부분에 대해 판단하였다.

2. 보험사기의 기망과 인과관계

【대법원 요지】 피고인이 보험금을 편취할 의사로 허위로 보험사고를 신고하거나 고의적으로 보험사고를 유발한 경우 보험금에 관한 사기죄가 성립하고, /

【대법원 요지】 나아가 설령 피고인이 보험사고에 해당할 수 있는 사고로 인하여 경미한 상해를 입었다고 하더라도 /

【대법원 요지】 이를 기화로 보험금을 편취할 의사로 그 상해를 과장하여 병원에 장기간 입원하고 /

【대법원 요지】 이를 이유로 실제 피해에 비하여 과다한 보험금을 지급받는 경우에는 /

【대법원 요지】 그 보험금 전체에 대해 사기죄가 성립한다. /

【대법원 요지】 그리고 사기죄는 타인을 기망하여 착오에 빠뜨리고 그 처분행위를 유발하여 재물을 교부받거나 재산상 이익을 얻음으로써 성립하는 것으로서, /

【대법원 요지】 기망, 착오, 재산적 처분행위 사이에 인과관계가 있어야 한다.

3. 공소사실의 요지

【대법원 분석】 이 부분 공소사실의 요지는, /

【대법원 분석】 사실은 피고인 갑이 2003. 10. 초순경 남편 공소외 A가 목을 잡고 세게 흔들어 목을 다친 사실이 있을 뿐이고, /

【대법원 분석】 2003. 10. 13. 11:00경 전주시 완산구 서노송동에 있는 노송병원 앞에서 있었던 피고인 을이 운전하는 그랜저 승용차와 공소외 H가 운전하는 오토바이와의 교통사고(이하 '이 사건 교통사고'라고 한다) 발생 당시에 /

【대법원 분석】 위 승용차에 동승한 사실이 없음에도 /

【대법원 분석】 2003. 10. 13. 전주시 완산구에 있는 연세신경외과에서 약 4주간의 치료를 요하는 경추간판의 외상성 파열이라는 진단서를 발급받고, /

【대법원 분석】 2004. 5. 12. 익산시 신용동에 있는 원광대학교에서 경추부 척수 손상, 경추 추간판 탈출증이라는 후유장해진단서를 발급받아 /

【대법원 분석】 2003. 12. 24.경부터 2005. 1. 3.경까지 제1심판결의 별지 [범죄일람표]와 같이 이 사건 교통사고로 인하여 상해를 입었다는 취지로 허위로 보험금을 청구하여 /

【대법원 분석】 피해자 교보생명보험 주식회사, 녹십자생명보험 주식회사, 삼성생명보험 주식회사, 금호생명보험 주식회사, 현대해상화재보험 주식회사, 엘아이지손해보험 주식회사로부터 총 31회에 걸쳐 합계 107,541,604원을 각 교부받아 /

【대법원 분석】 편취하였다는 것이다. /

4. 사안에 대한 항소심의 판단

【항소심 판단】 이에 대하여 원심은 그 판시와 같은 이유로 이 사건 교통사고 발생 당시 피고인 갑이 위 그랜저 승용차에 탑승하고 있지 않았고, /

【항소심 판단】 따라서 이 사건 교통사고로 인하여 상해를 입은 것이 아니라고 보아 /

【항소심 판단】 이 부분 공소사실을 유죄로 인정하였다.

5. 사안에 대한 대법원의 분석

【대법원 판단】 그러나 원심의 판단은 위에서 본 법리에 비추어 다음과 같은 이유로 그대로 수긍하기 어렵다. /

【대법원 분석】 원심이 인정한 사실과 기록에 의하면, /

【대법원 분석】 피고인 갑은 2003. 10. 초순경 남편 공소외 A가 목을 잡고 세계 흔들어 목을 다쳤을 뿐 /

【대법원 분석】 2003. 10. 13. 이 사건 교통사고로 인하여 목을 다친 것이 아닌 사실, /

【대법원 분석】 위 피고인은 2003. 10. 13. 전주시 완산구에 있는 연세신경외과의원에서 경수의 신탕 및 부종(C5-6), 경추간판의 외상성 파열(C4-5, C5-6)이라는 진단서를 발급받았고, /

【대법원 분석】 2003. 10. 20. 전주시 완산구에 있는 예수병원에서 상기 진단명으로 전방경유 수핵제거술 및 경추간 유합술을 시행받았고, /

【대법원 분석】 2003. 10. 27. 위 예수병원에서 경추간판탈출증(제5-6 경추간 파열형) 및 경척수손상(급성좌상, 제5-6 경추간)의 병명으로 다시 진단서를 발급받았으며, /

【대법원 분석】 2004. 5. 12. 익산시 신용동에 있는 원광대학교 의과대학병원에서 경추에 24%의 영구장해와 경수에 32%의 영구장해가 있다는 내용의 후유장해진단서를 발급받은 사실, /

【대법원 분석】 검찰에 제출된 건강보험심사평가원장의 입원진료 적정성 여부 심사의뢰에 대한 회신에는 /

【대법원 분석】 위 피고인의 위 상해로 인한 3차에 걸친 입원/

【대법원 분석】 (2003. 10. 13.부터 10. 18.까지, /

【대법원 분석】 2003. 10. 18.부터 10. 27.까지, /

【대법원 분석】 2003. 10. 27.부터 2004. 1. 14.까지) 등은 /

【대법원 분석】 적정한 것으로 보인다고 기재되어 있는 사실, /

【대법원 분석】 위 피고인이 가입한 보험 중 일부는 교통재해와 교통재해 이외의 일반재해를 구분하지 아니하고 상해 등에 대하여 동일하게 보장하여 주는 보험이고, /

【대법원 분석】 일반적으로 상해보험약관상 상해의 개념에는 '타인의 가해에 의한 상해'가 포함되고 있는 사실 등을 알 수 있다.

6. 사안에 대한 대법원의 판단

【대법원 판단】 사실관계가 이와 같다면, /

【대법원 판단】 위 피고인이 위와 같이 상해를 입고 수술을 받았으나 후유장해가 남은 것은 사실이고 /

【대법원 판단】 이는 일반재해에 해당된다고 할 것이므로 /

【대법원 요지】 위 피고인이 교통재해를 이유로 한 보험금청구가 보험회사에 대한 기망에 해당할 수 있으려면 /

【대법원 요지】 각 보험약관상 교통재해만이 보험사고로 규정되어 있을 뿐 일반재해는 보험사고에 해당하지 않는 경우에 해당하거나 /

【대법원 요지】 교통재해의 보험금이 일반재해의 보험금보다 다액으로 규정되어 있는 경우에 해당한다는 점이 전제되어야 할 것이다. /

【대법원 판단】 그런데 기록을 살펴보아도 이 점을 분명하게 알 수 있는 자료를 찾기 어렵다.

【대법원 결론】 그럼에도 불구하고, 원심은 /

【대법원 결론】 위 피고인이 가입한 각 보험의 보험사고가 무엇인지 및 /

【대법원 결론】 그 각 보험회사들이 위 피고인에게 보험금을 지급한 것이 위 피고인의 기망으로 인한

것인지 등에 대하여 /

【대법원 결론】 상세히 심리 · 판단하지 아니한 채 위 피고인의 보험금청구가 기망행위에 해당한다고 섣사리 단정하여 위 공소사실을 유죄로 인정하고 말았으니, /

【대법원 결론】 원심판결에는 사기죄에 있어서의 기망행위 또는 인과관계에 관한 법리를 오해하였거나 필요한 심리를 다하지 아니하여 사실을 오인함으로써 판결에 영향을 미친 위법이 있다고 할 것이다. 이 점에 관한 상고이유의 주장은 이유 있다. (파기 환송)

2010도17886

범죄의 완성과 사후행위
후원금 현금카드 사건
2011. 6. 9. 2010도17886, 공 2011하, 1424

1. 사실관계 및 사건의 경과

【사실관계 1】

① 갑은 서울 M지역에서 당선된 P정당 소속 국회의원이다.

② 갑에게는 '국회의원 갑 후원회'가 조직되어 있다. (ⓐ후원회)

③ 갑은 국방, 안보 등에 관한 정책대안을 마련하기 위하여 사단법인 '○○○위원회'를 조직하여 그 위원장으로 활동하고 있다. (ⓑ위원회)

④ 을은 P정당 서울시 부위원장을 등을 거친 후, 갑의 특보단장으로 활동하고 있다.

⑤ 병은 국회의원 갑의 보좌관으로서 N건물 소재 ⓐ후원회 업무를 총괄하고 있다.

⑥ A는 Q회사의 영업사장이다.

【사실관계 2】

① 2008. 5.경 갑은 Q회사 영업사장 A로부터 "서울시당 부위원장 몇 분이 뜻을 모아 후원금을 모았다"는 취지의 말을 들었다.

② 갑은 A에게 최고위원 경선 특보단장인 을에게 후원금을 전달하라고 말하였다.

③ 2008. 5.경 A는 B, C 등으로부터 모금한 5,000만원이 입금되어 있는 A 명의 ㉠우체국 계좌의 ㉡현금카드를 비밀번호와 함께 갑의 보좌관 병에게 건네주었다.

④ 병은 위 자금을 ⓐ위원회가 입주한 N건물의 전세보증금과 ⓑ위원회의 설립자금으로 사용하였다.

⑤ (기타 이와 유사한 사례들은 고찰에서 생략함)

【사건의 경과】

① 검사는 갑, 을, 병을 정치자금법위반죄의 공동정범으로 기소하였다.

② 제1심법원은 유죄를 인정하였다.

③ 갑 등은 불복 항소하였다.

④ 항소심법원은 항소를 기각하고, 제1심판결을 유지하였다.

⑤ 갑 등은 불복 상고하였다.

⑥ 갑 능은 상고이유로 다음의 섬을 주상하였다.

  (가) A가 준 ⓛ현금카드 자체는 정치자금법상의 정치자금에 해당하지 않는다.

  (나) ⓛ현금카드를 병에게 넘겨주었다고 하여 ㉠계좌 내의 금액 자체를 교부한 것으로 볼 수 없다.

  (다) 병이 ⓛ현금카드로 ㉠계좌에 든 돈을 인출·이체하여 갑을 위한 정치활동에 소요되는 비용으로 사용한 때에 비로소 A가 갑의 정치자금을 대납한 것으로 보아야 한다.

  (라) 병이 ⓛ현금카드로 인출·이체한 돈 대부분은 ⓐ위원회의 N건물 전세보증금과 사단법인 ⓑ위원회의 설립자금 등의 용도로 사용되었을 뿐 갑을 위한 정치자금으로 사용되지 않았다.

  (마) 가사 갑의 행위가 A로 하여금 병에게 정치자금을 공여하게 한 것으로 본다 하더라도, 정치자금법에는 제3자에 대한 공여를 처벌하는 규정이 없다.

【참조조문】

정치자금법

제2조 (기본원칙) ① 누구든지 이 법에 의하지 아니하고는 정치자금을 기부하거나 받을 수 없다.

  ⑤ 누구든지 타인의 명의나 가명으로 정치자금을 기부할 수 없다.

제3조 (정의) 이 법에서 사용하는 용어의 정의는 다음과 같다.

  1. "정치자금"이라 함은 /

  당비, 후원금, 기탁금, 보조금과 정당의 당헌·당규 등에서 정한 부대수입 /

  그 밖에 정치활동을 위하여 정당(중앙당창당준비위원회를 포함한다), 공직선거에 의하여 당선된 자, 공직선거의 후보자 또는 후보자가 되고자 하는 자, 후원회·정당의 간부 또는 유급사무직원 그 밖에 정치활동을 하는 자에게 제공되는 /

  금전이나 유가증권 그 밖의 물건과 그 자의 정치활동에 소요되는 비용을 말한다.

  2. "기부"라 함은 정치활동을 위하여 개인 또는 후원회 그 밖의 자가 정치자금을 제공하는 일체의 행위를 말한다. /

  이 경우 제3자가 정치활동을 하는 자의 정치활동에 소요되는 비용을 부담하거나 지출하는 경우와 /

  금품이나 시설의 무상대여, 채무의 면제·경감 그 밖의 이익을 제공하는 행위 등은 /

  이를 기부로 본다.

제45조 (정치자금부정수수죄) ① 이 법에 정하지 아니한 방법으로 정치자금을 기부하거나 기부받은 자 /

  (정당·후원회·법인 그 밖에 단체에 있어서는 그 구성원으로서 당해 위반행위를 한 자를 말한다. 이하 같다)는 /

  5년 이하의 징역 또는 1천만원 이하의 벌금에 처한다. /

  다만, 정치자금을 기부하거나 기부받은 자의 관계가 「민법」 제777조(친족의 범위)의 규정에 의한 친족인 경우에는 그러하지 아니하다.

2. 정치자금 수수행위와 사후처분

【대법원 분석】 정치자금법 제45조 제1항은 /

【대법원 분석】 그 법에 정하지 아니한 방법으로 정치자금을 기부하거나 기부받은 자를 처벌하도록 규정하고 있고, /

【대법원 분석】 같은 법 제3조 제1호는 '정치자금'을 /

【대법원 분석】 '당비, 후원금, 기탁금, 보조금과 정당의 당헌·당규 등에서 정한 부대수입 /

【대법원 분석】 그 밖에 정치활동을 위하여 정당, 공직선거에 의하여 당선된 자, 공직선거의 후보자 또는 후보자가 되고자 하는 자, 후원회·정당의 간부 또는 유급사무직원 그 밖에 정치활동을 하는 자에게 제공되는 금전이나 유가증권 그 밖의 물건과 /

【대법원 분석】 그 자의 정치활동에 소요되는 비용'으로 규정하고 있으며, /

【대법원 분석】 같은 법 제3조 제2호는 '기부'를 /

【대법원 분석】 '정치활동을 위하여 개인 또는 후원회 그 밖의 자가 정치자금을 제공하는 일체의 행위'로 정의하면서 /

【대법원 분석】 '제3자가 정치활동을 하는 자의 정치활동에 소요되는 비용을 부담하거나 지출하는 경우와 /

【대법원 분석】 금품이나 시설의 무상대여, 채무의 면제·경감 그 밖의 이익을 제공하는 행위 등'을 /

【대법원 분석】 기부로 보고 있다. /

【대법원 요지】 따라서 정치자금법에 의하여 수수가 금지되는 정치자금은 정치활동을 위하여 정치활동을 하는 자에게 제공되는 금전 등 일체를 의미한다. /

【대법원 요지】 한편 정치자금법에 정하지 아니한 방법으로 정치자금을 기부받음으로써 정치자금부정수수죄가 기수에 이른 이후에 /

【대법원 요지】 정치자금을 기부받은 자가 실제로 그 자금을 정치활동을 위하여 사용하였는지 여부는 범죄의 성립에 영향을 미치지 아니한다.

3. 사안에 대한 대법원의 판단

【대법원 판단】 원심은 그 판시와 같은 여러 사정을 근거로 /

【대법원 판단】 피고인 갑과 피고인 을이 공모하여 공소외 A로부터 그 판시 돈이 입금된 예금계좌에 연결된 이 사건 현금카드를 교부받은 사실을 인정하였다. /

【대법원 판단】 나아가 원심은 예금계좌에 돈을 입금한 후 이를 언제든지 인출할 수 있는 현금카드를 발급받아 비밀번호와 함께 기부받는 자에게 교부하는 행위는 정치자금법상 정치자금의 기부에 해당한다고 전제한 다음, /

【대법원 판단】 공소외 A가 정치자금을 기부받는 자인 피고인 갑의 지시에 따라 그가 지정하는 피고인 을에게 그 판시 예금계좌에 연결된 이 사건 현금카드를 교부한 것은 /

【대법원 판단】 그 예금계좌에 들어 있는 정치자금의 처분매체를 비밀번호와 함께 기부받는 자 측에 제공하는 행위로서 정치자금의 기부에 해당한다고 판단하였다. /

【대법원 판단】 또한 원심은 이 사건 현금카드의 교부행위로써 정치자금법상 정치자금의 기부는 완성되고, /

【대법원 판단】 그 이후에 피고인 갑 등이 이 사건 현금카드에 연결된 예금계좌의 돈을 어떻게 사용

하였는지는 정치자금부정수수죄의 성립에 영향을 미치지 아니한다고 판단하였다.

【대법원 결론】 원심판결 이유 및 원심이 채택한 증거들을 앞서 본 법리에 비추어 살펴보면, 원심의 위와 같은 사실인정과 판단은 정당한 것으로 수긍할 수 있고, /

【대법원 결론】 거기에 피고인 갑과 피고인 을이 상고이유에서 주장하는 바와 같이 정치자금부정수수죄의 성립 요건 및 기수시기, 공소사실의 특정, 공소권 남용 등에 관한 법리를 오해하거나 논리와 경험칙에 반하여 사실을 오인한 위법이 없다. (상고 기각)

2010모446

보호관찰, 사회봉사, 수강명령의 관계
수강명령 미이행 사건

2010. 5. 27. 2010모446, 공 2010하, 1323

1. 사실관계 및 사건의 경과

【사실관계 1】

① 갑은 무면허운전죄 및 음주운전죄로 수차례 처벌받은 전력이 있다.

② 2008. 10. 21. 갑은 대구지방법원에서 도로교통법 위반죄(음주운전) 및 도로교통법 위반죄(무면허운전)로 다음 주문의 판결을 선고받았다. (㉮판결)

   (가) 징역 6월

   (나) 집행유예 2년

   (다) 보호관찰을 받을 것

   (라) 준법운전강의 40시간 수강

   (마) 사회봉사 80시간

③ 2008. 10. 29. ㉮판결은 확정되었다.

④ 판결이 확정된 수형자는 10일 이내에 보호관찰소에 신고서를 제출해야 한다.

⑤ 2009. 1. 19. 갑은 보호관찰소에 신고서를 제출하였다.

⑥ 2009. 1. 28.부터 2009. 2. 13.까지 갑은 80시간의 사회봉사명령을 모두 마쳤다.

【사실관계 2】

① 갑은 이후 보호관찰관의 지도·감독과 수회에 걸친 수강명령 집행지시에 불응하였다.

② 보호관찰관은 갑에게 수회에 걸쳐 "계속하여 준수사항을 위반할 경우에는 구인·유치·처분취소 등 불이익한 처분을 받게 된다"는 경고를 하였다.

③ 대구지방검찰청 검사는 법원으로부터 갑에 대한 유치허가를 받아 갑을 유치하였다.

④ 2009. 7. 22. 대구지방검찰청 검사는 대구지방법원에 갑이 보호관찰관의 지도·감독에 불응하였다는 이유 등으로 ㉮판결의 집행유예취소 청구를 하였다. (㉯취소청구)

⑤ 2009. 7. 24. 대구지방법원은 다음의 이유를 들어 검사의 집행유예취소 청구를 기각하였다.

　(가) 갑은 사회봉사명령을 완료하였다.

　(나) 갑은 손가락 및 갈비뼈 골절로 입원치료를 받기도 하였다.

　(다) 갑은 잘못을 반성하고 앞으로 수강명령을 성실히 이행하겠다고 다짐하고 있다.

【사실관계 3】

① 갑은 ㈏집행유예취소 청구가 기각된 후에도 보호관찰관의 지도·감독에 불응하고 수강명령을 제대로 이행하지 않았다.

② 보호관찰관은 갑에게 재차 다음의 경고를 하였다.

③ "계속하여 준수사항을 위반할 경우에는 구인·유치·처분취소 등 불이익한 처분을 받게 된다."

④ 2009. 9. 14. 갑은 3시간의 수강명령을 이행하였다.

【사실관계 4】

① 2009. 9. 갑은 대구 북구 M장소 소재 P식당 유리창을 깨뜨렸다. (㈐사건)

② 2009. 10. 28. 갑은 무면허운전을 하였다. (㈑사건)

③ 2009. 11. 10. 갑은 ㈐사건으로 대구지방검찰청에서 기소유예 처분을 받았다.

【사실관계 5】

① 2010. 1. 11. 갑은 보호관찰관으로부터 나머지 37시간의 수강명령 집행지시(2010. 1. 18. ~ 2010. 1. 22.)를 받았다.

② 2010. 1. 18.부터 2010. 1. 20.까지 갑은 매일 8시간씩 24시간의 수강명령을 이행하였다.

③ 2010. 1. 21. 갑은 남은 수강명령을 이행하려고 대구보호관찰소를 방문하였다.

④ 이 때 갑은 "보호관찰관의 지도·감독과 수강명령 집행지시에 불응하고 보호관찰기간 중 재범을 하였다"는 이유로 구인되었다.

【사건의 경과】

① 대구지방검찰청 검사는 대구지방법원에 ㈎판결의 집행유예취소 청구를 하였다. (㈒취소청구)

② 2010. 2. 11. 대구지방법원은 검사의 ㈒집행유예 취소청구를 받아들여 ㈎판결의 집행유예를 취소하는 결정을 내렸다.

③ 갑은 불복 항고하였다.

④ 대구지방법원 항고부는 다음의 점에 주목하였다.

　(가) 갑은 사회봉사명령 80시간을 모두 마쳤다.

　(나) 40시간의 수강명령을 이행하던 중 구인되는 바람에 13시간의 수강명령을 마치지 못하였다.

　(다) 갑은 손가락 및 갈비뼈 골절로 입원치료를 받기도 하여 보호관찰 준수사항과 수강명령을 이행하지 못한 데에 참작할 만한 사유가 있다.

　(라) 갑은 보호관찰소에 구인되어 1개월 보름여 동안 대구구치소에 유치되어 있으면서 자신의 잘못을 깊이 반성하면서 앞으로 보호관찰과 잔여 수강명령을 성실히 받을 것을 다짐하고 있다.

　(마) 갑의 나이, 환경 등 여러 가지 사정을 참작할 필요가 있다.

⑤ 2010. 3. 8. 대구지방법원 항고부는 다음의 결정을 내렸다.

　(가) 원심결정을 취소한다.

(나) 검사의 이 사건 집행유예취소 청구를 기각한다.

⑥ 검사는 불복하여 대법원에 재항고하였다.

⑦ 검사는 재항고이유로 다음의 점을 주장하였다.

(가) 갑은 빈번히 준수사항을 불이행하였다.

(나) 갑의 준수사항 불이행 정도는 집행유예 취소에 이를 정도로 무겁다.

【참조조문】

형법

제64조 (집행유예의 취소) ② 제62조의2의 규정에 의하여 보호관찰이나 사회봉사 또는 수강을 명한 집행유예를 받은 자가 준수사항이나 명령을 위반하고 그 정도가 무거운 때에는 집행유예의 선고를 취소할 수 있다.

보호관찰 등에 관한 법률

제38조 (경고) 보호관찰소의 장은 보호관찰 대상자가 제32조의 준수사항을 위반하거나 위반할 위험성이 있다고 인정할 상당한 이유가 있는 경우에는 준수사항의 이행을 촉구하고 형의 집행 등 불리한 처분을 받을 수 있음을 경고할 수 있다.

제42조 (유치) ① 보호관찰소의 장은 다음 각 호의 신청이 필요하다고 인정되면 제39조 또는 제40조에 따라 구인한 보호관찰 대상자를 수용기관 또는 소년분류심사원에 유치할 수 있다.

1. 제47조에 따른 보호관찰을 조건으로 한 형의 선고유예의 실효(失效) 및 집행유예의 취소 청구의 신청

④ 검사는 보호관찰소의 장으로부터 제1항 제1호의 신청을 받고 그 이유가 타당하다고 인정되면 48시간 이내에 관할 지방법원에 보호관찰을 조건으로 한 형의 선고유예의 실효 또는 집행유예의 취소를 청구하여야 한다.

2. 보호관찰, 사회봉사, 수강명령의 상호관계

【대법원 요지】 법원이 보호관찰 등에 관한 법률에 의한 검사의 청구에 의하여 형법 제64조 제2항에 규정된 집행유예취소의 요건에 해당하는가를 심리함에 있어, /

【대법원 요지】 보호관찰기간 중의 재범에 대하여 따로 처벌받는 것과는 별도로 보호관찰자 준수사항 위반 여부 및 그 정도를 평가하여야 하고, /

【대법원 요지】 보호관찰이나 사회봉사 또는 수강명령은 각각 병과되는 것이므로 /

【대법원 요지】 사회봉사 또는 수강명령의 이행 여부는 /

【대법원 요지】 보호관찰자 준수사항 위반 여부나 그 정도를 평가하는 결정적인 요소가 될 수 없다고 할 것이다.

3. 사안에 대한 대법원의 분석

【대법원 분석】 원심결정 이유와 기록에 의하면, /

【대법원 분석】 피고인은 무면허운전 및 음주운전으로 수차례 처벌받은 전력이 있는데, /

【대법원 분석】 2008. 10. 21. 대구지방법원에서 도로교통법 위반(음주운전)죄 및 도로교통법 위반

(무면허운전)죄로 징역 6월에 집행유예 2년, 보호관찰을 받을 것과 준법운전강의 40시간의 수강 및 80시간의 사회봉사를 명받고 같은 달 29일 위 판결이 확정된 사실, /

【대법원 분석】 피고인은 위 판결 확정일로부터 10일이 훨씬 지난 2009. 1. 19.에서야 보호관찰소에 신고서를 제출하였고, /

【대법원 분석】 이후 보호관찰관의 지도·감독과 수회에 걸친 수강명령 집행지시에 불응하였으며, /

【대법원 분석】 보호관찰관은 수회에 걸쳐 '계속하여 준수사항을 위반할 경우에는 구인·유치·처분 취소 등 불이익한 처분을 받게 된다'는 경고를 한 사실, /

【대법원 분석】 대구지방검찰청 검사는 피고인에 대한 유치허가를 받아 피고인을 유치한 다음 2009. 7. 22. 대구지방법원에 피고인이 보호관찰관의 지도·감독에 불응하였다는 이유 등으로 집행유예취소 청구를 하였으나, /

【대법원 분석】 대구지방법원은 2009. 7. 24. '피고인이 사회봉사명령을 완료하였고, 손가락 및 갈비뼈 골절로 입원치료를 받기도 하였으며, 잘못을 반성하고 앞으로 수강명령을 성실히 이행하겠다고 다짐하고 있다'는 등의 이유를 들어 집행유예취소 청구를 기각한 사실, /

【대법원 분석】 피고인은 위 집행유예취소 청구가 기각된 후에도 보호관찰관의 지도·감독에 불응하고 수강명령을 제대로 이행하지 않아 보호관찰관은 다시 위와 같은 내용의 경고를 한 사실, /

【대법원 분석】 그러던 중 피고인은 2009. 9. 대구 북구 침산동 소재 마산찜 식당 유리창을 깨뜨린 혐의로 2009. 11. 10. 대구지방검찰청에서 기소유예 처분을 받고, /

【대법원 분석】 2009. 10. 28. 무면허운전을 한 사실을 알 수 있다.

4. 사안에 대한 대법원의 판단

【대법원 판단】 위 법리에 앞서 본 사실관계를 비추어 보면, /

【대법원 판단】 피고인은 이미 수차례 음주 및 무면허운전으로 처벌받은 전력이 있고 /

【대법원 판단】 같은 범행으로 집행유예 선고와 함께 보호관찰 등을 명받았음에도 /

【대법원 판단】 보호관찰관의 지도·감독에 불응하고 급기야 집행유예취소 청구가 되어 유치되기까지 하였음에도 /

【대법원 판단】 위 집행유예취소 청구가 기각된 후에 /

【대법원 판단】 종전과 같이 보호관찰관의 지도·감독에 불응하며 동종의 무면허운전을 하였으므로, /

【대법원 판단】 피고인이 사회봉사명령과 수강명령을 이행하였고 재범에 대하여는 당해 재판을 통하여 그에 상응하는 처벌을 받는 것과는 별도로, /

【대법원 판단】 보호관찰 대상자로서의 준수사항을 심각하게 위반하였다고 할 것이다. /

【대법원 결론】 그런데도 원심이 판시와 같은 이유로 피고인에 대한 위 집행유예의 선고를 취소한 제1심을 파기하고 이 사건 집행유예취소 청구를 기각한 데에는, /

【대법원 결론】 집행유예취소 요건에 관한 법리를 오해하고 심리를 다하지 않음으로써 재판에 영향을 미친 위법이 있다고 할 것이다. (파기 환송)

2011도1435

방조범의 성립요건
저작권법과 면책규정의 성질
저작권법위반죄와 상습범
영화 불법 다운로드 사건

2013. 9. 26. 2011도1435, 공 2013하, 2014

1. 사실관계 및 사건의 경과

【사실관계 1】

① 저작권법은 지속적으로 개정되어 현재에 이르고 있다.

② 최근의 저작권법은 EU 또는 한미 FTA 등 국제협약에 따라 저작권보호를 대폭 강화하고 있다.

③ 인터넷상에서 이용자들이 영화·음악 등을 불법적으로 다운로드받는 행위가 국내적, 국제적으로 문제되고 있다.

④ 온라인서비스제공자의 불법행위 묵인 및 그로 인한 수익창출이 문제로 지적되고 있다.

【사실관계 2】

① 저작권법은 불법 복제행위를 처벌하고 있다.

② 저작권법은 온라인서비스제공자에 대해 면책규정을 두고 있다.

③ 저작권법은 저작권침해범죄를 친고죄로 규정하고 있다.

④ 저작권법은 일부 저작권침해범죄를 반의사불벌죄로 규정하고 있다.

⑤ 저작권법은 일정한 경우 저작권침해범죄를 친고죄와 반의사불벌죄에서 제외하고 있다.

⑥ 저작권법은 양벌규정을 두고 있다.

【사실관계 3】

① 2011년 개정 전의 저작권법은 다음의 경우를 면책 대상으로 규정하고 있었다.

   (가) 저작권 침해사실을 알고 당해 복제·전송을 방지하거나 중단시킨 경우 (㉠조항)

   (나) 저작권 침해사실을 알고 당해 복제·전송을 방지하거나 중단시키고자 하였으나 기술적으로 불가능한 경우 (㉡조항)

   (다) 저작권자의 요구에 따라 당해 복제·전송을 중단시키거나 재개시킨 경우 (㉢조항)

② 면책의 정도는 "온라인서비스제공자의 책임을 감경 또는 면제할 수 있다."는 것이었다.

【사실관계 4】

① 2011. 7. EU와의 FTA체결을 계기로 저작권법이 개정되었다.

② 개정 저작권법도 온라인서비스제공자에 대한 면책규정을 두고 있다.

③ 면책규정의 내용은 다음과 같다.

   (가) 면책되는 경우를 ㉠, ㉡, ㉢조항으로 유형화함

(나) ㉠조항에 대해 하위 유형을 세분화하고 면책 요건을 강화함

(다) ㉡조항에 대해 종전의 요건을 유지함

(라) ㉢조항에 대해 종전의 요건을 유지함

④ 개정 저작권법은 면책의 정도를 "책임을 지지 아니한다"로 규정하였다.

【사실관계 5】

① 종전의 저작권법은 친고죄 제외요건을 '영리를 위하여 상습적으로'라고 규정하고 있었다.

② 2008. 7. 저작권법 개정에 의하여 저작권침해범죄 중 불법복제물 이용행위가 친고죄에서 반의사불벌죄로 변경되었다.

③ 2011. 7. 개정 저작권법은 친고죄 및 반의사불벌죄의 제외요건을 '영리를 목적으로 또는 상습적으로'로 변경하였다.

【사실관계 6】

① (아래의 사안은 2008. 2. 29. 이전의 시점, 즉 구저작권법 시행 당시에 일어난 것이다.)

② 인터넷상 M사이트는 웹스토리지서비스 제공 사이트이다.

③ P회사는 M사이트를 운영하는 법인이다.

④ 갑은 P회사의 실질적인 1인 주주이자 고문이다.

⑤ 2003. 8. 20. 갑은 다음의 범죄사실로 집행유예를 선고받은 일이 있다.

    (가) 청소년보호법 위반죄(청소년이용음란물제공)

    (나) 정통망법위반죄

⑥ 2005. 12. 1. 갑은 정통망법위반죄(음란물유포등) 방조죄로 벌금형을 선고받은 일이 있다.

【사실관계 7】

① P회사측은 M사이트를 통한 불법 업로드와 다운로드를 막기 위하여 필터링 방식의 기술적 조치를 취하였다.

② 필터링 방식의 기술적 조치는 다음과 같다.

    (가) '금칙어 설정'

    (나) '해쉬값 등록 · 비교'

③ 불특정 다수의 사이트 이용자들이 M사이트에서 불법으로 영화파일들을 업로드하거나 다운로드하였다.

④ 불법 업로드 · 다운로드된 영화파일은 R, S영화사 등 여러 영화사가 제작한 것이었다.

⑤ 갑이 취한 필터링 방식의 기술적 조치는 이용자들의 행위를 차단하기에 부족한 것이었다.

⑥ 갑은 이러한 M사이트의 운영방식과 이용실태 등을 인식하고 있었다.

⑦ M사이트에 이용자가 많아지면서 P회사는 [광고 등을 통해] 수익을 올렸다.

【사실관계 8】

① Q회사의 N사이트에서도 같은 일들이 일어났다.

② 을은 Q회사 웹스토리지서비스를 관장하는 사업본부장이다.

③ 을에게는 전과가 없다.

④ (이하 갑과 을을 갑으로 통칭하여 분석함)

【사건의 경과 1】

① 검사는 갑을 저작권법위반죄로 기소하였다.

② 검사는 P회사를 저작권법상 양벌규정에 의하여 기소하였다.

③ 갑과 P회사의 피고사건은 제1심을 거친 후, 항소심에 계속되었다.

④ 항소심법원은 유죄를 인정하고, 다음과 같이 판단하였다.

　　(가) 갑 : 저작권법위반죄 방조범

　　(나) P회사 : 양벌규정 적용

【사건의 경과 2】

① 갑과 P회사는 불복 상고하였다.

② 갑과 P회사는 첫번째 상고이유로 다음의 점을 주장하였다.

　　(가) 개별적 이용자들의 불법 업로드, 다운로드 사실을 일일이 알 수 없었다.

　　(나) 정범의 범행을 인식하지 못하였으므로 방조범은 성립하지 않는다.

③ 갑과 P회사는 두번째 상고이유로 다음의 점을 주장하였다.

　　(가) 저작권법에는 면책규정이 있다.

　　(나) P회사측은 불법 업로드, 다운로드를 막기 위해 최선을 다하였다.

　　(다) 그러나 기술적 한계 때문에 불법 업로드, 다운로드를 막을 수 없었다.

　　(라) 기술적 한계 때문에 저작권침해 방지가 불가능하였으므로 면책 대상이 된다.

④ 갑과 P회사는 세번째 상고이유로 다음의 점을 주장하였다.

　　(가) 저작권법위반죄는 친고죄이다.

　　(나) 상습적인 저작권법위반행위만 친고죄에서 제외된다.

　　(다) 갑(을)은 상습범에 해당하지 않는다.

　　(라) P회사는 법인이므로 상습범으로 처벌할 수 없다.

⑤ 갑과 P회사는 네번째 상고이유로 다음의 점을 주장하였다.

　　(가) 상습범에 해당한다고 가정하자.

　　(나) 상습범은 포괄일죄이다.

　　(다) 포괄일죄에 속하는 일부 행위가 이미 처벌되었다.

　　(라) 피고사건은 포괄일죄에 속하는 나머지 행위이다.

　　(마) 포괄일죄에 대해 이미 확정판결이 있으므로 면소되어야 한다.

2. 방조범 부분에 대한 판단

(1) 저작권법상 방조범의 요건

【대법원 요지】 저작권법이 보호하는 복제권 · 전송권의 침해를 방조하는 행위란 정범의 복제권 · 전송권 침해를 용이하게 해주는 직접 · 간접의 모든 행위로서, /

【대법원 요지】 정범의 복제권 · 전송권 침해행위 중에 이를 방조하는 경우는 물론, /

【대법원 요지】 복제권 · 전송권 침해행위에 착수하기 전에 장래의 복제권 · 전송권 침해행위를 예상하고 이를 용이하게 해주는 경우도 포함하며, /

【대법원 요지】 정범에 의하여 실행되는 복제권 · 전송권 침해행위에 대한 미필적 고의가 있는 것으로 충분하고, /

【대법원 요지】 정범의 복제권 · 전송권 침해행위가 실행되는 일시, 장소, 객체 등을 구체적으로 인식할 필요가 없으며, /

【대법원 요지】 나아가 정범이 누구인지 확정적으로 인식할 필요도 없다. /

(2) 사안에 대한 대법원의 판단

【대법원 분석】 원심은 그 적법하게 채택된 증거들을 종합하여, /

【대법원 분석】 제1심 판시 이 사건 각 사이트에서 불특정 다수의 사이트 이용자들에 의하여 저작재산권자의 동의를 얻지 않은 영화 파일들의 업로드 및 다운로드가 이루어진 사실, /

【대법원 분석】 피고인들은 이 사건 각 사이트의 실질적인 운영자로서 위 각 사이트의 운영방식과 이용실태 등을 모두 인식하고 있었음에도 사이트 이용자들에게 영화 파일의 업로드를 유인하거나 다운로드를 용이하게 해주고, /

【대법원 분석】 이를 통해 수익을 얻은 사실 등을 인정한 다음, /

【대법원 판단】 이러한 사실에 의하면, /

【대법원 판단】 피고인들이 이 사건 각 사이트를 운영 · 관리함으로써 제1심 판시 범죄일람표 1, 2, 6, 8 기재와 같이 위 각 사이트 이용자들의 복제권 · 전송권 침해행위를 용이하게 하여 이를 방조하였고, /

【대법원 판단】 그에 대한 고의가 있음을 인정할 수 있다고 판단하였다.

【대법원 결론】 앞서 본 법리와 적법하게 채택된 증거들에 비추어 살펴보면, 원심의 위와 같은 판단은 정당하여 수긍할 수 있고, 거기에 상고이유의 주장과 같이 논리와 경험의 법칙을 위반하여 자유심증주의의 한계를 벗어나거나 방조행위 및 범의의 성부에 관한 법리를 오해하는 등의 위법이 없다.

3. 면책 부분에 대한 판단

(1) 온라인서비스제공자 면책규정의 개관

【대법원 분석】 구 저작권법(2008. 2. 29. 법률 제8852호로 개정되기 전의 것, 이하 같다)은 /

【대법원 분석】 제102조 제1항[㉠조항]에서 /

【대법원 분석】 '온라인서비스제공자가 저작물의 복제 · 전송과 관련된 서비스를 제공하는 것과 관련하여 /

【대법원 분석】 다른 사람에 의한 저작물의 복제 · 전송으로 인하여 그 저작권이 침해된다는 사실을 알고 당해 복제 · 전송을 방지하거나 중단시킨 경우에는 /

【대법원 분석】 다른 사람에 의한 저작권의 침해에 관한 온라인서비스제공자의 책임을 감경 또는 면제할 수 있다'고 규정하고, /

【대법원 분석】 같은 조 제2항[㉡조항]에서 /

【대법원 분석】 '온라인서비스제공자가 저작물의 복제 · 전송과 관련된 서비스를 제공하는 것과 관련하여 /

【대법원 분석】 다른 사람에 의한 저작물의 복제·전송으로 인하여 그 저작권이 침해된다는 사실을 알고 당해 복제·전송을 방지하거나 중단시키고자 하였으나 기술적으로 불가능한 경우에는 /

【대법원 분석】 그 다른 사람에 의한 저작권의 침해에 관한 온라인서비스제공자의 책임은 면제된다'고 규정하고, /

【대법원 분석】 같은 법 제103조 제5항[ⓒ조항]에서 /

【대법원 분석】 '온라인서비스제공자가 저작권자로부터 불법 저작물의 복제·전송을 중단시킬 것을 요구받고 즉시 그 저작물의 복제·전송을 중단시킨 경우에는 /

【대법원 분석】 온라인서비스제공자의 책임을 감경 또는 면제할 수 있다'고 규정하고 있는데, /

(2) 온라인서비스제공자 면책의 요건

【대법원 요지】 위 각 조항[ⓐ, ⓑ, ⓒ조항]의 입법 취지나 위 각 조항의 해당 문구상 별다른 제한이 없는 점 등에 비추어 보면, 위 각 조항은 형사상 책임에도 적용된다고 봄이 상당하다.

【대법원 요지】 한편 구 저작권법 제102조 제2항[ⓑ조항]이 규정하고 있는 '기술적으로 불가능한 경우'라 함은, /

【대법원 요지】 온라인서비스의 제공 자체는 유지함을 전제로 /

【대법원 요지】 이용자들의 복제·전송행위 중 저작권의 침해행위가 되는 복제·전송을 선별하여 방지 또는 중단하는 것이 기술적으로 불가능한 경우를 말하는 것이므로, /

【대법원 요지】 비록 온라인서비스이용자들이 해당 온라인서비스를 이용하여 저작물을 복제·전송함으로써 그 저작권을 침해하였다고 하더라도, /

【대법원 요지】 온라인서비스제공자가 그와 같은 침해사실을 알고 저작권의 침해가 되는 복제·전송을 선별하여 이를 방지 또는 중단하는 기술적 조치를 다하였다고 인정되는 경우에는 해당 침해행위에 대한 형사상 책임이 면제된다고 할 것이다. /

【대법원 요지】 그리고 온라인서비스제공자가 구 저작권법 제103조 제5항[ⓒ조항]에 의하여 그 책임을 감경 또는 면제받을 수 있기 위해서는 /

【대법원 요지】 저작권자로부터 중단 요구를 받은 즉시 그 저작물의 복제·전송을 중단시켜야 하는 점에 비추어, /

【대법원 요지】 온라인서비스제공자가 스스로 저작권 침해사실을 알게 된 경우에도 그 즉시 당해 복제·전송을 중단시켜야 구 저작권법 제102조 제1항에 의하여 그 책임을 감경 또는 면제받을 수 있다고 봄이 상당하다.

(3) 사안에 대한 대법원의 판단

【대법원 판단】 위 법리와 제1심 및 원심에서 적법하게 채택된 증거들에 비추어 살펴보면, /

【대법원 판단】 피고인들이 이 사건 각 사이트 이용자들에 의한 제1심 별지 범죄일람표 1, 2, 6, 8 기재의 각 저작재산권 침해사실을 알고서 즉시 그 저작물의 복제·전송을 방지하거나 중단시킨 바가 없으므로, /

【대법원 판단】 구 저작권법 제102조 제1항[ⓐ조항]이나 제103조 제5[ⓒ조항]항에 따라 형사상 책임을 감경 또는 면제받을 수 없다. /

【대법원 판단】 그리고 피고인들이 이 사건 각 사이트에 취한 기술적 조치는 원심 판시 '금칙어 설정' 또는 '해쉬값 등록·비교'를 통한 필터링 방식뿐으로서, /

【대법원 판단】 이러한 기술적 조치만으로는 그 당시 기술수준 등에 비추어 최선의 조치로 보이지 않을 뿐만 아니라 이들 기술적 조치 자체도 제대로 작동되지 아니한 것으로 보이는 이상, /

【대법원 판단】 피고인들은 저작권의 침해가 되는 복제·전송을 선별하여 이를 방지하거나 중단하는 기술적 조치를 다하였다고 할 수 없으므로, /

【대법원 판단】 구 저작권법 제102조 제2항[ⓛ조항]에 따라 형사상 책임이 면제된다고도 할 수 없다.

【대법원 결론】 같은 취지의 원심판단은 정당하고, 거기에 논리와 경험의 법칙을 위반하여 자유심증주의의 한계를 벗어나거나 /

【대법원 결론】 구 저작권법 제102조 제1항, 제2항 및 제103조 제5항이 규정한 책임제한에 관한 법리를 오해하거나 판단을 누락하는 등의 위법이 없다.

【대법원 판단】 (공소사실 불특정에 관한 상고이유 부분, 생략)

4. 친고죄 부분에 대한 판단

(1) 저작권법과 친고죄 요건

【대법원 분석】 가. 구 저작권법 제140조 본문에서는 저작재산권 침해로 인한 같은 법 제136조 제1항의 죄를 친고죄로 규정하면서, /

【대법원 분석】 같은 법 제140조 단서 제1호에서 영리를 위하여 상습적으로 위와 같은 범행을 한 경우에는 고소가 없어도 공소를 제기할 수 있다고 규정하고 있는바, /

【대법원 요지】 같은 법 제140조 단서 제1호가 규정한 '상습저으로'라고 함은 반복하여 저자권 침해행위를 하는 습벽으로서의 행위자의 속성을 말한다고 봄이 상당하고, /

【대법원 요지】 이러한 습벽의 유무를 판단함에 있어서는 동종 전과가 중요한 판단자료가 되나 /

【대법원 요지】 동종 전과가 없다고 하더라도 범행의 횟수, 수단과 방법, 동기 등 제반 사정을 참작하여 /

【대법원 요지】 저작재산권 침해행위를 하는 습벽이 인정되는 경우에는 상습성을 인정하여야 할 것이며, /

【대법원 요지】 한편 같은 법 제141조의 양벌규정의 적용에 있어서는 행위자인 법인의 대표자나 법인 또는 개인의 대리인·사용인 그 밖의 종업원의 위와 같은 습벽 유무에 따라 친고죄인지 여부를 판단하여야 할 것이다.

(2) 사안에 대한 대법원의 판단

【대법원 분석】 나. 제1심 및 원심이 적법하게 조사하여 채택한 증거들에 의하면 다음과 같은 사정들을 알 수 있다.

【대법원 분석】 ① 피고인 갑은 웹스토리지서비스 제공 사이트인 제1심 판시 '▽▽▽▽' 사이트를 운영하는 법인인 피고인 P주식회사의 실질적인 1인 주주이자 고문이고, /

【대법원 분석】 피고인 을은 위와 같은 성격의 사이트인 제1심 판시 '□□□□□' 사이트를 운영하는

법인인 피고인 Q주식회사의 웹스토리지서비스를 관장하는 사업본부장이다 /

【대법원 분석】 [한편 피고인 갑은 2003. 8. 20. 서울중앙지방법원에서 청소년보호법 위반(청소년이용음란물제공)죄, 정보통신망 이용촉진 및 정보보호 등에 관한 법률 위반죄로 징역 8월, 집행유예 1년을, /

【대법원 분석】 2005. 12. 1. 서울서부지방법원에서 정보통신망 이용촉진 및 정보보호 등에 관한 법률 위반(음란물유포등) 방조죄로 벌금 700만원을 각 선고받아 처벌받은 전력도 있다].

【대법원 판단】 ② 위 피고인들이 제1심 판시와 같은 방법으로 위 각 사이트를 운영할 경우 회원들이 대부분 정당한 허락 없이 저작재산권에 의한 보호 대상 저작물인 영화 파일을 업로드 내지 다운로드함으로써 복제 및 전송의 방법으로 반복적으로 저작재산권을 침해하는 행위를 조장·방조하는 결과에 이르게 된다.

【대법원 판단】 ③ 반면에, 위 피고인들이 행한 저작권 보호를 위한 기술적 조치는, 앞에서 본 바와 같이 당시 기술수준 등에 비추어 최선의 조치로 보이지 않을 뿐만 아니라 그 기술적 조치 자체도 제대로 작동되지 않았다.

【대법원 판단】 ④ 위 피고인들은 이러한 사정을 충분히 인식하고 있으면서 위 각 사이트를 개설하여 상당한 기간에 걸쳐 영업으로 이를 운영하면서 수백만 명에 이르는 회원들에게 웹스토리지서비스를 제공하였다.

【대법원 판단】 이러한 사정들과 함께 그 밖에 제1심 및 원심이 적법하게 채택한 증거에 의하여 인정되는 위와 같은 행위에 의한 저작재산권의 침해 정도, 위 각 사이트의 영업 규모 및 매출액 등을 앞서 본 법리에 비추어 살펴보면, /

【대법원 판단】 위 피고인들에게는 반복하여 저작권 침해행위를 하는 습벽이 있다고 봄이 상당하므로, 상습성을 인정하여야 한다.

【대법원 결론】 같은 취지의 원심판단은 정당한 것으로 수긍이 되고, 거기에 상고이유로 주장하는 바와 같이 구 저작권법 제140조 단서 제1호가 규정한 '상습적으로'의 해석에 관한 법리를 오해하는 등의 위법이 없다.

【대법원 판단】 (소송법적 쟁점, 생략)

5. 포괄일죄 부분에 대한 판단

【대법원 분석】 구 저작권법은 제140조 본문에서 저작재산권 침해로 인한 제136조 제1항의 죄를 친고죄로 규정하면서, /

【대법원 분석】 제140조 단서 제1호에서 영리를 위하여 상습적으로 위와 같은 범행을 한 경우에는 고소가 없어도 공소를 제기할 수 있다고 규정하고 있으나, /

【대법원 분석】 상습으로 제136조 제1항의 죄를 저지른 경우를 가중처벌한다는 규정은 따로 두고 있지 않다. /

【대법원 요지】 따라서 수회에 걸쳐 구 저작권법 제136조 제1항의 죄를 범한 것이 상습성의 발현에 따른 것이라고 하더라도, /

【대법원 요지】 이는 원칙적으로 경합범으로 보아야 하는 것이지 하나의 죄로 처단되는 상습범으로

볼 것은 아니다. /

【대법원 요지】 그리고 저작재산권 침해행위는 저작권자가 같더라도 저작물별로 침해되는 법익이 다르므로 각각의 저작물에 대한 침해행위는 원칙적으로 각 별개의 죄를 구성한다고 할 것이다. /

【대법원 요지】 다만 단일하고도 계속된 범의 아래 동일한 저작물에 대한 침해행위가 일정기간 반복하여 행하여진 경우에는 포괄하여 하나의 범죄가 성립한다고 볼 수 있다.

【대법원 판단】 위 법리와 기록에 비추어 살펴보면, /

【대법원 판단】 위 피고인들에 대한 이 사건 저작권법 위반 방조의 대상이 되는 저작물이 모두 동일한 저작물은 아니므로, /

【대법원 판단】 원심이 위 피고인들의 범행을 경합범으로 보아 경합범 가중을 한 것은 정당하고, 거기에 상고이유의 주장과 같이 죄수판단에 관한 법리를 오해하는 등의 위법이 없다. (상고 기각)

【코멘트】 최근 사이버 공간에서의 불법 복사·전송행위가 큰 문제로 제기되고 있다. 그에 대한 대책으로서는 직접 불법 복사·전송행위를 한 이용자에 대해 민·형사상 책임을 묻는 것과 인터넷서비스제공자(ISP)에 대해 민·형사상 책임을 묻는 것을 생각할 수 있다. 이와 관련하여 본 판례는 특히 인터넷서비스제공자의 형사책임을 다룬 것으로서 주목된다.

컴퓨터와 인터넷이 널리 보급되면서 인터넷상 저작권 침해행위가 대단히 용이하게 되었다. 그와 함께 저작권보호의 필요성도 더욱 높아지게 되었다. 이러한 사정은 특히 영화·음악 등의 분야에서 두드러지는데, 불법 다운로드 문제가 미국이나 유럽 등 문화적 강국으로부터 통상압력의 주요한 현안이 되고 있다.

저작권법은 이러한 상황변화에 따라서 지속적으로 개정되고 있다. 먼저 친고죄의 경우를 보면, 전통적으로 저작권 침해범죄는 친고죄로 규정되고 있었다. 그러나 불법복제물의 이용행위와 관련하여 반의사불벌죄가 추가되었고, 친고죄 및 반의사불벌죄 배제요건도 '영리를 위하여 상습적으로'로부터 '영리를 목적으로 또는 상습적으로'로 개정되어 영리의 목적과 상습성이 분리되었다.

다음으로, 인터넷서비스제공자의 법적 책임에 대해서도 중요한 변화가 눈에 뜨인다. 종전의 저작권법은 인터넷서비스제공자에 대한 면책을 규정하면서 '책임을 감경 또는 면제할 수 있다'고 규정하고 있었다. 그러나 개정된 저작권법을 보면 면책의 내용이 '책임을 지지 아니한다'로 규정되어 있다. 인터넷서비스제공자에는 국내 기업뿐만 아니라 구글 등과 같은 외국의 기업들도 포함된다. EU나 미국과의 FTA협상에서 나타나는 통상압력의 강도를 이 '책임을 지지 아니한다'는 표현에서 느낄 수 있다.

본 판례는 각종 통상협정이나 FTA를 계기로 저작권법이 개정되기 전에 일어난 사안을 대상으로 하고 있다. 개정 전의 저작권법은 '책임을 감경 또는 면제할 수 있다'고 규정하고 있었다. 이 면책조항에 대해 본 판례에서 대법원은 "[저작권법상 면책을 규정한] 각 조항은 형사상 책임에도 적용된다고 봄이 상당하다."고 판시하고 있다.

대법원의 판시사항에 따르면 개정 전 저작권법의 면책조항은 형의 임의적 감경사유 또는 면제사유에 해당한다. 형이 감경되는 경우라면 법원은 유죄를 인정하면서 형만을 감경해 준다. 형이 면제되는 경우라면 법원은 유죄를 인정하면서 형은 선고하지 않는다. 법원은 재량권을 가지고 있으며, 형의 감경이건 형의 면제이건 양자 모두 유죄판결에 속한다(형소법 제321조 제1항, 제322조 참조).

이에 대해 개정 후의 저작권법은 '책임을 지지 않는다'라고 규정하고 있다. 만일 본 판례에서 대법원이 판시한 바와 같이, "[저작권법상 면책을 규정한] 각 조항은 형사상 책임에도 적용된다고 봄이 상당하다"고 한다면 이제 인터넷서비스제공자는 형사책임을 전혀 지지 않게 된다. 검사가 인터넷서비스제공자를 기소한다면 법원은 무죄를 선고해야 한다. 저작권법상의 면책조항이 형법 제20조가 규정하고 있는 '법령'에 해당하게 되어 인터넷서비스제공자의 행위는 '법령에 의한 행위'로서 위법성이 조각되기 때문이다.

본 판례는 외국과의 FTA협정을 계기로 저작권법이 개정되기 전의 사안을 대상으로 하고 있다. 또한 사실관계도 국내 인터넷서비스제공자의 불성실한 사업행태를 내용으로 하고 있다. "[저작권법상 면책을 규정한] 각 조항은 형사상 책임에도 적용된다고 봄이 상당하다."고 판시한 본 판례가 2011년 개정된 저작권법 아래에서 발생하는 유사 사례에 대해서도 적용될 것인지, 인터넷서비스제공자가 외국의 기업인 경우에도 적용될 것인지 그 귀추가 대단히 주목되는 상황이라고 하겠다.

2011도2351

사후적 경합범의 처리방법
자금조달 처조카 사건
2011. 6. 10. 2011도2351, 공 2011하, 1431

1. 사실관계 및 사건의 경과

【사실관계】

① 갑은 P회사 등을 실질적으로 운영하고 있다.

② P회사 등이 심각한 경영상 어려움과 자금압박을 겪고 있어서 갑에게는 타인으로부터 회사 운영자금 등을 빌리더라도 이를 제때에 변제하여 줄 의사나 능력이 없었다.

③ 갑은 처조카 B를 위시하여 주위의 여러 사람들을 통하여 돈을 빌렸으나 갚지 않았다.

④ 갑에 대해서는 다음의 범행과 판결들이 연속되었다.

　(가) 1998. 6. 9.부터 2001. 12. 15. 사이의 업무상배임 범행 (ⓐ범행)

　(나) 2000. 6. 2.부터 2000. 11. 6. 사이의 업무상배임 범행 (ⓑ범행)

　(다) 2000. 6. 9. 사기 범행 (ⓒ범행)

　(라) 2002. 10. 10. ⓑ범행과 ⓒ범행에 대해 특정가법위반죄(사기) 등으로 징역 2년에 집행유예 3년을 선고한 판결 확정 (㉮확정판결)

　(마) 2007. 5. 21. 사기 범행 (피해자 C, 피해액 5억원) (ⓓ범행)

　(바) 2007. 6. 11. 사기 범행 (피해자 D, 피해액 3억원) (ⓔ범행)

　(사) 2007. 7. 14. ⓐ범행에 대해 징역 3년에 집행유예 4년을 선고한 판결 확정 (㉯확정판결)

　(아) 2007. 7. 24. 사기 범행 (피해자 C, 피해액 1억원) (ⓕ범행)

【사건의 경과】

① 검사는 갑의 ⓓ, ⓔ, ⓕ범행에 대해 특경가법위반죄(사기) 등으로 기소하였다.

② 갑의 피고사건은 제1심을 거친 후, 항소심에 계속되었다.

③ 항소심법원은 ⓓ, ⓔ범행과 ⓕ범행을 별개의 경합범으로 처리하였다.

④ 2011. 1. 27. 항소심법원은 다음과 같이 형을 선고하였다.

  (가) ⓓ, ⓔ범행 : 징역 2년

  (나) ⓕ범행 : 벌금 2천만원

⑤ 검사는 불복 상고하였다.

⑥ 검사는 상고이유로 다음의 점을 주장하였다.

  (가) ⓓ, ⓔ, ⓕ범행은 형법 제37조 전단의 동시적 경합범에 해당한다.

  (나) 항소심법원은 ⓓ, ⓔ, ⓕ범행만을 고려하여 하나의 주문으로 형을 선고하였어야 한다.

2. 사후적 경합범의 처리방법

【대법원 판단】 기록에 의하면 이 사건 2007. 5. 21.자 특정경제범죄 가중처벌 등에 관한 법률 위반(사기)죄와 2007. 6. 11.자 사기죄는 /

【대법원 판단】 피고인이 서울고등법원에서 특정경제범죄 가중처벌 등에 관한 법률 위반(사기)죄로 징역 3년에 집행유예 4년을 선고받은 판결이 2007. 7. 14. 확정되기 전에 범한 것이기는 하나, /

【대법원 판단】 피고인에게는 위 전과와 별도로 서울중앙지방법원에서 특정경제범죄 가중처벌 등에 관한 법률 위반(사기)죄 등으로 징역 2년에 집행유예 3년을 선고받아 2002. 10. 10. 판결이 확정된 전과가 있고 /

【대법원 판단】 2007. 7. 14. 판결이 확정된 죄는 위 2002. 10. 10. 판결 확정 전에 범한 것이어서 /

【대법원 판단】 2007. 7. 14. 판결이 확정된 죄와 이 사건 2007. 5. 21.자 및 2007. 6. 11.자 범죄는 처음부터 동시에 판결할 수 없었음을 알 수 있다. /

【대법원 판단】 따라서 경합범 중 판결을 받지 아니한 죄에 대하여 형을 선고할 때는 그 죄와 판결이 확정된 죄를 동시에 판결할 경우와 형평을 고려하도록 한 형법 제39조 제1항은 여기에 적용될 여지가 없다고 할 것이나, /

【대법원 판단】 그렇다고 하여 마치 2007. 7. 14. 확정된 판결이 존재하지 않는 것처럼 /

【대법원 판단】 이 사건 범죄 중 위 판결 확정 전에 범한 2007. 5. 21.자 및 2007. 6. 11.자 범죄와 /

【대법원 판단】 위 판결 확정 후에 범한 2007. 7. 24.자 범죄 사이에 /

【대법원 판단】 형법 제37조 전단의 경합범 관계가 인정되어 형법 제38조가 적용된다고 볼 수도 없다. /

【대법원 판단】 즉, 2007. 7. 14. 확정된 판결의 존재로 인하여 /

【대법원 판단】 이를 전후한 이 사건 2007. 5. 21.자 및 2007. 6. 11.자 범죄와 /

【대법원 판단】 이 사건 2007. 7. 24.자 범죄 사이에는 /

【대법원 판단】 형법 제37조 전·후단의 어느 경합범 관계도 성립할 수 없는 것이고, /

【대법원 판단】 결국 각각의 범죄에 대하여 별도로 형을 정하여 선고할 수밖에 없다.

【대법원 판단】 같은 취지의 원심판결은 정당하고 여기에 검사가 상고이유로 주장하는 바와 같이 경

합벌의 처리에 관한 법리를 오해한 위법은 없다. (상고 기각)

2011도2471

형벌법규의 엄격해석
개 사육장 신고의무 사건

2011. 7. 14. 2011도2471, 공 2011하, 1682

1. 사실관계 및 사건의 경과

【사실관계 1】

① 2006.경부터 갑은 P시 소재 M토지에 12동 338 m²의 개 사육시설을 설치하고 개를 사육해 왔다.

② 당시 가축 사육에 관하여 규정한 법률은 오수·분뇨및축산폐수의처리에관한법률(이하 오수처리법으로 약칭함)이었다.

③ 오수처리법은 개 사육에 관한 규정을 두지 아니하였다.

④ 오수처리법 시행규칙은 '소·돼지·말·닭·오리·양 및 사슴'만을 사육동물로 규정하였다.

【사실관계 2】

① 2006. 9. 27. 「가축분뇨의 관리 및 이용에 관한 법률」(이하 가축분뇨법으로 약칭함)이 제정되었다.

② 가축분뇨법 시행령은 가축에 개를 포함시켰다.

③ 가축분뇨법 시행령에 따라 면적 60 m² 이상의 개 사육시설은 신고대상이 되었다.

④ 가축분뇨법 시행령은 다음의 경과규정을 두었다.

⑤ "이 영 시행 당시 신고대상 배출시설을 설치, 운영 중인 자는 2008. 9. 27.까지 법 제11조 제3항에 따른 배출시설을 설치신고를 하여야 한다."

【사실관계 3】

① 2008. 9. 25. 갑은 가축분뇨법 시행에 맞추어 P시에 배출시설 설치신고서를 제출하였다.

② 2008. 9. 27. 배출시설 설치신고 최종기간이 도래하였다.

③ 2008. 9. 30. 갑은 P시로부터 다음의 이유로 반려처분을 받았다.

   (가) 배출시설 및 처리시설의 설치명세서 세부적 작성 미비

   (나) 처리시설의 설계기준 미비

   (다) 뇨 수거방법 및 저장시설의 불명시

   (라) 임대차계약서 등 사용승낙서 미첨부

④ 2008. 12. 30. 갑은 P시로부터 2009. 2. 28.까지 서류보완 연장을 받았다.

⑤ 2009. 2. 28. 연장기간이 경과하였으나 갑은 관련 서류를 제출하지 않았다.

⑥ 2010. 4. 2. P시는 미신고를 이유로 갑을 고발하였다.

【사건의 경과】

① 검사는 갑을 가축분뇨법위반죄(신고의무위반)로 기소하였다.

② 갑의 피고사건은 제1심을 거친 후, 항소심에 계속되었다.

③ 항소심법원은 가축분뇨법 시행령 부칙조항이 규정하는 유예기간이 경과한 다음날인 2008. 9. 28. 부터 2010. 3. 30.까지의 미신고 배출시설 설치 부분을 유죄로 인정하였다.

④ 갑은 불복 상고하였다.

⑤ 갑은 상고이유로, 가축분뇨법 관련법령에 대한 법리오해의 위법이 있다고 주장하였다.

【참조조문】

가축분뇨의 관리 및 이용에 관한 법률

제11조 (배출시설에 대한 설치허가 등) ① 대통령령이 정하는 규모 이상의 배출시설을 설치하고자 하는 자는 대통령령이 정하는 바에 따라 배출시설의 설치계획을 갖추어 시장·군수·구청장의 허가를 받아야 한다.

③ 제1항의 규정에 따른 허가대상에 해당하지 아니하는 배출시설 중 대통령령이 정하는 규모 이상의 배출시설을 설치하고자 하는 자는 환경부령이 정하는 바에 따라 시장·군수·구청장에게 신고하여야 한다. 신고한 사항을 변경하고자 하는 때에도 또한 같다.

제50조 (벌칙) 다음 각 호의 어느 하나에 해당하는 자는 1년 이하의 징역 또는 1천만원 이하의 벌금에 처한다.

3. 제11조 제3항의 규정을 위반하여 신고를 하지 아니하거나 거짓 그 밖의 부정한 방법으로 신고를 하고 배출시설을 설치하거나 그 배출시설을 이용하여 가축을 사육한 자

가축분뇨의 관리 및 이용에 관한 법률 시행령

부칙 제2조 (신고대상 배출시설에 관한 경과조치 등) ① 이 영 시행 당시 제8조 및 별표 2에 따른 신고대상 배출시설을 설치·운영 중인 자는 2008년 9월 27일까지 법 제11조 제3항에 따른 배출시설의 설치신고를 하여야 한나.

2. 가축분뇨법상 신고의무자의 범위

【대법원 분석】 가축분뇨의 관리 및 이용에 관한 법률(이하 '가축분뇨법'이라 한다) 제50조 제3호는 /

【대법원 분석】 "제11조 제3항의 규정을 위반하여 신고를 하지 아니하거나 /

【대법원 분석】 거짓 그 밖의 부정한 방법으로 신고를 하고 배출시설을 설치한 자"를 처벌하도록 규정하고 있고, /

【대법원 분석】 같은 법 제11조 제3항은 /

【대법원 분석】 "제1항의 규정에 따른 허가대상에 해당하지 아니하는 배출시설 중 /

【대법원 분석】 대통령령이 정하는 규모 이상의 배출시설을 설치하고자 하는 자는 /

【대법원 분석】 환경부령이 정하는 바에 따라 시장·군수·구청장에게 신고하여야 한다. /

【대법원 분석】 신고한 사항을 변경하고자 하는 때에도 또한 같다."고 규정하고 있는바, /

【대법원 요지】 같은 법 제50조 제3호, 제11조 제3항 소정의 신고대상자는 /

【대법원 요지】 '대통령령이 정하는 규모 이상의 배출시설을 설치하고자 하는 자 또는 /

【대법원 요지】 신고한 사항을 변경하고자 하는 자'를 말하는 것이고, /

【대법원 요지】 이미 배출시설을 설치한 자가 그 설치 당시에 신고대상자가 아니었다면 /

【대법원 요지】 그 후 법령의 개정에 따라 그 시설이 신고대상에 해당하게 되었다고 하더라도, /

【대법원 요지】 같은 법 제50조 제3호, 제11조 제3항에서 규정하고 있는 신고대상자인 /

【대법원 요지】 '배출시설을 설치하고자 하는 자'에 해당한다고 볼 수 없으며, /

【대법원 판단】 또한 형벌법규는 문언에 따라 엄격하게 해석·적용하여야 하고 피고인에게 불리한 방향으로 지나치게 확장해석하거나 유추해석하여서는 아니되는 점을 고려할 때, /

【대법원 판단】 같은 법 제50조 제3호, 제11조 제3항 소정의 신고대상자에 대한 위와 같은 해석은 /

【대법원 판단】 비록 같은 법 시행령 부칙(2007. 9. 27. 대통령령 제20290호) 제2조 제1항(이하 '이 사건 부칙조항'이라 한다)이 /

【대법원 판단】 가축분뇨법의 위임 없이 /

【대법원 판단】 "이 영 시행 당시 제8조 및 [별표 2]에 따른 신고대상 배출시설을 설치·운영 중인 자는 /

【대법원 판단】 2008년 9월 27일까지 법 제11조 제3항에 따른 배출시설의 설치신고를 하여야 한다." 고 규정하고 있다 하더라도 /

【대법원 판단】 마찬가지라고 할 것이다. /

【대법원 요지】 한편 가축분뇨법 제50조 제3호, 제11조 제3항에서 규정하고 있는 /

【대법원 요지】 신고를 하지 아니하고 배출시설을 설치한 죄는 /

【대법원 요지】 그 조문의 기재 내용과 입법 경과에 비추어 볼 때 /

【대법원 요지】 그와 같은 행위가 종료됨으로써 즉시 성립하고 그와 동시에 완성되는 이른바 즉시범 이라고 보아야 한다.

3. 신고대상 배출시설의 범위

【대법원 분석】 그런데 2006. 9. 27. 법률 제8010호로 가축분뇨법이 제정되기 전까지 축산폐수배출 시설의 설치신고 등에 관하여 적용되었던 /

【대법원 분석】 구 오수·분뇨 및 축산폐수의 처리에 관한 법률(2006. 9. 27. 법률 제8014호 하수도 법 부칙 제2조로 폐지, 이하 '오수처리법'이라 한다) 제2조 제4호는 /

【대법원 분석】 "'축산폐수배출시설'이라 함은 가축의 사육으로 인하여 축산폐수가 배출되는 시설 및 장소 등으로서 축사 기타 환경부령이 정하는 것을 말한다."고 규정하는 한편 /

【대법원 분석】 같은 조 제11호는 "'가축'이라 함은 환경부령이 정하는 사육동물을 말한다."고 규정하 고 있었고, /

【대법원 분석】 그 위임에 따라 오수처리법 시행규칙(2007. 10. 1. 환경부령 제249호 하수도법 시행 규칙 부칙 제2조로 폐지) 제8조의2는 /

【대법원 분석】 "법 제2조 제11호에서 '환경부령이 정하는 사육동물'이라 함은 소·돼지·젖소· 말·닭·오리·양 및 사슴을 말한다."고 규정하고 있었으나, /

【대법원 분석】 가축분뇨법 제2조 제3호는 "'배출시설'이라 함은 가축의 사육으로 인하여 가축분뇨가 발 생하는 시설 및 장소 등으로서 축사·운동장 그 밖에 환경부령이 정하는 것을 말한다."고 규정하는 한편 /

【대법원 분석】 같은 조 제1호는 "'가축'이라 함은 소·돼지·말·닭 그 밖에 대통령령이 정하는 사 육동물을 말한다."고 규정하고 있고, /

【대법원 분석】 그 위임에 따라 같은 법 시행령 제2조는 "가축분뇨법 제2조 제1호에서 '대통령령이 정하는 사육동물'이란 젖소, 오리, 양, 사슴 및 개를 말한다."고 규정하고 있으며, /

【대법원 분석】 또한 같은 법 시행령 제8조는 "법 제11조 제3항에 따라 설치신고(변경신고를 포함한다)를 하여야 하는 배출시설은 [별표 2]와 같다."고 규정하면서 /

【대법원 분석】 같은 법 시행령 [별표 2]에서는 신고대상 배출시설로서 면적 60 m² 이상의 개 사육시설을 규정하고 있다.

4. 사안에 대한 대법원의 판단

【대법원 판단】 따라서 피고인이 설치한 이 사건 배출시설인 개 사육시설(12개동, 면적 338 m²)은 /

【대법원 판단】 가축분뇨법령이 제정되기 전에는 신고대상 배출시설에 해당하지도 아니할 뿐만 아니라, /

【대법원 판단】 가축분뇨법령이 제정된 이후에도 배출시설을 새로이 설치한 것이 아니라 종전대로 사용한 것에 불과하므로, /

【대법원 판단】 앞서 본 법리에 비추어 살펴보면 피고인에게 이 사건 부칙조항이 적용되는지 여부와 상관 없이 /

【대법원 판단】 피고인은 가축분뇨법 제50조 제3호, 제11조 제3항에서 규정하고 있는 신고대상자인 '배출시설을 설치하고자 하는 자'에 해당한다고 볼 수 없다.

【대법원 결론】 그럼에도 불구하고, 원심은 피고인이 가축분뇨법 제50조 제3호, 제11조 제3항에서 규정하고 있는 신고대상자인 '배출시설을 설치하고자 하는 자'에 해당하는 것으로 판단하여 /

【대법원 결론】 이 사건 공소사실 중 이 사건 부칙조항이 규정하는 유예기간이 경과한 다음날인 2008. 9. 28.부터 2010. 3. 30.까지의 미신고 배출시설 설치 부분을 유죄로 인정하였으므로, /

【대법원 결론】 원심에는 가축분뇨법 제50조 제3호, 제11조 제3항의 해석에 관한 법리를 오해하여 판결에 영향을 미친 위법이 있다. (파기 환송)

2011도2749

실형전과 누범과 실형의 의미
집행유예 실효 누범 사건
2011. 5. 26. 2011도2749, 공 2011하, 1365

1. 사실관계 및 사건의 경과

【사실관계 1】

① 2003. 7. 2. 갑은 특가법위반죄(절도)로 징역 1년 6월에 집행유예 2년을 선고받았다. (㉠판결)

② 2006. 7. 14. 갑은 특가법위반죄(절도)로 징역 1년에 집행유예 2년을 선고받았다. (㉡판결)

③ 2007. 6. 19. 갑은 특가법위반죄(절도)로 징역 2년을 선고받았다. (ⓒ판결)

④ 2007. 6. 27. 갑에 대한 ⓒ판결이 확정되었다.

⑤ ⓒ판결의 확정으로 ⓛ판결의 집행유예의 선고가 실효되었다.

【사실관계 2】

① 2010. 3. 7. 갑은 최종 형(1년 + 2년)의 집행을 종료하였다.

② 2010. 6. 초순 03:00경 갑은 A가 운영하는 P식당에서 열려져 있는 식당 뒷문을 통해 식당으로 들어가 그 곳 카운터에 있는 현금 2,000원을 절취하였다. (ⓡ행위)

③ 2010. 6. 초순부터 2010. 7. 9. 01:00경까지 갑은 총 14회에 걸쳐 상습으로 시가 합계 약 1,869,000원 상당의 재물을 절취하거나 절취하려다가 미수에 그쳤다. (ⓜ행위들)

【사건의 경과 1】

① 검사는 ⓡ행위와 ⓜ행위들에 대해 갑을 특가법위반죄(절도)로 기소하였다.

② 검사는 특가법 제5조의4 제6항을 적용하여 기소하였다.

③ 제1심법원은 다음과 같이 판단하였다.

　　(가) 특가법 제5조의4 제6항은 특가법 제5조의4 제1항 또는 제2항의 죄로 두 번 이상 실형을 선고받았을 것을 요건으로 하고 있다.

　　(나) 갑이 실형을 선고받은 것은 단 1회에 그치고 있다.

　　(다) 그러므로 특가법 제5조의4 제6항을 적용하여 처벌할 수 없다.

④ 제1심법원은 형법상 단순절도죄에 누범가중(형법 제35조)과 작량감경(형법 제53조)을 하여 징역 2년 6월을 선고하였다.

【사건의 경과 2】

① 검사는 불복 항소하였다.

② 검사는 항소이유로 다음의 점을 주장하였다.

　　(가) 집행유예를 받은 판결도 집행유예가 실효되면 '실형을 선고받은 경우'에 해당한다.

　　(나) ⓛ판결은 집행유예가 실효되어 실형을 받은 경우에 해당한다.

　　(다) ⓛ판결과 ⓒ판결에 의하여 2회 이상 실형을 받은 경우에 해당한다.

　　(라) 따라서 갑에 대해 특가법 제5조의4 제6항을 적용하여야 한다.

③ 항소심법원은 검사의 항소가 이유 있다고 판단하였다.

④ 항소심법원은 제1심판결을 파기하였다.

⑤ 항소심법원은 다음과 같이 처단형을 결정하고 형을 선고하였다.

　　(가) 특가법위반죄(실형누범절도) 유기형 선택

　　(나) 형법 제35조의 누범가중

　　(다) 형법 제53조의 작량감경

　　(라) 징역 3년

⑥ 항소심법원은 갑에게 징역 3년을 선고하였다.

⑦ 갑은 불복 상고하였다.

⑧ 갑은 상고이유로, 2회의 실형 전과에는 집행유예 받은 전과는 포함되지 않는다고 주장하였다.

【참조조문】

형법

제329조 (절도) 타인의 재물을 절취한 자는 6년 이하의 징역 또는 1천만원 이하의 벌금에 처한다.

제332조 (상습범) 상습으로 제329조 내지 제331조의2의 죄를 범한 자는 그 죄에 정한 형의 2분의 1 까지 가중한다.

특정범죄 가중처벌 등에 관한 법률

제5조의4 (상습 강도·절도죄 등의 가중처벌) ① 상습적으로 「형법」 제329조부터 제331조까지의 죄 또는 그 미수죄를 범한 사람은 무기 또는 3년 이상의 징역에 처한다.

② 5명 이상이 공동하여 제1항의 죄를 범한 사람은 무기 또는 5년 이상의 징역에 처한다.

⑤ 「형법」 제329조부터 제331조까지, 제333조부터 제336조까지 및 제340조·제362조의 죄 또는 그 미수죄로 /

세 번 이상 징역형을 받은 사람이 /

다시 이들 죄를 범하여 누범(累犯)으로 처벌하는 경우에도 /

제1항부터 제4항까지의 형과 같은 형에 처한다.

⑥ 제1항 또는 제2항의 죄로 두 번 이상 실형을 선고받고 /

그 집행이 끝나거나 면제된 후 3년 이내에 /

다시 제1항 또는 제2항의 죄를 범한 경우에는 /

그 죄에 대하여 정한 형의 단기(短期)의 2배까지 가중한다.

2. 특가법 실형전과 누범과 실형의 의미

【대법원 요지】 형벌법규의 해석은 엄격하여야 하고 /

【대법원 요지】 명문규정의 의미를 피고인에게 불리한 방향으로 지나치게 확장해석하거나 유추해석 하는 것은 죄형법정주의의 원칙에 어긋나는 것으로서 허용되지 않는다.

【대법원 분석】 특정범죄 가중처벌 등에 관한 법률 (이하 '특가법'이라 한다) 제5조의4 제6항은 /

【대법원 분석】 "제1항 또는 제2항의 죄로 두 번 이상 실형을 선고받고 그 집행이 끝나거나 면제된 후 3년 이내에 다시 제1항 또는 제2항의 죄를 범한 경우에는 /

【대법원 분석】 그 죄에 대하여 정한 형의 단기의 2배까지 가중한다."고 규정하고 있다. /

【대법원 요지】 위 규정의 문언에 비추어, 형의 집행유예를 선고받은 후 집행유예가 실효되거나 취소 된 경우를 /

【대법원 요지】 특가법 제5조의4 제6항이 정하는 '실형을 선고'받은 경우에 포함된다고 볼 수 없다.

3. 사안에 대한 대법원의 판단

【대법원 판단】 그럼에도 원심은 그 판시와 같은 이유를 들어, /

【대법원 판단】 피고인이 이 사건 범행 이전에 2006. 7. 14. 특정범죄 가중처벌 등에 관한 법률 위반 (절도)죄로 징역 1년에 집행유예 2년을 선고받았는데, /

【대법원 판단】 2007. 6. 19. 같은 죄로 징역 2년을 선고받아 그 판결이 확정됨으로써 위 집행유예의

선고가 실효되었다는 이유로 /

【대법원 판단】 위 집행유예 판결도 피고인이 실형을 선고받은 경우에 해당한다고 보아, /

【대법원 판단】 이 사건 공소사실에 대하여 특가법 제5조의4 제6항을 적용하여 피고인을 처단하였으니, /

【대법원 판단】 이러한 원심판결에는 특가법 제5조의4 제6항의 '실형을 선고받고'의 해석에 관한 법리를 오해하여 판결에 영향을 미친 위법이 있다.

【대법원 결론】 이 점을 지적하는 상고이유의 주장은 이유 있다. (파기 환송)

2011도3180

신분범의 공동정범
사채업자 납입가장죄 사건
2011. 7. 14. 2011도3180, 공 2011하, 1686

1. 사실관계 및 사건의 경과

【사실관계 1】

① A는 P회사의 대표이사이다. (P그룹 회장)

② B는 A의 아들이다.

③ Q회사는 P그룹의 자회사이다.

④ 갑과 을은 Q회사의 대표이사이다.

⑤ 병은 사채업자이다.

⑥ B가 시도하는 M사업에 거액의 자금이 필요하게 되었다.

⑦ 갑과 을은 Q회사의 유상증자를 통하여 자금을 조달하기로 하였다.

【사실관계 2】

① 2009. 6. 3. 갑과 을은 사채업자 병으로부터 갑의 개인명의로 금 70억원을 차용하였다.

② 병은 갑과 을이 가장납입할 것임을 알면서 돈을 빌려주었다.

③ 2009. 6. 3. 갑과 을은 병이 빌려준 돈을 가지고 Q회사 유상증자에서 ⓐ회사 등 6명의 명의로 70억원 상당(주당 500원, 1,400만주)을 청약대금으로 납입하였다.

④ 갑과 을은 ⓐ회사 등의 청약계좌 6개를 병에게 담보로 제공하였다.

⑤ 갑과 을은 주간사인 ⓑ증권으로부터 ㉠주금납입보관서를 발급받았다.

⑥ 2009. 6. 5. 갑과 을은 ㉠주금납입보관서를 첨부하여 인천지방법원 등기과에서 Q회사의 발행주식 총수를 106,559,515주로, 53,779,757,500원으로 변경하는 등기신청을 하였다.

【사실관계 3】

① 2009. 6. 5. 병이 청약대금을 Q회사 계좌에 입금하자 갑은 즉시 75억원을 ㉡자기앞수표로 출금하

였다.

② 갑은 ⓛ자기앞수표를 병에게 채무 원리금에 대한 담보 명목으로 제공하였다.

③ 2009. 6. 24. 갑은 ⓛ자기앞수표를 병으로부터 그대로 돌려받았다.

④ 갑은 Q회사가 ⓒ회사로부터 ⓓ회사 경영권 및 주식을 재매입한다는 구실로 ⓛ자기앞수표를 ⓒ회사 계좌에 입금하였다.

⑤ 갑은 ⓛ자기앞수표를 재차 출금하여 병에게 반환하였다.

⑥ 갑은 병으로부터 담보로 제공한 주식 1,400만주가 입고된 ⓐ회사 등 6개 계좌를 돌려받았다.

【사건의 경과 1】

① 검사는 갑, 을, 병을 다음 공소사실의 공동정범으로 기소하였다.

   (가) 상법상 납입가장죄

   (나) 공전자기록불실기재죄

   (다) 불실기재공전자기록행사죄

② 제1심법원은 유죄를 인정하였다.

③ (이하 사채업자 병을 중심으로 고찰함)

【사건의 경과 2】

① 병은 불복 항소하였다.

② 항소심법원은 병에게 공동정범이 성립하지 않는다고 판단하였다.

③ 항소심법원은 제1심판결을 파기하고, 무죄를 선고하였다.

④ 검사는 불복 상고하였다.

⑤ 검사는 상고이유로 다음의 점을 주장하였다.

   (가) 상법상 납입가장죄는 대표이사 능이 수체로 되어 있는 신분범이다.

   (나) 형법 제33조는 신분범의 경우에도 공동정범을 인정한다.

   (다) 병은 대표이사의 신분은 없지만 형법 제33조에 의하여 납입가장죄의 공동정범이 된다.

【참조조문】

상법

제622조 (발기인, 이사 기타의 임원등의 특별배임죄) ① 회사의 발기인, 업무집행사원, 이사, 집행임원, 감사위원회 위원, 감사 또는 /

   제386조 제2항, 제407조 제1항, 제415조 또는 제567조의 직무대행자, /

   지배인 기타 회사영업에 관한 어느 종류 또는 특정한 사항의 위임을 받은 사용인이 /

   그 임무에 위배한 행위로써 재산상의 이익을 취하거나 제삼자로 하여금 이를 취득하게 하여 회사에 손해를 가한 때에는 /

   10년 이하의 징역 또는 3천만원 이하의 벌금에 처한다.

제628조 (납입가장죄등) ① 제622조 제1항에 게기한 자가 납입 또는 현물출자의 이행을 가장하는 행위를 한 때에는 5년 이하의 징역 또는 1천500만원 이하의 벌금에 처한다.

   ② 제1항의 행위에 응하거나 이를 중개한 자도 제1항과 같다.

2. 납입가장죄와 공동정범

【대법원 요지】 상법 제628조 제1항 소정의 납입가장죄는 상법 제622조 소정의 지위에 있는 자만이 주체가 될 수 있는 신분범이다. /

【대법원 요지】 한편 신분이 없는 자도 신분이 있는 자의 범행에 가공한 경우에 공범이 될 수 있으나, /

【대법원 요지】 그 경우에도 공동가공의 의사와 그 공동의사에 기한 기능적 행위지배를 통한 범죄의 실행이라는 주관적 · 객관적 요건이 충족되어야 공동정범으로 처벌할 수 있다.

3. 사안에 대한 대법원의 판단

【대법원 판단】 원심은, /

【대법원 판단】 피고인 병이 상법 제622조 소정의 지위에 있지 아니할 뿐만 아니라 /

【대법원 판단】 그와 같은 지위에 있는 자들이 가장납입을 하도록 범의를 유발한 것도 아니고 /

【대법원 판단】 이미 가장납입을 하기로 마음먹고 있는 회사의 임원 등에게 그 대금을 대여해 준 것에 불과하므로, /

【대법원 판단】 피고인 병이 회사의 임원 등이 납입가장을 하기 위해 돈을 빌린다는 것을 알고 돈을 빌려주었다는 사정만으로 /

【대법원 판단】 피고인 병에게 납입가장죄에 대한 공동정범으로서의 죄책을 물을 수 없고, /

【대법원 판단】 나아가 납입가장 후의 증자 등기 신청으로 인한 공전자기록불실기재 및 행사죄에 대하여도 /

【대법원 판단】 공동정범으로서의 기능적 행위지배가 있었다고 볼 수 없다는 이유로, /

【대법원 판단】 피고인 병에 대하여 무죄를 선고하였다.

【대법원 결론】 관계 증거를 앞서 본 법리 및 기록에 비추어 살펴보면, 원심의 위와 같은 판단은 정당한 것으로 수긍할 수 있고, 거기에 상고이유에서 주장하는 바와 같이 납입가장죄 등의 공동정범에 관한 법리를 오해하거나 논리와 경험칙에 위배하여 자유심증주의의 한계를 벗어난 위법이 없다. (상고기각)

2011도3682

불법한 현행범체포와 정당방위
경찰관 모욕 체포 사건
2011. 5. 26. 2011도3682, 공 2011하, 1367

1. 사실관계 및 사건의 경과

【사실관계】

① 2009. 9. 6. 01:45경 갑은 M빌라 주차장에서 술에 취한 상태에서 전화를 걸고 있었다.

② 갑은 인근 지역을 순찰하던 경찰관 A와 B로부터 불심검문을 받게 되자 B에게 자신의 운전면허증을 교부하였다.

③ 경찰관 B가 갑의 신분조회를 위하여 순찰차로 걸어간 사이에 갑은 불심검문에 항의하면서 경찰관 A에게 큰 소리로 욕설을 하였다.

④ 이에 경찰관 A는 갑에게 모욕죄의 현행범으로 체포하겠다고 고지한 후 갑의 오른쪽 어깨를 붙잡았다.

⑤ 갑은 이에 강하게 반항하면서 경찰관 A에게 상해를 가하였다.

【사건의 경과】

① 검사는 갑을 상해죄와 공무집행방해죄로 기소하였다.

② 제1심법원은 무죄를 선고하였다.

③ 검사는 불복 항소하였다.

④ 항소심법원은 항소를 기각하고, 제1심판결을 유지하였다.

⑤ 검사는 불복 상고하였다.

⑥ 검사는 상고이유로, 현행범체포의 요건에 관한 법리오해의 위법이 있다고 주장하였다.

2. 현행범체포의 요건

【대법원 분석】 현행범인은 누구든지 영장 없이 체포할 수 있다(형사소송법 제212조). /

【대법원 요지】 현행범인으로 체포하기 위하여는 행위의 가벌성, 범죄의 현행성 · 시간적 접착성, 범인 · 범죄의 명백성 이외에 /

【대법원 요지】 체포의 필요성 즉, 도망 또는 증거인멸의 염려가 있어야 하고, /

【대법원 요지】 이러한 요건을 갖추지 못한 현행범인 체포는 법적 근거에 의하지 아니한 영장 없는 체포로서 위법한 체포에 해당한다. /

【대법원 요지】 여기서 현행범인 체포의 요건을 갖추었는지 여부는 체포 당시의 상황을 기초로 판단하여야 하고, /

【대법원 요지】 이에 관한 검사나 사법경찰관 등 수사주체의 판단에는 상당한 재량의 여지가 있다고 할 것이나, /

【대법원 요지】 체포 당시의 상황으로 보아서도 그 요건의 충족 여부에 관한 검사나 사법경찰관 등의 판단이 경험칙에 비추어 현저히 합리성을 잃은 경우에는 그 체포는 위법하다고 보아야 한다.

3. 공무집행의 적법성과 정당방위

【대법원 요지】 한편 형법 제136조가 규정하는 공무집행방해죄는 공무원의 직무집행이 적법한 경우에 한하여 성립하고, /

【대법원 요지】 여기서 적법한 공무집행은 그 행위가 공무원의 추상적 권한에 속할 뿐 아니라 구체적 직무집행에 관한 법률상 요건과 방식을 갖춘 경우를 가리킨다. /

【대법원 요지】 경찰관이 현행범인 체포의 요건을 갖추지 못하였음에도 실력으로 현행범인을 체포하려고 하였다면 적법한 공무집행이라고 할 수 없고, /

【대법원 요지】 현행범인 체포행위가 적법한 공무집행을 벗어나 불법하게 체포한 것으로 볼 수밖에 없다면, /

【대법원 요지】 현행범이 그 체포를 면하려고 반항하는 과정에서 경찰관에게 상해를 가한 것은 불법 체포로 인한 신체에 대한 현재의 부당한 침해에서 벗어나기 위한 행위로서 정당방위에 해당하여 위법 성이 조각된다.

4. 사안에 대한 대법원의 분석

【대법원 분석】 원심판결 이유 및 기록에 의하면, 피고인은 2009. 9. 6. 01:45경 서울 마포구 서교 동 M빌라 주차장에서 술에 취한 상태에서 전화를 걸다가 인근 지역을 순찰하던 경찰관인 공소외 A, B 로부터 불심검문을 받게 되자 공소외 B에게 자신의 운전면허증을 교부한 사실, /

【대법원 분석】 공소외 B가 피고인의 신분조회를 위하여 순찰차로 걸어간 사이에, 피고인은 위 불심 검문에 항의하면서 공소외 A에게 큰 소리로 욕설을 한 사실, /

【대법원 분석】 이에 공소외 A는 피고인에게 모욕죄의 현행범으로 체포하겠다고 고지한 후 피고인의 오른쪽 어깨를 붙잡았고, /

【대법원 분석】 피고인은 이에 강하게 반항하면서 공소사실 기재와 같이 공소외 A에게 상해를 가한 사실 등을 알 수 있다.

5. 사안에 대한 대법원의 판단

【대법원 판단】 위 사실관계에 의하면, 공소외 A가 피고인을 현행범인으로 체포할 당시 피고인이 이 사건 모욕 범행을 실행 중이거나 실행행위를 종료한 직후에 있었다고 하더라도, /

【대법원 판단】 피고인은 공소외 A, B의 불심검문에 응하여 이미 운전면허증을 교부한 상태이고, 공소외 A뿐 아니라 인근 주민도 피고인의 욕설을 직접 들었으므로, /

【대법원 판단】 피고인이 도망하거나 증거를 인멸할 염려가 있다고 보기는 어려울 것이다. /

【대법원 판단】 또한 피고인의 이 사건 모욕 범행은 불심검문에 항의하는 과정에서 저지른 일시적, 우발적인 행위로서 사안 자체가 경미할 뿐 아니라, /

【대법원 판단】 고소를 통하여 검사 등 수사 주체의 객관적 판단을 받지도 아니한 채 피해자인 경찰 관이 범행현장에서 즉시 범인을 체포할 급박한 사정이 있다고 보기도 어렵다.

【대법원 판단】 따라서 공소외 A가 피고인을 체포한 행위는 현행범인 체포의 요건을 갖추지 못하여 적법한 공무집행이라고 볼 수 없으므로 공무집행방해죄의 구성요건을 충족하지 아니하고, /

【대법원 판단】 피고인이 그 체포를 면하려고 반항하는 과정에서 공소외 A에게 상해를 가한 것은 불 법체포로 인한 신체에 대한 현재의 부당한 침해에서 벗어나기 위한 행위로서 정당방위에 해당하여 위 법성이 조각된다.

【대법원 결론】 원심이 이와 같은 취지에서 피고인에 대한 이 사건 공소사실 중 상해 및 공무집행방 해의 점에 대하여 무죄를 선고한 제1심판결을 유지한 것은 정당하다. (상고 기각)

2011도5813

전자장치 부착명령과 고의
17세 미만자 간음 사건
2011. 7. 28. 2011도5813, 2011전도99, 공 2011하, 1897

1. 사실관계 및 사건의 경과

【사실관계 1】

① 2000. 7. 청소년의성보호에관한법률(이하 청소년성보호법으로 약칭함)이 시행되었다.

② 청소년성보호법은 다음의 처벌규정을 두고 있었다.

　(가) 위계 또는 위력으로써 여자 청소년을 간음한 경우 : 5년 이상의 유기징역

　(나) 위계 또는 위력으로써 청소년을 추행한 경우 : 1년 이상의 유기징역 또는 500만원 이상 2천만
　　 원 이하의 벌금

③ 청소년성보호법은 각종 성범죄를 친고죄로 규정한 형법에 대해 예외규정을 두지 않았다.

④ 2008. 2. 청소년성보호법이 개정되었다.

⑤ 이 법률개정으로 청소년 상대 성범죄가 반의사불벌죄로 변경되었다.

【사실관계 2】

① 2008. 10. 「특정 성폭력범죄자에 대한 위치추적 전자장치 부착에 관한 법률」이 시행되었다.

② 이 법률에 의하여 성폭력범죄자에 대한 위치추적 전자장치(속칭 전자발찌) 제도가 시행되었다.

③ 이 법률은 13세 미만자에 대한 성폭력범죄를 전자장치 부착명령 대상의 하나로 규정하였다.

④ 2009. 8. 「특정 범죄자에 대한 위치추적 전자장치 부착 등에 관한 법률」이 시행되었다.

⑤ 이에 따라 성폭력범죄 이외에 미성년자 대상 유괴범죄가 전자장치 부착명령의 대상에 추가되었다.

【사실관계 3】

① 2010. 1. 「아동·청소년의 성보호에 관한 법률」이 시행되었다.

② 이에 따라 유사강간행위에 대한 처벌규정이 추가되었다.

③ 그러나 위계·위력에 의한 청소년 간음이나 추행에 대한 처벌규정은 종전과 같다.

【사실관계 4】

① 2010. 7. 「특정 범죄자에 대한 위치추적 전자장치 부착 등에 관한 법률」이 개정·시행되었다.

② 이에 따라 성폭력범죄, 미성년자 대상 유괴범죄 이외에 살인범죄가 전자장치 부착명령 대상에 추가
　 되었다.

③ 이 법률은 16세 미만에 대한 성폭력범죄를 전자장치 부착명령 대상의 하나로 규정하였다.

【사실관계 5】

① 2011. 7. 「성폭력범죄자의 성충동 약물치료에 관한 법률」이 시행되었다.

② 이에 따라 16세 미만의 사람에 대하여 성폭력범죄를 저지른 성도착증 환자로서 성폭력범죄를 다시
　 범할 위험성이 있다고 인정되는 19세 이상의 사람에 대한 약물치료명령제도가 도입되었다(소위 화

학적 거세).

【사실관계 6】

① 2012. 성폭력범죄에 대한 대책을 강화하기 위하여 국회에 특별위원회가 구성되었다.

② 국회는 성폭력범죄의 처벌을 강화하기 위하여 다음 내용으로 관련법률을 개정하기로 하였다.

    (가) 친고죄였던 각종 성범죄를 일반범죄로 전환함

    (나) 반의사불벌죄였던 각종 성범죄를 일반범죄로 전환함

    (다) 성폭력범죄자에 대한 약물치료명령(소위 화학적 거세)의 대상범죄를 16세 미만자에 대한 성폭력범죄로부터 19세 미만자에 대한 성폭력범죄로 확대함

    (라) 성폭력범죄자에 대한 전자장치 부착명령 대상을 19세 미만자에 대한 성폭력범죄로 확대함

    (마) 특정범죄 출소자에 대한 독립적 보호관찰제도를 도입함

【사실관계 7】

① 2012. 12. 18. 다음의 관련 개정법률들이 공포되었다.

    (가) 「형법」 : 일부개정

    (나) 「성폭력범죄의 처벌 등에 관한 특례법」 : 전부개정

    (다) 「아동·청소년의 성보호에 관한 법률」 : 전부개정

    (라) 「성폭력범죄자의 성충동 약물치료에 관한 법률」 : 일부개정

    (마) 「특정 범죄자에 대한 보호관찰 및 전자장치 부착 등에 관한 법률」 : 일부개정

② 2013. 6. 19. 위의 개정법률들은 6개월의 유예기간을 거친 후 시행되었다.

③ (아래의 사안은 개정법률 시행 이전에 발생한 것임)

④ (이 시점에는 16세 미만자에 대한 성폭력범죄가 전자장치 부착명령 대상의 하나로 되어 있음)

【사실관계 8】

① 2010. 9. 갑은 M인터넷 채팅사이트를 통하여 A(여, 15세)와 채팅을 하였다.

② A는 갑과 채팅할 때 나이가 17세라고 이야기하였다.

③ 갑은 채팅을 통해 A(여, 15세)와 B(여, 15세)를 만나기로 하였다.

④ 갑은 M인터넷 채팅사이트의 채팅창에 '여자 2명을 꼬셨는데 같이 가서 쏘실 분 …'이라고 글을 올렸다.

⑤ 갑은 이를 보고 연락한 을과 함께 만나기로 하였다.

⑥ 을은 특가법위반죄(도주차량)로 유죄판결을 받아 집행유예 기간 중에 있다.

【사실관계 9】

① 2010. 9. 3. 16:00경 갑과 을은 A와 B를 만나 회를 먹고 술을 마셨다.

② 갑과 을은 A, B와 서로의 직업과 나이 등에 대해서 이야기를 나눴다.

③ 갑과 을은 A와 B가 어리게 보였고 나이가 18세 내지 19세 정도 될 것이라고 생각하였다.

④ 갑과 을은 A와 B에게 술을 더 마시고 놀자고 하여 P모텔에 함께 들어갔다.

⑤ 2010. 9. 3. 22:04경 이후 갑과 을은 다음의 행위를 하였다.

    (가) 갑은 강제로 A의 신체부위를 만졌다.

    (나) 을은 A에게 강제로 키스하였다.

    (다) 을은 B에 대하여 위력으로 간음행위를 하였다.

⑥ (이하 을의 행위만을 고찰함)

⑦ (을의 다른 범죄사실은 고찰에서 생략함)

【사건의 경과 1】

① 검사는 을을 아동·청소년의성보호에관한법률위반죄(강간등)로 기소하였다.

② 검사는 을에 대하여 위치추적 전자장치 부착명령을 청구하였다.

③ 을은 다음과 같이 주장하였다.

    (가) A와 B가 16세 미만 청소년인 사실을 알지 못하였다.

    (나) A와 합의하에 키스를 한 사실이 있을 뿐 A의 가슴을 만진 사실은 없다.

    (다) B와 합의하에 성관계를 가진 사실이 있을 뿐 B를 협박하여 위력으로써 간음한 것이 아니다.

④ 제1심법원은 유죄를 인정하고 을에게 다음 주문의 판결을 선고하였다.

    (가) 피고인을 징역 3년 6월에 처한다.

    (나) 피고인에 대한 정보를 10년간 공개한다.

    (다) 피부착명령청구자에 대하여 5년간 위치추적 전자장치의 부착을 명한다.

    (라) 피부착명령청구자에 대하여 별지 기재와 같은 준수사항을 부과한다.

【사건의 경과 2】

① 을은 불복 항소하였다.

② 을의 항소이유는 제1심에서의 주장과 같다.

③ 항소심법원은 다음과 같이 판단하였다.

    (가) 을은 A와 B가 청소년인 사실을 알았던 것으로 충분히 인정된다.

    (나) 을의 강제추행 및 위력에 의한 간음행위가 인정된다.

④ 항소심법원은 항소를 기각하고, 제1심판결을 유지하였다.

【사건의 경과 3】

① 을은 불복 상고하였다.

② 을의 상고이유는 제1심 이래의 주장과 같다.

③ 대법원은 을의 강제추행 및 위력에 의한 간음행위를 인정하였다.

④ 대법원은 위치추적 전자장치 부착명령 부분에 대해 판단하였다.

【참조조문】

특정 범죄자에 대한 위치추적 전자장치 부착 등에 관한 법률 (재판시법)

[법률 제10257호, 2010. 4. 15. 일부개정 2010. 7. 16. 시행]

제5조 (전자장치 부착명령의 청구) ① 검사는 다음 각 호의 어느 하나에 해당하고, 성폭력범죄를 다시 범할 위험성이 있다고 인정되는 사람에 대하여 전자장치를 부착하도록 하는 명령(이하 "부착명령"이라 한다)을 법원에 청구할 수 있다.

    4. 16세 미만의 사람에 대하여 성폭력범죄를 저지른 때

특정 범죄자에 대한 보호관찰 및 전자장치 부착 등에 관한 법률 (2012. 12. 18. 이후)

[법률 제11572호, 2012. 12. 18. 타법개정 2013. 6. 19. 시행]

제5조 (전자장치 부착명령의 청구) ① 검사는 다음 각 호의 어느 하나에 해당하고, 성폭력범죄를 다시 범할 위험성이 있다고 인정되는 사람에 대하여 전자장치를 부착하도록 하는 명령(이하 "부착명령" 이라 한다)을 법원에 청구할 수 있다.
  4. 19세 미만의 사람에 대하여 성폭력범죄를 저지른 때

2. 위치추적 전자장치 부착제도의 법적 성질

【대법원 요지】 특정 범죄자에 대한 위치추적 전자장치 부착 등에 관한 법률에 의한 /

【대법원 요지】 성폭력범죄자에 대한 전자감시제도는, /

【대법원 요지】 성폭력범죄자의 재범방지와 성행교정을 통한 재사회화를 위하여 /

【대법원 요지】 그의 행적을 추적하여 위치를 확인할 수 있는 전자장치를 신체에 부착하게 하는 부가적인 조치를 취함으로써 /

【대법원 요지】 성폭력범죄로부터 국민을 보호함을 목적으로 하는 일종의 보안처분이다. /

【대법원 요지】 이러한 전자감시제도의 목적과 성격, 그 운영에 관한 위 법률의 규정 내용 및 취지 등을 종합해 보면, /

【대법원 요지】 전자감시제도는 범죄행위를 한 자에 대한 응보를 주된 목적으로 그 책임을 추궁하는 사후적 처분인 형벌과 구별되어 그 본질을 달리한다. /

【대법원 요지】 따라서 성폭력범죄를 다시 범할 위험성이 있는 사람에 대한 전자장치 부착명령의 청구 요건의 하나로 /

【대법원 요지】 위 법률 제5조 제1항 제4호에서 규정한 /

【대법원 요지】 '16세 미만의 사람에 대하여 성폭력범죄를 저지른 때'란 /

【대법원 요지】 피부착명령청구자가 저지른 성폭력범죄의 피해자가 16세 미만의 사람인 것을 말하고, /

【대법원 요지】 더 나아가 피부착명령청구자가 자신이 저지른 성폭력범죄의 피해자가 16세 미만이라는 점까지 인식하여야 하는 것은 아니라고 할 것이다.

【대법원 판단】 원심은, 피고인 을이 저지른 성폭력범죄의 피해자들이 모두 15세이고, 피고인 을이 성폭력범죄를 다시 범할 위험성이 인정된다는 이유로 부착명령을 한 제1심판결을 유지하였다.

【대법원 결론】 앞서 본 법리와 적법하게 채택된 증거들에 비추어 살펴보면, 원심의 위와 같은 조치는 정당하므로 이 부분 상고이유의 주장은 이유 없다. (상고 기각)

2011도6223

사문서위조와 사망자의 승낙
망부 명의 위임장 사건

2011. 9. 29. 2011도6223, 공 2011하, 2284

1. 사실관계 및 사건의 경과

【사실관계 1】

① 갑은 A의 아들이다.

② A는 M토지 및 그 지상의 N건물을 소유하고 있다. (㉠부동산)

③ B는 N건물의 임차인이다.

④ B는 ㉠부동산에 대해 관할법원에 임대차보증금반환 사건의 집행력 있는 판결 정본에 기하여 강제경매를 신청하였다.

⑤ 2009. 12. 9. 관할법원은 ㉠부동산에 대해 강제경매 개시결정을 내렸다.

【사실관계 2】

① 2010. 2. 4. A는 ㉠부동산의 매매에 관한 권한 일체를 아들 갑에게 위임하였다.

② 2010. 2. 4. 갑은 ㉠부동산을 C와 D에게 매매대금 1억 3,500만원으로 정하여 매도하였다.

③ ㉠부동산에 관한 매매계약서에는 '대리인'란에 갑의 이름이 기재되어 있고, 갑 명의의 도장이 날인되어 있다.

④ 갑은 C로부터 매매대금 중 4,000만원을 교부받았다.

⑤ 2010. 2. 10.경 갑은 B에게 임대차보증금반환 채권액 3,470만원을 입금하여 주었다.

⑥ 그에 따라 B는 ㉠부동산에 대한 경매를 취하하였다.

【사실관계 3】

① 2010. 2. 11.경 A가 갑자기 사망하였다.

② 2010. 2. 24.경 갑은 ㉠부동산 매수인들에게 소유권이전등기를 마쳐주는 데에 사용할 목적으로 인감증명을 발급받기 위하여 L주민센터로 갔다.

③ 갑은 A가 갑에게 인감증명 발급을 위임한다는 취지의 인감증명 위임장을 작성하게 되었다. (㉡인감증명위임장)

④ 갑은 ㉡인감증명위임장에 다음과 같이 기재하였다.

   (가) 위임자 : A

   (나) 주민등록번호 : (생략)

   (다) 주소란 : 인천 남구 용현동 (지번 생략)

   (라) 위임사유 : '병환 중임'

⑤ 갑은 A의 성명 옆에 A의 도장을 날인하였다.

⑥ 갑은 ㉡인감증명서를 발급받아 이를 매수인 C, D에게 교부하였다.

【사건의 경과】

① 검사는 갑을 사문서위조죄 및 위조사문서행사죄로 기소하였다.

② (공소사실의 요지는 판례 본문 참조)

③ 갑의 피고사건은 제1심을 거친 후, 항소심에 계속되었다.

④ 항소심법원은 갑의 ⓛ인감증명위임장의 작성에 A의 승낙이 있는 것으로 판단하였다.

⑤ 항소심법원은 무죄를 선고하였다.

⑥ (항소심의 판단 이유는 판례 본문 참조)

⑦ 검사는 불복 상고하였다.

⑧ 검사는 상고이유로, 항소심판결에 피해자의 승낙에 관한 법리오해가 있다고 주장하였다.

2. 사문서위조죄와 문서명의인의 승낙

【대법원 요지】 1. 사문서위조죄는 작성권한 없는 자가 타인 명의를 모용하여 사문서를 작성하는 것을 말하는 것이므로, /

【대법원 요지】 문서명의인이 문서작성자에게 사전에 문서작성이 포함된 사무를 처리할 권한을 포괄적으로 위임하였고, /

【대법원 요지】 문서작성자가 위임된 권한의 범위 내에서 그 사무처리를 위하여 문서를 작성한 것이라면, /

【대법원 요지】 비록 문서작성자가 개개의 문서작성에 관하여 문서명의인으로부터 승낙을 받지 않았다 하더라도 사문서위조죄는 성립하지 않는다 할 것이지만, /

【대법원 요지】 그와 같은 포괄적인 명의사용의 근거가 되는 위임관계 내지 대리관계가 종료된 경우에는 /

【대법원 요지】 특단의 사정이 없는 한 더 이상 위임받은 사무의 처리와 관련하여 위임인의 명의를 사용하는 것이 허용된다고 볼 수 없다.

3. 사망자 명의 문서와 사문서위조죄

【대법원 요지】 또한 문서위조죄는 문서의 진정에 대한 공공의 신용을 그 보호법익으로 하는 것이므로 /

【대법원 요지】 행사할 목적으로 작성된 사문서가 일반인으로 하여금 당해 명의인의 권한 내에서 작성된 문서라고 믿게 할 수 있는 정도의 형식과 외관을 갖추고 있으면 사문서위조죄가 성립하는 것이고, /

【대법원 요지】 위와 같은 요건을 구비한 이상 그 명의인이 문서의 작성일자 전에 이미 사망하였다 하더라도 그러한 문서 역시 공공의 신용을 해할 위험성이 있으므로 사문서위조죄가 성립한다 /

【대법원 요지】 (대법원 2005. 2. 24. 선고 2002도18 전원합의체 판결 참조). /

【대법원 요지】 위와 같이 사망한 사람 명의의 사문서에 대하여도 그 문서에 대한 공공의 신용을 보호할 필요가 있다는 점을 고려하면, /

【대법원 요지】 문서명의인이 이미 사망하였는데도 문서명의인이 생존하고 있다는 점이 문서의 중요한 내용을 이루거나 그 점을 전제로 문서가 작성되었다면 /

【대법원 요지】 이미 그 문서에 관한 공공의 신용을 해할 위험이 발생하였다 할 것이므로, /

【대법원 요지】 그러한 내용의 문서에 관하여 사망한 명의자의 승낙이 추정된다는 이유로 사문서위조죄의 성립을 부정할 수는 없다고 할 것이다.

4. 공소사실의 요지

【대법원 분석】 2. 이 사건 공소사실의 요지는, /

【대법원 분석】 '피고인은 2010. 2. 24. 15:00경 인천 남동구 만수동 소재 만수2동 주민센터 내에서 행사할 목적으로 /

【대법원 분석】 망 공소외 A로부터 그의 인감증명서를 발급받을 수 있는 권한을 위임받은 것처럼 함부로 /

【대법원 분석】 인감증명 위임장 또는 법정대리인 동의서의 위임자란에 /

【대법원 분석】 "공소외 A", 주민등록번호란에 "(주민등록번호 생략)", 주소란에 "인천 남구 용현동 (이하 생략)"라고 기재하고, /

【대법원 분석】 공소외 A의 성명 옆에 "공소외 A"의 도장을 날인하여 /

【대법원 분석】 공소외 A의 권리의무에 관한 사문서인 인감증명 위임장 또는 법정대리인 동의서 1매를 위조하고, /

【대법원 분석】 즉석에서 그 정을 모르는 위 만수2동 주민센터 성명불상 담당직원에게 마치 진정하게 성립한 인감증명 위임장 또는 법정대리인 동의서인 것처럼 제출하여 이를 행사하였다'는 것이다.

5. 사안에 대한 항소심의 판단

【항소심 분석】 이에 대하여 원심은 그 채용 증거를 종합하여 다음의 사실, /

【항소심 분석】 즉 피고인의 아버지인 공소외 A 소유의 인천 남구 용현동 (이하 생략) 대지 및 그 지상 건물(이하 '이 사건 부동산'이라 한다)에 관하여 /

【항소심 분석】 임차인 공소외 B가 인천지방법원 2009가단*****호 임대차보증금반환 사건의 집행력있는 판결 정본에 기하여 강제경매를 신청하여 2009. 12. 9. 강제경매 개시결정이 내려진 사실, /

【항소심 분석】 공소외 A는 2010. 2. 4. 이 사건 부동산의 매매에 관한 권한 일체를 피고인에게 위임하여, /

【항소심 분석】 같은 날 이 사건 부동산을 공소외 C 외 1인에게 매매대금 1억 3,500만원으로 정하여 매도하였는데, /

【항소심 분석】 이 사건 부동산에 관한 매매계약서에는 '대리인'란에 피고인의 이름이 기재되어 있고, 피고인 명의의 도장도 날인되어 있는 사실, /

【항소심 분석】 피고인은 공소외 C로부터 매매대금 중 4,000만원을 교부받아 2010. 2. 10.경 공소외 B에게 임대차보증금반환 채권액 3,470만원을 입금하여 주었고, /

【항소심 분석】 그에 따라 공소외 B가 위 경매를 취하한 사실, /

【항소심 분석】 공소외 A가 2010. 2. 11.경 갑자기 사망하게 되자, /

【항소심 분석】 이 사건 부동산의 매매에 관한 권한 일체를 위임받은 피고인은 2010. 2. 24.경 매수

인들에게 이 사건 부동산에 관한 소유권이전등기를 마쳐주는 데에 사용할 목적으로 공소외 A가 피고인에게 인감증명 발급을 위임한다는 취지의 인감증명 위임장을 작성한 후 /

【항소심 분석】 인감증명서를 발급받아 이를 매수인들에게 교부한 사실, /

【항소심 분석】 위 인감증명 위임장에는 위임사유로 '병[환] 중임'이라고 기재되어 있는 사실을 인정한 다음, /

【항소심 판단】 피고인의 아버지인 공소외 A가 사망하기 전에 피고인에게 이 사건 부동산의 매매에 관한 일체의 권한을 위임하였고, /

【항소심 판단】 피고인은 이에 따라 이 사건 인감증명 위임장을 작성한 것이므로, 피고인에 대하여 사문서위조죄 및 위조사문서행사죄는 성립하지 아니하고, /

【항소심 판단】 설령 공소외 A의 사망으로 인하여 그 위임관계가 종료되어 피고인이 공소외 A의 명시적이거나 현실적인 승낙이 없이 이 사건 인감증명 위임장을 작성하였다고 하더라도, /

【항소심 판단】 피고인에게 이 사건 부동산의 매매에 관한 일체의 대리권을 수여하였던 공소외 A에게 묵시적이거나 추정적인 승낙이 있었다고 보아야 한다는 이유로 /

【항소심 판단】 이 사건 공소사실을 무죄로 판단하였다.

6. 사안에 대한 대법원의 판단

【대법원 판단】 3. 그러나 앞서 본 법리에 비추어 보면, 원심의 위와 같은 판단은 그대로 수긍하기 어렵다.

【대법원 판단】 원심이 인정한 사실관계에 의할지라도, /

【대법원 판단】 피고인이 이 사건 부동산의 매매에 관한 포괄적인 권한을 갖게 된 것은 공소외 A의 2010. 2. 4.자 위임 내지 대리권 수여에 기한 것이라 할 것인데, /

【대법원 판단】 공소외 A가 2010. 2. 11. 사망함으로써 포괄적인 명의사용의 근거가 되는 이 사건 부동산 매매에 관한 위임관계 내지 포괄적인 대리관계는 종료된 것으로 보아야 하므로 /

【대법원 판단】 특별한 사정이 없는 한 피고인은 더 이상 위임받은 사무의 처리와 관련하여 공소외 A의 명의를 사용하는 것이 허용된다고 볼 수 없다. /

【대법원 판단】 또한 기록을 살펴보아도 피고인이 사망한 공소외 A의 명의를 모용한 인감증명 위임장을 작성하여 인감증명서를 발급받아야 할 급박한 사정이 있었다고 볼 만한 사정도 없다.

【대법원 요지】 다음, 인감증명 위임장은 본래 생존한 사람이 타인에게 인감증명서 발급을 위임한다는 취지의 문서라는 점을 고려하면, /

【대법원 요지】 이미 사망한 공소외 A가 '병[환] 중'이라는 사유로 피고인에게 인감증명서 발급을 위임한다는 취지의 인감증명 위임장이 작성됨으로써 /

【대법원 요지】 그 문서에 관한 공공의 신용을 해할 위험성이 발생하였다 할 것이고, /

【대법원 요지】 피고인이 명의자인 공소외 A가 승낙하였을 것이라고 기대하거나 예측한 것만으로는 그러한 내용의 문서에 관하여 사망한 공소외 A의 승낙이 추정된다고 단정할 수 없다.

【대법원 결론】 그런데도 원심은 그 판시와 같은 이유로 이 사건 공소사실을 무죄로 판단하고 말았으니, 이러한 원심의 판단에는 사망한 사람 명의의 사문서위조죄에 있어서 승낙 내지 추정적 승낙에 관

한 법리를 오해하여 판결에 영향을 미친 위법이 있다. 이 점을 지적하는 취지의 상고이유 주장은 이유 있다. (파기 환송)

2011도6273

교특법 특례규정의 요건
자전거 일반보험 사건

2012. 10. 25. 2011도6273, 공 2012하, 1988

1. 사실관계 및 사건의 경과

【사실관계】

① 갑은 ⓐ자전거를 타고 가다가 전방주시를 게을리하여 B를 들이받았다. (㉮사고)

② B는 ㉮사고로 다발성 타박상을 입었다.

③ ⓐ자전거는 보험에 들어있지 않다.

④ 갑은 P보험회사에 다음 내용의 ㉠보험을 들어놓고 있었다.

　(가) 일상생활중 우연한 사고로 인한 타인의 신체장애 및 재물의 손해에 대해 배상책임을 부담한다.

　(나) 부담하는 법률상 배상책임액은 1억원의 한도 내에서 전액 배상한다.

⑤ ㉮사고 후 B는 ㉠보험에 따라 P보험회사로부터 피해액을 배상받았다.

【사건의 경과】

① 검사는 갑을 교통사고처리특례법위반죄로 기소하였다.

② 제1심법원은 유죄를 인정하였다.

③ 갑은 불복 항소하였다.

④ 항소심법원은 다음과 같이 판단하였다.

　(가) A는 P보험회사로부터 피해액을 배상받은 사실이 있다.

　(나) 이는 교통사고처리특례법 특례법 제4조 제1, 2항에서 규정한 보험 등에 가입한 경우에 해당
　　　한다.

　(다) 이에 해당하면 피고인에 대하여 공소를 제기할 수 없다.

⑤ 항소심법원은 제1심판결을 파기한 후, 공소기각판결을 선고하였다.

⑥ 검사는 불복 상고하였다.

⑦ 검사는 상고이유로, 교특법상 특례가 적용되지 않는다고 주장하였다.

【참조조문】

교통사고처리 특례법

제2조 (정의) 이 법에서 사용하는 용어의 뜻은 다음과 같다. 〈개정 2011. 6. 8〉

　1. "차"란 「도로교통법」 제2조 제17호 가목에 따른 차(車)와 「건설기계관리법」 제2조 제1항 제1호
　에 따른 건설기계를 말한다.

2. "교통사고"란 차의 교통으로 인하여 사람을 사상하거나 물건을 손괴하는 것을 말한다.

제3조 (처벌의 특례) ① 차의 운전자가 교통사고로 인하여 「형법」 제268조의 죄를 범한 경우에는 5년 이하의 금고 또는 2천만원 이하의 벌금에 처한다.

② 차의 교통으로 제1항의 죄 중 업무상과실치상죄 또는 중과실치상죄와 「도로교통법」 제151조의 죄를 범한 운전자에 대하여는 /

피해자의 명시적인 의사에 반하여 공소를 제기할 수 없다. (단서 생략)

제4조 (보험 등에 가입된 경우의 특례) ① 교통사고를 일으킨 차가 「보험업법」 제4조, 제126조, 제127조 및 제128조, 「여객자동차 운수사업법」 제60조, 제61조 또는 「화물자동차 운수사업법」 제51조에 따른 보험 또는 공제에 가입된 경우에는 /

제3조 제2항 본문에 규정된 죄를 범한 차의 운전자에 대하여 공소를 제기할 수 없다. (단서 생략)

② 제1항에서 "보험 또는 공제"란 /

교통사고의 경우 /

「보험업법」에 따른 보험회사나 「여객자동차 운수사업법」 또는 「화물자동차 운수사업법」에 따른 공제조합 또는 공제사업자가 /

인가된 보험약관 또는 승인된 공제약관에 따라 /

피보험자와 피해자 간 또는 공제조합원과 피해자 간의 손해배상에 관한 합의 여부와 상관없이 /

피보험자나 공제조합원을 갈음하여 /

피해자의 치료비에 관하여는 통상비용의 전액을, /

그 밖의 손해에 관하여는 보험약관이나 공제약관으로 정한 지급기준금액을 /

대통령령으로 정하는 바에 따라 우선 지급하되, /

종국적으로는 확정판결이나 그 밖에 이에 준하는 집행권원(執行權原)상 /

피보험자 또는 공제조합원의 교통사고로 인한 손해배상금 전액을 보상하는 /

보험 또는 공제를 말한다.

도로교통법

제2조 (정의) 이 법에서 사용하는 용어의 뜻은 다음과 같다. 〈개정 2012. 3. 21〉

17. "차마"란 다음 각 목의 차와 우마를 말한다.

가. "차"란 다음의 어느 하나에 해당하는 것을 말한다.

1) 자동차

2) 건설기계

3) 원동기장치자전거

4) 자전거

5) 사람 또는 가축의 힘이나 그 밖의 동력으로 도로에서 운전되는 것. /

다만, 철길이나 가설(架設)된 선을 이용하여 운전되는 것, /

유모차와 행정안전부령으로 정하는 보행보조용 의자차는 제외한다.

나. "우마"란 교통이나 운수에 사용되는 가축을 말한다.

2. 교특법 특례규정의 요건

【대법원 분석】 1. 교통사고처리 특례법(이하 '특례법'이라고 한다)이 /

【대법원 분석】 차의 교통으로 형법 제268조의 업무상과실치상죄와 중과실치상죄 및 /

【대법원 분석】 도로교통법 제151조의 죄를 범한 운전자에 대하여 /

【대법원 분석】 그 교통사고를 일으킨 차가 특례법 제4조 제1항에서 정한 '보험 또는 공제에 가입한 경우'에는 공소를 제기할 수 없도록 규정한 것은, /

【대법원 판단】 자동차의 폭증과 자가운전제의 정착으로 자동차의 운전이 국민생활의 불가결한 기본 요소로 되어 가고 있는 현실에 부응하여, /

【대법원 판단】 차의 운행과 관련한 보험제도를 도입하여 그 가입을 유도함으로써 교통사고로 인한 손해의 전보를 신속하고 확실하게 담보함과 아울러 /

【대법원 판단】 교통사고를 일으킨 운전자에 대한 형사처벌을 면제하여 줌으로써 교통사고로 인한 번잡한 법적 분규와 부작용을 미리 해소하는 한편 /

【대법원 판단】 전과자의 양산을 막는 등 국민생활의 편익을 증진하고자 함에 그 목적이 있다고 할 것이다 /

【대법원 판단】 (특례법 제1조 및 헌법재판소 1997. 1. 16. 선고 90헌마110, 136 전원재판부 결정 참조). /

【대법원 분석】 그런데 위와 같은 특례법의 목적 및 취지와 아울러 /

【대법원 분석】 특례법 제4조 제2항에서 /

【대법원 분석】 제1항의 '보험 또는 공제'의 정의에 관하여 /

【대법원 분석】 '보험업법에 따른 보험회사나 /

【대법원 분석】 여객자동차 운수사업법 또는 화물자동차 운수사업법에 따른 공제조합 또는 공제사업 자가 /

【대법원 분석】 인가된 보험약관 또는 승인된 공제약관에 따라 /

【대법원 분석】 피보험자와 피해자 간 또는 공제조합원과 피해자 간의 손해배상에 관한 합의 여부와 상관없이 /

【대법원 분석】 피보험자나 공제조합원을 갈음하여 /

【대법원 분석】 피해자의 치료비에 관하여는 통상비용의 전액을, /

【대법원 분석】 그 밖의 손해에 관하여는 보험약관이나 공제약관으로 정한 지급기준금액을 /

【대법원 분석】 대통령령으로 정하는 바에 따라 우선 지급하되, /

【대법원 분석】 종국적으로는 확정판결이나 그 밖에 이에 준하는 집행권원상 /

【대법원 분석】 피보험자 또는 공제조합원의 교통사고로 인한 손해배상금 전액을 보상하는 /

【대법원 분석】 보험 또는 공제'라고 /

【대법원 분석】 명시하고 있음에 비추어 볼 때, /

【대법원 요지】 위 특례법상 형사처벌 등 특례의 적용대상이 되는 '보험 또는 공제에 가입된 경우'란, /

【대법원 요지】 '교통사고를 일으킨 차'가 위 보험 등에 가입되거나 /

【대법원 요지】 '그 차의 운전자'가 차의 운행과 관련한 보험 등에 가입한 경우에 /

【대법원 요지】 그 가입한 보험에 의하여 /

【내법원 요지】 특례법 제4조 제2항에서 성하고 있는 교통사고 손해배상금 선액의 /

【대법원 요지】 신속 · 확실한 보상의 권리가 피해자에게 주어지는 경우를 가리킨다고 할 것이다.

3. 사안에 대한 항소심의 판단

【항소심 판단】 2. 가. 원심판결 이유와 기록에 의하면, 원심은, /

【항소심 판단】 피고인이 자전거를 운전하다가 전방주시를 게을리한 업무상 과실로 피해자를 들이받아 다발성타박상 등을 입게 한 이 사건 교통사고와 관련하여, /

【항소심 판단】 위 가해차량은 무보험 차량이긴 하지만, /

【항소심 판단】 피고인이 별도로 P해상화재보험 주식회사와 /

【항소심 판단】 "피고인이 일상생활 중 우연한 사고로 타인의 신체장애 및 재물의 손해에 대해 부담하는 법률상 배상책임액을 1억원의 한도 내에서 전액 배상"하는 내용의 /

【항소심 판단】 무배당뉴P하이종합보험(이하 '이 사건 보험'이라 한다)에 가입한 사실 및 /

【항소심 판단】 이 사건 교통사고 후 피해자가 위 보험에 따라 보험회사로부터 피해액을 배상받은 사실이 있음을 근거로, /

【항소심 판단】 이는 특례법 제4조 제1, 2항에서 규정한 보험 등에 가입한 경우에 해당하여 피고인에 대하여는 공소를 제기할 수 없다는 이유로 /

【항소심 판단】 제1심판결을 파기한 후 이 사건 공소를 기각하는 판결을 선고하였다.

4. 사안에 대한 대법원의 판단

【대법원 판단】 나. 그러나 원심의 위와 같은 판단은 앞서 본 법리에 비추어 볼 때 수긍하기 어렵다.

【대법원 판단】 원심의 인정 사실에 의하더라도 /

【대법원 판단】 피고인이 가입한 이 사건 보험은 보상한도금액이 1억원에 불과하여, /

【대법원 판단】 피고인이 가입한 이 사건 보험만으로는 1억원을 초과하는 손해가 발생한 경우에는 피해자로서는 피고인이 가입한 보험에 의하여 보상을 받을 수 없으므로, /

【대법원 판단】 이러한 형태의 보험은 피보험자의 교통사고로 인한 손해배상금의 전액보상을 요건으로 하는 특례법 제4조 제1, 2항에서 의미하는 보험 등에 해당한다고 볼 수 없다.

【대법원 결론】 그럼에도 원심은, 피고인이 별도로 가입하였다고 하는 이 사건 보험이 보장하는 손해배상의 구체적 내역에 관하여 살피지 아니한 채 /

【대법원 결론】 피고인과 피해자 사이의 합의금 등 손해액을 이 사건 보험에 기하여 지급하였다는 이유만으로 특례법 제4조 제1, 2항의 적용이 있다고 보고 말았는바, /

【대법원 결론】 이는 특례법 제4조 제1, 2항의 '보험' 등에 관한 법리를 오해하여 판단을 그르친 것이다. (파기 환송)

2011도6287

대향범과 공범규정
타미플루 대량 구입 사건
2011. 10. 13. 2011도6287, 공 2011하, 2398

1. 사실관계 및 사건의 경과

【사실관계 1】

① 약사법에 따르면, 약국 개설자가 아니면 의약품을 판매하거나 판매할 목적으로 취득할 수 없고, 이에 위반하면 처벌된다.

② 의료법에 따르면, 의료업에 종사하고 직접 진찰한 의사가 아니면 처방전을 작성하여 환자에게 교부하지 못하며, 이에 위반하면 처벌된다.

③ A는 P의원을 운영하고 있다.

④ 갑과 을은 Q회사의 임직원이다.

⑤ [독감이 유행하여 사회적으로 불안감이 확산되었다.]

⑥ [독감 예방약을 사재기하려는 움직임이 사회적으로 감지되었다.]

⑦ [갑과 을은 Q회사 직원들을 위하여 독감 예방약을 비축해 두기로 하였다.]

【사실관계 2】

① 갑과 을은 Q회사의 영업담당 직원 D를 통하여 P의원 원장 A에게 Q회사의 직원 100명의 명단을 전달하였다. (㉠명단)

② 원장 A는 ㉠명단에 기재된 직원들을 직접 진찰하지 않은 채 Q회사의 직원들에 대하여 타미플루 및 파킨트렐갑셀을 처방한다는 내용의 처방전 100장을 작성하여 D에게 교부하였다. (㉡처방전)

③ D는 ㉡처방전을 을에게 교부하였고, 을은 이를 갑에 교부하였다.

④ A는 다른 의사 B 등과 공모하여 Q회사의 직원 494명에 대하여 직접 진찰하지 않고 처방전을 발급하여 교부하였다. (㉢처방전)

⑤ Q회사는 약국개설자가 아니다.

⑥ 2007. 6. 15. 갑과 을은 ㉡, ㉢처방전을 가지고 Q회사의 직원들 및 그 가족들에게 줄 목적으로 다음의 약품을 R회사로부터 매수하였다.

　(가) 전문의약품인 타미플루캡셀 75mg(인산오셀타미비르) 39,600정, 시가 162,716,400원 상당,

　(나) 피케이멜즈정(황산아만타딘) 39,600정, 시가 7,920,000원 상당

【사건의 경과 1】

① 검사는 갑과 을을 다음의 공소사실로 기소하였다.

　(가) 의료법위반죄

　(나) 약사법위반죄

② 제1심법원은 다음과 같이 판단하였다.

(가) 의료법위반죄 : 무죄

(나) 약사법위반죄 : 유죄

③ 갑과 을은 불복 항소하였다.

④ 항소심법원은 항소를 모두 기각하였다.

【사건의 경과 2】

① 갑과 을은 유죄 부분에 불복 상고하였다.

② 갑과 을은 상고이유로 다음의 점을 주장하였다.

(가) 약사법은 판매 목적 취득행위를 금지하고 있다.

(나) 갑과 을의 약품 취득은 직원들에게 무상으로 나누어주기 위한 것이다.

(다) 판매 목적의 취득에 해당하지 아니하므로 약사법위반죄는 성립하지 않는다.

(라) 직원들의 건강을 위하여 취득한 것이므로 사회상규에 위배되지 아니하여 위법성이 조각된다.

③ 검사는 무죄 부분에 불복 상고하였다.

④ 검사는 상고이유로 다음의 점을 주장하였다.

(가) 갑과 을은 D를 통하여 의사 A 등과 공모하였다.

(나) 갑과 을은 형법 제33조 본문을 통하여 의사 A와 함께 의료법위반죄의 공동정범이 된다.

(다) 아니면 갑과 을은 의사 A의 의료법위반죄에 대한 교사범이 된다.

2. 약사법위반죄 부분에 대한 판단

(1) 형벌법규의 해석

【대법원 요지】 형벌법규는 문언에 따라 엄격하게 해석·적용하여야 하고 /

【대법원 요지】 피고인에게 불리한 방향으로 지나치게 확장해석하거나 유추해석하여서는 아니되나, /

【대법원 요지】 형벌법규의 해석에 있어서도 /

【대법원 요지】 가능한 문언의 의미 내에서 /

【대법원 요지】 당해 규정의 입법 취지와 목적 등을 고려한 법률체계적 연관성에 따라 /

【대법원 요지】 그 문언의 논리적 의미를 분명히 밝히는 체계적·논리적 해석방법은 /

【대법원 요지】 그 규정의 본질적 내용에 가장 접근한 해석을 위한 것으로서 /

【대법원 요지】 죄형법정주의의 원칙에 부합한다.

(2) 의약품 판매 목적 취득의 의미

【대법원 분석】 구 약사법(2007. 10. 17. 법률 제8643호로 개정되기 전의 것, 이하 '구 약사법'이라 한다) 제44조 제1항은 약국 개설자가 아니면 의약품을 판매하거나 판매 목적으로 취득할 수 없다고 규정하고 있는바, /

【대법원 분석】 구 약사법 제2조 제1호가 약사법에서 사용되는 '약사(藥事)'의 개념에 대해 정의하면서 '판매(수여를 포함한다. 이하 같다)'라고 규정함으로써 /

【대법원 분석】 구 약사법 제44조 제1항을 포함하여 위 정의규정 이하의 조항에서의 '판매'에는 '수여'가 포함됨을 명문으로 밝히고 있는 점, /

【대법원 분석】 구 약사법은 약사(藥事)에 관한 일들이 원활하게 이루어질 수 있도록 필요한 사항을 규정하여 국민보건 향상에 기여하는 것을 목적으로 하고(제1조), /

【대법원 분석】 약사 또는 한약사가 아니면 약국을 개설할 수 없도록 하며(제20조 제1항), /

【대법원 요지】 의약품은 국민의 보건과 직결되는 것인 만큼 엄격한 의약품 관리를 통하여 의약품이 남용 내지 오용되는 것을 막고 의약품이 비정상적으로 유통되는 것을 막고자 /

【대법원 요지】 구 약사법 제44조 제1항에서 약국 개설자가 아니면 의약품을 판매 또는 판매 목적으로 취득할 수 없다고 규정한 것인데, /

【대법원 요지】 국내에 있는 불특정 또는 다수인에게 무상으로 의약품을 양도하는 수여의 경우를 처벌대상에서 제외한다면 약사법의 위와 같은 입법목적을 달성하기 어려울 것이고, /

【대법원 요지】 따라서 이를 처벌대상에서 제외하려고 한 것이 입법자의 의도였다고 보기는 어려운 점 등을 종합하면, /

【대법원 결론】 결국 국내에 있는 불특정 또는 다수인에게 무상으로 의약품을 양도하는 수여행위도 구 약사법 제44조 제1항의 '판매'에 포함된다고 보는 것이 체계적이고 논리적인 해석이라 할 것이고, /

【대법원 결론】 그와 같은 해석이 죄형법정주의에 위배된다고 볼 수는 없다.

(3) 사회상규에 위배되지 아니하는 행위

【대법원 요지】 또한 어떠한 행위가 사회상규에 위배되지 아니하는 정당한 행위로서 위법성이 조각되는 것인지는 /

【대법원 요지】 구체적인 사정 아래서 합목적적, 합리적으로 고찰하여 개별적으로 판단되어야 하므로, /

【대법원 요지】 이와 같은 정당행위를 인정하려면, /

【대법원 요지】 첫째 그 행위의 동기나 목적의 정당성, /

【대법원 요지】 둘째 행위의 수단이나 방법의 상당성, /

【대법원 요지】 셋째 보호이익과 침해이익과의 법익균형성, /

【대법원 요지】 넷째 긴급성, /

【대법원 요지】 다섯째 그 행위 외에 다른 수단이나 방법이 없다는 보충성 /

【대법원 요지】 등의 요건을 갖추어야 한다.

【대법원 판단】 앞서 본 법리들과 기록에 비추어 살펴보면, 원심이 그 판시와 같은 이유로 /

【대법원 판단】 피고인들이 공소외 Q주식회사의 직원들 및 그 가족들에게 수여할 목적으로 /

【대법원 판단】 전문의약품인 타미플루 캡셀 75mg 39,600정, 피케이멜즈정 39,600정을 공소외 R주식회사로부터 매수하여 취득한 행위는 /

【대법원 판단】 구 약사법 제44조 제1항 위반행위에 해당한다고 전제한 다음, /

【대법원 결론】 피고인들의 위와 같은 행위가 사회상규에 위배되지 아니하는 정당행위로서 위법성이 조각된다는 취지의 피고인들의 주장을 배척한 조치는 정당하고, 거기에 구 약사법 제44조 제1항의 해석 및 정당행위에 관한 법리오해 등의 위법이 없다. (피고인 상고 기각)

3. 의료법위반죄 부분에 대한 판단

【대법원 요지】 2인 이상의 서로 대향된 행위의 존재를 필요로 하는 대향범에 대하여는 공범에 관한 형법총칙 규정이 적용될 수 없다.

【대법원 판단】 원심이 인정한 사실에 의하면, /

【대법원 판단】 의사인 공소외 A 등이 직접 환자를 진찰하지 않고 처방전을 작성하여 공소외 D 등에게 교부한 행위와 /

【대법원 판단】 공소외 D 등이 위 공소외 A 등으로부터 처방전을 교부받은 행위는 /

【대법원 판단】 대향범 관계에 있다고 할 것인데, /

【대법원 판단】 구 의료법(2007. 7. 27. 법률 제8559호로 개정되기 전의 것) 제17조 제1항 본문은 /

【대법원 판단】 의료업에 종사하고 직접 진찰한 의사가 아니면 처방전을 작성하여 환자 등에게 교부하지 못한다고 규정하면서 /

【대법원 판단】 제89조에서는 위 조항 본문을 위반한 자를 처벌하고 있을 뿐, /

【대법원 판단】 위와 같이 작성된 처방전을 교부받은 상대방을 처벌하는 규정이 따로 없는 점에 비추어, /

【대법원 판단】 위와 같이 작성된 처방전을 교부받은 자에 대하여는 공범에 관한 형법총칙 규정이 적용될 수 없다고 봄이 상당하다.

【대법원 판단】 원심이 그 판시와 같이 /

【대법원 판단】 공소외 D 등을 의사 공소외 A 등의 처방전 교부행위에 대한 공동정범 또는 교사범으로 처벌할 수 없는 이상 /

【대법원 판단】 공소외 D 등에게 가공한 피고인들 역시 처벌할 수 없다고 본 것은 /

【대법원 결론】 위와 같은 법리에 따른 것으로서 정당하고, /

【대법원 결론】 거기에 상고이유로 주장하는 바와 같은 구 의료법 제17조 위반죄에서 공범의 성립에 관한 법리오해의 위법이 없다. (검사 상고 기각)

2011도7725

죄형법정주의와 형벌법규의 해석
오토바이 무면허운전죄 사건
2011. 8. 25. 2011도7725, 공 2011하, 1993

1. 사실관계 및 사건의 경과

【사실관계 1】
① 갑은 124cc 트랜스 오토바이를 운전하고 있다. (㉠오토바이)

② 갑은 이륜자동차운전면허를 가지고 있다.

③ 갑은 면허는 2010. 2. 27.부터 2010. 6. 6.까지 효력이 정지된 상태이었다.

④ 124cc 트랜스 오토바이는 자동차손해배상보장법상 의무보험 가입 대상이다.

⑤ 갑은 의무보험에 가입하지 않았다.

【사실관계 2】

① 2010. 4. 20. 01:20경 갑은 ㉠오토바이를 운전하여 의정부시 M지점에 있는 현대아이파크 앞 신호등이 설치된 N교차로상의 횡단보도를 서울방면에서 망월사역 방면으로 속도 미상으로 진행하였다.

② 갑은 신호위반하여 진행하다가 횡단보도 보행자 녹색신호에 횡단보도를 건너던 A(41세)를 ㉠오토바이로 충격하여 넘어지게 하였다.

③ A는 약 12주간의 치료가 필요한 경골 근위부 분쇄 골절 등의 상해를 입었다.

④ 갑은 곧 정차하여 피해자를 구호하는 등 필요한 조치를 취하지 아니하고 도주하였다.

【사건의 경과】

① 검사는 갑을 다음의 공소사실로 기소하였다.

    (가) 특가법위반죄(도주운전)

    (나) 도로교통법위반죄(무면허운전)

    (다) 자동차손해배상보장법위반죄(의무보험미가입)

② 제1심법원은 다음과 같이 판단하였다.

    (가) 특가법위반죄(도주운전) : 유죄

    (나) 도로교통법위반죄(무면허운전) : 무죄

    (다) 자동차손해배상보장법위반죄(의무보험미가입) : 유죄

③ 검사는 무죄 부분에 불복 항소하였다.

④ 항소심법원은 항소를 기각하고 제1심판결을 유지하였다.

⑤ 검사는 불복 상고하였다.

⑥ 검사는 상고이유로, 운전면허정지 상태의 운전은 무면허운전에 해당한다고 주장하였다.

【참조조문】

도로교통법

제43조 (무면허운전 등의 금지) 누구든지 제80조에 따라 지방경찰청장으로부터 운전면허를 받지 아니하거나 운전면허의 효력이 정지된 경우에는 자동차등을 운전하여서는 아니 된다.

제80조 (운전면허) ① 자동차등을 운전하려는 사람은 지방경찰청장으로부터 운전면허를 받아야 한다. (단서 생략)

② 지방경찰청장은 운전을 할 수 있는 차의 종류를 기준으로 다음 각 호와 같이 운전면허의 범위를 구분하고 관리하여야 한다. 이 경우 운전면허의 범위에 따라 운전할 수 있는 차의 종류는 행정안전부령으로 정한다.

2. 제2종 운전면허

가. 보통면허

나. 소형면허

　　다. 원동기장치자전거면허

제152조 (벌칙) 다음 각 호의 어느 하나에 해당하는 사람은 1년 이하의 징역이나 300만원 이하의 벌금에 처한다.

　　1. 제43조를 위반하여 제80조에 따른 운전면허(원동기장치자전거면허는 제외한다. 이하 이 조에서 같다)를 받지 아니하거나(운전면허의 효력이 정지된 경우를 포함한다) 또는 제96조에 따른 국제운전면허증을 받지 아니하고(운전이 금지된 경우와 유효기간이 지난 경우를 포함한다) 자동차를 운전한 사람

　　2. 제56조 제2항을 위반하여 운전면허를 받지 아니한 사람(운전면허의 효력이 정지된 사람을 포함한다)에게 자동차를 운전하도록 시킨 고용주등

제154조 (벌칙) 다음 각 호의 어느 하나에 해당하는 사람은 30만원 이하의 벌금이나 구류에 처한다.

　　2. 제43조를 위반하여 제80조에 따른 원동기장치자전거면허를 받지 아니하고 원동기장치자전거를 운전한 사람

2. 죄형법정주의와 형벌법규의 해석

【대법원 요지】 죄형법정주의는 국가형벌권의 자의적인 행사로부터 개인의 자유와 권리를 보호하기 위하여 범죄와 형벌을 법률로 정할 것을 요구한다. /

【대법원 요지】 그러한 취지에 비추어 보면 형벌법규의 해석은 엄격하여야 하고, /

【대법원 요지】 명문의 형벌법규의 의미를 피고인에게 불리한 방향으로 지나치게 확장해석하거나 유추해석하는 것은 죄형법정주의의 원칙에 어긋나는 것으로서 허용되지 아니한다.

3. 원동기장치자전거 무면허운전죄의 성립범위

【대법원 판단】 원심은 다음과 같은 이유를 들어 /

【대법원 판단】 원동기장치자전거면허의 효력이 정지된 상태에서 원동기장치자전거를 운전한 행위가 /

【대법원 판단】 도로교통법 제154조 제2호, 제43조의 구성요건에 해당하지 아니한다고 보고, /

【대법원 판단】 결국 이 부분 공소사실은 범죄가 되지 아니한다고 판단하였다. /

【대법원 판단】 즉 도로교통법 제43조는 무면허운전 등을 금지하면서 /

【대법원 판단】 "누구든지 제80조의 규정에 의하여 지방경찰청장으로부터 운전면허를 받지 아니하거나 운전면허의 효력이 정지된 경우에는 자동차 등을 운전하여서는 아니된다"고 정하여, /

【대법원 판단】 운전자의 금지사항으로 운전면허를 받지 아니한 경우와 운전면허의 효력이 정지된 경우를 구별하여 대등하게 나열하고 있다. /

【대법원 판단】 그렇다면 '운전면허를 받지 아니하고'라는 법률문언의 통상적인 의미에 '운전면허를 받았으나 그 후 운전면허의 효력이 정지된 경우'가 당연히 포함된다고는 해석할 수 없다. /

【대법원 분석】 그런데 자동차의 무면허운전과 관련하여서는 도로교통법 제152조 제1호 및 제2호가 /

【대법원 분석】 운전면허의 효력이 정지된 경우도 운전면허를 애초 받지 아니한 경우와 마찬가지로 형사처벌된다는 것을 명문으로 정하고 있는 반면, /

【대법원 분석】 원동기장치자전거의 무면허운전죄에 대하여 규정하는 제154조 제2호는 그 처벌의 대상으로 /

【대법원 분석】 "제43조의 규정을 위반하여 제80조의 규정에 의한 원동기장치자전거면허를 받지 아니하고 원동기장치자전거를 운전한 사람"을 정하고 있을 뿐이고, /

【대법원 분석】 운전면허의 효력이 정지된 상태에서 원동기장치자전거를 운전한 경우에 대하여는 아무런 언급이 없다는 것이다.

【대법원 결론】 앞서 본 형벌법규의 해석에 관한 원칙에 비추어 보면, 원심의 위와 같은 판단은 정당하다. 이와 다른 전제에서 원심판결에 이들 도로교통법 규정에 대한 해석을 그르친 잘못이 있다는 상고이유의 주장은 받아들일 수 없다. (상고 기각)

2011도8805

법익과 형벌법규의 해석
강제추행죄와 강제추행 – 부정례
온천동 성기노출 사건
2012. 7. 26. 2011도8805, 공 2012하, 1527

1. 사실관계 및 사건의 경과

【사실관계 1】
① 부산 동래구 온천동 M장소에 N건물이 있다.
② A녀(48세)는 N건물 2층에서 P업체 지점을 운영하고 있다.
③ B는 N건물 1층에서 Q식당을 운영하고 있다.
④ 갑은 A녀와 전혀 안면이 없다.
⑤ 갑은 B와는 평소 알고 지내는 사이이다.
⑥ A녀와 B 사이에 분쟁이 있었다.

【사실관계 2】
① 저녁 8시경의 일이다.
② 갑은 Q식당에서 술을 마시면서 B로부터 A녀와의 분쟁에 관한 이야기를 들었다.
③ 때 마침 A녀가 내려오자 갑은 A녀에게 말을 걸었다.
④ A녀는 갑의 말을 무시하고 Q식당 앞 도로에 주차하여 둔 자신의 ⓑ차량으로 걸어갔다.
⑤ 갑은 A녀의 뒤를 쫓아가면서 "이 ××년이 내가 오늘 니 잡아 죽인다."라고 욕설을 하였다.
⑥ 갑은 위의 욕설을 하면서 주차된 차량들 사이에서 바지를 벗어 성기를 A녀에게 보였다.
⑦ 갑의 행위가 있던 곳은 R온천 뒷길로 식당 및 편의점 등이 있어서 저녁 8시 무렵에도 사람 및 차량의 왕래가 빈번한 도로이다.

⑧ 갑은 신고를 받고 출동한 경찰관 C에게 폭행을 가하였다.

【사건의 경과】

① 검사는 갑을 강제추행죄와 공무집행방해죄로 기소하였다.

② 제1심법원은 공무집행방해죄만을 유죄로 인정하였다.

③ 검사는 불복 항소하였다.

④ 항소심법원은 검사의 항소를 받아들여 강제추행죄를 인정하였다.

⑤ 갑은 불복 상고하였다.

⑥ 갑은 상고이유로, 자신의 행위는 강제추행죄의 추행에 해당하지 않는다고 주장하였다.

2. 강제추행과 공연음란의 구별

【대법원 분석】 1. 형법 제298조는 "폭행 또는 협박으로 사람에 대하여 추행을 한 자"를 강제추행죄로 벌할 것을 정한다. /

【대법원 요지】 그런데 강제추행죄는 개인의 성적 자유라는 개인적 법익을 침해하는 죄로서, /

【대법원 요지】 위 법규정에서의 '추행'이란 일반인에게 성적 수치심이나 혐오감을 일으키고 선량한 성적 도덕관념에 반하는 행위인 것만으로는 부족하고 /

【대법원 요지】 그 행위의 상대방인 피해자의 성적 자기결정의 자유를 침해하는 것이어야 한다.

【대법원 요지】 따라서 건전한 성풍속이라는 일반적인 사회적 법익을 보호하려는 목적을 가진 /

【대법원 요지】 형법 제245조의 공연음란죄에서 정하는 '음란한 행위'/

【대법원 요지】 (또는 이른바 과다노출에 관한 경범죄처벌법 제1조 제41호에서 정하는 행위)가 /

【대법원 요지】 특정한 사람을 상대로 행하여졌다고 해서 반드시 그 사람에 대하여 '추행'이 된다고 말할 수 없고, /

【대법원 요지】 무엇보다도 문제의 행위가 피해자의 성적 자유를 침해하는 것으로 평가될 수 있어야 한다. /

【대법원 채증】 그리고 이에 해당하는지 여부는 /

【대법원 채증】 피해자의 의사·성별·연령, /

【대법원 채증】 행위자와 피해자의 관계, /

【대법원 채증】 그 행위에 이르게 된 경위, /

【대법원 채증】 구체적 행위태양, /

【대법원 채증】 주위의 객관적 상황 등을 /

【대법원 채증】 종합적으로 고려하여 정하여진다.

【대법원 요지】 또한 강제추행죄는 폭행 또는 협박을 가하여 사람을 추행함으로써 성립하는 것으로서 /

【대법원 요지】 그 폭행 또는 협박이 항거를 곤란하게 할 정도일 것을 요한다. /

【대법원 채증】 그리고 그 폭행 등이 피해자의 항거를 곤란하게 할 정도의 것이었는지 여부는 /

【대법원 채증】 그 폭행 등의 내용과 정도는 물론, /

【대법원 채증】 유형력을 행사하게 된 경위, /

【대법원 채증】 피해자와의 관계, /

【대법원 채증】 추행 당시와 그 후의 정황 등 /

【대법원 채증】 모든 사정을 종합하여 판단하여야 한다.

3. 사안에 대한 항소심의 판단

【항소심 판단】 2. 원심은 채택증거를 종합하여 그 판시와 같은 사실을 인정한 다음, /

【항소심 판단】 피고인과 피해자는 처음 본 사이이었고, /

【항소심 판단】 범행장소가 사람들이 왕래하는 골목길이기는 하나 주차된 차량들 사이이며, /

【항소심 판단】 범행시간이 저녁 8시경이었던 점 등에 비추어 보면, /

【항소심 판단】 피고인이 자신의 성기를 피해자에게 보여준 행위는 /

【항소심 판단】 일반인에게 성적 수치심과 혐오감을 일으키는 한편 /

【항소심 판단】 선량한 성적 도덕관념에 반하는 행위로서 /

【항소심 판단】 피해자의 성적 자유를 침해하는 추행에 해당되므로 /

【항소심 판단】 피고인의 위와 같은 행위는 강제추행죄를 구성한다고 판단하였다.

4. 사안에 대한 대법원의 판단

【대법원 판단】 3. 그러나 원심의 위와 같은 판단은 아래와 같은 이유로 수긍하기 어렵다.

【대법원 분석】 기록에 의하면, 다음과 같은 사정을 알 수 있다. /

【대법원 분석】 ① 피해자는 48세의 여자로 부산 동래구 온천1동 (지번 생략) 소재 건물 2층에서 '○○○○○○' 지점을 운영하고 있는데 그 건물 1층에서 식당을 운영하는 공소외인과 분쟁이 있었다. /

【대법원 분석】 ② 피고인은 그 식당에서 술을 마시면서 평소 알고 지내던 공소외인으로부터 피해자와의 분쟁에 관한 이야기를 들었고, 마침 피해자가 내려오자 피해자에게 말을 걸었다. /

【대법원 분석】 ③ 피해자는 피고인의 말을 무시하고 위 식당 앞 도로에 주차하여 둔 자신의 차량으로 걸어갔고 이에 피고인은 피해자의 뒤를 쫓아가면서 공소사실과 같이 욕을 하고 바지를 벗어 성기를 피해자에게 보였다. /

【대법원 분석】 ④ 그곳은 허심청 온천 뒷길로 식당 및 편의점 등이 있어서 저녁 8시 무렵에도 사람 및 차량의 왕래가 빈번한 도로이고 피해자는 당시 위 식당 옆 도로변에 차를 주차하여 둔 상태이었다.

【대법원 판단】 이상에서 본 피해자의 성별·연령, /

【대법원 판단】 이 사건 행위에 이르게 된 경위 및 /

【대법원 판단】 피고인은 자신의 성기를 꺼내어 일정한 거리를 두고 피해자에게 보였을 뿐 피해자에게 어떠한 신체적 접촉도 하지 아니한 점, /

【대법원 판단】 위 행위장소는 피해자가 차량을 주차하여 둔 사무실 근처의 도로로서 사람 및 차량의 왕래가 빈번한 공중에게 공개된 곳이었고, /

【대법원 판단】 피해자로서는 곧바로 피고인으로부터 시선을 돌림으로써 그의 행위를 쉽사리 외면할 수 있었으며 필요하다면 주위의 도움을 청하는 것도 충분히 가능하였던 점, /

【대법원 판단】 피고인은 피해자를 위 행위장소로 이끈 것이 아니라 피해자의 차량으로 가는 피해자

를 따라가면서 위와 같은 행위에 이르게 된 점, /

【대법원 판단】 피고인이 피해자에 대하여 행하여서 협박죄를 구성하는 욕설은 성적인 성질을 가지지 아니하는 것으로서 '추행'과 관련이 없는 점, /

【대법원 판단】 그 외에 피해자가 자신의 성적 결정의 자유를 침해당하였다고 볼 만한 사정은 이를 찾을 수 없는 점 /

【대법원 판단】 기타 제반 사정을 고려하여 보면, /

【대법원 판단】 단순히 피고인이 바지를 벗어 자신의 성기를 피해자에게 보여준 것만으로는 /

【대법원 판단】 그것이 비록 객관적으로 일반인에게 성적 수치심이나 혐오감을 일으키게 하는 행위라고 할 수 있을지 몰라도 /

【대법원 판단】 피고인이 폭행 또는 협박으로 '추행'을 하였다고 볼 수 없다.

【대법원 결론】 그럼에도 그 판시와 같은 사정만으로 이 사건 강제추행의 점을 유죄로 인정한 원심판결에는 강제추행죄의 추행에 관한 법리를 오해하여 판결 결과에 영향을 미친 위법이 있다. 이 점을 지적하는 상고이유는 타당하다. (파기 환송)

2011도9584

공직선거법과 경합범 분리
지자체 조명공사 사건
2011. 10. 13. 2011도9584, 공 2011하, 2415

1. 사실관계 및 사건의 경과

【사실관계 1】
① 갑은 P시 시장이다.
② 을은 P시 도심개발사업단장이다.
③ 병은 조명공사 업체 Q회사의 대표이사이다.
④ 정은 Q회사의 전무이다.

【사실관계 2】
① P시에서는 야간경관 조명사업의 발주업체 선정을 준비하고 있었다. (M공사)
② 이 사실을 안 Q회사에서는 갑과 친분관계가 있다는 정을 영입하였다.
③ 2008. 봄경 Q회사는 정을 통하여 갑에게 M공사를 Q회사가 수주받을 수 있도록 도와 달라는 취지로 부탁하였다.
④ 갑은 이에 측근인 도심개발사업단장 을에게 Q회사가 M공사를 수주받을 수 있도록 편의를 봐 주도록 지시하였다.
⑤ 2008. 11.경 Q회사는 M공사의 우선협상대상자로 선정되었다.

⑥ 2008. 12. 8.경 Q회사는 P시와 M공사계약을 체결하였다.

【사실관계 3】

① 2009. 5.경 정은 공사계약 체결에 대한 사례금 명목으로 뇌물을 제공할 것을 병에게 제의하였다.

② 병은 이를 허락하여 대표이사 가지급금 형태로 2억원을 마련하여 정에게 제공하였다.

③ 2009. 5. 초순경 정은 갑에게 전화하여 을에게 뇌물을 공여하겠다는 의사를 전달하였다.

④ 갑은 "알아서 하라"라고 말하여 그 의사를 받아들였다.

⑤ 2009. 5. 8.경 정은 을을 만나 현금 1억원을 교부하였다.

⑥ 2009. 5. 18.경 정은 을을 만나 현금 1억원을 교부하였다.

【사실관계 4】

① 2009. 5. 19. 뇌물을 전달받은 을은 P시 시청 간부회의 직후, 갑에게 정으로부터 뇌물을 전달받아 자신이 보관하고 있음을 보고하였다.

② 갑은 당시 갑이 추진하던 P시 시책사업들에 대하여 P시의원들이 제동을 걸지 말고 협조해 달라는 취지로 그들에게 위 돈을 나눠 제공하기로 마음먹었다.

③ 갑은 P시 시의원들에게 돈을 전달할 사람으로 사돈인 A를 선정하였다.

④ 갑은 을에게 1억원을 A에게 전달할 것을 지시하였다.

⑤ 2009. 5. 19.경 을은 A를 만나 1억원을 교부하였다.

⑥ 을은 나머지 1억원을 갑의 지시에 따라 갑의 정보원 B 등의 활동비 및 갑의 치적 홍보비용 명목 등으로 소비하였다.

【사실관계 5】

① 2010. 3. 하순경 갑은 정으로부터 다음의 전화를 받았다.

② "Q회사가 압수수색을 당하였는데, 그 과정에서 M공사와 관련하여 뇌물을 공여한 사실이 발각되었으니 대비를 하라."

③ 2010. 3. 30. 갑은 P시청 사무실에서 간부회의를 마친 후, 을에게 다음과 같이 말하였다.

④ "Q회사가 압수수색을 당했으니, 잠시 외국으로 도피하면 모든 것을 해결하겠다."

⑤ 그에 따라 을은 2010. 4. 1.경부터 4. 3.경까지 인천국제공항과 김포공항을 통하여 미국 또는 일본 등 국외로 도피하려고 시도하였다.

⑥ 그러나 을의 시도는 수사당국의 출국금지로 인하여 실패하였다.

⑦ 을은 서울과 광주의 원룸 등지에서 은신하는 등 수사를 피하여 도피하였다.

⑧ (이하 갑 부분에 대해서만 고찰함)

【사건의 경과】

① 검사는 갑을 다음의 공소사실로 기소하였다.

　(가) Q회사로부터의 뇌물 수수 : 특가법위반죄(뇌물)

　(나) 사돈 A에게 시의원 로비용 1억원 교부 : 제3자뇌물교부죄

　(다) 을을 피신시킨 행위 : 범인도피죄

② 갑의 피고사건은 제1심을 거친 후, 항소심에 계속되었다.

③ 항소심법원은 공직선거법 제18조를 적용하여 특가법위반죄(뇌물)에 대해 동시적 경합범에 관한 형

법 제38조의 적용을 배제하였다.

④ 항소심법원은 제3자뇌물교부죄와 범인도피죄에 대해 동시적 경합범에 관한 형법 제38조를 적용하였다.

⑤ 항소심법원은 다음과 같이 형을 선고하였다.

   (가) 특가법위반죄(뇌물) : 8년 징역 및 2억원 벌금 병과

   (나) 제3자뇌물교부죄 : 징역 2년

   (다) 범인도피죄 : (위의 징역 2년에 포함됨)

⑥ 갑은 불복 상고하였다.

⑦ 갑은 상고이유로 다음의 점을 주장하였다.

   (가) 갑은 공직선거법위반죄를 범하지 않았다.

   (나) 따라서 공직선거법위반죄 제18조는 적용되지 않는다.

   (다) 따라서 ⓐ, ⓑ, ⓒ죄 전부에 대해 동시적 경합범에 관한 형법 제38조를 적용해야 한다.

【참조조문】

공직선거법

제18조 (선거권이 없는 자) ① 선거일 현재 다음 각 호의 어느 하나에 해당하는 자는 선거권이 없다.

 3. (전략) /

대통령 · 국회의원 · 지방의회의원 · 지방자치단체의 장으로서 /

그 재임중의 직무와 관련하여 /

「형법」(「특정범죄가중처벌 등에 관한 법률」 제2조에 의하여 가중처벌되는 경우를 포함한다) /

제129조(수뢰, 사전수뢰) 내지 제132조(알선수뢰) · /

「특정범죄가중처벌 등에 관한 법률」 제3조(알선수재)에 /

규정된 죄를 범한 자로서, /

100만원 이상의 벌금형의 선고를 받고 그 형이 확정된 후 5년 또는 /

형의 집행유예의 선고를 받고 그 형이 확정된 후 10년을 경과하지 아니하거나 /

징역형의 선고를 받고 그 집행을 받지 아니하기로 확정된 후 또는 /

그 형의 집행이 종료되거나 면제된 후 10년을 경과하지 아니한 자/

(형이 실효된 자도 포함한다)

③ 「형법」 제38조에도 불구하고 제1항 제3호에 규정된 죄와 다른 죄의 경합범에 대하여는 이를 분리 선고하[여야 한다.]

2. 공직선거법과 경합범의 분리

【대법원 분석】 구 공직선거법(2010. 1. 25. 법률 제9974호로 개정되기 전의 것) 제18조 제1항 제3호, 제3항은 /

【대법원 분석】 '대통령 · 국회의원 · 지방의회의원 · 지방자치단체의 장으로서 그 재임 중의 직무와 관련하여 범한 /

【대법원 분석】 형법(특정범죄 가중처벌 등에 관한 법률 제2조에 의하여 가중처벌되는 경우를 포함

한다) 제129조(수뢰, 사전수뢰) 내지 제132조(알선수뢰) · /

【대법원 분석】 특정범죄 가중처벌 등에 관한 법률 제3조(알선수재)에 규정된 죄와 /

【대법원 분석】 다른 죄의 경합범에 대하여는 /

【대법원 분석】 이를 분리 심리하여 따로 선고하여야 한다'고 규정하고 있고, /

【대법원 분석】 2010. 1. 25. 개정된 현 공직선거법 제18조 제1항 제3호, 제3항도 /

【대법원 분석】 '형법 제38조에도 불구하고 위 재임 중 뇌물 관련 죄와 다른 죄의 경합범에 대하여는 이를 분리 선고하여야 한다'고 규정하고 있으므로, /

【대법원 요지】 법원으로서는 위 재임 중 뇌물 관련 죄와 다른 죄에 대하여는 형을 분리하여 재임 중 뇌물 관련 죄에 대한 형벌과 그 밖의 죄에 대한 형벌로 나누어 정하여야 하며, /

【대법원 요지】 이는 피고인이 이미 공직선거법 위반죄의 유죄 확정판결을 받아 선거권과 피선거권 이 제한된 자이라거나 /

【대법원 요지】 기소된 범죄에 공직선거법 위반죄가 포함되어 있지 않다고 하여 /

【대법원 요지】 달리 볼 것이 아니다.

【대법원 요지】 한편 판결이 확정되지 아니한 수개의 죄를 단일한 형으로 처벌할 것인지 수개의 형으로 처벌할 것인지 여부 및 /

【대법원 요지】 가중하여 하나의 형으로 처벌하는 경우 그 가중의 방법은 입법자의 재량에 맡겨진 사항이라고 할 것이고, /

【대법원 요지】 위 법률규정은 선출직 공직자가 위 재임 중 뇌물 관련 죄를 범하는 경우 선거범과 마찬가지로 선거권 및 피선거권이 제한되므로 /

【대법원 요지】 다른 죄가 위 재임 중 뇌물 관련 죄의 양형에 영향을 미치는 것을 최소화하기 위하여 /

【대법원 요지】 형법상 경합범 처벌례에 관한 조항의 적용을 배제하고 분리하여 형을 따로 선고하도록 한 것으로서 /

【대법원 요지】 그 입법 목적의 정당성이 인정되며, /

【대법원 요지】 법원으로서는 선거권 및 피선거권이 제한되는 사정을 고려하여 선고형을 정하게 되므로 /

【대법원 요지】 위 법률조항에 따른 처벌이 형법상 경합범 처벌례에 의한 처벌보다 항상 불리한 결과가 초래된다고 할 수 없어 /

【대법원 요지】 위 법률조항이 형법상 경합범 처벌례를 규정한 조항과 비교하여 현저히 불합리하게 차별하는 자의적인 입법이라고 단정할 수 없다.

【대법원 결론】 같은 취지에서 피고인 갑의 재임 중 특정범죄 가중처벌 등에 관한 법률 위반(뇌물)죄와 나머지 죄에 관한 형을 분리하여 선고한 원심의 판단은 정당하고, 거기에 상고이유로 주장하는 바와 같은 공직선거법 제18조 제3항에 관한 법리오해나 헌법 위반 등의 위법이 없다. (상고 기각)

2011도9585

공범자와 몰수 · 추징
정비사업체 뇌물수수 사건
2011. 11. 24. 2011도9585, 공 2012상, 92

1. 사실관계 및 사건의 경과

【사실관계 1】
① P회사는 도시정비법상 정비사업전문관리업을 목적으로 설립된 정비사업체이다.
② P회사는 서울 · 경기지역 재건축사업 및 주택재개발사업의 정비사업관리와 관련하여 다음의 업무를 하고 있다.
　(가) 정비구역 내 정비사업 시행자인 조합장 등 임원들과 조합원들의 장악
　(나) 정비사업관리자로서 시공자 선정에 대한 정비사업 관리 · 자문
③ 갑은 P회사의 대표이사이다.
④ 을은 P회사의 전무이사이다.
⑤ 병은 P회사의 감사이다.

【사실관계 2】
① 갑은 처인 A 명의로 Q컨설팅회사를 설립하였다.
② 갑은 처남 B 명의로 R컨설팅회사를 설립하였다.
③ 갑은 Q회사와 R회사를 실질적으로 운영하였다.
④ 정은 S건설회사의 재개발담당 직원이다.

【사실관계 3】
① 정은 갑에게 M지구 도시환경정비사업에 S건설회사가 시행자로 선정되도록 도와달라는 부탁을 하였다.
② 갑은 정의 부탁을 받고 이를 승낙하였다.
③ 정은 그 대가를 S건설회사가 Q컨설팅회사에 N용역을 발주하는 형식으로 지급하기로 하였다.
④ 을은 정과 지급받을 금액, 용역계약서 작성방법을 상의하여 절충하였다.
⑤ 병은 Q회사에 입금되는 돈의 회계처리를 담당하였다.

【사실관계 4】
① S건설회사는 Q컨설팅회사와 형식적인 N용역계약을 체결하였다.
② 2008. 2. 5.경 S회사는 Q회사 명의 계좌로 323,810,000원 상당을 입금하였다.
③ 갑은 수수한 돈의 일부를 을과 병에게 수고비 등으로 사용하였다.
④ 갑은 수수한 돈의 일부를 형식적인 용역계약에 따른 부가가치세 납부에 사용하였다.
⑤ (그 밖에도 다른 건설회사들과 Q컨설팅회사 또는 R컨설팅회사 명의의 용역계약 사례는 여러 건이 있음)

【사건의 경과 1】

① 도시정비법상 정비사업전문관리업체의 임직원은 공무원으로 의제된다.

② 검사는 갑, 을, 병을 다음의 공소사실로 기소하였다.

    (가) 갑 : 특가법위반죄(뇌물) 공동정범

    (나) 을 : 특가법위반죄(뇌물) 공동정범

    (다) 병 : 특가법위반죄(뇌물) 방조범

③ 갑 등의 피고사건은 제1심을 거친 후, 항소심에 계속되었다.

④ 항소심법원은 다음과 같이 형을 선고하였다.

    (가) 갑 : 징역 8년 및 벌금 870,000,000원, 추징금 3,762,310,000원

    (나) 을 : 징역 3년, 벌금형 선고유예

    (다) 병 : 징역 3년에 집행유예 5년, 벌금형 선고유예

【사건의 경과 2】

① 갑은 불복 상고하였다.

② 을은 불복 상고하였다.

③ 병은 상고하지 않았다.

④ 검사는 불복 상고하였다.

⑤ (이하에서는 갑 부분만 고찰함)

⑥ 갑은 상고이유로 다음의 점을 주장하였다

    (가) 갑은 공무원이 아니므로 특가법을 적용할 수 없다.

    (나) 갑의 행위는 제3자수뢰죄에 해당할 뿐 뇌물수수죄는 아니다.

    (다) 갑이 수수한 돈은 갑, 을, 병이 함께 사용하였다.

    (라) 갑에게 수수한 돈 전액의 추징을 명한 것은 위법하다.

2. 단순수뢰죄와 제3자수뢰죄의 관계에 대한 판단

(1) 단순수뢰죄의 성립범위

【대법원 요지】 형법 제129조 제1항의 뇌물수수죄는 공무원이 그 직무에 관하여 뇌물을 수수한 때에 적용되는 것으로서, /

【대법원 요지】 공무원이 직접 뇌물을 받지 아니하고 증뢰자로 하여금 다른 사람에게 뇌물을 공여하도록 한 경우라 하더라도 /

【대법원 요지】 그 다른 사람이 공무원의 사자 또는 대리인으로서 뇌물을 받은 경우 등과 같이 /

【대법원 요지】 사회통념상 그 다른 사람이 뇌물을 받은 것을 공무원이 직접 받은 것과 같이 평가할 수 있는 관계가 있는 경우에는 형법 제129조 제1항의 뇌물수수죄가 성립하고, /

【대법원 요지】 이러한 법리는 공무원으로 의제되는 정비사업전문관리업자의 임·직원이 직무에 관하여 자신이 아닌 정비사업전문관리업자 또는 그 밖의 제3자에게 뇌물을 공여하게 하는 경우에도 마찬가지라고 할 것이다.

(2) 사안에 대한 대법원의 판단

【대법원 판단】 원심은 ᄀ 판시와 같은 여러 사정을 종합하여, /

【대법원 판단】 도시 및 주거환경정비법(이하 '도시정비법'이라 한다)상의 정비사업전문관리업체인 공소외 P주식회사의 대표이사인 피고인 갑이 /

【대법원 판단】 건설회사와 컨설팅회사 간의 용역계약을 가장하여 건설회사들로부터 뇌물을 수수하는 과정에서 /

【대법원 판단】 건설회사들이 형식적인 용역계약의 상대방인 공소외 Q주식회사, 공소외 R주식회사 등 컨설팅회사의 계좌로 뇌물을 입금한 것은 /

【대법원 판단】 사회통념상 피고인 갑에게 직접 뇌물을 공여한 것과 같이 평가할 수 있다는 이유로, /

【대법원 판단】 피고인 갑에 대하여 형법 제129조 제1항을 적용한 제1심판결을 그대로 유지하였다.

【대법원 결론】 원심이 적법하게 채택한 증거들 및 위 법리에 비추어 살펴보면, 원심의 위와 같은 판단은 정당한 것으로 수긍할 수 있고, 거기에 논리와 경험칙에 반하여 자유심증주의의 한계를 벗어나거나 뇌물수수의 주체 등에 관한 법리를 오해한 위법이 없다.

3. 공범자와 뇌물의 몰수·추징

(1) 공범자에 대한 몰수·추징의 기준

【대법원 요지】 공무원이 뇌물을 받는 데에 필요한 경비를 지출한 경우 그 경비는 뇌물수수의 부수적 비용에 불과하여 뇌물의 가액 및 추징액에서 공제할 항목에 해당하지 아니하고, /

【대법원 요지】 뇌물로 금품을 수수한 자가 독자적인 판단에 따라 금품의 전부 또는 일부를 위와 같은 경비로 사용하였다면 /

【대법원 요지】 이는 범인이 취득한 재물을 소비한 것에 불과하므로 그 경비 상당액도 뇌물수수자로부터 추징하여야 한다. /

【대법원 요지】 한편 여러 사람이 공동으로 뇌물을 수수한 경우에 그 가액을 추징하려면 실제로 분배받은 금품만을 개별적으로 추징하여야 하고 /

【대법원 요지】 수수금품을 개별적으로 알 수 없을 때에는 평등하게 추징하여야 하며 /

【대법원 요지】 공동정범뿐 아니라 교사범 또는 종범도 뇌물의 공동수수자에 해당할 수 있으나, /

【대법원 요지】 공동정범이 아닌 교사범 또는 종범의 경우에는 /

【대법원 요지】 정범과의 관계, 범행 가담 경위 및 정도, 뇌물 분배에 관한 사전약정의 존재 여부, 뇌물공여자의 의사, 종범 또는 교사범이 취득한 금품이 전체 뇌물수수액에서 차지하는 비중 등을 고려하여 /

【대법원 요지】 공동수수자에 해당하는지를 판단하여야 한다. /

【대법원 요지】 그리고 뇌물을 수수한 자가 공동수수자가 아닌 교사범 또는 종범에게 뇌물 중의 일부를 사례금 등의 명목으로 교부하였다면 /

【대법원 요지】 이는 뇌물을 수수하는 데에 따르는 부수적 비용의 지출 또는 뇌물의 소비행위에 지나지 아니하므로, /

【대법원 요지】 뇌물수수자로부터 그 수뢰액 전부를 추징하여야 한다.

(2) 사안에 대한 대법원의 판단

【대법원 판단】 원심은 그 판시와 같은 여러 사정을 종합하여 /

【대법원 판단】 이 사건 건설회사들과 컨설팅회사들 간의 용역계약은 전부 피고인 갑의 뇌물수수를 위한 도구에 불과하여 /

【대법원 판단】 그 용역대금 전액이 뇌물로 제공된 것이라고 전제한 다음, /

【대법원 판단】 이와 같이 용역계약을 가장하여 뇌물을 수수한 주체는 피고인 갑이고 /

【대법원 판단】 피고인 갑의 뇌물수수 범행을 방조한 피고인 을이나 원심공동피고인 병, 제1심공동피고인 K 등은 피고인 갑과 공동으로 뇌물을 수수하여 이를 분배받은 자가 아니므로, /

【대법원 판단】 피고인 갑이 수수한 뇌물 중의 일부를 피고인 을 등에게 수고비 등으로 사용하거나 /

【대법원 판단】 형식적인 용역계약에 따른 부가가치세 납부에 사용하였다고 하더라도 /

【대법원 판단】 이는 피고인 갑의 뇌물수수와 관련한 부수적 비용에 불과하여 피고인 갑으로부터 추징할 뇌물액에서 공제할 수 없다는 취지로 판단하였다.

【대법원 결론】 원심의 이유 설시에 다소 미흡한 점은 있으나 피고인 갑으로부터 그 판시 뇌물액 전부를 추징하여야 한다고 본 원심의 결론은 정당한 것으로 수긍이 가고, 거기에 상고이유에서 주장하는 바와 같이 뇌물액수 및 추징금의 산정 등에 관한 법리를 오해하거나 항소이유에 대한 판단을 유탈하는 등의 잘못으로 판결에 영향을 미친 위법이 없다. (상고 기각)

2011도9721

공모의 입증방법
딱지어음 대표이사 사건
2011. 12. 22. 2011도9721, 공 2012상, 207

1. 사실관계 및 사건의 경과

【사실관계 1】

① A, B, C는 자금력을 동원하여 실제 영업하지 않는 법인 P회사와 Q회사를 인수하였다.

② 갑은 지역의 명문학교 K상고를 졸업한 인맥으로 금융권에 많은 선후배가 있는 사람이다.

③ 2008. 9. 18. 갑은 P회사의 대표이사로 취임하였다.

④ P회사는 기존에 ⓐ은행에 ㉠당좌계좌를 가지고 있었다.

⑤ 갑은 추가로 ⓑ은행에 ㉡당좌계좌를 개설하였다. (ⓑ은행 어음용지 270장)

⑥ 2009. 1. 14. 갑은 P회사에서 퇴직하였다.

【사실관계 2】

① 2009. 2. 23. 갑은 Q회사의 대표이사로 취임하였다.

② 갑은 신규로 ⓒ은행에서 Q회사의 ⓓ당좌계좌를 개설하였다. (ⓒ은행 어음용지 190장)

③ 2009. 4. 21. 갑은 Q회사에서 퇴직하였다.

④ 갑에 이어서 D가 P회사와 Q회사의 대표이사에 취임하였나.

⑤ D는 P회사와 Q회사의 바지사장이다.

【사실관계 3】

① A, B, C, D는 갑의 대표이사 재직 중 확보된 ⓑ은행 어음용지 270장과 ⓒ은행 어음용지 190장을 가지고 다음의 행위를 하였다.

　(가) D는 직접 찾아온 E 또는 사채업자의 소개를 받고 찾아온 F 등에게 Q회사의 약속어음 357장을 발행하여 1장 당 약 300만원의 대가를 받고 판매하였다.

　(나) E, F 등은 Q회사의 약속어음이 딱지어음이라는 것을 알면서 매입하였다.

　(다) E, F 등은 Q회사의 딱지어음을 이를 알지 못하는 사람들에게 어음할인을 의뢰하여 현금을 받았다.

　(라) E, F 등은 Q회사의 딱지어음을 이를 알지 못하는 사람들에게 채무이행을 유예하는 대가로 교부하였다.

② Q회사의 딱지어음이 부도처리되면서 다수의 피해자들이 발생하였다.

③ 부도된 액면금액은 220억원에 이르렀다.

【사건의 경과 1】

① 검사는 갑을 다음의 공소사실로 A, B, C, D 등과의 공동정범으로 기소하였다.

　(가) 「자본시장과 금융투자업에 관한 법률」(단기금융업금지)위반죄

　(나) 사기죄의 공동정범

② (이하 사기죄 부분만 소개함)

③ (A, B, C, D는 도주하여 공소제기에서 제외된 것으로 생각됨)

④ 갑은 A, B, C, D 등과의 공모사실을 부인하였다.

⑤ A, B, C, D가 일부 돈을 갑의 ⓓ은행 계좌로 송금한 사실이 확인되었다.

⑥ 갑의 피고사건은 제1심을 거친 후, 항소심에 계속되었다.

⑦ 항소심법원은 유죄를 인정하였다.

【사건의 경과 2】

① 갑은 불복 상고하였다.

② 갑은 상고이유로 다음의 점을 주장하였다.

　(가) A, B, C, D와 공모한 사실이 없다.

　(나) Q회사의 딱지어음을 가지고 사기범행을 한 것은 E, F 등이다.

　(다) 갑은 E, F 등을 전혀 알지 못한다.

　(라) 따라서 갑은 사기죄의 공동정범에 해당하지 않는다.

2. 공모의 입증방법

【대법원 요지】 2인 이상이 범죄에 공동가공하는 공범관계에 있어서 공모는 법률상 어떤 정형을 요

구하는 것이 아니고 /

【대법원 요지】 2인 이상이 공모하여 범죄에 공동가공하여 범죄를 실현하려는 의사의 결합만 있으면 되는 것으로서, /

【대법원 요지】 비록 전체의 모의과정이 없다고 하더라도 수인 사이에 순차적으로 또는 암묵적으로 상통하여 그 의사의 결합이 이루어지면 공모관계가 성립한다. /

【대법원 요지】 그리고 이러한 공모관계를 인정하기 위해서는 엄격한 증명이 요구되지만, /

【대법원 요지】 피고인이 범죄의 주관적 요소인 공모의 점을 부인하는 경우에는, /

【대법원 요지】 사물의 성질상 이와 상당한 관련성이 있는 간접사실 또는 정황사실을 증명하는 방법에 의하여 이를 입증할 수밖에 없으며, /

【대법원 요지】 이때 무엇이 상당한 관련성이 있는 간접사실에 해당할 것인가는 정상적인 경험칙에 바탕을 두고 치밀한 관찰력이나 분석력에 의하여 사실의 연결상태를 합리적으로 판단하는 방법에 의하여야 할 것이다.

3. 사안에 대한 대법원의 판단

【대법원 분석】 원심판결 이유 및 원심이 적법하게 채용한 증거들을 기록과 대조하여 살펴보면, /

【대법원 분석】 피고인은 공소외 A 등과 함께 실제 영업활동을 하지 않는 회사들을 인수하여 위 회사들 명의로 은행에 당좌계좌를 개설하고 어음 용지를 확보한 다음 /

【대법원 분석】 지급기일에 부도가 예정되어 있어 결제될 가능성이 없는 이른바 딱지어음을 대량 발행한 후 /

【대법원 분석】 일정한 가격으로 이를 시중에 유통시켜 그 판매수익을 올리기로 공모한 사실, /

【대법원 분석】 이에 따라 피고인은 금융권 인사들과의 인맥 등을 이용하여 당좌계좌를 개설하고 다량의 어음 용지를 확보하여 주는 등의 역할을 실행하였고, /

【대법원 분석】 공소외 A 등은 이를 이용하여 위 회사들 명의로 딱지어음 약 357장을 발행한 사실, /

【대법원 분석】 위 딱지어음들은 공소외 A 등에 의하여 직접 또는 성명불상의 판매상 등을 통하여 일정한 가격으로 시중에 유통되어 그 수요자들에게 판매되었고, /

【대법원 분석】 공소외 E, 공소외 F, 공소외 7, 공소외 8, 공소외 9, 공소외 10, 공소외 11, 공소외 12, 공소외 13, 공소외 14, 공소외 15, 공소외 16, 공소외 17, 공소외 18 등(이하 '공소외 E 등'이라고 한다)이 그 중 일부를 취득한 사실, /

【대법원 분석】 공소외 E 등은 자신들이 취득한 어음이 정상거래로 인하여 발행된 어음이 아니라 부도를 예정한 딱지어음임에도 이를 숨긴 채 판시 각 피해자들에게 어음할인을 의뢰하며 또는 채무이행을 유예하는 대가로 교부하여 /

【대법원 분석】 이에 속은 피해자들로부터 판시와 같이 어음할인금을 편취하거나 채무이행의 유예를 받아 재산상 이익을 취득한 사실, /

【대법원 분석】 이 사건 딱지어음들의 발행 후 피해자들에 이르기까지의 유통경로 중 위 어음할인금 편취 또는 재산상 이익 취득과 관련된 주요 부분, /

【대법원 분석】 즉 공소외 E 등이 딱지어음임을 알면서도 이를 취득하여 마치 정상적으로 발행된 어

음인 것처럼 피해자들에게 교부하게 된 경위나 과정이 밝혀져 있고, /

【대법원 분석】 이와 관련하여 해당 딱지어음 사본들이 증거로 제출된 사실, /

【대법원 분석】 한편 이 사건 딱지어음들의 유통과정에서 최후소지인들인 판시 피해자들 외에 해당 어음이 딱지어음이라는 점을 알지 못하고 그 취득 대가로 재물 등을 교부하여 피해를 입은 사람들이 달리 나타나지 아니한 사실 등을 알 수 있다.

【대법원 판단】 위 사실관계를 앞서 본 법리에 비추어 살펴보면, /

【대법원 판단】 피고인과 공소외 A 등은 그 취득자들이 사기 범행을 실현하리라는 점을 인식하면서도 이를 용인하며 부도가 예정된 딱지어음을 조직적으로 대량 발행하고 시중에 유통시킴으로써 /

【대법원 판단】 공소외 E 등 딱지어음 취득자들과 사이에 그들의 사기 범행에 관하여 직접 또는 중간 판매상 등을 통하여 적어도 순차적 · 암묵적으로 의사가 상통하여 공모관계가 성립되었다고 할 것이다.

【대법원 결론】 같은 취지에서 각 사기 범행의 공모 또는 가담 사실을 부인하는 피고인의 주장을 배척하고 피고인에 대하여 위 각 사기 범행의 공동정범으로서의 죄책을 인정한 원심의 판단은 정당하고, 거기에 상고이유의 주장과 같은 사기죄의 공동정범 성립에 관한 법리오해 등의 위법이 없다. (상고 기각)

2011도10539

중지범과 자의성 판단기준
은행 문 앞 돌아가기 사건
2011. 11. 10. 2011도10539, [미간행]

1. 사실관계 및 사건의 경과

【사실관계】
① 갑은 P회사를 운영하면서 사업자금이 부족하여 곤란한 상태에 처하였다.
② 갑은 A로부터 자금을 빌리려고 마음먹었다.
③ 갑은 A에게 위조한 주식인수계약서와 통장사본을 보여주었다.
④ 갑은 A에게 50억원의 투자를 받았다고 말하며 자금의 대여를 요청하였다.
⑤ 갑은 A와 함께 50억원의 입금 여부를 확인하기 위해 Q은행으로 갔다.
⑥ 갑은 Q은행으로 가던 중 은행 입구에서 차용을 포기하고 P회사로 돌아갔다.
⑦ (이하 사기죄 부분만 검토함)

【사건의 경과】
① 검사는 갑을 사기미수죄로 기소하였다.
② 갑의 피고사건은 제1심을 거친 후, 항소심에 계속되었다.
③ 항소심법원은 유죄를 인정하였다.

④ 갑은 불복 상고하였다.

⑤ 갑은 상고이유로, 스스로 범행을 포기하였으므로 중지범에 해당한다고 주장하였다.

2. 중지범과 자의성 판단기준

【대법원 요지】 범죄의 실행행위에 착수하고 그 범죄가 완수되기 전에 /

【대법원 요지】 자기의 자유로운 의사에 따라 범죄의 실행행위를 중지한 경우에 /

【대법원 요지】 그 중지가 일반 사회통념상 범죄를 완수함에 장애가 되는 사정에 의한 것이 아니라면 /

【대법원 요지】 이를 중지미수에 해당한다고 할 것이지만, /

【대법원 판단】 원심이 적법하게 확정한 바와 같이, /

【대법원 판단】 피고인이 공소외 A에게 위조한 주식인수계약서와 통장사본을 보여주면서 50억원의 투자를 받았다고 말하며 자금의 대여를 요청하였고, /

【대법원 판단】 이에 공소외 A와 함께 50억원의 입금 여부를 확인하기 위해 은행에 가던 중 은행 입구에서 차용을 포기하고 돌아간 것이라면, /

【대법원 요지】 이는 피고인이 범행이 발각될 것이 두려워 범행을 중지한 것으로서, /

【대법원 요지】 일반 사회통념상 범죄를 완수함에 장애가 되는 사정에 해당한다고 보아야 할 것이므로, /

【대법원 요지】 이를 자의에 의한 중지미수라고는 볼 수 없다.

【대법원 결론】 같은 취지의 원심의 판단은 정당하다. (상고 기각)

2011도12131

상습범과 포괄일죄
파일공유 사이트 사건
2012. 5. 10. 2011도12131, 공 2012상, 1042

1. 사실관계 및 사건의 경과

【사실관계】

① 갑은 P회사의 대표이사이다.

② 2010. 4. 10.경부터 2010. 9. 21.경까지 갑은 인터넷 파일공유 웹스토리지 사이트인 M사이트를 운영하였다.

③ 2010. 4. 23.경부터 2010. 8. 17.경까지 갑은 같은 종류의 인터넷 파일공유 웹스토리지 사이트인 N사이트를 운영하였다.

④ M사이트와 N사이트의 [유료] 회원들은 수만 건에 이르는 불법 디지털 콘텐츠를 업로드하였다.

⑤ M사이트와 N사이트의 [유료] 회원들은 수십만 회에 걸쳐 업로드된 콘텐츠를 다운로드하였다.

【사건의 경과】

① 검사는 갑을 저작권법위반죄의 방조범으로 기소하였다.

② 검사는 P회사를 저작권법의 양벌규정을 적용하여 기소하였다.

③ (공소사실의 요지는 판례 본문 참조)

④ 갑과 P회사의 피고사건은 제1심을 거친 후, 항소심에 계속되었다.

⑤ 항소심법원은 다음의 이유를 들어서 M사이트와 N사이트에서 일어난 저작권 침해행위들을 포괄일죄로 파악하였다.

　(가) 저작권법 제140조 단서 제1호는 제136조 제1항의 죄에 대한 상습범이라는 별도의 구성요건을 정한 것이다.

　(나) 갑과 P회사에게 '영리 목적의 상습성'이 인정된다.

　(다) M, N 두 개의 사이트를 통해 유통된 다수 저작권자의 다수 저작물 전체에 대한 피고인들의 이 사건 범행은 전체가 하나의 포괄일죄에 해당한다.

⑥ 검사는 불복 상고하였다.

⑦ 검사는 상고이유로, 갑과 P회사의 행위는 포괄일죄에 해당하지 않는다고 주장하였다.

【참조조문】

저작권법

제136조 (벌칙) ① 다음 각 호의 어느 하나에 해당하는 자는 5년 이하의 징역 또는 5천만원 이하의 벌금에 처하거나 이를 병과할 수 있다.

　1. 저작재산권, 그 밖에 이 법에 따라 보호되는 재산적 권리(제93조에 따른 권리는 제외한다)를 복제, 공연, 공중송신, 전시, 배포, 대여, 2차적 저작물 작성의 방법으로 침해한 자

제140조 (고소) 이 장의 죄에 대한 공소는 고소가 있어야 한다. 다만, 다음 각 호의 어느 하나에 해당하는 경우에는 그러하지 아니하다.

　1. 영리를 목적으로 또는 상습적으로 /

　제136조 제1항 제1호, 제136조 제2항 제3호 및 제4호/

　(제124조 제1항 제3호의 경우에는 피해자의 명시적 의사에 반하여 처벌하지 못한다)/

　에 해당하는 행위를 한 경우

제141조 (양벌규정) (조문 생략)

2. 상습범과 포괄일죄

【대법원 요지】 1. 상습범이라 함은 어느 기본적 구성요건에 해당하는 행위를 한 자가 그 범죄행위를 반복하여 저지르는 습벽, /

【대법원 요지】 즉 상습성이라는 행위자적 속성을 갖추었다고 인정되는 경우에 이를 가중처벌 사유로 삼고 있는 범죄유형을 가리키는 것이므로, /

【대법원 요지】 상습성이 있는 자가 같은 종류의 죄를 반복하여 저질렀다 하더라도 상습범을 별도의 범죄유형으로 처벌하는 규정이 없는 한 그 각 죄는 원칙적으로 별개의 범죄로서 경합범으로 처단할 것이다.

3. 상습 저작권침해행위와 포괄일죄

【대법원 분석】 저작권법은 제140조 본문에서 저작재산권 침해로 인한 제136조 제1항의 죄를 친고죄로 규정하면서, /

【대법원 분석】 제140조 단서 제1호에서 영리를 위하여 상습적으로 위와 같은 범행을 한 경우에는 고소가 없어도 공소를 제기할 수 있다고 규정하고 있으나, /

【대법원 분석】 상습으로 제136조 제1항의 죄를 저지른 경우를 가중처벌한다는 규정은 따로 두고 있지 않다. /

【대법원 요지】 따라서 수회에 걸쳐 저작권법 제136조 제1항의 죄를 범한 것이 상습성의 발현에 따른 것이라고 하더라도, /

【대법원 요지】 이는 원칙적으로 경합범으로 보아야 하는 것이지 하나의 죄로 처단되는 상습범으로 볼 것은 아니다. /

【대법원 요지】 그것이 법규정의 표현에 부합하고, 상습범을 포괄일죄로 처단하는 것은 그것을 가중처벌하는 규정이 있기 때문이라는 법리적 구조에도 맞다.

【대법원 요지】 그리고 저작재산권 침해행위는 저작권자가 같더라도 저작물별로 침해되는 법익이 다르므로 각각의 저작물에 대한 침해행위는 원칙적으로 각 별개의 죄를 구성한다고 할 것이다. /

【대법원 요지】 다만 단일하고도 계속된 범의 아래 동일한 저작물에 대한 침해행위가 일정기간 반복하여 행하여진 경우에는 포괄하여 하나의 범죄가 성립한다고 볼 수 있다.

4. 공소사실의 요지

【대법원 분석】 2. 이 사건 공소사실의 요지는, /

【대법원 분석】 피고인 갑이 2010. 4. 10.경부터 2010. 9. 21.경까지 인터넷 파일공유 웹스토리지 사이트인 ○○○○를, /

【대법원 분석】 2010. 4. 23.경부터 2010. 8. 17.경까지 같은 종류의 사이트인 △△△△를 운영하면서 /

【대법원 분석】 위 각 파일공유 사이트를 통해 저작재산권의 대상인 디지털 콘텐츠가 불법 유통되고 있음을 알면서도 /

【대법원 분석】 성명불상의 회원들로 하여금 수만 건에 이르는 불법 디지털 콘텐츠를 업로드하게 한 후 다수의 회원들로 하여금 이를 수십만 회에 걸쳐 다운로드하게 하여 저작재산권의 침해를 방조하였고, /

【대법원 분석】 피고인 P주식회사는 그 대표이사인 피고인 갑이 위와 같이 피고인 회사의 업무에 관하여 저작권법 위반의 방조행위를 함으로써 양벌규정의 적용대상이라는 것이다.

5. 사안에 대한 대법원의 판단

【대법원 판단】 앞서 본 법리와 저작권법 규정에 비추어 볼 때, /

【대법원 판단】 피고인들에게 '영리 목적의 상습성'이 인정된다고 하더라도 이는 고소 없이도 처벌할 수 있는 근거가 될 뿐이므로 /

【대법원 판단】 피고인들의 각 방조행위는 원칙적으로 서로 경합범의 관계에 있다고 보아야 하고, /

【대법원 판단】 다만 동일한 저작물에 대한 수회의 침해행위에 대한 각 방조행위는 포괄하여 하나의 범죄가 성립할 여지가 있다고 할 것이다.

【항소심 판단】 그럼에도 원심은, /

【항소심 판단】 저작권법 제140조 단서 제1호가 제136조 제1항의 죄에 대한 상습범이라는 별도의 구성요건을 정한 것이라는 전제하에, /

【항소심 판단】 피고인들에게 '영리 목적의 상습성'이 인정되므로 위 두 개의 사이트를 통해 유통된 다수 저작권자의 다수 저작물 전체에 대한 피고인들의 이 사건 범행 전체가 하나의 포괄일죄라고 판단하였다. /

【항소심 판단】 또한 이 사건 범행이 상습범이 아니라고 하더라도 단일하고 계속된 범의하에 일정 기간 계속하여 행하여진 것이므로 그 전체가 하나의 포괄일죄를 구성한다는 취지로도 판단한 것으로 보이나, /

【대법원 결론】 서로 다른 저작물에 대한 침해행위를 포괄하여 하나의 죄로 볼 수는 없다. /

【대법원 결론】 위와 같은 원심판단에는 저작권법 위반죄의 죄수에 관한 법리를 오해하여 판결에 영향을 미친 위법이 있고, 이 점을 지적하는 상고이유의 주장은 이유 있다. (파기 환송)

2011도14257

집행유예와 전자장치 부착명령
부착명령 보호관찰 사건
2012. 8. 30. 2011도14257, 2011전도233, 공 2012하, 1639

1. 사실관계 및 사건의 경과

【사실관계】

① (성폭력처벌법은 2012년 12월 18일 전부개정되었다.)

② (「특정 범죄자에 대한 보호관찰 및 전자장치 부착 등에 관한 법률」도 같은 날 일부개정되었다.)

③ (본 판례는 이와 같은 개정이 있기 전의 법령을 기준으로 하고 있다.)

④ 갑은 친족관계에 있는 A를 강제추행하였다.

⑤ 검사는 갑을 성폭력처벌법위반죄(친족관계강제추행)로 기소하였다.

⑥ 검사는 재범의 위험성이 있다는 이유로 위치추적 전자장치 부착명령을 청구하였다.

【사건의 경과】

① 갑의 피고사건은 제1심을 거친 후, 항소심에 계속되었다.

② 항소심법원은 갑에게 형을 선고하면서 보호관찰부 집행유예를 선고하였다.

③ 항소심법원은 갑에게 전자장치의 부착을 명하지 않았다.

④ 검사는 불복 상고하였다.

⑤ 검사는 상고이유로, 성범죄 피고사건에 대해 집행유예를 선고할 때 전자장치 부착명령은 필수적으로 함께 선고해야 한다고 주장하였다.

2. 집행유예와 부착명령의 관계

【대법원 분석】「특정 범죄자에 대한 위치추적 전자장치 부착 등에 관한 법률」(이하 '법'이라 한다) 제2장에서는 '징역형 종료 이후의 전자장치 부착'에 관하여 규정하고 있는데, /

【대법원 분석】 위 장에 포함된 법 제5조는 특정 범죄자가 그 특정범죄를 다시 범할 위험성이 있는 경우에 검사가 법원에 부착명령을 청구할 수 있다고 규정하고 있다. /

【대법원 분석】 위와 같은 검사의 청구에 대하여, 법원은 그 부착명령 청구가 이유 있다고 인정하는 때에는 판결로 부착명령을 선고하여야 하지만(법 제9조 제1항), /

【대법원 분석】 그 특정범죄사건에 대하여 집행유예를 선고하는 경우에는, /

【대법원 분석】 법 제28조 제1항[보호관찰 부과시 부착명령]에 따라 전자장치 부착을 명하는 때를 제외하고는, /

【대법원 분석】 판결로 부착명령 청구를 기각하여야 한다(법 제9조 제4항 제4호). /

【대법원 분석】 한편 법 제4장에서는 '형의 집행유예와 부착명령'에 관하여 규정하고 있는데, /

【대법원 분석】 그 장에 포함된 법 제28조 제1항은 "법원은 특정범죄를 범한 자에 대하여 형의 집행을 유예하면서 보호관찰을 받을 것을 명할 때에는 보호관찰기간의 범위 내에서 기간을 정하여 준수사항의 이행 여부 확인 등을 위하여 전자장치를 부착할 것을 명할 수 있다."고 규정하여 /

【대법원 분석】 집행유예를 선고하는 경우에도 일정한 경우 전자장치의 부착을 명할 수 있도록 하고 있다. /

【대법원 요지】 그러나 이러한 부착명령은 법원이 형의 집행을 유예하면서 보호관찰을 받을 것을 명하는 때에만 가능한 것으로서, /

【대법원 요지】 법 제2장에서 정하고 있는 '징역형 종료 이후의 부착명령'과는 그 성질과 요건이 다르다. /

【대법원 요지】 또한 법 제4장의 부착명령에 관하여는 /

【대법원 요지】 법 제31조가 부착명령 '청구사건'의 판결에 대한 상소에 관한 규정들인 법 제9조 제8항[피고인 상소의제 등]과 제9항[기타 상소권자 상소의제 등]은 준용하지 아니하고 있는 점, /

【대법원 요지】 보호관찰부 집행유예의 경우 그 보호관찰명령 부분만에 대한 일부상소는 허용되지 않는 점 등에 비추어 볼 때, /

【대법원 요지】 위와 같은 부착명령은 보호관찰부 집행유예와 서로 불가분의 관계에 있는 것으로서 독립하여 상소의 대상이 될 수 없다고 할 것이다. /

【대법원 요지】 위와 같은 여러 사정들을 종합하여 보면, /

【대법원 요지】 특정 범죄자에 대하여 집행유예를 선고할 경우에 보호관찰을 받을 것을 함께 명할지 여부 및 그 구체적인 준수사항의 내용, /

【대법원 요지】 나아가 법 제28조 제1항에 따라 전자장치의 부착을 명할지 여부 및 그 기간 /

【대법원 요지】 등에 대한 법원의 판단은 그 전제가 되는 집행유예의 선고와 일체를 이루는 것으로서, /

【대법원 요지】 그 보호관찰명령이나 부착명령이 관련 법령에서 정하고 있는 요건에 위반한 것이 아닌 한, /

【대법원 요지】 형의 집행유예를 선고하는 것과 마찬가지로 법원의 재량사항에 속한다고 봄이 타당하다.

【대법원 결론】 따라서 원심이 피고인에 대하여 보호관찰부 집행유예를 선고하면서 전자장치의 부착을 명하지 아니한 것이 위법하다는 취지의 검사의 이 사건 상고이유의 주장은, 위와 같은 법 규정 및 법리에 비추어 적법한 상고이유가 될 수 없다. (상고 기각)

2011도14441

위조문서행사죄와 간접정범
이미지파일 출력 사건

2012. 2. 23. 2011도14441, [미간행]

1. 사실관계 및 사건의 경과

【사실관계 1】

① P회사는 M공사를 발주하였다.

② 갑은 M공사를 수주하려고 마음먹었다.

③ 갑은 Q디자인 회사의 전문건설업등록증, 전문건설업등록수첩, 공장등록증명(신청)서의 이미지 파일을 위조하였다. (㉠이미지파일)

④ 갑은 ㉠이미지파일을 P회사의 직원 A의 이메일로 송부하였다.

⑤ 위조사실을 알지 못한 A는 ㉠이미지파일을 출력하였다.

【사실관계 2】

① 갑은 R회사의 전문건설업등록증과 사업자등록증의 이미지 파일을 위조하였다. (㉡이미지파일)

② 갑은 R회사 인감증명서의 이미지 파일을 변조하였다. (㉢이미지파일)

③ 갑은 ㉡, ㉢이미지파일을 S기술서비스 회사의 이메일로 송부하였다.

④ 위조·변조 사실을 알지 못한 S회사의 직원 B는 ㉡, ㉢이미지파일을 출력하였다.

【사건의 경과】

① 검사는 갑을 다음의 공소사실로 기소하였다.

  (가) ㉠, ㉡파일 부분 : 공문서위조죄 및 위조공문서행사죄

  (나) ㉢파일 부분 : 공문서변조죄 및 변조공문서행사죄

② 제1심법원은 공소사실을 전부 유죄로 인정하였다.

③ 갑은 불복 항소하였다.

④ 항소심법원은 공문서위조죄 및 공문서변조죄 부분에 대해 유죄를 인정하였다.

⑤ 항소심법원은 위조공문서행사죄 및 변조공문서행사죄 부분에 대해 무죄를 선고하였다.

⑥ (항소심의 판단 이유는 판례 본문 참조)

⑦ 검사는 무죄 부분에 불복하여 상고하였다.

2. 공소사실의 요지

【대법원 분석】 원심은, 이 사건 공소사실 중 /

【대법원 분석】 '피고인이 제1심판결의 범죄사실 기재와 같은 방법으로 ○○○디자인의 전문건설업등록증, 전문건설업등록수첩, 공장등록증명(신청)서의 이미지 파일을 위조하여 /

【대법원 분석】 2008. 8. 4. 공소외 A의 이메일로 송부하여, /

【대법원 분석】 공소외 A로 하여금 송부받은 각 이미지 파일을 출력하게 하여 /

【대법원 분석】 위조된 전문건설업등록증, 전문건설업등록수첩, 공장등록증명(신청)서를 공소외 A에게 행사하고, /

【대법원 분석】 같은 방법으로 △△△△△△의 전문건설업등록증과 사업자등록증의 이미지 파일을 위조하고 /

【대법원 분석】 인감증명서의 이미지 파일을 변조하여 /

【대법원 분석】 2008. 12. 5.경 ▽▽▽▽▽기술서비스의 이메일로 송부하여, /

【대법원 분석】 ▽▽▽▽▽기술서비스 직원인 공소외 B로 하여금 송부받은 각 이미지 파일을 출력하게 하여 /

【대법원 분석】 위조된 전문건설업등록증과 사업자등록증, 변조된 인감증명서를 공소외 B에게 행사하였다'는 /

【대법원 분석】 각 위조 및 변조공문서행사의 점에 관하여, /

3. 사안에 대한 항소심의 판단

【항소심 판단】 피고인은 위조·변조문서를 행사하는 행위도 파일을 출력한 공소외 A, B를 통하여 하였다고 볼 수밖에 없는데, /

【항소심 판단】 간접정범을 통한 범행에서 피이용자는 간접정범의 의사를 실현하는 수단으로서의 지위를 갖는 점을 고려할 때, /

【항소심 판단】 위조문서행사 범행의 피이용자가 위조문서를 인식할 수 있게 되었다고 하더라도 /

【항소심 판단】 이는 피고인과 동일시할 수 있는 자에게 문서를 보인 것과 마찬가지여서 /

【항소심 판단】 그것만으로는 아직 위조문서가 피고인의 영역을 벗어났다고 볼 수 없다는 이유로, /

【항소심 판단】 이를 유죄로 인정한 제1심판결을 파기하고 무죄를 선고하였다.

4. 사안에 대한 대법원의 판단

【대법원 판단】 그러나 원심의 위와 같은 판단은 다음과 같은 이유로 수긍하기 어렵다.

【대법원 요지】 위조문서행사죄에 있어서 행사는 위조된 문서를 진정한 것으로 사용함으로써 문서에 대한 공공의 신용을 해칠 우려가 있는 행위를 말하므로 /

【대법원 요지】 그 행사의 상대방에는 아무런 제한이 없고, /

【대법원 요지】 다만 문서가 위조된 것임을 이미 알고 있는 공범자 등에게 행사하는 경우에는 위조문서행사죄가 성립할 수 없으나/

【대법원 요지】 (대법원 2005. 1. 28. 선고 2004도4663 판결 참조), /

【대법원 요지】 간접정범을 통한 위조문서행사범행에 있어 도구로 이용된 자라고 하더라고 문서가 위조된 것임을 알지 못하는 자에게 행사한 경우에는 위조문서행사죄가 성립한다.

【대법원 판단】 원심판결 이유와 기록에 의하면, /

【대법원 판단】 피고인은 위조한 전문건설업등록증 등의 컴퓨터 이미지 파일을 공사 수주에 사용하기 위하여 발주자인 공소외 A 또는 ▽▽▽▽▽기술서비스의 담당직원 공소외 B에게 이메일로 송부한 사실, /

【대법원 판단】 공소외 A 또는 공소외 B는 피고인으로부터 이메일로 송부받은 컴퓨터 이미지 파일을 프린터로 출력할 당시 그 이미지 파일이 위조된 것임을 알지 못하였던 사실을 알 수 있으므로, /

【대법원 판단】 피고인의 위와 같은 행위는 형법 제229조의 위조·변조공문서행사죄를 구성한다고 보아야 할 것이다.

【대법원 결론】 그럼에도 원심은, 간접정범을 통한 위조문서행사 범행의 피이용자는 피고인과 동일시할 수 있는 자와 마찬가지라는 이유만으로 이 사건 각 위조 및 변조공문서행사의 점에 대하여 무죄를 선고하였으니, /

【대법원 결론】 이러한 원심판결에는 위조 및 변조공문서행사죄에 있어서 행사의 상대방에 관한 법리를 오해한 위법이 있고, 이 점을 지적하는 상고이유는 이유 있다. (파기 환송)

2011도15057

부착명령과 소년보호처분의 성질
소년보호 전력 부착명령 사건
2012. 3. 22. 2011도15057, 2011전도249 전원합의체 판결, 공 2012상, 722

1. 사실관계 및 사건의 경과

【사실관계 1】

① 2007. 4. 27. 「특정 성폭력범죄자에 대한 위치추적 전자장치 부착에 관한 법률」(이하 전자장치부착법으로 약칭함)이 제정되었다.

② 2008. 10. 28. 6개월 유예기간 후 성폭력범죄자에 대해 부착명령제도가 시행되었다.

③ 2009. 5. 8. 전자장치부착법은 「특정 범죄자에 대한 위치추적 전자장치 부착 등에 관한 법률」로 확대개편되었다.

④ 2009. 8. 9. 3개월 유예기간 후 성폭력범죄, 미성년자 대상 유괴범죄에까지 부착명령제도가 시행

되었다.

⑤ 2010. 4. 15. 전자장치부착법이 개정되었다.

⑥ 2010. 7. 16. 3개월의 유예기간 후 성폭력범죄, 미성년자 대상 유괴범죄, 살인범죄에까지 부착명령 제도가 시행되었다.

【사실관계 2】

① 2012. 12. 18. 전자장치부착법이 「특정 범죄자에 대한 보호관찰 및 전자장치 부착 등에 관한 법률」로 확대개편되었다.

② 2014. 6. 19. 1년 6개월의 유예기간 후 성폭력범죄, 미성년자 대상 유괴범죄, 살인범죄, 강도범죄에까지 부착명령제도가 시행되었다.

③ 전자장치부착법은 제5조 제1항 제3호는 전자장치 부착명령 청구대상으로 다음의 요건이 충족되는 경우를 규정하고 있다.

(가) 성폭력범죄를 2회 이상 범하여(유죄의 확정판결을 받은 경우를 포함한다) 그 습벽이 인정된 때

(나) 성폭력범죄를 다시 범할 위험성이 있다고 인정되는 사람일 것

【사실관계 3】

① 1999. 2. 4. 갑은 서울지방법원 의정부지원에서 미성년자에 대한 강간치상죄로 징역 장기 2년, 단기 1년 6월을 선고받고 항소하였다.

② 1999. 4. 22. 갑은 서울고등법원에서 서울가정법원 소년부로 송치되어 소년보호처분을 받았다. (㉮보호처분)

③ [2011. 일자불상] 검사는 다음 내용의 ㉯, ㉰, ㉱사건을 공소사실로 하여 갑을 기소하였다.

(가) 2010. 3. 20. 06:40경 갑은 A녀를 발견하고 아무런 이유 없이 A녀의 목을 조른 다음 뒷목을 물어 A에게 약 2주간의 치료를 요하는 상해를 가하였다. (㉯상해사건)

(나) 2010. 7. 17. 12:30경 갑은 B녀를 발견하고 B녀의 목을 강하게 졸라 넘어뜨린 다음 현금 1,000원 및 손수건 등이 들어 있는 시가 1만원 상당의 B녀 소유의 가방을 빼앗아갔다. 이 과정에서 B녀는 4주간의 치료를 요하는 상해를 입었다. (㉰강도상해사건)

(다) 2010. 10. 12. 23:10경 갑은 주먹으로 C녀의 얼굴 부위 등을 수회 때려 논바닥에 눕힌 다음 강간하였다. C녀는 이로 인하여 3주간 치료를 요하는 상해를 입었다. (㉱강간상해)

④ 검사는 갑에 대해 다음의 이유를 들어서 전자장치 부착명령을 청구하였다.

(가) 갑은 미성년자에 대한 강간치상죄로 ㉮소년보호처분을 받은 전력이 있다.

(나) 갑은 다시 C에 대한 ㉱강간상해 범행을 저질렀다.

(다) 갑은 성폭력범죄를 2회 이상 범하여 그 습벽이 있고, 성폭력범죄를 다시 범할 위험성이 있다.

【사건의 경과 1】

① 제1심법원은 공소사실 가운데 ㉯상해사건과 ㉱강간상해사건을 유죄로 인정하였다.

② 제1심법원은 ㉮소년보호처분이 '성폭력범죄를 범한 때'에 해당되지 않는다고 판단하였다.

③ 제1심법원은 다음과 같은 판결을 선고하였다.

(가) 피고인을 징역 5년에 처한다.

(나) 공소사실 중 ㉰강도상해의 점은 무죄.

(다) 검사의 부착명령청구를 기각한다.

(라) 피고인에 대한 무죄부분 판결의 요지를 공시한다.

【사건의 경과 2】

① 갑은 불복 항소하였다.

② 갑은 상고이유로, 양형부당을 주장하였다.

③ 검사는 ㉰강도상해죄의 무죄 부분에 불복 항소하였다.

④ 검사는 부착명령 청구기각 부분에 불복 항소하였다.

⑤ 항소심법원은 갑과 검사의 항소를 모두 기각하고, 제1심판결을 유지하였다.

⑥ 검사는 불복 상고하였다.

【사건의 경과 3】

① 대법원은 ㉰강도상해죄 무죄 부분에 대한 검사의 상고를 기각하였다.

② 대법원은 검사의 부착명령 청구기각 부분 상고에 대해 9 대 3으로 견해가 나뉘었다.

③ 쟁점은 ㉮소년보호처분이 '성폭력범죄를 2회 이상 범하여(유죄의 확정판결을 받은 경우를 포함한다)'의 요건을 충족하는가 하는 것이었다.

④ 다수의견은 ㉮소년보호처분이 '유죄의 확정판결'에 해당하지 않는다고 판단하였다.

⑤ 소수의견은 ㉮소년보호처분이 '성폭력범죄를 범하여'의 요건에 해당한다고 판단하였다.

⑥ 다수의견에는 대법관 5명의 보충의견이 있었다.

⑦ 소수의견에는 대법관 2명의 보충의견이 있었다.

⑧ (이하에서는 지면 관계로 소년보호처분 부분에 대한 다수의견과 소수의견만을 소개함)

2. 소년보호처분의 성질에 관한 다수의견

【대법원 요지】 죄형법정주의의 원칙상 형벌법규는 문언에 따라 엄격하게 해석 · 적용하여야 하고 /

【대법원 요지】 피고인에게 불리한 방향으로 지나치게 확장해석하거나 유추해석하여서는 안 되는 것이 원칙이고, /

【대법원 요지】 이는 특정 범죄자에 대한 위치추적 전자장치 부착명령의 요건의 해석에 있어서도 마찬가지이다.

【대법원 분석】 특정 범죄자에 대한 위치추적 전자장치 부착 등에 관한 법률(이하 '전자장치부착법'이라 한다) 제5조 제1항 제3호는 /

【대법원 분석】 검사가 전자장치 부착명령을 법원에 청구할 수 있는 경우 중의 하나로 /

【대법원 분석】 '성폭력범죄를 2회 이상 범하여(유죄의 확정판결을 받은 경우를 포함한다) 그 습벽이 인정된 때'라고 규정하고 있는바, /

【대법원 요지】 이 규정 전단은 그 문언상 '유죄의 확정판결을 받은 전과사실을 포함하여 성폭력범죄를 2회 이상 범한 경우'를 의미한다고 해석된다. /

【대법원 요지】 따라서 피부착명령청구자가 소년법에 의한 보호처분(이하 '소년보호처분'이라고 한다)을 받은 전력이 있다고 하더라도, /

【대법원 요지】 이는 유죄의 확정판결을 받은 경우에 해당하지 아니함이 명백하므로, /

【대법원 요지】 피부착명령청구자가 2회 이상 성폭력범죄를 범하였는지를 판단함에 있어 그 소년보호처분을 받은 전력을 고려할 것이 아니다.

【대법원 결론】 원심이 같은 취지에서, /

【대법원 결론】 피부착명령청구자가 이 사건 피고사건의 범죄사실인 성폭력범죄를 1회 범한 것 외에 과거에 성폭력범죄로 소년보호처분을 받은 사실이 있다는 사유만으로는 /

【대법원 결론】 전자장치부착법 제5조 제1항 제3호가 정한 성폭력범죄를 2회 이상 범한 경우에 해당하지 않는다고 판단하여 검사의 부착명령청구를 기각한 것은 정당하고, /

【대법원 결론】 거기에 상고이유에서 주장하는 바와 같이 위 규정의 해석에 관한 법리를 오해한 위법은 없다. (상고 기각)

3. 소년보호처분의 성질에 관한 소수의견

(1) 규정의 문언

【소수의견 판단】 가. 다수의견은 전자장치부착법 제5조 제1항 제3호(이하 '이 사건 규정'이라 한다) 중 '성폭력범죄를 2회 이상 범하여(유죄의 확정판결을 받은 경우를 포함한다)' 부분과 관련하여, 성폭력범죄로 소년보호처분을 받은 전력은 여기에 해당하지 않는다고 해석한다. /

【소수의견 판단】 그러나 다음과 같은 이유로 이 사건 규정에서 정하고 있는 습벽 판단의 기본이 되는 '성폭력범죄'에는 소년보호처분을 받은 성폭력범죄 행위가 포함된다고 해석함이 타당하므로 다수의견에는 동의할 수 없다.

【소수의견 판단】 (1) 먼저 이 사건 규정의 문언은 습벽 판단의 기본이 되는 2회 이상 범한 성폭력범죄를 유죄의 확정판결을 받은 성폭력범죄로 제한하고 있지 않다.

【소수의견 판단】 이 사건 규정은 전자장치 부착명령의 청구사유로 '성폭력범죄를 2회 이상 범하여(유죄의 확정판결을 받은 경우를 포함한다) 그 습벽이 인정된 때'라고 규정하고 있어 /

【소수의견 판단】 '성폭력범죄를 2회 이상 범하여' 다음에 '(유죄의 확정판결을 받은 경우를 포함한다)'를 부기하는 형식을 취하고 있다.

【소수의견 판단】 이 사건 규정에서 사용하고 있는 '범하여'라는 표현은 헌법을 비롯하여 여러 법률 규정에서 사용되고 있는데, /

【소수의견 판단】 거의 예외 없이 '범죄 행위를 한 경우'라고 하는 행위의 실체적인 측면을 나타내는 데에 사용되고 있을 뿐, /

【소수의견 판단】 그 범죄로 인하여 유죄의 판결이 확정된 경우, 즉 절차적인 측면까지 포함하는 개념으로는 사용되고 있지 않다. /

【소수의견 판단】 오히려 법률에서 유죄의 확정판결을 받은 경우 등 어떠한 절차까지 이루어진 경우로 제한할 필요가 있는 때에는, /

【소수의견 판단】 범죄를 '범하여'라는 표현에서 더 나아가 해당 절차를 명확히 규정함으로써, '범하여'가 가지는 의미가 실체적인 측면에 그침을 명확히 하고 있다.

【소수의견 분석】 예를 들어, 헌법 제12조 제3항 단서의 '장기 3년 이상의 형에 해당하는 죄를 범하고 도피 또는 증거인멸의 염려가 있을 때', /

【소수의견 분석】 형법 제301조(강간등상해·치상)의 '제297조 내지 제300조의 죄를 범한 자가 사람을 상해하거나 상해에 이르게 한 때', /

【소수의견 분석】 소년법 제4조 제1항 제1호의 '죄를 범한 소년', /

【소수의견 분석】 성폭력범죄의 처벌 등에 관한 특례법 제41조 제1항 제2호의 '등록대상 성폭력범죄를 범하였으나 형법 제10조 제1항에 따라 처벌할 수 없는 자로서 등록대상 성폭력범죄를 다시 범할 위험성이 있다고 인정되는 자' 등에서 사용하고 있는 /

【소수의견 판단】 죄를 '범한다'는 개념은 범죄 행위를 한 경우를 뜻함이 명백하다.

【소수의견 분석】 그리고 공직선거법 제266조 제1항의 '죄를 범함으로 인하여 징역형의 선고를 받은 자', /

【소수의견 분석】 성폭력방지 및 피해자보호 등에 관한 법률 제19조 제1항 제4호의 '죄를 범하여 형 또는 치료감호를 선고받고 그 형 또는 치료감호의 전부 또는 일부의 집행이 종료되거나 집행이 유예·면제된 날부터 10년이 지나지 아니한 사람' 및 /

【소수의견 분석】 이 사건 규정이 들어 있는 전자장치부착법 제13조 제4항 제1호의 '부착명령의 집행 중 다른 죄를 범하여 구속영장의 집행을 받아 구금된 때', /

【소수의견 분석】 같은 항 제2호의 '부착명령의 집행 중 다른 죄를 범하여 금고 이상의 형의 집행을 받게 된 때', /

【소수의견 분석】 부칙(법률 제9654호, 2009. 5. 8.) 제3조의 '특정범죄를 범하여 이 법 시행 당시 형의 집행 또는 치료감호 중에 있는 자'라는 규정 등도 /

【소수의견 판단】 모두 '범하여'라는 표현을 '범죄 행위를 하여'라는 의미로만 사용하는 한편, /

【소수의견 판단】 어떠한 절차적인 제한이 필요한 경우에는 그 절차적인 제한을 별도로 기재하는 형식을 취하고 있다.

【소수의견 판단】 따라서 이 사건 규정의 '2회 이상 성폭력범죄를 범하여'라는 개념도 헌법이나 다른 법률들과 달리 볼 필요는 없다고 보이며, 문언 그대로 '2회 이상 성폭력범죄 행위를 한 경우'를 뜻한다고 보아야 한다.

【소수의견 판단】 나아가, 이 사건 규정은 '범하여' 다음의 괄호 안에 '유죄의 확정판결을 받은 경우를 포함한다'라고 규정하고 있지만, /

【소수의견 판단】 유죄의 확정판결을 받은 경우에 한하여 포함한다거나 /

【소수의견 판단】 유죄의 확정판결을 받은 경우가 아니라면 포함되지 않는다는 표현을 사용하고 있지 않다. /

(2) 규정의 개정 경과

【소수의견 분석】 위 괄호 부분은 2010. 4. 15. 법률 제10257호로 전자장치부착법이 개정되면서 이 사건 규정에 새로 도입된 것으로서, /

【소수의견 분석】 부착명령청구사건이 성폭력범죄 피고사건에 대한 부수적인 절차라는 점 때문에 /

【소수의견 분석】 개정 전 이 사건 규정 등의 '2회 이상 범한 성폭력범죄'에 /

【소수의견 분석】 당해 피고사건 범죄사실인 성폭력범죄만 포함되고 /

【소수의견 분석】 전과인 성폭력범죄 행위는 제외되는 것 아니냐는 해석상 문제가 제기되자 /

【소수의견 분석】 그 논란을 해소하기 위하여 추가한 것이지, /

【소수의견 판단】 전과범죄를 유죄 확정판결이 있는 경우에 한하여 고려한다는 취지에서 둔 규정이 아님은 입법 경과에 비추어 분명하다. /

【소수의견 분석】 대법원에서는 위 괄호 부분이 없는 개정 전의 이 사건 규정에 대하여도 당해 피고 사건의 범죄사실 외에 유죄의 확정판결을 받은 성폭력범죄 행위가 포함된다고 해석하였으므로 /

【소수의견 분석】 (대법원 2010. 4. 29. 선고 2010도1374, 2010전도2 판결 참조), /

【소수의견 판단】 신설된 위 괄호 부분은 그 문언에서 보는 바와 같이 '범하여'라는 개념 속에 유죄의 확정판결을 받은 전과도 포함될 수 있음을 분명히 하기 위한 주의적·부가적인 표현이라 보일 뿐, /

【소수의견 판단】 2회 이상의 성폭력범죄에 포섭되는 행위의 범위를 더 제한하거나 그에 대한 예외를 두기 위한 특별한 규정이라고는 볼 수 없다. /

【소수의견 판단】 그러므로 이 사건 규정의 문언 및 개정 경과에 의하면, /

【소수의견 판단】 이 사건 규정에서 정한 2회 이상 성폭력범죄를 범한 경우에는 성폭력범죄를 범한 전과나 전력이 포함될 수 있고, /

【소수의견 판단】 유죄의 확정판결을 받은 행위 외에 소년보호처분을 받은 행위도 포함될 수 있다고 보아야 한다.

(3) 규정의 목적과 취지

【소수의견 판단】 (2) 다음으로 전자장치부착법의 목적과 이 사건 규정의 취지에 비추어 보아도 습벽 판단의 기본이 되는 '성폭력범죄'에 소년보호처분을 받은 성폭력범죄 행위가 포함된다고 해석하는 것이 타당하다.

【소수의견 분석】 전자장치부착법은 성폭력범죄자 등의 재범 방지와 성행교정을 통한 재사회화, 그리고 성폭력범죄 등으로부터 국민을 보호함을 그 목적으로 한다(제1조). /

【소수의견 분석】 이에 따라 전자장치부착법 제5조 제1항은 재범의 위험성이 있는 여러 유형의 성폭력범죄자에 대해서 전자장치 부착명령을 청구할 수 있도록 하고 /

【소수의견 분석】 그 사유로서 각 호의 규정을 두고 있는데, /

【소수의견 분석】 성폭력범죄로 징역형의 실형을 선고받은 사람이 그 집행을 종료한 후 또는 집행이 면제된 후 10년 이내에 성폭력범죄를 저지른 때(제1호), /

【소수의견 분석】 성폭력범죄로 이 법에 따른 전자장치를 부착받은 전력이 있는 사람이 다시 성폭력범죄를 저지른 때(제2호), /

【소수의견 분석】 16세 미만의 사람에 대하여 성폭력범죄를 저지른 때(제4호)와 같이 /

【소수의견 분석】 일정한 객관적인 사실을 청구사유로 하는 다른 규정들과는 달리, /

【소수의견 분석】 이 사건 규정은 성폭력범죄를 2회 이상 범하여 그 습벽이 인정된 때라고 정함으로써 /

【소수의견 분석】 성폭력범죄자의 습벽을 부착명령의 본질적 요소로 삼고 있다.

【소수의견 판단】 일반적으로 습벽은 어떤 버릇, 범죄의 경향을 의미하는 것으로서 행위의 본질을 이

루는 성질이 아니고, 행위자의 특성을 이루는 성질을 의미하므로, /

【소수의견 판단】 동일한 범죄의 전과가 없다고 하더라도 /

【소수의견 판단】 피고인의 연령, 성격, 직업, 환경, 범행의 횟수, 동기ㆍ수단ㆍ방법 및 장소 등 여러 사정을 종합하여 습벽을 인정할 수 있다고 해석된다. /

【소수의견 판단】 다만 동일한 범죄의 전과나 전력은 중요한 판단자료가 되고 /

【소수의견 판단】 1회의 성폭력범죄만으로 그에 대한 습벽을 인정하는 것은 지나칠 수 있으며 또한 쉽지 않다는 고려에서 /

【소수의견 판단】 그 습벽을 인정하기 위한 최소한의 요건으로 성폭력범죄를 2회 이상 범한 경우를 정한 것이다.

【소수의견 판단】 그러므로 성폭력범죄를 2회 이상 범한 경우는 습벽 인정의 기본적인 사정에 불과하여 그 사정만으로 습벽이 인정되지는 아니하며, /

【소수의견 판단】 더 나아가 습벽을 판단함에 필요한 다른 여러 사정들과 함께 종합하여 습벽이 인정될 경우에 비로소 이 사건 규정에 해당된다고 보아야 한다. /

【소수의견 판단】 즉 성폭력범죄를 2회 이상 범하였다는 사정은 다른 습벽 인정을 위한 자료들과 마찬가지로 행위자의 특성을 이루는 성질인 습벽 인정을 위한 기본적인 사정으로서의 의미를 가진다고 할 것이고, /

【소수의견 판단】 종전에 성폭력범죄로 인하여 유죄 확정판결을 받았다는 사유로 특별히 더 불이익하게 처우하겠다거나 /

【소수의견 판단】 종전에 성폭력범죄로 인하여 유죄 확정판결을 받은 경우에 한하여 습벽 인정을 위한 자료로 사용하겠다는 취지로는 볼 수 없다.

【소수의견 판단】 그동안 대법원은 상습성 내지 습벽을 인정하는 자료에는 아무런 제한이 없다고 보고, /

【소수의견 판단】 소년보호처분을 받은 범죄도 상습성 내지 습벽을 인정하는 자료로 삼을 수 있다고 해석하여 왔다. /

【소수의견 판단】 이는 위와 같이 습벽이 행위의 본질을 이루는 요소가 아닌 행위자의 특성을 이루는 성질임을 고려한 것으로 보이며, /

【소수의견 판단】 이에 비추어 보면 습벽을 인정하기 위한 기본적인 사정에 해당하는 2회 이상 범한 성폭력범죄의 경우에도 마찬가지로 소년보호처분을 받은 성폭력범죄 행위를 배제할 이유가 없다. /

【소수의견 판단】 만약 이와 달리 해석한다면 성폭력범죄 행위로 소년보호처분을 받은 경우에, /

【소수의견 판단】 그 성폭력범죄 행위가 성폭력범죄의 습벽을 인정하기 위한 기본적인 사정으로서의 '성폭력범죄를 2회 이상 범하여'라는 부분의 판단에서는 제외되는 반면, /

【소수의견 판단】 성폭력범죄의 습벽을 인정하기 위한 판단 자료로는 사용될 수 있다는 것이 되어 /

【소수의견 판단】 논리적으로나 이 사건 규정을 둔 실질에 어긋나는 결과를 낳게 되며, /

【소수의견 판단】 종전 판례의 흐름에도 배치된다. /

【소수의견 판단】 예를 들어 피부착명령청구자가 과거에 같은 수법으로 성폭력범죄를 반복하여 소년보호처분을 여러 번 받고 나서도 성년이 되어 단기간 내에 다시 당해 성폭력범죄를 범한 경우에, /

【**소수의견 판단**】 종전의 반복된 성폭력범죄 행위에 비추어 그 습벽이 충분히 인정되고 특히 실무상 성년에 임박한 소년범에 대하여 소년보호처분이 내려지는 경우가 없다고는 할 수 없음에도 /

【**소수의견 판단**】 다수의견에 의하면 부착명령청구가 기각되어야 하는데, /

【**소수의견 판단**】 이는 부당한 결론으로서 성폭력범죄 등으로부터 국민을 보호함을 목적으로 하는 전자장치부착법의 취지에 크게 어긋난다고 할 것이다.

【**소수의견 판단**】 결국 성폭력범죄의 습벽을 인정하기 위해서 다수의견이 제시하고 있는 과거 성폭력범죄에 대하여 유죄의 확정판결을 받아야 한다는 추가적인 요건은 /

【**소수의견 판단**】 성폭력범죄의 습벽이라는 이 사건 규정의 본질적 요소와 무관하며, /

【**소수의견 판단**】 오히려 그 요건을 갖추도록 요구하게 되면 범죄자의 재범 방지와 성행교정을 통한 재사회화라고 하는 부착명령의 보안처분으로서의 성격과 /

【**소수의견 판단**】 성폭력범죄 등으로부터 국민을 보호함을 목적으로 하는 전자장치부착법의 입법목적에 부응하지 못하고 /

【**소수의견 판단**】 구체적 타당성을 잃을 염려마저 있으므로 부당하다고 할 것이다.

【**소수의견 판단**】 (3) 결론적으로, 이 사건 규정에서 정한 2회 이상의 성폭력범죄에 소년보호처분을 받은 성폭력범죄 행위가 포함될 수 있고, /

【**소수의견 판단**】 다른 사정들과 함께 종합하여 성폭력범죄의 습벽이 인정되는 경우에는 이 사건 규정에 해당된다고 해석하여야 한다. /

【**소수의견 판단**】 이러한 해석이 이 사건 규정의 문언 및 전자장치부착법의 목적과 이 사건 규정의 취지에 비추어 타당하다.

(4) 사안에 대한 소수의견의 판다

【**소수의견 분석**】 나. 원심판결 및 이 사건 기록에 의하면, /

【**소수의견 분석**】 피부착명령청구자는 1999. 2. 4. 서울지방법원 의정부지원에서 미성년자에 대한 강간치상죄로 징역 장기 2년, 단기 1년 6월을 선고받고 항소하여 /

【**소수의견 분석**】 1999. 4. 22. 서울고등법원에서 서울가정법원 소년부로 송치되어 소년보호처분을 받은 전력이 있음을 알 수 있다. /

【**소수의견 판단**】 위 강간치상 행위는 이 사건 규정의 '성폭력범죄'의 유형에 해당하므로, /

【**소수의견 판단**】 원심으로서는 소년보호처분의 대상이 된 위 강간치상 행위까지 포함하여 2회 이상의 성폭력범죄를 범한 경우에 해당하는지를 살피고 나아가 피부착명령청구자에게 성폭력범죄의 습벽이 인정되는지를 더 심리·판단하였어야 할 것이다.

【**소수의견 판단**】 그럼에도 원심은 소년보호처분의 대상이 된 성폭력범죄는 이 사건 규정의 '성폭력범죄'에 포함되지 않는다는 이유로, 위와 같은 심리·판단에 이르지 아니한 채 곧바로 피부착명령청구자에 대한 부착명령청구를 기각한 제1심을 유지하였다. /

【**소수의견 판단**】 따라서 이러한 원심의 조치에는 이 사건 규정에 관한 법리를 오해하여 필요한 심리를 다하지 아니한 잘못이 있으므로, 이를 다시 심리·판단하게 하기 위하여 원심법원에 파기 환송함이 상당하다.

2011도15097

죄형법정주의와 형벌법규의 해석
주로 주류 판매 사건
2012. 6. 28. 2011도15097, 공 2012하, 1362

1. 사실관계 및 사건의 경과

【사실관계 1】
① 갑의 P영업장을 경영하려고 하였다.
② 2009. 11. 5. 갑은 관할 관청에 다음의 영업신고를 하였다.
    (가) 영업소 명칭 : ○○○
    (나) 소재지 : 서울 서초구 방배2동 M번지
    (다) 영업의 종류 : 식품접객업(영업의 형태 : 일반음식점)
③ 식품위생법에 따르면 일반음식점영업은 "음식류를 조리 · 판매하는 영업으로서 식사와 함께 부수적으로 음주행위가 허용되는 영업"이다.
④ 식품위생법은 일반음식점 영업자에게 "주류만을 판매하는 행위"를 하여서는 아니 된다는 준수사항을 부과하고 있다.

【사실관계 2】
① 갑은 P영업장에서 다음과 같은 형태의 영업을 하였다.
    (가) 'ㄷ'자 형태의 바(Bar) 8개를 설치하고 각 바마다 9~10개의 의자를 설치하였다.
    (나) 메뉴로는 위스키 등의 주류와 안주류를 기재하였다.
    (다) 각 바마다 여종업원 1명이 서서 맞은 편에 앉은 손님에게 술과 안주를 서빙하고, 손님에게 술을 따라주거나 손님이 따라준 술을 마시기도 하면서 대화를 하였다.
② 2009. 12. 18. 방배경찰서 생활질서계 경찰공무원들은 P영업장에서 여종업원들이 손님들에게 술을 따라주는 장면을 적발하여 이를 식품위생법위반혐의로 입건하였다.
③ 경찰조사에서 여종업원 A, B, C, D는 "주류를 주로 팔았고 음식 종류는 팔지 않았다. 손님들에게 술을 따라주거나 따라주는 술을 받아 마시던 중 경찰에 적발되었다."고 진술하였다.

【사건의 경과】
① 검사는 갑을 식품위생법위반죄(준수사항위반)로 기소하였다.
② 제1심법원은 유죄를 인정하였다.
③ 갑은 불복 항소하였다.
④ 항소심 공판절차에서 갑은 "P영업장에서 주로 주류를 판매한 것은 맞다"고 진술하였다.
⑤ 항소심법원은 다음과 같이 판단하였다.
    (가) 식품위생법상의 준수사항 중 "주류만을 판매하는 행위"에는 P영업장과 같이 일반음식점영업허가를 받고 안주류와 함께 주로 주류를 판매하는 행위도 포함된다.

(나) 일반음식점 영업자인 갑이 바텐더 형태의 P영업장에서 술과 안주를 판매함으로써 준수사항을 위반하였다.

⑥ 항소심법원은 항소를 기각하고, 제1심판결을 유지하였다.

⑦ 갑은 불복 상고하였다.

⑧ 갑은 상고이유로, 항소심의 판단에는 관계 법령의 해석 및 죄형법정주의에 관한 법리를 오해한 위법이 있다고 주장하였다.

2. 죄형법정주의와 형벌법규의 해석

【대법원 요지】 1. 죄형법정주의는 국가형벌권의 자의적인 행사로부터 개인의 자유와 권리를 보호하기 위하여 범죄와 형벌을 법률로 정할 것을 요구한다. /

【대법원 요지】 그러한 취지에 비추어 보면 형벌법규의 해석은 엄격하여야 하고, /

【대법원 요지】 명문의 형벌법규의 의미를 피고인에게 불리한 방향으로 함부로 확장해석하거나 유추해석하는 것은 허용되지 아니한다.

3. 관련법규의 개관

【대법원 분석】 2. 식품위생법 및 그 시행령(이하 '법' 및 '시행령'이라 한다)은 식품접객업의 종류를 휴게음식점영업, 일반음식점영업, 단란주점영업, 유흥주점영업 등으로 나누고, /

【대법원 분석】 그 중 일반음식점영업은 /

【대법원 분석】 "음식류를 조리·판매하는 영업으로서 식사와 함께 부수적으로 음주행위가 허용되는 영업"이라고 규정하고, /

【대법원 분석】 단란주점영업과 유흥주점영업은 /

【대법원 분석】 "주로 주류를 조리·판매하는 영업으로서" 손님이 노래를 부르는 행위가 허용되는 영업 및 유흥종사자를 두거나 유흥시설을 설치하는 것 등이 허용되는 영업을 뜻하는 것으로 규정하고 있다 /

【대법원 분석】 (법 제36조 제2항, 시행령 제21조 제8호).

【대법원 분석】 또한 위 법과 시행령 및 그 시행규칙(이하 '시행규칙'이라 한다)은 위 각 영업허가의 종류에 따른 준수사항을 규정하고 있는데 /

【대법원 분석】 (법 제44조 제1항, 시행규칙 제57조 및 [별표 17]), /

【대법원 분석】 일반음식점 영업자에게만 적용되는 고유한 준수사항으로는 /

【대법원 분석】 "주류만을 판매하거나 주로 다류(茶類)를 조리·판매하는 다방 형태의 영업을 하는 행위"를 하여서는 아니 된다는 규정이 있고 /

【대법원 분석】 [시행규칙 [별표 17]의 6의 (타)의 3)항], /

【대법원 분석】 그와 별도로 일반음식점 영업자나 단란주점 영업자가 유흥접객원을 고용하여 유흥접객행위를 하게 하거나, /

【대법원 분석】 휴게음식점 영업자나 일반음식점 영업자가 음향 및 반주시설을 갖추고 손님이 노래를 부르도록 허용하는 등 /

【대법원 분석】 허가받은 영업 외의 영업행위를 하여서는 아니 된다는 규정이 있으며, /

【대법원 분석】 각 위반행위에 대하여 형사처벌 규정을 두고 있다(법 제97조 제6호). /

【대법원 분석】 다른 한편 청소년보호법 제2조 제5호 (나)목의 (1)항은 /

【대법원 분석】 청소년유해업소의 하나로 "「식품위생법」에 의한 식품접객업 중 대통령령으로 정하는 것"이 규정되어 있고, /

【대법원 분석】 이를 받아 그 시행령 제3조 제4항 제2호는 /

【대법원 분석】 "일반음식점영업 중 음식류의 조리 · 판매보다는 주로 주류의 조리 · 판매를 목적으로 하는 소주방 · 호프 · 카페 등의 영업형태로 운영되는 영업"을 들고 있다.

4. 사안에 대한 대법원의 판단

【대법원 판단】 위와 같은 각 법령의 규정 체계와 내용 등을 종합해 보면, /

【대법원 판단】 식품위생법 관련 법령에서 상정하고 있는 일반음식점영업의 가장 전형적인 형태는 음식류를 조리 · 판매하는 것을 위주로 하면서 부수적으로 주류를 판매하는 영업이라고 할 수 있다. /

【대법원 판단】 그러나 주로 주류를 판매하면서 음식류는 오히려 부수적으로 조리 · 판매하지만, /

【대법원 판단】 손님이 노래를 부르게 하거나 유흥종사자를 두는 등 단란주점영업이나 유흥주점영업에서만 허용되는 행위는 하지 아니하는 형태의 영업에 대해서는 /

【대법원 판단】 법과 시행령에서 별도의 영업허가 종류로 구분하여 분류하고 있지 아니하고, /

【대법원 판단】 더구나 청소년보호법과 그 시행령에서는 이를 명시적으로 일반음식점영업의 한 형태로 규정하고 있다. /

【대법원 요지】 이에 비추어 위 청소년보호법 시행령에서 규정한 것 같은 형태의 영업, /

【대법원 요지】 즉 "음식류의 조리 · 판매보다는 주로 주류의 조리 · 판매를 목적으로 하는 소주방 · 호프 · 카페 등의 영업형태로 운영되는 영업"은 /

【대법원 요지】 식품위생법상 식품접객업의 종류 중에서는 일반음식점영업의 허가를 받은 영업자가 적법하게 할 수 있는 행위의 범주에 속한다고 봄이 상당하다. /

【대법원 요지】 그러므로 일반음식점 영업자가 위와 같은 형태로 영업하였다고 하여 /

【대법원 요지】 이를 "주류만을 판매하는 행위"를 하여서는 아니 된다고 규정한 일반음식점 영업자의 준수사항을 위반한 것이라고 보는 것은 /

【대법원 요지】 앞서 본 죄형법정주의의 정신과 위 법령 규정의 체계에 어긋나는 것이다.

【대법원 결론】 3. 그럼에도 원심은, 위 준수사항 중 "주류만을 판매하는 행위"에는 이 사건 영업장과 같이 일반음식점영업 허가를 받고 안주류와 함께 주로 주류를 판매하는 행위도 포함된다고 해석하면서, /

【대법원 결론】 그 전제에서 일반음식점 영업자인 피고인이 바텐더 형태의 이 사건 영업장에서 술과 안주를 판매함으로써 위 준수사항을 위반하였다는 이 사건 공소사실을 유죄로 인정한 제1심판결을 그대로 유지하였다.

【대법원 결론】 앞서 본 법리에 비추어 볼 때, 이러한 원심의 판단에는 관계 법령의 해석 및 죄형법정주의에 관한 법리를 오해하여 판결 결과에 영향을 미친 위법이 있다. 이 점을 지적하는 상고이유의 주장은 이유 있다. (파기 환송)

2011도15497

업무방해죄와 금지착오의 판단기준
사측 순회 설명회 사건
2013. 1. 10. 2011도15497, 공 2013상, 366

1. 사실관계 및 사건의 경과

【사실관계 1】

① 「노동조합 및 노동관계조정법」 관련규정에 따르면, 사용자 측이 '근로자가 노동조합을 조직 또는 운영하는 것을 지배하거나 이에 개입하는 행위'를 하면 부당노동행위로 규제된다.

② H노동조합은 H철도공사에 구성된 노동조합이다.

③ 2009. 11. 24. H공사는 H노조와의 단체협약을 해지하였다.

④ 2009. 11. 26.부터 2009. 12. 2.까지 H노조는 파업을 진행하였다.

⑤ 2009. 12. 3. H노조는 업무에 복귀하였다.

【사실관계 2】

① H노조는 이후 계속하여 H공사와 단체교섭을 진행하였으나 교섭이 이루어지지 않았다.

② H노조는 2010. 5. 12.까지 교섭이 결렬될 경우 재차 파업을 하겠다고 H공사에 예고하였다.

③ H노조가 예고한 파업 예정일시는 2010. 5. 12. 04:00경이다.

④ A는 H공사의 M본부징이자 단체교섭의 사용자 측 교섭위원 중 한 명이다.

⑤ 2010. 5. 8.부터 2010. 5. 11.까지 A는 H공사 산하 차량사업소 및 정비단 등 현장을 순회하면서 직원설명회를 개최하기로 하였다.

⑥ A는 파업 예정일인 2010. 5. 12. 이전 며칠 동안 집중적으로 전국을 이동하며 직원설명회를 개최하였다.

【사실관계 3】

① 2010. 5. 11. A는 H공사 산하 S차량사업소에서 약 300여 명에 이르는 직원을 상대로 설명회를 개최하려고 S사업소에 도착하였다.

② 조합원 갑 등은 "사용자 측에서 조합원들이 파업을 못하게 할 의도로 특별교육을 시킨다"고 스스로 판단하였다.

③ 갑과 조합원 30여 명은 건물 1층 현관 앞을 막아서서 "내일이 파업인데 본사에 가서 협상하는 데 가 있어야지 여기 있을 때가 아니다"며 A의 멱살을 잡고 건물 안으로 들어가지 못하게 가로막았다. (㉠ 행위)

④ 이 때 S차량사업소장 B는 갑 등에게 다음과 같이 말하였다.

⑤ "내일 파업이니까 오신 거예요. 파업하지 말라고. 내일 파업하면 우리 직원들이 많이 다치니까 하지 말라고 얘기하러 오신 거예요."

⑥ 갑 등의 출입방해로 인하여 A는 결국 그날 S차량사업소 2층 회의실에서 과장 등 중간관리자와 차량

팀원 일부 등 몇십 명만 참석한 가운데 약 10분간 설명회를 진행하였다.

【사건의 경과】

① 검사는 ㉠행위에 대해 갑을 업무방해죄로 기소하였다.

② 갑의 피고사건은 제1심을 거친 후, 항소심에 계속되었다.

③ 항소심은 다음의 이유를 들어서 무죄를 선고하였다.

    (가) 사측 교섭위원인 A가 파업이 임박한 상황에서 순회 설명회를 개최한 것은 부당노동행위에 해당한다.

    (나) 부당노동행위는 업무방해죄의 보호법익으로서의 업무로 볼 수 없다.

    (다) 설령 설명회 개최가 업무방해죄의 보호법익으로서의 업무에 해당한다고 하더라도 갑이 이를 부당노동행위로 오인한 데에 정당한 이유가 있다.

④ 검사는 불복 상고하였다.

⑤ 검사는 상고이유로 다음의 점을 주장하였다.

    (가) A가 순회 설명회를 개최한 것은 부당노동행위가 아니다.

    (나) 갑이 A의 행위를 부당노동행위로 오인한 데에 정당한 이유가 없다.

2. 공소사실의 요지

【대법원 분석】 1. 이 사건 공소사실은, /

【대법원 분석】 피고인들과 제1심 공동피고인 11은 공동하여 /

【대법원 분석】 2010. 5. 11. 10:20경 한국철도공사 서울차량사업소 주차장에서 한국철도공사 ○○본부장 공소외 A가 서울차량사업소의 현업직원을 대상으로 같은 날 10:40경 3층 교양실에서 다음 날로 예정된 파업의 부당성에 대해 설명하기 위해 현장에 도착하자, /

【대법원 분석】 공소외 A를 청사 안으로 들어가지 못하게 몸으로 가로막는 등 /

【대법원 분석】 위력으로 그 정당한 업무를 방해하였다는 것이다.

3. 사안에 대한 항소심의 판단

【항소심 판단】 이에 대하여, 원심은 그 판시와 같은 사정을 들어 /

【항소심 판단】 공소외 A가 파업이 임박한 상황에서 한국철도공사 산하 현장을 순회하며 직원들을 상대로 설명회를 개최한 것은 /

【항소심 판단】 부당노동행위에 해당하여 업무방해죄의 보호법익으로서의 업무로 볼 수 없고, /

【항소심 판단】 설령 이 사건 설명회 개최가 업무방해죄의 보호법익으로서의 업무에 해당한다고 하더라도 /

【항소심 판단】 피고인들이 이를 부당노동행위로 오인한 데에 정당한 이유가 있다고 판단하여 무죄를 선고하였다.

4. 부당노동행위와 업무방해죄의 관계

【대법원 판단】 2. 그러나 원심의 위와 같은 판단은 다음과 같은 이유에서 수긍하기 어렵다.

【대법원 판단】 가. 먼저 이 사건 설명회 개최가 업무방해죄의 보호법익으로서의 업무에 해당하는지 여부에 대하여 본다.

【대법원 요지】 사용자가 연설, 사내방송, 게시문, 서한 등을 통하여 의견을 표명하는 경우 /

【대법원 채증】 그 표명된 의견의 내용과 함께 /

【대법원 채증】 그것이 행하여진 상황, 시점, 장소, 방법 및 /

【대법원 채증】 그것이 노동조합의 운영이나 활동에 미치거나 미칠 수 있는 영향 등을 종합하여 /

【대법원 요지】 노동조합의 조직이나 운영 및 활동을 지배하거나 이에 개입하는 의사가 인정된다면 /

【대법원 요지】 노동조합 및 노동관계조정법 제81조 제4호에 규정된 /

【대법원 요지】 '근로자가 노동조합을 조직 또는 운영하는 것을 지배하거나 이에 개입하는 행위'로서 /

【대법원 요지】 부당노동행위가 성립하고, /

【대법원 요지】 또 그 지배·개입으로서의 부당노동행위의 성립에 반드시 근로자의 단결권의 침해라는 결과의 발생까지 요하는 것은 아니다.

【대법원 요지】 그러나 사용자 또한 자신의 의견을 표명할 수 있는 자유를 가지고 있으므로, /

【대법원 요지】 사용자가 노동조합의 활동에 대하여 단순히 비판적 견해를 표명하거나 /

【대법원 요지】 근로자를 상대로 집단적인 설명회 등을 개최하여 회사의 경영상황 및 정책방향 등 입장을 설명하고 이해를 구하는 행위 또는 /

【대법원 요지】 비록 파업이 예정된 상황이라 하더라도 그 파업의 정당성과 적법성 여부 및 파업이 회사나 근로자에 미치는 영향 등을 설명하는 행위는 /

【대법원 요지】 거기에 징계 등 불이익의 위협 또는 이익제공의 약속 등이 포함되어 있거나 /

【대법원 요지】 다른 지배·개입의 정황 등 노동조합의 자주성을 해칠 수 있는 요소가 연관되어 있지 않는 한, /

【대법원 요지】 사용자에게 노동조합의 조직이나 운영 및 활동을 지배하거나 이에 개입하는 의사가 있다고 가볍게 단정할 것은 아니라 할 것이다.

5. 사안에 대한 대법원의 분석

【대법원 분석】 원심판결 이유 및 기록에 의하면, /

【대법원 분석】 ① 한국철도공사가 2009. 11. 24. 이 사건 노동조합과의 단체협약을 해지하자 이 사건 노동조합은 같은 해 11. 26.부터 같은 해 12. 2.까지 파업을 진행하다가 같은 해 12. 3. 업무에 복귀한 사실, /

【대법원 분석】 ② 이 사건 노동조합은 이후 계속하여 한국철도공사와 단체교섭을 진행하였음에도 교섭이 이루어지지 않자, 2010. 5. 12.까지 교섭이 결렬될 경우 재차 파업을 하겠다고 한국철도공사에 예고(파업 예정일은 2010. 5. 12. 04:00경임)한 사실, /

【대법원 분석】 ③ 이에 한국철도공사의 ○○본부장이자 단체교섭의 사용자 측 교섭위원 중 한 명인 공소외 A는 /

【대법원 분석】 2010. 5. 8.부터 같은 달 11일까지 한국철도공사 산하 차량사업소 및 정비단 등 현장을 순회하면서 직원설명회를 개최하기로 하여 파업 예정일 이전 며칠 동안 집중적으로 전국을 이동하

며 직원설명회를 개최한 사실, /

【대법원 분석】 ④ 공소외 A가 2010. 5. 11. 한국철도공사 산하 서울차량사업소에서 약 300여 명에 이르는 직원을 상대로 위와 같은 설명회(이하 '이 사건 설명회')를 개최하려고 위 사업소에 도착하자, /

【대법원 분석】 피고인들 및 조합원 30여 명은 건물 1층 현관 앞을 막아서서 '내일이 파업인데 본사에 가서 협상하는 데 가 있어야지 여기 있을 때가 아니다'고 하거나 /

【대법원 분석】 '파업을 하루 앞두고 성실교섭이나 하지 뭐 하러 왔어. 현장에 설명회를 할 시간이 있으면 다시 돌아가 교섭에 충실히 임해 파업을 막도록 하라'고 하면서 /

【대법원 분석】 멱살을 잡는 등으로 건물 안으로 들어가지 못하게 가로막은 사실, /

【대법원 분석】 ⑤ 피고인들의 위와 같은 출입방해 등으로 인하여 공소외 A는 결국 그날 서울차량사업소 2층 회의실에서 과장 등 중간관리자와 차량팀원 일부 등 몇십 명만 참석한 가운데 약 10분간 설명회를 진행하면서 /

【대법원 분석】 한국철도공사의 현황에 비추어 파업에 무리가 있다는 취지의 발언을 하고 /

【대법원 분석】 나아가 국민들의 파업에 대한 시각과 국가가 처한 현실 등과 함께 /

【대법원 분석】 현재로서는 철도가 파업이 된다면 한국철도공사 전체의 위기가 올 수 있다고 언급한 사실을 알 수 있다.

6. 부당노동행위 부분에 대한 대법원의 판단

【대법원 판단】 이러한 순회설명회의 경과 등에 비추어 볼 때, /

【대법원 판단】 공소외 A가 이 사건 설명회에서 설명하고자 한 내용은 다른 지역설명회에서 한 발언과 유사할 것으로 보이지만, /

【대법원 판단】 원심은 그 내용에 대해서는 구체적으로 심리한 바가 없다. /

【대법원 판단】 그리고 그 발언의 내용이 이 사건 설명회가 무산된 뒤 중간관리자 등을 상대로 하였던 발언 내용과 별 차이가 없는 것이라면, /

【대법원 판단】 이는 파업이 예정된 상황에서 한국철도공사의 전반적 현황과 파업이 회사에 미치는 영향을 설명하면서 파업 참여에 신중할 것을 호소·설득하는 등 /

【대법원 판단】 사용자 입장에서 노동조합이 예정한 파업방침에 대해 비판적 견해를 표명한 것으로서 /

【대법원 판단】 사용자 측에 허용된 언론의 자유의 범위를 벗어난 것이라고 단정하기는 어렵다 할 것이다. /

【대법원 판단】 다만 원심판결 이유 및 기록에 의하면, /

【대법원 판단】 피고인들의 출입방해 행위 당시 서울차량사업소장 공소외 B가 피고인들 등에게 /

【대법원 판단】 '내일 파업이니까 오신 거예요. 파업하지 말라고. 내일 파업하면 우리 직원들이 많이 다치니까 하지 말라고 얘기하러 오신 거예요'라는 취지로 말한 사실이 인정되기는 한다. /

【대법원 판단】 그러나 이는 공소외 B가 서울차량사업소장으로서 피고인들이 공소외 A의 출입을 막아선 상황에서 이를 풀 것을 설득하는 과정에서 우발적으로 한 것으로 보이고, /

【대법원 판단】 그 내용도 그 사업소 소속 직원인 피고인들이 파업으로 인해 입을 손해를 우려하는 취지의 충고성 발언으로 볼 수 있는 등 /

【대법원 판단】 발언 당시의 상황, 발언의 경위 및 시기 등 여러 사정들에 비추어 볼 때, /

【대법원 판단】 보복이나 위협 등의 의사가 표시되었다고 보기는 어렵다. /

【대법원 판단】 그 밖에 공소외 A가 이 사건 설명회를 개최하려고 한 과정에서 노동조합의 조직이나 운영을 지배하거나 이에 개입하는 의사가 있었던 것으로 볼 만한 행동을 하였다는 자료는 찾아볼 수 없다.

【대법원 판단】 그렇다면 원심으로서는, /

【대법원 판단】 비록 이 사건 설명회가 파업이 임박한 시기에 개최된 것이라고 하더라도, /

【대법원 판단】 공소외 A가 이 사건 설명회 전 다른 지역에서 한 순회설명회에서 표명한 발언의 내용 및 /

【대법원 판단】 그러한 발언 등이 조합원이나 노동조합의 활동에 미쳤거나 미칠 수 있는 영향, /

【대법원 판단】 그리고 당초 예정된 파업의 정당성 여부 등 /

【대법원 판단】 지배ㆍ개입의 부당노동행위를 인정하는 전제가 되는 전후 상황 등에 대하여 구체적으로 심리하여, /

【대법원 판단】 이 사건 설명회 개최가 사용자 입장에서 단순히 파업에 대한 의견을 개진하는 수준을 넘어 /

【대법원 판단】 조합원에 대해 회유 내지 위협적 효과를 가지는 등의 사정이 있어, /

【대법원 판단】 사용자에게 노동조합의 운영이나 활동을 지배하거나 노동조합의 활동에 개입하려는 의사가 있었던 것으로 추단되는지 여부를 판단하였어야 할 것이다. /

【대법원 결론】 그럼에도 원심은 이에 이르지 아니한 채 단지 그 판시와 같은 사정만으로 /

【대법원 결론】 이 사건 설명회 개최가 '근로자가 노동조합을 운영하는 것을 지배하거나 이에 개입하는 행위'로서 업무방해죄의 보호법익으로서의 업무에 해당하지 않는다고 판단하였으니, /

【대법원 결론】 이러한 원심의 판단에는 지배ㆍ개입에 의한 부당노동행위의 성립에 관한 법리 또는 업무방해죄의 보호법익으로서의 업무에 관한 법리를 오해하여 필요한 심리를 다하지 아니함으로써 판결에 영향을 미친 위법이 있다.

7. 금지착오 주장에 대한 판단기준

【대법원 판단】 나. 다음으로 부당노동행위로 오인한 데에 정당한 이유가 있는지에 관하여 본다.

【대법원 요지】 형법 제16조에서 자기가 행한 행위가 법령에 의하여 죄가 되지 아니한 것으로 오인한 행위는 그 오인에 정당한 이유가 있는 때에 한하여 벌하지 아니한다고 규정하고 있는 것은, /

【대법원 요지】 일반적으로 범죄가 되는 경우이지만 자기의 특수한 경우에는 법령에 의하여 허용된 행위로서 죄가 되지 아니한다고 그릇 인식하고 /

【대법원 요지】 그와 같이 그릇 인식함에 정당한 이유가 있는 경우에는 벌하지 아니한다는 취지이다. /

【대법원 요지】 그리고 그 정당한 이유가 있는지 여부는 /

【대법원 요지】 행위자에게 자기 행위의 위법 가능성에 대해 신중하게 판단하고 확인해 보는 등으로 /

【대법원 요지】 위와 같은 착오를 하지 않도록 하기 위한 진지한 노력을 하였더라면 /

【대법원 요지】 스스로의 행위에 대하여 위법성을 인식할 수 있었음에도 /

【대법원 요지】 이를 다하지 아니한 결과 /

【대법원 요지】 그 행위의 위법성을 인식하지 못한 것인지 여부에 따라 판단하여야 할 것이고, /

【대법원 요지】 이러한 위법성의 인식에 필요한 노력의 정도는 /

【대법원 요지】 구체적인 행위의 정황과 /

【대법원 요지】 행위자 개인의 인식능력 그리고 /

【대법원 요지】 행위자가 속한 사회집단에 따라 /

【대법원 요지】 달리 평가되어야 한다.

8. 착오 주장에 대한 대법원의 판단

【대법원 판단】 원심판결 이유 및 기록에 의하면, /

【대법원 판단】 이 사건 노동조합의 간부들인 피고인들은 '사용자 측에서 조합원들이 파업을 못하게 할 의도로 특별교육을 시킨다'고 스스로 판단한 후 /

【대법원 판단】 앞서 본 바와 같은 방법으로 이 사건 설명회 개최를 저지하였음을 알 수 있다. /

【대법원 판단】 그러나 원심 판시와 같은 사정만으로는 피고인들이 이 사건 설명회 개최가 부당노동 행위에 해당한다는 착오를 하지 않도록 하기 위한 진지한 노력을 다하였다고 볼 수 없으므로, /

【대법원 판단】 설사 이 사건 설명회 개최가 부당노동행위에 해당한다고 오인하였다 하더라도 거기에 정당한 이유가 있다고는 할 수 없다.

【대법원 결론】 따라서 원심이 그 판시와 같은 이유만으로 피고인들의 이 사건 설명회 개최 저지행위가 법령에 의하여 죄가 되지 아니한 것으로 오인한 것이 정당한 이유가 있는 때에 해당한다고 판단한 데에는 형법 제16조의 정당한 이유에 관한 법리를 오해한 잘못이 있다. (파기 환송)

2011도17117

교특법 특례와 직접적 원인관계
적신호 중 미리 출발 사건
2012. 3. 15. 2011도17117, 공 2012상, 616

1. 사실관계 및 사건의 경과

【사실관계 1】

① 갑은 ⓐ택시를 운전하는 택시 운전사이다.

② ⓐ택시는 H택시 공제조합에 가입되어 있다.

③ 광주시 동구에 광남4거리 교차로가 있다. (M교차로)

④ 2011. 5. 21. 02:27경 갑은 ⓐ택시를 운전하여 M교차로를 향하여 시속 약 77km의 속도로 2차로를 따라 진행하고 있었다.

⑤ 갑의 진행방향 차량 신호등은 적색 등화였다.

⑥ 같은 시점에 K의 ⓑ승용차는 갑 택시의 진행방향 왼쪽에서 오른쪽으로 M교차로를 향해 진행하고 있었다.

⑦ K의 진행방향 차량 신호등은 황색 등화였다.

⑧ M교차로에서 갑의 ⓐ택시와 K의 ⓑ차량이 충돌하는 사고가 발생하였다. (㉮교통사고)

⑨ ⓐ택시와의 충돌 사고로 ⓑ차량의 K 등이 상해를 입었다.

【사실관계 2】

① 갑의 관점에서 본 ㉮교통사고의 진행경과는 다음과 같다.

② 사고 6초 전 : 갑은 M교차로의 1, 2차로에 신호대기 중인 차량이 있는 것을 보고 3차로로 진로를 변경하였다.

③ 사고 3초 전 : 갑은 시속 약 61km의 속도로 진행방향의 N횡단보도 앞 정지선 직전에 이르렀다.

④ 당시 M교차로의 차량 신호등은 적색 등화이었다.

⑤ 갑은 N횡단보도 앞의 정지선 직전에 정지하지 아니한 채 계속하여 ⓐ택시를 운전하여 N횡단보도로 진입하였다.

⑥ 사고 2초 전 : 갑의 ⓐ택시는 시속 약 57km의 속도로 N횡단보도 위를 지나게 되었다.

⑦ 그 순간 갑 진행방향의 차량 신호등이 적색 등화에서 녹색 등화로 바뀌었다.

⑧ 사고 1초 전 : 이후 갑의 택시는 계속 직진하면서 시속 약 51km의 속도로 감속되었다.

⑨ 사고 순간 : M교차로 안에서 갑의 ⓐ택시는 시속 약 46km의 속도로 K의 ⓑ승용차 오른쪽 뒤 문짝 부분을 앞 범퍼 부위로 충돌하였다.

【사실관계 3】

① K의 관점에서 본 ㉮교통사고의 진행경과는 다음과 같다.

② ㉮교동사고 직전 K의 ⓑ차량은 황색 신호에 M교자로에 진입하였다.

③ ⓐ택시와 충돌할 발생 당시 K의 ⓑ승용차는 갑의 ⓐ택시 진행방향 왼쪽에서 오른쪽으로 M교차로를 거의 통과한 상태였다.

④ K의 승용차가 M교차로 내에서 진행한 거리는 약 20m 정도이다.

【사건의 경과 1】

① 검사는 갑을 교통사고처리특례법위반죄로 기소하였다.

② 제1심법원은 갑의 ⓐ택시가 신호위반하여 횡단보도에 진입한 과실을 인정하였다.

③ 제1심법원은 갑의 ⓐ택시가 N횡단보도를 지나는 순간 차량 신호등이 적색 등화에서 녹색 등화로 바뀐 점에 주목하였다.

④ 제1심법원은 다음의 이유를 들어서 공소기각판결을 선고하였다.

　(가) 갑의 신호위반 행위는 ㉮교통사고 발생에 직접적인 원인이 되지 아니하였다.

　(나) 갑의 택시는 교특법 제4조 소정의 공제에 가입되어 있다.

【사건의 경과 2】

① 검사는 불복 항소하였다.

② 항소심법원은 다음의 이유를 들어서 항소를 기각하고, 제1심판결을 유지하였다.

　(가) 갑이 신호를 위반하여 M교차로에 진입하기는 하였다.

    (나) 갑 진행방향의 차량 신호등이 ㉮교통사고 2초 전에 적색 등화에서 녹색 등화로 바뀌었다.

    (다) 그 순간 갑의 ⓐ차량은 N횡단보도 상에, K의 ⓑ차량은 정지선에 미치지 못한 지점에 있었다.

    (라) 그러므로 ㉮교통사고는 갑의 ⓐ차량이 신호를 위반하여 M교차로에 진입한 후 바뀐 신호인 녹색 등화에 따라 M교차로를 진행하던 중에 K의 ⓑ차량이 신호를 위반하여 M교차로에 진입함으로써 발생한 것이다.

    (마) 결국 갑의 신호위반 행위가 ㉮교통사고 발생의 직접적인 원인이 되었다고 단정할 수 없다.

③ 검사는 불복 상고하였다.

④ 검사는 상고이유로, 갑의 신호위반 행위와 ㉮교통사고 사이에 직접적 원인관계가 인정된다고 주장하였다.

2. 신호위반 교통사고와 직접적 원인관계

【대법원 요지】 교통사고처리 특례법 제3조 제2항 제1호, 제4조 제1항 제1호의 규정에 의하면, /

【대법원 요지】 신호기에 의한 신호에 위반하여 운전한 경우에는 위 특례법 제4조 제1항 소정의 보험 또는 공제에 가입한 경우에도 공소를 제기할 수 있다 할 것이나, /

【대법원 요지】 여기서 신호기에 의한 신호에 위반하여 운전한 경우라 함은 신호위반행위가 교통사고 발생의 직접적인 원인이 된 경우를 말한다.

3. 공소사실의 요지

【대법원 분석】 이 사건 공소사실의 요지는, /

【대법원 분석】 '피고인은 2011. 5. 21. 02:27경 업무로 택시를 운전하여 광주 동구 소재 광남4거리 교차로를 북동 방면에서 문화전당 방면을 향하여 편도 3차로 중 3차로를 따라 진행하게 되었는데, /

【대법원 분석】 교통신호에 따라 안전하게 운전하여 사고를 방지하여야 할 업무상 주의의무가 있음에도 이를 게을리한 채 신호를 위반하여 진행한 과실로, /

【대법원 분석】 교차로 내에서 피해자 공소외인 운전의 승용차와 충돌하여 공소외인 등으로 하여금 상해를 입게 하였다'는 것이다.

4. 사안에 대한 항소심의 판단

【항소심 판단】 이에 대하여 원심은, 그 채택 증거들을 종합하여 판시와 같은 사실 및 사정들을 인정한 다음, /

【항소심 판단】 이 사건 교통사고가 피고인의 신호위반 운행 중에 발생한 사고이기는 하지만 /

【항소심 판단】 피고인의 신호위반행위가 이 사건 교통사고 발생의 직접적 원인이 된 것이라고 단정하기 어렵다는 이유를 들어 /

【항소심 판단】 이 사건 공소를 기각한 제1심판결을 그대로 유지하였다.

5. 사안에 대한 대법원의 분석

【대법원 판단】 그러나 원심의 이와 같은 판단은 앞서 본 법리와 아래와 같은 사정에 비추어 볼 때 이

를 그대로 수긍하기 어렵다.

【대법원 분석】 먼저, 원심판결 이유와 원심 및 제1심이 적법하게 채택한 증거들에 의하면, /

【대법원 분석】 피고인은 택시를 운전하여 이 사건 교차로를 향하여 시속 약 77km의 속도로 2차로를 따라 진행하다가 1, 2차로에 신호대기 중인 차량이 있는 것을 보고 사고 발생 6초 전에 3차로로 진로를 변경한 사실, /

【대법원 분석】 피고인은 사고 발생 3초 전에 시속 약 61km의 속도로 진행방향의 횡단보도 앞 정지선 직전에 이르렀는데 차량 신호등이 적색 등화임에도 횡단보도 앞의 정지선 직전에 정지하지 아니한 채 계속하여 택시를 운전하여 횡단보도로 진입한 사실, /

【대법원 분석】 피고인의 택시는 사고 발생 2초 전에 시속 약 57km의 속도로 위 횡단보도 위를 지나게 되었고 그 순간 피고인 진행방향의 차량 신호등이 적색 등화에서 녹색 등화로 바뀐 사실, /

【대법원 분석】 이후 피고인의 택시는 계속 직진하면서 사고 발생 1초 전에는 시속 약 51km의 속도로 감속되었다가 이어 시속 약 46km의 속도로 공소외인의 승용차를 충돌한 사실, /

【대법원 분석】 사고 발생 당시 공소외인의 승용차는 피고인 택시의 진행방향 왼쪽에서 오른쪽으로 교차로를 거의 통과한 상태였는데

【대법원 분석】 (공소외인의 승용차가 교차로 내에서 진행한 거리는 약 20m 정도이다), /

【대법원 분석】 피고인의 택시는 교차로에 진입하자마자 공소외인이 운전하던 승용차의 오른쪽 뒤 문짝 부분을 앞 범퍼 부위로 충돌한 사실 등을 알 수 있다.

6. 사안에 대한 대법원의 판단

【대법원 판단】 그런데 이와 같이 피고인의 택시는 적색 등화임에도 불구하고 정지선 직전에 정지하지 아니한 채 상당한 속도로 정지선을 넘어 횡단보도에 진입하였고 /

【대법원 판단】 횡단보도에 들어선 이후 녹색 등화로 바뀌자 교차로로 직진하여 그대로 진행하였을 뿐만 아니라 /

【대법원 판단】 피고인의 택시가 교차로에 진입하자마자 교차로를 거의 통과하였던 공소외인 운전의 승용차 오른쪽 뒤 문짝 부분을 피고인 택시의 앞 범퍼 부분으로 충돌하였던 점 등을 종합하여 보면, /

【대법원 판단】 피고인이 적색 등화에 따라 정지선 직전에 정지하였더라면 이 사건 교통사고는 발생하지 않았을 것임이 분명하고, /

【대법원 판단】 따라서 피고인의 신호위반행위는 이 사건 교통사고 발생의 직접적인 원인이 되었다고 보아야 할 것이다.

【대법원 결론】 그럼에도 원심은 판시와 같은 이유를 들어 이 사건 공소를 기각한 제1심의 조치를 그대로 유지하였으니, 이러한 원심판결에는 신호위반과 교통사고 사이의 인과관계에 관한 법리를 오해함으로써 판결에 영향을 미친 위법이 있다고 할 것이다. 이러한 점을 지적하는 검사의 상고이유 주장은 이유 있다. (파기 환송)

2012도1047

전자장치 부착명령과 준수사항
도우미 강간치상 사건
2012. 5. 24. 2012도1047, 2012전도26, 공 2012하, 1187

1. 사실관계 및 사건의 경과

【사실관계】

① 1985. 11. 26. 갑은 강간죄 및 강도죄로 징역 1년 6월에 집행유예 3년을 선고받았다. (㉠전과)

② 2000. 9. 7. 갑은 성폭력처벌법위반죄(강간등상해) 및 도로교통법위반죄로 징역 4년을 선고받았다. (㉡전과)

③ 2010. 12. 16. 20:00경 갑은 일행들과 함께 P노래방에서 노래방 도우미 A와 함께 놀았다.

④ 갑은 A에게 돈을 더 주기로 하고 장소를 옮겨 술을 마셨다.

⑤ 2010. 12. 17. 03:30경 갑은 노래방 도우미 A를 Q모텔에 데려간 후 강간을 시도하였으나 실패하자 유사강간 행위를 하여 상해를 입혔다. (㉢사건)

【사건의 경과 1】

① 검사는 갑을 강간치상죄로 기소하였다.

② 검사는 갑에 대해 위치추적 전자장치 부착명령을 청구하였다.

③ 제1심법원은 유죄를 인정하고 다음과 같이 선고하였다.

  (가) 피고인을 징역 6년에 처한다.

  (나) 피고인에 대한 공개정보를 10년간 정보통신망을 이용하여 공개하고, 고지한다.

  (다) 피부착명령청구자에 대하여 10년간 위치추적 전자장치의 부착을 명한다.

  (라) 피부착명령청구자에 대하여 별지 기재와 같이 준수사항을 부과한다.

④ 준수사항의 내용은 다음과 같다.

  (가) 1. 전자장치 부착기간 중 매일 01:00부터 05:00까지 주거지 이외로의 외출금지

  (나) 2. 피해자 A에 대하여 100m 이내 접근금지

  (다) 3. 200시간의 성폭력 치료 프로그램 이수

  (라) 4. 과도한 주류 음용금지

【사건의 경과 2】

① 갑은 불복 항소하였다.

② 갑은 항소이유로, 술에 만취한 행위로서 심신상실 또는 심신미약에 해당한다고 주장하였다.

③ 항소심법원은 항소를 기각하였다.

④ 갑은 불복 상고하였다.

⑤ 갑은 상고이유로 다음의 점을 주장하였다.

  (가) 술에 만취한 행위로서 심신상실 또는 심신미약에 해당한다.

(나) 10년간 위치추적 전자장치의 부착을 명한 것은 잘못이다.

⑥ 대법원은 갑의 상고이유를 배척하였다.

⑦ 대법원은 부착명령에 관하여 직권으로 판단하였다.

2. 부착명령 부과와 준수사항

【대법원 분석】 원심은, 피고인 겸 피부착명령청구자에 대하여 징역 6년에 공개명령 10년, 고지명령 10년 및 10년간 위치추적 전자장치의 부착을 명하면서, /

【대법원 분석】 준수사항으로 "1. 전자장치 부착기간 중 매일 01:00부터 05:00까지 주거지 이외로의 외출금지, 2. 피해자 A에 대하여 100m 이내 접근금지, 3. 200시간의 성폭력 치료 프로그램 이수, 4. 과도한 주류 음용금지"를 부과한

【대법원 분석】 제1심판결을 유지하였다.

【대법원 분석】 그런데 특정 범죄자에 대한 위치추적 전자장치 부착 등에 관한 법률(이하 '전자장치부착법'이라 한다) 제9조의2 제1항은 /

【대법원 분석】 부착명령을 선고하는 경우에 준수사항을 부과하려면 "부착기간의 범위에서 준수기간을 정하여" 부과하도록 규정하고 있다. /

【대법원 판단】 그럼에도 원심은 같은 항 제3호의 준수사항으로 "피해자 A에 대하여 100m 이내 접근금지"와 /

【대법원 판단】 제5호의 준수사항으로 "과도한 주류 음용금지"를 부과하면서 /

【대법원 판단】 그 준수기간을 정하지 아니한 제1심판결을 그대로 유지하였는바, /

【대법원 판단】 이러한 원심의 조치는 전자장치부착법 제9조의2 제1항을 위반한 것이다. /

【대법원 판단】 이 점에서 원심판결은 그대로 유지될 수 없다.

【대법원 결론】 그러므로 원심판결 중 부착명령청구사건 부분을 파기하고, 이 부분 사건을 다시 심리·판단하도록 하기 위하여 원심법원에 환송하고, /

【대법원 결론】 피고사건에 대한 상고를 기각하기로 하여, /

【대법원 결론】 관여 대법관의 일치된 의견으로 주문과 같이 판결한다.

2012도1895

상상적 경합과 법조경합의 구별

택시부회 공동폭행 사건

2012. 10. 11. 2012도1895, 공 2012하, 1862

1. 사실관계 및 사건의 경과

【사실관계 1】

① 지방도시 P시의 M지역에는 M택시부회가 있다.

② M택시부회는 약 20년 전에 P시 M지역에서 활동하던 일부 택시기사들이 친목을 도모할 목적으로 만들었다가 2000년경 이후 일종의 폭력적 이익집단으로 변질된 단체이다.

③ 갑, 을, 병 등은 M택시부회의 소속 회원들이다.

④ 갑 등은 다른 회원들과 함께 M택시부회 소속이 아닌 택시기사나 탈퇴자들을 폭행, 협박하고 운행을 방해함으로써 M지역의 택시 영업권을 장악하기로 하였다.

【사실관계 2】

① 2010. 10. 20. 11:00경 갑은 M지역 N장소에 있는 Q마트 앞 택시 승강장에서, 한때 M택시부회의 회원이었다가 지도부와 갈등을 빚고 조직에서 탈퇴한 A가 손님을 태우기 위하여 대기하고 있는 것을 발견하였다.

② 갑은 A의 개인택시 조수석에 승차하여 그곳에서 약 500미터 가량 떨어진 M택시부회 전용 주차장까지 운행하도록 하였다.

③ A는 갑을 태우고 M택시부회 전용 주차장에 도착하였다.

④ M택시부회 전용 주차장에 모여 있던 M택시부회 회원인 을, 병, 정 등 다수인은 A가 그곳을 빠져나가지 못하도록 자신들의 택시 차량으로 앞뒤를 가로막았다.

⑤ 을은 각목을 손에 들고 마치 내리칠 것 같은 태세를 취하여 겁을 주었다.

⑥ 병은 "야, ×× 새끼야. M지역에서 영업하지 말라고 했는데 네가 여기 왜 와. 뒤질래."라고 욕설하며 손바닥으로 A의 얼굴과 상체 부위를 수회 때렸다.

⑦ 병은 "너 때문에 영업이 안 돼."라고 말하며 주먹으로 A의 얼굴을 수회 때렸다.

⑧ [같은 시기와 장소에서 같은 방법으로 B에 대해서도 유사한 행위가 있었다.] (이상 ㉮사건)

【사실관계 3】

① 2011. 1. 6. 14:00경 갑 등은 Q마트 앞 택시 승강장에서 탈퇴회원인 C, D가 택시영업을 하고 있다는 소식을 듣고 그곳으로 찾아갔다.

② 갑 등은 C, D를 에워싸고 "여기서 영업하지 말라고 했는데, 왜 말을 안 듣냐. 애새끼들이 싸가지 없이 말도 안 듣는다."라고 욕설하며 위압감을 조성하였다.

③ 병은 C를 택시에서 끌어내린 다음 주먹으로 얼굴과 상체 부위를 수회 때려 그에게 약 2주간의 치료를 요하는 안면부 좌상 등 상해를 가하였다.

④ C와 함께 있던 D는 "왜 때리냐. P시 택시가 여기서 영업하지 못할 이유가 뭐냐?"라고 항의를 하였다.

⑤ 병은 항의를 받자, "하지 말라고 하면 말아야지 왜 말을 안 듣냐. 밤에 집으로 찾아가 죽여 버린다." 라고 말하면서 주먹으로 D의 얼굴을 2회 때리고, 발로 복부를 2회 차 D에게 치료기간 불상의 안면부 좌상 등 상해를 가하였다. (이상 ㉯사건)

【사건의 경과 1】

① 검사는 ㉮사건에 대해 갑 등을 다음의 공소사실로 기소하였다.

    (가) 폭처법위반죄(공동폭행)

    (나) 업무방해죄

② 검사는 ㉯사건에 대해 갑등을 다음의 공소사실로 기소하였다.

    (가) 폭처법위반죄(공동상해)

(나) 업무방해죄

③ 제1심법원은 ㉮사건에 대해 다음과 같이 판단하였다.

    (가) 폭처법위반죄(공동폭행) : 무죄

    (나) 업무방해죄 : 유죄

④ 제1심법원은 폭처법위반죄(공동폭행)의 무죄 부분에 대해 다음과 같이 판단하였다.

    (가) 갑 등이 택시운행을 방해할 목적으로 A를 폭행한 행위는 업무방해죄에 흡수되어 업무방해죄 1죄만이 성립한다.

    (나) 별도로 폭처법위반죄(공동폭행)은 성립하지 않는다.

    (다) 폭처법위반죄(공동폭행)의 공소사실은 죄가 되지 아니하는 경우에 해당하여 형사소송법 제325조 전단에 의하여 무죄를 선고하여야 할 것이다.

    (라) 그러나 이와 1죄의 관계에 있는 업무방해죄를 유죄로 인정한 이상 주문에서 따로 무죄를 선고하지 아니한다.

⑤ 제1심법원은 ㉯사건에 대해 다음과 같이 판단하였다.

    (가) 폭처법위반죄(공동상해) : 유죄

    (나) 업무방해죄 : 유죄

⑥ 제1심법원은 ㉯사건의 폭처법위반죄(공동상해)와 업무방해죄를 상상적 경합범으로 처리하였다.

⑦ 제1심법원은 ㉮사건의 죄와 ㉯사건의 죄를 경합범으로 처리하여 형을 선고하였다.

【사건의 경과 2】

① 검사는 ㉮사건의 폭처법위반죄(공동폭행) 무죄 부분에 불복 항소하였다.

② 검사는 항소이유로, ㉮사건의 폭처법위반죄(공동폭행)와 업무방해죄는 상상적 경합관계에 있다고 주장하였다.

③ 항소심법원은 다음과 같이 판단하였다.

    (가) 형법 제314조 제1항의 업무방해죄는 위계 또는 위력으로서 사람의 업무를 방해한 경우에 성립하는 것이다.

    (나) 여기서의 '위력'이라 함은 사람의 자유의사를 제압·혼란케 할 만한 일체의 세력으로, 유형적이든 무형적이든 묻지 않는다.

    (다) 폭행·협박은 물론, 사회적, 경제적, 정치적 지위와 권세에 의한 압박 등도 위력에 포함된다.

    (라) 따라서 제1심법원의 판단은 정당하다.

④ 항소심법원은 검사의 항소를 기각하고, 제1심판결을 유지하였다.

⑤ 검사는 불복 상고하였다.

⑥ 검사는 상고이유는 항소이유와 같다.

2. 상상적 경합과 법조경합의 구별기준

【대법원 요지】 1. 상상적 경합은 1개의 행위가 실질적으로 수개의 구성요건을 충족하는 경우를 말하고, /

【대법원 요지】 법조경합은 1개의 행위가 외관상 수개의 죄의 구성요건에 해당하는 것처럼 보이나 실질적으로 1죄만을 구성하는 경우를 말하며, /

【대법원 요지】 실질적으로 1죄인가 또는 수죄인가는 구성요건적 평가와 보호법익의 측면에서 고찰하여 판단하여야 한다. /

【대법원 요지】 그리고 이른바 '불가벌적 수반행위'란 법조경합의 한 형태인 흡수관계에 속하는 것으로서, /

【대법원 요지】 행위자가 특정한 죄를 범하면 비록 논리 필연적인 것은 아니지만 일반적 · 전형적으로 다른 구성요건을 충족하고 /

【대법원 요지】 이때 그 구성요건의 불법이나 책임의 내용이 주된 범죄에 비하여 경미하기 때문에 처벌이 별도로 고려되지 않는 경우를 말한다.

3. 업무방해죄와 폭행죄의 관계

【대법원 요지】 업무방해죄와 폭행죄는 그 구성요건과 보호법익을 달리하고 있고, /

【대법원 요지】 업무방해죄의 성립에 일반적 · 전형적으로 사람에 대한 폭행행위를 수반하는 것은 아니며, /

【대법원 요지】 폭행행위가 업무방해죄에 비하여 별도로 고려되지 않을 만큼 경미한 것이라고 할 수도 없으므로, /

【대법원 요지】 설령 피해자에 대한 폭행행위가 동일한 피해자에 대한 업무방해죄의 수단이 되었다고 하더라도 /

【대법원 요지】 그러한 폭행행위가 이른바 '불가벌적 수반행위'에 해당하여 업무방해죄에 대하여 흡수관계에 있다고 볼 수는 없다.

4. 사안에 대한 항소심의 판단

【항소심 판단】 2. 가. 원심은, /

【항소심 판단】 피고인들이 피해자 A, B의 택시운행을 방해하는 과정에서 이 부분 공소사실 기재와 같이 피해자들에 대한 폭행행위가 있었고, /

【항소심 판단】 이는 업무방해죄의 행위 태양인 '위력으로써 업무를 방해하는 행위'의 일부를 구성하는 것으로서 업무방해죄에 흡수되므로 /

【항소심 판단】 업무방해죄 1죄만이 성립할 뿐 별도로 폭력행위 등 처벌에 관한 법률 위반(공동폭행)죄가 성립하지 않는다는 등 /

【항소심 판단】 그 판시와 같은 이유를 들어 피고인들에 대한 이 사건 공소사실 중 폭력행위 등 처벌에 관한 법률 위반(공동폭행)의 점을 무죄로 판단한 제1심판결을 그대로 유지하였다.

5. 사안에 대한 대법원의 판단

【대법원 판단】 나. 그러나 원심판결 이유를 앞서 본 법리에 비추어 살펴보면, /

【대법원 판단】 피고인들이 피해자들의 택시 운행업무를 방해하기 위하여 이루어진 폭행행위가 피해자들에 대한 업무방해죄의 수단이 되었다 하더라도 /

【대법원 판단】 그와 같은 폭행행위가 업무방해죄의 성립에 일반적 · 전형적으로 수반되는 것이 아닐

뿐 아니라 /

【대법원 판단】 그 폭행행위가 업무방해죄에 비하여 별도로 고려되지 않을 만큼 경미한 것이라고 할 수도 없으므로, /

【대법원 판단】 피고인들의 폭행행위가 업무방해죄에 흡수되어 별도의 범죄를 구성하지 않는다고 할 수는 없다.

【대법원 판단】 한편 원심이 적법하게 채택한 증거들에 의하면, /

【대법원 판단】 피고인들이 공동폭행의 방법으로 피해자들의 택시 운행업무를 방해한 사실은 있으나 /

【대법원 판단】 그 외의 방법으로 택시 운행업무를 방해한 사정은 보이지 아니하므로, /

【대법원 판단】 피고인들의 공동폭행이라는 1개의 행위가 폭력행위 등 처벌에 관한 법률 위반(공동폭행)죄와 업무방해죄의 구성요건을 충족하는 경우에 해당한다 할 것이어서 /

【대법원 판단】 양죄는 상상적 경합의 관계에 있다고 보아야 할 것이다.

【대법원 결론】 그럼에도 이와 달리 양죄를 흡수관계에 있다고 보아 피고인들의 폭력행위 등 처벌에 관한 법률 위반(공동폭행)의 점에 관한 공소사실을 무죄로 본 원심의 판단에는 업무방해죄와 폭력행위 등 처벌에 관한 법률 위반(공동폭행)죄의 죄수에 관한 법리를 오해하여 법률 적용을 그르친 잘못이 있다. 이 점을 지적하는 상고이유의 주장은 이유 있다. (파기 환송)

【코멘트】

　본 판례는 대법원이 위력에 의한 업무방해죄와 폭행죄의 관계를 분명하게 정립한 예로서 주목된다. 업무방해죄(형법 제314조 제1항)는 5년 이하의 징역 또는 1천5백만원 이하의 벌금으로 처벌된다. 이에 대해 폭행죄(형법 제260조 제1항)는 2년 이하의 징역, 5백만원 이하의 벌금, 구류 또는 과료로 처벌되어 업무방해죄보다 가벼운 범죄로 평가된다.

　종래 업무방해죄와 폭행죄의 관계에 대해서는 (가) 업무방해죄의 위력은 사람의 자유의사를 제압·혼란케 할 만한 일체의 세력으로, 유형적이든 무형적이든 묻지 않는다는 점과 (나) 위력에는 폭행·협박 이외에 사회적, 경제적, 정치적 지위와 권세에 의한 압박 등도 포함된다는 점을 이유로 폭행죄가 업무방해죄에 흡수된다고 보는 견해가 일반적이었다. 이러한 해석론은 유사한 조문형태를 가지고 있는 일본 형법학의 해석론에 영향을 받은 것이 아닌가 생각된다.

　그런데 우리 입법자는 2006년에 폭처법을 개정하면서 공동폭행(법정형의 2분의 1 가중), 단체·다중의 위력으로서의 폭행(1년 이상의 징역), 단체·다중의 위력으로서의 상습폭행(2년 이상의 징역)이라는 단계적 가중유형을 설정함으로써 일본과 다른 입법형식을 취하고 있다(폭처법 2조, 3조 참조). 새로운 입법적 결단에 의할 때 폭행을 위력의 일종으로 보아 폭행죄를 업무방해죄에 흡수시켜서 처리하는 것은 타당하지 않다. 1년 또는 2년 이상의 징역으로 처벌되는 폭처법상의 공동폭행죄가 5년 이하의 징역으로 처벌되는 업무방해죄에 흡수된다는 것은 논리적으로 모순이기 때문이다. 본 판례는 대법원이 우리 입법의 특성을 염두에 두고 위력에 의한 업무방해죄와 폭행죄의 관계를 상상적 경합으로 새로이 정립하였다는 점에서 주목된다.

2012도2289

치료감호와 재범의 위험성
부착명령과 재범의 위험성
함께 죽기 방화 사건

2012. 5. 10. 2012도2289, 2012감도5, 2012전도51, 공 2012상, 1052

1. 사실관계 및 사건의 경과

【사실관계 1】

① 갑은 원래 차분하고 온순한 성격으로 초등학교 때에는 친구들과도 잘 어울리고 학교생활을 적극적으로 하였다.

② 갑은 초등학교 6학년 때 이른바 왕따를 당하였다.

③ 갑은 이후 성격이 어두워져 중학교 때부터는 혼자 있기를 좋아하고 친구들과 어울리지 않았다.

④ 갑은 중학교 3학년 때 집에서 혼자 목을 매어 자살을 시도한 일이 있다.

【사실관계 2】

① 2009. 3. 3. (고등학교에 입학한 다음 날) 갑은 곧바로 자퇴하였다.

② 갑은 이후 2년 이상을 주로 집에서만 지내면서 중증의 우울증에 빠졌다.

③ 2011. 4.경 갑은 자살하기로 결심하였다.

④ 갑은 그 무렵 우울증 치료를 받던 P병원 부근에서 Q독서실을 발견하였다.

⑤ 갑은 혼자 죽기가 무섭고 외롭다는 이유로 Q독서실에 방화를 하여 독서실 내에 있는 학생들을 살해하면서 자신도 함께 죽기로 마음먹었다.

【사실관계 3】

① 2011. 5. 초순 갑은 Q독서실에 회원으로 등록하였다.

② 갑은 휴대용 점화기와 휘발유 등 방화에 필요한 물품을 구입하는 등 범행을 준비하였다.

③ 2011. 5. 19. 23:00경 Q독서실 내에는 A 등 20여 명이 공부를 하고 있었다.

④ 갑은 Q독서실의 현관문 안쪽, 복도, 열람실 등 7군데에 미리 준비한 휘발유를 뿌린 다음 휴대용 점화기로 현관문 안쪽에서부터 복도를 거쳐 열람실에 이르기까지 차례로 불을 붙였다.

⑤ 그러나 Q독서실의 총무 B가 불길을 따라가며 소화기로 진화하는 바람에 갑은 뜻을 이루지 못하였다.

⑥ 갑의 방화행위로 인하여 수리비 1,541만원 상당이 들 정도로 Q독서실 바닥 등이 불에 탔다. (이상 ㉠방화사건)

【사건의 경과 1】

① 검사는 갑을 다음의 공소사실로 기소하였다.

    (가) 살인미수죄

    (나) 현존건조물방화죄

② 검사는 갑에 대해 전자장치부착법에 따른 위치추적 전자장치 부착명령을 청구하였다.

③ 제1심법원은 갑에게 심신미약을 인정하였다.

④ 제1심법원은 갑에게 다음 요지의 주문을 선고하였다.

　　(가) 징역 장기 4년 단기 3년에 처한다.

　　(나) 방화에 사용된 물품을 몰수한다.

　　(다) 10년간 위치추적 전자장치의 부착을 명한다.

⑤ 갑은 불복 항소하였다.

【사건의 경과 2】

① 검사는 항소심에서 갑에 대해 추가로 치료감호청구를 하였다.

② 항소심판결 선고 당시 갑은 만 19세 미만이었다.

③ 항소심판결 선고 당시 갑에게는 ㉠방화사건 이외에 아무런 범죄전력이 없었다.

④ 항소심법원은 다음 요지의 주문을 선고하였다.

　　(가) 갑의 피고사건에 대한 항소를 기각한다.

　　(나) 갑의 부착명령 청구사건에 대한 항소를 기각한다.

　　(다) 갑을 치료감호에 처한다.

⑤ 갑은 불복 상고하였다.

⑥ 대법원은 다음 요지의 주문을 선고하였다.

　　(가) 갑의 피고사건에 대한 상고를 기각한다.

　　(나) 갑의 치료감호사건에 대한 상고를 기각한다.

　　(다) 갑의 부착명령청구사건 부분을 파기하고 환송한다.

2. 피고사건 및 치료감호청구사건에 관한 내법원의 판난

【대법원 판단】 피고인 겸 피치료감호청구인은 원심판결 중 피고사건 및 치료감호청구사건 부분에 대하여도 상고하였으나, /

【대법원 판단】 상고장에 이유의 기재가 없고 상고이유서에도 위 부분에 관한 상고이유가 기재되어 있지 않다.

3. 전자장치 부착명령과 재범의 위험성

【대법원 요지】 가. 특정 범죄자에 대한 위치추적 전자장치 부착 등에 관한 법률 제5조 제3항에 규정된 /

【대법원 요지】 '살인범죄를 다시 범할 위험성'이라 함은 /

【대법원 요지】 재범할 가능성만으로는 부족하고 /

【대법원 요지】 피부착명령청구자가 장래에 다시 살인범죄를 범하여 법적 평온을 깨뜨릴 상당한 개연성이 있음을 의미한다. /

【대법원 채증】 살인범죄의 재범의 위험성 유무는 /

【대법원 채증】 피부착명령청구자의 직업과 환경, /

【대법원 채증】 당해 범행 이전의 행적, /

【대법원 채증】 그 범행의 동기, 수단, /

【대법원 채증】 범행 후의 정황, 개전의 정 등 /

【대법원 채증】 여러 사정을 종합적으로 평가하여 객관적으로 판단하여야 하고, /

【대법원 요지】 이러한 판단은 장래에 대한 가정적 판단이므로 판결시를 기준으로 하여야 한다 /

【대법원 요지】 (대법원 2010. 12. 9. 선고 2010도7410, 2010전도44 판결 등 참조).

4. 치료감호와 재범의 위험성

【대법원 분석】 한편 치료감호와 부착명령이 함께 선고된 경우에는 /

【대법원 분석】 특정 범죄자에 대한 위치추적 전자장치 부착 등에 관한 법률 제13조 제1항에 따라 /

【대법원 분석】 치료감호의 집행이 종료 또는 가종료 되는 날 부착명령이 집행되고, /

【대법원 분석】 치료감호는 심신장애 상태 등에서 범죄행위를 한 자로서 /

【대법원 분석】 재범의 위험성이 있고 특수한 교육·개선 및 치료가 필요하다고 인정되는 자에 대하여 /

【대법원 분석】 적절한 보호와 치료를 함으로써 재범을 방지하고 사회복귀를 촉진하는 것을 목적으로 하며, /

【대법원 분석】 치료감호법에 규정된 수용기간을 한도로 치료감호를 받을 필요가 없을 때 종료되는 사정들을 감안하면, /

【대법원 요지】 법원이 치료감호와 부착명령을 함께 선고할 경우에는 /

【대법원 요지】 치료감호의 요건으로서의 재범의 위험성과는 별도로, /

【대법원 요지】 치료감호를 통한 치료 경과에도 불구하고 부착명령의 요건으로서의 재범의 위험성이 인정되는지를 따져보아야 하고, /

【대법원 요지】 치료감호 원인이 된 심신장애 등의 종류와 정도 및 그 치료 가능성, /

【대법원 요지】 피부착명령청구자의 치료의지 및 주위 환경 등 /

【대법원 요지】 치료감호 종료 후에 재범의 위험성을 달리 볼 특별한 사정이 있는 경우에는 /

【대법원 요지】 치료감호를 위한 재범의 위험성이 인정된다 하여 /

【대법원 요지】 부착명령을 위한 재범의 위험성도 인정된다고 섣불리 단정하여서는 안 된다.

5. 사안에 대한 항소심의 판단

【항소심 판단】 나. 원심은, /

【항소심 판단】 ① 피부착명령청구자는 다른 사람들과 함께 죽으려는 의도로 미리 범행장소를 물색하고, 범행도구를 준비하여 많은 사람들이 이용하는 독서실에 불을 놓아 독서실을 이용하는 다수의 피해자들을 살해하려 하였던 점, /

【항소심 판단】 ② 피부착명령청구자는 중증 우울증, 심리적 불안상태로 인하여 판단력이 크게 떨어지고, 불특정 다수의 피해자들을 대상으로 이 사건 범행을 저지른 점, /

【항소심 판단】 ③ 감정인 공소외인 작성의 정신감정서에 의하면 "피부착명령청구자는 중증 우울증 상태로 현실적 판단력이 크게 떨어져 있으며 비관으로 인하여 극단적 행동을 할 수 있고, 재범 가능성

을 배제하기 어렵다."고 기재되어 있는 점 등 /

【항소심 판단】 이 사건 범행의 동기, 수단, 피해자와의 관계 등을 종합하면, /

【항소심 판단】 피부착명령청구자는 다시 살인범죄를 범할 재범의 위험성이 인정된다고 판단하여 /

【항소심 판단】 피부착명령청구자에 대하여 10년간 위치추적 전자장치의 부착을 명한 제1심판결을 유지하였다.

6. 사안에 대한 대법원의 판단 1

【대법원 판단】 다. 그런데 원심이 부착명령을 허용하면서 논거로 삼은 사유들 중 상당 부분은 /

【대법원 판단】 원심이 치료감호청구에 관하여 치료의 필요성 및 재범의 위험성의 논거로 삼은 사유들, /

【대법원 판단】 즉 '피고인이 중증 우울증, 심리적 불안상태로 인하여 현실적 판단력이 크게 떨어지는 점, /

【대법원 판단】 극단적인 자기비하 및 경멸 등 비관으로 인하여 극단적 행동을 할 가능성이 있는 점, /

【대법원 판단】 그 밖에 피고인의 연령, 성행'과 중복된다.

【대법원 판단】 아래에서 보는 바와 같은 피부착명령청구자의 성격이나 생활태도, 범행전력 등에 비추어 보면 /

【대법원 판단】 이 사건 범행은 피부착명령청구자에게 내재된 폭력성이나 악성(惡性)이 발현된 것이라기보다는 우울증에 기인한 것으로 보이고, /

【대법원 판단】 원심도 이를 고려하여 치료감호를 명한 것인데, /

【대법원 판단】 피고인을 치료하여 온 의사 임○홍은 원심법정에서 우울증이 치료되면 재범의 위험성이 높지 않다는 의견을 진술하였고, /

【대법원 판단】 앞서 본 부착명령의 집행시기, 치료감호의 목적과 기능 및 그 집행방법 등을 감안하면, /

【대법원 판단】 치료감호가 종료된 후에는 이 사건의 원인이 된 우울증이 호전되어 재범의 위험성이 상당히 줄어들 것을 기대할 수 있다.

7. 사안에 대한 대법원의 분석

【대법원 분석】 라. 그리고 이 사건 기록에 의하면 다음과 같은 사정들을 알 수 있다.

【대법원 분석】 (1) 피부착명령청구자는 원심판결 선고 당시 만 19세 미만으로서 법적으로 부착명령을 집행할 수 없을 정도의 어린 나이이고, 이 사건 이전에 아무런 범죄전력이 없다.

【대법원 분석】 (2) 피부착명령청구자는 원래 차분하고 온순한 성격으로 초등학교 때에는 친구들과도 잘 어울리고 학교생활을 적극적으로 하였으나, /

【대법원 분석】 초등학교 6학년 때 이른바 왕따를 당하면서 성격이 어두워져 중학교 때부터는 혼자 있기를 좋아하고 친구들과 어울리지 않다가 /

【대법원 분석】 고등학교 1학년 때 자퇴를 한 후 2년 이상을 주로 집에서만 지내면서 우울증에 빠져 자살을 시도하는 과정에서 혼자 죽기는 무섭다는 생각에 이 사건 범행에 이르게 되었다.

【**대법원 분석**】 (3) 피부착명령청구자는 중학교 3학년 때에도 자살을 시도한 적이 있으나 그때에는 집에서 혼자 목을 매어 자살하려고 하였을 뿐, 타인에게 위해를 가하는 방법으로 자살시도를 한 적은 없다.

【**대법원 분석**】 (4) 이 사건 범행으로 인한 인적, 물적 피해의 정도도 비교적 가볍다.

【**대법원 분석**】 (5) 이제 갓 성년이 될 나이인 피부착명령청구자에게 징역 장기 4년, 단기 3년의 형과 치료감호에다가 10년의 위치추적 전자장치 부착명령까지 집행된다면 /

【**대법원 분석**】 이 사건 범행의 결과에 비하여 피부착명령청구자에게 미칠 불이익이 너무 커 가혹한 것으로 보이고, /

【**대법원 분석**】 피부착명령청구자를 치료한 정신과 전문의의 증언에 의하면, 위치추적 전자장치의 부착이 대인관계에 어려움을 겪는 피부착명령청구자의 우울증을 악화시킬 가능성도 배제할 수 없다.

【**대법원 분석**】 (6) 피부착명령청구자는 회사원인 아버지와 주부인 어머니 사이의 외아들로서 정상적인 가정에서 부모들과 동거를 하고 있었고, /

【**대법원 분석**】 이 사건 형 집행 후에도 변동이 생길 것으로 보이지는 않으며, /

【**대법원 분석**】 이 사건 후 부모들이 피해자들과 합의를 하고 /

【**대법원 분석**】 부모들을 비롯한 여러 친척들이 피부착명령청구자를 잘 지도하고 치료를 받도록 하여 정상적인 사회인으로 만들겠다는 취지의 탄원서를 제출하는 등 주변의 많은 사람들이 피부착명령청구자에게 관심을 갖고 있다.

【**대법원 분석**】 (7) 피부착명령청구자는 수사과정에서 관계없는 사람들에게 피해를 끼친 점 무척 죄송하고 어떤 죄라도 달게 받겠다고 진술하였으며, /

【**대법원 분석**】 법원에도 부모님과 피해자들에게 죄송하고 병을 치유하여 정상인으로 살고 싶다는 취지의 반성문을 다수 제출하는 등 우울증에 대한 치료의지와 현저한 개전의 정이 있다.

8. 사안에 대한 대법원의 판단 2

【**대법원 판단**】 마. 사정이 위와 같다면, 원심이 부착명령을 허용하면서 논거로 삼은 사유들을 참작한다고 하더라도, /

【**대법원 판단**】 치료감호에 의하여 장기간 치료를 마친 후에도 피부착명령청구자가 우울증으로 인하여 극단적 행동을 할 수 있고, /

【**대법원 판단**】 또한 다시 범죄를 저지를 가능성을 배제할 수 없다는 추상적인 재범의 가능성에서 더 나아가 /

【**대법원 판단**】 다시 살인범죄를 범할 상당한 개연성이 있다고 단정하기는 쉽지 않아 보인다.

【**대법원 판단**】 바. 따라서 제1심에서 치료감호가 청구되지 않은 채 부착명령이 내려졌다가 원심에서 치료감호청구가 추가된 이 사건에서, /

【**대법원 판단**】 원심으로서는 치료감호 요건으로서의 재범의 위험성과는 별도로, /

【**대법원 판단**】 치료감호를 통한 치료 경과에도 불구하고 부착명령 요건으로서의 살인범죄를 다시 범할 위험성이 인정되는지에 대하여 심리하여야 하고, /

【**대법원 판단**】 이에 필요한 객관적인 자료를 추가로 확보하고 여러 사정을 종합적으로 평가한 후에

신중하게 부착명령청구를 받아들일 것인지 여부를 판단하여야 함에도, /

【대법원 결론】 이에 이르지 아니한 채 위와 같은 사유만을 근거로 하여 부착명령청구를 받아들인 제 1심판결을 그대로 유지하였으니, /

【대법원 결론】 이 부분 원심판결에는 앞서 본 부착명령청구 요건으로서의 '살인범죄를 다시 범할 위험성'에 관한 법리를 오해하였거나 그 판단에 필요한 심리를 다하지 아니하여 판결에 영향을 미친 위법이 있다 할 것이고, 이 점을 지적하는 상고이유의 주장은 이유 있다.

9. 사안에 대한 대법원의 결론

【대법원 결론】 그러므로 원심판결 중 부착명령청구사건 부분을 파기하고, 이 부분 사건을 다시 심리·판단하게 하기 위하여 원심법원에 환송하기로 하며, /

【대법원 결론】 피고사건 및 치료감호청구사건에 대한 상고를 기각하기로 하여, 관여 대법관의 일치된 의견으로 주문과 같이 판결한다.

【코멘트】

본 판례는 치료감호의 요건인 '재범의 위험성'과 위치추적 전자장치 부착명령의 요건인 '재범의 위험성' 사이의 차이점을 보여주고 있다. 본 판례에서 대법원은 치료감호의 요건인 '재범의 위험성'이 인정된다고 하여도 부착명령의 요건인 '재범의 위험성'을 곧바로 인정해서는 안 된다는 점을 강조하고 있다. 치료감호의 집행이 소기의 성과를 거둔다면 자연히 부착명령을 부과해야 할 정도의 '재범의 위험성'은 사라질 것으로 보이기 때문에 대법원의 판단은 타당하다고 생각된다.

본 판례는 심신상실이나 심신미약이 인정되는 상황에서 치료감호가 청구되는 사안을 보여주고 있다. 본 판례를 보면, 살인 복적의 방화사건을 일으킨 갑에게는 (가) 피고사건에 대한 형의 선고, (나) 심신미약 부분에 대한 치료감호 선고, (다) 위치추적 전자장치 부착명령의 선고가 이루어졌다가 부착명령에 관한 (다) 부분이 파기되고 있다. 환송 후 항소심에서는 (가)의 형의 선고와 (나)의 치료감호의 선고가 유지될 것으로 보이는데, 여기에서 양자의 집행순서를 살펴볼 필요가 있다.

「치료감호법」제18조는 "치료감호와 형이 병과된 경우에는 치료감호를 먼저 집행한다. 이 경우 치료감호의 집행기간은 형 집행기간에 포함된다."고 규정하고 있다. 심신장애나 심신미약은 사물에 대한 시비변별의 능력에 지장이 있는 경우이므로 이러한 능력, 즉 책임능력이 회복된 후에 형을 집행하도록 한 것이다. 그렇다면 먼저 치료감호의 집행기간을 살펴볼 필요가 있다.

본 판례의 사안에서 항소심법원은 갑에게 단순히 "치료감호에 처한다"는 주문을 선고하고 있다. 그렇다면 여기에서 치료감호의 기간이 얼마인가 하는 의문이 제기될 수 있다. 그런데 「치료감호법」은 심신상실이나 심신미약에 해당하는 자에 대해 치료감호가 선고되면 15년간 치료감호시설에 수용하여 치료를 위한 조치를 하도록 규정하고 있다(동법 제16조 제2항 제1호). 법률에 치료감호 기간이 명시되어 있기 때문에 항소심법원은 별도로 집행기간을 정하지 않고 단순히 "치료감호에 처한다"는 주문을 선고한 것이다.

그런데 기간의 명시 없이 치료감호가 선고되었다고 해도 15년의 기간 전부에 걸쳐서 치료감호가 집행되는 것은 아니다. 치료감호심의위원회가 피치료감호자에 대하여 치료감호 집행을 시작한 후 매 6

개월마다 치료감호의 종료 또는 가종료 여부를 결정하기 때문이다(동법 제22조 전단). 한편 피치료감호자와 그 법정대리인 등은 피치료감호자가 치료감호를 받을 필요가 없을 정도로 치유되었음을 이유로 치료감호의 종료 여부를 심사·결성하여 줄 것을 치료감호심의위원회에 신청할 수 있다(동법44조 제1항).

본 사안의 경우로 돌아와서 보면, 갑이나 그의 부모 등 법정대리인은 갑의 우울증이 완치되었음을 이유로 치료감호심의위원회에 치료감호의 종료를 청구할 수 있을 것이다. 치료감호심의위원회가 이 신청을 받아들인다고 가정한다면, 치료감호의 집행이 개시된 후 6개월 만에 갑의 치료감호가 종료되는 상황도 상정할 수 있다. 역으로 갑의 우울증이 치료되지 않는다면 갑은 최장 15년까지 치료감호시설에 수용될 수도 있다.

갑에 대해 치료감호의 집행이 종료되면 이어서 형의 집행이 있게 된다. 갑에 대해서는 장기 4년 단기 3년의 징역이 선고되어 있다. 이 징역형의 집행기간에는 치료감호를 위한 수용기간이 포함된다. 따라서 치료감호 집행기간을 제외한 나머지 기간에 대해 갑에 대한 징역형을 집행하게 된다.

2012도2744

교사범과 인과관계
전공의 낙태권유 사건
2013. 9. 12. 2012도2744, 공 2013하, 1860

1. 사실관계 및 사건의 경과

【사실관계 1】
① 갑은 의사(전공의)이다.
② 갑은 A녀와 결혼을 전제로 교제하고 있었다.
③ 갑은 A녀가 아이를 임신한 사실을 알게 되었다.
④ 갑은 전문의 과정을 마쳐야 한다는 등의 이유를 내세우며 수회에 걸쳐 A녀에게 낙태를 권유하였다. (㉠행위)
⑤ A녀는 갑에게 출산이나 결혼이 갑의 장래에 방해가 되지 않도록 최선을 다하겠다고 하면서 아이를 낳겠다고 말하였다.
⑥ 갑은 A녀에게 출산 여부는 알아서 하되 더 이상 결혼을 진행하지 않겠다고 통보하였다.

【사실관계 2】
① 갑은 이후에도 A녀에게 아이에 대한 친권을 행사할 의사가 없다고 하면서 낙태를 할 병원을 물색해 주기도 하였다. (㉡행위)
② A녀는 갑의 의사가 확고하다는 것을 확인하였다.
③ A녀는 갑에게 알리지 아니한 채 자신이 알아본 병원에서 낙태시술을 받았다.

【사건의 경과 1】

① 검사는 갑을 낙태교사죄로 기소하였다.

② 갑의 피고사건은 제1심을 거친 후, 항소심에 계속되었다.

③ 항소심법원은 유죄를 인정하였다.

【사건의 경과 2】

① 갑은 불복 상고하였다.

② 갑은 첫번째 상고이유로 다음의 점을 주장하였다.

　　(가) 갑이 낙태를 권유하였으나 A녀가 아이를 낳겠다고 하였다.

　　(나) 이후 A녀가 낙태를 하였다.

　　(다) 갑의 낙태권유와 A녀의 낙태행위 사이에 인과관계가 단절되었다.

　　(라) 따라서 갑에게 낙태교사죄가 성립하지 않는다.

③ 갑은 두번째 상고이유로 다음의 점을 주장하였다.

　　(가) A녀는 태아의 사망이 임박해 산모의 건강을 위하여 불가피하게 낙태를 하였다.

　　(나) A녀의 행위는 위법성이 조각된다.

　　(다) 정범이 성립하지 않으므로 교사범도 성립할 수 없다.

2. 교사범과 인과관계

【대법원 요지】 가. 교사범이란 정범인 피교사자로 하여금 범죄를 결의하게 하여 그 죄를 범하게 한 때에 성립하는 것이므로, /

【대법원 요지】 교사자의 교사행위에도 불구하고 피교사자가 범행을 승낙하지 아니하거나 /

【대법원 요지】 피교사자의 범행결의가 교사자의 교사행위에 의하여 생긴 것으로 보기 어려운 경우에는 /

【대법원 요지】 이른바 실패한 교사로서 형법 제31조 제3항에 의하여 교사자를 음모 또는 예비에 준하여 처벌할 수 있을 뿐이다.

【대법원 채증】 한편 피교사자가 범죄의 실행에 착수한 경우에 있어서 그 범행결의가 교사자의 교사행위에 의하여 생긴 것인지 여부는 /

【대법원 채증】 교사자와 피교사자의 관계, /

【대법원 채증】 교사행위의 내용 및 정도, /

【대법원 채증】 피교사자가 범행에 이르게 된 과정, /

【대법원 채증】 교사자의 교사행위가 없더라도 피교사자가 범행을 저지를 다른 원인의 존부 등 /

【대법원 채증】 제반 사정을 종합적으로 고려하여 사건의 전체적 경과를 객관적으로 판단하는 방법에 의하여야 하고, /

【대법원 요지】 이러한 판단 방법에 의할 때 피교사자가 교사자의 교사행위 당시에는 일응 범행을 승낙하지 아니한 것으로 보여진다 하더라도 /

【대법원 요지】 이후 그 교사행위에 의하여 범행을 결의한 것으로 인정되는 이상 교사범의 성립에는 영향이 없다고 할 것이다.

3. 사안에 대한 대법원의 판단

(1) 인과관계 난설 주상에 대한 판단

【대법원 분석】 나. 원심판결 이유 및 원심이 적법하게 채택한 증거들에 의하면, /

【대법원 분석】 의사인 피고인은 결혼을 전제로 교제하던 공소외인이 아이를 임신한 사실을 알게 되자 전문의 과정을 마쳐야 한다는 등의 이유를 내세우며 공소사실 기재와 같이 수회에 걸쳐 낙태를 권유한 사실, /

【대법원 분석】 공소외인은 피고인에게 출산이나 결혼이 피고인의 장래에 방해가 되지 않도록 최선을 다하겠다고 하면서 아이를 낳겠다고 말한 사실, /

【대법원 분석】 이에 피고인은 공소외인에게 출산 여부는 알아서 하되 더 이상 결혼을 진행하지 않겠다고 통보한 사실, /

【대법원 분석】 피고인은 그 이후에도 공소외인에게 아이에 대한 친권을 행사할 의사가 없다고 하면서 낙태를 할 병원을 물색해 주기도 한 사실, /

【대법원 분석】 공소외인은 피고인의 의사가 확고하다는 것을 확인하고 피고인에게 알리지 아니한 채 자신이 알아본 병원에서 낙태시술을 받은 사실 등을 알 수 있다.

【대법원 판단】 다. 이러한 사실관계를 앞서 본 법리에 비추어 보면, /

【대법원 판단】 피고인은 공소외인에게 직접 낙태를 권유할 당시뿐만 아니라 출산 여부는 알아서 하라고 통보한 이후에도 계속하여 낙태를 교사하였고, /

【대법원 판단】 공소외인은 이로 인하여 낙태를 결의·실행하게 되었다고 봄이 타당하고, /

【대법원 판단】 공소외인이 당초 아이를 낳을 것처럼 말한 사실이 있다 하더라도 그러한 사정만으로 피고인의 낙태 교사행위와 공소외인의 낙태 결의 사이에 인과관계가 단절되었다고 볼 것은 아니다.

【대법원 결론】 같은 취지의 원심판단은 정당하고, 거기에 상고이유 주장과 같은 교사범의 성립요건 등에 관한 법리오해 등의 위법이 없다.

(2) 공범 종속성 주장에 대한 판단

【대법원 판단】 원심판결 이유를 원심이 적법하게 채택한 증거들에 비추어 살펴보면, /

【대법원 판단】 원심이 그 판시와 같은 이유를 들어 이 사건 낙태시술 당시 태아의 사망이 임박해 산모의 건강을 위하여 불가피하게 낙태가 이루어진 것으로 보기 어렵다고 판단한 것은 정당하고, /

【대법원 결론】 거기에 상고이유 주장과 같이 논리와 경험의 법칙을 위반하여 자유심증주의의 한계를 벗어나거나 공범종속성의 원칙에 관한 법리를 오해한 위법이 없다. (상고 기각)

2012도2763

공개명령과 고지명령의 법적 성질
얼짱 사이트 사건
2012. 5. 24. 2012도2763, 공 2012하, 1198

1. 사실관계 및 사건의 경과

【사실관계 1】

① 본 판례의 행위 당시 「아동·청소년의 성보호에 관한 법률」(이하 아청법으로 약칭함)은 아동·청소년 대상 성폭력범죄를 저지른 자에 대한 신상정보의 공개명령과 고지명령에 대해 다음과 같은 기준을 정하고 있었다.

② 아동·청소년대상 성폭력범죄를 저지른 자는 아청법상 원칙적으로 신상정보 공개명령 또는 고지명령의 대상이 된다.

③ 예외적으로 다음의 경우는 공개명령 또는 고지명령의 대상이 되지 않는다.

　(가) 아동·청소년대상 성범죄 사건에 대하여 벌금형을 선고하는 경우

　(나) 피고인이 아동·청소년인 경우

　(다) 그 밖에 신상정보를 공개하여서는 아니 될 특별한 사정이 있다고 판단되는 경우

④ (2012. 12. 18. 개정 아청법에서는 '아동·청소년대상 성범죄 사건에 대하여 벌금형을 선고하는 경우'가 삭제되었다.)

【사실관계 2】

① 행위 당시 갑은 19세 미만으로 아청법상 청소년이다.

② 2008.경부터 갑은 인터넷 포털 사이트인 P사이트에 개설된 M카페에 가입하였다.

③ 갑은 M카페의 N게시판에 10대 여자 청소년들이 자신들의 프로필과 사진을 올려놓고 문자메시지를 주고받을 [얼짱] 친구를 구한다는 내용을 게재한 것을 보았다.

④ 2010. 10. 1. 갑은 N게시판에 접속하여 A(여, 16세)가 게재한 사진과 휴대폰 번호를 확인하였다.

⑤ 갑은 인터넷상의 얼짱 사진 2장과 함께 자신을 B라고 소개하는 내용의 문자메시지를 전송하여 A에게 접근하였다.

【사실관계 3】

① 2010. 10. 2. 00:50경 갑은 A에게 "(내용 생략)"는 등의 문자메시지를 약 44회에 걸쳐 보내 겁을 먹게 하여 반항을 억압하였다.

② 갑은 A로 하여금 휴대폰의 카메라를 통하여 촬영되는 영상이 전송되는 영상통화를 갑에 걸게 한 후 (내용 생략) 성적 행위를 하게 하였다.

③ (갑은 여자 청소년 B 등에 대해서도 유사한 행위를 하였다.)

④ 갑은 A 등의 휴대폰으로 전송되어 온 영상통화 영상을 저장하였다.

⑤ (2012. 12. 18. 아청법이 전부개정되었다.)

⑥ (2013. 6. 19. 개정법률은 6개월의 유예기간을 거친 후 시행되었다.)

⑦ (이하 판례 본문의 아청법 조문에 개정법의 조문을 병기함)

【사건의 경과 1】

① [2011. 일자불상경] 검사는 갑을 다음의 공소사실로 기소하였다.

    (가) 아청법위반죄(강제추행)

    (나) 아청법위반죄(청소년이용음란물제작)

② 제1심법원은 유죄를 인정하고 다음의 주문을 선고하였다.

    (가) 피고인을 징역 장기 2년, 단기 1년 6월에 처한다.

    (나) 피고인에게 80시간의 성폭력 치료프로그램의 이수를 명한다.

    (다) 압수된 휴대폰 1개를 몰수한다.

【사건의 경과 2】

① 갑은 불복 항소하였다.

② 검사도 불복 항소하였다.

③ 갑과 검사는 각각 양형부당을 주장하였다.

④ 항소심 공판절차 중에 갑은 19세가 되었다.

⑤ 항소심법원은 직권으로 다음과 같이 판단하였다.

    (가) 갑은 제1심판결 선고 당시 아청법 소정의 아동·청소년이었다.

    (나) 그리하여 갑은 공개명령 및 고지명령의 대상에 해당되지 않았다.

    (다) 갑은 항소심에 이르러 19세가 되었다.

    (라) 이에 따라 갑은 아청법 소정의 아동·청소년에서 제외되어 공개명령 및 고지명령의 대상이 되었다.

    (마) 따라서 갑에 대하여 공개명령 및 고지명령을 선고하지 아니한 제1심판결은 더 이상 유지될 수 없다.

⑥ 항소심법원은 다음의 주문을 선고하였다.

    (가) 원심판결을 파기한다.

    (나) 피고인을 징역 장기 2년, 단기 1년 6월에 처한다.

    (다) 피고인에게 성폭력 치료프로그램 80시간의 이수를 명한다.

    (라) 압수된 휴대폰 1개(증 제1호)를 몰수한다.

    (마) 피고인에 대한 정보를 3년간 공개하고, 고지한다.

【사건의 경과 3】

① 갑은 불복 상고하였다.

② 갑은 상고이유로 다음의 점을 주장하였다.

    (가) 행위 당시 갑은 아청법 소정의 아동·청소년이었다.

    (나) 아청법의 예외규정에 의하여 청소년인 갑에 대해 공개명령과 고지명령을 할 수 없다.

    (다) 행위 시점 이후의 사유를 들어서 피고인에게 불리한 공개명령과 고지명령을 부과하는 것은 죄형법정주의에 반한다.

2. 신상정보 공개명령과 고지명령의 법적 성질

【**대법원 분석**】 아동 · 청소년의 성보호에 관한 법률(이하 '아동 · 청소년성보호법'이라고 한다)이 정한 공개명령 절차는 /

【**대법원 분석**】 아동 · 청소년대상 성범죄자의 신상정보를 일정기간 동안 정보통신망을 이용하여 공개하도록 하는 조치를 취함으로써 /

【**대법원 분석**】 필요한 절차를 거친 사람은 누구든지 인터넷을 통해 공개명령 대상자의 공개정보를 열람할 수 있도록 하는 제도이다. /

【**대법원 분석**】 또한 위 법률이 정한 고지명령 절차는 /

【**대법원 분석**】 아동 · 청소년대상 성폭력범죄자의 신상정보 등을 공개명령기간 동안 고지명령 대상자가 거주하는 지역의 일정한 주민 등에게 고지하도록 하는 조치를 취함으로써 /

【**대법원 분석**】 일정한 지역 주민 등이 인터넷을 통해 열람하지 않고도 고지명령 대상자의 고지정보를 알 수 있게 하는 제도이다. /

【**대법원 요지**】 위와 같은 공개명령 및 고지명령 제도는 아동 · 청소년대상 성폭력범죄 등을 효과적으로 예방하고 그 범죄로부터 아동 · 청소년을 보호함을 목적으로 하는 일종의 보안처분으로서, /

【**대법원 요지**】 그 목적과 성격, 운영에 관한 법률의 규정 내용 및 취지 등을 종합해 보면, /

【**대법원 요지**】 공개명령 및 고지명령 제도는 범죄행위를 한 자에 대한 응보 등을 목적으로 그 책임을 추궁하는 사후적 처분인 형벌과 구별되어 그 본질을 달리한다고 할 것이다.

3. 공개명령 및 고지명령의 예외사유

【**대법원 분석**】 한편 아동 · 청소년성보호법 제38조[개정법 제49조] 제1항 단서, 제38조의2[개정법 제50조; 저자 주] 제1항 단서는 /

【**대법원 분석**】 '아동 · 청소년대상 성범죄 사건에 대하여 벌금형을 선고하거나 [개정 아청법에서는 삭제됨; 저자 주] /

【**대법원 분석**】 피고인이 아동 · 청소년인 경우, /

【**대법원 분석**】 그 밖에 신상정보를 공개하여서는 아니 될 특별한 사정이 있다고 판단되는 경우'를 /

【**대법원 분석**】 공개명령 또는 고지명령의 선고에 관한 예외사유로 규정하고 있는바, /

【**대법원 요지**】 위와 같은 공개명령 및 고지명령의 성격과 본질, 관련 법률의 내용과 취지 등에 비추어 /

【**대법원 요지**】 공개명령 등의 예외사유로 규정되어 있는 위 '피고인이 아동 · 청소년인 경우'에 해당하는지 여부는 /

【**대법원 요지**】 사실심 판결의 선고시를 기준으로 판단하여야 할 것이다.

4. 사안에 대한 대법원의 판단

【**대법원 판단**】 원심판결 이유에 의하면, 원심은, /

【**대법원 판단**】 피고인이 제1심판결 선고 당시에는 아동 · 청소년성보호법에서 정한 '아동 · 청소년'

으로서 공개명령·고지명령의 대상에 해당하지 않았으나, /

【대법원 판단】 원심에 이르러 만 19세에 도달하는 해의 1월 1일이 경과되어 '아동·청소년'에서 제외됨으로써 공개명령·고지명령의 대상이 된다고 보아, /

【대법원 판단】 아동·청소년대상 성폭력범죄에 관한 공소사실을 유죄로 인정하여 실형을 선고하고도 공개명령·고지명령을 선고하지 아니한 제1심판결을 파기하고 /

【대법원 판단】 직권으로 피고인에 대하여 각 3년간의 공개명령 및 고지명령을 선고하였다.

【대법원 결론】 앞서 본 법리에 비추어 기록을 살펴보면 원심의 위와 같은 조치는 정당한 것으로 수긍할 수 있고, 거기에 상고이유의 주장과 같이 아동·청소년성보호법상 공개명령·고지명령에 관한 법리를 오해하는 등의 위법이 없다. (상고 기각)

2012도3575

죄형법정주의와 형벌법규의 해석
가짜 '횡성한우' 사건
2012. 10. 25. 2012도3575, 공 2012하, 1997

1. 사실관계 및 사건의 경과

【사실관계 1】

① 강원도 횡성군은 한우 쇠고기로 유명한 지역이다.

② 갑, 을, 병은 횡성군 소재 P농업협동조합의 임직원이다.

③ 갑 등은 강원도 횡성군 지역이 아닌 다른 지역에서 출생·사육·출하된 소들을 A 등 한우중개상을 통하여 구입하였다.

④ 갑 등은 구입한 소들을 일단 도축을 위해 횡성군 지역으로 이동시켰다.

⑤ 이동된 소들의 일부는 당일 인접한 원주시 M지역 소재 도축업체인 Q기업으로 보내져 도축되었다.

⑥ 이동 당일 도축하지 않은 소들은 횡성군 지역 내 축산농가에서 1, 2개월 이상 사료를 먹으며 머물다가 도축되었다.

⑦ 갑, 을, 병은 이렇게 도축된 쇠고기를 '횡성한우'로 표시하여 P농업협동조합을 통해 전국에 판매하였다.

⑧ [갑 등의 이러한 판매행위는 상당기간 계속되었다.]

【사실관계 2】

① [갑 등이 이러한 방식으로 판매한 쇠고기는 가짜 '횡성한우'라는 언론의 보도가 있었다.]

② [편법적 원산지표시 행태를 바로잡아야 한다는 사회적 여론이 형성되었다.]

③ 2009. 11. 2. 농산물품질관리법 시행령이 개정되어 농산물이 이식·이동 등으로 원산지 판정이 어려운 경우 세부 판정기준은 농림수산식품부장관이 정하여 고시한다는 규정이 신설되었다.

④ 그러나 농림수산식품부장관은 이에 관한 원산지 판정기준을 별도로 고시하지 않았다.

⑤ 2010. 2. 4. 「농수산물의 원산지 표시에 관한 법률」이 제정되었다.

⑥ 위 법률 및 시행령의 위임에 따라 농림수산식품부고시로 '농수산물의 원산지 표시요령'이 마련되었다.

⑦ 2011. 5. 26.부터 '농수산물의 원산지 표시요령'이 시행되었다.

⑧ '농수산물의 원산지 표시요령'에 의하여 다음과 같은 쇠고기 원산지표시기준이 마련되었다.

⑨ "국내에서 출생·사육·도축한 쇠고기의 원산지를 '시·도명 또는 시·군·구명'으로 표시하고자 하는 경우 해당 시·도 또는 시·군·구에서 도축일을 기준으로 12개월 이상 사육되어야 한다."

【사건의 경과 1】

① (쇠고기의 원산지표시기준이 마련되기 전의 시점이다.)

② 검사는 갑, 을, 병을 농산물품질관리법위반죄(원산지표시위반)로 기소하였다.

③ 검사는 P농업협동조합을 농산물품질관리법의 양벌규정을 적용하여 기소하였다.

④ 갑 등이 횡성군으로 이동하여 도축한 소들의 내역은 다음과 같다.

　(가) ㉠그룹 : 도착 당일 도축

　(나) ㉡그룹 : 도착 후 2개월 미만 도축

　(다) ㉢그룹 : 도착 후 2개월 이상 도축

⑤ [제1심 공판절차에서] 한우중개업자 A는 횡성군 지역으로 소를 이동시킨 후 3개월 내지 4개월 내에 도축한 소의 수량이 430마리 정도 된다고 진술하였다.

【사건의 경과 2】

① 갑 등의 피고사건은 제1심을 거친 후, 항소심에 계속되었다.

② 항소심법원은 원산지표시와 관련하여 당해 소의 사육지로 볼 수 있는 최소한의 체류기간을 2개월로 정하였다.

③ 항소심법원은 이 기준을 적용하여 다른 지역에서 횡성군 지역으로 이동된 후 2개월 내에 도축된 소의 수를 산정하였다.

④ 항소심법원은 횡성군으로 이동된 소의 체류기간에 따라 도축 수량을 비례적으로 안분하는 방법을 적용하였다.

⑤ 예컨대 횡성군 지역으로 소를 이동시킨 후 3개월 내지 4개월 내에 도축한 소의 수량이 430마리 정도 된다는 한우중개업자의 진술이 있는 경우 430마리 중 절반인 215마리가량이 2개월 내에 도축되었다고 인정하였다.

【사건의 경과 3】

① 2012. 2. 22. 항소심법원은 갑 등에게 다음과 같이 판결을 선고하였다.

　(가) ㉠그룹 : 도착 당일 도축된 쇠고기 부분 : 유죄

　(나) ㉡그룹 : 도착 후 2개월 미만 도축된 쇠고기 부분 : 유죄

　(다) ㉢그룹 : 도착 후 2개월 이상 도축된 쇠고기 부분 : 무죄

② 갑 등은 유죄 부분에 불복 상고하였다.

③ 검사는 무죄 부분에 불복 상고하였다.

④ 갑 등과 검사는 상고이유로, 원산지 판단기준이 잘못되었다고 주장하였다.

⑤ 2012. 10. 25. 대법원은 판결을 선고하였다.

2. 행위 시점의 원산지표시 관련규정의 개관

【대법원 분석】 가. (1) 구 농산물품질관리법(2009. 5. 8. 법률 제9667호로 개정되기 전의 것, 이하 '법'이라 한다) 제2조는 /

【대법원 분석】 제1호에서 "'농산물'이라 함은 가공되지 아니한 상태의 농산물 · 임산물(석재 및 골재를 제외한다) 및 축산물과 기타 대통령령이 정하는 것을 말한다."고 규정하고, /

【대법원 분석】 제6호에서 "'원산지'라 함은 농산물이 생산 또는 채취된 국가 또는 지역을 말한다."고 규정하고 있으며, /

【대법원 분석】 법 제15조 제1항은 "농림수산식품부장관은 농산물의 유통질서확립 등을 위하여 필요하다고 대통령령이 정한 경우에는 농산물 및 그 가공품을 판매하거나 가공하는 자에 대하여 그 원산지를 표시하게 하여야 한다."고 규정하고, /

【대법원 분석】 제3항은 "제1항의 규정에 의한 원산지의 표시대상품목 · 표시방법 · 원산지 판정기준 등에 관하여 필요한 사항은 대통령령으로 정한다."고 규정하고 있다.

【대법원 분석】 위와 같은 위임에 따라 구 농산물품질관리법 시행령(2009. 11. 2. 대통령령 제21805호로 개정되기 전의 것, 이하 '시행령'이라 한다) 제24조 제1항은 /

【대법원 분석】 법 제15조 제3항에 따른 원산지의 표시방법에 관하여 /

【대법원 분석】 제1호에서 "국산농산물 등의 경우에는 '국산'이나 '국내산' 또는 그 농산물 등을 생산한 특별시 · 광역시 · 도(이하 '시 · 도'라 한다)명이나 시 · 군 · 자치구(이하 '시 · 군 · 구'라 한다)명을 표시한다."고 규정하고, /

【대법원 분석】 시행령 제25조 제1항은 "법 제15조 제3항의 규정에 의한 국산농산물 등의 원산지의 판정기준은 다음 각 호와 같다."고 규정하면서 /

【대법원 분석】 제1호에서 "시 · 도명이나 시 · 군 · 구명을 표시하는 농산물 : 당해 농산물이 생산된 시 · 도 또는 시 · 군 · 구"라고 규정하고 있다.

【대법원 분석】 한편 법 제34조의2, 제17조 제1항 제1호 및 제3호는, /

【대법원 분석】 법 제15조 제1항의 규정에 의하여 원산지의 표시를 하도록 한 농산물을 판매하는 자가 /

【대법원 분석】 원산지 표시를 허위로 하거나 이를 혼동하게 할 우려가 있는 표시를 하는 행위 또는 원산지를 위장하여 판매하는 행위를 /

【대법원 분석】 7년 이하의 징역 또는 1억원 이하의 벌금에 처하거나 이를 병과할 수 있도록 규정하고 있고, /

【대법원 분석】 법 제37조는 법인의 대표자가 그 법인의 업무에 관하여 법 제34조의2의 위반행위를 한 때에는 행위자를 벌하는 외에 그 법인도 처벌하도록 규정하고 있다.

3. 행위 시점의 원산지 표시기준

【대법원 판단】 (2) 일반적으로 토지나 그에 부속된 식물 등에 고착되어 있는 형태의 농산물과 임산물의 경우 수확이나 채취 이전에 원래 장소로부터 다른 지역으로 이식되는 경우가 아닌 한 /

【대법원 판단】 그 수확 또는 채취장소를 당해 농산물과 임산물의 원산지로 보는 데 별다른 어려움이 없으나, /

【대법원 판단】 이동이 가능한 가축의 고기 등과 같은 축산물과 시행령 제2조에 의하여 농산물로 인정되는 사육하는 야생동물의 고기 등과 같은 농산물의 경우에는 /

【대법원 판단】 출생 후 다른 곳으로 이동하여 사육되거나 도축될 가능성이 있기 때문에 그 원산지를 판정함에 있어 출생, 사육 또는 도축 중 어느 요소를 어느 정도로 고려할 것인지에 따라 그 결론이 달라질 수 있다.

【대법원 판단】 (3) 우선 위와 같은 관련 법령의 내용과 체제에다가 /

【대법원 판단】 농산물의 적정한 품질관리를 통하여 농산물의 상품성을 높이고 공정한 거래를 유도함으로써 농업인의 소득증대와 소비자보호에 이바지한다는 법의 입법 목적을 종합적으로 고려하면, /

【대법원 요지】 국내산 쇠고기에 특정 시·도명이나 시·군·구명을 그 원산지로 표시하여 판매함에 있어 /

【대법원 요지】 해당 소가 출생·사육·도축된 지역과 전혀 무관한 지역을 원산지로 표시하거나 /

【대법원 요지】 출생·사육은 타 지역에서 이루어진 후 오로지 도축만을 위하여 도축지로 이동된 후 곧바로 도축되었을 뿐임에도 그 도축지를 원산지로 표시하였다면, /

【대법원 요지】 이는 법 제34조의2, 제17조 제1항 제1호 및 제3호에 규정된 /

【대법원 요지】 '원산지 표시를 허위로 하거나 이를 혼동하게 할 우려가 있는 표시를 하는 행위 및 원산지를 위장하여 판매하는 행위'에 해당된다고 해석하여야 할 것이다.

【대법원 요지】 한편 형벌법규는 그 문언에 따라 엄격하게 해석·적용하여야 하고 /

【대법원 요지】 피고인에게 불리한 방향으로 지나치게 확장해석하거나 유추해석하여서는 안 되는 것이 원칙이므로, /

【대법원 요지】 국내에서 출생한 소가 그 출생지 외의 지역에서 사육되다가 도축된 경우 /

【대법원 요지】 당해 소가 어느 정도의 기간 동안 사육되면 비로소 그 사육지 등을 원산지로 표시할 수 있는지에 관하여 관계 법령에 아무런 규정이 없다면 /

【대법원 요지】 특정 지역에서 단기간이라도 일정 기간 사육된 소의 경우 그 쇠고기에 해당 시·도명이나 시·군·구명을 그 원산지로 표시하여 판매하였다고 하더라도 /

【대법원 요지】 이를 곧바로 위와 같은 원산지 표시 규정 위반행위에 해당한다고 단정할 수는 없다.

4. 행위 시점 이후의 원산지 표시기준

【대법원 분석】 그런데 이 사건 범행 당시에는 법 및 시행령에서 위와 같이 출생지 등에서 이동된 농산물의 원산지 판정기준에 대하여 아무런 규정을 두고 있지 않다가 /

【대법원 분석】 2009. 11. 2. 대통령령 제21805호로 개정된 구 농산물품질관리법 시행령 제25조 제4항에서 /

【대법원 분석】 "제1항 제1호에 따른 농산물이 이식·이동 등으로 원산지 판정이 어려운 경우 세부 판정기준은 농림수산식품부장관이 정하여 고시한다."는 규정을 신설하였으나, /

【대법원 분석】 농림수산식품부장관은 이에 관한 원산지 판정기준을 별도로 고시하지 아니하였다. /

【대법원 분석】 그 후 2010. 2. 4. 법률 제10022호로 '농수산물의 원산지 표시에 관한 법률'이 제정되어 /

【대법원 분석】 그 제5조 제4항 및 같은 법 시행령 제5조 제2항의 위임에 따라 /

【대법원 분석】 2011. 5. 26.부터 시행된 '농수산물의 원산지 표시요령'(농림수산식품부고시 제2011-45호) /

【대법원 분석】 제5조 [별표 3] '이식·이동 등으로 인한 세부 원산지 표시기준'의 /

【대법원 분석】 '1. 농산물 중 '(라) 소의 국내 이동에 따른 원산지' 부분에서 비로소 /

【대법원 분석】 "국내에서 출생·사육·도축한 쇠고기의 원산지를 '시·도명 또는 시·군·구명'으로 표시하고자 하는 경우 해당 시·도 또는 시·군·구에서 도축일을 기준으로 12개월 이상 사육되어야 한다."는 원산지 판정기준이 마련되었다.

5. 사안에 대한 판단기준

【대법원 판단】 위와 같이 이 사건 범행 당시에는 원산지 표시 관계 법령에서 별도의 규정을 두고 있지 않았던 이상 /

【대법원 판단】 국내산 소를 도축을 위하여 그 출생지나 사육지로부터 특정 지역으로 이동시켰으나 /

【대법원 판단】 이동과정에서 감소된 체중 회복이나 도축시기 조정 등의 이유로 이동 당일 도축하지 않고 일정 기간 동안 그 특정 지역에서 사료 등을 먹이다가 도축한 경우, /

【대법원 채증】 이를 단순한 도축의 준비행위에 불과하다고 볼 것인지 아니면 사육으로 볼 것인지에 관하여는 /

【대법원 채증】 당해 소의 종류와 연령, 건강상태, 이동 후 도축 시까지의 기간, 이동 후 해당 소에게 사료를 먹이며 머물게 한 장소의 형태와 제공된 사료의 종류와 제공방법, 체중의 변동 여부 등을 /

【대법원 채증】 종합적으로 고려하여 개별 사안에 따라 합리적으로 판단할 수밖에 없고, /

【대법원 판단】 이와 달리 이동 후 도축 시까지의 기간을 임의로 설정하여 일률적으로 원산지 표시 규정 위반 여부를 판단할 수는 없다고 할 것이다.

6. 사안에 대한 항소심의 판단

【항소심 판단】 나. 원심은, 국내산 소의 유통과정과 법의 취지와 조리 등에 비추어 특정 지역에서 최소한 2개월 이상 머문 경우에 한하여 당해 지역을 소의 사육지로 보아 원산지로 표시할 수 있다는 기준을 설정하여 /

【항소심 판단】 피고인 P농업협동조합의 임직원인 피고인 갑, 을, 병이 강원도 횡성군 지역이 아닌 다른 지역에서 출생·사육·출하된 소를 한우중개상을 통하여 구입하여 횡성군 지역으로 이동시킨 뒤 /

【항소심 판단】 그때부터 당해 소를 도축할 때까지의 기간이 2개월 미만인 경우에는 단순한 보관행위를 한 것으로 보고 /

【항소심 판단】 그러한 소를 도축한 쇠고기에 대해서는 강원도 횡성군을 원산지로 표시해서는 안 된다고 전제한 다음, /

【항소심 판단】 위 피고인들이 횡성군 지역으로 이동 후 도축 시까지의 기간이 2개월 미만의 소를 도축한 쇠고기를 '횡성한우'로 표시하여 판매한 행위는 법이 정한 원산지 표시 규정에 위배된다고 판단하

였다.

7. 사안에 대한 대법원의 판단

【대법원 판단】 앞서 본 법리에 의하면, /

【대법원 판단】 원심이 유죄로 인정한 범죄사실 중 /

【대법원 판단】 위 피고인들이 횡성군이 아닌 다른 지역에서 출생·사육된 소를 원주시 (이하 생략) 소재 도축업체인 '○○기업'으로 이동시켜 그 이동 당일 그곳에서 도축하였을 뿐임에도 그 쇠고기를 '횡성한우'로 표시하여 판매한 행위는 /

【대법원 판단】 명백히 이 사건 원산지 표시 규정 위반행위에 해당한다고 할 것이다.

【대법원 분석】 그런데 원심판결 이유에 의하면, 원심이 유죄로 인정한 범죄사실 중에는 이와 같이 횡성군 지역에서 출생 또는 사육된 바 없는 소를 '횡성한우'로 표시하여 판매한 부분 이외에도, /

【대법원 분석】 일단 도축을 위해 횡성군 지역으로 이동시켰으나 그 이동 당일 도축하지 않은 채 횡성군 지역 내 축산농가에서 1, 2개월 이상 사료를 먹이며 머물다가 도축된 경우도 상당수 포함되어 있음이 분명하다. /

【대법원 판단】 이러한 경우 원심으로서는 앞서 본 법리에 따라 이동 후 도축 시까지의 기간, 이동 후 해당 소에게 사료를 먹이며 머물게 한 장소의 형태와 제공된 사료의 종류와 제공방법, 체중의 변동 여부 등 구체적 사정에 대한 충분한 심리를 거쳐 /

【대법원 판단】 그것이 단순히 도축을 위한 준비행위에 불과한지 아니면 그 특정 지역에서의 사육에 해당하는지를 판단하였어야 함에도 불구하고, /

【대법원 결론】 이에 이르지 아니한 채 횡성군 지역에서 출생·사육되지 아니한 소를 횡성군 지역으로 이동시킨 후 도축 시까지의 기간이 2개월 미만인 경우는 모두 일률적으로 도축의 준비행위 또는 단순한 보관행위에 불과하다고 판단하여 이 부분 범죄사실까지도 유죄로 판단하고 말았으니, /

【대법원 결론】 이러한 원심의 판단에는 법 제34조의2, 제17조 제1항, 제15조 제1항 및 제3항, 제2조 제6호에 대한 해석과 법률적용을 그르쳐 필요한 심리를 다하지 아니한 잘못이 있다고 할 것이다 /

8. 항소심의 채증법칙 위반 부분

【항소심 판단】 (원심은 또한, 당해 소의 사육지로 볼 수 있는 최소한의 체류기간이 2개월이라는 기준을 설정한 다음, /

【항소심 판단】 다른 지역에서 횡성군 지역으로 이동된 후 2개월 내에 도축된 소의 수를 산정하면서, /

【항소심 판단】 예컨대 횡성군 지역으로 소를 이동시킨 후 3개월 내지 4개월 내에 도축한 소의 수량이 430마리 정도 된다는 한우중개업자의 진술이 있는 경우 /

【항소심 판단】 그 체류기간에 따라 도축 수량을 비례적으로 안분하는 방법을 적용함으로써 위 430마리 중 절반인 215마리가량이 2개월 내에 도축되었다고 인정하였으나, /

【대법원 판단】 이러한 사실인정 방식은 당해 소를 전 기간에 걸쳐 균등하게 도축하였다는 사실을 전제로 한 경우에만 타당한 것이어서 /

【대법원 판단】 피고인들의 실제 도축 수량에 비해 현저한 오차나 괴리가 발생할 가능성이 매우 크다

고 할 것이므로, /

【대법원 판단】 비록 원심이 그 오차를 고려하고 10마리 미만을 버리는 방식으로 2개월 내 도축 수량을 산정하였다고 하더라도, /

【대법원 판단】 이러한 원심의 조치는 논리와 경험칙에 위배되고 자유심증주의의 한계를 벗어난 것이어서 허용될 수 없다는 점을 덧붙여 지적하여 둔다).

9. 사안에 대한 대법원의 최종 결론

【대법원 결론】 따라서 위 피고인들의 나머지 상고이유에 관하여 더 나아가 판단할 필요 없이 원심판결 중 위 피고인들에 대한 각 유죄 부분에 관한 상고는 모두 이유 있다. (파기 환송)

【대법원 결론】 검사의 위 피고인들에 대한 상고이유는 법이 정한 원산지 표시 규정과 관련하여 도축을 위하여 특정 지역으로 이동시킨 소에게 그 지역에서 사료를 먹이며 머문 기간이 원심이 인정한 2개월보다 더 장기간인 경우에도 원산지 표시 규정 위반행위에 해당되어야 함을 전제로 하고 있으나, /

【대법원 결론】 이는 앞서 본 법리에 비추어 받아들일 수 없는 주장이다. 이와 관련된 검사의 상고이유는 모두 이유 없다. (상고 기각)

2012도5862

부작위에 의한 효용침해
전자장치 분실 방치 사건
2012. 8. 17. 2012도5862, 공 2012하, 1570

1. 사실관계 및 사건의 경과

【사실관계】

① 2010. 12. 16. 갑은 광주고등법원에서 아동·청소년의성보호에관한법률위반죄(강간등)로 다음 주문의 판결을 선고받았다.

　(가) 징역 8월

　(나) 집행유예 2년

　(다) 위치추적전자장치 부착명령 2년

② 2011. 4. 28. 갑에 대한 형이 확정되었다.

③ 갑은 집행유예 기간 중에 있고, 위치추적전자장치를 부착하고 있다.

④ 갑은 보호관찰소 직원으로부터 위치추적전자장치 부착 후 휴대용 추적장치는 이동시 반드시 충전하여 소지하고 다녀야 한다는 사실을 고지받았다.

⑤ 갑은 수차례 이를 위반하여 경고장을 받은 사실이 있다.

⑥ 2011. 8. 13.경 갑은 광주 남구 천주교 성당 부근 상호 불상의 편의점에서, 노숙자와 함께 술을 마시다가 위치추적전자장치의 구성부분인 휴대용 추적장치를 분실하였다.

⑦ 갑은 보호관찰소에 분실신고를 하지 않았다.

⑧ 2011. 8. 16경까지 갑은 전남 장흥군 관산 등지로 선배 A와 함께 낚시를 하러 다녔다.

【사건의 경과 1】

① 검사는 갑을 「특정범죄자에 대한 위치추적 전자장치 부착 등에 관한 법률」 위반죄(전자장치효용침해)로 기소하였다.

② 제1심법원은 유죄를 인정하고 벌금 5백만원을 선고하였다.

③ 갑은 불복 항소하였다.

④ 검사도 불복 항소하였다. (양형부당)

⑤ 항소심법원은 제1심의 법률판단 및 사실판단을 유지하였다.

⑥ 항소심법원은 양형부당을 이유로 제1심판결을 파기하고, 징역 4월을 선고하였다.

【사건의 경과 2】

① 갑은 불복 상고하였다.

② 갑은 상고이유로 다음의 점을 주장하였다.

    (가) 위치추적전자장치를 분실하였을 뿐 전자장치의 효용을 적극적으로 침해하는 행위는 하지 않았다.

    (나) 부작위에 의한 효용침해는 성립하지 않는다.

【참조조문】

특정 범죄자에 대한 보호관찰 및 전자장치 부착 등에 관한 법률

제14조 (피부착자의 의무) ① 전자장치가 부착된 자(이하 "피부착자"라 한다)는 전자장치의 부착기간 중 전자장치를 신체에서 임의로 분리·손상, 전파 방해 또는 수신자료의 변조, 그 밖의 방법으로 그 효용을 해하여서는 아니 된다.

제38조 (벌칙) 피부착자가 제14조(제27조 및 제31조에 따라 준용되는 경우를 포함한다)를 위반하여 전자장치의 부착기간 중 전자장치를 신체에서 임의로 분리·손상, 전파 방해 또는 수신자료의 변조, 그 밖의 방법으로 그 효용을 해한 때에는 7년 이하의 징역 또는 2천만원 이하의 벌금에 처한다.

2. 전자장치 효용침해행위와 부작위범

【대법원 분석】 (전략)

【대법원 분석】 전자장치 부착법 제38조는 위치추적 전자장치(이하 '전자장치'라 한다)의 피부착자가 부착기간 중 전자장치를 신체에서 임의로 분리·손상, 전파 방해 또는 수신자료의 변조, 그 밖의 방법으로 그 효용을 해한 행위를 처벌하고 있는데, /

【대법원 요지】 그 효용을 해하는 행위는 전자장치를 부착하게 하여 위치를 추적하도록 한 전자장치의 실질적인 효용을 해하는 행위를 말하는 것으로서, /

【대법원 요지】 전자장치 자체의 기능을 직접적으로 해하는 행위뿐 아니라 /

【대법원 요지】 전자장치의 효용이 정상적으로 발휘될 수 없도록 하는 행위도 포함되며, /

【대법원 요지】 부작위라고 하더라도 고의적으로 그 효용이 정상적으로 발휘될 수 없도록 한 경우에는 처벌된다고 해석된다.

【대법원 판단】 원심이 유지한 제1심판결은 /

【대법원 판단】 피고인이 2011. 8. 13.경 술을 마시다가 전자장치의 구성 부분인 휴대용 추적장치를 분실한 후 /

【대법원 판단】 2011. 8. 16.경까지 보호관찰소에 분실신고도 하지 아니한 채 선배와 함께 낚시를 하러 다니는 등의 행위를 함으로써 전자장치의 효용을 해하였다고 판단하였다. /

【대법원 결론】 직권으로 제1심의 판단을 위 법리와 적법하게 채택된 증거들에 비추어 살펴보더라도, /

【대법원 결론】 피고인이 휴대용 추적장치의 분실을 넘어서서 상당한 기간 동안 휴대용 추적장치가 없는 상태를 임의로 방치하여 /

【대법원 결론】 전자장치의 효용이 정상적으로 발휘될 수 없는 상태를 이룬 이 사건 행위를 /

【대법원 결론】 전자장치의 효용을 해한 행위로 본 제1심의 판단에 전자장치 부착법을 위반한 위법이 있다고 할 수 없고, /

【대법원 결론】 또한 이 사건 행위에 관하여 피고인에게 고의가 있었음을 전제로 하여 유죄로 인정한 제1심판결에 논리와 경험의 법칙에 반하여 자유심증주의의 한계를 벗어나거나 고의, 증명책임 등에 관한 법리 등을 위반한 위법이 없다. /

【대법원 결론】 따라서 이 부분 상고이유의 주장은 받아들이지 아니한다. (상고 기각)

2012도6027

변호사 변론행위의 한계
보이스피싱 허위자백 사건

2012. 8. 30. 2012도6027, 공 2012하, 1641

1. 사실관계 및 사건의 경과

【사실관계 1】

① 갑과 을은 휴대전화 문자발송 사기 범행으로 수사기관의 조사를 받게 되었다. (㉮사건)

② 갑과 을은 병에게 ㉮사건에서 병이 문자를 발송한 것처럼 허위로 자백해 달라고 부탁하였다.

③ 정은 변호사이다.

④ 갑은 변호사 정에게 ㉮사건에서 병의 변호를 의뢰하였다.

【사실관계 2】

① 2010. 8. 31. 병은 경찰에서 조사를 받고, 부탁받은 대로 허위자백을 하였다.

② 2011. 2. 17. 병은 검찰에서 조사를 받고, 부탁받은 대로 허위자백을 하였다.

③ 검사는 병을 사기죄로 기소하였다. (㉯사건)

④ 2011. 3. 18. 제1심 법정에서 갑은 부탁받은 대로 허위자백을 하였다.

⑤ 2011. 4. 8. 제1심 법정에서 갑은 다시 한번 부탁받은 대로 허위자백을 하였다.

⑥ 제1심법원은 병에게 유죄를 인정하고, 법정구속하였다.

【사실관계 3】

① 병은 불복 항소하였다.

② 2011. 5. 23. 병은 진실을 밝히는 내용의 항소이유서를 항소심 법원에 제출하였다.

③ 갑과 병 사이에 허위자백을 유지하는 대가에 대해 합의가 시도되었다.

④ 병은 1억원을 받으면 합의를 할 생각을 가지고 있었다.

⑤ 변호사 정은 갑과 병 사이의 합의과정에서 합의가 성사되도록 도왔다.

⑥ 변호사 정은 합의금의 일부를 자신이 예치하기로 하고 갑과 병 사이에 합의서를 작성해 주었다.

【사실관계 4】

① 2011. 6. 14. 항소심 공판기일에서 병은 허위자백을 유지하는 태도를 취하였다.

② 2011. 6. 28. 오후 병은 검찰에서 조사를 받았다.

③ 이 자리에서 병은 비로소 갑과 을이 진범임을 밝혔다.

④ 이 자리에서 병은 을과 병 사이에 변호사 정이 관여하여 합의가 이루어졌음을 밝혔다.

【사건의 경과 1】

① 검사는 갑, 을, 병, 정을 다음과 같이 기소하였다. (㉰사건)

  (가) 갑 : 사기죄, 범인도피교사죄

  (나) 을 : 사기죄, 범인도피교사죄

  (다) 병 : 범인도피죄

  (라) 정 : 범인도피죄 공동정범

② ㉰사건의 제1심법원은 갑 등에 대해 유죄를 인정하였다.

③ 갑, 병, 정은 불복 항소하였다.

④ 을은 항소하지 않았다.

⑤ 항소심법원은 다음과 같이 판단하였다.

  (가) 갑 : 사기죄, 범인도피교사죄

  (나) 병 : 범인도피교사죄

  (다) 정 : 범인도피방조죄

【사건의 경과 2】

① 갑과 정은 불복 상고하였다.

② 병은 상고하지 않았다.

③ 갑은 상고이유로 양형부당을 주장하였다.

④ 정은 상고이유로 다음의 점을 주장하였다.

  (가) 갑과 을의 범인도피가 완료하였으므로 범인도피방조죄가 성립하지 않는다.

  (나) 변호사와 의뢰인 간에는 비밀준수의무가 있다.

  (다) 변호사가 의뢰인을 위하여 한 행위는 정당행위로서 위법성이 조각된다.

⑤ 검사는 정에 대한 판단 부분에 불복 상고하였다.

⑥ 검사는 상고이유로, 정에게 범인도피죄의 공동정범이 인정된다고 주장하였다.

⑦ (이하에서 정 부분을 중심으로 고찰함)

2. 범인도피죄와 공범의 성립시점

【대법원 요지】 가. 범인도피죄는 범인을 노피하게 함으로써 기수에 이르지만, /

【대법원 요지】 범인도피행위가 계속되는 동안에는 범죄행위도 계속되고 행위가 끝날 때 비로소 범죄행위가 종료된다. /

【대법원 요지】 따라서 공범자의 범인도피행위의 도중에 그 범행을 인식하면서 그와 공동의 범의를 가지고 기왕의 범인도피상태를 이용하여 스스로 범인도피행위를 계속한 경우에는 범인도피죄의 공동정범이 성립하고, /

【대법원 요지】 이는 그 공범자의 범행을 방조한 종범의 경우도 마찬가지이다.

3. 범인도피죄 공범 부분에 대한 대법원의 판단

【대법원 분석】 기록에 의하면, 원심 공동피고인 병에 대한 이 사건 공소사실의 요지는 /

【대법원 분석】 "원심 공동피고인 병이 피고인 갑, 제1심 공동피고인 을의 범인도피교사에 따라 /

【대법원 분석】 2010. 8. 31. 경찰 및 2011. 2. 17. 검찰에서 조사를 받고, /

【대법원 분석】 2011. 3. 18. 및 2011. 4. 8. 법원에서 제1심 재판을 받음에 있어 /

【대법원 분석】 이 사건 휴대전화 문자발송 사기 범행을 자신이 저질렀다는 취지로 허위자백하였고, /

【대법원 분석】 이로써 피고인 갑 및 제1심 공동피고인 을을 도피하게 하였다."는 것임을 알 수 있으므로. /

【대법원 판단】 원심 공동피고인 병의 위 범행은 2011. 4. 8. 이전에 이미 기수에 이르렀다고 볼 수 있다. /

【대법원 분석】 그러나 제1심이 적법하게 채택한 증거들에 의하면, /

【대법원 분석】 원심 공동피고인 병은 2011. 5. 23. 진실을 밝히는 내용의 항소이유서를 항소심 법원에 제출하기는 하였으나, /

【대법원 분석】 이후 2011. 6. 14. 열린 항소심 공판기일에서는 여전히 위 허위자백을 유지하는 태도를 취하였고, /

【대법원 분석】 2011. 6. 28. 오후 검찰에서 조사를 받으면서 비로소 피고인 갑 및 제1심 공동피고인 을이 진범임을 밝혔음을 알 수 있으므로, /

【대법원 판단】 원심 공동피고인 병의 범행이 종료된 시점은 2011. 6. 28.이라고 할 것이다.

【대법원 결론】 따라서 원심이 이러한 전제하에, 피고인 정이 2011. 5. [23.]경부터 2011. 6. 28. 오전 경까지 그 판시와 같은 행위를 통해 원심 공동피고인 병의 범인도피행위를 방조한 것으로 볼 수 있다고 판단한 것은, /

【대법원 결론】 위와 같은 법리에 비추어 정당한 것으로 수긍할 수 있고, 거기에 상고이유의 주장과 같은 범인도피죄의 종범에 관한 법리 등을 오해한 위법이 없다.

4. 변호사의 비밀유지의무

【대법원 분석】 나. 변호사는 공공성을 지닌 법률 전문직으로서 독립하여 자유롭게 그 직무를 수행하

여야 하고(변호사법 제2조), /

【대법원 분석】 그 직무를 수행함에 있어 진실을 은폐하거나 거짓 진술을 하여서는 아니 된다(같은 법 제24조 제2항). /

【대법원 요지】 따라서 형사변호인의 기본적인 임무가 피고인 또는 피의자를 보호하고 그의 이익을 대변하는 것이라고 하더라도, /

【대법원 요지】 그러한 이익은 법적으로 보호받을 가치가 있는 정당한 이익으로 제한되고, /

【대법원 요지】 변호인이 의뢰인의 요청에 따른 변론행위라는 명목으로 /

【대법원 요지】 수사기관이나 법원에 대하여 적극적으로 허위의 진술을 하거나 /

【대법원 요지】 피고인 또는 피의자로 하여금 허위진술을 하도록 하는 것은 허용되지 않는다.

5. 변호사의 변론행위 부분에 대한 대법원의 판단

【대법원 판단】 원심은 그 채택 증거를 종합하여 판시와 같은 사실을 인정한 뒤, /

【대법원 판단】 피고인 정은 변호인으로서 단순히 원심 공동피고인 병의 이익을 위한 적절한 변론과 그에 필요한 활동을 하는 데 그치지 아니하고, /

【대법원 판단】 원심 공동피고인 병와 피고인 갑 사이에 부정한 거래가 진행 중이며, /

【대법원 판단】 원심 공동피고인 병 사건의 수임과 변론이 그 거래의 향배와 불가결한 관련이 있을 것임을 분명히 인식하고도 피고인 갑으로부터 원심 공동피고인 병 사건을 수임하고, /

【대법원 판단】 그들 사이의 합의가 성사되도록 도왔으며, /

【대법원 판단】 스스로 합의금의 일부를 예치하는 방안까지 용인하고 합의서를 작성하는 등으로 피고인 갑과 원심 공동피고인 병 사이의 거래관계에 깊숙이 관여하였으므로, /

【대법원 판단】 이러한 행위를 정당한 변론권의 범위 내에 속한다고 평가할 수는 없다고 판단하였다. /

【대법원 요지】 그리고 나아가 변호인의 비밀유지의무는 변호인이 업무상 알게 된 비밀을 다른 곳에 누설하지 않을 소극적 의무를 말하는 것일 뿐, /

【대법원 요지】 이 사건과 같이 진범을 은폐하는 허위자백을 적극적으로 유지하게 한 행위가 변호인의 비밀유지의무에 의하여 정당화될 수는 없다고 판단하였다.

【대법원 결론】 앞서 본 법리와 기록에 비추어 살펴보면, 원심의 위와 같은 판단은 모두 정당한 것으로 수긍할 수 있고, 거기에 상고이유의 주장과 같은 변호사의 비밀유지의무 및 변론권에 관한 법리오해 등의 위법은 없다.

【대법원 판단】 (기타 상고이유 판단 생략)

6. 범인도피죄의 방조범 부분에 대한 대법원의 판단

【대법원 요지】 형법 제30조의 공동정범이 성립하기 위하여는 주관적 요건인 공동가공의 의사와 객관적 요건으로서 그 공동의사에 기한 기능적 행위지배를 통하여 범죄를 실행하였을 것이 필요하고, /

【대법원 요지】 여기서 공동가공의 의사란 타인의 범행을 인식하면서도 이를 제지함이 없이 용인하는 것만으로는 부족하고 /

【대법원 요지】 공동의 의사로 특정한 범죄행위를 하기 위하여 일체가 되어 서로 다른 사람의 행위를

이용하여 자기의 의사를 실행에 옮기는 것을 내용으로 하는 것이어야 한다.

【대법원 판단】 원심판결 이유에 의하면 원심은, /

【대법원 판단】 원심 공동피고인 병이 이미 피고인 정이 개입하기 전부터도 피고인 갑으로부터 1억원을 받고 허위자백을 유지하기로 마음먹고 있었던 점, /

【대법원 판단】 피고인 정은 원심 공동피고인 병과 피고인 갑 사이에서 양쪽의 의사를 전달하는 데 그쳤을 뿐, /

【대법원 판단】 그 구체적인 합의안의 결정에 직접 관여하지는 않은 점 등에 비추어, /

【대법원 판단】 피고인 정의 행위는 정범인 원심 공동피고인 병에게 결의를 강화하게 한 방조행위로 평가할 수 있을 뿐, /

【대법원 판단】 공동가공의 의사나 기능적 행위지배가 있다고 보기는 어렵다고 판단하였다.

【대법원 판단】 원심이 든 위와 같은 사정들에 기록에 의하여 드러난 아래 사정들, /

【대법원 판단】 즉 비록 피고인 정이 피고인 갑과 원심 공동피고인 병 사이에 위와 같은 부정한 거래가 성사되는 데 중요한 역할을 담당하기는 하였으나, /

【대법원 판단】 원심 공동피고인 병으로 하여금 허위자백을 유지하도록 적극적으로 종용하지는 않은 것으로 보이는 점, /

【대법원 판단】 피고인 갑이나 원심 공동피고인 병은 언제라도 피고인 정을 해임하는 등의 방법으로 피고인 정을 사건에서 배제시킬 수 있었고 다른 방법을 통하여 연락을 취하는 것도 가능하였던 것으로 보이는 점 등을 더하여 보면, /

【대법원 판단】 원심 공동피고인 병이 피고인 갑과 위와 같은 합의를 하고 허위자백을 유지하기로 한 사태의 핵심적 경과를 피고인 정이 계획적으로 조종하거나 저지·촉진하는 등으로 지배하고 있었다고 보기는 어렵다고 할 것이다.

【대법원 결론】 따라서 원심이 같은 취지에서, 피고인 정의 판시 행위가 범인도피죄의 공동정범에 해당한다고 볼 수 없다고 판단한 것은 정당하고, 거기에 상고이유의 주장과 같이 공동정범에 관한 법리 등을 오해한 위법은 없다. (상고 기각)

2012도7377

의제강간죄와 고의
12세 여중생 강간 사건
2012. 8. 30. 2012도7377, 공 2012하, 1650

1. 사실관계 및 사건의 경과

【사실관계】

① A는 만 12세 6개월인 여자중학교 1학년생이다.

② 사건 발생 약 3개월 전에 이루어진 건강검사결과에 의하면 A는 키 약 155cm, 몸무게 약 50kg 정도

로 중학교 1학년생으로서는 오히려 큰 편에 속하는 체격이었다.

③ 갑은 A를 처음으로 만났다.

④ 갑은 A를 데리고 P모텔로 갔다.

⑤ 갑이 A를 데리고 P모텔로 들어갈 때 모텔 관리자로부터 특별한 제지를 받은 바 없었다.

⑥ 갑은 A를 강간하였다.

【사건의 경과 1】

① 수사기관은 갑을 조사하였다.

② 갑은 검찰 조사에서 다음과 같이 진술하였다.

   (가) A를 밖에서 만났을 때는 어둡고 A가 키도 크고 해서 나이가 어린 줄 몰랐다.

   (나) P모텔에서 보니까 A가 15살 또는 16살 정도로 어려 보였다.

   (다) A에게 '몇 살이냐'고 물어보니까 A가 "중학교 1학년이라서 14살이다"라고 했다.

   (라) 그래서 당시 우리식 나이로 14살 정도 되는 줄 알았다

③ A는 수사기관에서 "갑에게 14세라고 말하였다"고 진술하였다.

【사건의 경과 2】

① 검사는 갑을 성폭력처벌법위반죄(13세미만미성년자강간)로 기소하였다.

② 갑은 범행 당시 A가 13세 미만 미성년자임을 알지 못하였다고 주장하였다.

③ 갑의 피고사건은 제1심을 거친 후, 항소심에 계속되었다.

④ 항소심법원은 13세 미만자 여부에 대한 갑의 인식 여부에 대해 다음과 같이 판단하였다.

   (가) 성폭력처벌법상 13세 미만 미성년자에 대한 강간죄는 13세 미만 미성년자의 성적 자기결정권을 보호하기 위한 측면보다 신체적·정신적으로 미숙한 단계의 인격체인 13세 미만 미성년자의 정상적인 성적 발달을 특별히 보호하기 위한 규정이라는 측면이 강하다.

   (나) 피해자가 13세 미만의 여자인 이상 그 당시의 객관적인 정황에 비추어 피고인이 피해자가 13세 미만의 여자라는 사실을 인식하였더라면 강간행위로 나아가지 아니하였으리라고 인정할 만한 합리적인 근거를 찾을 수 없다면 피고인에게 적어도 13세 미만 미성년자에 대한 강간죄의 미필적 고의는 있었다고 보아야 한다.

⑤ 항소심법원은 유죄를 인정하였다.

⑥ 갑은 불복 상고하였다.

⑦ 갑은 상고이유로 다음의 점을 주장하였다.

   (가) 범행 당시 A가 13세 미만 미성년자임을 알지 못하였다.

   (나) 고의가 없으므로 성폭력처벌법위반죄(13세미만미성년자강간)는 성립하지 않는다.

2. 사안에 대한 항소심의 판단

【항소심 판단】 1. 원심은 피고인이 이 사건 범행 당시 피해자가 13세 미만이라는 사실을 인식하였는지 여부에 관하여 우선 다음과 같은 일반법리를 전개하였다. /

【항소심 판단】 즉 구 '성폭력범죄의 처벌 및 피해자보호 등에 관한 법률'(2010. 4. 15. 법률 제10258호 '성폭력범죄의 피해자보호 등에 관한 법률'로 개정되기 전의 것) 제8조의2 제1항(이하 '이 사건 법조

항'이라고 한다)에서 정하는 /

【항소심 판단】 13세 미만 미성년자에 대한 강간죄는 /

【항소심 판단】 13세 미만 미성년자의 성적 자기결정권을 보호하기 위한 측면보다 신체적·정신적으로 미숙한 단계의 인격체인 13세 미만 미성년자의 정상적인 성적 발달을 특별히 보호하기 위한 규정이라는 측면이 강하다. /

【항소심 판단】 따라서 피고인이 강간 당시 피해자가 13세 미만의 여자라는 사실을 현실적이고 구체적으로 인식하지는 못하였다 하더라도, /

【항소심 판단】 "피해자가 13세 미만의 여자인 이상 그 당시의 객관적인 정황에 비추어 피고인이 피해자가 13세 미만의 여자라는 사실을 인식하였더라면 강간행위로 나아가지 아니하였으리라고 인정할 만한 합리적인 근거를 찾을 수 없다면" /

【항소심 판단】 피고인에게 적어도 13세 미만 미성년자에 대한 강간죄의 미필적 고의는 있었다고 보아야 한다는 것이다.

【항소심 판단】 나아가 원심은 그 판시와 같은 사정들에 비추어 피고인이 이 사건 강간 범행 당시 피해자가 13세 미만의 여자임을 인식하였거나 적어도 미필적으로 인식하고 있었다고 인정된다고 판단하고, /

【항소심 판단】 이 사건 13세 미만 미성년자에 대한 강간의 공소사실을 유죄로 인정하였다.

3. 13세 미만 미성년자 여부에 대한 입증방법

【대법원 판단】 2. 원심의 위와 같은 판단은 아래와 같은 이유에서 수긍하기 어렵다.

【대법원 요지】 가. 형사재판에서 공소가 제기된 범죄의 구성요건을 이루는 사실은 그것이 주관적 요건이든 객관적 요건이든 그 입증책임이 검사에게 있으므로, /

【대법원 요지】 이 사건 법조항에서 정하는 범죄의 성립이 인정되려면, 피고인이 피해자가 13세 미만의 여자임을 알면서 그를 강간하였다는 사실이 검사에 의하여 입증되어야 한다.

【대법원 요지】 물론 피고인이 일정한 사정의 인식 여부와 같은 내심의 사실에 관하여 이를 부인하는 경우에는 /

【대법원 요지】 이러한 주관적 요소로 되는 사실은 사물의 성질상 그 내심과 상당한 관련이 있는 간접사실 또는 정황사실을 증명하는 방법에 의하여 이를 입증할 수밖에 없고, /

【대법원 요지】 이 때 무엇이 상당한 관련성이 있는 간접사실에 해당할 것인가는 정상적인 경험칙에 바탕을 두고 사실의 연결상태를 합리적으로 분석·판단하는 방법에 의하여야 한다. /

【대법원 요지】 그러나 피해자가 13세 미만의 여자라는 객관적 사실로부터 피고인이 그 사실을 알고 있었다는 점이 추단된다고 볼 만한 경험칙 기타 사실상 또는 법적 근거는 이를 어디서도 찾을 수 없다.

【대법원 판단】 그렇다면 "피해자가 13세 미만의 여자인 이상 그 당시의 객관적인 정황에 비추어 피고인이 피해자가 13세 미만의 여자라는 사실을 인식하였더라면 강간행위로 나아가지 아니하였으리라고 인정할 만한 합리적인 근거를 찾을 수 없다면" 이 사건 법조항에서 정하는 강간죄에 관한 미필적 고의가 인정될 수 있다고 하는 법리는 /

【대법원 판단】 범죄의 주관적 구성요건사실 역시 객관적 구성요건사실과 마찬가지로 검사에 의하여

입증되어야 한다는 형사소송법상의 중요한 원칙을 정당한 이유 없이 광범위한 범위에서 훼손하는 것으로서 쉽사리 용납될 수 없다. /

【대법원 판단】 설사 이 사건 법조항이 원심이 이해하는 대로 신체적 또는 정신적으로 미숙한 단계인 13세 미만 미성년자의 정상적인 성적 발달을 특별히 보호하기 위한 규정이라고 하더라도, /

【대법원 판단】 그것이 13세 미만의 여자라는 사실에 대한 피고인의 인식에 관한 검사의 입증책임을 완화하기에 충분한 이유가 되지 아니하는 것이다.

【대법원 요지】 따라서 13세 미만의 여자에 대한 강간죄에 있어서 피해자가 13세 미만이라고 하더라도 /

【대법원 요지】 피고인이 피해자가 13세 미만인 사실을 몰랐다고 범의를 부인하는 경우에는 /

【대법원 요지】 다른 범죄의 경우와 마찬가지로 상당한 관련성이 있는 간접사실 또는 정황사실에 의하여 그 입증 여부가 판단되어야 한다.

4. 사안에 대한 대법원의 판단

【대법원 분석】 나. 나아가 피고인이 이 사건 강간 범행 당시 피해자가 13세 미만인 사실을 인식하고 있었는지에 대하여 살펴본다.

【대법원 분석】 원심과 제1심이 적법하게 채택한 증거에 의하면 다음과 같은 사실을 알 수 있다.

【대법원 분석】 ① 피해자는 만 12세 6개월인 중학교 1학년생으로 만 13세가 되기까지 6개월 정도 남은 상황이었다.

【대법원 분석】 ② 피고인은 검찰 조사에서 "피해자를 밖에서 만났을 때는 어둡고 피해자가 키도 크고 해서 나이가 어린 줄 몰랐는데 모텔에서 보니까 피해자가 15살 또는 16살 정도로 어려 보였고, /

【대법원 분석】 피해자에게 '몇 살이냐'고 물어보니까 피해자가 '중학교 1학년이라서 14살이다'라고 했었습니다. /

【대법원 분석】 그래서 당시 우리식 나이로 14살 정도 되는 줄 알았다"고 진술하였고, /

【대법원 분석】 피해자 또한 수사기관에서 "피고인에게 14세라고 말하였다"고 진술하였다.

【대법원 분석】 ③ 종전의 우리식 나이인 연 나이 14세는 만 나이로 생일이 지나지 아니한 경우는 12세, 생일이 지난 경우는 13세에 해당하여 /

【대법원 분석】 대상자의 생년월일을 정확히 알지 못하는 경우에는 정확한 만 나이를 알기 어렵다 할 것인데, /

【대법원 분석】 피고인과 피해자는 사건 당일 처음 만난 사이이었고, 피해자가 피고인에게 생년월일까지 알려준 바는 없었다.

【대법원 분석】 ④ 이 사건 강간 범행 발생 약 3개월 전에 이루어진 건강검사결과에 의하면 피해자는 키 약 155cm, 몸무게 약 50kg 정도로 중학교 1학년생으로서는 오히려 큰 편에 속하는 체격이었다.

【대법원 분석】 ⑤ 피고인은 당시 피해자를 데리고 모텔로 들어갔는데 모텔 관리자로부터 특별한 제지를 받은 바 없었던 것으로 보인다.

【대법원 판단】 이러한 사정에 비추어 보면, 피고인이 이 사건 강간 범행 당시 피해자가 13세 미만인 사실을 미필적으로라도 인식하고 있었음이 합리적 의심의 여지 없이 증명되었다고 쉽사리 단정할 수

없다.

【대법원 결론】 다. 그럼에도 원심은 위와 같이 받아들일 수 없는 법리에 기하여 그 판시와 같은 사정만으로 피고인이 피해자가 13세 미만이었음을 인식하였거나 적어도 미필적으로 인식하고서 피해자를 간음한 사실이 인정된다고 보아 13세 미만 여자 강간의 이 사건 공소사실을 유죄로 판단하였다. /

【대법원 결론】 이러한 원심판결 중 피고사건 부분에는 형사재판에서의 증명책임에 관한 법리를 오해하거나 논리와 경험의 법칙에 위배하여 사실을 잘못 인정함으로써 판결에 영향을 미친 위법이 있다 할 것이다. 이 점을 지적하는 상고이유의 주장은 이유 있다. (파기 환송)

2012도7760

강간상해죄와 특강법 누범가중
특강법 재차 개정 사건
2012. 9. 13. 2012도7760, 공 2012하, 1718

1. 사실관계 및 사건의 경과

【사실관계 1】

① 1991. 1. 1. 특정강력범죄의처벌에관한특례법(이하 특강법으로 약칭함)이 새로이 시행되었다.

② 특강법 제2조는 단순 강간치상죄와 단순 강제추행치상죄를 특정강력범죄로 규정하였다.

③ 특강법 제3조에 따르면 특정강력범죄를 범한 자가 형의 집행을 종료하거나 면제받은 후 3년 이내에 다시 특정강력범죄를 범한 때에는 그 죄에 정한 형의 장기 및 단기의 2배까지 가중한다.

④ 단순 강간치상죄 및 단순 강제추행치상죄의 경우 특강법의 단기 누범가중이 적용되면 법원이 작량감경을 하더라도 원래의 형인 무기 또는 5년 이상의 징역으로 돌아간다.

⑤ 5년 이상의 징역으로 처벌되므로 3년 이하의 징역에만 허용되는 집행유예는 불가능하다.

【사실관계 2】

① 2001. 5. 25. 갑은 서울지방법원 남부지원에서 강제추행치상죄로 징역 2년 6월에 집행유예 3년을 선고받았다. (㉮사건)

② 2002. 3. 22. (집행유예기간 중) 갑은 서울지방법원에서 강간치상죄로 징역 3년을 선고받아 확정되었다. (㉯사건)

③ ㉯사건의 확정판결로 ㉮사건의 집행유예가 실효되었다.

④ 갑에 대해 ㉮사건과 ㉯사건에 대한 형의 집행이 시작되었다.

⑤ 2007. 5. 23. 갑은 가석방되었다.

⑥ 2007. 6. 4. 갑에 대해 남은 형기가 경과되었다.

【사실관계 3】

① 2009. 5. 7. 06:10경 (누범기간 내) 갑은 부천시 원미구 M동 N장소 소재 건물 1층 출입문 앞에 서

있다가, 계단에서 내려오는 A녀의 목을 졸라 넘어뜨려 정신을 잃게 하였다.

② 갑은 A녀를 들어 어깨에 메고 약 111.7m 떨어져 있는 M동 L주차장으로 이동하여 안쪽에 주차되어 있던 ㉠차량 보닛 위에 A녀를 내려놓았다.

③ 갑은 A녀의 바지를 벗기고 1회 간음하려 하였으나 미수에 그쳤다.

④ 갑은 그 과정에서 A녀에게 약 3주간의 치료가 필요한 뇌진탕 등 여러 가지 상해를 가하였다. (㉓ 사건)

【사실관계 4】

① 1995년 말 형법 일부개정이 있었다.

② 1995년 형법 개정에 의하여 종전의 제301조(강간등에 의한 치사상)는 제301조(강간등 상해·치상) 와 제301조의2(강간등 살인·치사)로 분리되었다.

③ 2010. 3. 31. 특강법이 개정되었다.

④ 2010년 특강법의 개정은 '알기 쉬운 법령 만들기' 차원에서 법률조문의 문장을 다듬은 것으로서 실 질적인 내용 변화를 수반한 것은 아니었다.

⑤ 이때 1995년 형법 개정을 반영하는 차원에서 강간살인·치사죄(형법 제301조의2)가 특정강력범죄 에 추가되었다.

⑥ 형법 제301조의2는 특강법 제2조 제3호의 마지막에 '……, 제301조(강간등 상해·치상) 및 제301 조의2(강간등 살인·치사)의 죄'라는 형태로 추가되었다.

⑦ 이로 인하여 '흉기 기타 위험한 물건을 휴대하거나 2인 이상이 합동하여 범한'이라는 가중적 구성요 건표지가 제301조(강간등 상해·치상)에 걸리는 것으로 문리해석할 여지가 생겼다.

⑧ 2010. 10. 28. 대법원은 개정 특강법의 문언 변화에 주목하여 단순 강간치상죄 및 단순 강제추행치 상죄는 특정강력범죄에 해당하지 않는다고 판단하였다. (2010도7997)

【사실관계 5】

① 2010년 특강법의 개정에 대해 사회적으로 비난이 제기되었다.

② 2011년 입법자는 개정 특강법을 개정하여 특정강력범죄를 정하는 조문에서 단순 강간치상죄와 단순 강제추행치상죄의 위치를 앞으로 옮겼다.

③ 이러한 조문 변화는 단순 강간치상죄 및 단순 강제추행치상죄를 다시 특정강력범죄로 규정하기 위 함이다. (아래의 참조조문 참조)

④ 2011. 4. 22. 05:55경 갑은 부천시 원미구 M동 K장소 P모텔 내에서 종업원인 B가 카운터를 비운 사이 B가 카운터 위에 놓아둔 시가 80만원 상당의 휴대전화 1대와 현금 9,000원을 가지고 나가 절 취하였다. (㉔사건)

⑤ [갑은 ㉔사건으로 검거되었다.]

⑥ [그와 함께 갑의 ㉓사건 범행이 발각되었다.]

【사건의 경과 1】

① 검사는 갑을 다음의 공소사실로 기소하였다.

  (가) ㉓사건 : 단순 강간상해죄

  (나) ㉔사건 : 절도죄

② 제1심법원은 ㉰사건을 특정강력범죄로 보지 않았다.

③ 2012. 2. 10. 제1심법원은 유죄를 인정하고 갑에게 징역 4년을 선고하였다.

【사건의 경과 2】

① 갑은 불복 항소하였다.

② 검사도 불복 항소하였다.

③ 항소심법원은 직권으로 판단하였다.

④ 항소심법원은 전범(前犯) ㉮, ㉯, ㉰사건이 모두 특정강력범죄에 해당하는 것으로 판단하였다.

⑤ 항소심법원은 특강법을 적용하여 단기 2배의 누범가중을 하였다.

⑥ 2012. 6. 15. 항소심법원은 제1심판결을 파기하고, 징역 5년을 선고하였다.

【사건의 경과 3】

① 갑은 불복 상고하였다.

② 대법원은 직권으로 판단하였다.

③ 대법원은 전범(前犯) ㉮, ㉯, ㉰사건이 모두 특정강력범죄에 해당하지 않는다고 판단하였다.

④ 2012. 9. 13. 대법원은 항소심판결을 파기하고 환송하였다.

【참조조문 1】

형법 (행위시)

제301조 (강간등 상해·치상) 제297조 내지 제300조의 죄를 범한 자가 사람을 상해하거나 상해에 이르게 한 때에는 무기 또는 5년 이상의 징역에 처한다.

형법 (2012. 12. 18. 개정)

제301조 (강간등 상해·치상) 제297조, 제297조의2 및 제298조부터 제300조까지의 죄를 범한 자가 사람을 상해하거나 상해에 이르게 한 때에는 무기 또는 5년 이상의 징역에 처한다.

특정강력범죄의 처벌에 관한 특례법

제3조 (누범의 형) 특정강력범죄로 형을 받아 그 집행을 종료하거나 면제받은 후 3년 이내에 다시 특정강력범죄를 범한 때에는 그 죄에 정한 형의 장기 및 단기의 2배까지 가중한다. [개정 없음]

【참조조문 2】

(관련 조문과 사건의 경과를 시간의 흐름에 따라 함께 정리함)

1993. 12. 10. 시행 **특정강력범죄의처벌에관한특례법** (법률 제4590호)

제2조 (적용범위) ① 이 법에서 "특정강력범죄"라 함은 다음 각호의 1에 해당하는 죄를 말한다.

　　3. 형법 제32장의 정조에 관한 죄 중 /

　　흉기 기타 위험한 물건을 휴대하거나 2인 이상이 합동하여 범한 /

　　제297조(강간), 제298조(강제추행), 제299조(준강간·준강제추행), 제300조(미수범), 제305조(미성년자에 대한 간음·추행)의 죄 및 /

　　제301조(강간등에 의한 치사상)의 죄

2001. 5. 25. 강제추행치상죄 (㉮확정판결)

2002. 3. 22. 강간치상죄 (㉯확정판결)

2007. 6. 4. ㉮, ㉯판결 형기 경과

2009. 5. 7. 강간치상죄 (㉯사건)

2010. 3. 31. 시행 **특정강력범죄의 처벌에 관한 특례법** (법률 제10209호)

제2조 (적용 범위) ① 이 법에서 "특정강력범죄"란 다음 각 호의 어느 하나에 해당하는 죄를 말한다.

　3. 「형법」 제2편 제32장 강간과 추행의 죄 중 /

　흉기나 그 밖의 위험한 물건을 휴대하거나 2명 이상이 합동하여 범한 /

　제297조(강간), 제298조(강제추행), 제299조(준강간·준강제추행), 제300조(미수범), 제305조(미성년자에 대한 간음, 추행), /

　제301조(강간등 상해·치상) 및 제301조의2(강간등 살인·치사)의 죄

2011. 3. 7. 시행 **특정강력범죄의 처벌에 관한 특례법** (법률 제10431호)

제2조 (적용 범위) ① 이 법에서 "특정강력범죄"란 다음 각 호의 어느 하나에 해당하는 죄를 말한다.

　3. 「형법」 제2편 제32장 강간과 추행의 죄 중 /

　제301조(강간등 상해·치상), 제301조의2(강간등 살인·치사)의 죄 및 /

　흉기나 그 밖의 위험한 물건을 휴대하거나 2명 이상이 합동하여 범한 /

　제297조(강간), 제298조(강제추행), 제299조(준강간·준강제추행), 제300조(미수범) 및 제305조(미성년자에 대한 간음, 추행)의 죄

2012. 2. 10. 제1심 판결 선고

2012. 6. 15. 항소심 판결 선고

2012. 9. 13. 대법원 판결 선고

2. 특강법 개정과 단순 강간치상죄·강제추행치상죄의 성질

【대법원 분석】 (전략)

【대법원 요지】 2010. 3. 31. 법률 제10209호로 개정된 특강법(이하 '법률 제10209호 특강법'이라고 한다) 제2조 제1항 제3호는 /

【대법원 요지】 개정 전 특강법과 달리 /

【대법원 요지】 형법 제301조에 관해서도 '흉기나 그 밖의 위험한 물건을 휴대하거나 2인 이상이 합동하여 범한'이라는 요건을 갖추어야 '특정강력범죄'에 해당하는 것으로 규정하였고, /

【대법원 요지】 이는 위 개정된 조항의 의미와 취지 등에 비추어 피고인에게 유리하게 법률 개정이 이루어진 것으로서 /

【대법원 요지】 형법 제1조 제2항에 규정된 '범죄 후 법률의 변경에 의하여 형이 구법보다 경한 때'에 해당한다고 봄이 타당하다. /

【대법원 요지】 따라서 법률 제10209호 특강법 개정 전에 이루어진 강간 등 상해·치상의 행위가 /

【대법원 요지】 흉기나 그 밖의 위험한 물건을 휴대하거나 2인 이상이 합동하여 저질러진 경우가 아니라 /

【대법원 요지】 단순 강간행위에 의하여 저질러진 경우에는 /

【대법원 요지】 그 범죄행위에 의하여 상해라는 중한 결과가 발생하였더라도 /

【대법원 요지】 그 강간 등 상해·치상의 죄(형법 제301조의 죄)는 /

【대법원 요지】 법률 제10209호 특강법 제2조 제1항 제3호에 규정된 '특정강력범죄'에 해당하지 않는다고 할 것이다 /

【대법원 요지】 (대법원 2010. 10. 28. 선고 2010도7997 판결 참조).

3. 형벌법규의 수회 개정과 적용법령

【대법원 분석】 한편 법률 제10209호 특강법 제2조 제1항 제3호는 /

【대법원 분석】 2011. 3. 7. 법률 제10431호로 개정됨으로써 /

【대법원 분석】 2010. 3. 31. 개정되기 전의 특강법과 같이 /

【대법원 분석】 단순 강간행위에 의한 상해ㆍ치상죄도 '특정강력범죄'의 범위에 포함시켰으나, /

【대법원 요지】 범죄행위 시와 재판 시 사이에 여러 차례 법령이 개정되어 형의 변경이 있는 경우에는 /

【대법원 요지】 이 점에 관한 당사자의 주장이 없더라도 /

【대법원 요지】 형법 제1조 제2항에 의하여 직권으로 그 전부의 법령을 비교하여 그 중 가장 형이 가벼운 법령을 적용하여야 하므로, /

【대법원 요지】 법률 제10209호 특강법 개정 전에 이루어진 단순 강간행위에 의한 상해ㆍ치상의 죄는 /

【대법원 요지】 2011. 3. 7. 특강법의 개정에도 불구하고 여전히 '특정강력범죄'에 해당하지 않는다고 할 것이다.

4. 사안에 대한 항소심의 판단

【항소심 판단】 원심판결 이유에 의하면, 원심은 /

【항소심 판단】 피고인이 2009. 5. 7. 단순 강간행위에 의한 상해죄를 저질렀다는 이 사건 강간상해의 공소사실에 대하여 /

【항소심 판단】 위 범죄행위 당시에 시행되던 특강법(2009. 6. 9. 법률 제9765호로 개정되기 전의 것)상의 '특정강력범죄'에 해당된다는 이유로 /

【항소심 판단】 제1심판결을 직권으로 파기하고 이 사건 강간상해죄에 대하여 위 특강법 제3조의 누범가중 규정을 적용하여 그 처단형을 정하였다.

5. 사안에 대한 대법원의 판단

【대법원 판단】 앞서 본 법규정과 법리에 비추어 살펴보면 /

【대법원 판단】 피고인의 이 사건 강간상해죄는 법률 제10209호 특강법이 적용되어 '특정강력범죄'에 해당하지 아니하므로, /

【대법원 결론】 이와 달리 위 강간상해죄가 '특정강력범죄'에 해당됨을 전제로 특강법에 따른 누범가중 규정을 적용한 원심판결에는 /

【대법원 결론】 형법 제1조 제2항에 규정된 범죄 후 법률의 개정에 관한 법리를 오해하여 법률의 적용을 잘못함으로써 판결에 영향을 미친 위법이 있다. (파기 환송)

2012도8421

형벌법규의 변경과 동기설
정치자금법 예외조항 사건
2012. 12. 27. 2012도8421, 공 2013상, 282

1. 사실관계 및 사건의 경과

【사실관계 1】

① 정치자금법은 정치인이 직접 정치자금 받는 것을 금지하고 후원회를 통하도록 규정하고 있다. (㉠원칙조항)

② 정치인이 직접 정치자금을 받더라도 즉시 후원회에 이를 입금하면 후원회를 통한 것으로 인정된다. (㉡예외조항)

③ 정치인이 후원인으로부터 직접 정치자금을 받더라도 기부받은 날로부터 30일 이내에 후원금과 인적사항을 후원회의 회계책임자에게 전달한 경우에는 후원회가 기부받은 것으로 본다. (㉢예외조항)

④ (㉢예외조항은 2010. 7. 23. 정치자금법의 개정에 의하여 신설되었다.)

⑤ 정치인이 후원회를 통하여 정치자금을 기부받게 되면 후원회의 회계책임자는 일정한 회계처리 절차를 밟아야 한다. (㉣조항)

⑥ ㉠, ㉣조항에 위반한 행위는 형사처벌의 대상이 된다. (㉤조항)

【사실관계 2】

① 갑은 정치인이다.

② 을은 갑의 후원자이다.

③ 병은 갑의 회계책임자이다.

④ 2010. 5. 20. 갑은 을로부터 정치자금법이 허용하는 한도를 초과한 M후원금을 받았다.

⑤ 갑은 M후원금을 받은 뒤 곧바로 회계책임자 병에게 전달하고 기부자가 을이라는 점을 알렸다.

⑥ 회계책임자 병은 M후원금을 소정의 회계처리절차를 밟지 않고 사용하였다.

⑦ 2010. 7. 23. 정치자금법에 ㉢예외조항이 신설되었다.

【사건의 경과】

① 검사는 ㉠, ㉤조항을 적용하여 갑을 정치자금법위반죄로 기소하였다.

② 제1심법원은 행위시법을 적용하여 유죄를 선고하였다.

③ 갑은 불복 항소하였다.

④ 항소심법원은 재판시법을 적용하여 제1심판결을 파기하고 무죄를 선고하였다.

⑤ 검사는 불복 상고하였다.

⑥ 검사는 상고이유로 다음의 점을 주장하였다.

(가) 갑은 M후원금 수수는 ㉢예외조항이 신설되기 전에 일어난 것이다.

(나) 갑이 수수한 M후원금은 한도를 초과하였을 뿐만 아니라 적법한 회계절차를 거치지 않고 불법

하게 사용되었다.

(다) 따라서 갑의 M후원금 수수행위는 ⓒ예외조항의 적용대상이 될 수 없다.

2. 정치자금의 수수와 형사처벌의 한계

【대법원 분석】 정치자금법(이하 '법'이라 한다) 제2조 제1항 및 제10조 제1항 등에 의하면, 누구든지 법에 의하지 아니하고는 정치자금을 받을 수 없고, 후원인으로부터의 모금은 후원회가 하도록 되어 있다. /

【대법원 분석】 따라서 후원회지정권자가 후원회를 통하지 아니하고 직접 정치자금을 받게 되면 "법에 정하지 아니한 방법으로 정치자금을 기부받은 경우"에 해당하여 법 제45조 제1항 위반죄의 책임을 지게 된다. /

【대법원 분석】 그러나 법 제10조 제3항은 "후원인이 후원회지정권자에게 직접 후원금을 기부한 경우 해당 후원회지정권자가 기부받은 날부터 30일 이내에 기부받은 후원금과 기부자의 인적사항을 자신이 지정한 후원회의 회계책임자에게 전달한 경우에는 해당 후원회가 기부받은 것으로 본다."고 규정하고 있으므로, /

【대법원 분석】 후원회지정권자가 위 조항에서 정한 요건을 충족한 경우에는 법 제45조 제1항으로 처벌받지 않는다.

【대법원 판단】 그런데 법 제10조 제3항은 후원회지정권자가 후원금과 기부자의 인적사항을 후원회의 회계책임자에게 전달한 경우에는 해당 후원회가 기부받은 것으로 본다고 규정하고 있을 뿐, 그 이상의 추가적인 요건을 정하고 있지는 않다. /

【대법원 요지】 따라서 후원회지정권자가 직접 기부받은 후원금을 위와 같은 방식으로 후원회 회계책임자에게 전달한 이상 /

【대법원 요지】 설령 기부받은 후원금의 액수가 법에 규정된 한도액을 초과하고, 그 후원금을 전달받은 회계책임자가 이를 후원회 계좌에 입금하지 않거나, 이를 회계처리하여 선거관리위원회에 보고하지 아니하고, 후원자에게 정치자금영수증을 교부하지 않는 등 법이 정한 절차에 따라 후속처리를 하지 않았다고 하더라도, /

【대법원 요지】 그러한 사정만으로 법 제10조 제3항의 적용이 배제되는 것이라고 볼 수는 없다. /

【대법원 판단】 이 경우 회계책임자가 정치자금을 법이 정한 방식과 절차에 따라 처리할 의무를 위반한 행위에 대하여 후원회지정권자의 공모사실이 인정된다면 그 규정 위반으로 처벌함은 별론으로 하고, /

【대법원 판단】 법 제10조 제3항의 조치를 다한 후원회지정권자를 법 제45조 제1항 위반죄로 처벌할 수는 없다. /

【대법원 판단】 형벌법규의 해석은 엄격하여야 하고 명문규정의 의미를 피고인에게 불리한 방향으로 임의로 확장해석하거나 유추해석하는 것은 죄형법정주의의 원칙에 어긋나는 것이기 때문이다.

3. 형벌법규의 변경과 동기설

【대법원 판단】 한편 위 법 제10조 제3항은 2010. 7. 23. 법률 개정으로 신설된 규정이기는 하지만, /

【대법원 판단】 이는 후원회지정권자가 후원인으로부터 직접 정치자금을 받아 단기간 내에 후원회 회계책임자에게 전달한 경우까지 후원인이 후원회에 직접 입금한 경우와 다르게 취급하여 처벌대상으로 삼은 종전의 조치가 부당하다고 보아 개정한 것으로 이해된다. /

【대법원 판단】 따라서 후원회지정권자의 행위 시점이 위 법률 개정 이전이었다 하더라도, 이는 "범죄 후 법률의 변경에 의하여 그 행위가 범죄를 구성하지 아니한 때"에 해당하므로 신법을 적용할 것이다(형법 제1조 제2항).

4. 사안에 대한 대법원의 판단

【대법원 결론】 위와 같은 법리에 비추어 볼 때, 원심이 /

【대법원 결론】 피고인은 2010. 5. 20.경 원심 공동피고인으로부터 후원금을 받은 뒤 곧바로 이를 피고인의 후원회 회계책임자인 공소외인에게 전달하고 기부자가 원심 공동피고인이라는 점을 알렸다고 인정되는 이상, /

【대법원 결론】 공소외인이 그 뒤에 위 후원금을 법이 정한 절차에 따라 처리하였는지 여부와 상관없이 법 제10조 제3항이 적용된다고 하여 제1심판결을 파기하고 피고인에게 무죄를 선고한 조치는 정당하다. /

【대법원 결론】 거기에 상고이유로 주장하는 법리오해나 논리와 경험칙에 반하여 자유심증주의의 한계를 벗어나는 등의 위법이 있다고 할 사유는 없다. (상고 기각)

【코멘트】

본 판례는 대법원이 형벌법규의 변경을 둘러싼 신법·구법의 효력 문제에 대해 동기설을 취하고 있음을 보여주고 있다. 2010. 7. 23. 정치자금법에 ⓒ예외조항이 신설되기 전까지 정치인이 후원회를 거치지 아니하고 직접 후원금을 받는 행위는, 즉시 이를 후원회에 입금하는 경우의 ⓑ예외조항을 제외하면, ⓐ원칙조항에 따라 형사처벌의 대상이 되었다. 본 판례의 사안에서 갑의 행위는 ⓒ예외조항이 신설되기 전에 일어나고 있다. 그런데 재판시점에는 ⓒ예외조항이 마련되어 있으며 갑의 행위는 여기에 해당할 여지가 있다. 만일 ⓒ예외조항에 해당한다면 갑은 형사처벌을 면하게 된다.

이러한 상황에서 대법원은 ⓒ예외조항을 규정하게 된 동기를 검토한다. 이와 관련하여 대법원은 "처벌대상으로 삼은 종전의 조치가 부당하다고 보아 개정한 것으로 이해된다"고 판단한다. 신설된 ⓒ예외조항은 ⓐ원칙조항, ⓑ예외조항과 함께 정치자금법 형벌법규의 구성요건을 이룬다. ⓒ예외조항을 담고 있는 개정 정치자금법의 형벌규정은 분명 피고인에게 유리한 법률이다. 이러한 상황이라면 앞뒤 따질 것 없이 바로 신법을 적용해야 한다. 그런데 대법원은 굳이 동기설의 입장에서 서서 입법자의 개정 취지를 살피고 있다.

본 판례의 사안에서 대법원은 다행히 입법자의 반성적 고려를 긍정하고 있다. 그러나 만일 ⓒ예외조항이 종전의 조치가 부당하다고 보아 개정된 것이 아니라고 판단한다면 신법을 적용하지 않고 구법에 따라 처벌해야 할 것이다. 이러한 대법원의 태도는 실로 죄형법정주의를 위태롭게 하는 접근방법이라고 하지 않을 수 없다.

잠시 순서가 바뀌었지만, 본 판례에서 주목되는 또 하나의 논점은 형벌법규 엄격해석의 요청이다.

본 판례에서 검사는 갑의 후원금 수수가 한도액수를 넘고 사후 처리절차도 극히 미비하다는 점을 들어서 ㉢예외조항이 적용될 수 없다고 주장하고 있다. 이에 대해 대법원은 ㉢예외조항이 검사가 지적한 부분에 대해 명확한 규정을 하고 있지 않기 때문에 결국 불리한 유추해석 금지의 원칙에 따라 ㉢예외규정을 적용해야 한다는 판단을 내리고 있다.

2012도9295

동시에 판결할 수 없는 사후적 경합범
여주 조폭 정통망법 사건

2012. 9. 27. 2012도9295, 공 2012하, 1799

1. 사실관계 및 사건의 경과

【사실관계 1】

① (사안이 복잡하므로 먼저 사안의 진행경과를 간단히 정리한다.)
   - (가) 공갈미수죄 범행 (ⓐ죄)
   - (나) 업무방해죄 범행 (ⓑ죄)
   - (다) 폭처법위반죄-1 범행 (ⓒ죄)
   - (라) 공갈미수죄 확정판결 (①확정판결)
   - (마) 정보통신망법위반죄 범행 (ⓓ죄)
   - (바) 폭처법위반죄-2 범행 (ⓔ죄)
   - (사) 업무방해죄 확정판결 (②확정판결)
   - (아) 정보통신망법위반죄 공소제기 (피고사건)
   - (자) 폭처법위반죄-1, 폭처법위반죄-2 확정판결 (③확정판결)

② (이상과 같이 진행된 상황에서 피고사건인 정보통신망법위반죄(ⓓ죄)에 대한 판결을 선고할 차례이다.)

③ (정보통신망법위반죄(ⓓ죄) 피고사건을 심리하는 법원은 ①, ②, ③확정판결들과 관련하여 경합범 규정을 어떻게 적용해야 할 것인지 고심하고 있다.)

④ (문제는 정보통신망법위반죄(ⓓ죄에 대해 사후적 경합범의 처리를 규정한 형법 제39조 제1항을 적용할 수 있겠는가 하는 점이다.)

⑤ (형법 제39조 제1항을 적용하게 되면 피고사건이 동시적 경합범으로 처벌할 수 있었던 경우에 형평을 고려하여 형을 감경하거나 면제할 수 있다.)

【사실관계 2】

① [갑은 여주의 M지역 조직폭력배이다.]

② (갑의 각종 범행과 그에 대한 재판은 다음의 시간적 순서로 진행되었다.)

③ 갑은 공갈미수죄를 범하였다. (ⓐ죄)

④ 갑은 업무방해죄를 범하였다. (ⓑ죄)

⑤ 갑은 폭처법위반죄-1을 범하였다. (ⓒ죄)

⑥ 2010. 4. 14. 갑은 공갈미수죄 등으로 징역 1년 6월에 집행유예 4년을 선고받았다. (ⓐ죄에 대한 ㉮판결)

⑦ 2010. 10. 14. ㉮판결은 확정되었다. (①확정판결 = 판례본문의 ①전과)

【사실관계 3】

① 갑은 정보통신망법위반죄를 범하였다. (ⓓ죄)

② 갑은 폭처법위반죄-2를 범하였다. (ⓔ죄)

③ 2011. 6. 24. 갑은 업무방해죄 등으로 징역 8월을 선고받았다. (ⓑ죄에 대한 ②판결)

④ 2011. 10. 7. ②판결은 확정되었다. (②확정판결 = 판례본문의 ②전과)

【사건의 경과 1】

① (일자불상) 검사는 갑을 정보통신망법위반죄(ⓓ죄)로 기소하였다.

② 검사의 정보통신망법위반죄(ⓓ죄)에 대한 공소장에는 폭처법위반죄-2(ⓔ죄)에 대한 항소심이 진행 중이라는 사정이 기재되어 있었다.

③ 2011. 11. 11. 갑은 폭처법위반죄위반죄(공동강요)로 다음의 판결을 선고받았다. (③판결)

　(가) 폭처법위반죄-1 (ⓒ죄) : 징역 4월

　(나) 폭처법위반죄-2 (ⓔ죄) : 징역 2월 (판례본문의 ③-2전과)

④ 2012. 4. 26. ③판결은 확정되었다. (③확정판결 = 판례본문의 ③전과)

【사건의 경과 2】

① (일자 불상) 제1심법원은 정보통신망법위반죄(ⓓ죄)에 대해 다음과 같이 판단하여 판결을 선고하였다.

　(가) 정보통신망법위반죄(ⓓ죄)는 업무방해죄(ⓑ죄)에 대한 ②판결확정 전에 범한 죄이다.

　(나) 형법 제37조 후단과 제39조 제1항을 적용한다.

　(다) ②확정판결 전과의 업무방해죄(ⓑ죄)와 동시에 판결을 할 경우와의 형평을 고려하여 형을 선고한다.

② 제1심판결에는 폭처법위반죄-2(ⓔ죄)에 대한 항소심이 진행 중이라는 사정이 기재되어 있었다.

③ 갑은 불복 항소하였다.

④ 검사도 불복 항소하였다.

⑤ 2012. 7. 5. 항소심법원은 피고사건인 정보통신망법위반죄(ⓓ죄)에 대한 항소를 기각하고, 제1심판결을 유지하였다.

【사건의 경과 3】

① 갑은 불복 상고하였다.

② 갑은 상고이유로, 채증법칙위반과 정보통신망법 법리오해의 위법을 주장하였다.

③ 대법원은 직권으로 판단하였다.

④ (내용의 이해를 돕기 위하여 판례 본문 가운데 죄명을 [ ] 안에 부기함)

2. 동시에 판결할 수 없었던 사후적 경합범

【대법원 분석】 가. "금고 이상의 형에 처한 판결이 확정된 죄와 그 판결 확정 전에 범한 죄"는 형법 제37조 후단에서 정하는 경합범에 해당하고, /

【대법원 분석】 이 경우 형법 제39조 제1항에 의하여 경합범 중 판결을 받지 아니한 죄와 판결이 확정된 죄를 동시에 판결할 경우와 형평을 고려하여 그 죄에 대하여 형을 선고하여야 한다.

【대법원 요지】 한편 형법 제37조 후단 및 제39조 제1항의 문언, 입법취지 등에 비추어 보면, /

【대법원 요지】 아직 판결을 받지 아니한 죄가 이미 판결이 확정된 죄와 동시에 판결할 수 없었던 경우에는 /

【대법원 요지】 형법 제39조 제1항에 따라 동시에 판결할 경우와 형평을 고려하여 형을 선고하거나 그 형을 감경 또는 면제할 수 없다고 해석함이 상당하다.

3. 사안에 대한 대법원의 판단 – 1

(1) 사안에 대한 분석

【대법원 분석】 나. 기록에 의하면 다음과 같은 사실을 알 수 있다.

【대법원 분석】 (1) 피고인은 /

【대법원 분석】 ① 2010. 4. 14. 수원지방법원 여주지원에서 공갈미수죄 등으로 징역 1년 6월에 집행유예 4년을 선고받아 2010. 10. 14. 그 판결이 확정되었고, /

【대법원 분석】 ② 2011. 6. 24. 같은 법원에서 업무방해죄 등으로 징역 8월을 선고받고 2011. 10. 7. 그 판결이 확정되었다.

【대법원 분석】 한편 위 ②전과의 죄[업무방해죄]는 ①전과[공갈미수죄]의 판결확정일(2010. 10. 14.) 이전에 저질러진 범행이다.

(2) 항소심의 판단

【항소심 판단】 (2) 제1심은 이 사건 범죄[정보통신망법위반죄]에 대하여 /

【항소심 판단】 ②전과[업무방해죄]의 판결확정 전에 범한 죄로서 /

【항소심 판단】 형법 제37조 후단, 제39조 제1항에 의하여 /

【항소심 판단】 ②전과의 죄[업무방해죄]와 동시에 판결을 할 경우와의 형평을 고려하여 형을 선고하였고, /

【항소심 판단】 원심은 이러한 제1심판결을 그대로 유지하여 검사 및 피고의 항소를 모두 기각하였다.

(3) 대법원의 판단

【대법원 판단】 다. 원심의 위와 같은 조치는 아래와 같은 이유에서 수긍하기 어렵다.

【대법원 분석】 제1심은 이 사건 범죄[정보통신망법위반죄]에 대하여 /

【대법원 분석】 형법 제39조 제1항에 의하여 /

【대법원 분석】 판결이 확정된 ②전과의 죄[업무방해죄]와 동시에 판결을 할 경우와의 형평을 고려하

여 형을 선고하였다. /

【대법원 판단】 그러나 이 사건 범죄[정보통신망법위반죄]는 ①전과[공갈미수죄]의 판결확정일 이후에 저질러진 범행이고, /

【대법원 판단】 ②전과의 죄[업무방해죄]는 ①전과[공갈미수죄]의 판결확정일 이전에 저질러진 범행이어서, /

【대법원 판단】 이 사건 범죄[정보통신망법위반죄]와 판결이 확정된 ②전과의 죄[업무방해죄]는 처음부터 동시에 판결을 선고할 수 없었다고 할 것이다.

【대법원 결론】 따라서 제1심이 이 사건 범죄[정보통신망법위반죄]에 대하여 /

【대법원 결론】 형법 제39조 제1항에 의하여 ②전과의 죄[업무방해죄]와 동시에 판결할 경우와의 형평을 고려하여 형을 선고한 것은 위법하다. /

【대법원 결론】 그럼에도 원심이 제1심판결을 파기하지 아니하고 그대로 유지하였으니, 원심판결에는 형법 제39조 제1항에 관한 법리를 오해하여 판결에 영향을 미친 위법이 있다.

4. 사안에 대한 대법원의 판단 − 2

(1) 사안에 대한 분석

【대법원 분석】 라. 아울러 기록에 의하면, 피고인이 /

【대법원 분석】 ③ 2011. 11. 11. 수원지방법원 여주지원에서 '폭력행위 등 처벌에 관한 법률' 위반(공동강요)죄로 징역 4월 및 징역 2월을 선고받아 /

【대법원 분석】 이 사건 원심판결 선고 전인 2012. 4. 26. 그 판결이 확정된 사실, /

【대법원 분석】 이 사건 범죄[정보통신망법위반죄] 및 '③전과의 죄 중 징역 2월이 선고된 부분'(이하 '③-2전과의 죄'[폭처법위반죄-2]라고 한다)은 /

【대법원 분석】 모두 ①전과[공갈미수죄]의 판결확정일(2010. 10. 14.)과 ②전과[업무방해죄]의 판결확정일(2011. 10. 7.) 사이에 저질러진 범행인 사실을 알 수 있다. /

(2) 사안에 대한 판단

【대법원 판단】 따라서 판결이 확정된 ③-2전과의 죄[폭처법위반죄-2]는 이 사건 범죄[정보통신망법위반죄]와 동시에 판결을 선고할 수 있었다고 할 것이고, /

【대법원 판단】 이 사건[정보통신망법위반죄] 공소장과 제1심판결에 ③-2전과의 죄[폭처법위반죄-2]에 대한 항소심이 진행 중이라는 사정이 기재되어 있어 /

【대법원 판단】 원심이 원심판결 선고 전에 ③-2전과[폭처법위반죄-2]의 판결이 확정되었음을 알 수 있었으므로, /

【대법원 판단】 원심으로서는 이 사건 범죄[정보통신망법위반죄]에 대하여 /

【대법원 판단】 형법 제39조 제1항에 의하여 /

【대법원 판단】 원심판결 선고 전에 판결이 확정된 ③-2전과의 죄[폭처법위반죄-2]와 동시에 판결할 경우와의 형평을 고려하여 형을 선고하였어야 할 것이다. (파기 환송)

2012도9603

소송사기와 불능범
신축빌라 유치권 사건
2012. 11. 15. 2012도9603, 공 2012하, 2098

1. 사실관계 및 사건의 경과

【사실관계 1】

① 갑은 P회사를 운영하고 있다.

② 을은 Q회사를 운영하고 있다.

③ 병은 전주(錢主)이다.

④ A는 M토지를 소유하고 있다.

⑤ Q회사는 A로부터 M토지 위의 빌라 신축공사를 도급받았다. (㉠신축공사)

⑥ Q회사는 M빌라신축공사 중 가시설 흙막이공사를 P회사에 하도급하였다. (㉡하도급공사)

⑦ P회사에 약정된 ㉡하도급공사 공사대금은 2,750만원이었다.

【사실관계 2】

① 2006. 4. 26.부터 P회사는 ㉡하도급공사를 시작하였다.

② 2006. 6. 2.경 P회사는 ㉡하도급공사를 중단하였다.

③ 2006. 7. 11. A는 Q회사에 ㉠신축공사 도급계약을 해제한다는 의사표시를 하였다.

④ 2006. 8. 4.경 병은 P회사로부터 Q회사에 대한 하도급공사대금 채권을 양수하였다.

⑤ 병은 공사대금을 2억 460만원으로 부풀린 새로운 하도급계약서를 날짜를 소급하여 작성하였다. (㉢하도급계약서)

⑥ 병은 ㉢하도급계약서에 P회사와 Q회사로부터 날인을 받았다. (㉢하도급계약서)

【사실관계 3】

① 병은 을을 통하여 Q회사의 명목상 대표이사였던 B의 협조를 얻어 관할법원에 다음 내용의 지급명령을 청구하였다.

② "Q회사는 병에게 5억 1,102만원 및 그 중 1억 5,300만원에 대한 지연손해금을 지급하라."

③ [Q회사의 이의제기가 없어] 병은 관할법원으로부터 위 내용의 지급명령을 받았다. (㉣지급명령)

④ 병은 ㉣지급명령을 근거로 M토지에 대해 유치권에 기한 경매를 관할법원에 신청하였다.

⑤ 병은 관할법원으로부터 경매개시결정을 받았다.

⑥ [M토지의 소유자 A는 경매개시결정에 대해 이의신청을 하였다.]

⑦ 이후 절차에서 감정한 결과 M빌라신축공사 중 P회사가 시행한 부분의 적정 공사대금은 46,052,682원으로 판명되었다.

⑧ 이로써 배당금을 많이 받으려던 병의 시도는 무산되었다.

【사건의 경과】

① 검사는 갑, 을, 병을 사기미수죄의 공동정범으로 기소하였다.

② 갑 등의 피고사건은 제1심을 거친 후, 항소심에 계속되었다.

③ 항소심법원은 유죄를 인정하였다.

④ (항소심의 판단 이유는 판례 본문 참조)

⑤ 갑 등은 불복 상고하였다.

⑥ 갑 등은 상고이유로 다음의 점을 주장하였다.

    (가) 병의 유치권 행사 대상은 ㉡하도급공사의 공사금액이다.

    (나) ㉡하도급공사의 공사금액 판단은 민사 본안소송에서 이루어져야 한다.

    (다) 유치권 대상 채권은 처음부터 경매법원의 심사대상이 될 수 없다.

    (라) 따라서 경매법원에 대한 을의 행위는 불능범에 해당한다.

    (마) 따라서 을의 유치권 행사는 사기미수죄에 해당하지 않는다.

2. 유치권의 효력

【대법원 분석】 민법 제322조 제1항은 "유치권자는 채권의 변제를 받기 위하여 유치물을 경매할 수 있다."고 규정하고 있고, /

【대법원 분석】 이에 따라 민사집행법 제274조 제1항은 "유치권에 의한 경매와 민법, 상법, 그 밖의 법률이 규정하는 바에 따른 경매는 담보권 실행을 위한 경매의 예에 따라 실시한다."고 규정하고 있다. /

【대법원 요지】 이러한 유치권에 의한 경매도 강제경매나 담보권 실행을 위한 경매와 마찬가지로 목적부동산 위의 부담을 소멸시키는 것을 법정매각조건으로 하여 실시되고 /

【대법원 요지】 우선채권자뿐만 아니라 일반채권자의 배당요구도 허용되며, /

【대법원 요지】 유치권자는 일반채권자와 마찬가지로 배당을 받을 수 있다.

3. 사안에 대한 대법원의 분석

【대법원 분석】 원심은, /

【대법원 분석】 (1) 피고인들이 공모하여 허위의 공사대금 채권으로 이 사건 토지에 대하여 유치권에 기한 경매를 신청하는 방법으로 법원을 기망하여 금원을 편취하려다 미수에 그쳤다는 요지의 /

【대법원 분석】 이 사건 사기미수의 주위적 공소사실에 대하여, /

【대법원 분석】 (2) 그 채택 증거들에 의하여 /

【대법원 분석】 ① 피고인 을이 운영하는 공소외 Q주식회사가 피해자 공소외 A로부터 이 사건 빌라 신축공사를 도급받아 /

【대법원 분석】 그 중 가시설 흙막이공사를 피고인 갑이 운영하는 공소외 P주식회사에 공사대금 2,750만원에 하도급한 사실, /

【대법원 분석】 ② 공소외 P주식회사가 2006. 4. 26.부터 공사를 시작하였다가 2006. 6. 2.경 공사를 중단하자, /

【대법원 분석】 피해자는 2006. 7. 11. 공소외 Q주식회사에 위 도급계약을 해제한다는 의사표시를

한 사실, /

【대법원 분석】 ③ 피고인 병은 2006. 8. 4.경 공소외 P주식회사로부터 공소외 Q주식회사에 대한 하도급공사대금 채권을 양수한 다음 /

【대법원 분석】 공사대금을 2억 460만원으로 한 공소외 Q주식회사와 공소외 P주식회사 사이의 하도급계약서를 /

【대법원 분석】 날짜를 소급하여 새로 작성한 후 공소외 Q주식회사와 공소외 P주식회사로부터 날인을 받은 사실, /

【대법원 분석】 ④ 감정 결과 이 사건 빌라신축공사 중 공소외 P주식회사가 시행한 부분의 적정 공사대금은 46,052,682원인 사실, /

【대법원 분석】 ⑤ 피고인 병은 피고인 을을 통하여 공소외 Q주식회사의 명목상 대표이사였던 공소외 B의 협조를 얻어 /

【대법원 분석】 "공소외 Q주식회사는 피고인 병에게 5억 1,102만원 및 그 중 1억 5,300만원에 대한 지연손해금을 지급하라."는 내용의 지급명령을 받아 /

【대법원 분석】 이를 근거로 유치권에 기한 경매를 신청하여 경매개시결정을 받은 사실 등을 인정한 다음, /

4. 사안에 대한 항소심의 판단

【항소심 판단】 (3) 유치권에 의한 경매에서 유치물의 매각대금은 유치권자에게 교부되고 /

【항소심 판단】 유치권자는 피담보채권을 모두 변제받을 때까지 유치물의 매각대금 위에 유치권을 행사할 수 있는 재산상 이익을 취득하므로, /

【항소심 판단】 정당한 공사대금 채권을 가진 사람이라고 하더라도 허위로 공사대금 채권을 부풀린 다음 이를 근거로 유치권에 의한 경매를 신청하여 매각대금을 교부받았다면 사기죄가 성립한다는 전제 아래, /

【항소심 판단】 피고인 병이 한 경매신청의 근거가 된 유치권의 피담보채권은 허위라는 이유로, 위 공소사실을 유죄로 판단하였다.

5. 사안에 대한 대법원의 판단

【대법원 요지】 앞서 본 법리에 의하면, /

【대법원 요지】 유치권에 의한 경매를 신청한 유치권자는 일반채권자와 마찬가지로 피담보채권액에 기초하여 배당을 받게 되는 결과 /

【대법원 요지】 피담보채권인 공사대금 채권을 실제와 달리 허위로 크게 부풀려 유치권에 의한 경매를 신청할 경우 /

【대법원 요지】 정당한 채권액에 의하여 경매를 신청한 경우보다 더 많은 배당금을 받을 수도 있으므로, /

【대법원 요지】 이는 법원을 기망하여 배당이라는 법원의 처분행위에 의하여 재산상 이익을 취득하려는 행위로서, /

【대법원 요지】 불능범에 해당한다고 볼 수 없고, /

【대법원 요지】 소송사기죄의 실행의 착수에 해당한다고 할 것이다.

【대법원 결론】 원심이, 유치권에 의한 경매에서 유치물의 매각대금은 유치권자에게 교부되고 유치권자는 피담보채권을 모두 변제받을 때까지 유치물의 매각대금 위에 유치권을 행사할 수 있다고 설시한 부분은 적절하지 아니하나, /

【대법원 결론】 이 사건 사기미수의 주위적 공소사실을 유죄로 인정한 원심의 결론은 정당하고, /

【대법원 결론】 거기에 상고이유 주장과 같이 피담보채권액 등과 관련하여 논리와 경험의 법칙을 위반하여 자유심증주의의 한계를 벗어나거나 사기죄에서의 처분행위 또는 재산상 이익, 소송사기죄에서의 구성요건, 실행의 착수 및 기망의 고의, 불능범 등에 관한 법리를 오해한 위법이 없다. (상고 기각)

2012도10269

형 실효의 법적 효과
음주운전자 가중처벌 사건

2012. 11. 29. 2012도10269, 공 2013상, 112

1. 사실관계 및 사건의 경과

【사실관계 1】

① 2004. 12. 27. 갑은 음주운전으로 벌금 100만원의 약식명령을 고지받았다. (㉠벌금형)

② 2007. 6. 27. 갑은 음주운전으로 벌금 150만원의 약식명령을 고지받았다. (㉡벌금형)

③ 2008. 4. 15. 갑은 음주운전으로 벌금 200만원의 약식명령을 고지받았다. (㉢약식명령)

④ 2010. 10. 21. 갑은 다음의 범죄사실로 징역 6월에 집행유예 2년을 선고받았다. (㉣집행유예)

　(가) 특가법위반죄(위험운전치사상)

　(나) 도로교통법위반죄(음주운전)

⑤ [갑의 운전면허는 취소되었다.]

⑥ 2011. 4. 15. 갑은 도로교통법위반(무면허운전)죄로 벌금 150만원의 약식명령을 고지받았다. (㉤벌금형)

⑦ 2012. 2. 23. 00:16경 갑은 자동차운전면허를 받지 아니하고 혈중알콜농도 0.122%의 술에 취한 상태로 자동차를 운전하였다. (㉥행위)

【사실관계 2】

① 「형의 실효 등에 관한 법률」 제7조 제1항은 다음과 같이 규정하고 있다.

　(가) 수형인이 자격정지 이상의 형을 받지 아니하고 /

　(나) 형의 집행을 종료하거나 그 집행이 면제된 날부터 /

　(다) 다음 각 호의 구분에 따른 기간이 경과한 때에 /

(라) 그 형은 실효된다. /

(마) 다만, 구류(拘留)와 과료(科料)는 형의 집행을 종료하거나 그 집행이 면제된 때에 그 형이 실효된다.

(바) 1. 3년을 초과하는 징역 · 금고 : 10년

(사) 2. 3년 이하의 징역 · 금고 : 5년

(아) 3. 벌금 : 2년

② 2004. 12. 27.자. ㉠벌금형은 형실효법에 따라 실효되었다.

③ 2007. 6. 27.자 ㉡벌금형은 형실효법에 따라 실효되었다.

④ 2008. 4. 15.자 ㉢벌금형은 형실효법에 따라 실효되었다.

【사실관계 3】

① 2011. 6. 8. 도로교통법이 개정되었다.

② 개정전 도로교통법 제44조 제1항은 다음과 같이 규정하고 있었다.

(가) 누구든지 술에 취한 상태에서 /

(나) 자동차등/

(다) (「건설기계관리법」 제26조 제1항 단서의 규정에 의한 건설기계 외의 건설기계를 포함한다. /

(라) 이하 이 조, 제45조, 제47조, 제93조 제1항 제1호 내지 제4호 및 제148조의2에서 같다) /

(마) 을 운전하여서는 아니된다.

③ 개정전 도로교통법 제148조의2 제1호는 다음과 같이 규정하고 있었다.

(가) 다음 각 호의 어느 하나에 해당하는 사람은 3년 이하의 징역이나 1천만원 이하의 벌금에 처한다.

(나) 1. 제44조 제1항을 위반하여 술에 취한 상태에서 자동차등을 운전한 사람

【사실관계 4】

① 2011. 12. 9. 6개월의 유예기간을 거친 후 개정 도로교통법이 시행되었다.

② 개정된 도로교통법 제44조 제1항은 다음과 같이 규정하였다.

(가) 누구든지 술에 취한 상태에서 /

(나) 자동차등/

(다) (「건설기계관리법」 제26조 제1항 단서에 따른 건설기계 외의 건설기계를 포함한다. /

(라) 이하 이 조, 제45조, 제47조, 제93조 제1항 제1호부터 제4호까지 및 제148조의2에서 같다) /

(마) 을 운전하여서는 아니 된다.

③ 개정된 도로교통법 제148조의2 제1항은 다음과 같이 규정하였다. (㉠조항)

④ "다음 각 호의 어느 하나에 해당하는 사람은 1년 이상 3년 이하의 징역이나 500만원 이상 1천만원 이하의 벌금에 처한다."

⑤ 개정된 도로교통법 제148조의2 제1항 제1호는 다음과 같이 규정하였다.

(가) 1. 제44조 제1항을 /

(나) 2회 이상 위반한 사람으로서 /

(다) 다시 같은 조 제1항을 위반하여 /

(라) 술에 취한 상태에서 자동차등을 운전한 사람

【사건의 경과 1】

① 검사는 2012. 2. 23.자 ⑪행위에 대해 갑을 다음의 공소사실로 기소하였다.

    (가) 도로교통법위반죄(음주운전)

    (나) 도로교통법위반죄(무면허운전)

② 제1심법원은 유죄를 인정하고, 징역 8월을 선고하였다.

③ 갑은 불복 항소하였다.

④ 항소심법원은 항소를 기각하고, 제1심판결을 유지하였다.

【사건의 경과 2】

① 갑은 불복 상고하였다.

② 갑은 상고이유로 다음의 점을 주장하였다.

    (가) ㉠ 내지 ㉣음주운전 전력은 2011. 6. 8. 개정 도로교통법이 시행되기 전에 있었던 것이다.

    (나) 개정 도로교통법 제148조의2 제1항은 시행되기 전의 음주운전 전력까지 가중처벌의 사유로 삼고 있다.

    (다) 이는 형벌불소급의 원칙, 일사부재리의 원칙, 비례의 원칙에 반한다.

    (라) 설사 음주운전 전력이 인정된다고 하여도 ㉠, ㉡, ㉢벌금형은 형실효법에 의하여 이미 실효된 전과이다.

    (마) ㉣집행유예는 음주운전에 대한 것이지만, ⑪벌금형은 무면허운전에 대한 것이다.

    (바) 실효된 전과를 배제하지 않은 채 개정 도로교통법 제148조의2 제1항의 음주운전죄를 적용한 것은 위법하다.

2. 음주운전 가중처벌규정과 형벌불소급의 원칙

【대법원 분석】 도로교통법/

【대법원 분석】 (2011. 6. 8. 법률 제10790호로 개정되어 /

【대법원 분석】 2011. 12. 9. 시행된 것) /

【대법원 분석】 제148조의2 제1항 제1호는 /

【대법원 분석】 도로교통법 제44조 제1항을 2회 이상 위반한 사람으로서 /

【대법원 분석】 다시 같은 조 제1항을 위반하여 /

【대법원 분석】 술에 취한 상태에서 자동차 등을 운전한 사람에 대해 /

【대법원 분석】 1년 이상 3년 이하의 징역이나 /

【대법원 분석】 500만원 이상 1,000만원 이하의 벌금에 처하도록 규정하고 있는바, /

【대법원 요지】 도로교통법 제148조의2 제1항 제1호에서 정하고 있는 /

【대법원 요지】 "도로교통법 제44조 제1항을 2회 이상 위반한" 것에 /

【대법원 요지】 개정된 위 도로교통법이 시행된 2011. 12. 9. 이전에 구 도로교통법 제44조 제1항을 위반한 음주운전 전과까지 포함되는 것으로 해석하는 것이 /

【대법원 요지】 형벌불소급의 원칙이나 일사부재리의 원칙 또는 비례의 원칙에 위배된다고 할 수 없다.

3. 형 실효 및 일반사면의 법적 효과

【대법원 분석】 그리고 형의 실효 등에 관한 법률 제7조 제1항이 /

【대법원 분석】 그 각 호의 형을 받은 사람이 자격정지 이상의 형을 받지 아니하고 /

【대법원 분석】 형의 집행을 종료하거나 그 집행이 면제된 날부터 /

【대법원 분석】 그 각 호에 정해진 기간이 경과한 때에 /

【대법원 분석】 그 형은 실효된다고 규정한 취지는 /

【대법원 분석】 집행유예기간이 경과한 때에는 형의 선고는 효력을 잃는다고 규정한 /

【대법원 분석】 형법 제65조와 마찬가지로 /

【대법원 요지】 그저 형의 선고의 법률적 효과가 없어진다는 것일 뿐, /

【대법원 요지】 형의 선고가 있었다는 기왕의 사실 자체의 모든 효과까지 소멸한다는 것은 아니고, /

【대법원 요지】 또한 사면법 제5조 제1항 제1호가 /

【대법원 요지】 일반사면으로 형 선고의 효력이 상실된다고 규정한 취지도 /

【대법원 요지】 형의 선고의 법률적 효과가 없어진다는 것일 뿐, /

【대법원 요지】 형의 선고가 있었다는 기왕의 사실 자체의 모든 효과까지 소멸한다는 것은 아니다. /

4. 사안에 대한 대법원의 판단

【대법원 판단】 따라서 형의 실효 등에 관한 법률 제7조 제1항 각 호에 따라 형이 실효되었거나 /

【대법원 판단】 사면법 제5조 제1항 제1호에 따라 형 선고의 효력이 상실된 /

【대법원 판단】 구 도로교통법 제44조 제1항 위반 음주운전 전과도 /

【대법원 판단】 도로교통법 제148조의2 제1항 제1호의 /

【대법원 판단】 "도로교통법 제44조 제1항을 2회 이상 위반한" 것에 해당된다고 보아야 한다.

【대법원 결론】 이와 다른 주장을 내세우는 나머지 상고이유 주장은 모두 받아들일 수 없다. (상고기각)

2012도10410

공개명령과 고지명령의 적용시점
징역 17년과 고지명령 사건
2012. 11. 15. 2012도10410, 2012전도189, 공 2012하, 2100

1. 사실관계 및 사건의 경과

【사실관계 1】

① 갑은 ㉮, ㉯, ㉰, ㉱ 등 일련의 성폭력범죄를 범하였다.

② 검사는 ㉮ 등 성폭력범죄에 대해 갑을 「성폭력범죄의 처벌 등에 관한 특례법」(이하 성폭력처벌법으

로 약칭함)위반죄로 기소하였다.

③ 갑에 대한 공소사실에는 다음의 두 사건이 들어 있다.

　(가) 2008. 11. 4. 17세 A에 대한 성폭력처벌법위반죄(특수강간) (㉮사건)

　(나) 2009. 8. 29. 17세 B에 대한 성폭력처벌법위반죄(특수강간) (㉯사건)

④ (본 판례는 갑의 성폭행범죄 사건들 가운데 ㉮사건과 ㉯사건만에 대한 것이다.)

【사실관계 2】

① ㉮사건과 ㉯사건은 성폭력처벌법상 신상정보 등록대상 성폭력범죄에 해당한다.

② ㉮사건과 ㉯사건은 아청법상 청소년 대상 성폭력범죄에도 해당한다.

③ 성폭력처벌법은 신상정보 공개명령과 고지명령을 규정하고 있다.

④ 아청법도 신상정보 공개명령과 고지명령을 규정하고 있다.

⑤ 아동·청소년 대상 성폭력범죄자에 대한 공개명령과 고지명령의 근거법률이 무엇인지 문제되었다.

【사실관계 3】

① (이하 관련 사항을 시간 순서에 따라 다시 정리한다.)

② 2008. 11. 4. 갑은 17세의 A에 대해 성폭력처벌법위반죄(특수강간)를 범하였다. (㉮사건)

③ 2009. 6. 9. 아청법이 개정되었다. (법률 제9765호 아청법)

④ 법률 제9765호 아청법은 신상정보 공개명령 제도를 도입하였다.

⑤ 법률 제9765호 아청법은 2010. 1. 1. 이후 최초로 아동·청소년 대상 성범죄를 범하고 유죄판결이 확정된 자부터 적용하기로 하였다.

⑥ 2009. 8. 29. 갑은 17세의 B에 대한 성폭력처벌법위반죄(특수강간)를 범하였다. (㉯사건)

【사실관계 4】

① 2010. 4. 15. 성폭력처벌법이 개정되었다.

② 개정 성폭력처벌법은 성인 대상 성범죄자에 대해 공개명령 및 고지명령 제도를 도입하였다.

③ 개정 성폭력처벌법은 공개명령 및 고지명령 대상에서 아동·청소년 대상 성폭력범죄를 저지른 자를 제외하였다.

④ 2010. 4. 15. 아청법이 다음과 같이 개정되었다. (법률 제10260호 아청법)

　(가) 아동·청소년 대상 성폭력범죄를 저지른 자를 아청법의 규율대상에 포함시킨다.

　(나) 신상정보 고지명령 제도를 도입한다.

　(다) 고지명령제도는 2011. 1. 1. 이후 최초로 아동·청소년 대상 성범죄를 범하여 고지명령을 선고받은 고지대상자부터 적용한다.

【사실관계 5】

① 개정전 법률 제9765호 아청법는 공개명령 대상자를 2010. 1. 1. 이후 최초로 아동·청소년 대상 성범죄를 범하고 유죄판결이 확정된 자로 한정하였다.

② 이에 대해 그 이전의 성범죄 전과자들로부터의 아동·청소년 성보호가 충분하지 못하다는 비판이 제기되었다.

③ 2010. 7. 23. 아청법이 다음과 같이 개정되었다. (법률 제10391호 아청법)

　(가) 공개명령 대상을 종전에 아동·청소년 대상 성범죄를 범하고 유죄판결이 확정되지 아니한 자

에 대해서도 적용하기로 한다.

　　[[(나) 법률 제10391호 아청법은 고지명령에 대해서는 별도의 소급적용 규정을 두지 않았다.]

【사건의 경과 1】

① 제1심법원은 ㉮·㉯사건이 성폭력처벌법상 공개명령 및 고지명령의 대상이 된다고 판단하였다.

② 제1심법원은 ㉮사건과 ㉯사건을 포함한 갑의 성폭력범죄에 대해 다음 주문의 판결을 선고하였다.

　　(가) 징역 17년

　　(나) 공개명령 [연수 불명]

　　(다) 고지명령 [연수 불명]

【사건의 경과 2】

① 갑은 불복 항소하였다.

② 갑은 항소이유로, 심신상실 등을 주장하였다.

③ 2012. 8. 17. 항소심법원은 항소를 기각하고, 제1심판결을 유지하였다.

④ 갑은 불복 상고하였다.

⑤ 갑은 상고이유로, 심신상실 등을 주장하였다.

⑥ 갑은 공개명령과 고지명령에 대해서는 상고이유로 다투지 않았다.

【사건의 경과 3】

① 2012. 11. 15. 대법원은 판결을 선고하였다.

② 대법원은 갑의 상고이유를 배척하였다.

③ 대법원은 직권으로 판단하였다.

④ (본 판례는 2012. 11. 15. 시점의 법령을 기준으로 하고 있다.)

【사건의 경과 4】

① 2012. 12. 18. 각종 성범죄를 친고죄에서 비친고죄로 전환하는 형법 일부개정이 있었다.

② 2012. 12. 18. 형법 일부개정과 함께 성폭력처벌법과 아청법이 전부개정되었다.

③ 2013. 6. 19. 개정 법률들은 6개월의 유예기간을 거친 후 시행되었다.

④ 성폭력처벌법은 공개명령과 고지명령에 관하여 아청법을 적용하기로 하였다(성폭력처벌법 제47조, 제49조).

⑤ 이로써 성인 대상 성폭력범죄자와 아동·청소년 대상 성폭력범죄자에 대한 공개명령과 고지명령의 근거법령이 통일성을 가지게 되었다.

⑥ 2012. 12. 18. 개정된 성폭력범죄 관련 법률들은 다음과 같은 내용을 담고 있다.

　　(가) 신상정보의 등록과 관리는 법무부장관이 관장한다.

　　(나) 공개명령과 고지명령의 집행은 여성가족부장관이 관장한다.

　　(다) 개정된 공개명령제도는 성폭력범죄를 범하고 확정판결을 받지 아니한 자에 대해서도 적용된다.

　　(라) 개정된 고지명령제도는 2013. 6. 19. 아청법 시행 후 고지명령 집행분부터 적용된다.

2. 아동·청소년 대상 성폭력범죄에 대한 공개명령·고지명령의 기준법령

【대법원 분석】 가. (1) '성폭력범죄의 처벌 등에 관한 특례법/

【대법원 분석】 (2010. 4. 15. 법률 제10258호로 제정 · 공포된 것, /

【대법원 분석】 이하 '성폭력특례법'이라 한다)은 /

【대법원 분석】 신상정보의 공개명령 및 고지명령의 대상에서 /

【대법원 분석】 아동 · 청소년 대상 성폭력범죄를 저지른 자를 제외함으로써 /

【대법원 분석】 그 대상을 성인 대상 성폭력범죄를 저지른 자로 제한하고 있고 /

【대법원 분석】 (성폭력특례법 제37조, 제41조), /

【대법원 분석】 아동 · 청소년 대상 성폭력범죄를 저지른 자에 대하여는 /

【대법원 분석】 '아동 · 청소년의 성보호에 관한 법률'/

【대법원 분석】 (2010. 4. 15. 법률 제10260호로 개정된 것, /

【대법원 분석】 이하 '법률 제10260호 아동성보호법'이라 한다) /

【대법원 분석】 제38조 및 제38조의2 등이 /

【대법원 분석】 별도로 공개명령 및 고지명령의 대상으로 규정하고 있다. /

【대법원 요지】 따라서 비록 아동 · 청소년 대상 성폭력범죄가 /

【대법원 요지】 성폭력특례법 제32조 제1항에 정하여진 등록대상 성폭력범죄에 해당하더라도, /

【대법원 요지】 법률 제10260호 아동성보호법 제38조 및 제38조의2 등에 의하여 /

【대법원 요지】 공개명령 및 고지명령의 적용대상이 되는지 여부만이 문제될 뿐이고 /

【대법원 요지】 성폭력특례법 제37조 및 제41조에 의한 /

【대법원 요지】 공개명령 및 고지명령의 대상이 되지는 아니한다.

3. 공개명령제도의 소급효

【대법원 분석】 (2) 한편 '아동 · 청소년의 성보호에 관한 법률'/

【대법원 분석】 (2009. 6. 9. 법률 제9765호로 전부 개정된 것, /

【대법원 분석】 이하 '법률 제9765호 아동성보호법'이라 한다)에 의하여 도입된 /

【대법원 분석】 신상정보의 공개명령 제도는 /

【대법원 분석】 그 부칙 제1조, 제3조 제1항에 의하여 /

【대법원 분석】 그 시행일인 2010. 1. 1. 이후 최초로 아동 · 청소년 대상 성범죄를 범하고 유죄판결
이 확정된 자부터 적용하게 되어 있었으나, /

【대법원 분석】 '아동 · 청소년의 성보호에 관한 법률'/

【대법원 분석】 (2010. 7. 23. 법률 제10391호로 개정된 것)은 /

【대법원 분석】 법률 제9765호 아동성보호법의 부칙 제3조에 /

【대법원 분석】 제4항을 신설하여 /

【대법원 분석】 "제1항에도 불구하고 이 법 시행 당시 /

【대법원 분석】 법률 제7801호 청소년의 성보호에 관한 법률 일부 개정법률 또는 /

【대법원 분석】 법률 제8634호 청소년의 성보호에 관한 법률 전부 개정법률을 위반하고 /

【대법원 분석】 확정판결을 받지 아니한 자에 대한 공개명령에 관하여는 /

【대법원 분석】 제38조에 따른다."고 규정하였다 /

【대법원 분석】 (이하 '법률 제9765호 아동성보호법 부칙 제3조 제4항'이라 한다). /

【대법원 요지】 이는 법률 제9765호 아동성보호법 시행 당시 /

【대법원 요지】 '법률 제7801호 청소년의 성보호에 관한 법률' 또는 /

【대법원 요지】 '법률 제8634호 청소년의 성보호에 관한 법률'/

【대법원 요지】 (이하 '법률 제8634호 청소년성보호법'이라 한다)에 /

【대법원 요지】 규정된 범죄(위반행위)를 범하여 /

【대법원 요지】 열람결정 또는 열람명령의 대상이 되는 자 중에서 /

【대법원 요지】 그때까지 아직 확정판결을 받지 아니한 자 일반에 대하여 /

【대법원 요지】 법률 제9765호 아동성보호법 제38조에 따라 /

【대법원 요지】 공개명령을 할 수 있도록 규정한 것이라고 해석함이 타당하다.

4. 고지명령제도의 시행시기

【대법원 분석】 (3) 그리고 2010. 4. 15. 신설된 법률 제10260호 아동성보호법 /

【대법원 분석】 제38조의2는 제1항 제1호에서 /

【대법원 분석】 같은 법 제38조의 공개명령 대상자 중 /

【대법원 분석】 "아동·청소년 대상 성폭력범죄를 저지른 자"에 대하여 /

【대법원 분석】 고지명령도 함께 선고하도록 규정하고 있는데, /

【대법원 분석】 법률 제10260호 아동성보호법 /

【대법원 분석】 부칙 제1조는 /

【대법원 분석】 "이 법은 공포한 날부터 시행한다. /

【대법원 분석】 다만 제31조의2[성교육전문기관], 제38조의2[고지명령] 및 제38조의3[고지명령집행]의 개정규정은 /

【대법원 분석】 2011년 1월 1일부터 시행한다."고 규정하고 있고, /

【대법원 분석】 부칙 제4조는 /

【대법원 분석】 "제38조의2[고지명령] 및 제38조의33[고지명령집행]의 개정규정은 /

【대법원 분석】 같은 개정규정 시행 후 /

【대법원 분석】 최초로 아동·청소년 대상 성범죄를 범하여 고지명령을 선고받은 고지대상자부터 적용한다."고 규정하고 있다. /

【대법원 요지】 따라서 아동·청소년 대상 성폭력범죄의 경우, /

【대법원 요지】 법률 제10260호 아동성보호법 제38조의2 규정이 시행된 /

【대법원 요지】 2011. 1. 1. 이후에 범죄를 저지른 자에 대하여만 고지명령을 선고할 수 있다.

5. 사안에 대한 대법원의 판단

【대법원 판단】 나. 이 사건 공소사실 중 /

【대법원 판단】 2008. 11. 4.자 및 2009. 8. 29.자 성폭력범죄의 처벌 및 피해자보호 등에 관한 법률 위반(특수강간)의 점은 /

【대법원 판단】 모두 17세의 청소년을 상대로 저질러진 특수강간 범행으로서 /

【대법원 판단】 성폭력특례법 제32조 제1항에서 정한 등록대상 성폭력범죄에 해당하지만, /

【대법원 판단】 이는 범행 당시 시행되던 /

【대법원 판단】 법률 제8634호 청소년성보호법의 제2조 제3호, 제2호 (나)목에 규정된 /

【대법원 판단】 청소년 대상 성폭력범죄에도 해당하므로, /

【대법원 요지】 이 부분 공소사실에 관하여 피고인이 공개명령의 대상이 되는지는 /

【대법원 요지】 법률 제9765호 아동성보호법 부칙 제3조 제4항에서 정하는 바에 따라 /

【대법원 요지】 공개명령의 요건이 충족되었는지를 심리하여 판단하여야 한다. /

【대법원 요지】 또한 이 부분 공소사실은 /

【대법원 요지】 고지명령을 규정한 법률 제10260호 아동성보호법 제38조의2 규정이 /

【대법원 요지】 시행되기 이전의 범죄에 해당하므로 /

【대법원 요지】 법률 제10260호 아동성보호법 부칙 제1조, 제4조에 따라 /

【대법원 요지】 고지명령의 대상이 되지 않는다.

【대법원 결론】 그럼에도 원심은 위와 같은 심리에 나아가지 아니한 채 피고인이 이 부분 공소사실에 관하여도 성폭력특례법 제37조, 제41조의 공개명령 및 고지명령의 대상이 된다는 제1심판결을 유지하였으니, /

【대법원 결론】 이러한 원심판결에는 성폭력특례법 제37조, 제41조의 적용범위에 관한 법리를 오해하여 필요한 심리를 다하지 아니함으로써 판결에 영향을 미친 위법이 있다. /

【대법원 결론】 따라서 원심판결 중 이 부분 공소사실에 관한 공개명령 및 고지명령 부분은 파기를 면할 수 없다.

6. 공개명령 · 고지명령과 상소불가분의 원칙

【대법원 요지】 한편 성폭력특례법 제37조, 제41조에 규정된 공개명령 및 고지명령은 /

【대법원 요지】 등록대상 성폭력범죄 사건의 판결과 동시에 선고하는 부수처분이므로 /

【대법원 요지】 그 공개명령 및 고지명령의 전부 또는 일부가 위법한 경우 /

【대법원 요지】 나머지 피고사건 부분에 위법이 없더라도 그 부분까지 전부 파기하여야 한다.

【대법원 요지】 다. 피고인이 피고사건의 판결에 대하여 상고를 제기한 이상 /

【대법원 요지】 부착명령청구사건의 판결에 대하여도 상고를 제기한 것으로 의제된다. /

【대법원 요지】 비록 부착명령청구사건에 관하여 상고장에 그 이유의 기재가 없고 /

【대법원 요지】 상고이유서에도 이에 대한 불복이유의 기재를 찾아볼 수 없으나, /

【대법원 요지】 원심의 피고사건에 대한 판단이 위법하여 원심판결 중 피고사건에 관한 부분을 파기하는 경우에는 /

【대법원 요지】 그와 함께 심리되어 동시에 판결이 선고되어야 하는 부착명령청구사건에 관한 부분 역시 파기하지 않을 수 없다. (파기 환송)

2012도11586

공범자 소유물과 몰수
성매매 건물 몰수 사건
2013. 5. 23. 2012도11586, 공 2013하, 1172

1. 사실관계 및 사건의 경과

【사실관계 1】
① M유흥가 지역에 N건물(토지 포함)이 있다.
② A는 성매매 관련 범죄로 2회 처벌받은 전과가 있다.
③ A는 성매매업을 하려고 마음먹었다.
④ A는 월급 200만원을 주고 갑을 자금관리인으로 채용하였다.
⑤ 갑은 전과가 없다.

【사실관계 2】
① A는 성매매업을 목적으로 N건물을 매수하였다.
② A는 갑 명의로 N건물의 소유권이전등기를 마쳤다.
③ N건물에는 시가에 상응하는 정도의 금액을 채권최고액으로 한 근저당권이 설정되어 있다.
④ N건물에는 이와 별도로 담보가등기가 설정되어 있다.

【사실관계 3】
① N건물은 5층짜리 건물이다.
② 1층은 카운터나 휴게실로 사용된다.
③ 5층은 직원 등이 숙소 등으로 사용된다.
④ 2층 내지 4층은 대부분 객실이다.

【사실관계 4】
① A는 N건물에 P안마시술소를 개업하여 운영하였다.
② A는 P업소 내에 31개의 마사지실을 만들었다.
③ 갑은 P업소를 찾아온 성매매 목적으로 찾아온 남자 손님들을 마사지실로 안내하였다.
④ 갑은 남자 손님에게 대가를 받고 여종업원들과 성교행위를 하게 하였다.
⑤ A와 갑이 손님들로부터 받은 성매매 대가는 1년여에 걸쳐 1억 8천만원에 이르렀다.

【사건의 경과 1】
① P업소는 관련 기관에 의하여 단속되었다.
② P업소는 영업을 계속하였다.
③ 수사기관은 P업소에 대해 수사를 개시하였다.
④ [A는 도주하였다.]
⑤ 수사기관은 갑으로부터 손님 안내에 사용하던 ⓐ스마트폰을 압수하였다.

⑥ 수사기관은 범죄수익법에 따라 N건물에 대해 몰수보전처분을 하였다.

【사건의 경과 2】

① 검사는 갑을 성매매처벌법위반죄(성미매알선)로 기소하였다.

② 갑의 피고사건은 제1심을 거친 후, 항소심에 계속되었다.

③ 항소심법원은 유죄를 인정하고 다음과 같은 주문을 선고하였다.

   (가) 피고인을 징역 8월에 처한다.

   (나) 다만 이 판결 확정일부터 2년간 위 형의 집행을 유예한다.

   (다) N건물을 몰수한다.

   (라) ⓐ스마트폰을 몰수한다.

④ 갑은 불복 상고하였다.

⑤ 갑은 상고이유로 다음의 점을 주장하였다.

   (가) N건물은 갑의 소유에 속하지 않는다.

   (나) 피고인의 소유에 속하지 아니한 물건은 몰수할 수 없다.

   (다) 그렇지 않더라도 N건물 자체를 몰수하는 것은 비례의 원칙에 어긋난다.

2. 공범자의 소유물과 몰수 요건

【대법원 요지】 형법 제48조 제1항의 "범인" 속에는 "공범자"도 포함되므로 /

【대법원 요지】 범인 자신의 소유물은 물론 공범자의 소유물도 그 공범자의 소추 여부를 불문하고 몰수할 수 있고, /

【대법원 요지】 이는 범죄수익은닉의 규제 및 처벌 등에 관한 법률(이하 '범죄수익법'이라 한다) 제9조 제1항의 '범인'의 해석에서도 마찬가지라고 할 것이다. /

【대법원 요지】 그리고 형벌은 공범자 전원에 대하여 각기 별도로 선고하여야 할 것이므로 /

【대법원 요지】 공범자 중 1인 소유에 속하는 물건에 대한 부가형인 몰수에 관하여도 개별적으로 선고하여야 할 것이다. /

3. 범죄수익과 몰수 요건

【대법원 분석】 한편 범죄수익법 제8조 제1항은 '범죄수익'을 몰수할 수 있다고 하면서 /

【대법원 분석】 범죄수익법 제2조 제2호 나목 1)은 "성매매알선 등 행위의 처벌에 관한 법률/

【대법원 분석】 (이하 '성매매처벌법'이라 한다) 제19조 제2항 제1호/

【대법원 분석】 (성매매알선 등 행위 중 성매매에 제공되는 사실을 알면서 자금 · 토지 또는 건물을 제공하는 행위만 해당한다)의 죄에 관계된 자금 또는 재산"을 /

【대법원 분석】 위 법에서 규정하는 '범죄수익'의 하나로 규정하고 있는바, /

【대법원 요지】 성매매알선 등 행위를 규정한 성매매처벌법 제2조 제1항 제2호 중 다목의 /

【대법원 요지】 "성매매에 제공되는 사실을 알면서 자금 · 토지 또는 건물을 제공하는 행위"에는 /

【대법원 요지】 그 행위자가 "성매매를 알선, 권유, 유인 또는 강요하는 행위"(성매매처벌법 제2조 제1항 제2호 가목) 또는 /

【대법원 요지】 "성매매의 장소를 제공하는 행위"(성매매처벌법 제2조 제1항 제2호 나목)를 하는 타인에게 /

【대법원 요지】 자금, 토시 또는 건물을 제공하는 행위뿐만 아니라 /

【대법원 요지】 스스로 가목이나 나목의 행위를 하는 경우도 포함된다고 보아야 한다.

4. 몰수와 비례성원칙

【대법원 요지】 형법 제48조 제1항 제1호에 의한 몰수는 임의적인 것이므로 /

【대법원 요지】 그 몰수의 요건에 해당되는 물건이라도 이를 몰수할 것인지의 여부는 일응 법원의 재량에 맡겨져 있다 할 것이나, /

【대법원 요지】 형벌 일반에 적용되는 비례의 원칙에 의한 제한을 받으며, /

【대법원 요지】 이러한 법리는 범죄수익법 제8조 제1항의 경우에도 마찬가지로 적용된다. /

【대법원 채증】 그리고 몰수가 비례의 원칙에 위반되는 여부를 판단하기 위하여는, /

【대법원 채증】 몰수 대상 물건(이하 '물건'이라 한다)이 범죄 실행에 사용된 정도와 범위 및 범행에서의 중요성, /

【대법원 채증】 물건의 소유자가 범죄 실행에서 차지하는 역할과 책임의 정도, /

【대법원 채증】 범죄 실행으로 인한 법익 침해의 정도, /

【대법원 채증】 범죄 실행의 동기, 범죄로 얻은 수익, /

【대법원 채증】 물건 중 범죄 실행과 관련된 부분의 별도 분리 가능성, /

【대법원 채증】 물건의 실질적 가치와 범죄와의 상관성 및 균형성, /

【대법원 채증】 물건이 행위자에게 필요불가결한 것인지 여부, /

【대법원 채증】 물건이 몰수되지 아니할 경우 행위자가 그 물건을 이용하여 다시 동종 범죄를 실행할 위험성 유무 및 그 정도 등 /

【대법원 채증】 제반 사정이 고려되어야 할 것이다.

5. 사안에 대한 대법원의 판단

【대법원 분석】 원심판결 이유 및 기록에 의하면, /

【대법원 분석】 공소외인은 처음부터 성매매알선 등 행위를 하기 위하여 원심 판시 이 사건 부동산(이하 '이 사건 부동산'이라 한다)을 취득하여 피고인에게 명의신탁한 후 약 1년 동안 성매매알선 등 행위에 제공하였고, /

【대법원 분석】 일정한 장소에서 은밀하게 이루어지는 성매매알선 등 행위의 속성상 장소의 제공이 불가피하다는 점, /

【대법원 분석】 이 사건 부동산은 5층 건물인데 카운터나 휴게실이 있는 1층과 직원 등이 숙소 등으로 사용하는 5층을 제외한 나머지 2층 내지 4층 객실 대부분이 성매매알선 등 행위의 장소로 제공된 점, /

【대법원 분석】 피고인은 이 사건 부동산에서 이루어지는 성매매알선 등 행위로 발생하는 수익의 자금관리인으로, /

【대법원 분석】 공소외인과 함께 범행을 지배하는 주체가 되어 영업으로 성매매알선 등 행위를 한 점, /

【대법원 분석】 이 사건 부동산에는 시가에 상응하는 정도의 금액을 채권최고액으로 한 근저당권이 설정되어 있을 뿐만 아니라 이와 별도로 담보가등기가 설정되어 있어 그 실질적인 가치는 크지 않은 반면, /

【대법원 분석】 피고인이 성매매알선 등 행위로 벌어들인 수익은 상당히 고액인 점, /

【대법원 분석】 피고인은 초범이나 공동정범 공소외인은 이 사건과 동종 범죄로 2회 처벌받은 전력이 있을 뿐 아니라 /

【대법원 분석】 성매매알선 등 행위의 기간, 특히 단속된 이후에도 성매매알선 등 행위를 계속한 점 등을 고려하면, /

【대법원 판단】 원심이 그 판시와 같은 이유로 이 사건 부동산을 몰수한 조치는 앞서 본 법리에 따른 것으로서 정당하고, /

【대법원 결론】 거기에 상고이유에서 주장하는 바와 같이 비례의 원칙에 반하여 재량권을 남용한 잘못 등이 있다고 볼 수 없다. (상고 기각)

【코멘트】

본 판례는 대법원이 공범자 소유의 물건에 대한 몰수를 인정한 예로서 주목된다. 형법 제48조 제1항은 '범인 이외의 자의 소유에 속하지 아니하는' 물건을 몰수대상물의 하나로 규정하고 있다. 이를 반대해석하면 범인 이외의 자의 소유에 속하는 물건은 몰수할 수 없다. 본 판례에서 갑은 M건물이 범인인 자신의 소유에 속하지 않는다는 이유를 들어서 상고하고 있다. 그러나 대법원은 형법 제48조 제1항의 '범인'에는 '공범자'도 포함되며, 공범자의 소추 여부를 불문하고 공범자 소유의 물건을 몰수할 수 있다는 입장을 취하고 있다.

한편 범죄수익법은 성매매에 제공되는 사실을 알면서 제공된 건물을 불법수익의 하나로 보아 몰수할 수 있도록 하고 있다(동법 제2조, 제8조). 이 경우 몰수는 대상 불법수익이 범인 외의 자에게 귀속되지 아니하는 경우에 할 수 있다(동법 제9조 제1항). 대법원은 이 경우에도 '범인'에 '공범자'가 포함된다는 입장을 취하고 있다.

성매매에 제공된 건물의 몰수를 허용하는 대법원의 태도는 성매매 등 특정범죄를 조장하는 경제적 요인을 근원적으로 제거하여 건전한 사회질서를 유지하려는 범죄수익법의 목적(동법 제1조)에 비추어 일견 타당하다고 생각할 수 있다. 그러나 판례는 범죄수익법으로부터 공범자에 대한 몰수의 근거를 이끌어내는 것이 아니라 형법 총칙 제48조의 몰수규정을 입론의 근거로 제시하고 있다. 범죄수익법상의 몰수가 보안처분적 성격의 것이라면 형법 총칙의 몰수는 형벌의 일종이다. 형법 총칙으로부터 특별법의 규율원리를 도출하는 대법원의 입론에는 다소 무리가 있다고 생각된다.

공범자 소유물에 대한 몰수는 제3자 소유물에 대한 몰수의 일종이다. 공범자가 예컨대 공동피고인으로 기소되어 재판을 받는다면 유죄판결에 기하여 몰수가 선고될 것이므로 별다른 문제는 없다. 그런데 소유자는 기소되지 아니한 상황에서 다른 피고인의 재판에서 피고인에 대한 부가형으로 제3자 소유물을 몰수한다면 문제는 달라진다. 소유자의 재산권 보호나 형벌부과시에 준수해야 할 적법절차에 반하는 것은 아닌가 하는 의문이 제기되기 때문이다.

이러한 문제점을 의식하였는지는 모르나 본 판례에서 대법원은 5층 건물 소유주 A의 범죄관여 정도를 면밀히 검토하는 한편, 몰수를 둘러싼 비례원칙의 준수 여부를 상세히 검토하고 있다. 여기에 형법 총칙상의 몰수가 임의적으로 부과된다는 점 등을 함께 고려하면 헌법적 문제는 충분히 해소될 수 있다고 보는 것이 내법원의 입장이 아닐까 하는 추측을 하게 된다.

그러나 소유자의 의사에 반하여 물건에 대한 소유권을 강제로 국가에 귀속시키는 몰수는 국민의 재산권(헌법 제23조 제1항)을 침해하는 조치임이 분명하다. 현행 형법상 몰수는 부가형이지만(형법 제49조) 어디까지나 형벌의 일종이므로 헌법 제12조 제1항이 규정한 적법절차에 따라 부과되어야 한다. 주지하는 바와 같이 적법절차원칙에 따르면 국가로부터 불이익이 부과되는 사람에게는 변명과 방어의 기회가 부여되지 않으면 안 된다.

비교법적으로 볼 때 일본은 1962년 11월 28일 대법정(大法廷)판결(우리나라의 전원합의체 판결에 해당함)로써 소유자인 제3자에게 고지, 변해, 방어의 기회를 주지 않고 제3자의 소유물을 몰수하는 것은 일본 헌법상 재산권보장 및 법의 적정절차 규정에 위반하여 위헌이라고 판단한 바가 있다. 그리고 이 판결을 계기로 일본에서는 1963년에 형사사건에 있어서 제3자 소유물의 몰수절차에 대한 응급조치법을 제정하여 사전적인 권리참가절차와 사후적인 몰수취소절차라는 제3자 보호장치를 마련하였다(大コッメンタール刑法, 제1권 438면 이하 참조).

일본과 달리 우리나라의 경우 재판에 대한 헌법소원은 인정되지 않는다. 따라서 대법원이 본 판례와 같은 태도를 유지하는 한 일반 시민들은 공범자라는 혐의만으로 자신의 소유물이 다른 사람의 형사재판을 통해 강제로 국가에 귀속되는 사태를 염려하지 않을 수 없다. 본 판례에서 대법원이 보여준 공범자 범죄성립 여부의 치밀한 검토나 비례원칙의 강조만으로는 일반 시민의 불안감을 불식할 수 없다. 제3자 소유물의 몰수에 대한 엄격해석을 촉구하면서, 아울러 제3자의 정당한 권리가 침해되지 않도록 입법조치가 조속히 보완되기를 기대하는 바이다.

2012도12689

심신장애의 판단방법
여성 속옷 절취범 사건
2013. 1. 24. 2012도12689, [미간행]

1. 사실관계 및 사건의 경과

【사실관계】
① 갑은 29세경부터 여성들의 속옷을 훔치기 시작하였다.
② 갑은 훔친 여성 속옷을 자위행위의 도구로 사용하였다.
③ 갑의 행위는 계속되었다.
④ 갑은 빌라 외벽에 설치된 가스배관을 타고 올라가 베란다를 통해 빌라에 침입하여 여성 속옷을 훔치다가 집주인에게 발각되어 체포되었다.

⑤ 성주물성애증(性呪物性愛症)이란 무생물인 옷이나 신는 것들의 조각을 사람의 몸의 연장으로서 성적 각성과 희열의 자극제로 믿고 이를 성적 흥분을 고취시키는 데 쓰는 정신질환이다.

⑥ 갑에 대한 정신감정의 결과는 다음과 같다.

  (가) 갑은 성주물성애증을 가지고 있다.

  (나) 갑은 범행 당시 알코올 복용 상태에서 성주물성애증으로 절도 충동을 억제하지 못하여 범행에 이른 것으로 보인다.

  (다) 갑은 범행 당시 의사결정능력이 다소 저하된 상태에 있었을 것으로 추정된다.

【사건의 경과】

① 검사는 갑을 특가법위반죄(상습절도)로 기소하였다.

② 갑의 피고사건은 제1심을 거친 후, 항소심에 계속되었다.

③ 항소심법원은 다음과 같이 판단하여 형을 감경하였다.

  (가) 갑은 성주물성애증이라는 정신질환을 앓고 있다.

  (나) 갑은 심신미약 상태에 있다.

④ (항소심의 판단 이유는 판례 본문 참조)

⑤ 검사는 불복 상고하였다.

2. 사안에 대한 항소심의 판단

【항소심 판단】 1. 원심판결 이유에 의하면, 원심은 /

【항소심 판단】 피고인이 무생물인 옷이나 신는 것들의 조각을 사람의 몸의 연장으로서 성적 각성과 희열의 자극제로 믿고 이를 성적 흥분을 고취시키는 데 쓰는 '성주물성애증'이라는 정신질환을 가지고 있는 점, /

【항소심 판단】 위 정신질환은 피고인이 초등학교 때 아버지가 어머니를 자주 폭행하고 전학을 3회나 하여 친구가 없고 가정이나 학교에서 외로움을 느끼며 지내다가 /

【항소심 판단】 2007년 29세경에 주점에서 일하는 여성의 속옷을 훔친 이후로 발현되어 /

【항소심 판단】 계속 여성의 옷을 훔치거나 구입하여 때때로 이를 자위행위의 도구로 사용하면서 심화되었던 점, /

【항소심 판단】 피고인은 사용했던 여성의 속옷이나 옷을 절취한 다음 이를 처분하지 않고 보관하였으며, /

【항소심 판단】 여성의 속옷이나 옷을 절취하기 위하여 다른 사람의 집에 침입하는 것도 서슴지 않은 점, /

【항소심 판단】 피고인이 여성의 속옷이나 옷을 절취할 만한 다른 동기는 없는 점 등에 비추어 볼 때, /

【항소심 판단】 피고인은 이 사건 각 범행 당시 성주물성애증으로 인하여 사물을 변별하거나 의사를 결정할 능력이 미약한 상태에 있었다고 판단하였다.

3. 형법 제10조 심신장애의 판단기준

【대법원 요지】 2. 형법 제10조에 규정된 심신장애는 /

【대법원 요지】 정신병 또는 비정상적 정신상태와 같은 정신적 장애가 있는 외에 /

【대법원 요지】 이와 같은 정신적 장애로 말미암아 사물에 대한 변별능력이나 그에 따른 행위통제능력이 결여 또는 감소되었음을 요하므로, /

【대법원 요지】 정신적 장애가 있는 자라고 하여도 범행 당시 정상적인 사물변별능력과 행위통제능력이 있었다면 심신장애로 볼 수 없다 /

【대법원 요지】 (대법원 1992. 8. 18. 선고 92도1425 판결 등 참조). /

【대법원 요지】 그리고 특별한 사정이 없는 한 성격적 결함을 가진 사람에 대하여 자신의 충동을 억제하고 법을 준수하도록 요구하는 것이 기대할 수 없는 행위를 요구하는 것이라고는 할 수 없으므로, /

【대법원 요지】 무생물인 옷 등을 성적 각성과 희열의 자극제로 믿고 이를 성적 흥분을 고취시키는 데 쓰는 성주물성애증이라는 정신질환이 있다고 하더라도 /

【대법원 요지】 그러한 사정만으로는 절도 범행에 대한 형의 감면사유인 심신장애에 해당한다고 볼 수 없고, /

【대법원 요지】 다만 그 증상이 매우 심각하여 원래의 의미의 정신병이 있는 사람과 동등하다고 평가할 수 있거나, /

【대법원 요지】 다른 심신장애사유와 경합된 경우 등에는 심신장애를 인정할 여지가 있으며/

【대법원 요지】 (대법원 1995. 2. 24. 선고 94도3163 판결 등 참조), /

【대법원 요지】 이 경우 심신장애의 인정 여부는 /

【대법원 채증】 성주물성애증의 정도 및 내용, /

【대법원 채증】 범행의 동기 및 원인, /

【대법원 채증】 범행의 경위 및 수단과 태양, /

【대법원 채증】 범행 전후의 피고인의 행동, /

【대법원 채증】 범행 및 그 전후의 상황에 관한 기억의 유무 및 정도, /

【대법원 채증】 수사 및 공판절차에서의 태도 등을 종합하여 /

【대법원 요지】 법원이 독자적으로 판단할 수 있다 /

【대법원 요지】 (대법원 1994. 5. 13. 선고 94도581 판결 등 참조).

4. 사안에 대한 대법원의 분석

【대법원 분석】 기록에 의하면, /

【대법원 분석】 ① 피고인은 빌라 외벽에 설치된 가스배관을 타고 올라가 베란다를 통해 빌라에 침입하여 여성 속옷 등을 훔치다가 집주인에게 발각되는 바람에 체포된 사실, /

【대법원 분석】 ② 피고인은 위와 같이 체포되어 조사받는 과정에 이 사건 각 범행을 자백하였는데, 범행을 비교적 구체적으로 기억하고 있는 것으로 보이는 사실, /

【대법원 분석】 ③ 피고인은 수사기관에서는 술을 마시는 바람에 범행을 저지르게 되었다는 취지로 진술하였다가, 원심에서는 범행의 동기를 모르겠다고 진술한 사실, /

【대법원 분석】 ④ 피고인은 다소 불우한 성장과정을 겪었으나 그로 인하여 사회적, 직업적으로 지장을 받고 있다고 볼 만한 사정은 보이지 않는 사실, /

【대법원 분석】 ⑤ 피고인에 대한 정신감정 결과에 의하더라도 피고인은 특이한 정신병적 증세를 보이지 않고, 사고기능 면에서도 사고장애의 증거가 뚜렷하지 않으며, /

【대법원 분석】 다만 범행 당시에는 알코올 복용 상태에서 성주물성애증으로 절도 충동을 억제하지 못하여 범행에 이른 것으로 /

【대법원 분석】 의사결정능력이 다소 저하된 상태에 있었을 것으로 추정된다고 판단된 사실 등을 알 수 있다.

5. 사안에 대한 대법원의 판단

【대법원 판단】 앞서 본 법리에 비추어 살펴보면, /

【대법원 판단】 비록 피고인에 대한 정신감정에서 피고인이 범행 당시 알코올 복용 상태에서 성주물성애증으로 절도 충동을 억제하지 못하여 범행에 이른 것으로 /

【대법원 판단】 의사결정능력이 다소 저하된 상태에 있었을 것으로 추정된다고 판단되었다고 하더라도, /

【대법원 판단】 위에서 본 바와 같은 범행의 경위 및 태양, 범행에 대한 피고인의 기억의 정도, 수사 및 공판절차에서의 피고인의 태도, 피고인의 정신병적 증세의 정도 등을 종합해 보면, /

【대법원 판단】 피고인은 이 사건 각 범행 당시 성주물성애증이라는 정신적 장애가 있었다는 사정 이외에 /

【대법원 판단】 사물을 변별할 능력이나 의사를 결정할 능력이 미약한 상태에 있었다고 인정할 만한 사정이 있었다거나 /

【대법원 판단】 피고인의 성주물성애증의 정도가 원래의 의미의 정신병이 있는 사람과 동등하다고 평가할 수 있을 정도로 심각하다고 인정하기는 어려워 보인다.

【대법원 결론】 그럼에도 불구하고 그 판시와 같은 사정만을 근거로 피고인이 이 사건 각 범행 당시 심신미약의 상태에 있었다고 인정한 원심의 판단에는 심신장애에 관한 법리를 오해함으로써 판결 결과에 영향을 미친 위법이 있다. 이 점을 지적하는 상고이유의 주장에는 정당한 이유가 있다. (파기 환송)

2012도13737

비형벌법규의 변경과 동기설
규석 광산 골프장 사건
2013. 2. 28. 2012도13737, 공 2013상, 615

1. 사실관계 및 사건의 경과

【사실관계 1】

① P회사는 Q회사로부터 수주를 받아 M토지 위에 골프장을 조성하고 있었다.

② M토지는 Q회사의 소유이다.

③ M토지 내에는 N규석 광구가 있다. (N광구)

④ N광구는 R회사 명의로 광업권이 등록되어 있다.

⑤ [R회사는 N광구에 대해 채굴 출원을 하였으나 아직 채광계획의 인가를 받지 못한 상태이다.]

【사실관계 2】

① 갑은 P회사의 M토지 골프장 조성공사의 현장소장이다.

② N광구 지역에는 이미 노출되어 있거나 발파작업을 통하여 발생한 다량의 규석 광물이 쌓여 있다. (H광물)

③ 2008. 6.부터 2010. 10.까지 갑은 H광물을 인근 저지대 등을 매립하는 데에 성토재로 사용하였다.

【사실관계 3】

① 당시 광업법 제5조 제1항은 다음과 같이 규정하고 있었다.

② "광구에서 광업권이나 조광권에 의하지 아니하고 토지로부터 분리된 광물은 그 광업권자나 조광권자의 소유로 한다." (㉠원칙조항)

③ 2010. 1. 27. 광업법이 개정되었다.

④ 개정 광업법은 제5조 제1항에 다음 내용의 단서조항을 신설하였다. (㉡단서조항)

(가) "다만 토지소유자나 그 밖에 토지에 대한 정당한 권원을 가진 자가 /

(나) 농작물의 경작 · 공작물의 설치 · 건축물의 건축 등을 하는 과정에서 /

(다) 토지로부터 분리된 광물은 /

(라) 광물을 분리한 해당 토지소유자나 그 밖에 토지에 대한 정당한 권원을 가진 자의 소유로 하되, /

(마) 그 토지소유자나 그 밖에 토지에 대한 정당한 권원을 가진 자는 /

(바) 분리된 광물을 영리 목적으로 양도할 수 없다."

【사실관계 4】

① 2011. 1. 28. 1년의 유예기간을 거친 후 개정 광업법이 시행되었다.

② 개정 광업법은 부칙에서 다음과 같은 경과규정을 두었다.

광업법 부칙 제4조 (채광계획의 인가를 받지 아니한 광업권 등에 관한 경과조치) ① 이 법 시행 당시 다음 각 호의 어느 하나에 해당하는 광업권…… 등에 관하여는 /

이 법의 개정규정/

[제5조 제1항 단서……의 개정규정은 제외한다]/

에도 불구하고 /

종전의 규정에 따른다. /

다만, 종전의 제42조에 따른 채광계획의 인가를 받은 때에는 그러하지 아니하다.

1. (생략)

2. 종전의 제42조에 따른 채광계획의 인가를 받지 아니한 광업권

② 제1항에 따라 종전의 제42조에 따른 채광계획의 인가를 받은 광업권 …… 은 종전의 규정에 따라 광업권의 설정등록이 된 날 …… 에 이 법의 개정규정에 따른 채굴권이 설정등록 …… 된 것으로 보고, 그 채광계획이 인가된 날에 이 법의 개정규정에 따른 채굴계획의 인가를 받은 것으로 본다.

③ (생략)

【사건의 경과 1】

① [H광물의 소유권을 둘러싸고 P회사와 R회사 사이에 분쟁이 발생하였다.]

② [P회사는 개정 광업법 제5조 제1항 단서에 따라 H광물이 자신의 소유라고 주장하였다.]

③ [R회사는 개정 광업법 부칙 제4조에 따라 H광물이 자신의 소유라고 주장하였다.]

④ [R회사는 P회사를 고소하였다.]

⑤ 검사는 H광물이 R회사의 소유에 속한다고 판단하였다.

⑥ 검사는 갑을 손괴죄로 기소하였다.

⑦ 제1심법원은 다음의 이유로 갑에게 면소판결을 선고하였다.

　(가) 개정 광업법 제5조 제1항에 의할 때 토지로부터 분리된 H광물은 제5조 제1항 단서에 해당되어 토지소유자인 Q회사의 소유에 속한다.

　(나) H광물이 R회사의 소유임을 전제로 한 공소사실은 범죄 후 법률의 변경에 의하여 그 행위가 범죄를 구성하지 아니하는 경우에 해당한다.

【사건의 경과 2】

① 검사는 불복 항소하였다.

② 항소심법원은 다음의 이유를 들어 항소를 기각하였다.

　(가) 형법 제1조 제2항은 "범죄 후 법률의 변경에 의하여 그 행위가 범죄를 구성하지 아니하거나 형이 구법보다 경한 때에는 신법에 의한다."고 규정하고 있다.

　(나) 형사소송법 제326조 제4호는 "범죄후의 법령개폐로 형이 폐지되었을 때는 판결로써 면소의 선고를 하여야 한다."고 규정하고 있다.

　(다) 이 규정들은 행위시법주의 원칙의 예외로서, 범죄 후 반성적 고려에 의하여 법령이 개폐된 경우에는 사건의 실체에 관한 판단을 하지 않고 피고인을 신속히 법정절차에서 벗어나게 해주려는 의도에서 마련된 것이다.

　(라) 이 경우 법률의 법령은 피고인에게 유리하게 변경된 것이어야 한다.

　(마) 법률의 변경은 형법의 변경만을 의미하는 것이 아니라, 그 전제가 되는 다른 법률이나 명령, 조례가 변경되는 경우도 포함한다.

　(바) 따라서 제1심의 면소판결은 타당하다.

③ (항소심의 판단 이유는 판례 본문 참조)

④ 검사는 불복 상고하였다.

2. 공소사실의 요지

【대법원 분석】 1. 이 사건 공소사실의 요지는 /

【대법원 분석】 "피고인이 공소외 P주식회사(이하 '공소외 P회사'라고 한다)가 공소외 Q주식회사(이하 '공소외 Q회사'라고 한다)로부터 수주하여 진행하고 있던 골프장 조성공사의 현장소장으로 근무하면서 /

【대법원 분석】 2008년 6월경부터 2010년 10월경까지 골프장 내이지만 피해자 공소외 R주식회사

(이하 '공소외 R회사'라고 한다) 명의로 광업권이 등록되어 있던 규석 광구에서 노출되거나 발파작업으로 채취된 규석 광물을 인근 저지대 등에 매립하여 성토재로 사용하는 방법으로 손괴하였다"는 것이다.

3. 광업법의 개정내용과 경과규정

【대법원 분석】 한편 토지로부터 분리된 광물의 귀속에 관하여 구 광업법(2010. 1. 27. 법률 제9882호로 개정되기 전의 것. 이하 '구 광업법'이라고 한다) 제5조 제1항은 /

【대법원 분석】 "광구에서 광업권이나 조광권에 의하지 아니하고 토지로부터 분리된 광물은 그 광업권자나 조광권자의 소유로 한다"고 정하고 있었다. /

【대법원 분석】 그런데 광업법이 2010. 1. 27. 법률 제9882호로 개정되면서(2011. 1. 28. 시행되었다. 이하 '개정 광업법'이라고 한다) 제5조 제1항에 /

【대법원 분석】 "다만 토지소유자나 그 밖에 토지에 대한 정당한 권원을 가진 자가 농작물의 경작 · 공작물의 설치 · 건축물의 건축 등을 하는 과정에서 토지로부터 분리된 광물은 광물을 분리한 해당 토지소유자나 그 밖에 토지에 대한 정당한 권원을 가진 자의 소유로 하되, 그 토지소유자나 그 밖에 토지에 대한 정당한 권원을 가진 자는 분리된 광물을 영리 목적으로 양도할 수 없다"는 단서가 신설되었다.

【대법원 분석】 또한 개정 광업법 부칙 제4조 제1항은 '채광계획의 인가를 받지 아니한 광업권 등에 관한 경과조치'라는 표제 아래, /

【대법원 분석】 "개정 광업법 시행 당시 ① 구 광업법 제15조에 따라 광업권 설정을 받기 위하여 출원 중이거나 광업권 설정의 허가를 받고 등록을 하지 아니한 광업권, 또는 /

【대법원 분석】 ② 구 광업법 제42조에 따른 채광계획의 인가를 받지 아니한 광업권 등에 관하여는 /

【대법원 분석】 개정규정(제5조 제1항 단서, 제10조의2 등은 제외한다)에도 불구하고 종전의 규정에 따른다. /

【대법원 분석】 다만 구 광업법 제42조에 따른 채광계획의 인가를 받은 때에는 그러하지 아니하다"고 정하고 있다.

4. 사안에 대한 항소심의 판단

【항소심 분석】 2. 원심은, /

【항소심 분석】 ① 개정 광업법 부칙 제4조 제1항 본문에서 종전규정에 따라 광업권 설정을 출원 중인 경우 등에 관하여는 일부 행정규제나 절차 등에 관한 개정에도 불구하고 종전규정을 그대로 적용하도록 하면서 /

【항소심 분석】 제5조(분리된 광물의 귀속), 제10조의2(외국인의 권리능력) 등 실체적 권리관계에 관하여는 개정규정을 적용한다고 규정한 점, /

【항소심 분석】 ② 위 부칙 제4조 제2항에서 종전규정에 따라 채광계획 인가까지 받은 광업권에 대하여는 개정규정에 따른 채굴권 등이 설정 · 등록되고 채굴계획 인가를 받은 것으로 본다고 규정하고 있는 점, /

【항소심 분석】 ③ 분리된 광물의 귀속 등의 실체적 권리관계는 통일적으로 규율되어야 하는 점 등을 종합하여 /

【항소심 판단】 앞서 본 부칙 제4조 제1항의 본문은 그 괄호 안의 조항을 제외하고는 종전규정을 그대로 적용하는 것으로 하고, /

【항소심 판단】 단서에서 종전규정에 따라 채광계획 인가까지 받은 경우에는 그러한 제외 없이 모든 개정규정이 그대로 적용된다는 취지로 해석함이 상당하다는 이유로, /

【항소심 판단】 이 사건의 경우 위 부칙 제4조 제1항에 의하여 개정 광업법 제5조 제1항 단서가 적용된다고 보았다.

【항소심 분석】 또한 원심은, /

【항소심 분석】 앞서 본 개정 광업법 제5조 제1항은 분리된 광물의 소유권은 원칙적으로 광업권자나 조광권자이지만, /

【항소심 분석】 토지소유자나 그 밖에 토지에 대한 정당한 권원을 가진 자가 건축 등을 하는 과정에서 광물이 분리된 경우에는 토지소유자 등이 소유권자가 된다는 예외를 새로이 정하고 있는데, /

【항소심 판단】 이러한 개정은 광산개발의 단계를 고려하지 아니하고 일률적으로 광업권을 부여함에 따라 광업권을 등록하고도 광물자원의 개발을 하지 아니하거나 무분별한 개발로 환경에 악영향을 주는 사례가 발생하고 있는 문제를 해결하기 위하여 /

【항소심 판단】 광업권을 탐사권과 채굴권으로 이원화하여 존속기간을 달리하는 등 광업권을 합리적으로 개편하고자 하는 반성적 고려에서 이루어진 것이라고 판단하였다.

【항소심 판단】 이에 따라 원심은 /

【항소심 판단】 "① 이 사건 광물은 토지소유자인 공소외 Q회사의 골프장 건설과정에서 토지로부터 분리된 것이므로 이 사건 공소사실에서 피해자로 되어 있는 광업권자 공소외 R회사가 아니라 공소외 Q회사의 소유인 점, /

【항소심 판단】 ② 피고인은 공소외 P회사가 공소외 Q회사로부터 도급받은 골프장 조성공사의 현장소장으로 근무하면서 공소외 Q회사로부터 이 사건 공사와 관련한 포괄적인 권한을 수여받았다고 할 것이므로 이 사건 광물에 대한 처분행위 역시 소유권자인 공소외 Q회사의 추정적인 승낙을 받았다고 보이는 점 등을 종합하면, /

【항소심 판단】 이 사건 공소사실은 형법 제1조 제2항에 따라 신법이 적용되고, 형사소송법 제326조 제4호에서 정한 범죄 후 법령개폐로 형이 폐지되었을 때에 해당한다"는 이유로 면소판결을 선고한 제1심판결을 그대로 유지하였다.

5. 사안에 대한 대법원의 판단

(1) 광업법 제5조 제1항 단서의 적용기준

【대법원 판단】 3. 그러나 원심의 위와 같은 판단은 아래와 같은 이유에서 수긍할 수 없다.

【대법원 판단】 가. 위에서 본 개정 광업법 부칙 제4조 제1항의 문언이나 그 체제 등을 종합하여 보면, /

【대법원 판단】 이는 개정 광업법에서 신설된 제5조 제1항 단서를 개정 광업법 시행 이후 비로소 광업권 설정 등의 절차가 이루어지는 광업권은 물론 /

【대법원 판단】 시행 당시 이미 구 광업법에 의하여 광업권 설정이나 채광에 필요한 절차 중 일부나 전부가 완료되어 있던 광업권에 대하여도 적용하려는 것이라고 볼 것이다.

【대법원 요지】 그러나 이와 같이 개정 광업법 부칙 제4조 제1항이 /

【대법원 요지】 개정 광업법 제5조 제1항 단서가 그 시행 전에 광업권 설정절차 등이 일부라도 진행된 바 있던 광업권에 대하여노 석용되는 것으로 정하고 있다고 하더라도, /

【대법원 요지】 개정 광업법이 그 시행 이전에 이미 분리가 완료된 광물의 소유권 귀속에 관하여 명시적인 규정을 두고 있지 아니한 이상, /

【대법원 요지】 개정 광업법 제5조 제1항 단서는 개정 광업법 시행 이후에 비로소 분리가 이루어지는 광물의 소유권 귀속에 관하여 적용되는 것일 뿐이고, /

【대법원 요지】 개정 광업법 시행 이전에 분리됨으로써 당시 유효하던 구 광업법 규정에 의하여 이미 광업권자 등에게 소유권이 귀속되었던 광물에 관하여도 개정 광업법의 시행으로 개정 광업법 제5조 제1항 단서의 적용을 통하여 광업권자 등의 그 소유권을 토지소유자 등에게 귀속되게 하는 것으로 볼 수는 없다.

【대법원 판단】 따라서 개정 광업법 시행 이전에 분리된 광물에 관한 재물손괴의 형사적 책임을 묻는 이 사건 공소사실에 관하여 개정 광업법 부칙 제4조 제1항에 의하여 개정 광업법 제5조 제1항 단서가 적용된다고 할 수 없다.

(2) 형법 제1조 제2항의 '법률의 변경'의 의미와 한계

【대법원 요지】 나. 뿐만 아니라 형법 제1조 제2항의 규정은 형벌법령 제정의 이유가 된 법률이념의 변천에 따라 과거에 범죄로 보던 행위에 대하여 그 평가가 달라져서 이를 범죄로 인정하고 처벌한 그 자체가 부당하였다거나 또는 과형이 과중하였다는 반성적 고려에서 법령을 개폐하였을 경우에 적용하여야 할 것이다.

【대법원 요지】 그런데 개정 광업법 제5조 제1항 단서의 신설이 앞으로 토지소유자 등의 통상적인 권리행사과정에서 분리되는 광물에 관하여 그 민사상 소유권을 토지소유자 등에게 인정하는 것을 넘어서 /

【대법원 요지】 구 광업법 규정상 이미 광업권자 등의 소유로 귀속되어 있던 광물에 대한 토지소유자 등의 훼손이나 처분 등의 행위가 범죄로 처벌되었던 것이 적절하지 아니하다는 반성적 고려에 기하여 이루어진 것으로 볼 만한 자료는 기록상 찾아볼 수 없다.

【대법원 요지】 따라서 개정 광업법 제5조 제1항 단서 신설이 구 광업법에 의하여 광업권자 등에게 소유권이 귀속되던 광물에 관한 토지소유자 등의 훼손 등 행위를 범죄로 처벌하였던 것이 부당하다는 반성적 고려에서 이루어진 법령의 개폐로 볼 수 없는 이상, /

【대법원 요지】 형법 제1조 제2항이 개정 광업법 시행 이전에 분리된 광물에 대한 재물손괴의 이 사건 공소사실에 적용된다고 볼 수 없다.

(3) 대법원의 결론

【대법원 결론】 다. 그럼에도 원심은 이 사건 공소사실에 대하여 개정 광업법 부칙 제4조 제1항에 의하여 개정 광업법 제5조 제1항 단서가 적용되므로 이 사건 광물이 광업권자인 피해자가 아니라 토지소유자인 공소외 Q회사의 소유라거나, /

【대법원 결론】 형법 제1조 제2항에 따라 신법이 적용되어 '범죄 후 법령개폐로 형이 폐지되었을 때'에 해당한다는 이유로 면소판결을 선고한 제1심판결을 유지하였다. /

【**대법원 결론**】 이러한 원심판결에는 개정 광업법 제5조 제1항이나 형법 제1조 제2항에 관한 법리를 오해하여 판결에 영향을 미친 위법이 있다고 할 것이다. 이 점을 지적하는 상고이유의 주장은 이유 있다. (파기 환송)

【**코멘트**】

본 판례는 대법원이 재판시법주의를 규정한 형법 제1조 제2항의 해석기준을 제시한 예로서 주목된다. 형법 제1조 제2항은 죄형법정주의에서 유래하는 행위시법주의에 대한 예외로서 행위자에게 유리한 법률변경이 있는 경우 재판시법을 적용하도록 하고 있다. 만일 행위자가 기소되어 있는 상태라면 법원은 형사소송법 제326조 제4호에 따라 피고인에게 면소판결을 선고하여야 한다.

형법 제1조 제2항은 재판시법을 적용하기 위한 요건으로 "범죄 후 법률의 변경에 의하여 그 행위가 범죄를 구성하지 아니하거나 형이 구법보다 경한 때"라는 요건을 설정하고 있다. 여기에서 '법률의 변경'이 어디까지 미치는지에 대해 견해의 대립이 있다.

본 판례의 사안의 경우를 보면, 문제된 H광물의 경우 행위시에는 광업법의 관련규정에 의하여 광업권자인 R회사의 소유에 속한다. 이후 광업법이 개정되면서 H광물이 토지소유권자인 Q회사의 소유에 속하는 것으로 해석할 여지가 생겼다. 이와 관련하여 검사는 개정 광업법 부칙의 경과규정을 근거로 H광물이 R회사에 속한다고 보는 반면, 제1심과 항소심은 광업법의 신설규정을 근거로 들어 토지소유자인 Q회사에 속한다고 본다.

이러한 논란에 대해 대법원은 다음과 같은 제3의 해석을 제시한다. 문제된 H광물은 갑의 행위시에 이미 토지로부터 분리되어 있다. 개정 광업법의 소유권 관련규정들은 앞으로 토지에서 분리될 광물들에 대해 적용되는 것이다. 따라서 경과규정의 해석론 여하와 관계없이 H광물이 광업권자 R회사의 소유에 속함은 분명하다.

이제 문제는 제2단계로 넘어간다. 갑의 행위 당시 채굴된 광물의 소유권은 광업권자에게 속한다. 그러나 재판시점에 이르면 광업법의 개정에 따라 채굴된 광물의 소유권이 토지소유권자에게 귀속된다. 신법에 의한다면 문제의 H광물에 대해서는 '타인의 재물'을 객체로 하는 손괴죄가 성립하지 않게 된다. 이렇게 본다면 문제의 '광업법의 변경'이 형법 제1조 제2항의 '법률의 변경'에 해당하는 것이 아닌가 하는 물음이 제기된다.

대법원은 이 문제에 대해 소위 동기설의 입장에서 해결책을 제시한다. 동기설이란 대법원이 본 판례에서 설시한 바와 같이 "형벌법령 제정의 이유가 된 법률이념의 변천에 따라 과거에 범죄로 보던 행위에 대하여 그 평가가 달라져서 이를 범죄로 인정하고 처벌한 그 자체가 부당하였다거나 또는 과형이 과중하였다는 반성적 고려에서 법령을 개폐하였을 경우"에만 신법을 적용하는 견해이다.

이제 문제는 광물의 소유권 귀속에 관한 광업법의 개정이 형벌법령 제정에 대한 반성적 고려에서 비롯된 것인가를 살피는 일이다. 이에 대해 대법원은 "[광업법의 개정이] 구 광업법에 의하여 광업권자 등에게 소유권이 귀속되던 광물에 관한 토지소유자 등의 훼손 등 행위를 범죄로 처벌하였던 것이 부당하다는 반성적 고려에서 이루어진 법령의 개폐로 볼 수 없다"는 결론에 이른다.

대법원의 판시사항에서 주목되는 것은 두 가지이다. 하나는 대법원이 형법의 손괴죄 조문은 물론 광업법의 관련규정까지 포함하여 넓은 의미에서 형법 제1조 제2항의 '법률의 개정'의 범위를 포착하고 있다는 점이다. 다음으로 대법원이 넓은 의미의 전체 법률에 대해 동기설적 관점에서 신법 적용 여부를 결정하고 있다는 점이다.

대법원의 입장은 일견 매우 현실적이고 타당한 것처럼 보인다. 그러나 본 판례에서 문제된 바와 같은 소유권 귀속 등 관련 법률의 변경에까지 이르지 아니하는, 순수하게 형벌법규 자체가 개정된 경우에 대해서조차 동기설을 적용하는 것은 문제가 있다고 하지 않을 수 없다. 이 점에 대해서는 전술 2012도8421『정치자금법 예외조항 사건』코멘트 항목에서 언급한 바 있다.

2012헌마409

형벌과 선거권 제한의 관계
형법 제43조 위헌 결정 사건
2014. 1. 28. 2012헌마409 등, 헌공 제208호, 337

1. 사실관계 및 사건의 경과

【사실관계】
① [다수의 청구인들을 이하에서 갑과 을로 유형화함]
② 갑은 ㉠범죄로 유죄판결을 선고받아 집행유예 기간 중에 있다.
③ 을은 ㉡범죄로 실형을 선고받아 복역 중에 있다.
④ 2012. 4. 11. 제19대 국회의원선거가 실시되었다.
⑤ 2012. 12. 19. 제18대 대통령선거가 실시되었다.

【사건의 경과】
① 갑과 을은 다음의 규정에 따라 선거권이 없는 자에 해당한다는 이유로 위의 선거에서 선거권을 행사하지 못하였다.
　(가) 공직선거법 제18조 제1항 제2호
　(나) 형법 제43조 제2항, 제1항 제2호
② 갑과 을은 위의 규정들이 헌법에 위반된다고 주장하여 헌법소원심판을 청구하였다.
③ (아래에서의 소제목은 원칙적으로 판례 원문에 따름)

【참조조문】
공직선거법 (2005. 8. 4. 법률 제7681호로 개정된 것)
제18조 (선거권이 없는 자) ① 선거일 현재 다음 각 호의 어느 하나에 해당하는 자는 선거권이 없다.
　2. 금고 이상의 형의 선고를 받고 그 집행이 종료되지 아니하거나 그 집행을 받지 아니하기로 확정되지 아니한 자
형법 (1953. 9. 18. 법률 제293호로 제정된 것)
제43조 (형의 선고와 자격상실, 자격정지) ① 사형, 무기징역 또는 무기금고의 판결을 받은 자는 다음에 기재한 자격을 상실한다.

1. 공무원이 되는 자격
2. 공법상의 선거권과 피선거권
3. 법률로 요건을 정한 공법상의 업무에 관한 자격
4. 법인의 이사, 감사 또는 지배인 기타 법인의 업무에 관한 검사역이나 재산관리인이 되는 자격
② 유기징역 또는 유기금고의 판결을 받은 자는 그 형의 집행이 종료하거나 면제될 때까지 전항 제1호 내지 제3호에 기재된 자격이 정지된다.

2. 사안에 대한 헌법재판소의 판단

가. 집행유예자와 수형자의 선거권 제한

(1) 입법연혁

【헌재 분석】 1948. 3. 17. 최초로 제정된 구 국회의원선거법(군정법령 제175호) 제2조 제3호는 "자유형의 선고를 받고 그 집행 중에 있거나 또는 집행을 받지 않기로 확정되지 아니한 자"는 선거권이 없다고 규정하였다. /

【헌재 분석】 이 규정은 그 뒤 일부 자구가 수정되었지만 같은 취지로 관련 법률에 규정되었고, 현행 공직선거법 제18조 제1항 제2호에 이르기까지 그 내용이 동일하게 유지되어 왔다. /

【헌재 분석】 형법 제43조는 1953. 9. 18. 법률 제293호로 제정될 당시부터 그대로 유지되고 있는 조문이다.

(2) 입법례

【헌재 분석】 집행유예자의 선거권을 제한하는 외국의 입법례는 찾아보기 어렵고, 수형자의 선거권 제한 여부 및 그 범위와 방법은 나라마다 다양하게 나타난다. /

【헌재 분석】 일본은 '금고 이상의 형을 선고받고 그 집행이 종료되지 아니한 자'의 선거권을 제한하고 있고, /

【헌재 분석】 호주와 이탈리아는 3년 이상의 징역형을 선고받은 수형자의 선거권을 제한하고 있다. /

【헌재 분석】 미국은 주정부에게 일정한 경우 선거권을 제한할 수 있는 권한을 명시적으로 부여하고 있는데, 미국 연방대법원은 중범죄로 유죄판결을 받은 사람은 선거권이 제한될 수 있다고 판시하였고, 경범죄로 유죄판결을 받은 사람의 선거권을 제한하는 것은 위헌의 소지가 있다고 판시한 바 있다. /

【헌재 분석】 독일은 법률에 특별한 규정이 있는 경우에 한해 법관이 유죄판결을 받은 사람에게 부가적인 제재로 일정 기간을 정하여 선거권 제한을 선고할 수 있다. /

【헌재 분석】 한편 캐나다, 남아프리카공화국, 이스라엘, 스웨덴 등은 모든 수형자에게 선거권을 부여하고 있다.

【헌재 분석】 그런데 수형자의 선거권을 제한하고 있는 나라 중 여러 곳에서 선거권 제한 규정이 전면적으로 재검토되고 있다. /

【헌재 분석】 캐나다는 모든 수형자의 선거권을 제한해 오다가 1993년과 2002년 두 번에 걸친 대법원의 위헌판결로 현재 모든 수형자가 선거권을 행사하고 있다. /

【헌재 분석】 남아프리카공화국 헌법재판소는 2004년 모든 수형자의 선거권을 박탈하는 규정에 대

해서 위헌결정을 하였다. /

【헌재 분석】 영국법에 따르면 모든 수형자가 선거권을 행사할 수 없는데, 유럽인권재판소는 2005년 유럽인권조약상의 핵심적 권리인 선거권을 획일적 · 무차별적으로 제한하는 것은 유럽인권조약 제1의정서 제3조의 위반이라고 선언하였다. /

【헌재 분석】 호주 대법원은 2007년 모든 수형자의 선거권을 제한하는 규정에 대해서 위헌결정을 하였고, /

【헌재 분석】 프랑스 헌법위원회는 2010년 불법징수죄, 수뢰죄 등 특정범죄로 유죄판결을 받은 경우 판결확정 후 5년 동안 선거권을 제한하는 규정에 대해서 위헌결정을 하였다. /

나. 헌법재판소의 종전 결정

【헌재 분석】 헌법재판소는 헌재 2004. 3. 25. 2002헌마411 결정에서 재판관 1인의 위헌의견이 있었으나 8인의 합헌의견에 따라 구 공직선거 및 선거부정방지법(1994. 3. 16. 법률 제4739호로 제정되고, 2005. 8. 4. 법률 제7681호로 개정되기 전의 것) 제18조 제1항 제2호 전단(선거일 현재 금고 이상의 형의 선고를 받고 그 집행이 종료되지 아니한 자) 부분은 헌법에 위반되지 않는다고 결정하였다. /

【헌재 분석】 이후 헌재 2009. 10. 29. 2007헌마1462 결정에서 공직선거법(2005. 8. 4. 법률 제7681호로 개정된 것) 제18조 제1항 중 제2호 전단(선거일 현재 금고 이상의 형의 선고를 받고 그 집행이 종료되지 아니한 자) 부분에 대하여 재판관 5인이 위헌의견을, 재판관 3인이 기각의견을, 재판관 1인이 각하의견을 표시하여 헌법에 위반된다는 의견이 다수이기는 하였으나, 위헌정족수에 이르지 못하여 심판청구를 기각하였다.

다. 선거권 제한의 한계

(1) 선거권의 의의와 선거권 제한의 한계

【헌재 요지】 헌법은 제1조 제2항에서 "대한민국의 주권은 국민에게 있고, 모든 권력은 국민으로부터 나온다."고 규정함으로써 국민주권의 원리를 천명하고 있다. /

【헌재 요지】 민주국가에서 국민주권의 원리는 무엇보다도 대의기관의 선출을 의미하는 선거와 필요한 경우 국민의 직접적 결정을 의미하는 국민투표에 의하여 실현된다. /

【헌재 요지】 선거는 오늘날 대의민주주의에서 국민이 주권을 행사할 수 있는 가장 중요한 방법이다. 국민은 선거를 통하여 선출된 국가기관과 국가권력의 행사에 대하여 민주적 정당성을 부여한다.

【헌재 요지】 민주주의는 참정권의 주체와 국가권력의 지배를 받는 국민이 되도록 일치할 것을 요청한다. 국민의 참정권에 대한 이러한 민주주의적 요청의 결과가 바로 보통선거의 원칙이다. /

【헌재 요지】 원칙적으로 모든 국민이 균등하게 선거에 참여할 것을 요청하는 보통 · 평등선거원칙은 국민의 자기지배를 의미하는 국민주권의 원리에 입각한 민주국가를 실현하기 위한 필수적 요건이다 (헌재 1999. 5. 27. 98헌마214).

【헌재 요지】 헌법 제24조는 모든 국민은 '법률이 정하는 바에 의하여' 선거권을 가진다고 규정함으로써 법률유보의 형식을 취하고 있다. /

【헌재 요지】 하지만 이것은 국민의 선거권이 '법률이 정하는 바에 따라서만 인정될 수 있다'는 포괄

적인 입법권의 유보 아래 있음을 뜻하는 것이 아니다. /

【헌재 요지】 이것은 국민의 기본권을 법률로 구체화하라는 뜻이며, 선거권을 법률을 통해 구체적으로 실현하라는 뜻이다. /

【헌재 요지】 그러므로 선거권의 내용과 절차를 법률로 규정하는 경우에도 국민주권을 선언하고 있는 헌법 제1조, 평등권에 관한 헌법 제11조, 국회의원선거와 대통령선거에 있어서 보통·평등·직접·비밀선거를 보장하는 헌법 제41조 및 제67조의 취지에 부합하도록 하여야 한다. /

【헌재 요지】 민주주의 국가에서 국민주권과 대의제 민주주의의 실현수단으로서 선거권이 갖는 이 같은 중요성으로 인해 한편으로 입법자는 선거권을 최대한 보장하는 방향으로 입법을 하여야 하며, /

【헌재 요지】 또 다른 한편에서 선거권을 제한하는 법률의 합헌성을 심사하는 경우에는 그 심사의 강도도 엄격하여야 한다.

【헌재 요지】 따라서 선거권을 제한하는 입법은 헌법 제24조에 따라 곧바로 정당화될 수는 없고, /

【헌재 요지】 헌법 제37조 제2항의 규정에 따라 국가안전보장·질서유지 또는 공공복리를 위하여 필요하고 불가피한 예외적인 경우에만 그 제한이 정당화될 수 있으며, 그 경우에도 선거권의 본질적인 내용을 침해할 수 없다. /

【헌재 요지】 더욱이 보통선거의 원칙은 선거권자의 능력, 재산, 사회적 지위 등의 실질적인 요소를 배제하고, 성년자이면 누구라도 당연히 선거권을 갖는 것을 요구하므로, /

【헌재 요지】 보통선거의 원칙에 반하는 선거권 제한의 입법을 하기 위해서는 헌법 제37조 제2항의 규정에 따른 한계가 한층 엄격히 지켜져야 한다(헌재 2007. 6. 28. 2004헌마644등).

(2) 범죄자에 대한 선거권 제한의 한계

【헌재 분석】 범죄자에 대한 선거권 제한은 고대 그리스와 로마시대의 소위 '시민으로서의 시위 박탈(civil death)'의 일종으로서 그 역사적 뿌리가 깊다. 당시에는 참정권이란 능력, 재산, 사회적 지위, 성별, 인종 등을 기준으로 하여 일부의 시민에게만 주어지는 권리로서, 누구에게 그 자격을 인정할 것인가의 문제는 공동체의 순수성을 보장하기 위한 것으로 인식되었다.

【헌재 판단】 그러나 보통선거원칙이 확립된 이후 더 이상 '시민으로서의 지위 박탈'은 현대의 시민권 개념과 조화되기 어렵게 되었다. 이 사상의 근저에 전제된 '어떤 사람들은 선거를 할 자격이 없다'는 개념은 우리 헌법상 인정되는 보통선거원칙과 세계관의 다원주의에서 인정되기 어렵다.

【헌재 요지】 선거권을 제한하는 입법은 선거의 결과로 선출된 입법자들이 스스로 자신들을 선출하는 주권자의 범위를 제한하는 것이므로 신중해야 한다. /

【헌재 요지】 범죄자에게 형벌의 내용으로 선거권을 제한하는 경우에도 선거권 제한 여부 및 적용범위의 타당성에 관하여 보통선거원칙에 입각한 선거권 보장과 그 제한의 관점에서 헌법 제37조 제2항에 따라 엄격한 비례심사를 하여야 한다(헌재 2009. 10. 29. 2007헌마1462의 위헌의견).

라. 심판대상조항의 위헌 여부

(1) 입법목적의 정당성과 수단의 적합성

【헌재 판단】 심판대상조항은 공동체 구성원으로서 반드시 지켜야 할 기본적 의무를 저버린 범죄자

에게까지 그 공동체의 운용을 주도하는 통치조직의 구성에 참여하도록 하는 것은 바람직하지 않다는 기본적 인식과 이러한 반사회적 행위에 대한 사회적 제재의 의미를 가지고 있다. /

【헌재 판단】 심판대상조항에 의한 선거권 박탈은 범죄자에 대해 가해지는 형사적 제재의 연장으로서 범죄에 대한 응보적 기능을 갖는다. /

【헌재 판단】 나아가 심판대상조항이 집행유예자와 수형자에 대하여 그가 선고받은 자유형과는 별도로 선거권을 박탈하는 것은 집행유예자 또는 수형자 자신을 포함하여 일반국민으로 하여금 시민으로서의 책임성을 함양하고 법치주의에 대한 존중의식을 제고하는 데도 기여할 수 있다. /

【헌재 판단】 심판대상조항이 담고 있는 이러한 목적은 정당하다고 볼 수 있고, /

【헌재 판단】 집행유예자와 수형자의 선거권 제한은 이를 달성하기 위한 효과적이고 적절한 방법의 하나이다. /

【헌재 판단】 따라서 심판대상조항은 입법목적의 정당성과 수단의 적합성은 갖추고 있다고 볼 수 있다(헌재 2009. 10. 29. 2007헌마1462의 위헌의견).

(2) 침해의 최소성

【헌재 요지】 보통선거원칙 및 그에 기초한 선거권을 법률로써 제한하는 것은 필요 최소한에 그쳐야 한다. /

【헌재 요지】 집행유예자와 수형자의 선거권 제한은 범죄자가 범죄의 대가로 선고받은 자유형의 본질에서 당연히 도출되는 것이 아니므로, /

【헌재 요지】 범죄자의 선거권 제한 역시 보통선거원칙에 기초하여 필요 최소한의 정도에 그쳐야 한다(헌재 2009. 10. 29. 2007헌마1462의 위헌의견).

【헌재 판단】 그런데 심판대상조항은 집행유예자와 수형자에 대하여 전면적·획일적으로 선거권을 제한하고 있다. /

【헌재 판단】 심판대상조항의 적용대상은 상대적으로 가벼운 범죄를 저지른 사람에서부터 매우 심각한 중범죄를 저지른 사람에 이르기까지 아주 다양하고, /

【헌재 판단】 과실범과 고의범 등 범죄의 종류를 불문하며, /

【헌재 판단】 범죄로 인하여 침해된 법익이 국가적 법익인지, 사회적 법익인지, 개인적 법익인지 그 내용 또한 불문하고 있다.

【헌재 판단】 심판대상조항의 입법목적에 비추어 보더라도, 구체적인 범죄의 종류나 내용 및 불법성의 정도 등과 관계없이 이와 같이 일률적으로 선거권을 제한하여야 할 필요성이 있다고 보기는 어렵다. /

【헌재 판단】 보통선거의 원칙과 선거권 보장의 중요성을 감안할 때 선거권의 제한은 필요 최소한의 범위에서 엄격한 기준에 따라 이루어져야 한다. /

【헌재 판단】 범죄자의 선거권을 제한할 필요가 있다 하더라도 그가 저지른 범죄의 경중을 전혀 고려하지 않고 수형자와 집행유예자 모두의 선거권을 제한하는 것은 침해의 최소성원칙에 어긋난다.

【헌재 판단】 특히 집행유예자는 3년 이하의 징역 또는 금고의 형을 선고받으면서, 연령·성행·지능과 환경·피해자에 대한 관계·범행의 동기·수단과 결과·범행 후의 정황 등 정상에 참작할 만한 사유가 있어 1년 이상 5년 이하의 기간 그 형의 집행을 유예받아 사회의 구성원으로 생활하고 있는 사

람이다. /

【헌재 판단】 집행유예 선고가 실효되거나 취소되지 않는 한 집행유예자는 교정시설에 구금되지 않고 일반인과 동일한 사회생활을 하고 있으므로, 그들의 선거권을 제한해야 할 필요성이 크지 않다.

【헌재 판단】 또한 집행유예자는 1년 이상 5년 이하의 기간 형의 집행을 유예받을 수 있어 형벌에 따른 선거권 제한이 범죄에 대한 책임과 비례하지 않을 가능성이 크다. /

【헌재 판단】 예를 들어, 징역 4월에 집행유예 2년을 선고받은 청구인 구○현은 징역 1년 6월의 실형을 선고받은 청구인 홍○석이나 청구인 전○수보다 선고형이 가벼운데도 불구하고 더 긴 시간 동안 선거권을 제한받는다.

(3) 법익의 균형성

【헌재 판단】 이와 같이 심판대상조항에 의해 집행유예자와 수형자의 선거권을 제한하는 것은 지나치게 광범위할 뿐만 아니라 범죄의 성격과 선거권 제한과의 직접적 연관성을 찾기 어려운 부분도 포함하고 있다. /

【헌재 판단】 따라서 이로써 달성하고자 하는 '중대한 범죄자에 대한 제재나 일반 시민의 법치주의에 대한 존중의식 제고' 등의 공익보다 이로 인하여 침해되는 '집행유예자와 수형자 개인의 사익 또는 민주적 선거제도의 공익적 가치'가 더 크다.

(4) 소결

【헌재 결론】 이와 같이 심판대상조항은 입법목적의 정당성과 수단의 적합성은 인정할 수 있지만 침해의 최소성과 법익의 균형성이 인정되지 않으므로, 헌법 제37조 제2항에 위반하여 청구인들의 선거권을 침해한 것이다. /

【언새 결론】 그렇다면 심판대상조항은 헌법 제41조 제1항 및 제67조 제1항이 규정한 보통선거원칙에 위반하여 집행유예자와 수형자를 차별 취급하는 것이므로 평등의 원칙에도 어긋난다.

마. 심판대상조항의 일부에 대한 헌법불합치결정과 잠정적용명령

【헌재 결론】 심판대상조항은 집행유예자와 수형자의 선거권을 침해하는 조항으로 헌법에 위반된다. /

【헌재 결론】 심판대상조항 중 집행유예자에 관한 부분은 위헌선언을 통하여 선거권에 대한 침해를 제거함으로써 합헌성이 회복될 수 있다.

【헌재 판단】 하지만 심판대상조항 중 수형자에 관한 부분의 위헌성은 지나치게 전면적·획일적으로 수형자의 선거권을 제한한다는 데 있다. /

【헌재 판단】 그런데 그 위헌성을 제거하고 수형자에게 헌법합치적으로 선거권을 부여하는 것은 입법자의 형성재량에 속한다. /

【헌재 판단】 다만 선거권이 제한되는 수형자의 범위를 범죄의 종류나 침해된 법익을 기준으로 일반적으로 정하는 것은 실질적으로 곤란하다. /

【헌재 판단】 공직선거법이 선거범의 경우 선거권 제한을 구체적·개별적으로 정하고 있는 것과 같이, 개별적인 범죄 유형별로 선거권을 제한하는 것은 해당 법률에서 별도로 마련하는 방법이 현실적이다.

【헌재 판단】 일반적으로 선거권이 제한되는 수형자의 범위를 정함에 있어서는, 선고형이 중대한 범죄를 나누는 합리적인 기준이 될 수 있다. 선고형에는 범인의 연령, 성행, 지능과 환경, 피해자에 대한 관계, 범행의 동기, 수단과 결과, 범행 후의 정황 등의 양형조건이 참작된다. /

【헌재 판단】 또한 단기 자유형을 선고받은 사람을 선거권 제한 범위에서 제외하면, 불법성의 정도가 약한 가벼운 범죄를 저지른 사람들은 선거권을 행사할 수 있게 될 것이다. /

【헌재 판단】 따라서 입법자는 범죄의 중대성과 선고형의 관계, 선거의 주기 등을 종합적으로 고려하여 선거권 제한의 기준이 되는 선고형을 정하고, 일정한 형기 이상의 실형을 선고받아 그 형의 집행 중에 있는 수형자의 경우에만 선거권을 제한하는 방식으로 입법하는 것이 바람직하다. /

【헌재 결론】 이와 같이 수형자에게 선거권을 부여하는 구체적인 방안은 입법자의 입법형성의 범위 내에 있으므로, 헌법불합치 결정을 선고한다. /

【헌재 결론】 그러므로 심판대상조항 중 수형자에 관한 부분에 대하여 헌법불합치 결정을 선고하되, 다만 입법자의 개선입법이 있을 때까지 계속적용을 명하기로 한다. /

【헌재 결론】 입법자는 늦어도 2015. 12. 31.까지 개선입법을 하여야 하며, 그때까지 개선입법이 이루어지지 않으면 심판대상조항 중 수형자에 관한 부분은 2016. 1. 1.부터 그 효력을 상실한다.

3. 사안에 대한 헌법재판소의 결론

【헌재 결론】 심판대상조항 중 집행유예자에 관한 부분은 헌법에 위반되고, /

【헌재 결론】 수형자에 관한 부분은 헌법에 합치하지 아니하나 2015. 12. 31.을 시한으로 입법자의 개선입법이 이루어질 때까지 잠정적으로 적용하도록 하기로 한다. /

【헌재 결론】 아울러 종전에 헌법재판소가 이 결정과 견해를 달리하여 구 공직선거법(1994. 3. 16. 법률 제4739호로 제정되고, 2005. 8. 4. 법률 제7681호로 개정되기 전의 것) 제18조 제1항 제2호 전단이 헌법에 위반되지 않는다고 판시한 헌재 2004. 3. 25. 2002헌마411 결정, /

【헌재 결론】 공직선거법(2005. 8. 4. 법률 제7681호로 개정된 것) 제18조 제1항 제2호 전단이 헌법에 위반되지 않는다고 판시한 헌재 2009. 10. 29. 2007헌마1462 결정의 의견은 이 결정 이유와 저촉되는 범위 안에서 변경한다. /

【헌재 결론】 이 결정에는 아래 6.과 같은 재판관 이진성의 집행유예자 부분에 대한 별개의견과 수형자 부분에 대한 위헌의견 및 아래 7.과 같은 재판관 안창호의 수형자 부분에 대한 반대의견이 있는 외에는 나머지 관여 재판관들의 의견이 일치되었다.

【헌재 주문】

1. 공직선거법(2005. 8. 4. 법률 제7681호로 개정된 것) 제18조 제1항 제2호 중 '유기징역 또는 유기금고의 선고를 받고 그 집행유예기간 중인 자'에 관한 부분, /

형법(1953. 9. 18. 법률 제293호로 제정된 것) 제43조 제2항 중 유기징역 또는 유기금고의 판결을 받아 그 형의 집행유예기간 중인 자의 '공법상의 선거권'에 관한 부분은 /

헌법에 위반된다.

2. 공직선거법 제18조 제1항 제2호 중 '유기징역 또는 유기금고의 선고를 받고 그 집행이 종료되지 아니한 자'에 관한 부분, /

형법(1953. 9. 18. 법률 제293호로 제정된 것) 제43조 제2항 중 유기징역 또는 유기금고의 판결을 받아 그 형의 집행이 종료되지 아니한 자의 '공법상의 선거권'에 관한 부분은 /

헌법에 합치되지 아니한다.

위 각 법률조항 부분은 2015. 12. 31.을 시한으로 입법자가 개정할 때까지 계속 적용된다.

2013도1525

성폭력처벌법 개정과 경과규정
준강간죄 수강명령 사건
2013. 4. 11. 2013도1525, 공 2013상, 911

1. 사실관계 및 사건의 경과

【사실관계 1】

① 성폭력처벌법은 여러 번에 걸쳐서 계속 개정되어 왔다.

② 2010. 4. 15. 성폭력처벌법이 개정되어 같은 날 시행되었다.

③ 개정 성폭력처벌법 제16조 제2항은 다음과 같이 규정하였다.

    (가) 법원이 성폭력범죄를 범한 사람에 대하여 /

    (나) 형의 집행을 유예하는 경우에는 /

    (다) 그 집행유예기간 내에서 일정 기간 /

    (라) 보호관찰을 받을 것을 명하거나 /

    (마) 사회봉사 또는 수강을 명할 수 있다. /

    (바) 이 경우 둘 이상의 처분을 병과(倂科)할 수 있되, /

    (사) 성폭력범죄를 범한 사람이 소년인 경우에는 /

    (아) 반드시 보호관찰, 사회봉사 또는 수강을 명하여야 한다.

【사실관계 2】

① 2011. 4. 7. 성폭력처벌법이 다시 개정되었다.

② 2011. 4. 7. 개정 성폭력처벌법 제16조 제2항은 다음과 같이 규정하였다.

    (가) 법원이 성폭력범죄를 범한 사람에 대하여 /

    (나) 유죄판결(선고유예는 제외한다)을 선고하는 경우에는 /

    (다) 300시간의 범위에서 /

    (라) 재범예방에 필요한 수강명령 또는 /

    (마) 성폭력 치료프로그램의 이수명령을 /

    (바) 병과할 수 있다. /

    (사) 다만, 「형법」 제10조의 심신장애자 등 /

    (아) 수강명령 또는 이수명령을 부과할 수 없는 특별한 사정이 있는 경우에는 /

(자) 그러하지 아니하다.

③ 개정 성폭력처벌법 부칙은 다음과 같이 규정하였다.

　　(가) 제1항 : 이 법은 공포 후 6개월이 경과한 날부터 시행한다.

　　(나) 제2항 : 제16조의 개정규정은 이 법 시행 후 최초로 성폭력범죄를 범한 사람부터 적용한다.

【사실관계 3】

① 2011. 10. 8. 6개월의 유예기간을 경과한 후 개정 성폭력처벌법이 시행되었다.

② 성폭력처벌법은 이후에도 수차 개정되었다.

③ 2012. 12. 18. 성폭력처벌법이 대폭 개정되었다.

④ 2012. 12. 18. 개정 성폭력처벌법 제16조 제2항은 다음과 같이 규정하였다.

　　(가) 법원이 성폭력범죄를 범한 사람에 대하여 /

　　(나) 유죄판결(선고유예는 제외한다)을 선고하는 경우에는 /

　　(다) 500시간의 범위에서 /

　　(라) 재범예방에 필요한 수강명령 또는 /

　　(마) 성폭력 치료프로그램의 이수명령(이하 "이수명령"이라 한다)을 /

　　(바) 병과하여야 한다. /

　　(사) 다만, 수강명령 또는 이수명령을 부과할 수 없는 특별한 사정이 있는 경우에는 /

　　(자) 그러하지 아니하다.

⑤ 2013. 6. 19. 개정 성폭력처벌법이 시행되었다.

【사실관계 4】

① (2013. 6. 19. 개정 성폭력처벌법이 시행 전의 사안이다.)

② 2011. 9. 26. 갑은 술에 취하여 정신을 잃은 A녀를 간음하였다.

③ A는 갑의 행위로 인하여 상해를 입었다.

【사건의 경과 1】

① 검사는 갑을 형법상 준강간치상죄로 기소하였다.

② 2012. 9. 14. 제1심법원은 유죄를 인정하고, 다음의 주문을 선고하였다.

　　(가) 피고인을 징역 2년 6월에 처한다.

　　(나) 피고인에게 40시간의 성폭력 치료강의 수강을 명한다.

　　(다) 피고인에 대한 공개정보를 3년간 정보통신망을 이용하여 공개하고, 고지정보를 3년간 고지한다.

③ 갑은 불복 항소하였다.

【사건의 경과 2】

① 2013. 1. 16. 항소심법원은 항소를 기각하고, 제1심판결을 유지하였다.

② 갑은 불복 상고하였다.

③ [갑은 채증법칙위반과 양형부당을 주장하였다.]

④ 2013. 4. 11. 대법원은 판결을 선고하였다.

⑤ 대법원은 직권으로 판단하였다.

⑥ (2013. 6. 19. 개정된 2012. 12. 18. 성폭력처벌법이 시행되었다.)

2. 사안에 대한 대법원의 분석

【대법원 분석】 가. 구 성폭력범죄의 처벌 등에 관한 특례법(2010. 4. 15. 법률 제10258호로 제정·공포된 것, 이하 '구 특례법'이라 한다) /

【대법원 분석】 제16조 제2항은 /

【대법원 분석】 "법원이 성폭력범죄를 범한 사람에 대하여 형의 집행을 유예하는 경우에는 /

【대법원 분석】 그 집행유예기간 내에서 일정 기간 보호관찰을 받을 것을 명하거나 사회봉사 또는 수강을 명할 수 있다."고 정하여 /

【대법원 분석】 집행유예의 형을 선고하는 경우에 그 집행유예기간 내에서만 수강명령을 부과할 수 있도록 규정하고 있었다.

【대법원 분석】 그런데 2011. 4. 7. 법률 제10567호로 개정된 성폭력범죄의 처벌 등에 관한 특례법(이하 '개정 특례법'이라 한다) /

【대법원 분석】 제16조 제2항은 /

【대법원 분석】 "법원이 성폭력범죄를 범한 사람에 대하여 유죄판결(선고유예는 제외한다)을 선고하는 경우에는 /

【대법원 분석】 300시간의 범위에서 재범예방에 필요한 수강명령 또는 성폭력 치료프로그램의 이수명령을 병과할 수 있다."고 정하였는데, /

【대법원 분석】 부칙 제1항은 /

【대법원 분석】 "이 법은 공포 후 6개월이 경과한 날부터 시행한다."고 규정하고, /

【대법원 분석】 제2항은 /

【대법원 분석】 "제16조의 개정규정은 이 법 시행 후 최초로 성폭력범죄를 범한 사람부터 적용한다."고 규정하였으므로, /

【대법원 요지】 법원으로서는 개정 특례법이 시행된 2011. 10. 8. 이후에 성폭력범죄를 범한 사람에 대하여만 실형을 선고하는 경우에도 수강명령을 병과할 수 있다.

3. 사안에 대한 대법원의 판단

【대법원 판단】 나. 이 사건에 관하여 보건대, /

【대법원 판단】 이 사건 범행일은 개정 특례법 제16조 제2항이 시행되기 전인 2011. 9. 26.이므로 /

【대법원 판단】 실형을 선고하는 경우에는 수강명령을 부과할 수 없는 것인데, /

【대법원 결론】 그럼에도 피고인에게 실형을 선고하면서 수강명령을 함께 부과한 원심판결에는 개정 특례법 부칙 제2항의 적용범위에 관한 법리를 오해하여 판결에 영향을 미친 위법이 있다고 할 것이다.

【대법원 요지】 한편 구 특례법 제16조에 규정된 수강명령은 성폭력범죄 사건의 판결과 동시에 선고하는 부수처분으로서, /

【대법원 요지】 그 수강명령의 전부 또는 일부가 위법한 경우 나머지 피고사건 부분에 잘못이 없더라도 그 부분까지 전부 파기하여야 한다. (파기 환송)

【코멘트】

본 판례는 2013. 6. 19. 시행된 개정 성폭력처벌법이 발효되기 전의 사안을 토대로 하고 있다. 본 판례는 우선 성폭력처벌법의 빈번한 개정에 따라 여러 가지 해석상의 문제가 발생한다는 점을 잘 보여주고 있다.

다음으로, 본 판례는 현행 성폭력처벌법 아래에서는 그대로 유지될 수 없다. 그러나 본 판례의 규범력이 완전히 소멸한 것은 아니다. 개정된 성폭력범죄 관련 법률들은 성폭력범죄에 대한 공소시효를 대폭 확장하고 있다. 이에 따라 오래 전에 발생한 성폭력범죄에 대해서도 공소제기와 재판이 행해질 수 있는데, 이와 관련하여 행위시법과 재판시법, 그리고 경과규정의 문제가 제기될 수 있다. 이러한 한도에서 본 판례는 여전히 규범력을 유지하고 있다고 할 수 있다.

2013도4279

형벌법규 목적론적 해석의 한계
화상채팅 촬영 사건
2013. 6. 27. 2013도4279, 공 2013하, 1436

1. 사실관계 및 사건의 경과

【사실관계 1】

① 2011. 4. 10. 12:50 갑은 A(여, 14세)와 휴대전화 영상통화, 인터넷 네이트온 화상채팅 등을 하였다.

② [갑은 A에게 신체부위를 보여달라고 말하였다.]

③ A는 스스로 유방, 음부 등 부위를 화상채팅으로 보여주었다.

④ 갑은 A가 알지 못하는 사이에 카메라 기능이 내재되어 있는 휴대전화를 이용하여 동영상으로 이 장면을 촬영하였다.

⑤ 갑의 행위는 총 11회에 이르렀다. (이상 ㉠행위)

【사실관계 2】

① 2012. 6. 2. 21:38부터 다음날 20:11까지 갑은 B(여, 15세)와 카카오톡으로 채팅을 하였다.

② 갑은 B에게 가슴과 알몸이 찍힌 동영상을 전송할 것을 요구하였다.

③ B는 이를 거부하였다.

④ 갑은 "학교에 찾아가겠다. (이하 생략)"는 메시지를 전송하여 B를 협박하였다.

⑤ B는 겁을 먹고 가슴 사진과 음부가 노출된 알몸 동영상을 촬영하여 갑에게 전송하였다. (이상 ㉡행위)

⑥ 2012. 6. 3. 15:21경 갑은 B에게 휴대전화로 "동영상을 너 학교 앞에 뿌리겠다"는 등의 문자메세지를 보냈다.

⑦ 갑의 문자메세지는 7회에 이르렀다. (이상 ㉢행위)

【사건의 경과 3】

① 검사는 갑을 다음의 공소사실로 기소하였다.

    (가) ㉠행위 : 성폭력처벌법위반죄(카메라등이용촬영)

    (나) ㉡행위 : 강요죄

    (다) ㉢행위 : 협박죄

② 제1심법원은 다음과 같이 판단하였다.

    (가) ㉠행위 : 성폭력처벌법위반죄(카메라등이용촬영) : 무죄

    (나) ㉡행위 : 강요죄 : 유죄

    (다) ㉢행위 : 협박죄 : 유죄

③ 검사는 무죄 부분에 불복 항소하였다.

④ 갑은 양형 부당을 이유로 유죄 부분에 불복 항소하였다.

⑤ 항소심법원은 검사의 항소를 기각하였다.

⑥ 항소심법원은 갑의 항소를 받아들여 제1심판결을 파기하고 다시 형을 선고하였다.

【사건의 경과 4】

① 검사는 불복 상고하였다.

② 검사는 상고이유로 다음의 점을 주장하였다.

③ (저자가 임의로 보완하여 구성함)

    (가) 성폭력처벌법위반죄(카메라등이용촬영)는 여성의 수치심을 해치는 범죄이다.

    (나) 성폭력처벌법위반죄(카메라등이용촬영)는 피해확산이 용이한 범죄이다.

    (다) 여성의 신체 부위를 직접 촬영한 행위와 여성의 신체 부위 화면을 촬영한 행위는 여성의 수치심과 피해확산의 용이성이라는 점에서 농일하다.

    (라) 형벌법규에도 목적론적 해석이 허용된다.

    (마) 따라서 갑의 행위는 성폭력처벌법위반죄(카메라등이용촬영)의 구성요건에 해당한다.

2. 성폭력처벌법상 카메라등이용촬영죄의 성립 범위

【대법원 분석】 원심은 이 사건 공소사실 중 성력범죄의 처벌 등에 관한 특례법 위반(카메라등이용촬영)의 점에 대하여, /

【대법원 분석】 구 성폭력범죄의 처벌 등에 관한 특례법(2012. 12. 18. 법률 제11556호로 전부 개정되기 전의 것, 이하 '법'이라 한다) 제13조 제1항은 /

【대법원 분석】 "카메라나 그 밖에 이와 유사한 기능을 갖춘 기계장치를 이용하여 성적 욕망 또는 수치심을 유발할 수 있는 다른 사람의 신체를 그 의사에 반하여 촬영"하는 행위를 처벌 대상으로 삼고 있는데, /

【대법원 요지】 "촬영"의 사전적 · 통상적 의미는 "사람, 사물, 풍경 따위를 사진이나 영화로 찍음"이라고 할 것이고, /

【대법원 요지】 위 촬영의 대상은 "성적 욕망 또는 수치심을 유발할 수 있는 다른 사람의 신체"라고 보아야 함이 문언상 명백하므로 /

【대법원 요지】 위 규정의 처벌 대상은 '다른 사람의 신체 그 자체'를 카메라 등 기계장치를 이용해서 '직접' 촬영하는 경우에 한정된다고 해석함이 타당하다고 전제한 다음, /

3. 사안에 대한 대법원의 판단

【대법원 판단】 이 사건의 경우 /

【대법원 판단】 피해자는 스스로 자신의 신체 부위를 화상카메라에 비추었고 카메라 렌즈를 통과한 상의 정보가 디지털화되어 피고인의 컴퓨터에 전송되었으며, /

【대법원 판단】 피고인은 수신된 정보가 영상으로 변환된 것을 휴대전화 내장 카메라를 통해 동영상 파일로 저장하였으므로 /

【대법원 판단】 피고인이 촬영한 대상은 피해자의 신체 이미지가 담긴 영상일 뿐 피해자의 신체 그 자체는 아니라고 할 것이어서 /

【대법원 판단】 법 제13조 제1항의 구성요건에 해당하지 않으며, /

【대법원 요지】 검사가 주장하는 형벌법규의 목적론적 해석도 해당 법률문언의 통상적인 의미 내에 서만 가능한 것으로, /

【대법원 판단】 다른 사람의 신체 이미지가 담긴 영상도 위 규정의 "다른 사람의 신체"에 포함된다고 해석하는 것은 법률문언의 통상적인 의미를 벗어나는 것이므로 죄형법정주의 원칙상 허용될 수 없다 는 이유로 /

【대법원 결론】 이 부분 공소사실에 대하여 범죄가 되지 않는 경우에 해당한다고 보아 무죄를 선고한 제1심판결을 그대로 유지하였다.

【대법원 결론】 법 제13조 제1항의 해석과 입법 취지, 관련 법리 등에 비추어 보면, 원심의 위와 같은 판단은 정당하고, 거기에 상고이유의 주장과 같은 법 제13조 제1항의 해석에 관한 법리오해의 위법이 없다. (상고 기각)

2013도4862

형법 개정과 재판시법주의
특가법 유인죄 삭제 사건
2013. 7. 11. 2013도4862, 2013전도101, 공 2013하, 1553

1. 사실관계 및 사건의 경과

【사실관계 1】

① A 등은 모델활동에 관심이 있는 여성들이다.

② 갑은 인터넷 M까페에 모델 지원서를 제출하는 등 모델활동에 관심이 있는 여성들을 추행할 마음을 먹었다.

③ 2012. 7. 11. 갑은 추행의 목적으로 A(41세, 여)에게 전화를 걸어 모델면접을 보겠다고 말하여 A를

만났다.

④ 갑은 A를 N빌라 옆 창고로 데리고 갔다.

⑤ [이후 갑의 A에 대한 추행, 간음의 점은 입증되지 않았다.] (㉠행위)

【사실관계 2】

① 2012. 7. 28. 갑은 B(16세)를 유사한 방법으로 유인하였다. (㉡행위)

② 갑은 모델 포즈연습을 시킨다는 등 위계를 써서 B를 추행하였다. (㉢행위)

③ 2012. 8. 08. 갑은 C(14세)를 유사한 방법으로 유인하였다. (㉣행위)

④ 갑은 모델 포즈연습을 시킨다는 등 위계를 써서 C를 추행하였다. (㉤행위)

⑤ 2012. 8. 13. 갑은 B를 다시 유사한 방법으로 유인하였다. (㉥행위)

⑥ 갑은 모델 포즈연습을 시킨다고 하다가 갑자기 간음하였다. (㉦행위)

【사실관계 3】

① 행위 당시 형법 제288조 제1항은 다음과 같이 규정하고 있었다.

② "추행, 간음 또는 영리의 목적으로 사람을 약취 또는 유인한 자는 1년 이상의 유기징역에 처한다."

③ 행위 당시 특가법 제5조의2 제4항은 다음과 같이 규정하고 있었다.

④ 「형법」 제288조·제289조 또는 제292조 제1항의 죄를 범한 사람은 무기 또는 5년 이상의 징역에 처한다.

【사건의 경과 1】

① 검사는 갑을 다음과 같이 기소 및 신청을 하였다.

　　(가) 특가법위반죄 및 아청법위반죄 (피고사건)

　　(나) 아청법에 따른 신상정보 공개명령, 고지명령

　　(다) 전자장치부착법에 따른 위치추적 전자장치부착

② 2013. 1. 10. 제1심법원은 판결을 선고하였다.

③ 제1심법원은 다음과 같이 전부 유죄로 판단하였다.

　　(가) ㉠, ㉡, ㉣, ㉥행위 : 특가법위반죄(추행목적유인)

　　(나) ㉢, ㉤행위 : 아청법위반죄(위계추행)

　　(다) ㉦행위 : 아청법위반죄(위계간음)

④ 제1심법원은 ㉠내지 ㉦공소사실이 형법 제37조 전단의 경합범 관계에 있다는 이유로 하나의 형을 선고하였다.

⑤ 제1심법원은 다음의 주문을 선고하였다.

　　(가) 피고인을 징역 8년에 처한다.

　　(나) 피고인에 대한 공개정보를 10년간 정보통신망을 이용하여 공개한다(다만, 공개되는 아동·청소년대상 성폭력 범죄의 요지는 판시 제1, 3죄[㉡ 내지 ㉦행위]에 한한다).

　　(다) 피고인에 대한 고지정보를 10년간 고지한다(다만, 고지되는 아동·청소년대상 성폭력 범죄의 요지는 판시 제1, 3죄[㉡ 내지 ㉦행위]에 한한다).

　　(라) 피부착명령청구자에 대하여 10년간 위치추적전자장치 부착을 명한다.

　　(마) 피부착명령청구자에 대하여 별지 기재[생략]와 같이 준수사항을 부과한다.

⑥ 갑은 불복 항소하였다.

【사건의 경과 2】

① 2013. 4. 5. 형법이 개정되어 같은 날 시행되있다.

② 개정된 형법 제288조 제1항은 다음과 같이 규정되어 있다.

③ "추행, 간음, 결혼 또는 영리의 목적으로 사람을 약취 또는 유인한 사람은 1년 이상 10년 이하의 징역에 처한다."

④ 2013. 4. 5. 특가법이 개정되어 같은 날 시행되었다.

⑤ 개정된 특가법에서는 제5조의2 제4항이 삭제되었다.

【사건의 경과 3】

① 2013. 4. 11. 항소심법원은 판결을 선고하였다.

② 항소심법원은 항소를 기각하고, 제1심판결을 유지하였다.

③ 갑은 불복 상고하였다.

④ 2013. 7. 11. 대법원은 판결을 선고하였다.

⑤ 대법원은 직권으로 판단하였다.

2. 형벌법령의 개정과 재판시법주의

【대법원 요지】 1. 형벌법령 제정의 이유가 된 법률이념의 변천에 따라 과거에 범죄로 보던 행위에 대하여 그 평가가 달라져 /

【대법원 요지】 이를 범죄로 인정하고 처벌한 그 자체가 부당하였다거나 또는 과형이 과중하였다는 반성적 고려에서 법령을 개폐하였을 경우에는 /

【대법원 요지】 형법 제1조 제2항에 따라 신법을 적용하여야 한다.

3. 사안에 대한 항소심의 판단

【항소심 판단】 2. 가. 원심판결 이유에 의하면, 원심은 /

【항소심 판단】 이 사건 공소사실[㉠ 내지 ㉛행위] 중 /

【항소심 판단】 피고인 겸 피부착명령청구자(이하 '피고인'이라 한다)가 /

【항소심 판단】 추행 목적으로 피해자를 유인한 각 행위[㉠, ㉡, ㉣, ㉯행위]에 대하여 /

【항소심 판단】 구 특정범죄 가중처벌 등에 관한 법률(2013. 4. 5. 법률 제11731호로 개정되기 전의 것, 이하 '구 특정범죄가중처벌법'이라 한다) /

【항소심 판단】 제5조의2 제4항, /

【항소심 판단】 구 형법(2013. 4. 5. 법률 제11731호로 개정되기 전의 것, 이하 같다) /

【항소심 판단】 제288조 제1항을 적용하여 /

【항소심 판단】 유죄로 판단한 제1심판결을 유지하였다.

4. 2013년 특가법 및 형법 개정의 취지

【대법원 분석】 나. 구 특정범죄가중처벌법 제5조의2 제4항은 /

【대법원 분석】 "형법 제288조 · 형법 제289조 또는 제292조 제1항의 죄를 범한 사람은 무기 또는 5년 이상의 징역에 처한다."고 규정하고, /

【대법원 분석】 구 형법 제288조 제1항은 /

【대법원 분석】 "추행, 간음 또는 영리의 목적으로 사람을 약취 또는 유인한 자는 1년 이상의 유기징역에 처한다."고 규정하였으나, /

【대법원 분석】 원심판결 선고 전 시행된 /

【대법원 분석】 특정범죄 가중처벌 등에 관한 법률(2013. 4. 5. 법률 제11731호로 개정된 것)에는 /

【대법원 분석】 제5조의2 제4항이 삭제되고, /

【대법원 분석】 형법(2013. 4. 5. 법률 제11731호로 개정된 것) /

【대법원 분석】 제288조 제1항은 /

【대법원 분석】 "추행, 간음, 결혼 또는 영리의 목적으로 사람을 약취 또는 유인한 사람은 1년 이상 10년 이하의 징역에 처한다."고 규정하여 /

【대법원 분석】 추행 목적의 유인죄에 대한 법정형이 변경되었는바, /

【대법원 요지】 그 취지는 추행 목적의 유인의 형태와 동기가 다양함에도 불구하고 무기 또는 5년 이상의 징역으로 가중처벌하도록 한 종전의 조치가 과중하다는 데에서 나온 반성적 조치라고 보아야 할 것이어서, /

【대법원 요지】 이는 형법 제1조 제2항의 범죄 후 법률의 변경에 의하여 그 행위가 범죄를 구성하지 아니하거나 형이 구법보다 경한 때'에 당한다고 할 것이다.

【대법원 판단】 그렇다면 이 사건 공소사실 중 피고인이 추행 목적으로 피해자를 유인한 각 행위는 행위시법인 구 특정범죄가중처벌법의 규정에 의해서 가중처벌할 수 없다. /

【대법원 결론】 그럼에도 위 부분 공소사실에 대하여 구 특정범죄가중처벌법의 규정을 적용한 제1심 판결을 정당하다고 하여 이를 유지한 원심판결에는 형벌법규의 적용에 관한 법리를 오해하여 법령 적용을 잘못한 위법이 있다.

5. 사안에 대한 대법원의 판단

【대법원 판단】 다. 원심은 피고인에 대한 위 부분 공소사실[㉠, ㉡, ㉣, ㉥행위]과 나머지 각 공소사실[㉢, ㉤, ㉦행위]이 /

【대법원 판단】 형법 제37조 전단의 경합범 관계에 있다는 이유로 하나의 형을 선고하였으므로, /

【대법원 판단】 위 부분 공소사실뿐만 아니라 나머지 공소사실 부분도 함께 파기하여야 한다. /

【대법원 요지】 한편, 아동 · 청소년의 성보호에 관한 법률 제38조, 제38조의2에 의한 공개명령 및 고지명령 사건은 성폭력범죄 사건의 판결과 동시에 선고하는 부수처분이므로 /

【대법원 요지】 성폭력범죄에 대한 부분을 파기하는 이상 그 공개명령 및 고지명령 부분도 파기하여야 한다. /

【대법원 요지】 나아가 주 사건인 피고사건을 파기하는 이상 그와 함께 심리되어 동시에 판결이 선고되어야 하는 특정 범죄자에 대한 보호관찰 및 전자장치 부착 등에 관한 법률 제5조, 제9조에 의한 위치추적 전자장치 부착명령 사건 역시 파기하여야 한다. (파기 환송)

【코멘트】

본 판례에서 대법원은 순수하게 형벌법규가 변경된 경우에 대해서도 동기설을 취하고 있다. 그러나 죄형법정주의의 정신에 비추어 볼 때 일단 개정된 형벌법규가 종전의 형벌법규에 비하여 피고인에게 유리하다면 개정의 동기 여부를 묻지 않고 바로 신법을 적용해야 할 것이다. 만일 법원이 경하게 변경된 형벌법규에 대해서 그 개정의 동기를 물어 효력 여부를 결정한다면 법원은 사실상 입법부의 상위에 서서 입법부의 판단을 심사하는 것이 되어 권력분립의 원칙에 반하게 될 것이다.

2013도6181

전자장치부착법 경과규정과 소급효
13세 대 19세 사건

2013. 7. 25. 2013도6181, 2013전도122, 공 2013하, 1645

1. 사실관계 및 사건의 경과

【사실관계 1】

① 갑은 A(여, 18세)에 대해 주거침입강간 범행을 하였다.

② (갑은 그 밖에도 유사한 범행이 있다.)

③ 행위 당시 성폭력처벌법 제3조에 따르면 주거침입강간죄의 법정형은 무기 또는 5년 이상의 징역이다. (M조항)

【사실관계 2】

① 행위 당시 전자장치부착법의 규율내용은 아래와 같다.

② 제5조에 따르면 다음의 경우 부착명령을 청구할 수 있다. (㉠조항)

　(가) 16세 미만의 사람에 대하여 성폭력범죄를 저지른 때

　(나) 성폭력범죄를 다시 범할 위험성이 있다고 인정되는 사람일 것

③ 제9조 제1항 본문은 부착명령 기간 그룹 가운데 하나로 다음을 규정하고 있다. (㉡조항)

　(가) 범죄유형 : 법정형의 상한이 사형 또는 무기징역인 특정범죄

　(나) 부착기간 : 10년 이상 30년 이하

④ 제9조 제1항 단서는 다음과 같이 규정하고 있다. (㉢조항)

　(가) 범죄유형 : 13세 미만의 사람에 대하여 특정범죄를 저지른 경우

　(나) 부착기간 : 부착기간 하한을 각 기간 그룹 하한의 2배로 한다.

【사건의 경과 1】

① 검사는 갑을 성폭력처벌법위반죄(주거침입강간)로 기소하였다.

② 검사는 갑에 대해 위치추적 전자장치 부착명령을 신청하였다.

③ 제1심법원은 유죄를 인정하고, 다음과 같이 선고하였다.

(가) 형의 선고 (내용 불명)

(나) 전자장치 부착 10년

④ [갑은 불복 항소하였다.]

【사건의 경과 2】

① 2012. 12. 18. 성범죄 대책 처벌 강화를 목적으로 관련 법률이 개정되었다.

(가) 형법

(나) 성폭력처벌법

(다) 아청법

(라) 전자장치부착법

(마) 성충동약물치료법

② 개정 법률들은 6개월간의 유예기간을 거쳐 2013. 6. 19.부터 시행되었다.

③ 개정후 성폭력처벌법 제3조에 따르면 주거침입강간죄의 법정형은 무기 또는 5년 이상의 징역이다. (M조항 유지)

【사건의 경과 3】

① 개정된 전자장치부착법의 내용(유지된 조항 포함)은 다음과 같다.

② 제5조에 따르면 다음의 경우 부착명령을 청구할 수 있다. (㉠조항 개정)

(가) 19세 미만의 사람에 대하여 성폭력범죄를 저지른 때 (16세에서 19세로 개정)

(나) 성폭력범죄를 다시 범할 위험성이 있다고 인정되는 사람일 것

③ 부칙 제2조 제2항에 따르면, 개정된 ㉠조항은 개정법 시행 전에 저지른 성폭력범죄에 대하여도 적용한다. (㉣경과규정)

④ 제9조 제1항 본문은 부착명령 기간 그룹 가운데 하나로 다음을 규정하고 있다. (㉡조항 유지)

(가) 범죄유형 : 법정형의 상한이 사형 또는 무기징역인 특정범죄

(나) 부착기간 : 10년 이상 30년 이하

⑤ 제9조 제1항 단서는 다음과 같이 규정하고 있다. (㉢조항 개정)

(가) 범죄유형 : 19세 미만의 사람에 대하여 특정범죄를 저지른 경우 (13세에서 19세로 개정)

(나) 부착기간 : 부착기간 하한을 각 기간 그룹 하한의 2배로 한다.

⑥ 부칙 제2조 제2항에는 ㉢조항의 소급효에 대해 언급이 없다.

【사건의 경과 4】

① 2013. 5. 3. 항소심법원은 판결을 선고하였다.

② 항소심법원은 제1심판결을 파기하고, 다음과 같이 선고하였다.

(가) 형의 선고 (내용 불명)

(나) 전자장치 부착 20년

③ (항소심의 판단 이유는 판례 본문 참조)

④ 갑은 불복 상고하였다.

【사건의 경과 5】

① 2013. 6. 19. 성범죄를 처벌 강화를 목적으로 개정된 관련 법률들이 시행되었다.

② 2013. 7. 25. 대법원은 판결을 선고하였다.

③ 대법원은 직권으로 판단하였다.

2. 사안에 대한 항소심의 판단

【항소심 판단】 원심판결 이유에 의하면, 원심은, /

【항소심 판단】 특정 범죄자에 대한 보호관찰 및 전자장치 부착 등에 관한 법률 제9조 제1항 제1호는 /

【항소심 판단】 법정형의 상한이 사형 또는 무기징역인 특정범죄를 저지른 경우 전자장치 부착기간을 '10년 이상 30년 이하'로 규정하고 있고, /

【항소심 판단】 같은 항 단서는 /

【항소심 판단】 19세 미만의 사람에 대하여 특정범죄를 저지른 경우에는 부착기간의 하한을 같은 항 각 호에 따른 부착기간 하한의 2배로 하도록 규정하고 있으며, /

【항소심 판단】 위 법 부칙(2012. 12. 18. 법률 제11558호) 제2조 제2항은 /

【항소심 판단】 '위 법 제5조 제1항 제4호(19세 미만의 사람에 대하여 성폭력범죄를 저지른 때)에 따른 부착명령청구는 위 법 시행 전에 저지른 성폭력범죄에 대하여도 적용한다'고 규정하고 있는데, /

【항소심 판단】 피고인이 위 법 시행 전에 범한 피해자 공소외인에 대한 성폭력범죄의 처벌 등에 관한 특례법 위반(주거침입강간등)죄의 법정형 상한은 무기징역이고, /

【항소심 판단】 범행 당시 피해자의 나이가 18세이었으므로, /

【항소심 판단】 결국 위 법 제9조 제1항 제1호에 의한 부착기간은 '20년 이상 30년 이하'가 되어, /

【항소심 판단】 피고인에 대한 부착기간은 20년 이상이 되어야 한다고 판단한 다음, /

【항소심 판단】 피고인에게 10년간의 전자장치 부착을 명한 제1심판결을 파기하고, /

【항소심 판단】 피고인에게 20년간의 전자장치 부착명령을 선고하였다.

3. 사안에 대한 대법원의 분석

【대법원 판단】 그러나 원심의 이러한 조치는 다음의 이유로 수긍할 수 없다.

【대법원 분석】 특정 범죄자에 대한 보호관찰 및 전자장치 부착 등에 관한 법률은 /

【대법원 분석】 제5조 제1항에서 /

【대법원 분석】 '19세 미만의 사람에 대하여 성폭력범죄를 저지른 때'(제4호) 또는 /

【대법원 분석】 '신체적 또는 정신적 장애가 있는 사람에 대하여 성폭력범죄를 저지른 때'(제5호)에 해당하고 /

【대법원 분석】 성폭력범죄를 다시 범할 위험성이 있다고 인정되는 사람에 대하여 /

【대법원 분석】 전자장치 부착명령을 청구할 수 있다고 규정하고, /

【대법원 분석】 제9조 제1항 단서에서 /

【대법원 분석】 '19세 미만의 사람에 대하여 특정범죄를 저지른 경우에는 /

【대법원 분석】 부착기간 하한을 같은 항 각 호에 따른 부착기간 하한의 2배로 한다'고 규정하여 /

【대법원 분석】 구 특정 범죄자에 대한 위치추적 전자장치 부착 등에 관한 법률/

【대법원 분석】 (2012. 12. 18. 법률 제11558호 특정 범죄자에 대한 보호관찰 및 전자장치 부착 등에 관

관한 법률로 개정되기 전의 것) /

【대법원 분석】 보다 부착명령청구 요건 및 부착기간 하한가중 요건을 완화 · 확대하고, /

【대법원 분석】 위 법 부칙(2012. 12. 18. 법률 제11558호)은 제2조 제2항에서 /

【대법원 분석】 '제5조 제1항 제4호 및 제5호의 개정규정에 따른 부착명령청구는 이 법 시행 전에 저지른 성폭력범죄에 대하여도 적용한다'고 규정하여 /

【대법원 판단】 피고인이 위 법 시행 전에 18세 피해자 공소외인에 대하여 저지른 성폭력범죄의 처벌 등에 관한 특례법 위반(주거침입강간등)죄에 위 법 제5조 제1항 제4호를 적용할 수 있게 되었다. /

【대법원 분석】 그런데 위 법 부칙은 이와 달리 /

【대법원 분석】 19세 미만의 사람에 대하여 특정범죄를 저지른 경우 부착기간 하한을 2배 가중하도록 한 위 법 제9조 제1항 단서에 대하여는 /

【대법원 분석】 그 소급적용에 관한 명확한 경과규정을 두지 않았는바, /

4. 사안에 대한 대법원의 판단

【대법원 요지】 전자장치 부착명령에 관하여 피고인에게 실질적인 불이익을 추가하는 내용의 법 개정이 있고, /

【대법원 요지】 그 규정의 소급적용에 관한 명확한 경과규정이 없는 한 /

【대법원 요지】 그 규정의 소급적용은 이를 부정하는 것이 피고인의 권익 보장이나, 위 법 부칙에서 일부 조항을 특정하여 그 소급적용에 관한 경과규정을 둔 입법자의 의사에 부합한다고 할 것이다.

【대법원 결론】 그렇다면, 위 법 제9조 제1항 단서가 위 법 시행 전에 19세 미만의 사람에 대하여 저지른 특정범죄에도 적용됨을 전제로 피고인에게 20년간의 전자장치 부착명령을 선고한 원심에는 /

【대법원 결론】 부착기간 하한가중 규정의 적용에 관한 법리를 오해하여 판결에 영향을 미친 위법이 있다고 할 것이다. (부착명령 부분 파기 환송)

2013도6969

대향범과 공범의 성립범위
변호사법위반죄 방조범 사건
2014. 1. 16. 2013도6969, 공 2014상, 425

1. 사실관계 및 사건의 경과

【사실관계 1】

① 갑은 P정당의 선거관리 업무를 담당하는 부서의 담당 국장이다.

② Q회사는 문자메시지 대량 발송 인터넷 사이트인 M사이트를 운영하는 회사이다.

③ 을은 Q회사의 대표이사이다.

④ 갑은 P정당의 조직국에 근무하는 여자친구 A를 통해 당원명부 M파일을 입수하였다. (㉠부분)

⑤ 갑과 을은 다음의 약정을 하였다.

　　(가) 갑은 P정당의 당원명부 M파일을 을에게 제공한다.

　　(나) 갑은 문자 발송 건수 1건당 0.5원에서 1원의 이익금을 받기로 한다.

⑥ 을은 M파일을 제공받고 약정에 따라 갑에게 금품을 교부하였다. (㉡부분)

【사실관계 2】

① B는 사회 후배로서 갑과 친밀한 관계에 있는 사람이다.

② C는 케이블 방송국인 R방송 인수계약을 체결하였다가 방송국 운영 재허가 문제로 인수 계약이 무산될 위기에 놓여 있었다.

③ C는 B에게 "네가 친하게 지내는 P정당 당직자 갑에게 부탁하여 방송국 운영 재허가를 받을 수 있도록 도와달라"고 부탁하였다.

④ 갑은 B를 통하여 C의 부탁을 전달받았다.

⑤ 이후 R방송에 대하여 조건부 재허가결정이 내려졌다.

⑥ B는 C에게 다음과 같이 말하면서 1억원을 요구하였다.

　　(가) 갑이 청와대 비서실 및 방송통신위원회 담당 직원에게 청탁을 하여 R방송 문제를 알아봐주고, 해결하려고 하는 과정에서 비용이 사용되었다.

　　(나) 6개월 후 재허가 심사에서도 갑에게 R방송 문제를 해결해 달라고 부탁하려면 그 비용을 보전해 주어야 한다.

⑦ C는 B의 요구에 따라 1억원을 B에게 교부하였다.

⑧ B는 갑에게 청와대 비서실 및 방송통신위원회 담당자 등을 상대로 R방송 재허가와 관련하여 알아봐주고, 재허가가 될 수 있도록 노력해 달라고 부탁하였다.

⑨ B는 갑에게 부탁의 대가로 2천만원을 송금하였다. (㉢부분)

【사실관계 3】

① B에 대해 특가법위반죄(알선수재)로 S검찰청의 수사가 시작되었다. (㉢사건)

② B는 S검찰청에 체포되어 구속되었다.

③ 갑은 ㉢사건에 대해 을과 상의하였다.

④ 을은 갑이 P정당 내의 지위를 상실할 경우 Q회사의 영업에 차질이 생기는 것을 우려하였다.

⑤ 을은 갑에게 지역 후배이자 법조 브로커인 D를 소개시켜 주었다.

【사실관계 4】

① 을은 갑에게 다음과 같이 말하였다.

② "D를 통해 S검찰청 등 수사기관에 청탁하여 ㉢사건에 대한 검찰의 수사 상황을 알아봐주고, 수사를 중단시켜 줄테니 D에게 건네줄 금품이 필요하다."

③ 갑은 을에게 5천만원을 송금하였다.

④ 을은 송금받은 5천만원을 D에게 전달하였다.

⑤ D는 갑에 대한 S검찰청의 압수수색이 진행되자 수사 상황 등을 알아보고, 을을 통해 이를 갑에게 알려주었다. (㉣부분)

【사건의 경과 1】

① 검사는 갑을 다음의 공소사실로 기소하였다.

    (가) ㉠부분 : 개인정보보호법위반죄

    (나) ㉡부분 : 배임수재죄

    (다) ㉢부분 : 알선수재죄

② 검사는 을을 다음의 공소사실로 기소하였다.

    (가) ㉠부분 : 개인정보보호법위반죄

    (나) ㉡부분 : 배임증죄죄

    (다) ㉣부분 : 변호사법위반방조죄

③ 제1심법원은 갑과 을에게 유죄를 선고하였다.

④ 갑과 을은 불복 항소하였다.

⑤ 항소심법원은 갑에 대해 양형부당을 인정하였다.

⑥ 항소심법원은 을에 대해 변호사법위반죄 방조 부분에 대해 무죄를 인정하였다.

⑦ 항소심법원은 제1심판결을 파기하고, 갑과 을에 대해 다시 형을 선고하였다.

【사건의 경과 2】

① 검사는 을에 대한 변호사법위반방조죄 무죄 부분에 불복하여 상고하였다.

② [검사는 상고이유로 다음의 점을 주장하였다.]

    (가) D가 공무원이 취급하는 사건에 관하여 청탁을 한다는 명목으로 갑으로부터 금품을 받는다는 사정을 을은 알고 있었다.

    (나) 그럼에도 을은 D에게 갑을 소개해 주고, 갑으로부터 돈을 송금받아 이를 현금으로 찾아 D에게 전달해 주었다.

    (다) 을은 이러한 방법으로 D의 변호사법위반 범행을 용이하게 하여 이를 방조한 것이다.

【참조조문】

변호사법

제109조 (벌칙) 다음 각 호의 어느 하나에 해당하는 자는 7년 이하의 징역 또는 5천만원 이하의 벌금에 처한다. 이 경우 벌금과 징역은 병과(倂科)할 수 있다.

  1. 변호사가 아니면서 /

금품 · 향응 또는 그 밖의 이익을 받거나 받을 것을 약속하고 또는 /

제3자에게 이를 공여하게 하거나 공여하게 할 것을 약속하고 /

다음 각 목의 사건에 관하여 /

감정 · 대리 · 중재 · 화해 · 청탁 · 법률상담 또는 법률 관계 문서 작성, 그 밖의 법률사무를 /

취급하거나 /

이러한 행위를 알선한 자

  다. 수사기관에서 취급 중인 수사 사건

2. 변호사법위반죄와 방조범의 성립범위

【대법원 요지】 금품 등의 수수와 같이 2인 이상의 서로 대향된 행위의 존재를 필요로 하는 관계에 있어서는 공범이나 방조범에 관한 형법총칙 규정의 적용이 있을 수 없다. /

【대법원 요지】 따라서 금품 등을 공여한 자에게 따로 처벌규정이 없는 이상, 그 공여행위는 그와 대향적 행위의 존재를 필요로 하는 상대방의 범행에 대하여 공범관계가 성립되지 아니하고, /

【대법원 요지】 오로지 금품 등을 공여한 자의 행위에 대하여만 관여하여 그 공여행위를 교사하거나 방조한 행위도 상대방의 범행에 대하여 공범관계가 성립되지 아니한다.

【대법원 판단】 원심은, /

【대법원 판단】 피고인 을이 처벌 대상이 아닌 피고인 갑의 공소외인[D]에 대한 금품 제공행위를 용이하게 할 의사를 갖고 /

【대법원 판단】 공소외인을 피고인 갑에게 소개하는 등의 행위를 하였다면 /

【대법원 판단】 피고인 을을 방조범으로 처벌할 수는 없다고 전제한 다음, /

【대법원 판단】 그 판시와 같은 사정들을 종합하면 검사가 제출한 증거들만으로는 피고인 을이 공소외인[D]의 변호사법 위반의 범행, 즉 공소외인[D]이 공무원에 대한 청탁 명목으로 피고인 갑으로부터 금품을 받는 범행을 용이하게 하는 행위를 하였다고 단정할 수 없다는 이유로 /

【대법원 판단】 피고인 을에 대한 이 사건 공소사실 중 변호사법 위반 방조의 점에 관하여 범죄의 증명이 없다고 보아, 이를 유죄로 판단한 제1심판결을 파기하고 무죄를 선고하였다.

【대법원 결론】 원심판결 이유와 원심이 적법하게 채택한 증거들을 앞서 본 법리에 비추어 살펴보면, 원심의 위와 같은 판단은 정당하고, 거기에 상고이유의 주장과 같이 논리와 경험의 법칙을 위반하여 자유심증주의의 한계를 벗어나거나 방조범에 관한 법리를 오해한 위법이 없다. (상고 기각)

2013도7494

보험사기와 실행의 착수
생명보험 위장 가입 사건
2013. 11. 14. 2013도7494, 공 2013하, 2290

1. 사실관계 및 사건의 경과

【사실관계 1】

① 갑은 자신이 A인 것처럼 가장하였다.

② 갑은 P보험회사와 다음 내용의 ㉠생명보험계약을 체결하였다.

    (가) 피보험자 : A

    (나) 보험금수익자 : B

③ 갑은 Q, R보험회사와도 같은 내용의 ⓛ, ⓒ생명보험계약을 체결하였다.

④ (이하 ⓖ보험계약으로 통칭함)

⑤ [B는 보험금을 노리고 A를 살해하였다.]

【사실관계 2】

① B는 P보험회사를 상대로 보험금을 청구하였다.

② B는 보험금을 청구할 당시 ⓖ계약이 유효하게 체결된 것처럼 P보험회사를 속였다.

③ [B가 보험금을 청구할 당시 갑은 아무런 관여를 하지 않았다.]

④ P보험회사는 B에게 보험금을 지급하였다.

⑤ (이러한 방법으로 P, Q, R보험회사가 지급한 보험금은 도합 8억원에 이르렀다.)

【사건의 경과】

① 검사는 갑을 사기죄로 기소하였다.

② 갑의 피고사건은 제1심을 거친 후, 항소심에 계속되었다.

③ 항소심법원은 갑을 B의 사기범행에 대한 공동정범으로 유죄를 인정하였다.

④ 갑은 불복 상고하였다.

2. 보험사기와 실행의 착수

【대법원 요지】 1. 타인의 사망을 보험사고로 하는 생명보험계약을 체결함에 있어 /

【대법원 요지】 제3자가 피보험자인 것처럼 가장하여 체결하는 등으로 /

【대법원 요지】 그 유효요건이 갖추어지지 못한 경우에도, /

【대법원 요지】 그 보험계약 체결 당시에 이미 보험사고가 발생하였음에도 이를 숨겼다거나 /

【대법원 요지】 보험사고의 구체적 발생 가능성을 예견할 만한 사정을 인식하고 있었던 경우 또는 /

【대법원 요지】 고의로 보험사고를 일으키려는 의도를 가지고 보험계약을 체결한 경우와 같이 /

【대법원 요지】 보험사고의 우연성과 같은 보험의 본질을 해칠 정도라고 볼 수 있는 특별한 사정이 없는 한, /

【대법원 요지】 그와 같이 하자 있는 보험계약을 체결한 행위만으로는 /

【대법원 요지】 미필적으로라도 보험금을 편취하려는 의사에 의한 기망행위의 실행에 착수한 것으로 볼 것은 아니다. /

【대법원 요지】 그러므로 그와 같이 기망행위의 실행의 착수로 인정할 수 없는 경우에 /

【대법원 요지】 피보험자 본인임을 가장하는 등으로 보험계약을 체결한 행위는 /

【대법원 요지】 단지 장차의 보험금 편취를 위한 예비행위에 지나지 않는다 할 것이다.

【대법원 요지】 한편 종범은 정범이 실행행위에 착수하여 범행을 하는 과정에서 이를 방조한 경우뿐 아니라 /

【대법원 요지】 정범의 실행의 착수 이전에 장래의 실행행위를 미필적으로나마 예상하고 이를 용이하게 하기 위하여 방조한 경우에도 /

【대법원 요지】 그 후 정범이 실행행위에 나아갔다면 성립할 수 있다.

3. 사안에 대한 항소심의 판단

【항소심 판단】 2. 원심판결 이유에 의하면, 원심은 /

【항소심 판단】 이 사건의 쟁점은 /

【항소심 판단】 공소외 A가 사망한 후 공소외 B가 P생명보험 주식회사 등 3곳의 보험회사에 대하여 보험금 청구를 하면서 /

【항소심 판단】 공소외 A 명의로 체결된 계약에 법률상 하자가 있음에도 불구하고 /

【항소심 판단】 (피고인이 공소외 B와 공모하여 보험사고를 일으켜 보험금을 청구하였다는 것이 아니다) /

【항소심 판단】 마치 유효한 보험계약에 기하여 보험금 청구를 하는 것인 양 보험회사들을 기망하여 8억원을 편취하였는데 /

【항소심 판단】 이에 대하여 피고인이 공모하였는지 여부라고 전제한 다음, /

【항소심 판단】 피고인이 피보험자인 공소외 A인 것처럼 가장하여 보험금수익자를 공소외 B로 하여 3개 보험회사와 공소외 A 명의로 각 보험계약을 체결한 사실이 인정된다는 이유로, /

【항소심 판단】 피고인과 공소외 B는 공모하여 이 사건 공소사실 기재 보험금 편취의 사기 범행을 저지른 공동정범에 해당한다고 판단하였다.

4. 사안에 대한 대법원의 판단

【대법원 판단】 그러나 원심판결 이유 및 원심이 채용한 증거들을 살펴보아도, /

【대법원 판단】 피고인이 원심 판시와 같이 피보험자인 공소외 A 본인인 것처럼 가장하여 이 사건 각 보험계약을 체결하는 데 관여한 사실은 알 수 있지만, /

【대법원 판단】 나아가 그 보험계약 체결 당시 공소외 A가 재해 등 자연사가 아닌 사유로 사망할 가능성을 예견할 만한 사정이 있었다거나 /

【대법원 판단】 공범인 공소외 B가 보험사고를 임의로 일으키려는 의도를 가지고 있었고 /

【대법원 판단】 피고인이 이를 인식하면서 이 사건 각 보험계약을 체결하였다는 등 /

【대법원 판단】 피고인의 보험계약 체결행위 자체로 /

【대법원 판단】 보험사고의 우연성 등 보험의 본질을 해칠 정도에 이른 것으로 볼 수 있는 특별한 사정을 인정할 만한 자료는 발견할 수 없다. /

【대법원 판단】 또한 그 후 공소외 A가 살해되고 나서 공소외 B가 위 각 보험계약이 마치 유효하게 체결된 것처럼 보험회사들을 기망하여 보험금을 청구할 때에 /

【대법원 판단】 피고인이 그에 가담하였다는 점을 인정할 만한 증거도 없다.

【대법원 판단】 위와 같은 사정을 앞서 본 법리에 비추어 보면, /

【대법원 판단】 위 각 보험회사를 기망하여 보험금을 지급받은 편취행위는 /

【대법원 판단】 다른 특별한 사정이 없는 한 공소외 B가 위 각 보험계약이 유효하게 체결된 것처럼 기망하여 보험회사에 보험금을 청구한 때에 /

【대법원 판단】 실행의 착수가 있었던 것으로 보아야 할 것이고, /

【대법원 판단】 피고인이 그 보험계약의 체결 과정에서 피보험자인 공소외 A를 가장하는 등으로 공소외 B를 도운 행위는 /

【대법원 판단】 그 사기 범행을 위한 예비행위에 대한 방조의 여지가 있을 뿐이라 할 것이다. /

【대법원 판단】 그러므로 피고인의 위와 같은 행위는 /

【대법원 판단】 그 후 공소외 B가 보험회사에 보험금을 청구하여 이를 지급받음으로써 정범으로서의 실행행위에 나아감에 따라 /

【대법원 판단】 그에 대한 방조행위가 될 수는 있겠지만, /

【대법원 판단】 그 밖에 피고인이 공소외 B의 위 사기 범행에 공동의사에 의한 기능적 행위지배를 통하여 가담하였다는 다른 사정이 인정되지 않는 이상 /

【대법원 판단】 위 보험계약 체결 단계에서 방조행위를 하였다는 것만으로 피고인을 사기죄의 공동정범으로 처벌할 수는 없다고 할 것이다.

【대법원 결론】 원심은 이와 달리 피고인이 위 각 보험계약의 체결행위에 가담한 것만으로도 공소외 B의 사기 범행에 관하여 공동정범이 성립한다고 판단하였으니, /

【대법원 결론】 거기에는 공동정범의 주관적 요건인 공동가공의 의사와 사기죄에 있어서 실행의 착수에 관한 법리를 오해하거나 필요한 심리를 다하지 아니하여 판결 결과에 영향을 미친 위법이 있다. 이 점을 지적하는 상고이유의 주장은 이유 있다. (파기 환송)

2013도11649

영업범과 포괄일죄의 법리
무면허 필러 시술 사건
2014. 1. 16. 2013도11649, 공 2014상, 444

1. 사실관계 및 사건의 경과

【사실관계 1】

① '필러 시술'이란 주름살을 제거하기 위하여 피시술자의 이마와 볼 부위 등에 필러를 주입하는 미용 시술이다.

② 갑은 의사 면허가 없다.

③ 갑은 사람들에게 50만원 내지 120만원씩을 받고 소위 '필러 시술'을 해주었다.

④ 갑의 '필러 시술' 행위는 전체적으로 2010. 6.부터 시작하여 2012. 10. 22까지 계속되었다.

⑤ [사후적으로 볼 때, 갑의 전체 '필러 시술' 행위는 다음과 같이 이루어져 있다.]

(가) 2010. 6.부터 2011. 7.까지의 시술행위 (㉠행위)

(나) 2011. 8.부터 2012. 3. 26까지의 시술행위 (㉡행위)

(다) 2012. 3. 27.부터 2012. 10. 22.까지의 시술행위 (ⓒ행위)

【사실관계 2】

① 2011. 7. 갑은 관계 당국에 적발되었다.

② 검사는 ㉠행위에 대해 갑을 의료법위반죄로 불구속 기소하였다. (㉮사건)

③ 갑은 ㉮사건에 대한 재판이 진행중임에도 돈을 받고 계속 '필러 시술'을 하였다.

④ 2012. 3. 26. 관할 제1심법원은 ㉮사건에 대해 의료법위반죄로 갑에게 징역 8월에 집행유예 2년의 판결을 선고하였다. (㉮판결)

⑤ ㉮판결의 범죄사실을 다음과 같다. (㉮범죄사실)

⑥ "피고인은 2010년 6월경부터 2011년 7월경까지 [A 등] 5명으로부터 대가를 받거나 받지 아니하고 무면허로 보톡스나 필러를 주사하는 의료행위를 하였다."

⑦ [갑은 ㉮판결에 대해 항소하지 않았다.]

⑧ 2012. 4. 3. ㉮판결은 그대로 확정되었다.

【사실관계 3】

① ㉠시술행위에 대한 재판이 진행되었음에도 불구하고 갑이 '필러 시술' 행위를 계속하고 있다는 사실이 추가로 적발되었다.

② 검사는 갑의 죄질이 중하다고 판단하였다.

③ 검사는 ㉡, ㉢시술행위에 대해 갑을 「보건범죄단속에 관한 특별조치법」위반죄(부정의료업자)로 기소하였다.

④ 관할 제1심법원은 ㉮확정판결의 효력이 ㉡시술행위 부분에 미친다고 판단하였다.

⑤ 2013. 7. 9. 관할 제1심법원은 다음과 같이 판결을 선고하였다.

　　(가) ㉡시술행위 부분 : 면소 (㉯면소판결)

　　(나) ㉢시술행위 부분 : 1년 6월 징역형 실형, 벌금형 병과 (㉰유죄판결)

⑥ ㉡면소판결의 대상이 된 공소사실의 내용은 다음과 같다. (㉯공소사실)

⑦ "피고인은 의사가 아님에도 2011. 12. 초순경부터 2012. 3. 말 경까지 B 등에게 총 13회에 걸쳐 필러 전용 주사기를 이용하여 피시술자의 이마와 볼 부위 등에 필러를 주입하는 '필러 시술'을 하고 그 대가로 합계 976만원 상당을 대가로 교부받아 영리를 목적으로 의료행위를 업으로 하였다."

【사건의 경과】

① 검사는 ㉡면소판결에 대해 법리오해를 이유로 불복 항소하였다.

② 갑은 ㉢유죄판결에 대해 양형부당을 이유로 불복 항소하였다.

③ 2013. 9. 11. 항소심법원은 판결을 선고하였다.

④ 항소심법원은 검사의 항소를 기각하였다.

⑤ 항소심법원은 갑의 양형부당 항소이유를 받아들여 제1심판결을 파기하고, 징역 1년의 실형과 벌금형을 선고하였다.

⑥ 검사는 불복 상고하였다.

⑦ [갑은 상고하지 않았다.]

⑧ 검사는 상고이유로, ㉠판결에 대한 확정판결의 효력은 ㉡공소사실에 미치지 아니한다고 주장하였다.

2. 확정판결의 효력범위

【대법원 요지】 1. 형사재판이 실체적으로 확정되면 동일한 범죄에 대하여 거듭 처벌할 수 없고, /

【대법원 요지】 확정판결이 있는 사건과 동일한 사건에 대하여 공소의 제기가 있는 경우에는 판결로써 면소의 선고를 하여야 한다. /

【대법원 요지】 이때 공소사실이나 범죄사실의 동일성 여부는 /

【대법원 요지】 사실의 동일성이 가지는 법률적 기능을 염두에 두고 /

【대법원 요지】 피고인의 행위와 그 사회적인 사실관계를 기본으로 하되 /

【대법원 요지】 그 규범적 요소도 고려하여 판단하여야 한다.

3. 영업범과 포괄일죄의 법리

【대법원 분석】 의료법 제27조 제1항 본문은 "의료인이 아니면 누구든지 의료행위를 할 수 없으며 의료인도 면허된 것 이외의 의료행위를 할 수 없다"라고 정하여 무면허 의료행위를 금지하고 /

【대법원 분석】 같은 법 제87조 제1항 제2호는 무면허 의료행위를 한 자를 처벌하도록 정하고 있다. /

【대법원 분석】 이와 별도로 '보건범죄 단속에 관한 특별조치법' 제5조 제1호는 '의사가 아닌 사람이 의료법 제27조의 규정을 위반하여 영리를 목적으로 의료행위를 업으로 한 행위'를 가중처벌하고 있다. /

【대법원 요지】 그런데 무면허 의료행위는 그 범죄구성요건의 성질상 동종 범죄의 반복이 예상되는 것이므로, /

【대법원 요지】 영리를 목적으로 무면허 의료행위를 업으로 하는 자가 /

【대법원 요지】 반복적으로 여러 개의 무면허 의료행위를 /

【대법원 요지】 단일하고 계속된 범의 아래 일정 기간 계속하여 행하고 /

【대법원 요지】 그 피해법익도 동일한 경우라면 /

【대법원 요지】 이들 각 행위를 통틀어 포괄일죄로 처단하여야 할 것이다.

4. 포괄일죄와 일부 확정판결의 관계

【대법원 요지】 한편 포괄일죄의 관계에 있는 범행 일부에 대하여 판결이 확정된 경우에는 /

【대법원 요지】 사실심 판결선고 시를 기준으로 /

【대법원 요지】 그 이전에 이루어진 범행에 대하여는 /

【대법원 요지】 확정판결의 기판력이 미쳐 면소의 판결을 선고하여야 하고, /

【대법원 요지】 이러한 법리는 /

【대법원 요지】 영리를 목적으로 무면허 의료행위를 업으로 하는 자의 여러 개의 무면허 의료행위가 포괄일죄의 관계에 있고 /

【대법원 요지】 그 중 일부에 대하여 판결이 확정된 경우에도 마찬가지로 적용되며, /

【대법원 요지】 그 확정판결의 범죄사실이 '보건범죄 단속에 관한 특별조치법' 제5조 제1호 위반죄가 아니라 /

【대법원 요지】 단순히 의료법 제27조 제1호 위반죄로 공소제기된 경우라고 하여 달리 볼 것이 아

니다.

5. 사안에 대한 대법원의 판단

【대법원 분석】 2. 원심은, 이 사건 공소사실 중 /

【대법원 분석】 피고인이 의사가 아님에도 제1심판결 별지 범죄일람표 순번 제1번 내지 제13번 기재와 같이 총 13회에 걸쳐 필러 전용 주사기를 이용하여 피시술자의 이마와 볼 부위 등에 필러를 주입하는 '필러 시술'을 하고 그 대가로 합계 976만원 상당을 대가로 교부받아 /

【대법원 분석】 영리를 목적으로 의료행위를 업으로 하였다는 공소사실 부분에 대하여, /

【대법원 분석】 피고인은 2012. 3. 26. 광주지방법원에서 의료법위반죄로 징역 8월에 집행유예 2년의 판결을 선고받고 그 판결이 2012. 4. 3. 그대로 확정되었는데 /

【대법원 분석】 위 확정판결의 범죄사실은 피고인이 2010년 6월경부터 2011년 7월경까지 5명으로부터 대가를 받거나 받지 아니하고 무면허로 보톡스나 필러를 주사하는 의료행위를 하였다는 것이고, /

【대법원 분석】 피고인은 위 재판이 진행 중임에도 위와 같은 무면허 의료행위를 멈추지 아니하고 범죄사실에 기재된 바와 같이 2012. 10. 22.경까지 동일한 방식으로 무면허 의료행위를 계속하여 온 점, /

【대법원 분석】 위 확정판결에서도 피고인이 단일한 범의 아래서 무면허 의료행위를 하였다고 보아 이를 모두 포괄하여 일죄로 처벌하였던 점 등을 종합하여 보면, /

【대법원 판단】 피고인에 대한 위 확정판결의 범죄사실과 이 부분 공소사실은 /

【대법원 판단】 그 범행의 일시·장소 및 무면허 의료시술의 태양 등에 비추어 /

【대법원 판단】 피고인의 단일하고 계속된 범의 하에 동종의 범행을 동일한 방법으로 하여 온 것으로서 /

【대법원 판단】 기본적 사실관계가 동일하여 /

【대법원 판단】 포괄일죄의 관계에 있으므로, /

【대법원 판단】 위 확정판결의 효력은 그 사실심판결 선고 이전에 행하여진 이 부분 공소사실에 대하여도 미친다는 이유로 이에 대하여 면소를 선고하였다.

【대법원 결론】 앞서 본 법리에 비추어 기록을 비추어 살펴보면 원심의 위와 같은 조치는 정당한 것으로 수긍할 수 있다. /

【대법원 결론】 거기에 상고이유의 주장과 같이 '보건범죄 단속에 관한 특별조치법' 위반의 죄로 공소제기된 무면허 의료행위의 죄수에 관한 법리나 기판력의 범위에 관한 법리를 오해하는 등의 위법이 있다고 할 수 없다. /

【대법원 결론】 상고이유에서 들고 있는 대법원판결은 사안을 달리하는 것이어서 이 사건에 원용하기에 적절하지 아니하다. (상고 기각)

2013도12079

범인도피교사죄의 성립범위
대포폰 구해주기 사건
2014. 4. 10. 2013도12079, 공 2014상, 1082

1. 사실관계 및 사건의 경과

【사실관계】

① 갑은 P시 일원에서 수개의 불법도박장을 운영하였다.

② 을은 갑의 가까운 사회 후배이다.

③ 갑은 등급미분류 게임제공 및 게임결과물 환전을 업으로 한 사실로 도피 중이었다.

④ 을은 갑이 도피중이라는 사실을 알고 있었다.

⑤ 갑은 을에게 전화를 걸어 자신이 있는 곳으로 오도록 하였다.

⑥ 갑은 을을 만나 다음의 도움을 청하였다.

　(가) 을이 사용하는 에쿠스 승용차로 내가 원하는 목적지까지 이동시켜 달라.

　(나) '대포폰'을 구해 달라.

⑦ 을은 갑의 원하는 대로 해주었다.

【사건의 경과 1】

① [갑과 을은 수사기관에 검거되있다.]

② 검사는 갑을 다음의 공소사실로 기소하였다. (㉠사건)

　(가) 사행행위등규제및처벌특례법위반죄

　(나) 게임산업진흥에관한법률위반죄

③ 검사는 을을 범인도피죄로 기소하였다. (㉡사건)

④ ㉡사건 공판절차에서 을은 갑이 도피 중인 사실을 알지 못하였다고 주장하였다.

⑤ 갑은 을의 ㉡사건의 공판기일에 증인으로 출석하였다.

⑥ 갑은 증인으로 선서한 후 다음과 같이 진술하였다.

⑦ "을이 대포폰을 만들어 준 2012. 7.경 내지 같은 해 9.경 당시에 내가 수사를 받거나 수배 중인 사실을 을은 전혀 모르고 있었다."

【사건의 경과 2】

① 검사는 갑을 다음의 공소사실로 기소하였다. (㉢사건)

　(가) 범인도피교사죄

　(나) 위증죄

② ㉠사건의 제1심법원은 갑에게 유죄를 인정하였다.

③ ㉢사건의 제1심법원은 갑에게 유죄를 인정하였다.

④ 갑은 ㉠판결과 ㉢판결에 불복 항소하였다.

【사건의 경과 3】

① 항소심법원은 갑의 ㉮사건과 ㉯사건을 병합 심리하였다.

② 항소심법원은 ㉮사건과 ㉯사건의 공소사실이 형법 제37조 전단의 경합범 관계에 있다고 판단하였다.

③ 항소심법원은 ㉮사건과 ㉯사건의 제1심판결을 직권으로 파기하였다.

④ 항소심법원은 을에게 범인도피죄가 인정되므로 갑에게 범인도피교사죄가 성립된다고 판단하였다.

⑤ 항소심법원은 공소사실을 전부 유죄로 인정하고, 갑에게 징역 2년 6월을 선고하였다.

⑥ 갑은 불복 상고하였다.

2. 범인도피죄 교사범의 성립범위

【대법원 요지】 1. 형법 제151조가 정한 범인도피죄에서 '도피하게 하는 행위'란 /

【대법원 요지】 은닉 이외의 방법으로 /

【대법원 요지】 범인에 대한 수사, 재판 및 형의 집행 등 형사사법의 작용을 곤란하게 하거나 불가능하게 하는 일체의 행위를 말한다. /

【대법원 요지】 한편 범인 스스로 도피하는 행위는 처벌되지 아니하는 것이므로, /

【대법원 요지】 범인이 도피를 위하여 타인에게 도움을 요청하는 행위 역시 /

【대법원 요지】 도피행위의 범주에 속하는 한 처벌되지 아니하는 것이며, /

【대법원 요지】 범인의 요청에 응하여 범인을 도운 타인의 행위가 범인도피죄에 해당한다고 하더라도 마찬가지이다. /

【대법원 요지】 다만 범인이 타인으로 하여금 허위의 자백을 하게 하는 등으로 범인도피죄를 범하게 하는 경우와 같이 /

【대법원 요지】 그것이 방어권의 남용으로 볼 수 있을 때에는 범인도피교사죄에 해당할 수 있다. /

【대법원 채증】 이 경우 방어권의 남용이라고 볼 수 있는지 여부는, /

【대법원 채증】 범인을 도피하게 하는 것이라고 지목된 행위의 태양과 내용, /

【대법원 채증】 범인과 행위자의 관계, /

【대법원 채증】 행위 당시의 구체적인 상황, /

【대법원 채증】 형사사법의 작용에 영향을 미칠 수 있는 위험성의 정도 등을 /

【대법원 채증】 종합하여 판단하여야 할 것이다.

3. 사안에 대한 항소심의 판단

【대법원 분석】 2. 원심은 이 사건 공소사실 중 /

【대법원 분석】 당시 벌금 이상의 형에 해당하는 죄를 범하고 도피 중이던 피고인이 공소외인[을]에게 자동차를 이용하여 원하는 목적지로 이동시켜 달라고 요구하거나 속칭 '대포폰'을 구해 달라고 부탁함으로써 공소외인으로 하여금 피고인의 요청에 응하도록 하였다는 내용인 /

【대법원 분석】 범인도피교사의 점을 유죄로 인정하였다.

4. 사안에 대한 대법원의 판단

【대법원 판단】 3. 그러나 원심의 이러한 판단은 그대로 수긍하기 어렵다.

【대법원 판단】 원심이 적법하게 채택한 증거에 의하여 인정되는 다음과 같은 사정들, /

【대법원 판단】 즉, 공소외인[을]은 피고인이 평소 가깝게 지내던 후배인 점, /

【대법원 판단】 피고인은 자신의 휴대폰을 사용할 경우 소재가 드러날 것을 염려하여 공소외인에게 요청하여 대포폰을 개설하여 받고, /

【대법원 판단】 공소외인에게 전화를 걸어 자신이 있는 곳으로 오도록 한 다음 공소외인이 운전하는 자동차를 타고 청주시 일대를 이동하여 다닌 것으로서, /

【대법원 판단】 피고인의 이러한 행위는 형사사법에 중대한 장애를 초래한다고 보기 어려운 통상적 도피의 한 유형으로 볼 여지가 충분하다.

【대법원 결론】 그런데도 원심은 공소외인의 범인도피행위가 인정된다는 이유만으로 피고인에 대하여 범인도피교사의 점을 유죄로 판단하였으니, /

【대법원 결론】 이러한 원심판결에는 범인도피교사죄의 성립요건에 관한 법리를 오해하여 필요한 심리를 다하지 아니함으로써 판결에 영향을 미친 잘못이 있다.

【대법원 결론】 4. 따라서 원심판결 중 범인도피교사 부분은 파기되어야 하는데, 이는 원심이 유죄로 인정한 나머지 부분과 형법 제37조 전단의 경합범 관계에 있어 하나의 형이 선고되었으므로, 결국 원심판결은 전부 파기를 면할 수 없다. (파기 환송)

2013도12301

성충동 약물치료명령의 요건
이불째 약취 강간 사건

2014. 2. 27. 2013도12301 등, 공 2014상, 815

1. 사실관계 및 사건의 경과

【사실관계 1】

① 갑은 평소에 인터넷 사이트에서 다운로드받은 여자 아동을 대상으로 한 음란동영상을 즐겨보면서 여자 아동을 상대로 한 성행위를 통하여 성적 욕구를 해소하려는 환상을 가지고 있었다.

② 갑은 5~6년 전부터 A(여, 6세)의 부모가 운영하는 식당의 손님으로 드나들면서 그 가족들과도 식사를 하는 등 친분이 있었다.

③ 2012. 8. 30. 01:00경 갑은 M피씨방에서 A의 어머니를 만나 대화하면서 A의 아버지가 집에서 술에 취하여 자고 있다는 말을 들었다.

④ 갑은 A의 어머니가 피씨방에서 시간을 보내는 틈을 타 A의 집에 들어가 A를 약취한 후 강간하기로

마음먹었다.

【사실관계 2】

① 2012. 8. 30. 01:30경 갑은 A의 집에 몰래 들어갔다.

② 갑은 이불을 덮고 자고 있던 A를 이불채로 감싸 안고 밖으로 나와 그곳에서 약 200미터 가량 떨어져 있는 N공터로 A를 강제로 데려갔다.

③ 2012. 8. 30. 02:00경 갑은 N공터에서 A를 강간하였다.

④ 갑은 A를 강간하던 중, 신고가 두려워 A의 목을 졸라 살해하려고 하였다.

⑤ 갑의 심한 목졸림으로 A는 실신하였다.

⑥ 갑은 A가 죽은 것으로 오인하여 현장을 떠났다.

⑦ 이로써 A에 대한 살인은 미수에 그쳤다.

⑧ 갑의 행위로 A는 약 3개월 이상의 치료를 요하는 상해를 입었다.

⑨ (이후의 다른 범죄사실은 생략함)

【사건의 경과 1】

① 검사는 갑을 다음의 공소사실로 기소하였다.

　　(가) 성폭력처벌법위반죄(강간등살인)

　　(나) 특가법위반죄(미성년자약취상해)

　　(다) 주거침입죄

② 검사는 갑에 대해 전자장치 부착명령을 청구하였다.

③ 검사는 갑에 대해 성충동 약물치료명령을 청구하였다.

④ 갑의 피고사건 등은 제1심, 항소심, 대법원 파기환송 등을 거쳐 환송후 항소심에 계속되었다.

【사건의 경과 2】

① 환송후 항소심법원은 갑의 범죄사실을 인정하였다.

② 환송후 항소심법원은 다음 주문의 판결을 선고하였다.

　　(가) 원심판결을 모두 파기한다.

　　(나) 피고인을 무기징역에 처한다.

　　(다) 피고인에 대한 정보를 10년간 정보통신망을 이용하여 공개하고, 고지한다[다만 성범죄의 요지는 판시 성폭력범죄의처벌등에관한특례법위반(강간등살인)죄에 한한다].

　　(라) 피부착명령청구자에게 30년간 위치추적전자장치의 부착을 명한다.

　　(마) 피부착명령청구자에 대하여 별지 기재의 준수사항을 부과한다.

　　(바) 피치료명령청구자에 대하여 5년간 성충동 약물치료를 명한다.

【사건의 경과 3】

① 갑은 환송후 항소심판결에 불복 상고하였다.

② 갑은 상고이유로 다음의 점을 주장하였다.

　　(가) A에 대한 상해는 약취 과정이 아니라 강간 과정에서 일어난 것이다.

　　(나) 약취로 인한 상해에는 해당하지 아니하므로 특가법위반죄는 성립하지 않는다.

　　(다) 무기징역 형은 지나치게 무겁다.

③ 대법원은 갑의 항소이유에 대해 판단하였다.
④ 대법원은 약물치료명령 부분에 대해 직권으로 판단하였다.
⑤ 대법원이 직권판단의 쟁점으로 삼은 것은 무기징역을 선고받은 사람에 대해 약물치료명령을 부과하는 것이 과연 타당한가 하는 점이다.

2. 성폭력범죄 피고사건에 대한 대법원의 판단

【대법원 판단】 상고이유를 판단한다.

【대법원 요지】 미성년자인 피해자를 약취한 후에 강간을 목적으로 피해자에게 가혹한 행위 및 상해를 가하고 나아가 그 피해자에 대한 강간 및 살인미수를 범하였다면, /

【대법원 요지】 이에 대하여는 약취한 미성년자에 대한 상해 등으로 인한 특정범죄 가중처벌 등에 관한 법률 위반죄 및 /

【대법원 요지】 미성년자인 피해자에 대한 강간 및 살인미수행위로 인한 성폭력범죄의 처벌 등에 관한 특례법 위반죄가 각 성립하고, /

【대법원 요지】 설령 상해의 결과가 피해자에 대한 강간 및 살인미수행위 과정에서 발생한 것이라 하더라도 위 각 죄는 서로 형법 제37조 전단의 실체적 경합범 관계에 있다고 할 것이다.

【대법원 결론】 같은 취지의 원심 판단은 정당하고, 거기에 상고이유 주장과 같이 불가벌적 수반행위나 죄수에 관한 법리를 오해하는 등의 위법이 없다.

【대법원 결론】 한편 피고인 겸 피부착명령청구자, 피치료명령청구자(이하 '피고인'이라고만 한다)의 연령·성행·지능과 환경, 이 사건 각 범행의 동기·수단과 결과, 범행 후의 정황 등 기록에 나타난 양형의 조건이 되는 여러 가지 사정을 살펴보면, /

【대법원 결론】 피고인과 국선변호인이 주장하는 정상을 참작하더라도 피고인에 대하여 무기징역을 선고한 원심의 형의 양정이 심히 부당하다고 인정할 현저한 사유가 있다고 볼 수 없다.

3. 성충동 약물치료명령과 비례의 원칙

【대법원 요지】 가. 피고인이 피고사건에 관하여 상고를 제기한 이상 부착명령청구사건 및 치료명령청구사건에 관하여도 모두 상고를 제기한 것으로 의제된다. /

【대법원 판단】 그러나 상고장에 이유의 기재가 없고, 상고이유서에도 이에 대한 불복이유의 기재를 찾아볼 수 없다.

【대법원 판단】 나. 치료명령청구사건에 관하여 직권으로 판단한다.

【대법원 분석】 1)「성폭력범죄자의 성충동 약물치료에 관한 법률」에 의한 약물치료명령(이하 '치료명령'이라고만 한다)은 /

【대법원 분석】 사람에 대하여 성폭력범죄를 저지른 성도착증 환자로서 성폭력범죄를 다시 범할 위험성이 있다고 인정되는 19세 이상의 사람에 대하여 /

【대법원 분석】 약물투여 및 심리치료 등의 방법으로 도착적인 성기능을 일정기간 동안 약화 또는 정상화하는 치료를 실시하는 보안처분이다. /

【대법원 요지】 이러한 치료명령은 성폭력범죄의 재범을 방지하고 사회복귀의 촉진 및 국민의 보호

등을 목적으로 한다는 점에서 /

【대법원 요지】 특정 범죄자에 대한 보호관찰 및 전자장치 부착 등에 관한 법률과 치료간호법이 각 규정한 전자장치 부착명령 및 치료감호처분과 그 취지를 같이 하지만, /

【대법원 요지】 원칙적으로 형 집행 종료 이후 신체에 영구적인 변화를 초래할 수도 있는 약물의 투여를 피청구자의 동의 없이 강제적으로 상당 기간 실시하게 된다는 점에서 /

【대법원 요지】 헌법이 보장하고 있는 신체의 자유와 자기결정권에 대한 가장 직접적이고 침익적인 처분에 해당한다고 볼 수 있다. /

【대법원 요지】 따라서 앞서 본 바와 같은 치료명령의 내용 및 특성과 최소침해성의 원칙 등을 요건으로 하는 보안처분의 성격 등에 비추어 /

【대법원 요지】 장기간의 형 집행 및 그에 부수하여 전자장치 부착 등의 처분이 예정된 사람에 대해서는 /

【대법원 요지】 위 형 집행 및 처분에도 불구하고 /

【대법원 요지】 재범의 방지와 사회복귀의 촉진 및 국민의 보호를 위한 추가적인 조치를 취할 필요성이 인정되는 /

【대법원 요지】 불가피한 경우에 한하여 이를 부과함이 상당할 것이다.

4. 성충동 약물치료명령과 재범의 위험성

【대법원 요지】 한편 치료명령의 요건으로 '성폭력범죄를 다시 범할 위험성'이라 함은 /

【대법원 요지】 재범할 가능성만으로는 부족하고 /

【대법원 요지】 피청구자가 장래에 다시 성폭력범죄를 범하여 법적 평온을 깨뜨릴 상당한 개연성을 의미한다. /

【대법원 요지】 그런데 장기간의 형 집행이 예정된 사람의 경우에는 치료명령의 선고시점과 실제 치료명령의 집행시점 사이에 상당한 시간적 간격이 있어 성충동 호르몬 감소나 노령화 등으로 성도착증이 자연스럽게 완화되거나 치유될 가능성을 배제하기 어렵고, /

【대법원 요지】 앞서 본 바와 같이 피청구자의 동의 없이 강제적으로 이루어지는 치료명령 자체가 피청구자의 신체의 자유와 자기결정권에 대한 중대한 제한이 되는 사정을 감안하여 보면, /

【대법원 요지】 비록 피청구자가 성도착증 환자로 진단받았다고 하더라도 그러한 사정만으로 바로 피청구자에게 성폭력범죄에 대한 재범의 위험성이 있다고 단정할 것이 아니라, /

【대법원 요지】 치료명령의 집행시점에도 여전히 약물치료가 필요할 만큼 피청구자에게 성폭력범죄를 다시 범할 위험성이 있고 /

【대법원 요지】 피청구자의 동의를 대체할 수 있을 정도의 상당한 필요성이 인정되는 경우에 한하여 /

【대법원 요지】 비로소 치료명령의 요건을 갖춘 것으로 보아야 한다. /

【대법원 채증】 또한 이 경우 법원이 피청구자의 '성폭력범죄를 다시 범할 위험성'을 판단함에 있어서는 /

【대법원 채증】 피청구자의 직업과 환경, /

【대법원 채증】 동종 범행으로 인한 처벌 전력, /

【대법원 채증】 당해 범행 이전의 행적, /

【대법원 채증】 그 범행의 동기, 수단, 범행 후의 정황, /

【대법원 채증】 개전의 정 등과 아울러 /

【대법원 채증】 피청구인의 정신성적 장애의 종류와 정도 및 치료 가능성, /

【대법원 채증】 피청구인이 치료명령의 과정에서 받을 약물치료 또는 인지행동치료 등을 자발적이고 도 적극적으로 따르고자 하는 의지, /

【대법원 채증】 처방 약물로 인하여 예상되는 부작용의 가능성과 정도, /

【대법원 채증】 예상되는 형 집행 기간과 그 종료 당시 피청구자의 연령 및 주위환경과 /

【대법원 채증】 그 후 약물치료 등을 통하여 기대되는 재범방지 효과 등의 /

【대법원 채증】 여러 사정을 종합적으로 평가하여 판결시를 기준으로 객관적으로 판단하여야 할 것이다.

5. 사안에 대한 항소심의 판단

【항소심 판단】 2) 원심은, /

【항소심 판단】 피고인이 평소에 여자 아동을 대상으로 하는 음란물 등을 보면서 여아를 상대로 성적 욕구를 해소하려는 환상을 가지고 피해자의 언니 등과 성관계하는 것을 상상해 오다가 결국 이 사건 성폭력범행을 저지르게 된 점, /

【항소심 판단】 한국 성범죄자 재범 위험성 평가척도를 적용한 결과 피고인의 성범죄 재범 위험성이 13점으로 '상' 수준에 해당하고, /

【항소심 판단】 정신병질자 선별도구의 평가 결과 피고인의 성범죄 재범 위험성은 20점으로 '중' 구 간(7점~24점)에서도 상위 구간에 해당하여 재범 위험성이 높다고 평가된 점, /

【항소심 판단】 피고인은 성도착증인 비폐쇄적 유형의 소아기호증의 성적 취향을 가지고 있으며 이 사건 성폭력범죄도 소아기호증이 원인이 되어 저지른 점, /

【항소심 판단】 그 밖에 판시 성폭력범죄의 범행 동기나 경위, 피고인의 나이, 성행 및 성에 대한 인 식과 태도 등을 종합하여 보면, /

【항소심 판단】 피고인에게 성도착증, 성폭력범죄 재범의 위험성이 모두 인정된다고 판단하여 피고 인에 대하여 5년간 치료명령을 명한 제1심판결을 유지하였다.

6. 사안에 대한 대법원의 판단

【대법원 분석】 위와 같은 원심판결 이유에 더하여 원심이 적법하게 채택한 증거들에 의하여 알 수 있는 다음과 같은 사정 즉, /

【대법원 분석】 피고인의 이 사건 범행은 우발적으로 저지른 범행이라기보다 /

【대법원 분석】 심야에 피씨(PC)방에서 만난 피해자의 어머니로부터 피해자의 아버지가 술에 취해 잠들어 있다는 말을 듣고 평소 위치를 알고 있던 피해자의 집으로 찾아가 잠을 자고 있던 피해자를 과 감하게 이불째로 들고 나와 본인만이 알고 있는 은폐된 장소로 데리고 가 강간범행을 저지르는 등 /

【대법원 분석】 일련의 범행이 상당히 계획적이고 치밀하게 이루어진 점, /

【대법원 분석】 피고인은 미성년자인 피해자의 상태나 반항에 아랑곳하지 아니하고 자신의 성적 욕

구를 충족하기 위하여 손가락으로 피해자의 성기 속에 집어넣고 흔들거나 피해자의 볼 등을 물고 /

【대법원 분석】 심지어는 살인의 의도로 피해자의 목 부위를 강하게 조르는 등 변태적이고 가학적인 행위를 서슴지 아니하였던 점, /

【대법원 분석】 피고인은 이 사건 범행 이전부터 성도착증세는 물론 반사회적 인격장애와 병적 도벽, 게임 중독 등의 증상을 보이면서 사회적 유대관계가 없이 생활하여 왔고, /

【대법원 분석】 이 사건 형기 복역 도중에 피고인의 성도착증세 등이 치료 · 완화되리라고 기대하기는 어려워 보이는 점, /

【대법원 분석】 피고인이 무기징역형을 복역한다면 이 사건 치료명령이 실제로 집행될 가능성은 없으나, /

【대법원 분석】 피고인이 가석방 등으로 출소할 경우를 가정할 경우 /

【대법원 분석】 피고인은 이 사건과 같이 가학적이고 잔인한 성폭력범죄를 다시 범할 개연성이 매우 높아 치료명령에 대한 피고인의 동의를 대체할 수 있을 정도의 고도의 필요성이 있다고 인정되는 점 등을 종합해 보면, /

【대법원 판단】 피고인에 대하여 치료명령의 요건으로서 성폭력범죄의 재범의 위험성이 있다고 판단한 원심의 결론은 수긍할 수 있다고 할 것이다. (상고 기각)

2013도13095

공개명령 경과규정의 효력범위
15세 때 카메라촬영 사건
2014. 3. 27. 2013도13095, 공 2014상, 990

1. 사실관계 및 사건의 경과

【사실관계】

① A는 1992. 2. 19.생의 여성이다.

② 2007. 8. 6. 19:00경 갑은 M장소에서 A(당시 15세)가 혼자 귀가하는 것을 보았다.

③ 갑은 A에게 다가가 어깨동무를 하면서 손가락을 마치 흉기인 것처럼 A의 옆구리에 대었다.

④ 갑은 A에게 "나에게 칼이 있으니 좋은 말로 할 때 말을 들어라. 그렇지 않으면 혼내주겠다"고 위협하여 A를 N화장실로 끌고 갔다.

⑤ 갑은 N화장실에서 A를 강간하였다.

⑥ 갑은 N화장실에서 자신의 휴대폰 카메라를 이용하여 A의 나체 사진을 3회 가량 촬영하였다.

⑦ 갑은 A가 성폭행 당한 사실을 신고하면 나체 사진을 유포할 것 같은 태도를 보였다.

【사건의 경과 1】

① 2010. 4. 15. 개정된 성폭력처벌법에 의하여 성인 대상 성범죄자에 대한 신상정보 공개명령과 고지명령 제도가 시행되었다.

② [5년이 지난 후 성인이 된 A는 갑을 발견하였다.]

③ A는 갑을 강간죄로 고소하였다.

④ 2013. 3. 14. 검사는 갑을 다음의 공소사실로 기소하였다.

    (가) 강간치상죄

    (나) 성폭력처벌법위반죄(카메라등이용촬영)

⑤ 검사는 갑에 대해 전자장치 부착명령을 청구하였다.

⑥ 2012. 12. 18. 강간죄 등 성범죄를 친고죄에서 비친고죄로 전환하는 등 다음의 법률들이 개정, 공포되었다. (시행일 2013. 6. 19.)

    (가) 형법

    (나) 성폭력처벌법

    (다) 아청법

    (라) 성충동 약물치료법

【사건의 경과 2】

① 2013. 5. 13. A는 제1심 공판절차에서 갑에 대한 고소를 취소하였다.

② 제1심법원은 공소사실을 전부 인정하였다.

③ 2013. 6. 14. 제1심법원은 다음 주문의 판결을 선고하였다.

    (가) 피고인을 징역 8년에 처한다.

    (나) 피부착명령청구자에 대하여 10년간 위치추적 전자장치의 부착을 명한다.

    (다) 피부착명령청구자에 대하여 별지 기재와 같은 준수사항을 부과한다.

④ 갑은 불복 항소하였다.

【사건의 경과 3】

① 2013. 6. 19. 성범죄 대책을 강화한 위의 개정 법률들이 시행되었다.

② 항소심법원은 A의 상처가 경미하다는 이유로 상해를 인정하지 않았다.

③ 항소심법원은 개정된 법률들을 적용하여 공개명령과 고지명령을 발하기로 하였다.

④ 2013. 10. 11. 항소심법원은 다음 주문의 판결을 선고하였다.

    (가) 원심판결을 파기한다.

    (나) 피고인을 징역 3년에 처한다.

    (다) 피고인에 대하여 40시간의 성폭력 치료프로그램 이수를 명한다.

    (라) 피고인에 대한 정보를 5년간 정보통신망을 이용하여 공개하고, 고지한다

    (마) 피고인에 대한 이 사건 공소사실 중 강간의 점에 관한 공소를 기각한다.

    (바) 이 사건 부착명령 청구를 기각한다.

【사건의 경과 4】

① 갑은 불복 상고하였다.

② 갑은 상고이유로 다음의 점을 주장하였다.

    (가) 성폭력처벌법위반죄(카메라등이용촬영)의 법정형은 5년 이하의 징역 또는 1천만원 이하의 벌금이다.

(나) 갑의 행위 당시 형사소송법에 의하면 5년 이하 징역에 해당하는 죄의 공소시효는 5년이다.

(다) 공소시효가 완성되었으므로 갑에게 면소를 선고해야 한다.

③ 검사는 상고하지 않았다.

④ 대법원은 갑의 상고이유에 대해 판단하였다.

⑤ 대법원은 공개명령 및 고지명령 부분에 대해 직권으로 판단하였다.

2. 아동 · 청소년 대상 성범죄와 공소시효의 계산

【대법원 분석】 원심이 유죄로 인정한 2007. 8. 6. 카메라 이용 촬영의 공소사실(이하 '이 사건 범죄'라고 한다)은 /

【대법원 분석】 구 '성폭력범죄의 처벌 및 피해자보호 등에 관한 법률'/

【대법원 분석】 [2010. 4. 15. 법률 제10258호 '성폭력범죄의 처벌 등에 관한 특례법'(이하 '법률 제10258호 성폭력특례법'이라고 한다) 부칙 제5조 제10항에 의하여 /

【대법원 분석】 '성폭력범죄의 피해자보호 등에 관한 법률'로 개정된 뒤 /

【대법원 분석】 2010. 4. 15. 법률 제10261호 '성폭력방지 및 피해자보호 등에 관한 법률' 부칙 제2조로 폐지] /

【대법원 분석】 제14조의2 제1항에 의하여 그 법정형이 5년 이하의 징역 또는 1천만원 이하의 벌금에 해당하는 범죄로서, /

【대법원 분석】 형사소송법 부칙(2007. 12. 21.) 제3조, 구 형사소송법(2007. 12. 21. 법률 제8730호로 개정되기 전의 것) 제249조 제1항 제4호에 의하여 공소시효는 5년이다.

【대법원 분석】 그런데 법률 제10258호 성폭력특례법 제20조 제1항은 /

【대법원 분석】 "미성년자에 대한 성폭력범죄의 공소시효는 형사소송법 제252조 제1항에도 불구하고 해당 성폭력범죄로 피해를 당한 미성년자가 성년에 달한 날부터 진행한다"고 규정하고, /

【대법원 분석】 그 부칙 제3조는 "이 법 시행 전에 행하여진 성폭력범죄로 아직 공소시효가 완성되지 아니한 것에 대하여도 제20조를 적용한다"고 정하였다. /

【대법원 판단】 피해자가 1992. 2. 19.생으로서 당시 미성년자였던 이 사건 범죄의 경우, /

【대법원 판단】 법률 제10258호 성폭력특례법이 시행된 2010. 4. 15. 기준으로 5년의 공소시효는 아직 완성되지 아니하였으므로, /

【대법원 판단】 그 공소시효는 위 규정에 따라 피해자가 성년에 달한 날부터 진행하게 되는데/

【대법원 판단】 (대법원 2013. 6. 14. 선고 2013도3799 판결 참조), /

【대법원 판단】 이 사건 공소는 그처럼 피해자가 성년에 달한 날부터 5년이 경과하지 않은 2013. 3. 14. 제기되었음이 기록상 명백하다.

【대법원 결론】 따라서 이 사건 범죄의 공소시효가 완성되었음을 전제로 한 상고이유 주장은 받아들일 수 없다.

3. 아동 · 청소년 대상 성폭력범죄와 적용법률

【대법원 분석】 가. (1) 법률 제10258호 성폭력특례법은 신상정보의 공개명령 및 고지명령의 대상에

서 '아동 · 청소년 대상 성폭력범죄를 저지른 자'를 제외함으로써 그 적용 범위를 '성인 대상 성폭력범
죄를 범한 자'로 제한하였으며, /

【대법원 분석】 '아동 · 청소년의 성보호에 관한 법률'(2009. 6. 9. 법률 제9765호로 전부 개정된 것,
이하 '법률 제9765호 아동성보호법'이라고 한다), /

【대법원 분석】 '아동 · 청소년의 성보호에 관한 법률'(2010. 4. 15. 법률 제10260호로 개정된 것, 이
하 '법률 제10260호 아동성보호법'이라고 한다)이 /

【대법원 분석】 별도로 '아동 · 청소년 대상 성폭력범죄를 저지른 자'를 공개명령 및 고지명령의 대상
으로 규정하였다.

【대법원 분석】 그리고 '성폭력범죄의 처벌 등에 관한 특례법'(2012. 12. 18. 법률 제11556호로 전부
개정되어 2013. 6. 19. 시행된 것, 이하 '법률 제11556호 성폭력특례법'이라고 한다) 제47조 제1항, 제
49조 제1항은 /

【대법원 분석】 등록대상 성폭력범죄의 공개명령 및 고지명령에 관하여는 /

【대법원 분석】 '아동 · 청소년의 성보호에 관한 법률'(2012. 12. 18. 법률 제11572호로 전부 개정되어
2013. 6. 19. 시행된 것, 이하 '법률 제11572호 아동성보호법'이라고 한다)에 의하도록 정하고 있다.

【대법원 요지】 그러므로 아동 · 청소년 대상 성폭력범죄의 경우, /

【대법원 요지】 법률 제11572호 아동성보호법이 시행된 이후의 범행뿐만 아니라 그 이전 범행이라도 /

【대법원 요지】 그것이 법률 제11556호 성폭력특례법 등에서 정한 등록대상 성폭력범죄에 해당하는
지 여부와는 관계없이 /

【대법원 요지】 법률 제9765호 아동성보호법 등이 규정하고 있는 공개명령 및 고지명령의 대상이 될
수 있는지만 문제 될 뿐, /

【대법원 요지】 법률 제11556호 성폭력특례법 등의 규정에 따른 공개명령 및 고지명령의 대상이 되지
는 아니한다[대법원 2012. 1. 12. 선고 2011도15062, 2011전도250(병합) 판결 등 참조].

4. 성폭력특례법 경과규정의 적용범위

【대법원 분석】 다만 법률 제11556호 성폭력특례법은 제42조 제1항에서 /

【대법원 분석】 과거 공개명령 및 고지명령의 대상이 되는 성폭력범죄가 아니었던 이 사건 범죄와 같
은 일정한 유형의 범죄/

【대법원 분석】 (같은 법 제11조 내지 제15조에 정한 것으로서 이 사건 범죄는 제14조에 해당한다)를 /

【대법원 분석】 공개명령 및 고지명령의 대상이 되는 성폭력범죄로 새로이 규정하는 한편, /

【대법원 분석】 부칙 제4조 제1항으로 /

【대법원 분석】 "이 법 시행 후 제11조부터 제15조(제14조의 미수범만을 말한다)까지의 개정규정의 범
죄로 유죄판결이 확정된 자에 대하여는 제42조부터 제50조까지의 개정규정을 적용한다"고 정하여, /

【대법원 분석】 위 각 범죄(이하 신설된 제12조는 제외한다)의 범행 시점이 법률 제11556호 성폭력특
례법의 시행 이전이라 하더라도 /

【대법원 분석】 그 시행 이후 유죄판결을 선고할 때에는 개정된 규정에 따라 공개명령 및 고지명령을
할 수 있는 근거를 두고 있는데, /

【대법원 요지】 아동·청소년을 상대로 한 위 각 범죄는 그와 별도로 /

【대법원 요지】 2012. 2. 1. 법률 제11287호로 개정되어 2012. 8. 2. 시행된 '아동·청소년의 성보호에 관한 법률'에서 이미 공개명령 및 고지명령의 대상으로 규정하고 있던 점 등을 고려하면, /

【대법원 요지】 이는 위 각 범죄가 아동·청소년을 대상으로 이루어진 경우에는 적용되지 않는다고 보아야 한다.

5. 아청법 경과규정의 적용범위

【대법원 분석】 (2) 법률 제9765호 아동성보호법은 공개명령 제도를 처음 도입하여 2010. 1. 1. 이후 아동·청소년 대상 성범죄를 범하고 유죄판결이 확정된 자에게 적용되도록 하였다.

【대법원 분석】 그런데 그 뒤 개정된 법률 제9765호 아동성보호법 부칙 제3조 제4항, /

【대법원 분석】 법률 제11572호 아동성보호법 부칙 제5조 제1항은 /

【대법원 분석】 '청소년의 성보호에 관한 법률'(2005. 12. 29. 법률 제7801호로 개정되어 2006. 6. 30. 시행된 것, 이하 '법률 제7801호 청소년성보호법'이라고 한다) 혹은 /

【대법원 분석】 '청소년의 성보호에 관한 법률'(2007. 8. 3. 법률 제8634호로 전부 개정되어 2008. 2. 4. 시행된 것)에 규정된 범죄(위반행위)를 저질러 /

【대법원 분석】 '등록·열람결정 또는 열람명령의 대상이 되는 자' 중 /

【대법원 분석】 법률 제9765호 아동성보호법 혹은 법률 제11572호 아동성보호법 시행 당시까지 /

【대법원 분석】 아직 확정판결을 받지 아니한 자에 대하여 공개명령을 할 수 있도록 정하고 있다.

【대법원 요지】 이에 비추어 보면, 2010. 1. 1. 이전 범행으로서 법률 제7801호 청소년성보호법 등의 시행 당시 범한 죄에 대하여 공개명령을 하기 위해서는 /

【대법원 요지】 법률 제7801호 청소년성보호법 등이 정한 등록·열람 또는 열람명령의 요건을 갖추어야 한다[대법원 2013. 8. 22. 선고 2013도5540, 2013전도171(병합) 판결 등 참조].

【대법원 분석】 (3) 법률 제10260호 아동성보호법은 고지명령 제도를 신설하였는데, /

【대법원 분석】 그 부칙 제1조, 제4조는 /

【대법원 분석】 2011. 1. 1. 이후 최초로 아동·청소년 대상 성폭력범죄를 범한 자부터 고지명령을 선고할 수 있도록 규정하였고, /

【대법원 분석】 법률 제11572호 아동성보호법 역시 부칙 제8조가 /

【대법원 분석】 '2011. 1. 1. 이전에 아동·청소년 대상 성폭력범죄를 범하고 아직 유죄판결이 확정되지 아니한 자'에 대하여 /

【대법원 분석】 일정한 요건 아래 그 유죄판결 확정 후 고지명령을 청구하는 절차를 정한 것 이외에는 /

【대법원 분석】 곧바로 판결과 동시에 고지명령을 선고할 수 있는 근거를 따로 두고 있지 아니하다.

【대법원 요지】 그렇다면 법률 제11572호 아동성보호법이 시행된 뒤에도 /

【대법원 요지】 여전히 법률 제10260호 아동성보호법 부칙 규정이 정한 대로 /

【대법원 요지】 2011. 1. 1. 이후 '아동·청소년 대상 성폭력범죄를 저지른 자'에 대하여만 판결과 동시에 고지명령을 선고할 수 있다 /

【대법원 요지】 [대법원 2014. 2. 13. 선고 2013도14349, 2013전도275(병합) 판결 등 참조].

6. 사안에 대한 대법원의 판단

【대법원 판단】 나. 이 사건 범죄는 2007. 8. 6. 아동 · 청소년을 상대로 저질러진 카메라 이용 촬영 범행으로서, /

【대법원 판단】 그 당시 시행되던 법률 제7801호 청소년성보호법이 정한 등록 · 열람 요건을 충족하지 못한다. /

【대법원 판단】 앞서 본 해당 규정 내용과 관련 법리에 의하면, /

【대법원 판단】 이는 법률 제11556호 성폭력특례법은 물론 법률 제11572호 아동성보호법 등의 규정에 따른 공개명령 및 고지명령의 대상이 되지 아니한다고 할 것이다.

【대법원 결론】 그럼에도 원심은 이 사건 범죄에 관하여 피고인이 법률 제11556호 성폭력특례법 부칙 제4조 제1항 등이 정한 공개명령 및 고지명령 대상이 된다고 판단하였다. /

【대법원 결론】 이러한 원심판결에는 아동 · 청소년 대상 성폭력범죄에 대한 공개명령 및 고지명령의 요건, 법률 제11556호 성폭력특례법 부칙 제4조 제1항의 적용 범위 등에 관한 법리를 오해하여 판결에 영향을 미친 위법이 있다. /

【대법원 결론】 결국 원심판결 중 이 사건 범죄에 대한 공개명령 및 고지명령 부분은 파기를 면할 수 없다.

【대법원 요지】 다. 나아가 '성폭력범죄의 처벌 등에 관한 특례법' 등에 의한 공개명령 및 고지명령은 대상 성폭력범죄 사건의 판결과 동시에 선고하는 부수처분이므로, /

【대법원 요지】 그 공개명령 및 고지명령의 전부 혹은 일부가 위법한 경우 나머지 성폭력범죄 사건 부분에 위법이 없더라도 그 부분까지 전부 파기하여야 한다. (파기 환송)

【코멘트】

2010. 4. 15. 종전의 「성폭력범죄의 처벌 및 피해자보호 등에 관한 법률」이 「성폭력범죄의 처벌 등에 관한 특례법」과 「성폭력방지 및 피해자보호 등에 관한 법률」로 분법(分法)되었다. 개정된 「성폭력범죄의 처벌 등에 관한 특례법」(이하 성폭력처벌법으로 약칭함)에 의하여 성인 대상 성범죄자에 대해 공개명령 및 고지명령 제도가 도입되었다. 한편 아동 · 청소년 대상 성범죄자에 대해서는 그보다 앞서서 공개명령과 고지명령 제도가 실시되고 있었다.

여기에서 성범죄자에 대한 신상정보 공개제도의 변천에 대해 살펴볼 필요가 있다. 성범죄자에 대한 신상정보의 공개는 일정한 신상정보를 인터넷상에 등록하여 이를 일반인들이 볼 수 있도록 하는 것이다. 제도 도입의 초기에는 열람방식이 채택되었다. 이는 실명확인을 거친 사람만이 인터넷상에 등록된 신상정보를 열람할 수 있도록 하는 것이었다.

이후 일일이 실명확인절차를 거치는 것이 제도의 실효성을 저해한다는 이유로 누구든지 등록된 성범죄자의 신상정보를 볼 수 있도록 하는 공개명령제도가 도입되었다. 공개명령제도는 온라인 상의 신상정보 공개이다. 여기에서 한걸음 더 나아가 오프라인에서까지 성범죄자의 거주사실 등 신상정보를 관계자들에게 알려주도록 하는 것이 고지명령제도이다.

공개명령과 고지명령 제도가 실시되면서 새로운 제도의 시행 이전에 성범죄를 범한 범죄자에 대해서도 공개명령과 고지명령을 소급하여 적용해야 한다는 주장이 대두되었다. 실제상 재범의 위험성이 문제되는 성범죄자는 주로 공개명령과 고지명령 제도가 도입되기 전에 성범죄를 저지른 자들인데 이들에 대해서도 소급하여 공개명령과 고지명령 제도를 적용해야 한다는 것이 그 주장의 내용이었다.

입법자는 이러한 주장의 타당성을 받아들여 성폭력처벌법과 아청법에 소급효에 관한 경과규정을 두었다. 그러나 두 법률의 경과규정은 그 형태가 조금씩 다르다. 여기에서 경과규정의 적용범위와 관련하여 실무상 복잡한 문제가 발생하게 되었다. 문제점은 특히 아동·청소년 대상 성폭력범죄에 대해 어느 법률의 경과규정을 적용할 것인가 하는 점에서 특히 두드러진다. 본 판례는 이러한 문제상황을 해결하기 위하여 대법원이 통일적인 판단기준을 제시한 것으로서 주목된다.

대법원이 제시한 첫번째 기준은 성인 대상 성범죄자에 대해서는 성폭력처벌법상의 규정을, 아동·청소년 대상 성범죄자에 대해서는 아청법상의 규정을 각각 적용하기로 한다는 것이다. 이미 2011도15062 대법원판례에서 제시되었던 이 기준은 이후 2012. 12. 18. 성폭력처벌법과 아청법 개정시에 입법에 그대로 반영되었다. 2012. 12. 18.의 법률 개정에 따라 카메라이용촬영죄 등이 공개명령과 고지명령 대상 성폭력범죄에 추가되었다. 이 추가 부분에 대해서도 대법원은 그 피해자가 성인이면 성폭력처벌법을, 아동·청소년이면 아청법을 각각 적용한다는 입장을 본 판례에서 천명하였다.

다음으로, 대법원은 본 판례에서 아청법의 경과규정에 관한 판단기준을 제시하였다. 2012. 12. 18. 성폭력특례법과 아청법이 개정되었다. 입법자는 성인 대상 성폭력범죄자에 대해서는 성폭력처벌법 부칙의 명문규정을 통하여 공개명령과 고지명령 제도를 소급하여 적용할 수 있다고 규정하였다. 그러나 같은 날에 개정된 아청법에는 소급효와 관련된 명문의 경과규정이 없다.

일반적으로 볼 때 성인에 대한 성폭력범죄보다 아동·청소년에 대한 성폭력범죄의 죄질이 더 나쁘다고 평가된다. 여기에서 성인 대상 성범죄자에 대해 공개명령과 고지명령이 소급적용된다면 아동·청소년 대상 성범죄자에 대해서는 명문의 경과규정이 없더라도 당연히 공개명령과 고지명령 제도를 소급적용할 수 있는 것이 아닌가 하는 생각을 해 볼 수 있다.

그러나 대법원의 판단태도는 다르다. 2012. 12. 18. 개정된 아청법에 경과규정이 없다면 그 이전의 시점에서 아청법이 공개명령과 고지명령 제도를 도입할 때 정하였던 경과규정에 따라야 한다. 구법의 경과규정에 따르면 '등록·열람결정 또는 열람명령의 대상이 되는 자'에 대해서만 공개명령과 고지명령의 소급적용이 가능하다. 그런데 카메라이용촬영죄는 경과규정이 마련될 당시 등록·열람결정 또는 열람명령의 대상이 되는 범죄군에 들어 있지 않았다. 대법원은 이 점에 주목하여 아동·청소년 대상 카메라이용촬영죄에 대해 공개명령과 고지명령의 소급적용을 부정한다는 판단기준을 제시하였다.

보안처분에 대해서는 형벌과 달리 소급효가 인정된다고 보는 것이 일반적이다. 보안처분은 재범의 위험성 있는 범죄자로부터 장래를 향하여 사회를 보호하기 위한 조치이므로 소급효를 인정할 수 있다는 것이 그 이유이다. 그러나 입법자가 보안처분의 소급효와 관련하여 명문의 규정을 두고 있는 경우에는 사정이 달라진다.

보안처분이라고 할지라도 소급효 인정은 피고인에게 불리하다. 일단 경과규정을 두어서 보안처분에 소급효를 인정한다고 할 때 그 경과규정은 제한적으로 해석해야 한다. 입법자가 어느 보안처분의 엄중함을 고려하여 소급적용의 범위를 명확하게 설정하였다면 해석자는 이를 존중해야 하며, 함부로 경과규정을 확대해석하거나 유추해석하여서는 안 된다. 본 판례는 대법원이 이러한 법리를 구체적으로 확인한 예로서 주목된다.

2014도6206

결과적 가중범의 성립요건
고속도로 급정차 사건
2014. 7. 24. 2014도6206, 공 2014하, 1759

1. 사실관계 및 사건의 경과

【사실관계 1】

① M고속도로는 편도 2차로의 고속도로이다.

② M고속도로의 N지점에는 사건 당시 1·2차로에 차량들이 정상 속도로 꾸준히 진행하고 있었다.

③ 갑은 ⓚ차량을 운전하여 N지점을 1차선에서 주행하고 있었다.

④ 갑의 전방에는 A가 운전하는 차량이 주행하고 있었다. (ⓐ차량)

⑤ 갑의 후방에는 다음의 차량들이 순차적으로 진행하고 있었다.

　　(가) B가 운전하는 승용차 (ⓑ차량)

　　(나) C가 운전하는 트럭 (ⓒ차량)

　　(다) D가 운전하는 5톤 카고트럭 (ⓓ차량)

【사실관계 2】

① 갑은 자신이 운전하는 ⓚ차량의 앞에서 주행하는 ⓐ차량이 길을 비켜주지 않는 데에 화가 났다.

② 갑은 2차로를 따라 시속 110·-120km 정도로 ⓚ차량을 진행하였다.

③ 갑은 이어서 1차로를 진행하던 A의 ⓐ차량 앞에 급하게 끼어든 후 곧바로 제동하였다.

④ 갑의 ⓚ차량은 1차선에 약 6초 만에 정차하였다.

【사실관계 3】

① 뒤따르던 ⓐ차량과 ⓑ승용차 및 ⓒ트럭은 급하게 제동하여 정차하였다.

② 그 뒤에 따라오던 5톤 카고트럭(ⓓ차량)은 ⓒ차량을 피하거나 정차하지 못하였다.

③ ⓓ차량은 앞서 정차하여 있는 ⓒ트럭을 들이받았다.

④ 그 충격으로 ⓑ, ⓐ차량들이 차례로 앞으로 밀리면서 연쇄적으로 충돌하였다. (㉠교통사고)

⑤ ㉠교통사고는 갑이 ⓚ차량을 정차한 시점으로부터 5~6초 후에 일어났다.

⑥ ㉠교통사고로 ⓓ차량의 운전자 D가 사망하였다.

⑦ ㉠교통사고로 운전자 A, B, C가 상해를 입었다.

【사건의 경과 1】

① 검사는 갑을 다음의 공소사실로 기소하였다.

　　(가) 일반교통방해치사죄

　　(나) 일반교통방해치상죄

　　(다) 폭처법위반죄(흉기등협박)

　　(라) 도로교통법위반죄

② (이하 일반교통방해치사상죄 부분만 검토함)

③ 갑은 다음의 점을 이유를 들어 무죄를 주장하였다.

　　(가) 사고의 원인은 ⓓ차량의 운전자 D의 전방주시태만 등의 주의의무위반에 있다.

　　(나) 갑의 정차 행위와 ㉠교통사고 사이에는 인과관계가 없다.

　　(다) 갑에게는 D의 사망이나 A, B, C의 상해에 대한 예견가능성이 없었다.

④ 제1심법원은 갑의 주장을 배척하고 유죄를 선고하였다.

【사건의 경과 2】

① 갑은 불복 항소하였다.

② 항소심법원은 항소를 기각하고, 제1심판결을 유지하였다.

③ 갑은 불복 상고하였다.

④ 갑은 상고이유로, 원심판결에 인과관계에 관한 법리오해, 심리미진, 예견가능성에 대한 법리오해 등의 위법이 있다고 주장하였다.

2. 결과적 가중범의 성립요건

【대법원 요지】 1. 형법 제188조에 규정된 교통방해에 의한 치사상죄는 결과적 가중범이므로, /

【대법원 요지】 위 죄가 성립하려면 교통방해 행위와 사상(死傷)의 결과 사이에 상당인과관계가 있어야 하고 /

【대법원 요지】 행위 시에 결과의 발생을 예견할 수 있어야 한다. /

【대법원 요지】 그리고 교통방해 행위가 피해자의 사상이라는 결과를 발생하게 한 유일하거나 직접적인 원인이 된 경우만이 아니라, /

【대법원 요지】 그 행위와 결과 사이에 피해자나 제3자의 과실 등 다른 사실이 개재된 때에도 /

【대법원 요지】 그와 같은 사실이 통상 예견될 수 있는 것이라면 상당인과관계를 인정할 수 있다 /

【대법원 요지】 (대법원 1994. 3. 22. 선고 93도3612 판결 참조).

3. 공소사실의 요지

【대법원 분석】 2. 제1심은, /

【대법원 분석】 '이 사건 당시 1·2차로에 차량들이 정상 속도로 꾸준히 진행하고 있어 /

【대법원 분석】 1차로에 갑자기 차량을 세울 경우 1차로를 진행하던 차량들이 미처 이를 피하지 못하고 추돌하여 대형사고로 이어질 수 있는 상황임에도, /

【대법원 분석】 피고인은 2차로를 따라 시속 110~120km 정도로 진행하여 1차로를 진행하던 피해자 공소외 A의 차량 앞에 급하게 끼어든 후 곧바로 제동하여 약 6초 만에 정차하였고, /

【대법원 분석】 뒤따르던 피해자 공소외 A의 차량과 이어서 승용차 한 대 및 트럭 한 대는 급하게 제동하여 정차하였으나, /

【대법원 분석】 그 뒤에 따라오던 피해자 공소외 D가 운전하는 5톤 카고트럭은 이를 피하거나 정차하지 못하고 피고인 차량 정차 후 약 5~6초 만에 앞서 정차하여 있는 맨 뒤의 트럭을 들이받아 /

【대법원 분석】 그 충격으로 차량들이 차례로 앞으로 밀리면서 연쇄적으로 충돌한 사고를 발생시켜, /

【대법원 분석】 피해자 공소외 D를 사망에 이르게 하고 나머지 차량 운전자 등 피해자들에게 상해를 입혔다'는 /

【대법원 분석】 이 사건 일반교통방해치사상의 공소사실에 관하여, /

4. 사안에 대한 대법원의 판단

【대법원 판단】 피해자 공소외 D가 주의의무를 다하지 못한 과실이 있다고 섣불리 인정하기도 어려운 데다가, /

【대법원 판단】 설령 피해자 공소외 D에게 주의의무를 위반한 과실이 있다 하더라도 /

【대법원 판단】 그러한 사정만으로 피고인의 일반교통방해의 범행과 피해자들의 사상의 결과 사이에 인과관계가 단절되었다고 볼 수 없고, /

【대법원 판단】 피고인의 진술 등에 비추어 피고인에게 그 결과 발생에 대한 예견가능성도 있다는 이유로 이를 유죄로 인정하였다.

【대법원 결론】 원심은 위와 같은 제1심의 판단에 상당인과관계나 예견가능성에 관한 법리 등을 오해한 위법이 없다고 보아 제1심판결을 그대로 유지하였다.

【대법원 결론】 3. 원심과 제1심이 적법하게 채택하여 조사한 증거들을 앞에서 본 법리에 따라 살펴보면, 원심이 유지한 제1심의 인정과 판단은 정당하다.

5. 상고이유의 요지

【대법원 분석】 상고이유 주장은 원심판결에 인과관계에 관한 법리오해나 심리미진, 예견가능성에 대한 법리오해 등의 위법이 있다는 것이다. /

【대법원 분석】 그 요지는, 이 사건에서 피해자들에게 발생한 사상의 결과는 피해자 공소외 D가 전방주시, 안전거리 확보, 위급상황 발생 시의 감속 등 안전운전을 위한 주의의무를 이행하지 못함으로써 앞서 정차한 차량을 추돌한 것이 원인이 되어 발생한 것이므로 /

【대법원 분석】 피고인의 정차 행위와는 상당인과관계가 없고, /

【대법원 분석】 피고인은 당시 차량을 서서히 정차하였고 후행차량들이 완전히 정차하는 것을 확인하여 교통사고가 나지 않을 것으로 생각하였으므로 /

【대법원 분석】 피해자들에 대한 사상의 결과가 발생할 것을 예견하지 못했다는 데에 있다.

6. 상고이유에 대한 대법원의 판단

【대법원 분석】 그러나 원심과 제1심이 적법하게 인정한 사실관계와 증거들에 의하면, /

【대법원 분석】 당시 피고인은 1·2차로에 차량들이 정상 속도로 꾸준히 진행하고 있었는데도 2차로를 따라 시속 110~120km 정도로 진행하여 1차로의 피해자 공소외 A 차량 앞에 급하게 끼어든 후 곧바로 제동하여 약 6초 만에 정차하였고, /

【대법원 분석】 피해자 공소외 A의 차량 및 이를 뒤따르던 차량 두 대가 연이어 급제동하여 정차하기는 하였으나, /

【대법원 분석】 그 뒤를 따라오던 피해자 공소외 D가 운전하던 차량은 미처 추돌을 피하지 못하였고 그 추돌 시각은 피고인 차량 정차로부터 겨우 5~6초 후라는 것이다. /

【대법원 판단】 그렇다면 스스로 편도 2차로의 고속도로 추월차로인 1차로 한가운데에 정차한 피고인으로서는 /

【대법원 판단】 현장의 교통상황이나 일반인의 운전 습관·행태 등에 비추어 고속도로를 주행하는 다른 차량 운전자들이 제한속도 준수나 안전거리 확보 등의 주의의무를 완전하게 다하지 않을 수도 있다는 점을 알았거나 충분히 알 수 있었다고 할 것이므로, /

【대법원 판단】 설령 이 사건에서 피해자들의 사상의 결과 발생에 피해자 공소외 D의 과실이 어느 정도 개재되었다 하더라도, /

【대법원 판단】 피고인의 정차 행위와 그와 같은 결과 발생 사이에 상당인과관계가 없다고 할 수 없다. /

【대법원 판단】 비록 피고인 차량 정차 후 세 대의 차량이 급정차하여 겨우 추돌을 피하기는 하였으나, /

【대법원 판단】 그것만으로 통상의 운전자라면 피해자 공소외 D가 처했던 상황에서 추돌을 피할 수 있었다는 개연성을 인정할 만한 특별한 사정이 있다고 보기는 어렵고, 달리 그럴 만한 자료를 찾을 수도 없다.

【대법원 판단】 또, 예견가능성이 없었다는 상고이유 주장은 차를 세우면서 '사고가 나면 어떻게 하지'라는 생각을 했다는 피고인의 검찰 진술 등에 의할 때 받아들이기 어려울 뿐만 아니라, /

【대법원 요지】 그와 같은 예견가능성은 일반인을 기준으로 객관적으로 판단되어야 하는 것인데, /

【대법원 요지】 피고인이 한 것과 같은 행위로 뒤따르는 차량들에 의하여 추돌 등의 사고가 야기되어 사상자가 발생할 수 있을 것이라는 점은 누구나 쉽게 예상할 수 있다고 할 것이다. /

【대법원 요지】 설령 피고인이 정차 당시 사상의 결과 발생을 구체적으로 예견하지는 못하였다고 하더라도, /

【대법원 요지】 그와 같은 교통방해 행위로 인하여 실제 그 결과가 발생한 이상 교통방해치사상죄의 성립에는 아무런 지장이 없다.

【대법원 결론】 그러므로 원심판결은 정당하고, 거기에 결과적 가중범의 성립에 필요한 인과관계와 예견가능성에 대한 법리오해나 심리미진 등의 위법이 없다. /

【대법원 결론】 그리고 상고이유에서 들고 있는 대법원판결들은 그 취지가 이와 같은 법리에 반하지 않는 것이거나, 사안이 달라 이 사건에서 원용하기에 적절한 것이 아니다. (상고 기각)

선고일자별 색인

〔저자약력〕

서울대학교 법과대학 법학과 졸업, 동 대학원 졸업(법학석사), 독일 Max-Plank 국제 및 외국형법연구소 객원연구원, 독일 프라이부르크 대학교 법학박사(Dr. jur.), 미국 워싱턴 주립대학교 로스쿨 방문학자, 일본 동경대학 법학부 방문학자, 국가인권위원회 비상임 인권위원, 사법개혁위원회 위원, 사법제도개혁추진위원회 실무위원, 법무부 형사법개정특별심의위원회 위원, 국민사법참여위원회 위원장, 경찰수사제도개선위원회 위원장, 경찰수사정책위원회 위원장
현재, 서울대학교 법학전문대학원 교수

〔저   서〕

Anklagepflicht und Opportunitätsprinzip im deutschen
　　und koreanischen Recht (Dissertation)
형법총론 (제8판)　　　　신판례백선 형법총론 (제2판)
판례분석 형법각론 (증보판)
신형사소송법 (제5판)　　간추린 신형사소송법 (제6판)
판례분석 신형사소송법　판례분석 신형사소송법 Ⅱ (증보판)

〔역   저〕

입문 일본형사수속법 (三井誠·酒卷匡 저)

〔편   저〕

효당 엄상섭 형법논집 (신동운·허일태 공편저)
효당 엄상섭 형사소송법논집
권력과 자유 (엄상섭 저, 허일태·신동운 공편)

판례분석 형법총론

2015년 1월 5일 초판 인쇄
2015년 1월 10일 초판 1쇄 발행

저 자 　 신　　　동　　　운
발행인 　 배　　　효　　　선

발 행 처 　 도서출판 法 文 社

주 소 경기도 파주시 회동길 37-29 ㉾ 413-120
등 록 1957년 12월 12일   제2-76호 (倫)
TEL (031)955-6500~6, FAX (031)955~6525
e-mail (영업) : bms@bobmunsa.co.kr
　　　 (편집) : edit66@bobmunsa.co.kr
홈페이지 http://www.bobmunsa.co.kr
조 판 동　국　문　화

정가 38,000원　　　　　ISBN 978-89-18-08455-8